V&R

Novum Testamentum et Orbis Antiquus / Studien zur Umwelt des Neuen Testaments

Herausgegeben im Auftrag des Departments für Biblische Studien
der Universität Freiburg Schweiz von
Max Küchler, Peter Lampe und Gerd Theißen

Band 57

Vandenhoeck & Ruprecht
Academic Press Fribourg

Das Gesetz im frühen Judentum und im Neuen Testament

Festschrift für Christoph Burchard
zum 75. Geburtstag

Herausgegeben von
Dieter Sänger und Matthias Konradt

Vandenhoeck & Ruprecht
Academic Press Fribourg

Bibliografische Information Der Deutschen Bibliothek

Die Deutsche Bibliothek verzeichnet diese Publikation in der
Deutschen Nationalbibliografie; detaillierte bibliografische Daten sind
im Internet über <http://dnb.ddb.de> abrufbar.

Vandenhoeck & Ruprecht Göttingen
ISBN 10: 3-525-53958-4
ISBN 13: 978-3-525-53958-3

AcademicPress Fribourg
ISBN 10: 3-7278-1550-7
ISBN 13: 978-3-7278-1550-8

Vorwort

Am 19. Mai 2006 feiert Christoph Burchard seinen 75. Geburtstag. Zu diesem Anlass grüßen ihn mit den Beiträgen dieser Festschrift Kollegen, Schüler und Freunde. Wenn man Christoph Burchard gefragt hätte, würde es dieses Buch nicht geben. Ehrungen, zumal öffentliche, sind ihm nicht wichtig. Er hält sich lieber bescheiden im Hintergrund. Gleichwohl war es uns ein Anliegen, ihm mit dieser Festschrift unsere Verbundenheit, Dankbarkeit und Freude auszudrücken.

Die Auszeichnung, die Josephus den Pharisäern zulegt, nämlich μετὰ ἀκριβείας die Tora auszulegen (Bell 2,162), ließe sich analog auch von Christoph Burchards exegetischen Arbeiten über neutestamentliche und frühjüdische Schriften aussagen, die zweifelsohne Musterbeispiele an philologischer Genauigkeit und profunder historischer Kenntnis darstellen. Dass sich dies bei ihm mit der Philanthropie paart, die Philo von Alexandrien neben der Gerechtigkeit als Grundlehre der Tora im Blick auf das Verhalten den Menschen gegenüber vorbringt (SpecLeg 2,63), hat ihn als einen akademischen Lehrer ausgezeichnet, bei dem man nicht nur viel, sondern auch gern gelernt hat.

Mit dem Rekurs auf Josephus und Philo ist der Schwerpunkt dieser Festschrift bereits angeklungen. Neben der kontinuierlichen Arbeit an *Joseph und Aseneth* und der Kommentierung des Jakobusbriefes hat sich das exegetische Interesse des Jubilars wiederholt auf die Frage nach der Rolle des Gesetzes im frühen Christentum gerichtet, zunächst mit einigen Arbeiten zum Bereich der synoptischen Tradition, zuletzt zunehmend mit einer Reihe von Aufsätzen zur Bedeutung der Tora bei Paulus. Dass in dieser Festschrift der Großteil der Beiträge um die Gesetzesthematik kreist und sich dies in der Wahl des Titels niedergeschlagen hat, spiegelt also einen Forschungsschwerpunkt des Jubilars selbst. Vielfach wird dabei der Diskurs mit den von Christoph Burchard vorgebrachten Einsichten aufgenommen.

Bei der Gestaltung der Manuskripte haben die Herausgeber auf eine Vereinheitlichung der Orthographie nach der neuen deutschen Rechtschreibung verzichtet. In einigen Beiträgen ist auf Wunsch der Autoren die alte Rechtschreibung beibehalten. Die verwendeten Abkürzungen richten sich nach S.M. Schwertner, Internationales Abkürzungsverzeichnis für Theologie und Grenzgebiete, Berlin – New York ²1992.

Für die Aufnahme der Festschrift in die Reihe NTOA/StUNT danken wir den Herausgebern Max Küchler, Peter Lampe und Gerd Theißen sowie dem Verlag Vandenhoeck & Ruprecht, insbesondere Herrn Jörg Persch. Unser Dank gilt ferner Frau Dr. Antje Labahn, den studentischen Hilfskräften Felix John, Anneliese Räger (alle Kiel) und Christine Rosin (Bern). Sie haben die formale Überarbeitung der Manuskripte vorgenommen, die Druckvorlage vorbereitet und auch das Register erstellt. Ohne ihre zuverlässige Mitarbeit wäre das pünktliche Erscheinen dieser Festschrift nicht möglich gewesen.

Bern/Kiel, im Februar 2006   Matthias Konradt/Dieter Sänger

Inhalt

Jürgen Becker

Die Gemeinde als Tempel Gottes und die Tora

1 Die Tradition in 1Kor 3,16f

In 1Kor 3,5–15[1] blickt Paulus auf die Gründungssituation der korinthischen Gemeinde: Er hat gepflanzt, Apollos begossen, Gott ließ wachsen. Ein zweites Bild verdeutlicht zunächst dasselbe und führt den Gedanken dann zum Endgericht hin fort: Paulus hat für den Bau der Gemeinde den Grund gelegt, nämlich Christus. Wer darauf weiterbaut, wird wie alle Mitarbeiter Gottes im Endgericht Lohn empfangen oder Schaden nehmen, doch auch im zweiten Fall gerettet werden (V.15b). Damit liegt ein vollständiger Gedankengang vor. Paulus könnte abschließen. Doch er wechselt nochmals das Bild. Die Alltagsbilder vom Pflanzen und Bauen werden vom Sakralbau des Tempels abgelöst (3,16f). Zugleich verschwindet die Dynamik von pflanzen und danach pflegen, von Grundsteinlegung und Weiterbau. Denn der Tempel Gottes, also die Gemeinde, steht als Ganzes fertig da. Wichtig ist nur, dass dieser Tempel nicht beschädigt wird. Auch die bisher im Blickpunkt stehenden Missionare sind verschwunden. In der Gemeinde als Tempel wohnt der Geist Gottes, so dass die Achse zwischen den Missionaren und der Gemeinde durch die Beziehung des Geistes Gottes zur Gemeinde abgelöst ist. Die Gegenwart dieses Geistes bestimmt die Aussagen in V.16f. Sie ist es, die alles heilig macht. Das ist ein weiterer neuer Gesichtspunkt. Dieser Zustand der Heiligkeit darf nicht verdorben werden. Darum soll jeder, wegen der Anrede in V.16 vornehmlich jedes Gemeindemitglied, wissen, Gott wird jeden Verderber verderben. Das ist ohne Wenn und Aber gesagt, so dass V.15b eigentlich zurückgenommen wird. So zeigt der erste Blick auf V.5–15 und V.16f eine Verschiebung der Perspektive, einen Bildwortwechsel, ein Stichwortensemble in V.16f, das einen eigenen und glatten semantischen Zusammenhang aufweist, und endlich auch eine sachliche Unausgeglichenheit zwischen V.15b und V.17a. Das

---

[1] Zu allen Einzelheiten verweise ich auf W. SCHRAGE, Der erste Brief an die Korinther, EKK 7.1, Solothurn/Neukirchen-Vluyn 1991, 286–310; H. MERKLEIN, Der erste Brief an die Korinther Kapitel 1–4, ÖTBK 7.1, Gütersloh/Würzburg 1992, 252–277. Für die hier verfolgte Fragestellung weniger ergiebig ist: Ch. BÖTTRICH, Ihr seid der Tempel Gottes. Tempelmetaphorik und Gemeinde bei Paulus, in: B. Ego u.a. (Hg.), Gemeinde ohne Tempel, WUNT 118, Tübingen 1999, 411–425.

sind Hinweise, dass V.16f viel intensiver als V.5–15 Traditionelles aufgreift.

Die Einleitung in V.16a: „Wisst ihr nicht, dass ...“ zeigt an, dass Paulus Gemeindewissen wach ruft. In diesem Fall sogar fest geprägte Tradition. Sie lautet:

1a	„Ihr seid Gottes Tempel,
b	und[2] der Geist Gottes wohnt unter euch[3].
2a	Verdirbt jemand den Tempel Gottes,
b	wird Gott diesen verderben.
3a	Denn der Tempel Gottes ist heilig,
b	diejenigen (die ihn bilden) seid ihr.“

Die Rundung durch Inklusion (1a=3b), die gleichmäßig verteilte Dreifachnennung des wichtigsten Stichwortes „Tempel Gottes“ (1a.2a.3a)[4] und das geschlossene semantische Feld, bestehend aus Geist Gottes, Tempel Gottes, wohnen, heilig sein und der Warnung, den Tempel nicht zu verderben, sprechen für eine feste Tradition.[5] Der Bildspender ist der (noch nicht zerstörte) Jerusalemer Tempel, in dem nach jüdischer Auffassung Gott wohnt.[6] Darum ist er „(hoch)heilig“. Verderben unreine Priester den Kult[7] oder entweihen ihn Eindringlinge (wie 2Makk 3), wird Gott diese „verderben“ (sakrale talio). Die Identifikation von Tempel Gottes und Gemeinde geschieht mit pneumatologischer Begründung (vgl. Eph 2,21f). Nicht Gott selbst (so 2Makk 14,35; Josephus, Bell 5,459), sondern sein Geist wohnt im Tempel. Das steht in einer Linie mit anderen traditionellen Aussagen: Nach Dtn 12,5.11 will Gott allein in Jerusalem „seinen Namen wohnen“ lassen (vgl. auch 11Q19 45,12–14; 47,11). Nach Ex 29,43–46 findet sich zur Begegnung mit Israel am Zelt der Zusammenkunft „Gottes Herrlichkeit“ ein, und das wird als „Wohnen“ Gottes unter den Israeliten ausgelegt (vgl. auch Ex 40,34f; 1Kön 8,10f).[8] In Jes 32,15–18 ist der Gedankengang formuliert, dass Gott seinen „Geist“ ausgießen wird, so dass in der Wüste Recht

---

[2] Das „und“ ist explikativ zu verstehen.

[3] „Unter euch“ ist wegen des Schlusssatzes (V.3b) gefordert. Umgekehrt ist in 1Kor 6,19 „in euch“ zu übersetzen, da hier individualisierend geredet ist. Man darf nicht mit P. WICK, Die urchristlichen Gottesdienste, BWANT 150, Stuttgart 2002, 183ff, von 1Kor 6,12ff her auch 1Kor 3,16f individualisierend deuten. Denn erstens redet Paulus ab 3,5 ekklesiologisch und zweitens ergibt sich für 6,12ff die individualisierende Deutung nicht zuletzt aus dem „Leib“-Motiv, das 3,5ff nicht nur fehlt, sondern fehl am Platze wäre.

[4] Dass in 1a vom „Tempel“ artikellos gesprochen ist, sollte wegen der Diktion in 2a.3a bedeutungslos sein. Zum Versuch von WICK, Gottesdienste, 189, den nicht verwendeten Artikel für eine individualisierende Deutung von 1Kor 3,16f auszunutzen, vgl. Anm. 3.

[5] Die Formgebung ist vergleichbar mit der Tradition in Gal 3,26–28.

[6] Für das Judentum ist dafür 1Kön 8,12f der Ausgangstext.

[7] Beispiele: 1QpH 8,10–13; 12,8f; CD 4,15ff; TestLev 17,11 usw.

[8] Vgl. auch Aussagen wie Jub 1,2, wonach „Gottes Herrlichkeit“ auf dem Sinai „wohnte“, und er am Ende der Geschichte „herabsteigen“ und mit den Israeliten „wohnen wird“ für immer.

„wohnt". Sir 24,3–11 lässt die „Weisheit", die bei Gott in den höchsten Höhen „wohnte", im heiligen Zelt, dem Tempel, und in der heiligen Stadt ihre „Ruhe" bekommen, also sesshaft werden, eben wohnen. Alle diese Aussagen reden vom göttlichen Wohnen so, dass der spezielle Wohnort herausgehoben und dem Wohnen ein durativer Charakter eigen ist. Das gilt auch für 1Kor 3,16f.

Der Apostel verwendet die Metaphorik vom Tempel Gottes nur noch einmal, nämlich 1Kor 6,19, hier jedoch individualisiert auf den „Leib" des Menschen hin. Das ist uminterpretierte Aufnahme von 3,16f. Der Abschnitt in 2Kor 6,14–7,1 hingegen ist wohl doch eine unpaulinische und judenchristliche Taufparänese, wie schon häufig begründet wurde.[9] Im Übrigen steht der Abschnitt näher bei Offb 20f als bei 1Kor 3,16f. Der Dualismus zwischen dem Pantokrator samt seinem Sohn und dem Teufel zeigt die Nähe zwischen beiden Texten und zugleich den Abstand zu 1Kor 3,16f. Beide Texte reden zudem von Gottes Wohnen, nicht vom Wohnen des Geistes Gottes wie 1Kor 3,16; 6,19. Vom „Volk Gottes" ist 2Kor 6,15 und Offb 20,2 gesprochen, nicht 1Kor 3,16f. Auch die Geschiedenheit von allem Unreinen und die Aufforderung zur Absonderung (2Kor 6,17; Offb 21,27) fehlen in 1Kor 3,16f. Eben diesem letzten Motiv ist eine kaum auszugleichende Spannung zu 1Kor 5,10; 7,13–16; 8,1–13; 10,23–30.31–11,1 und anderen Stellen eigen, also zum paulinischen Ansatz für das christliche Weltverhältnis, in dem die strikte Trennung zwischen der Gemeinde und den Ungläubigen eben nicht anvisiert wird.

So kann man zusammenfassen: 1Kor 3,16f steht in der paulinischen Ekklesiologie alleine da. Das wird von der Beobachtung gestützt, dass Paulus sonst durchaus den Zusammenhang von heiligem Geist und Heiligung ohne das Tempelmotiv aufbauen kann (Beispiel 1Thess 4,3–8). Auch die Hauptstichworte der paulinischen Ekklesiologie, nämlich „in Christus" und „Leib Christi", haben mit der Tempelmetaphorik nichts zu tun. Dieser Befund singulärer Verwendung stützt die Annahme, dass in 1Kor 3,16f Tradition vorliegt.

Woher stammt sie? Dass Paulus sie aus seiner antiochenischen Zeit kennt, ist eine ansprechende Annahme.[10] Als Traditionsvermittlerin könnte auch noch die Gemeinde in Ephesus gedient haben.[11] Doch beide Gemeinden kommen nicht als Autorinnen der Tradition in Frage. Denn warum

---

[9] Einen Überblick über die Diskussion bieten: Ch. WOLFF, Der zweite Brief des Paulus an die Korinther, ThHK 8, Berlin 1989, 146–154; E. GRÄSSER, Der zweite Brief an die Korinther Kapitel 1,1–7,16, ÖTBK 8.1, Gütersloh/Würzburg 2002, 255–265. Zum essenischen Hintergrund vgl. außerdem: G. KLINZING, Die Umdeutung des Kultus in der Qumrangemeinde und im Neuen Testament, StUNT 7, Göttingen 1971, 172ff.

[10] Paulus schreibt den 1Kor vier bis fünf Jahre nach seinem Fortgang aus Antiochia.

[11] Es ist die einzige Stadt auf der paulinischen Missionsreise nach seinem Fortgang aus Antiochia, in der Paulus schon eine ehedem judenchristliche, dann völkerchristliche Gemeinde vorfand (Apg 18f).

sollte ausgerechnet in diesen beiden Gemeinden, die so entfernt vom Jerusalemer Tempel lebten, die Tempelmetaphorik aktuell geworden sein?[12] Die bis heute einzige vorchristliche Analogie für die Gleichsetzung von Tempel und Gemeinde haben auch die palästinaorientierten Essener ausgearbeitet.[13] Sie besaßen als Priestersezession zudem eine besondere Nähe zum Tempel in Jerusalem. Also ist zu prüfen, ob vielleicht die „Hebräer" und/oder „Hellenisten" (Apg 6) solche Ekklesiologie aufstellten. Dass Missionare dieses Konzept dann von Jerusalem nach Antiochia bringen konnten, ist gesichert (Apg 6,5; 11,19–24). Wegen des judenchristlichen Anfangs der Gemeinde in Ephesus[14] legt sich auch für diese Gemeinde eine Mission judäischen Ursprungs nahe.[15]

2 1Kor 3,16f als Jerusalemer Tradition

Kann also eine Zuweisung von 1Kor 3,16f an die frühe Urgemeinde in Jerusalem begründet werden? In jedem Fall lässt sich m. E. die Aussage der Einwohnung gerade des Geistes Gottes dann in Jerusalem gut ansiedeln, wenn man die Urgemeinde als erste Gemeinde versteht, die Geisterfahrungen als neues Erlebnis im Zusammenhang der Osterereignisse machte.[16] Dann kann man folgern: Diese Widerfahrnisse drängten, wie allgemein mit Recht angenommen wird, zu neuen christologischen Ansätzen, doch so wird man ergänzen, eben auch zur Aufarbeitung der Erfahrungen mit dem Geist selbst. Wie bei den Essenern war zudem dabei auch für die Urgemeinde ein unmittelbarer Kontakt zum Jerusalemer Tempel gegeben. Sie konnte also ihr pneumatisches Selbstbewusstsein, „Tempel Gottes" zu sein, gleichsam in Sichtweite des Tempels verbalisieren.

---

[12] Einen heidnischen Tempel als Bildspender darf man ausschließen. Zum Jerusalemer Tempel vgl. V. FRITZ, Art. Tempel II, TRE 33 (2002) 46–54: 48–54.

[13] Vgl. dazu KLINZING, Umdeutung, 50–166; J. MAIER, Art. Tempel IV, TRE 33 (2002) 65–72: 67.

[14] Vgl. dazu neuerdings P. TREBILCO, The Early Christians in Ephesus from Paul to Ignatius, WUNT 166, Tübingen 2004, 101–127. Allerdings reizt die Arbeit zu einem eingehenden Korreferat.

[15] Diese Sicht der Dinge setzt voraus, dass es in Galiläa in urchristlicher Frühzeit keine Gemeinden gab, die traditionsbildend und missionarisch hätten tätig werden können. Zur Begründung vgl. J. BECKER, Vielfalt und Einheit des Urchristentums, in: W. Härle u.a. (Hg.), Befreiende Wahrheit (FS E. Herms), MThSt 60, Marburg 2000, 57–76: 68 mit Anm. 36; M. HENGEL/A.M. SCHWEMER, Paul between Damascus und Antioch, London 1997, 30f. Angesichts des Quellenbefundes ist es mir unverständlich, wie man immer wieder ganz problemlos seit Ostern mit galiläischen Gemeinden rechnen kann. Eines der letzten Beispiele dafür liefert H. VON LIPS, Christen in nichtchristlicher Umwelt, BThZ 20 (2003) 127–142: 128 Anm. 5.

[16] Zur Zusammengehörigkeit von Ostern und Pfingsten vgl. J. BECKER, Das Urchristentum als gegliederte Epoche, SBS 155, Stuttgart 1993, 29ff.

Diese Auffassung von der Urgemeinde ist allerdings nicht unbestritten. Wo man der These folgt, die im ausgehenden 19. Jahrhundert erstmals geäußert wurde, zwischen der Urgemeinde und den paulinischen Gemeinden müsse so unterschieden werden, dass zumindest primär diese Geisterfahrung besaßen, jene jedoch (fast) nur sekundär durch spätere Geistaussagen gekennzeichnet wurde, wird man die hier vertretene Ansicht zurückweisen.[17] Doch angesichts der Quellenlage sind die zugunsten solcher deutlichen Unterscheidung zu tätigenden traditionsgeschichtlichen Urteile zwangsläufig hinterfragbar. Denn das Urchristentum selbst hat solcher Unterscheidung nicht das Wort geredet. Sie ist also nur eine heutige, mit hypothetisch erarbeiteten Indizien begründete Zuschreibung. Auch könnte sich als Ergebnis solcher Quellenanalyse nur die Aussage einstellen: Es gibt keine sicheren Pneumaaussagen mehr, die der Urgemeinde zuerkannt werden können, nicht aber die These: Sie habe keine Geisterfahrung besessen.[18] Das erste, allein mögliche Ergebnis jedoch wäre angesichts fehlender Primärquellen aus der Urgemeinde nicht besonders aufregend, in jedem Fall kaum tragfähig, um so grundsätzliche Differenzen zwischen Jerusalem und Korinth zu begründen.

M.E. gibt es aber nun doch respektable Hinweise, die es geraten sein lassen, auch der Urgemeinde Geistdurchwirktheit zuzuerkennen, unbeschadet der Möglichkeit, dann immer noch Nuancierungen zwischen der Urgemeinde und den paulinischen Gemeinden anzuerkennen. Da sind zunächst die recht unterschiedliche narrative Ostertradition (Mt 28,19; Lk 24; Apg 1f; Joh 20,21–23), die frühe Bekenntnisbildung (Röm 1,3bf), weiter die paulinische Auffassung seiner Berufung, die er 1Kor 15 an die vorgängige Ostertradition anhängt und als prophetische Beauftragung versteht (Gal 1,15f), so dass er sich seither im Geistbesitz weiß (1Kor 7,40), und endlich das johanneische Geschichtsbild aus Joh 7,39; 14,16–21. Alle vier Aussagenkreise sind unabhängig voneinander und auf ganz verschiedene Weise entstanden. Es liegt also vierfache unabhängige Bezeugung vor. Inhaltlich vertreten die Texte dieselbe Ansicht: Ostern und Pfingsten gehören zusammen. Diese Koinzidenz erklärt sich am besten als je eigenständige und dabei zutreffende Erinnerung an die Erfahrungen der Urgemeinde. Sodann muss nicht nochmals begründet werden, dass die Urgemeinde, auf die Johannestaufe zurückgreifend, nach Ostern mit dem Taufen „auf dem Namen Jesu" begann.[19] Zur alten judenchristlichen Taufauffassung gehört aller-

---

[17] So F.W. HORN, Das Angeld des Geistes. Studien zur paulinischen Pneumatologie, FRLANT 154, Göttingen 1992, 89ff.379ff.

[18] Besäßen wir nicht 1Kor 14,18, gäbe es wohl längst eine Diskussion, ob Paulus überhaupt in Zungen geredet hat, und ohne 1Kor 11,17–34 Erörterungen, ob in den paulinischen Gemeinden überhaupt das Herrenmahl gefeiert wurde. Doch alle solche Schlüsse sind methodisch invalide.

[19] Vgl. nur K. ALAND, Taufe und Kindertaufe, Gütersloh 1971, 9ff; G. BARTH, Die Taufe in frühchristlicher Zeit, BThSt 4, Neukirchen-Vluyn 1981, 37ff; U. SCHNELLE, Art. Taufe II, TRE 32 (2001) 663–674: 665f.

dings auch die Q-Tradition in Mt 3,11 = Lk 3,16, die just mit der Geistaussage den Unterschied zur Johannestaufe festhält. Endlich ist an Gal 2,6–9 zu erinnern. Diese paulinische Zusammenfassung des Jerusalemer Konvents, die für die Galater überprüfbar war, analogisiert die Jerusalemer Mission, für die Petrus stand, und die antiochenische Mission, die, an Paulus orientiert, zur Sprache kommt. Beide Missionsweisen sind, so ist die Auffassung, in gleicher Weise von Gottes „Wirken" bestimmt und haben darum Erfolg. Dieses Wirken wird 1Thess 1f von Paulus selbst und Apg 10; 15,8–11 für Petrus als Geistwirkung ausgelegt. Aufgrund dieser Gemeinsamkeit kann das neue Missionsziel der Antiochener anerkannt werden. Also ist vorgegebener und unstrittiger Maßstab der durch den Geist erzielte Missionserfolg der judenchristlich-petrinischen Mission. Diese drei Begründungspfade führen damit zu der Ansicht, dass 1Kor 3,16f sehr gut zum Geistverständnis der Urgemeinde passt. Sie zeitigen als weiteres Ergebnis die Folgerung, dass Lukas in Apg 1–12 bei aller ihm zugestandenen Eigenleistung die Urgemeinde nicht von Grund auf neu beschrieb, wenn er sie geistdurchwirkt zeichnete.

Eine zweite an 1Kor 3,16f zu machende Beobachtung eigenständiger Provenienz sekundiert dieser Auffassung. Die Jerusalemer Christen galten in besonderer Herausgehobenheit als „die Heiligen"[20]. Nach allgemeinem christlichen Verständnis ist man „heilig" oder „geheiligt" aufgrund des Wirkens des heiligen Geistes.[21] Diese Ansicht besitzt einen frühjüdischen Hintergrund: Nach TestLev 18,11 z. B. wird das endzeitliche Israel als „die Heiligen" benannt, auf denen der „Geist der Heiligung" ruht. Ist also die christliche Endzeitgemeinde kraft des heiligen Geistes heilig, dann entspricht das einer Basisaussage in 1Kor 3,16f.

Ein drittes Argument für die Zuweisung an die Jerusalemer Gemeinde ist die Gal 2,9 anzutreffende Bezeichnung der Apostel Jakobus, Petrus und Johannes als „die Säulen". Die Ausführungen des Paulus machen klar, dass ihm diese Formulierung vorgegeben ist. Zusammen mit ihrer urchristlichen Singularität als Gruppenbegriff für diese drei Apostel ergibt sich die Annahme, diese Bezeichnung stamme aus der frühen Jerusalemer Gemeinde selbst, die einst diesem zeitweiligen Führungsgremium diese Ehrenbezeichnung beilegte. Also besitzt der Ausdruck ekklesiologischen Sinn, den Paulus gerne mitschwingen lässt.[22] Es waren, so will er sagen, die offiziellen Repräsentanten der Jerusalemer Gemeinde, die mit ihm und Barnabas, den Abgesandten Antiochias, die Abmachung über den neuen Weg der Antiochener abschlossen.

---

[20] Vgl. Röm 15,25f.31; 1Kor 16,1; 2Kor 8,4; 9,1.

[21] Vgl. Röm 15,16; 1Kor 6,11; 1Petr 1,2.

[22] Dass Paulus gleichzeitig auch eine gewisse Distanz zu der Dreiergruppe in sein Satzgefüge einbaut, steht auf einem anderen Blatt.

Wie kam die Bezeichnung der Drei als „Säulen" zustande? In Jerusalem erhielt solche Rede erst Stärke und Leuchtkraft, wenn als Bildspender der herodianische Tempel im Blick war, nicht jedoch Säulen irgendeines Profanbaus den Hintergrund bildeten. Diese Option wird durch Analogien aus dem Urchristentum gestützt. In Offb 3,12 z.B. wird standfesten Christen versprochen, im endzeitlichen Tempel Gottes „Säulen" zu werden. Nach 1Petr 2,5 sind Christen schon jetzt „lebendige Steine" am Tempel der Gemeinde. Und Eph 2,19–22 bilden „Apostel und Propheten" das Fundament der Gemeinde als des Tempels Gottes. Nur in 1Clem 5,2 gelten Apostel und andere Größen als „Säulen" der Kirche, ohne dass diese ausdrücklich als Tempel Gottes bestimmt wird. Doch weil der 1Clem den 1Kor kennt (vgl. 1Clem 47,1), wird man abgeblassten Einfluss aus dem 1Kor annehmen können.[23] So darf man also die Bezeichnung der drei Apostel als „Säulen" als gutes Indiz werten, dass man in der Urgemeinde in Jerusalem die Tempelmetaphorik pflegte.

Als Ergebnis stellt sich damit ein: Es lässt sich in der Tat wahrscheinlich machen, dass 1Kor 3,16f das Kirchenverständnis der frühen Urgemeinde wiedergibt, und zwar der gesamten Urgemeinde aus „Hebräern" und „Hellenisten".[24] Denn die drei „Säulen" sind herausgehobene „Hebräer". Da die

---

[23] Auch in 1Tim 3,15 dürfte Weiterentwicklung einer Vorgabe, hier von 2Kor 6,16, vorliegen. Für den Paulusschüler des 1Tim wird also 2Kor 6,14–7,2 schon im 2Kor gestanden haben.

[24] So lautet die Sprachregelung in Apg 6,1ff. Mit den „Hellenisten" sind Diasporajuden gemeint (vgl. Apg 6,5.9), die in Jerusalem wohl erst nach Ostern Christen wurden und Synagogen besuchten, deren Gottesdienstsprache Griechisch war. Ihr Horizont war durch die jüdische Diaspora geprägt (Apg 11,19ff). Namentlich bekannt sind aus dem Kreis die fünf leitenden Personen aus Apg 6,9. Gehörten Andronikus und Junias dazu (Röm 16,7)? Mit den „Hebräern" werden galiläische und judäische Judenchristen bezeichnet, die im Kernbestand schon Jesus nachfolgten und Aramäisch sprachen. Zu ihnen gehörten u.a. die Zwölf (Apg 1,13.15ff), die Frauen aus Mk 15,40.47; 16,1 par, die Familie Jesu (Apg 1,14; 1Kor 9,5) und natürlich Neuzugänge nach Ostern, von denen einige namentlich bekannt sind (Apg 5,1f; 12,12). Die Person des Barnabas (Apg 4,36; Kol 4,20) könnte anzeigen, dass die Aufteilung in „Hebräer" und „Hellenisten" nicht glatt aufging. Barnabas ist Diasporajude, bleibt aber von der Verfolgung des Stephanuskreises unbehelligt und taucht später in Antiochia auf (Apg 13–14; Gal 2,1ff.13). Auch Petrus ist übrigens später den „Hellenisten" geistesverwandt (Gal 2,12). Die Aufteilung deckt sich also nicht einfach mit eventuell noch erkennbaren Differenzierungen in der Urgemeinde. Auch verändert sich die Lage in Jerusalem mit der Flucht der Hellenisten (Apg 11,19ff), und nochmals mit dem Zeitpunkt, an dem der Herrenbruder Jakobus die Leitung der Gemeinde übernahm. Ebenso enthält die Mission der Hellenisten außerhalb Palästinas bald eine Eigendynamik. Stephanus dachte gewiss noch nicht an eine antiochenische Völkermission im Sinne von Gal 3,26–28. Übrigens gibt es auch noch zur Zeit des Konvents und beim letzten Besuch des Paulus in Jerusalem „Hellenisten" in der Stadt (vgl. Apg 15,22–41; 21,15–17). Vgl. zum Thema: M. KLINGHARDT, Gesetz und Volk Gottes. Das lukanische Verständnis des Gesetzes nach Herkunft, Funktion und seinem Ort in der Geschichte des Urchristentums, WUNT 2.32, Tübingen 1988, 284ff; E. RAU, Von Jesus zu Paulus, Stuttgart 1994; B. WANDER, Trennungsprozesse zwischen Frühem Christentum und Judentum im 1. Jh. n.Chr., TANZ 16, Tübingen 1994, 123ff; H. RÄISÄNEN, Die „Hellenisten" der Urgemeinde, ANRW II 26.2 (1995) 1468–1514; K. HAACKER, Stephanus in der Geschichte des Urchristentums, ANRW II 26.2 (1995) 1515–1553; G. THEISSEN, Hellenisten und Hebräer (Apg 6,1–6). Gab es eine Spaltung in der Urgemeinde?, in: H. Cancik u.a. (Hg.), Geschichte – Tradition – Reflexion III. Frühes

Tradition jedoch griechisch vorliegt, wurde sie offenkundig von den „Hellenisten" weitergegeben. Indem die früheste Gemeinde so verfuhr, also Gottes endzeitliche Nähe in ihrer Gemeinschaft aussagte, konnte sie sich an Jesu Wirken und an seine Interpretation der endzeitlichen Nähe der Gottesherrschaft erinnern. Auch Jesus hatte ja die endzeitliche Nähe der Gottesherrschaft pointiert zum Ausdruck gebracht (Lk 11,20; 17,20f).

3 Der heilige Geist der Endzeit und die Heiligung

Das Urchristentum hat von Anfang an Jesu Wirken, seine Auferstehung und die Gabe des Geistes als in der gegenwärtigen Endzeit erfüllte Verheißungen aufgefasst (vgl. nur 1Kor 10,11; 2Kor 6,2). Die Ausgangsbasis lieferte dazu das Geschichtsverständnis Jesu, nach dem die Gegenwart endzeitlichen Charakter besaß, Zeit eingelöster Verheißungen war (Lk 10,23f par; 16,16 par).[25] Dass dann mit Ostern auch Jesu Auferstehung in den Horizont der endzeitlichen Schrifterfüllung eingezeichnet wurde, dafür steht der älteste judenchristliche Beleg in 1Kor 15,3b–5. Für die Geistbegabung werden, frühjüdischer Tradition folgend (4Esr 6,16f; Sib 3,582), sehr bald Ez 36,26; 37,14 wie auch Joel 3,1–5 herangezogen (1Thess 4,8; Apg 2,17ff).[26] Der Geist ist damit als erste Endzeitgabe der ausstehenden Vollendung angesehen (2Kor 1,22; 5,5; Eph 1,14). Damit ist für die Christen die frühjüdische Erwartung der geistlichen Endzeitbegabung mit der gegenwärtigen Erfahrung zur Deckung gebracht. Das Verständnis hinter 1Kor 3,16f, als Endzeitgemeinde zu leben, kommt also von der Pneumatologie, nicht von der frühjüdischen Erwartung eines erneuerten, neuen oder vom Himmel kommenden Endzeittempels,[27] dessen Verwirklichung jetzt in der christlichen Gemeinde geschieht. Der Sinn von 1Kor 3,16f ist damit dieser: Weil der endzeitliche Geist Gottes jetzt in der Gemeinde wohnt, ist sie endgültiger Vollendungsort göttlicher Gegenwart, d.h. „Tempel", also seine Wohnung.[28] Hinzuzufügen ist: Die Konzentration auf nur diesen Aspekt der Tempelmetaphorik ist wohl bewusst vollzogen.

Christentum (FS. M. Hengel), Tübingen 1996, 323–343; B. KOLLMANN, Joseph Barnabas, SBS 175, Stuttgart 1998; W. KRAUS, Zwischen Jerusalem und Antiochia, SBS 179, Stuttgart 1999; A. LINDEMANN, Der „äthiopische Eunuch" und die Anfänge der Mission unter den Völkern nach Apg 8–11, in: C. Breytenbach/J. Schröter (Hg.), Die Apostelgeschichte und die hellenistische Geschichtsschreibung (FS. E. Plümacher), AJEC 57, Leiden 2004, 109–133.

[25] Vgl. J. BECKER, Jesus von Nazaret, Berlin/New York 1996, 124ff.

[26] Zum atl. Befund vgl. W.H. SCHMIDT, Alttestamentlicher Glaube, Neukirchen-Vluyn [8]1996, 152ff.

[27] Belege und Literatur bei MERKLEIN, Korinther, 270–272.

[28] Damit bekommt die oben schon herausgestellte Beobachtung, 1Kor 3,16f rede von einem besonderen und dauerhaften Wohnen Gottes, ihre Begründung durch die eschatologische Anschauung der Urgemeinde.

Der Tempel Gottes, also die Endzeitgemeinde, ist heilig. Der Geist, der in dieser Gesamtgemeinde anwesend ist, besitzt somit die Fähigkeit, kraft seiner Gegenwart aktiv heiligend zu wirken.[29] Seine Heiligkeit und Reinheit nichtet Unreinheit und Verlorenheit, macht aus sündigen und unreinen Menschen „Heilige" (vgl. 1Kor 1,2 usw.) und „Kinder Gottes" (Gal 3,26), antiochenisch gesprochen: „abgewaschene, geheiligte und gerechte" Menschen (1Kor 1,30; 6,9–11). Solches Wirken entspricht alttestamentlich-jüdischer Erwartung für die Zeit der Vollendung. Dabei enthält diese nicht nur die Hoffnung der Partizipation aller am Geist und die Erwartung von charismatischen Sondererfahrungen (Joel 3,1f). Sie zeitigte vor allem auch Aussagen, die von der Wirkmächtigkeit des Geistes bei der Neukonstitution des Menschen (Ez 36,26) und bei der Vermittlung wahrer Gotteserkenntnis sprechen (Ez 37,14). Nach TestLev 18,10–14 führt die endzeitliche Gabe des Geistes zum vollkommenen Gottesverhältnis (vgl. äthHen 61,6–13). In Jub 1,23 sind das Schaffen des reinen Herzens, die Herzensbeschneidung und die Gabe des Geistes als drei Aspekte des einen endzeitlichen Handelns Gottes erwartet. Durch solche Neukonstitution schafft Gott, dass sich die Menschen nicht mehr von ihm abwenden.[30]

Ist dies auch der Hintergrund von 1Kor 3,16f, dann liegt eine Umkehrung der Verhältnisse aus Hag 2,10–13 vor, wenn hier im alltäglichen Normalfall das Heilige immer gefährdet ist und das Unreine sich als das Stärkere durchzusetzen pflegt. Nur in begrenzter Weise bewirkte auch nach Auffassung des Frühjudentums[31] des heiligen Gottes (Jes 5,16; 6,3; Hos 11,9) Anwesenheit im Jerusalemer Tempel ausstrahlende Heiligkeit, nämlich auf solche in den Tempel gebrachte Gegenstände, die von Haus aus kultfähig waren (Beispiel: Mt 23,16–19), auf den Tempelberg (Jes 11,9; 56,7) und auf die Stadt Jerusalem als ganzer, die darum „heilige Stadt" hieß (Beispiel: Mt 27,53; 11Q19 45,7–47,18[32]). Allerdings durften natürlich Unreine den Tempel gar nicht erst betreten (Jub 3,10–14; 11Q19 35; 45,7–18; Josephus, Ap II 103; Josephus, Bell 5,194), denn sie würden ihn entweihen. Nach Lev 15,31 war derjenige des Todes schuldig, der den Tempel unrein aufsuchte. Dieselbe Sanktion galt demjenigen, der in ritueller Unreinheit Opferfleisch aß (Lev 7,20f). Mag diese Sanktion auch im Frühjudentum

---

[29] Vgl. die Hinweise bei K. BERGER, Pharisäismus und frühes Christentum, NT 30 (1988) 231–262: 238–248.

[30] Ähnliches wird äthHen 5,7–9 von der Weisheit gesagt.

[31] Ich führe im Folgenden nur stichwortartig an, was allgemeine frühjüdische Auffassung war, und gehe auf Einzelfragen nicht ein. Zu der zum Teil recht komplexen Diskussion vgl. S. KRAUTER, Bürgerrecht und Kultteilnahme. Politische und kultische Rechte und Pflichten in griechischen Poleis, Rom und antikem Judentum, BZNW 127, Berlin/New York 2004, 143–229.

[32] Die Tempelrolle beschreibt ihre Auffassung vom eschatologischen Tempel. Doch diese lebt von der zeitgenössischen Tempelpraxis, vgl. W. CRAWFORD, The Temple Scroll and Related Texts, Companion to the Qumran Scrolls 2, Sheffield 2000, 27f; J. MAIER, Die Tempelrolle vom Toten Meer und das „Neue Jerusalem", UTB 829, München/Basel [3]1997, 62f.

nicht praktiziert worden sein, so bleibt doch der Grundsatz eindeutig, dass kultische Reinheit großes Gewicht besaß. Wer also das Tempelareal aufsuchte, hatte sich rituell zu reinigen (vgl. Apg 21,24.26; 24,17f). Priester hatten noch speziellere Reinheitsanforderungen einzuhalten. Auch die Stadt Jerusalem unterlag besonderen Reinheitsvorschriften (11Q19 45,7–47,18). Da jedoch die Erfahrung des Geistes, gedeutet als endzeitliche Gegenwart Gottes, allen christlichen Gemeinden eigen war (1Kor 14,23–25), gilt für das gesamte Urchristentum die Auffassung, dass hier der heilige Geist durchweg mit heiligender Kraft wirkte (Röm 15,16; 1Kor 6,11; Apg 10; 15,8f). Ja, Paulus setzt sogar bei Christen, die in nichtchristlichen Familien lebten, voraus, dass ihre Heiligkeit auf die Familien ausstrahlte (1Kor 7,12–16). Solche religionsverschiedenen Ehen sollten darum von christlicher Seite her nicht aufgelöst werden. Das ist ein auffällig anderer Weg, der auf die Kraft des heiligen Geistes setzte, als ihn das Judentum seit Esra in solchen Fällen beschritten hatte (Esr 9f).

Die christliche Option für dieses Geistverständnis enthält wohl auch zwei mit der Person Jesu verbundene Erfahrungen: Einmal verstand Jesus sein Wirken zugunsten der Gottesherrschaft so, dass sie sich selbst mit unwiderstehlicher Kraft durchsetzt und dabei Verlorenheit aller Art aufhebt, also Unreinheit und Sünde.[33] Nur aufgrund solcher überlegenen Mächtigkeit kann ja überhaupt Vollendung entstehen. Diese Auffassung von der kreativen und siegreichen Kraft göttlicher Gegenwart konnte nach Ostern leicht auf das Wirken des göttlichen Geistes übertragen werden. Zweitens gehörte zu der österlichen Geisterfahrung, dass der Auferstandene die Jünger, die ihn in den Jerusalemer Tagen fluchtartig verlassen (Mk 14,50 par), im Falle des Petrus verleugnet hatten (Mk 14,66ff par), in die mit Ostern neu begründete Gemeinschaft wieder aufnahm. Die Ostererfahrung implizierte ja nicht nur die Erkenntnis, dass Jesus nun bei Gott war, sondern begründete zugleich die Auffassung, dass durch Gottes auferweckendes Handeln die zerbrochene Gemeinschaft des Irdischen mit seinen Jüngern wieder in Ordnung gebracht war und eine neue Qualität erhielt. Die Gabe des Geistes wirkte also friedenstiftend, bedeutete Vergebung und enthielt die Vollmacht, diese Gaben weiterzugeben (Joh 20,21–23[34]).

4 Der endzeitliche Geist und die Tora

In der ältesten Schicht der Jesusüberlieferung sucht man Aussagen zum heiligen Geist/Geist Gottes ebenso vergeblich wie Ausführungen eigenstän-

---

[33] Vgl. BECKER, Jesus, 168ff.

[34] Die Verse bilden für mich den Abschluss der alten johanneischen Passionserzählung, sind also deutlich älter als die Entstehung des vierten Evangeliums. Vgl. J. BECKER, Johanneisches Christentum. Seine Geschichte und Theologie im Überblick, Tübingen 2004, 96.

diger Art zum Tempel und seinem Kult. So wurden alte Einzelworte Jesu nachträglich mit Hilfe des Geistmotivs uminterpretiert (Lk 11,20 wird zu Mt 12,28, und Mt 7,11 wird zu Lk 11,13). In Mt 10,20 = Lk 12,11f; Mk 13,11 sowie Mk 3,28f par liegen überhaupt Gemeindebildungen vor. Auch die Thematisierung des Unterschieds zwischen der Taufe des Johannes und der christlichen Taufe (Mk 1,8 par) ist nachösterliche Reinterpretation eines alten Täuferwortes. Ob und gegebenenfalls wie Jesus selbst Tempelthematik aufarbeitete, entscheidet sich an drei Überlieferungen:[35] Dabei ist das Gerichtswort über den Tempel in Mk 13,1f par m.E. ein vaticinium ex eventu, entstammt also erst der Zeit nach 70 n. Chr. Das Tempelwort aus Mk 14,58 par; Joh 2,19 ist schon in seinem ältesten Bestand schwer zu bestimmen. Gibt Joh 2,19 in etwa die älteste Fassung wieder, ist das Wort ohne Relevanz für eine Diskussion um den Tempel. Die provokante Handlung im Tempel, von der Mk 11,15ff par und Joh 2,14ff erzählen, besitzt mehr historische Probleme, als den Exegeten lieb sein könnte, und sollte am ehesten als eine hellenistisch-judenchristliche Gemeindebildung angesehen werden. Über die Themen Geist und Tempel lässt sich also keine Brücke von Jesus zur Urgemeinde schlagen. Vielmehr ist anzunehmen, dass die unerwartete österliche Geisterfahrung die Auslöserin für die Arbeit an einem Geistverständnis war. Sie führte auch alsbald zur Metaphorik, nach der die Gemeinde „Tempel Gottes" ist. Die angesprochenen Jesustraditionen gehören also in die Nachgeschichte dieses nachösterlichen Anfangs.

Zur Auffassung der Gemeinde als Tempel Gottes gibt es, wie schon angedeutet, bisher nur eine Analogie: Auch die Essener klassifizierten mit derselben Metaphorik das Selbstverständnis ihrer priesterlich dominierten Gemeinschaft. Diese hatte sich von den entscheidenden Opfern im Jerusalemer Tempel zurückgezogen, weil sie überzeugt war, dass der am Tempel praktizierte Kalender der Torakonformität entbehrte.[36] Nur wenn der Kalender, wie ihn für die Essener die Tora vorgab und wie er für sie gleichzeitig der Schöpfungsordnung entsprach, bei den kalendarisch gebundenen Opfern angewendet wurde, waren diese für sie legitim, genauer: konnte der Kult Sühne bewirken. Die Essener waren also nicht etwa prinzipiell gegen einen Opferkult eingestellt. Denn da sie es mit der Toratreue besonders ernst nahmen, wären sie niemals auf die Idee gekommen, an Lev 23; Num 28f usw. grundsätzliche Kultkritik mit dem Ziel zu üben, den Sinn von Op-

---

[35] Vgl. dazu Th. SÖDING, Die Tempelaktion Jesu, TThZ 101 (1992) 36–64; BECKER, Jesus, 402ff; U. LUZ, Warum zog Jesus nach Jerusalem? in: J. Schröter/R. Brucker (Hg.), Der historische Jesus, BZNW 114, Berlin 2002, 408–427; M. EBNER, Jesus von Nazareth, SBS 169, Stuttgart 2003, 178ff.

[36] Zur Diskussion um den essenischen Kalender vgl. J. MAIER, Die Qumran-Essener. Die Texte vom Toten Meer 1, UTB 1862, München 1995, XV–XVII; Sh. TALMON u.a., Qumran Cave 4, XVI. Calendrical Texts, DJD 21, Cambridge 2001; J.C. VANDERKAM, Calendars in the Dead Sea Scrolls, London 1998; U. GLESSMER, Art. Zeitrechnung IV, TRE 36 (2004) 601–606.

ferkulten überhaupt anzuzweifeln.[37] Im Gegenteil: Für sie stand die Notwendigkeit von Opferhandlungen aufgrund ihrer Torabindung fest. Nur die zur Zeit in Jerusalem vollzogenen Opfer waren „nutzlose Feuer" auf Gottes Altar (CD 6,11–13; Mal 1,10). So erwarteten sie auch für die Endzeit die Restitution des Kultes gemäß den Torabestimmungen. Doch wie sollte in der Gegenwart dann die notwendige Sühne geschaffen werden? Für die Lösung dieses Problems bedienten sich die Essener der Tempelmetaphorik für ihre Gemeinschaft. Sie war gleichsam ersatzweise Tempel Gottes. Mit Lobpreis, Gebet und ihrem vom Geist Gottes geleiteten, darum untadeligen Wandel leistete sie zwischenzeitlich Sühne für Israel (CD 11,20f; 1QS 8,3–10; 9,3–6).[38] So nahmen die Essener an den Opferhandlungen im Tempel nicht teil, waren diese doch für sie sündige Handlungen und darum unwirksam. Allerdings lehrten sie etwa auf dem Tempelgelände und zahlten z.B. die Tempelsteuer nach Ex 30,11–16. Sie entwickelten offenbar eine ausgeklügelte Kasuistik, um Dissens und Konsens zum Tempel angesichts ihrer Toraauslegung auszutarieren.

Man tritt in eine andere Welt, wenn man diese essenische Position mit 1Kor 3,16f vergleicht. Die Tempelmetaphorik und das Stichwort „heiliger Geist" sind zwar dort und hier anzutreffen. Jedoch war die Urgemeinde keine priesterliche Gemeinschaft, die sich um die Toraerfüllung beim Opferdienst und um dessen Sühnekraft Sorgen machte. Sichtbar ist vielmehr, dass der durchgängige Trend der urchristlichen Geschichte zumindest sehr bald in einer anderen Richtung verlief. Zunächst ist evident: Die Urgemeinde schreibt sich keine Sühnefunktionen zu, ihr Wandel ist kein Opfer, obwohl sie sich als „Tempel Gottes" versteht. Wohl aber gibt es relativ frühe Zeugnisse, in denen Kultterminologie christologisch eingesetzt wird. Das geschieht z.B. in Röm 3,24–26; 8,3, wenn Christi Tod als von Gott bestimmtes endgültiges Sühnopfer gedeutet ist, oder wenn in Christus das einzige und wahre Passalamm gesehen wird (1Kor 5,7). Solche Ansätze mit exklusiver Tendenz implizieren ein Verhältnis zum Jerusalemer Kult, das ihn christologisch als überholt kennzeichnet. Weil nämlich in Röm 3,24–26 Christi Heilstat in ein vom endzeitlichen Blickwinkel her entworfenes Geschichtsbild eingezeichnet ist, ist es (im Unterschied zu 4Makk 6,28f; 17,21) unmöglich, die Sühne am Tempel und die Sühneleistung Christi harmonisch nebeneinander gestellt zu sehen. Röm 3,24–26 lässt nur die Auffassung zu, dass es seit Christi Heilstat des Tempels nicht mehr bedarf. Diese Auffassung kam ebenfalls bald dort zur Geltung, wo überhaupt und vermehrt Christi Heilstat außerhalb des kultischen Horizonts so entfaltet wurde, dass nur sie soteriologisch wirksam war.[39]

---

[37] Zur antiken Kultkritik vgl. die Übersicht bei RAU, Jesus, 46ff.

[38] Im Ansatz folge ich damit also KLINZING, Umdeutung. Die Kritik daran von WICK, Gottesdienste, 144ff, vermag ich nicht zu teilen.

[39] Der älteste Beleg dafür dürfte 1Kor 15,3 stehen.

Nun ist es allerdings zu gewagt, solche christologischen Ansätze schon in der frühen Jerusalemer Urgemeinde anzusiedeln. Sie gehören am ehesten in die etwas spätere Missionsgeschichte der Hellenisten, weil sie sich aus einem geographischen und mentalen Abstand zum Jerusalemer Kult besser verstehen lassen. Aber eben, es waren Hellenisten, die recht bald so formulierten. In jedem Fall lebte die frühe Urgemeinde im Bewusstsein, mitten in Endzeitereignissen zu leben, mit denen Verheißungen in Erfüllung gingen und Vollendung sich zu etablieren begann. Wie Jesus z. B. Johannes den Täufer einerseits schätzte, andererseits jedoch gleichzeitig vom Blickpunkt der sich realisierenden Gottesherrschaft aus (Lk 10,23f par; 11,20 par) zur Vergangenheit zählte (Mt 11,11–13 par), ja alles im Lichte dieses Endgeschehens neu sehen ließ, so wird auch die Urgemeinde angesichts von Ostern und Geisterfahrung alles andere in neuer Weise qualifiziert haben. Indem sie sich im Rahmen dieses echatologischen Ansatzes als „Tempel Gottes" deutete, schätzte sie ihre eigene Heilserfahrung gewichtig und maßgeblich ein, was auf den Tempelkult zwangsläufig einen Schatten warf und die Aufgabe dringlich machte, mit seiner noch real existierenden Gleichzeitigkeit umzugehen. Mit dieser, wenn noch nicht christologischen Entwertung, so doch eschatologischen Abstufung legte sie zugleich den Grund, auf dem etwas später Röm 3,24–26 aufbauen konnte. Noch ein weiterer Aspekt sei genannt: Schon Jesus hatte die Vollendung der Gottesherrschaft als Heilsmahl geschildert (Mt 8,11f par; Mk 14,25). Diese Vollendung geschöpflich fundierter Sozialität variierten die Christen nach Ostern, indem sie beteten, dass der Herr alsbald „kommen" möge (1Kor 16,22), damit sie für immer mit ihm zusammensein konnten (1Thess 4,17; 5,10). In dieser nun christologisch gefassten Sozialität sahen sie die Vollendung, nicht in einem von Priestern in Gegenwart der Gemeinde zelebrierten Endzeitkult.

Beteiligte sich die Urgemeinde unter diesen Voraussetzungen noch am Tempelkult? Wer sich selbst in dem besprochenen Sinn zum „Tempel Gottes" erklärt, wer die endzeitlichen Heilszuwendungen Gottes durch Christologie und Pneumatologie pointiert zur Sprache bringt, wer zudem eigene gottesdienstliche Handlungen wie Taufe, Herrenmahl und hausweise Gottesdienste neu ins Leben ruft, kann jedenfalls kein ungebrochenes Verhältnis mehr zu ihm haben. Wie die mögliche Teilhabe am Leben auf dem Tempelberg praktiziert wurde, ist jedoch schwer zu verifizieren, da für konkrete Einzelheiten fast nur das Bild zur Verfügung steht, das Lukas sich von der Urgemeinde in späterer Zeit machte (Apg 1ff). Das essenische Beispiel lehrt, man konnte sein Verhältnis zum Tempel recht komplex ausgestalten. So kann man der Urgemeinde zutrauen, für eigene Versammlungen, zu den drei täglichen Gebetzeiten und für die eigene Werbung Gruppenpräsenz auf dem Tempelberg gezeigt zu haben (Lk 18,10; Apg 2,46; 3,1–11; 5,12.21.42). Das entspräche auch der essenischen Analogie. Eine judenchristliche Sonderstimme schlägt mit Mt 17,27 vor, die Tempelsteuer aus freien Stücken zu zahlen.[40] Eigentlich sei die christliche Gemeinde jedoch davon entbunden. Blitzt hier die Regel auf, wenn möglich, nach außen unanstößig zu leben (1Kor 10,31f)? Jedoch etwa aus Mt 5,23f weiter zu erschließen, die frühen Christen hätten einzeln oder als Gruppe auch Opfer dargebracht, wäre voreilig. Das (echte) Jesuswort ist keine christliche Anleitung zum Opfern, sondern benutzt die allgemeine Tempelpraxis, um in anstößiger Weise den unbedingten Vorrang geschwisterlicher Versöhnung einzuschärfen, selbst wenn man schon mit der Opferhandlung begonnen hat. Ein Priester müsste darin eine Missachtung der Opferhandlung sehen. Wenn die Urgemeinde diese Einstellung Jesu kannte, ihr auch noch präsent war, dass Jesus Gottes Annahme des Sünders neben dem Opferkult, ja doch wohl auch in Konkurrenz zu ihm und mit Vernachlässigung der am Tempelkult orientierten Reinheitstora vollzog,[41] und sich natürlich auch erinnerte, wie Ostern und Geistbegabung ihr Verhältnis zu Gott und Jesus ohne kultisches Opfer ins Reine gebracht hatte, hatte sie schon Grund, vom Opfern Abstand zu nehmen. Und eine Gemeinde, die bei der Tempelmetaphorik das entscheidende Thema der sühnenden Opfer nicht bedenkt und zugleich auf den kontinuierlich alles heiligenden Geist abhebt, kann durchaus bekunden wollen, es sei angemessen, wenn sie angesichts der angebrochenen Endzeiterfahrung ohne Tempelopfer lebt.[42] Vielleicht haben die „Hellenisten" diesen Standpunkt an den hellenistischen Synagogen in Jerusalem besonders auffallend zur Geltung gebracht und hellenistische Juden, die gerade wegen des Tempels nach Jerusalem gekommen waren, damit verärgert. Das würde sich zu der zugegebenermaßen sehr formalen[43] Beschreibung der lukanischen Anklage gegen Stephanus in Apg 6,11.13 fügen. Dieser jeden Geschichtswert abzusprechen, ist demgegenüber die schwierigere Position.

Eine weitere Überlegung schließt sich hier an. Zum Jerusalemer Tempel gehört eine Besonderheit im Verhältnis zur hellenistisch-römischen Welt. Er war nichts Geringeres als maßgebliches Zentrum zur Weltorientierung aller Juden. Um ihn lagerten gleichsam in konzentrischen Kreisen Zonen

---

[40] Vgl. U. LUZ, Das Evangelium nach Matthäus (Mt 8–17), EKK 1.2, Solothurn/Neukirchen-Vluyn 1990, 528ff; G. DAUTZENBERG, Jesus und der Tempel, in: L. Oberlinner/P. Fiedler (Hg.), Salz der Erde – Licht der Welt (FS A. Vögtle), Freiburg 1991, 223–238.

[41] Vgl. BECKER, Jesus, 194–211.371–387. Für den frühjüdischen Hintergrund sei auf C. BREYTENBACH, Gnädigstimmen und opferkultische Sühne im Urchristentum und seiner Umwelt, in: U. Mell/U. B. Müller (Hg.), Das Urchristentum in seiner literarischen Geschichte (FS J. Becker), BZNW 100, Berlin/New York 1999, 419–442, verwiesen.

[42] In gleiche Richtung zielt das Urteil von S. VOLLENWEIDER, Freiheit als neue Schöpfung. Eine Untersuchung zur Eleutheria bei Paulus und in seiner Umwelt, FRLANT 147, Göttingen 1998, 177.

[43] Vgl. auch die ebenso allgemeine Anklage in Apg 21,21.28. Solche Pauschalangaben sind nicht nur lukanische Gepflogenheit, wie z. B. Josephus, Ant 20,200, zeigt.

der abgestuften Heiligkeit, deren äußerste Region dann die unreine Welt der Völker bildete. Wie also schon der Tempelberg selbst vom Allerheiligsten bis zum sog. Vorhof der Heiden durch abgestufte Heiligkeit gegliedert war,[44] „wiederholte" sich diese „Geographie" der Heiligkeit in der gesamten bewohnten Welt.[45] So besitzt nach dem Tempel die Stadt Jerusalem die nächst höchste Heiligkeitsstufe, dann folgt Erez Israel. Hingegen lebte die jüdische Diaspora schon im unreinen Land der Völker. Wo immer sich in diesem Gesamtrahmen ein Jude oder eine Jüdin aufhielt, unterlagen sie bestimmten Reinheitsvorschriften, mussten sich auf die Heiligkeit oder Unreinheit ihrer Umgebung einstellen, mussten zusätzlich Verhaltensregeln bedenken je nach dem, ob jemand Priester oder jüdischer Laie war, ob er als Jude mit einem anderen Juden verkehrte oder als Jude mit einem Heiden. Immer standen für jeden stets Kultfähigkeit und Reinheit auf dem Spiel.

Mit der Pneumatologie aus 1Kor 3,16f tritt man in eine andere Welt. Nun gilt: Wo immer sich Gemeinde versammelt, „wohnt" Gottes Geist. Damit sind die Zentralität Jerusalems und die konzentrischen Kreise um die Stadt aufgehoben. Alle Orte, auch gerade die Orte außerhalb des Landes Israels, sind gleich, weil Gottes Geist sich überall Wohnung sucht. Die, die einst die Diaspora verließen, um in der heiligen Stadt und in der Nähe des Tempels zu leben, urteilen nun, dass es keine bevorzugten Orte für göttliche Nähe gibt. Da der christliche Gottesdienst hausweise stattfindet, kann jedes Privathaus Ort für den Gottesdienst werden. Alltagsleben und Gottesdienst sind so eng verwoben. Der heilige Geist heiligt das Haus, seine Bewohner und alle Geladenen. Fremde sind als Gäste ohne Vorbedingung willkommen (1Kor 14,23f). Aufgrund des Zutrauens in die heiligende Kraft des Geistes gibt es keine Notwendigkeit mehr, Unreines und Fremdes auszuklammern. Die Differenzierung zwischen Priesterschaft und Laien entfällt natürlich auch: Alle sind gleich heilig. Mag der Anlass zur Flucht der „Hellenisten" durch das Martyrium des Stephanus motiviert (Apg 11,19), mag das Fluchtziel durch die ehemalige Herkunft der Flüchtlinge bestimmt gewesen sein, dass und wie sie Gemeinden an den Synagogen außerhalb Israels gründeten, deren Lebensweise den pharisäischen Gesetzeseiferer Paulus zur Verfolgung reizte (Gal 1,13f.23; 1Kor 15,9; vgl. Phil 3,3–11),[46] lässt sich so allein noch nicht, wohl aber sehr gut mit 1Kor 3,16f erklären.

---

[44] Vgl. dazu MAIER, Art. Tempel IV, 66.

[45] Am eindrücklichsten ist das in 11Q19 35–51 nachzulesen. Im Übrigen vgl. den Überblick bei W. BOUSSET/H. GRESSMANN, Die Religion des Judentums im späthellenistischen Zeitalter, HNT 21, Tübingen [4]1966, 94f; M TILLY, Jerusalem – Nabel der Welt. Eine Stadt im Schnittpunkt dreier Weltreligionen, Stuttgart 2002. Für das hellenistische Judentum: Y. AMIR, Die hellenistische Gestalt des Judentums bei Philon von Alexandrien, FJCD 5, Neukirchen 1983, 52ff; J. HEINEMANN, Philos griechische und jüdische Bildung, Darmstadt 1962, 16ff.

[46] Zum lukanischen Bild des Verfolgers Paulus vgl. Ch. BURCHARD, Der dreizehnte Zeuge. Traditions- und kompositionsgeschichtliche Untersuchungen zu Lukas' Darstellung der Frühzeit des Paulus, FRLANT 103, Göttingen 1970.

Man kann diese Erwägungen mit der erzählten Welt bei Lukas in Apg 8–15 abgleichen.[47] Dabei fällt auf, dass die kultische Reinheit ihre beherrschende Stellung verliert. Denn Petrus kann bei dem von Berufs wegen unreinen Gerber in Joppe oder beim gottesfürchtigen Hauptmann aus Caesarea wohnen (9,43; 10,32.48). Philippus tauft einen heidnischen Eunuchen, Petrus lässt einen Gottesfürchtigen und sein Haus taufen (8,26ff; 10,44ff). Auch Samaria wird Missionsziel (Apg 8,4ff; Joh 4). Man fordert von Taufwilligen vorher keine Beschneidung. Sie sind in der Hausgemeinde gleichrangige Christen (selbst wenn das für den Synagogengottesdienst nicht gilt). So entstehen Diskussionen um die Beschneidung[48] und um die Tischgemeinschaft mit Nichtjuden (Apg 10; 11,2f; 15,1–5; Gal 2,3f.12f).[49] Antiochia geht noch einen Schritt weiter: Man verlässt den Synagogenverband und definiert sich allein von Christus und dem Geist her (Gal 3,26–28; Röm 14,17). Durchweg schildert auch Lukas, wie der Geist den Missionaren immer voraus ist. Natürlich strukturiert Lukas so seine Erzählung, aber Gal 2,7–9; 1Thess 1f oder 1Kor 1,4–9; Röm 15,16 sind im Ansatz davon nicht weit entfernt.

Das alles ist das trefflich in Geschichtserzählung gefasste Gegenteil von den offiziell propagierten Verhältnissen, wie sie seit Nehemia, Esra und den Makkabäern bei aller Gruppenvielfalt für Israel gelten sollten, nämlich sich von allem Fremden und Unreinen „abzusondern".[50] Zugegeben: Das, was Lukas erzählt, ist nicht immer schlüssig und selten überprüfbar. Doch nicht seine konkret erzählte Ereignisfolge, nicht die jeweiligen Akteure, nicht die Episoden in ihren Einzelheiten sind entscheidend. Wichtig ist, dass sich ein stimmiger Gesamteindruck einstellt: Die geschilderte Ausbreitung des Christentums von Jerusalem nach Antiochia koinzidiert nämlich mit dem Ansatz in 1Kor 3,16f. Man kann sogar noch mehr sagen: Schon für Jesu Wirken war die endzeitliche Nähe der Gottesherrschaft Anlass, kultische und ritu-

---

[47] RAU, Jesus, versucht, die Stephanusrede (Apg 7) für die Anschauung der „Hellenisten" heranzuziehen. Doch gehört die Rede in eine spätere Zeit des Urchristentums und ganz allgemein in das hellenistische Judenchristentum. Weitere Präzisionen sind kaum möglich. Früher hatte schon J.D.G. DUNN, Mark 2,1–3,6. A Bridge between Jesus and Paul on the Question of the Law, NTS 30 (1984) 395–415, den markinischen Text mit dem Ziel analysiert, die Zeit zwischen Ostern und dem Apostelkonvent aufzuhellen. Doch auch hier gilt: Die Zuordnung zu den frühen „Hellenisten" ist nicht begründbar.

[48] Vgl. F.-W. HORN, Der Verzicht auf die Beschneidung im frühen Christentum, NTS 42 (1996) 479–505.

[49] Vgl. zum Problemfeld H. LÖHR, Speisenfragen und Tora im Judentum des Zweiten Tempels und im entstehenden Christentum, ZNW 94 (2003) 17–37.

[50] Vgl. Esr 6,21; 9,1; 10,11; Neh 9,2; 10,28f; Dan 1,8ff; 1Makk 1,11; Jub 22,16; Tob 1,10f; auch Apg 10,28; 2Kor 6,17, Gal 2,12. Für das hellenistische Judentum vgl. G. DELLING, Die Bewältigung der Diasporasituation durch das hellenistische Judentum, Göttingen 1987, 9ff; 19ff. Es sei noch angemerkt, dass die sich nach 70 n.Chr. bildende pharisäische Orthodoxie trotz des Verlustes des Tempels einen ganz anderen Weg einschlug als einen analogen zu den „Hellenisten", vgl. MAIER, Art. Tempel IV, 68.

elle Fragen zu relativieren, jedoch Themen aus dem sozialen Ethos zu ver-
schärfen.[51] Natürlich wäre es ihm nicht in den Sinn gekommen, wie die
„Hellenisten" außer Landes zu den Synagogen der Diaspora zu gehen, oder
sich wie später die antiochenische Gemeinde gegenüber dem Judentum sogar zu verselbständigen. Doch von Jesu neuer Akzentsetzung bis zum Ent-
scheid in Antiochia kann man rückblickend eine kontinuierliche Entwicklung wahrnehmen.[52] Das ist wichtig.

Diese Entwicklung führte bald dahin, dass die völkerchristlichen Gemeinden die entscheidenden identity markers des Frühjudentums, wie sie
z.b. der Römer Tacitus von außen wahrnahm (Hist 5,4f), aufgaben.[53] Die
antiochenische Gemeinde bildete dafür die Vorreiterin. Sie war es auch, in
deren Mitte das Kirchenverständnis aus 1Kor 3,16f keinesfalls aufgegeben,
jedoch für die neue Situation mit der Distanz zu Jerusalem und der Ent-
flechtung von den örtlichen Synagogen umgeschrieben wurde. Das geschah
mit der Formulierung des Heilszuspruchs aus Gal 3,26–28 (vgl. 1Kor 7,18–
22; 12,13; Kol 3,11; Joh 17,21). Dabei wird eine neue Ekklesiologie unter
Bedingungen entworfen, die bei der Formulierung von 1Kor 3,16f als Horizont noch fehlten. Dieses antiochenische Kirchenverständnis denkt nun
nicht mehr innerhalb des Erwählungsprinzips Israels und hebt die privile-
gierende Bedeutung der Beschneidung auf. Die Taufe allein verbindet mit
Christus und macht die vorgängigen heilsgeschichtlichen, sozialen und ge-
schlechtlichen Unterschiede „in Christus" bedeutungslos. Die Kontinuität
zu 1Kor 3,16f bleibt trotz dieser Novität gewahrt: So kommen Gegenwart
und Wirken des heiligen Geistes unter dem Thema der Neukonstitution des
Menschen zur Sprache, und die Tempelmetaphorik wird der Sache nach mit
der festen Prägung „in Christus" reformuliert.

---

[51] Vgl. BECKER, Jesus, 349–387; J.D.G. DUNN, Jesus and Purity. An Ongoing Debate, NTS 48 (2002) 449–467; T. KAZEN, Jesus and Purity Halakhah, CB.NT 38, Stockholm 2002.

[52] Es ist hier nicht möglich, diese herausgestellte urchristliche Linie zu anderen urchristlichen Positionen in Bezug zu stellen. Zwei Entwicklungslinien dürften dabei besondere Aufmerksamkeit erwarten: Die Position eines weiterhin konsequent innerjüdischen Christentums (Apg 11,3; 15,5; Mt 5,18; 10,5f; 23,23; 24,20 und die Gegner im Gal) und eine, die bei Verharren in synagogaler Eingebundenheit einen modus vivendi mit den völkerchristlichen Gemeinden ausbaute (Apg 15,20f.28f, Jakobus in Jerusalem, die anfängliche Haltung des johanneischen Christentums). Dem Versuch von Wander, Trennungsprozesse, 196ff, mit Hilfe eines sog. „Almosenmodells" das paulinische Christentum zu Jerusalem als jüdischem Zentralort in Beziehung zu bringen, kann ich nichts abgewinnen. Die Hypothese scheitert m. E. an ihren eigenen inneren Problemen und an den paulinischen Texten zur Kollekte, vgl. dazu J. BECKER, Paulus. Der Apostel der Völker, UTB 2014, Tübingen ³1998, 271ff; zum Stand der Diskussion: A.J.M. WEDDERBURN, Paul's Collection. Chronology and History, NTS 48 (2002) 95–110.

[53] Vgl. zum größeren Rahmen dieses Themas J. LIEU, Impregnable Ramparts and Walls of Iron. Boundary and Identity in Early Judaism and Christianity, NTS 48 (2002) 297–313.

Roland Bergmeier

Gesetzeserfüllung ohne Gesetz und Beschneidung

1 Beobachtungen zur Auslegung von Röm 2,12–16.25–29

Um die Interpretation des Wortes φύσει Röm 2,14, so notierte noch Ernst Käsemann, „streiten sich Theologen und Philologen aufs heftigste und ohne Aussicht auf Verständigung."[1] Das hat sich, wie mir scheint, geändert, aber die Auslegung des Textes als solchen bleibt umstritten. Syntaktisch ist nicht zwingend entscheidbar,[2] ob φύσει zu ἔθνη τὰ μὴ νόμον ἔχοντα[3] oder, so die meisten, als würde es sich von selbst verstehen,[4] zu (ὅταν γὰρ ἔθνη) τὰ τοῦ νόμου ποιῶσιν gehört. „Um seiner Stellung willen" ist nämlich φύσει keineswegs eindeutig zuzuordnen, denn die Stellung im Satz wird von der Freiheit des Schreibenden bzw. Diktierenden[5] bestimmt. Ein sprechendes Beispiel ist das Hyperbaton in Sap 13,1: μάταιοι μὲν γὰρ πάντες ἄνθρωποι φύσει. Kein Mensch würde aus der Endstellung falsche Schlüsse ziehen. Philo andererseits kontrastiert in Opif 134 Protoplast und Idealmensch chiastisch: ἀνὴρ ἢ γυνή, φύσει θνητός ... οὔτ᾽ ἄρρεν οὔτε θῆλυ, ἄφθαρτος φύσει,[6] die Stellung von φύσει offensichtlich variierend. Semantisch steht

---

[1] E. KÄSEMANN, An die Römer, HNT 8a, Tübingen ⁴1980, 58; vgl. auch H.-J. ECKSTEIN, Der Begriff Syneidesis bei Paulus. Eine neutestamentlich-exegetische Untersuchung zum ‚Gewissensbegriff', WUNT 2.10, Tübingen 1983, 150.
[2] C.E.B. CRANFIELD, A critical and exegetical commentary on the epistle to the Romans, Bd. 1, ICC, Edinburgh (1975) 1994, 157 („While the question ... cannot be decided with complete certainty, ..."); vgl. auch P. MAERTENS, Une étude de Rm 2.12–16, NTS 46 (2000) 504–519: 510f.
[3] S.J. GATHERCOLE, A Law unto Themselves. The Gentiles in Romans 2.14–15 Revisited, JSNT 85 (2002) 27–49: 35–37.
[4] Äußert man sich zur Frage, dann etwa wie G. BORNKAMM, Gesetz und Natur. Röm 2,14–16, in: ders., Studien zu Antike und Urchristentum. GAufs. 2, BEvTh 28, München 1959, 93–118: 103 („weil φύσει um seiner Stellung willen eindeutig zu ποιῶσιν gehört, nicht zu ἔθνη bzw. τὰ μὴ νόμον ἔχοντα"); H. KÖSTER, Art. φύσις κτλ., ThWNT 9 (1973) 246–271: 267, Anm. 227 (ohne Begründung: „φύσει gehört zu τὰ τοῦ νόμου ποιῶσιν u nicht zu ἔθνη."); G. THEISSEN, Psychologische Aspekte paulinischer Theologie, FRLANT 131, Göttingen 1983, 76, Anm. 20 („Zwar läßt sich in V.14a φύσει zur Not zum Vorhergehenden ziehen ..."); K. HAACKER, Der Brief des Paulus an die Römer, ThHK 6, Leipzig ²2002, 64 („syntaktisch ... wenig wahrscheinliche Beziehung ... ein Nebenprodukt der Deutung auf die Heidenchristen").
[5] Vgl. Röm 16,22. Die Tongebung des Diktierenden ist niemandem mehr zugänglich.
[6] Vgl. auch die Partizipialbeispiele bei Josephus, einerseits φύσει τοῦ θεοῦ τοῖς πενομένοις ἔλεον νέμοντος (Ant 4,269), andererseits αὐτὴν ... οὖσαν ὀχυρὰν φύσει (Ant 8,152).

zur Frage, ob φύσει neben τὰ τοῦ νόμου „die feste in der griechischen Tradition längst vorgegebene Zuordnung von φύσις und νόμος" aufweist oder
„unterminologisch und unbetont zu verstehen" ist.[7] Für Bornkamm ist es ja
so, „daß Paulus in Röm 2,14f. nicht nur Einzelheiten des Vokabulars, sondern ein in sich zusammengehörendes Gedankengefüge aus der Tradition
der heidnischen theologia naturalis positiv aufnimmt, ihm aber durch die
Beziehung auf Gottesgesetz und Gericht eine neue, völlig ungriechische
Deutung und Ausrichtung gibt."[8] Beweise sind ihm: „1. das durchaus unbi-
blische, spezifisch griechische Begriffspaar φύσις/νόμος, 2. die ebenfalls
dezidiert unjüdische, aber umsomehr griechische Wendung ἑαυτοῖς εἰσιν
νόμος, 3. das unverkennbar griechische Motiv des ἄγραφος νόμος in 2,15
und 4. der wieder nur aus griechischen Voraussetzungen verständliche
Verweis auf die συνείδησις der Heiden (v.15)."[9] Der Hinweis auf die „neue,
völlig ungriechische Deutung und Ausrichtung" verdankt sich den Beobachtungen von Max Pohlenz: „Der griechisch gebildete Leser stieß hier auf
das Begriffspaar φύσις – νόμος ... Er mußte sich aber völlig umstellen,
wenn er Paulus' Gedanken folgen wollte."[10] Wirklich aufgenommen hat
Bornkamm jene Beobachtungen nicht, sonst wäre ihm die Rede von dem
„inneren sachlichen Zusammenhang ..., der eindeutig in die Tradition grie-
chischer Ethik zurückweist",[11] nicht möglich gewesen. Nicht nur fällt für
Pohlenz auch die paulinische συνείδησις aus dem gesuchten Zusammenhang heraus,[12] sondern vor allem das Herzstück der gesamten Konstruktion,
das vom paulinischen Text selbst ohnehin nicht gedeckt wird,[13] der ἄγραφος

---

[7] BORNKAMM, Gesetz, 103.

[8] Ebd. 117.

[9] Ebd. 101f; vgl. auch H. KÖSTER, Art. φύσις κτλ., 267 mit Anm. 225.

[10] M. POHLENZ, Paulus und die Stoa, in: K.H. Rengstorf (Hg.), Das Paulusbild in der neueren
deutschen Forschung, WdF 24, Darmstadt 1964, 522–564: 529, vgl. auch 523.536.

[11] BORNKAMM, Gesetz, 102; vgl. auch R. BULTMANN, Anknüpfung und Widerspruch, in: ders.,
Glauben und Verstehen. GAufs. 2, Tübingen [5]1952, 117–132: 123.

[12] POHLENZ, Paulus, 533. Pohlenz stellt zu Röm 2,15 ausdrücklich fest, dass man nicht entscheiden könne, ob Paulus von hellenistisch-jüdischer Theologie her Anregungen empfangen oder
selbstständig hier die griechische Philosophie herangezogen habe. Vgl. auch ebd. 526, Anm. 11,
zur Besprechung von A. BONHÖFFER, Epiktet und das Neue Testament, RVV 10, Gießen 1911, in
GGA 1913: „... wo ich aber den Einfluß der jüdischen Theologie auf Paulus nicht genügend ge-
würdigt habe." BONHÖFFER, Epiktet, 157, hatte zu bedenken gegeben, dass der spezifisch christliche und jüdische Sprachgebrauch in der Stoa keine Analogie habe.

[13] J.-N. ALETTI, Israël et la Loi dans la lettre aux Romains, LeDiv 173, Paris 1998, 58, Anm. 1,
notiert: „Sans qu'on puisse se prononcer sur un possible emprunt, la formulation de Paul n'est pas
sans rappeler l'idée d'un *nomos agraphos* néanmoins écrit dans l'âme, connue du stoïcisme et du
néoplatonisme, ...". Aber der Paulustext handelt nicht von νόμος bzw. νόμοι, sondern von τὸ
ἔργον τοῦ νόμου, das sich nicht auf etwas Ungeschriebenes, sondern auf die Tora bezieht, allerdings γραπτόν ἐν ταῖς καρδίαις, nicht „in der Vernunft" oder „in den Seelen" (vgl. die
Textbeispiele bei F. KUHR, Römer 2,14f. und die Verheißung Jer 31,31ff., ZNW 55 [1964] 243–
261: 259).

νόμος:[14] Paulus gehe ausschließlich vom mosaischen Gesetz aus; eine Reminiszenz an die griechisch-hellenistischen ἄγραφα νόμιμα, würde sie nämlich überhaupt vorliegen, „hätte den Leser auch nur von dem Punkte abgelenkt, auf den es Paulus hier ankam."[15] Schon Bonhöffer hatte klargestellt: Nicht nur war dem Apostel, „was die Stoiker von der sittlichen Erkenntnis und insbesondere von der sittlichen Kraft des natürlichen Menschen gelehrt haben", der Sache nach fremd, sondern auch umgekehrt haben *die Stoiker* niemals angenommen, die Menschen würden *„von Natur"* das Sittliche tun; es bedürfe dies nämlich sorgfältiger Anleitung und unablässiger Übung.[16] Schlussfolgerung ist nun oft bei den Späteren, dass φύσει (V.14a) in sachlicher Entsprechung zu ἑαυτοῖς[17] (V.14d) „unprätentiös mit ‚von selbst', ‚aus sich selbst'"[18] bzw. mit „von selbst", „von Haus aus", „als solche" wiederzugeben sei,[19] wie es ja auch dem φύσις-Gebrauch in Röm 2,27; Gal 2,15; 4,8 und ebenso Eph 2,3 entspricht.[20] Fallen aber φύσει und ὁ νόμος als Bezugswörter zur philosophischen Ethik aus, ist das Andenken an das griechisch-hellenistische Konzept eines sittlich relevanten „Naturgesetzes" (νόμος φύσεως) nur noch ein forschungsgeschichtlich bedingter Selbstläufer, zumal die Auskunft, Paulus vermeide das Stichwort „Naturgesetz" mit Bedacht, exegetisch nicht nachprüfbar ist.[21] Andererseits muss man ernsthaft fragen: Kann der Apostel, der gerade eben im Blick auf das götzendienerische Heidentum formuliert hat: καὶ ἐσκοτίσθη ἡ ἀσύνετος αὐτῶν καρδία (Röm 1,21d) und οἵτινες τὸ δικαίωμα τοῦ θεοῦ ἐπιγνόντες ὅτι ... οὐ μόνον αὐτὰ ποιοῦσιν ἀλλὰ καὶ συνευδοκοῦσιν κτλ. (Röm 1,32), jetzt in 2,15 im Blick auf das gleiche Heidentum in offensichtlich analoger Diktion argumentieren: οἵτινες ἐνδείκνυνται τὸ ἔργον τοῦ νόμου γραπτὸν ἐν ταῖς

---

[14] R. HIRZEL, ΑΓΡΑΦΟΣ ΝΟΜΟΣ, ASGW.PH 20, N° I, Leipzig 1900, 14, moniert, dass die gewöhnliche Meinung in Bausch und Bogen über den ἄγραφος νόμος urteilt, „als wenn man darunter immer und überall das Gleiche verstanden hätte." Vgl. auch, Philo betreffend, 16f, Plutarch, 19.

[15] POHLENZ, Paulus, 530. Philo hingegen, so Pohlenz, bemühe sich um den Nachweis, dass das jüdische Gesetz in Übereinstimmung mit den Gesetzen der Natur und mit den ἄγραφα νόμιμα stehe. Gut stoisch werde ihm die Physis „sogar zum Maßstab, nach dem sich Moses richtet. Für Paulus wäre so etwas ganz undenkbar." (530f).

[16] BONHÖFFER, Epiktet, 153f; vgl. auch MAERTENS, Une étude, 512. Dass Heiden *„von Natur"* das Sittliche *tun* ist etwas anderes als der Gedanke, dass das Recht und das Gesetz „von Natur (φύσει)" seien, gegen KUHR, Verheißung, 256.

[17] KÄSEMANN, Römer, 59; vgl. auch ECKSTEIN, Syneidesis, 151f.

[18] M. THEOBALD, Der Römerbrief, EdF 294, Darmstadt 2000, 146.

[19] KÄSEMANN, Römer, 59.

[20] BONHÖFFER, Epiktet, 148, hatte deutlich gemacht: Der adverbiale Gebrauch des Wortes φύσις könne „für eine Entlehnung aus der griechischen Philosophie lediglich nichts beweisen, vor allem nicht der Dativ φύσει, der gar nicht den spezifisch philosophischen Sprachgebrauch angehört, sondern allgemein gebräuchlich und verständlich war und sowohl das Angeborene im Gegensatz zu dem später Gelernten oder Erfahrenen, als auch das Freiwillige, Selbständige gegenüber der positiven Satzung bezeichnete."

[21] Gegen THEOBALD, Römerbrief, 146.

καρδίαις αὐτῶν, συμμαρτυρούσης κτλ.,[22] kann er, der in Röm 6,20 die Christen in ihrer heidnisch unreinen Vergangenheit (V.19) als ἐλεύθεροι τῇ δικαιοσύνῃ, in 9,30 als ἔθνη τὰ μὴ διώκοντα δικαιοσύνην bezeichnen wird,[23] in Röm 2 von Heiden sprechen, die φύσει τὰ τοῦ νόμου *tun*[24] bzw. τὰ δικαιώματα τοῦ νόμου *befolgen* (V.14.26)? Kuhr hat in seiner „Rudolf Bultmann zum 80. Geburtstag" gewidmeten Untersuchung „Römer 2,14f. und die Verheißung bei Jeremia 31,31ff." auch Augustins Ausgangsproblem, „nach dem Sinn von Rm 2,14f. zu fragen", referiert, dessen Brisanz im Folgenden aber gänzlich aus den Augen verloren: Von Jer 31,31ff her habe sich Augustin veranlasst gesehen, ausführlich auf Röm 2,14f einzugehen. „Wenn einerseits Gott seinem Volk Israel den neuen Bund verheißen hat, in dem den Menschen seine Gesetze in die Herzen geschrieben sind im Gegensatz zum alten Bund, wo das Gesetz auf Tafeln geschrieben war, andererseits die Heiden aber schon von Natur aus das ins Herz geschriebene Gesetz besitzen und dieses Gesetz erfüllen, dann sind ja die Heiden sowohl den Juden überlegen, die das Gesetz nur auf Tafeln empfangen haben, als auch den Christen, denen erst durch den neuen Bund gewährt wird, was die Heiden schon von Natur besitzen."[25]

Gleichgültig, ob nun Röm 2,15 tatsächlich an Jer 31,31 anknüpft oder nicht, würde der augustinische Stachel bleiben: Wenn Paulus argumentieren würde, es gebe Heiden, die φύσει τὰ τοῦ νόμου *tun*, dazu noch als solche, die das von der Tora geforderte Tun des Gotteswillens als in ihr Herz geschrieben erweisen, während Juden διὰ γράμματος καὶ περιτομῆς Übertreter der Tora seien, könnte er sich damit wohl keinem der φύσει Ἰουδαῖοι in den stadtrömischen Gemeinden empfehlen. Denn in „streng durchgeführter Zweiteilung"[26] (Röm 2,12–16.25–29) läuft die Argumentation des Paulus auf diesen Höhepunkt der Konfrontation zu: καὶ κρινεῖ ἡ ἐκ φύσεως ἀκροβυστία τὸν νόμον τελοῦσα σὲ τὸν διὰ γράμματος καὶ περιτομῆς παραβάτην νόμου (V.27). Zu Recht beobachtet Theißen zum Stichwort φύσις V.14.29: „Es wird hier wie dort auf Heiden bezogen, die nicht im Judentum aufgewachsen sind, aber dennoch die Chance haben, ohne Gesetz und Beschneidung ‚von sich aus' zu tun, was Gesetz und Beschneidung eigentlich inten-

---

[22] Vgl. auch GATHERCOLE, Law, 43.

[23] Vgl. auch die Erwägungen von BONHÖFFER, Epiktet, 152.

[24] J.S. LAMP, Paul, the Law, Jews, and Gentiles. A contextual and exegetical reading of Romans 2:12–16, JETS 42 (1999) 37–51: 46, beobachtet zutreffend: „In the context of Paul's argument, this phrase is given further definition by such phrases as τὸ δικαίωμα τοῦ θεοῦ (1:32), ... οἱ ποιηταὶ νόμου (2:1[3]), τὸ ἔργον τοῦ νόμου (2:15), νόμον πράσσης (2:25), δικαιώματα τοῦ νόμου φυλάσσειν (2:26), and τὸν νόμον τελοῦσα (2:27)." Abzuweisen ist daher die Auffassung von R. WALKER, Die Heiden und das Gericht. Zur Auslegung von Römer 2,12–16, EvTh 20 (1960) 302–314: 305, das Sündigen der Heiden sei gemeint, wenn von ihnen gesagt werden könne, „daß sie tun das des Gesetzes ist."

[25] KUHR, Verheißung, 244.

[26] POHLENZ, Paulus, 528.

dieren."[27] Nicht wenigen Auslegern wird daher am Ende des Weges durch den Text klar, dass da nicht mehr von Heiden schlechthin, sondern von Heidenchristen gehandelt sein müsse:[28] Die in V.15 „an Jer 31,33 ange-lehnte Formulierung ist allerdings nicht zufällig, sondern im Blick auf Röm 2,25–29 benutzt, wo von der ‚Beschneidung des Herzens durch den Geist und nicht den Buchstaben' (περιτομὴ καρδίας ἐν πνεύματι οὐ γράμματι, V.29a) die Rede ist, was an dieser Stelle aber nicht mehr auf die Heiden, sondern die Heidenchristen bezogen ist."[29] Wieder zu Recht beobachtet Theißen, dass Paulus, wäre der Wechsel von „2,12–16 auf Heiden, 2,25–29 dagegen auf Christen bezogen" angedacht, diesen stärker hätte „herausar-beiten müssen, um vom Leser verstanden zu werden."[30] Vor allem zeigt Theißens Textanalyse: „Die strukturelle und inhaltliche Parallelität legt es nahe, beide Stellen in demselben Sinne auszulegen."[31] Nicht mehr beachtet hat Theißen, dass man ἐν πνεύματι οὐ γράμματι *paulinisch* nicht anthropo-logisch im Sinn von „wahrem menschlichen Wesen"[32] interpretieren darf, denn Paulus war überzeugt, "that in the gift of the Spirit the earliest Chri-stians had experienced the hoped-for circumcision of the heart of Deuter-onomy ... Only a circumcision of the heart would enable an adequate kee-ping of the law (Deut. 30.8–10)."[33] Zu erinnern wäre auch an die Beobach-tung Helmut Merkleins zu der semantischen Opposition οὐ γράμματος ἀλλὰ πνεύματος in 2Kor 3,6: „Dem ‚Geist' steht ... nicht einfach *das* ‚Gesetz' gegenüber. Anders ausgedrückt: Die von Paulus gewählte Antithese schließt nicht die Möglichkeit aus, daß dem Geist ein internalisiertes, in die Herzen geschriebenes und daher ganz selbstverständlich befolgtes Gesetz

---

[27] THEISSEN, Aspekte, 76. Der Anm. 19 gleichwohl gegebene Hinweis, φύσις sei ein stoisches Stichwort, ist forschungsgeschichtliches Relikt.

[28] R. BULTMANN, Theologie des Neuen Testaments, Tübingen [4]1961, 262, Anm. 1; BORNKAMM, Gesetz, 110; KÄSEMANN, Römer, 71; U. WILCKENS, Der Brief an die Römer, EKK 6.1, Zürich u.a. [2]1987, 157f; E. LOHSE, Der Brief an die Römer, KEK 4, Göttingen [15]2003, 114; K. FINSTERBUSCH, Die Thora als Lebensweisung für Heidenchristen. Studien zur Bedeutung der Thora für die paulinische Ethik, StUNT 20, Göttingen 1996, 18–20.

[29] F. HAHN, Theologie des Neuen Testaments I. Die Vielfalt des Neuen Testaments. Theolo-giegeschichte des Urchristentums, Tübingen 2002, 237; O. MICHEL, Der Brief an die Römer, KEK 4, Göttingen [12]1963, 93, notiert zu Recht, es gehe nicht um eine ethische Forderung, sondern um den Hinweis auf ein Tun Gottes, das sich auf einer anderen Ebene abspiele. Dann aber fehlt der Schluss, dass nicht von heidnischer „Möglichkeit" (so 91) die Rede sein kann.

[30] THEISSEN, Aspekte, 76, Anm. 18.

[31] Ebd.

[32] Ebd. Anm. 19; KUHR, Verheißung, 253, erwägt: „in geistiger Weise".

[33] J.D.G. DUNN, The Theology of Paul the Apostle, Grand Rapids/Cambridge 1998, 644. Von daher ist die Vereinnahmung des Textes Röm 2,12–16.25–29 für eine Theorie der Universalisie-rung, die nicht die Neuschöpfung in Christus zur Mitte hat, ein nicht textgemäßer Ansatz (gegen THEISSEN, Aspekte, 76; G. THEISSEN, Die Religion der ersten Christen. Eine Theorie des Urchri-stentums, Gütersloh [3]2003, 309).

im Sinne von Jer 31 korrespondiert.«[34] Ebendarum schreibt der Apostel ja auch vom Tun dessen, was das Gesetz fordert (Röm 2,14), von τὰ δικαιώματα τοῦ νόμου φυλάσσειν (V.26) und τὸν νόμον τελεῖν (V.27).

Wer sich in die Literatur zu Röm 2,12–16.25–29 einzulesen versucht, wird immer wieder auf Argumentationsfiguren stoßen, die der Zunft plausibel erscheinen, weil man sich an sie gewöhnt hat, doch man merkt, „the degree to which Paul goes in allowing that Gentiles apart from the law of Moses do what that law calls for (vv. 14–15) has startled many a reader.«[35] Dem von außen kommenden Interpreten Pohlenz fiel das Überraschende der Stelle Röm 2,14f besonders auf: „Uns sind diese Gedanken ganz besonders wertvoll und lieb, weil Paulus so unbefangen von der Sittlichkeit der Heiden sprach, die auch ohne Kenntnis des den Juden geoffenbarten Gesetzes Gottes Willen erfüllen. Aber das darf uns nicht darüber hinwegtäuschen, daß diese Anerkennung, die uns ja nach Kap.1 überraschend genug kommt, nicht um ihrer selbst willen vorgetragen wird, sondern zunächst nur dazu bestimmt ist, mit ihren lichteren Farben den Schatten, der auf die falsche Selbstgerechtigkeit der Juden fällt, um so dunkler wirken zu lassen. Das ändert nichts an der Tatsache, daß Paulus eine natürliche Gesetzeserfüllung der Heiden kennt; aber es ist bezeichnend, dass er nur hier von ihr spricht.«[36] Sollen wir also das unserem Heidenstolz auf hohe Sittlichkeit und humanistische Ethik gerne gesagt sein lassen, was denen vom „Stolz auf das Gesetz"[37] bzw. dem „Stolz der Juden"[38] so rundweg bestritten und zerschlagen wird: „Was ‚physisch' Unbeschnittenheit ist, erfüllt das Gesetz. Was Schrift und Beschneidung vorweisen kann, bekundet sich als Gesetzesübertreter.«[39]? Wir können uns aus dieser doch eigentlich peinlichen exegetischen Sackgasse auch nicht mit Theißens Überlegungen zur Textanalyse Röm 2,12–29 davonstehlen, Paulus denke an wirkliche Fälle eines verborgenen Frommen unter *Juden* und Heiden und kenne unter den Juden

---

[34] H. MERKLEIN, Der (neue) Bund als Thema der paulinischen Theologie, in: ders., Studien zu Jesus und Paulus 2, WUNT 105, Tübingen 1998, 357–376: 361; vgl. auch R. LIEBERS, Das Gesetz als Evangelium. Untersuchungen zur Gesetzeskritik des Paulus, AThANT 75, Zürich 1989, 104.

[35] J. REUMANN, Romans, in: J.D.G. Dunn/J.W. Rogerson (Hg.), Eerdmans Commentary on the Bible, Grand Rapids/Cambridge 2003, 1277–1313: 1286.

[36] POHLENZ, Paulus, 535.

[37] LOHSE, Römer, 111.

[38] R. SCHNACKENBURG, Die sittliche Botschaft des Neuen Testaments II. Die christlichen Verkündiger, HThK.S 2, Freiburg u.a. 1988, 53.

[39] KÄSEMANN, Römer, 69. Es gibt Exegeten, die ihre Auslegung darauf bauen, dass in den Anklagen des Paulus Röm 1,18–2,29 verbatim weder von *allen* Heiden noch von *allen* Juden die Rede ist: „Rather, all that can be said confidently in this context is that there are ill-behaved Jews among Jewry as are there well-behaved Gentiles in the pagan world (cf. 2:14–15)", so LAMP, Paul, 40; s. auch ALETTI, Israël, 42–47. Aber es ist ja kein starkes Argument, wenn ALETTI, Israël, 45f, 61, προῃτιασάμεθα γὰρ κτλ. (Röm 3,9) so auslegen muss, als könne sich Paulus, von 3,4c abgesehen, gar nicht auf vorausgehende Anklagen gegen Juden und Griechen beziehen, wonach „alle unter der Sünde sind." LAMP, Paul, 51, andererseits muss zur Sachkritik greifen: "The persuasiveness of Paul's argumentation may be greater in some places than in others, …"

zumindest Abraham als einen vorbildlich Glaubenden – mitten im Alten Testament.[40] Denn Abraham gilt dem Apostel so vorbildlich doch nur aus dem Stand eines unbeschnittenen, also heidnischen Gottlosen, der gerade noch keine Torapraxis aufzuweisen hatte (Röm 4,5.10). Es hilft auch nichts, dass man die Textaussage darauf konzentriert, dass die „Herzensinschrift" in Analogie zu Röm 1,19f geschöpfliches Merkmal sei,[41] so dass ein Kern grundlegender Normen allen Menschen bekannt sei, „sofern sie Menschen sind."[42] Denn Paulus selbst stellt eine Verbindung zu 1,19f nicht her und von dem Ich in 7,22, das dem inneren Menschen nach dem Gesetz Gottes zustimmt, unterscheiden sich die Heiden von Röm 2,14 (vgl. V.27) gerade dadurch, dass sie, was das Gesetz fordert, auch *tun*.[43] Im Übrigen sind auch die Juden Geschöpfe bzw. Menschen, so dass man durch den angedeuteten Auslegungsweg auch noch die Frage produziert, wo denn bei ihnen die geschöpfliche Herzensinschrift bzw. die „unmittelbare Kenntnis des göttlichen Gesetzes"[44] und, vor allem, die spontane Gesetzeserfüllung geblieben sind.[45]

Eine nicht seltene systematisch-theologische Konstruktion über Röm 2,12–16 versucht zu begründen, warum Paulus im gegebenen Zusammenhang auf die Gesetzeskenntnis auch bei den Heiden zu sprechen kommt: Er brauche diesen Gedanken, um die Verantwortlichkeit des Menschen und die Vergleichbarkeit des universalen Maßstabs im Gericht nach den Werken begründen zu können,[46] mit den Worten Walter Klaibers: „2,1–16 nennt den Maßstab des Gerichts für alle Menschen, nämlich das Tun des Willens Gottes, wie er im Gesetz festgehalten und in der Sache auch in die Herzen der Heiden geschrieben ist."[47] Vergessen sind die Beobachtungen, die zum Vorausgehenden mit Recht immer wieder betont werden: Paulus nennt als generellen Grundsatz des Endgerichts nur ἑκάστῳ κατὰ τὰ ἔργα αὐτοῦ (2,6).[48] Das ist, verbunden mit V.11, der Grundsatz der Gleichbehandlung.

---

[40] THEISSEN, Aspekte, 79.

[41] THEOBALD, Römerbrief, 146.

[42] O. KUSS, Die Heiden und die Werke des Gesetzes (nach Röm 2,14–16), MThZ 5 (1954) 77–98: 97.

[43] Gegen THEOBALD, Römerbrief, 146f; M. LIMBECK, Das Gesetz im Alten und Neuen Testament, Darmstadt 1997, 116.

[44] KUSS, Heiden, 94.

[45] Vgl. dazu ebd. 97 unter 4.

[46] Vgl. POHLENZ, Paulus, 528; R. BULTMANN, Glossen im Römerbrief, in: ders., Exegetica. Aufsätze zur Erforschung des Neuen Testaments, hg.v. E. Dinkler, Tübingen 1967, 278–284: 282; BORNKAMM, Gesetz, 98–100.107; KUSS, Heiden, 95; LIEBERS, Gesetz, 42; DUNN, Theology, 136.

[47] W. KLAIBER, Der gerechtfertigte Mensch, in: U. Mittmann-Richert u.a., Der Mensch vor Gott. Forschungen zum Menschenbild in Bibel, antikem Judentum und Koran (FS H. Lichtenberger), Neukirchen-Vluyn 2003, 133–145: 142f.

[48] WILCKENS, Römer, 123, spricht zu Recht vom „entscheidenden Gedanken von V 6" und formuliert die folgenden Überschriften entsprechend: „2,12–16 Das Gericht nach den Werken für Juden wie Heiden" (131), „2,17–24 Das Gericht nach den Werken über den Juden, der sich des

Den Maßstab dieses Gerichts nach den Werken zeichnet Paulus zwischen den Versen 6 und 11 gemäß bewährter Überlieferung als den von Gut und Böse nach[49] (vgl. auch 2Kor 5,10). Folgen wir weiter dem Text! Röm 2,12 ist eine Aussage über je *alle*[50] Juden und Heiden: „Gewiß, die Heiden, die ἀνόμως, das heißt ohne das Gesetz zu besitzen (vgl. V.14; 1Kor 9,21), gesündigt haben, werden im Endgericht auch ἀνόμως dem ewigen Verderben anheimgegeben werden, das ihrem Tun entspricht."[51] Entsprechend pointiert Lohse: „Den Juden hingegen, die ja die Thora kennen ... gilt der schärfer gefaßte Begriff κριθήσονται."[52] ἀνόμως καὶ ἀπολοῦνται zeigt also mit dürren Worten an, dass die Heiden gerade nicht nach dem Maßstab der ihnen im Kern bekannten Tora gerichtet werden. V.14 fügt der Heidenapostel deshalb als einen *weiteren* Fall an – die Mehrheit der Adressaten sind ja solche[53] –, dass es unter den toralosen Heiden „Ausnahmefälle aus der massa perditionis der heidnischen Sünder" gibt, denn „das artikellose ἔθνη sowie die Konjunktion ὅταν (nicht ἐάν!) zeigen, daß er nicht etwa die Heiden insgesamt den sündigen Juden gegenüberstellt."[54] Und von diesen Ausnahmen allein – zwar wie alle Heiden toralos, aber anders als die von 1,25.32 den in der Tora geforderten Gotteswillen erfüllend – redet dann auch V.15, wobei οἵτινες eine *begründende* Aussage anschließt, die verdeutlicht, dass ebendiese ἔθνη solche sind,[55] die das von der Tora geforderte Tun des Gotteswillens als in ihr Herz geschrieben erweisen. Wenn man also genau hinschaut, fehlt der Theorie vom weltweit in den Herzen verankerten Maßstab des Gerichts philologisch die Textgrundlage. Heiden mit „Herzensinschrift" sind ja gerade die Ausnahme.

Einen weiteren Fall, inhaltlich inkonsistente Aussagen plausibel zu machen, nämlich von ihrer stilistischen[56] bzw. rhetorischen[57] Funktion im Argumentationsgang des Briefes her, stellen Überlegungen zum hypothetischen Charakter[58] der Rede von frommen Heiden und dem wahren Juden dar:[59] Paulus argumentiere, um die Allgemeinheit des Gerichts Gottes herauszustellen, ganz „vom jüdischen Standpunkt aus, wonach die Menschen

Gesetzes rühmt" (146), „2,25–29 Das Gericht nach den Werken über den Juden, der sich der Beschneidung rühmt" (153).

[49] Vgl. den Kommentar zu V.7 bei LOHSE, Römer, 100.
[50] Zu ὅσοι „alle, welche" s. Bauer/Aland, Wörterbuch[6], 1187 s.v. ὅσος, η, ον 2.
[51] WILCKENS, Römer, 132.
[52] LOHSE, Römer, 103.
[53] Auch die Judenchristen berücksichtigt er gelegentlich speziell, s. Röm 3,3 (vgl. auch 7,1).
[54] WILCKENS, Römer, 133.
[55] BDR § 293, 2b mit Anm. 7.
[56] KUHR, Verheißung, 253.261.
[57] ALETTI, Israël, 42.62–68.
[58] H. LIETZMANN, An die Römer, HNT 8, Tübingen ³1928, 40.44.
[59] ALETTI, Israël, 56f: „L'important ici n'est donc pas qu'il y en ait au moins quelques-uns pour faire le bien, car même si l'on n'en trouvait aucun, cela ne changerait pas la règle divine, qui est de récompenser le bien et de punir le mal."

aufgrund ihrer Werke gerichtet werden, er redet hypothetisch."[60] Um die Unparteilichkeit des göttlichen Gerichts zu verdeutlichen, lege er dar, „daß allen Menschen, die Böses tun, Juden und Griechen, Strafe droht, aber denen, die Gutes tun, Juden und Griechen, Lohn zuteil wird."[61] Es gehe also nur darum, gegenüber den Juden aufzuzeigen, „daß für Gottes Urteil das Tun des Menschen maßgebend ist und deshalb Juden und Heiden im Gericht vor Gott gleich sind."[62] Um dieses Ziel zu erreichen, darf Paulus Argumente benützen, die zu seiner Theologie im Widerspruch stehen. Wenn er also das mosaische Gesetz erwähnt „à propos des non-Juifs qui font le bien, en ajoutant que l'œuvre que elle requiert – l'amour, le bien, etc. – est inscrite dans leurs cœurs, c'est parce qu'eux aussi mettent en pratique la Loi et sont donc 'justes devant Dieu (v. 13). Cette inférence – implicite évidemment – que Paul invite ses lecteurs à faire, prépare le chemin au nivellement opéré aux versets 25–27."[63] Entsprechend weist Paulus, so Kuhr, in Röm 2,25ff „den Einwand der Juden zurück, daß sie durch die Beschneidung einen Vorzug gegenüber den Heiden haben." Mit der „Beschneidung des Herzens im Geist" (2,29) nehme der Apostel eine im AT und hellenistischen Judentum geläufige Vorstellung auf. „Schon die Propheten haben die Beschneidung des Herzens, d.h. den Gehorsam gegen Gott, gefordert, eine Beschneidung, die nur dann möglich wird, wenn der Mensch ein neues Herz und einen neuen Geist bekommt (vgl. Jer 4 4 9 25 Ez 18 31 36 26f.)"[64] Selbst von diesen hehren Worten der Propheten lässt sich nicht irritieren, wer schon im Blick auf Röm 2,14f meint, es gehe da um die dem Menschen auf Grund seiner menschlichen Natur eignende Fähigkeit zum sittlichen Handeln.[65] Und so vollendet auch Aletti seinen Lauf: „La finalité de Rm 2 est ainsi de mener le lecteur au seul critère qui détermine l'être-juste, à savoir la circoncision du cœur, qui, n'étant pas propre au Juif, provoque paradoxalement un nivellement des statuts."[66] Wenn nun aber, wie an der ἐκ φύσεως ἀκροβυστία τὸν νόμον τελοῦσα gezeigt wird, „a man's status before God is an internal, spiritual reality, marked by obedience to the Law,"[67] ist ausgeschlossen, dass Paulus vom natürlichen Menschen spricht, auch nicht hypothetisch, zumal ja gilt, dass die Grundlegung für die „Rechtfertigung aus Glauben" (Röm 1,18–3,20) aufzeigen soll, „that both Jews and Gentiles stand in need of the redemptive work of Christ as appropriated by faith."[68]

---

[60] KUHR, Verheißung, 253, vgl. auch ALETTI, Israël, 53.55.
[61] KUHR, Verheißung, 253; vgl. auch ALETTI, Israël, 56f.63.
[62] KUHR, Verheißung, 254; vgl. auch ALETTI, Israël, 53–55.66.
[63] ALETTI, Israël, 58.
[64] KUHR, Verheißung, 253.
[65] Ebd. 260.
[66] ALETTI, Israël, 60.
[67] LAMP, Paul, 40.
[68] Ebd. 38.

Im Übrigen ist an der Formulierung ὅταν γὰρ ἔθνη τὰ τοῦ νόμου ποιῶσιν nichts Hypothetisches: „Paulus hat mit ὅταν gesagt, daß dies geschehe."[69]

2 Auslegung zu Röm 2,12–16.25–29

Der Kontextbezug ist grundlegend endzeitlicher Art: „The God who judges all humans according to the deeds of each (2:6 = Ps 62:12; Prov 24:12; Sir 16:14) shows no partiality (2:1–11)."[70] Entsprechend gilt für den gesamten Briefabschnitt Röm 2,1–3,9 der Befund: „God as Judge and judgment vocabulary run through the entire argument."[71] Deshalb ist die Schlusswendung οὗ ὁ ἔπαινος … ἐκ τοῦ θεοῦ (V.29) streng auf die doppelte Reihe δόξα(ν) καὶ τιμὴ(ν) κτλ. (V.7.10)[72] zu beziehen, zu der ἔπαινος als erstes Glied dazugehört (s. 1Petr 1,7) und für die ganze Reihe stehen kann.[73] Zu würdigen ist sodann, dass die Verse 11–14 alle durch γάρ verknüpft, also die Glieder einer Kette sind, „von denen eins immer durch das folgende begründet oder erläutert wird. Der ganze Gedankengang bringt aber die Ausführung der These von 2,6 ἀποδώσει ἑκάστῳ κατὰ τὰ ἔργα αὐτοῦ mit spezieller Aufteilung auf die Juden und Heiden, die durch den Begriff des Gesetzes nötig wird."[74] Die Begründungskette umfasst durch οἵτινες auch noch V.15, so dass der erste Vers ohne Begründung, V.16, mit den Worten ἐν ἡμέρᾳ ὅτε κρίνει ὁ θεὸς τὰ κρυπτὰ τῶν ἀνθρώπων den Ring schließt, in den Paulus mit ἐν ἡμέρᾳ κτλ. (V.5) hineingeführt hat. Im Übrigen gilt, was Theißens Strukturanalyse klar herausgestellt hat: „Die Ausführungen über das Gesetz und die Beschneidung stehen parallel zueinander."[75] Das hat dann aber auch Folgen für die Auslegung.

Die Parallelität der zu untersuchenden Verse[76] stellt sich wie folgt dar:

---

[69] A. SCHLATTER, Gottes Gerechtigkeit, Stuttgart 1952, 90.

[70] REUMANN, Romans, 1286.

[71] Ebd.

[72] Zur rhetorischen Gestaltung s. ALETTI, Israël, 50f.

[73] Mit 1Kor 4,5 καὶ τότε ὁ ἔπαινος γενήσεται ἑκάστῳ ἀπὸ τοῦ θεοῦ verbindet nicht nur „das Lob von Gott", sondern auch die Rede von τὰ κρυπτά im Zusammenhang des Gerichts.

[74] POHLENZ, Paulus, 528, Anm. 15; ausführlich ECKSTEIN, Syneidesis, 141.

[75] THEISSEN, Aspekte, 75.

[76] Zu den Parallelismen in Röm 2 vgl. auch ALETTI, Israël, 51. 54.

V.12–16 (Gesetz)		V.25–29 (Beschneidung)	
οἱ *ποιηταὶ νόμου* δικαιωθήσον- ται	V.13b	*περιτομὴ* ὠφελεῖ ἐὰν *νόμον πράσσῃς*	V.25a
ἔθνη τὰ μὴ νόμον ἔχοντα φύσει	V.14a	ἡ ἐκ φύσεως ἀκροβυστία	V.27a
ὅταν γὰρ ἔθνη τὰ μὴ *νόμον* ἔχοντα φύσει τὰ τοῦ *νόμου* ποιῶσιν, οὗτοι *νόμον* μὴ ἔχοντες ἑαυτοῖς εἰσιν *νόμος*	V.14	ἐὰν οὖν ἡ ἀκροβυστία τὰ δικαιώματα τοῦ *νόμου* φυλάσ- σῃ, οὐχ ἡ ἀκροβυστία αὐτοῦ εἰς *περιτομὴν* λογισθήσεται;	V.26
οἵτινες ἐνδείκνυνται τὸ ἔργον τοῦ *νόμου* γραπτὸν ἐν ταῖς *καρδί αις* αὐτῶν	V.15a	*περιτομὴ καρδίας*	V.29b
ὅτε κρίνει ὁ θεὸς τὰ κρυπτὰ τῶν ἀνθρώπων	V.16b	ὁ ἐν τῷ κρυπτῷ ᾽Ιουδαῖος ... οὗ ὁ ἔπαινος ... ἐκ τοῦ θεοῦ	V.29

Worauf „in scharfer Antithese und in streng durchgeführter Zweiteilung"[77] die Argumentation hinausläuft, ist klar: Gegenüber denen, die sich trotz Tora und Beschneidung als Übertreter der Tora darstellen, gibt es unter den Heiden solche, die toralos und unbeschnitten das Gesetz erfüllen (V.14. 26f). Diese Parallelität spricht dafür, das syntaktisch offene φύσει (V.14) zu τὰ μὴ *νόμον* ἔχοντα zu nehmen, das seinerseits ἀνόμως interpretiert und später durch die Rede von der ἐκ φύσεως ἀκροβυστία weitergeführt wird: Nicht-Juden sind ja geborene „Heiden" und haben *als solche* weder Tora noch Beschneidung.[78] – Sie sollen sich im Übrigen nach Paulus auch nicht dem Judentum anschließen, folglich weder sich beschneiden lassen noch ἐν *νόμῳ* werden.[79] – Die Parallelität lässt sich nun zuspitzen: Es gibt unter den Heiden solche, die φύσει toralos und ἐκ φύσεως unbeschnitten „tun, was Gesetz und Beschneidung eigentlich intendieren."[80] Die Vorstellung, sie könnten dies „von Natur", „von sich aus" tun,[81] hat der, der nachher diktieren

---

[77] POHLENZ, Paulus, 528.

[78] Vgl. auch ECKSTEIN, Syneidesis, 149f.

[79] Die exegetische Einsicht, dass nach Paulus ἐν (τῷ) *νόμῳ*, ἐξ ἔργων *νόμου* und ὑπὸ *νόμον*/ παιδαγωγὸν εἶναι ante Christum zu Recht bestehende Merkmale jüdischer Existenz sind, insofern die Verfügung vom Sinai eine Maßnahme Gottes für sein Volk *auf dieser Erde* ist, teile ich mit Ch. BURCHARD, Noch ein Versuch zu Gal 3,19 und 20, in: ders., Studien zur Theologie, Sprache und Umwelt des Neuen Testaments, hg.v. D. Sänger, WUNT 107, Tübingen 1998, 184–202; vgl. R. BERGMEIER, Der Stoicheiadienst nach Gal 4,3.9, in: Mensch vor Gott, 89–98.

[80] Zitat: THEISSEN, Aspekte, 76.

[81] Gegen R. PENNA, The Meaning of πάρεσις in Romans 3:25c and the Pauline Thought on the Divine Acquittal, in: M. Bachmann/J. Woyke (Hg.), Lutherische und Neue Paulusperspektive, WUNT 182, Tübingen 2005, 251–274: 268.

wird, das Trachten des Fleisches gehorche dem Gesetz Gottes nicht und könne das auch gar nicht (8,7), wohl kaum entwickelt. Nein, wenn man die Rede vom Tun und Erfüllen ernst nimmt, können da nur Heidenchristen gemeint sein.[82] Das Gleiche gilt für ἡ ἐκ φύσεως ἀκροβυστία τὸν νόμον τελοῦσα, denn wenn sie, gemäß Ez 11,20; 36,27 τὰ δικαιώματα τοῦ νόμου erfüllend,[83] im Endgericht als περιτομή angesehen werden wird,[84] bezieht sich das auf die pneumatische Wirklichkeit der περιτομὴ καρδίας im Sinne eschatologischer Erneuerung, denn der Geist, „von dem hier nicht in anthropologischem Sinn die Rede ist, schafft Leben, wie allein Gott es zu schenken vermag."[85] In der Folge wird man also annehmen dürfen, dass sich die Diktion des Paulus in beiden Fällen an endzeitliche Erwartung anlehnt, was die „Herzensinschrift" (V.15) angeht, an Jer 38 (31),33,[86] die „Herzensbeschneidung" (V.29), an Dtn 30,6; Ez 11,19 (vgl. auch Jub 1,23). Nicht aus der Perspektive der jeweils anderen Gruppe, also Juden und Heiden, wie Theißen meint,[87] sondern in *geistlicher* Hinsicht werden die Merkmale „Gesetz" und „Beschneidung" verinnerlicht, wobei ihre Würdigung, da sie zu den κρυπτὰ τῶν ἀνθρώπων gehören, Gottes Urteil vorbehalten bleibt (V.16.29).[88]

Abschließend lohnt es sich, noch einmal auf den Zusammenhang von Röm 2,14f zurückzukommen. Zunächst wäre da genauer auf die chiastische Stellung von φύσει und ἑαυτοῖς zu achten:

ὅταν γὰρ ἔθνη τὰ μὴ νόμον ἔχοντα φύσει τὰ τοῦ νόμου ποιῶσιν,
οὗτοι νόμον μὴ ἔχοντες ἑαυτοῖς εἰσιν νόμος·

Paulus geht ja von der Toralosigkeit der Heiden aus: ὅσοι γὰρ ἀνόμως ἥμαρτον, ἀνόμως καὶ ἀπολοῦνται. Ihre Toralosigkeit steht im Kontrast[89] zu ἐν νόμῳ und οἱ ἀκροαταὶ νόμου, denn „Hörer des Gesetzes", das sind nur die vom Volk Israel, dem allein die Tora gegeben (Röm 9,4) und, was Gott

---

[82] So auch CRANFIELD, Romans I, 157f; vgl. auch GATHERCOLE, Law, 40–46.

[83] T.W. BERKLEY, From a Broken Covenant to Circumcision of the Heart. Pauline Intertextual Exegesis in Romans 2:17–29, SBL.DS 175, Atlanta 2000, 77.93.

[84] Zur Auslegung s. WILCKENS, Römer 1, 155.

[85] Zitat: LOHSE, Römer, 114.

[86] Selbst BORNKAMM, Gesetz, 107, Anm. 30, formulierte: „Trotz der überraschenden Anklänge …" Zur positiven Würdigung s. CRANFIELD, Romans 1, 158f; BERKLEY, Covenant, 174; vgl. auch KUSS, Heiden, 95; HAHN, Theologie I, 237.

[87] THEISSEN, Aspekte, 80.

[88] Die umfangreiche Analyse von ECKSTEIN, Syneidesis, 137–179, weist m.E. zwei Schwachpunkte auf: Sie würdigt nicht die syntaktische und inhaltliche Stellung von V.16 (s. 158.164.168–170). Damit hängt zusammen, dass Eckstein „Herzensinschrift" und „Herzensbeschneidung" nicht als κρυπτά, sondern als aufweisbare Fakten identifiziert, aus denen Paulus gegenüber den Juden gesichert seine Schlüsse ziehen könne (s. 148f.157.164.168).

[89] WILCKENS, Römer I, 132, Anm. 305, weist hin auf Sib 3,70: „Gesetzlose, die niemals Gottes Wort gehört haben."

gefällt, bekannt ist (Bar 4,4). Soweit es nun, abweichend von V.12a, Heiden gibt, die im Sinn von V.13b tun, um was es im Gesetz geht, ist ihre Toralosigkeit zu modifizieren: Was sie von Haus aus nicht haben,[90] sind sie (sich bzw. gegenseitig) selbst. Auch dieser Aspekt kehrt bei der Rede von der Beschneidung wieder: Was die Unbeschnittenen von Haus aus nicht haben, die Beschneidung, wird ihnen als solche zugerechnet werden. Die Toralosen werden innerlich selbst Tora, die Unbeschnittenen innerlich Beschneidung. Die gern notierten Formulierungsparallelen aus einem Zweig des griechisch philosophischen Autonomiegedankens[91] bringen die Auslegung nicht weiter, weil Paulus, so Leid uns Heutigen das tut, der Autonomie sicher nicht das Wort reden wollte. Pohlenz hat sich gleich gar nicht mit diesen Parallelen befasst, sondern nach dem Sinn des Paulustextes selbst gefragt. a) Den Juden werde zu ihrer Überraschung klar gemacht, dass es „Täter des Gesetzes" auch unter den Heiden gebe; ποιῶσιν (V.14) nehme also das ποιηταί von V.13 auf. b) „Die Frage, wie eine Erfüllung des Gesetzes durch die Heiden möglich ist, drängt sich vor, so daß die Feststellung der Tatsache in einen Nebensatz verwiesen wird: ‚Wo immer – ὅταν, nicht ἐάν! – Heiden …'." c) Das V.14b Gesagte „ist so pointiert ausgedrückt, daß es einer Begründung bedarf, die diesmal in einem eng zugehörigen Relativsatz gegeben wird."[92] Was also ἑαυτοῖς εἰσιν νόμος inhaltlich besagt, wird in dem begründenden οἵτινες-Satz V.15a erläutert: Sie sind als herkömmlich toralose Heiden selbst Gesetz, nämlich kraft ihrer „Herzensinschrift". Sowohl die γράμμα-πνεῦμα-Antithese (V.29) als auch intertextuelle Auslegung von Jer 31,33; Ez 11,19; 36,26 hatte Paulus schon in 2Kor 3,1–6 vorgetragen und dort analog zu ἑαυτοῖς εἰσιν νόμος ad hoc das Bild von der pneumatischen ἐπιστολὴ Χριστοῦ entwickelt. Die „Herzensinschrift" gehört wohl zu den κρυπτά Röm 2,16, kann aber offenbar von den Heidenchristen so „gelesen" werden, dass sie (sich bzw. einander) Gesetz sind und also tun, um was es im Gesetz geht.[93]

Der οἵτινες-Satz hat nicht nur V.14 begründende, sondern auch zu V.16 weiterführende Bedeutung. Denn die verborgene Wirklichkeit der „Herzensinschrift" ermöglicht zwar in der Gegenwart, dass Heiden τὰ τοῦ νόμου

---

[90] THEISSEN, Aspekte, 76f, Anm. 20, argumentiert, die Deutung der ἔθνη auf Heidenchristen scheitere an 2,14, denn V.14b müsste dann von denen die Rede sein, „die das Gesetz nicht *hatten.*" Aber diese Argumentation lässt außer Acht, dass die Zeitstufe nicht-futurischer Partizipialformen durch den Zusammenhang des Satzes, nicht durch die Partizipialform als solche bestimmt wird, s. BDR § 339. Man ging sogar schon so weit, im Partizip Präsens geradezu die Vorzeitigkeit ausgedrückt zu finden (Beispiel Gal 1,23), s. J.H. MOULTON, A Grammar of New Testament Greek III. Syntax, by N. Turner, Edinburgh 1963, 80f.

[91] Vgl. KUHR, Verheißung, 257f; KÖSTER, Art. φύσις κτλ., 268 mit Anm. 230; HAAKER, Römer, 65 (zu Philo, Abr 276 ist aber anzumerken, dass sich νόμος αὐτὸς ὤν auf ὁ βίος, nicht auf Abraham bezieht).

[92] POHLENZ, Paulus, 529.

[93] Vgl. den analogen Fall von Gemeindeaufbau und Enthüllung 1Kor 3,9–15.

ποιῶσιν, aber den Nachweis für τὸ ἔργον τοῦ νόμου γραπτὸν ἐν ταῖς καρδίαις αὐτῶν erbringen sie erst, wenn Gott das Verborgene der Menschen in das Licht des Jüngsten Tags rücken wird. Auf diesen Gerichtstag (vgl. 1Kor 4,4f)[94] sind dann V.16 zufolge auch die Bestätigung des Gewissens für τὸ ἔργον τοῦ νόμου γραπτὸν ἐν ταῖς καρδίαις αὐτῶν[95] wie auch Anklage und Entschuldigung der Gedanken bezogen,[96] ein Zusammenhang, den Paulus in Röm 14,12 „Rechenschaft ablegen" nennen wird. Der Gerichtsgedanke – davon waren wir ausgegangen – ist beherrschend in Röm 2, so auch grundlegend für die hier zu untersuchenden Abschnitte: V.12a ἀπολοῦνται, V.12b κριθήσονται, V.13b δικαιωθήσονται, V.16 ἐν ἡμέρᾳ κτλ., V.26b λογισθήσεται, V.27a καὶ κρινεῖ. Οὗ ὁ ἔπαινος ... ἐκ τοῦ θεοῦ (V.29c) schließt dann den Ring, in den δόξα δὲ καὶ τιμὴ κτλ. (V.10) hineingeführt hat. Aber mit diesem Ergebnis hat Paulus Ἰουδαίῳ τε πρῶτον καὶ Ἕλληνι (V.10) so sehr nivelliert, dass sich die Frage nach τὸ περισσόν und ἡ ὠφέλεια (3,1) zwangsläufig stellt, wenn auch nur, um in einem letzten Anlauf zum Tiefpunkt zu führen: Nachdem alle ohne Unterschied auf das Sündigen verfallen sind, werden sie auch alle die eschatologische δόξα (Röm 2,7.10) entbehren (3,22f).[97] Und alle haben den Gnadenerweis Gottes nötig, ὃς δικαιώσει περιτομὴν ἐκ πίστεως καὶ ἀκροβυστίαν διὰ τῆς πίστεως (3,30). Weil nun aber Paulus in Röm 2,14f von Heiden*christen* handelt, stellt sich *ihm* das Problem, ob denn Heiden, die das Gesetz erfüllen, ἐξ ἔργων νόμου gerechtfertigt werden, noch nicht einmal von ferne, weil sich für ihn ἐξ ἔργων νόμου nur auf τοῖς ἐν τῷ νόμῳ bezieht (3,19f): ἔθνη τὰ μὴ νόμον ἔχοντα φύσει, die jetzt tun, um was es im Gesetz geht (V.14), sind wie ἔθνη τὰ μὴ διώκοντα δικαιοσύνην, die jetzt Gerechtigkeit erlangt haben (9,30),[98] allemal ἐκ πίστεως.[99] Ohne Gegensatz zur Rechtfertigung aus Glauben ste-

---

[94] Dass Paulus mit der Formulierung οὐδὲν γὰρ ἐμαυτῷ σύνοιδα 1Kor 4,4 von der Syneidesis spricht, die „den Christen auf das Gericht des kommenden Herrn" verweist, hat ECKSTEIN, Syneidesis, 199–213, klar herausgearbeitet.

[95] ECKSTEIN, Syneidesis, 161f. Schwerlich heißt συμμαρτυρούσης αὐτῶν τῆς συνειδήσεως „durch ihr Gewissen belehrt", gegen P.J. THOMSON, „Die Täter des Gesetzes werden gerechtfertigt werden" (Röm 2,13). Zu einer adäquaten Perspektive für den Römerbrief, in: Lutherische und Neue Paulusperspektive, 183–221: 199.

[96] Vgl. auch MAERTENS, Rm 2.12–16, 516; GATHERCOLE, Law, 46.

[97] BERGMEIER, Gesetz, 57 mit Anm. 146.

[98] Vgl. dazu R. BERGMEIER, Vom Tun der Tora, in: Lutherische und Neue Paulusperspektive, 161–181: 175f. – S. 179 enthält einen sinnentstellenden Fehler, für den ich mich bei Herrn Hofius entschuldigen muss. Der Text zwischen den Zeilen 16 und 21 müsste lauten: „..., durch die im vorliegenden Fall das Wort νόμος besonders hervorgehoben werde. Welche Komplikationen aber aus einem Chiasmus von Hypallage (V.31a διώκων νόμον δικαιοσύνης = διώκων δικαιοσύνην νόμου) und Metonymie (V.31b εἰς νόμον οὐκ ἔφθασεν = εἰς δικαιοσύνην οὐκ ἔφθασεν) der Exegese zuwachsen, zeigt sich darin, ..."

[99] Die im Römerbrief erreichte Nähe zwischen νόμος und πίστις stand Paulus, als er an die Galater schrieb, noch nicht vor Augen. Dort hatte er vehement darauf, und nur darauf, bestanden, dass der νόμος nicht Glauben, sondern das Tun fordert (3,12). Jetzt, im Römerbrief, wird „in Christus die Tora dahingehend lesbar, daß sie Glaubensgerechtigkeit als Ziel setzt," s. Ch. BURCHARD,

hen daher diese Heidenchristen als Beispiel für Täter des Gesetzes, die im Gericht Gottes als gerecht anerkannt werden (2, 13b). Kann man nun dem Völkerapostel die Aussage zutrauen, Heidenchristen seien von Haus aus toralose Heiden, die aber jetzt das Gesetz erfüllen? Sehr wohl! Gilt das Gleiche von dem Satz: Heiden, „Sünder aus den Heiden", tun im Unterschied zum jüdischen παραβάτης νόμου *von Natur*, um was es im Gesetz geht? Μὴ γένοιτο· Zur Toraerfüllung bedarf es nach Paulus des neuen Herzens. Und dieses hat, wie der geschätzte Jubilar schon anmerkte, „die Tora in sich und folgt ihr."[100]

Glaubensgerechtigkeit als Weisung der Tora bei Paulus, in: ders., Studien zur Theologie, Sprache und Umwelt des Neuen Testaments, 241–262: 258f.

[100] BURCHARD, Glaubensgerechtigkeit, 261, Anm. 91.

James H. Charlesworth

Towards a Taxonomy of Discerning Influence(s) Between Two Texts

How do we know assuredly that one text is dependent on another which antedates it? When do parallels of thought or expression indicate, and at what level of probability, that a text has been directly, or indirectly, influenced by another? The purpose of this essay, in honor of Professor Christoph Burchard, is to propose a methodology for discerning influences between two documents.[1] In the process I shall try to elaborate a taxonomy (or systematic classification) for discerning influences between two texts.

Most scholars working in the fields of Early Judaism (or Second Temple Judaism) and Christian Origins – and many others as well – have endeavored to argue on the basis of some parallel of thought or shared symbol for or against some conceivable relationship between two or more documents being compared. The claim that a relationship is "direct" or "indirect" presupposes some refined taxonomy concerning possible relationships within a specific historical context.

The absence of any taxonomy to discern possible relationships between two documents has led to misunderstandings and confusion. For example, when Charlesworth concluded that columns three and four of the Rule of the Community "directly" influenced the Gospel of John some specialists imagined – to his surprise – that he had contemplated the author of John had a copy of the manuscript before him when he wrote. When R. E. Brown earlier judged that the Dead Sea Scrolls had "indirectly" influenced the Gospel of John some scholars thought that perhaps this meant that the Dead Sea Scrolls were not fundamentally important for an understanding of the origin and theology of the Gospel of John. That misunderstanding of Brown's position is now rampant; perhaps some scholars need to re-read Brown's judgment:

---

[1] I trust that Chris Burchard will appreciate this attempt to be precise since he was a model of precision. Indeed, editing his contribution for The Old Testament Pseudepigrapha was a pleasure because of his attention to details. That is what he would expect of us as we explore how and in what ways one document may have been influenced by another. I focus on texts since they are all we have, even though I would have preferred thinking about how one author was influenced by another.

"What can be said is that for *some* features of Johannine thought and vocabulary the Qumran literature offers a closer parallel than any other contemporary or earlier non-Christian literature either in Judaism or in the Hellenistic world. And, in fact, for such features Qumran offers a better parallel than even the later, post-Johannine Mandean or Hermetic writings."[2]

With this assessment I am in full agreement; thus, more methodological precision in what is meant by an "indirect" or a "direct" literary relationship between Qumran and John is essential.

The need for a classification of literary relationships was placarded by J. Ashton when he highlighted "the rather half-hearted alternatives" to R. Bultmann's suggestion that the Fourth Evangelist was a convert from Gnosticism. Note Ashton's plea for some methodological rigor:

Accordingly it makes little sense to speak, as Charlesworth does, in terms of 'borrowing', however right he may be, against Brown and Schnackenburg, to adopt a theory of direct influence. For what *kind* of borrowing is he thinking of? Does he picture John visiting the Qumran library, as Brown calls it, and taking the Community Rule out of the repository, scrolling through it, taking notes perhaps, and then making use of its ideas when he came to compose his own work? This is surely the sort of question that we need to ask ourselves before settling somewhat timidly, either, like Brown and Schnackenburg, for a theory of indirect dependence, or for the sort of literary indebtedness hinted at by Charlesworth.[3]

The discussion of a possible relationship between one document and an earlier one has become rather heated and confusion is caused by a lack of precision or clarity in the use of terms, concepts, and categories. It thus seems prudent to propose a provisional taxonomy for discerning influences between two compositions.

Too often an author (perhaps a scholar) eschews a proposed relationship based on parallels of thought as an example of "parallelomania". What is the origin of this odd word? It is not a neologism created by Samuel Sandmel but he is famous for stressing the dangers of seeing parallels and assuming influences.[4]

Misperception

Samuel Sandmel did not mean to argue that parallels between two documents did not indicate or mirror any relationship or dependency. He would have considered that to be absurd, since he knew a relation between two texts was obvious or apparent with a quotation or illusion of an earlier text

---

[2] R.E. BROWN, The Gospel According to John I –XII, AncB, London 1971, 1.lxiii –lxiv.

[3] J. ASHTON, Understanding the Fourth Gospel, Oxford 1991, 236–237.

[4] S. SANDMEL, Parallelomania, JBL 81 (1962) 1–13.

in a later one (although he did not live to see the development of Intertextuality). He meant that parallels do not immediately prove a literary relationship. Sandmel defined "parallelomania" as "that extravagance among scholars which first overdoes the supposed similarity in passages and then proceeds to describe source and derivation as if implying literary connection flowing in an inevitable or predetermined direction."[5] He urged that scholars evaluate carefully all parallels before developing a possible thesis of a relationship. He showed how to examine possible influences disclosed by parallels in terms of historical contexts and theological rhetoric. On the one hand, he sought to warn about "extravagance", and, on the other hand, he suggested how to encourage the study of parallels, especially among Rabbinics and the Gospels, Philo and Paul, as well as the Dead Sea Scrolls and the New Testament. The proposed taxonomy offered here for discussion is in line with Sandmel's claim that a persuasive judgment about a relationship between two documents should develop out of "detailed study rather than in the abstract statement" (p. #2).

Parallelomania denotes the penchant of some scholars for seeing parallels and jumping to the conclusion that a later text has been influenced by a previous one. All parallels are first only observations. All parallels need to be analyzed and pondered first in terms of each document's ideological and theological perspective, then in terms of a possible relationship between the two documents, and finally in light of all possible earlier or contemporaneous writings (including some acknowledgment of those that may be lost). The task is to obtain some insight into a possible "direct" or "indirect" relationship between the two documents perceived to contain parallel ideas, thoughts, terms, concepts, symbols, or perceptions.

Category
The author of a text (almost always an implied author) obviously learned about an idea, concept, *terminus technicus,* term, symbol, or expression from some source (written or oral). The term "idea" is a convenient way of subsuming all these possibilities into one word. The question becomes "How can we discern a source that has influenced another?"

Perception
The author of an early Jewish (Christian or Gnostic) text worked in a theological environment in which *traditions and texts were paradigmatic* for thought and communication. The concepts "tradition" and "text" are relatively fluid categories and are not separated into mutually exclusive categories. Intense and prolonged examinations of the biblical texts at Qumran

---

[5] SANDMEL, Parallelomania, 1.

reveal that in weighing parallels between two documents that are influenced by the TANACH we should recognize that there are over ten text types of Torah scrolls before 70 CE and that we also need to think about a new literary category: "the Rewritten Bible".

Abbreviations

In order to make this paper in honor of Burchard an acceptable length and to establish some order in a chaotic discussion of literary relationships, I have opted for some abbreviations which should be helpful. Here are those abbreviations:

AT	=	the Author of text being examined
T	=	Text that may have influenced AT
DI	=	Direct Influence
IIT	=	Indirect influence through a text
IIP	=	Indirect influence through a person
ITopos	=	Indirect influence through a shared topos or topoi.
NI	=	No influence
U	=	Level of influence is unknown

DI   Direct Influence

1	AT lived (or had lived) in the community in which the T was composed.
2	AT had read the T.
3	AT had memorized the T (but may quote it inaccurately).
4	AT had the T before him or in his collection of scrolls or codices.
5	AT knew the T (perhaps imperfectly) from one who had it memorized.

This category is too often misperceived. "Direct Influence" has been reduced to a quotation in a subsequent text, as when the Temple Scroll represents Deuteronomy or the Pesharim and Paul and Matthew quote the TANACH or "Old Testament." Scholars tend to have a penchant for refusing to admit any "direct" influence from one text on another, employing methods that would not be acceptable in any court of law in which plagiarism is being judged.

In terms of sociology and phenomenology, there is no categorical difference from being influenced by a text that had been read by an author or someone like a cantor (DI 2) or having listened to someone who had memorized a text (DI 5). Most scholars have concluded that the linguistic parallels between Samuel-Kings and Chronicles is to be explained by the latter's direct dependence on the former (= DI 1, 3, 4). While the Evangelists Matthew and Luke are creative with traditions, they are, in the judgment of the majority of New Testament scholars, directly dependent on a text of Mark (certainly not the same exemplar). Matthew and Luke may have read Mark (DI 2), and perhaps had a copy of it before him or in his collection of scrolls or codices (DI 4). Jude 14–15 is an explicit quotation of äthHen 1:9 (= DI 2 or 3).

J. Ashton's claim that the Fourth Evangelist had "dualism in his bones" and may "have been an Essene" is an example of DI 1; he had formerly been "one of those Essenes" who were in large numbers in every town (Josephus, Bell 2,124).[6] This position was also claimed by E. Ruckstuhl: "In verschiedenen Aufsätzen habe ich 1985–86 die Auffassung vertreten, der Jünger, den Jesus liebte, sei ein Mönch der Essenersiedlung in Jerusalem gewesen."[7] Although R. Schnackenburg argues against a direct influence from Qumran on the Gospel of John, he offers a possible scenario that meets the category of DI 5 (and perhaps 3):

"These examples should suffice to justify the verdict that though there are close contacts between John and Qumran on important points, it can scarcely be proved that the evangelist took over Qumran concepts directly. But that there were some associations must be seriously considered, however they were set up: by means of the disciples who came to Jesus from the school of John the Baptist (cf. 1:35–51), or by Qumran Essenes who later entered Christian, Johannine communities, or through the author's meeting such circles, which influenced his theological thinking."[8]

Charlesworth has clarified what he meant by direct influence from Qumran on John. He never intended to suggest that the Evangelist had worked or lived at Qumran or had an Essene scroll in his library. He has now indicated that the influences may have come through John the Baptizer but most likely came directly to the Evangelist from Essenes who joined the Johannine community (= DI 5).[9]

It is certain that JosAs (in Armenian "the Prayer of Aseneth") influenced the Ethiopian Synaxarion (late 16th or early 17th cent. CE) since the following passage in it can come only from this pseudepigraphon:

Salutation to Aseneth, whose splendor is like the sun,
And like the flower of the red rose, which cometh forth from its leaves.
The bees who feed her ascend on the wings of the wind,
And those who wish to inflict a wound in her
Fall down upon the ground, and perish straightway.[10]

---

[6] J. ASHTON, Understanding the Fourth Gospel, 205.237.

[7] E. RUCKSTUHL, Jesus im Horizont der Evangelien, SBB 3, Stuttgart 1988, 393.

[8] R. SCHNACKENBURG, The Gospel According to St John I., translated by K. Smyth, New York 1987, 134f.

[9] J.H. CHARLESWORTH, The Dead Sea Scrolls and the Gospel according to John, in: R.A. Culpepper/C. Clifton Black (Hg.), Exploring the Gospel of John, In Honor of D.M. Smith, Louisville 1996, 65–97.

[10] Ch. BURCHARD, Joseph and Aseneth, OTP 2.197.

It is also obvious that John Lydgate knew JosAs. His poem *To Mary the Queene of Heaven* is influenced by this pseudepigraphon. His verse, "Assenek of Egipt, of beute peerless" is shaped by the information supplied by the author of JosAs: she was "a virgin of eighteen years, (she was) very tall and handsome and beautiful to look at beyond all virgins on the earth (καὶ καλὴ τῷ εἴδει σφόδρα ὑπὲρ πάσας τὰς παρθένους ἐπὶ τῆς γῆς."[11] (JosAs 1,4).[12]

IIT   Indirect Influence Through A Text
1   AT was indirectly dependent for the "idea" on a text that contained it.
2   AT heard an echo of the "idea" in a text.
3   AT talked to someone who memorized the text that preserved it.
4   AT conversed with someone who knew the text that developed it.
5   AT may have known the "idea" or tradition from a lost text.

What is a representative example? Perhaps we might learn about this category from the study of JosAs and the Gospel of John. The latter text refers to "the bread of life" (ὁ ἄρτος τῆς ζωῆς [John 6:35, 48]). The pseudepigraphon mentions "your bread of life" (ἄρτον ζωῆς σου [JosAs 8:9; see also 8:5; 15:5; 16:16; 19:5; 21:21]). R. Schnackenburg argued that two authors independently coined the phrase as they imagined the manna tradition. It is not easy to imagine that the Jewish author of JosAs knew and was influenced by the Gospel of John, especially if he wrote in Egypt sometime before the Jewish revolt under Trajan (115–117 CE). Perhaps Burchard charts our path when he judges "that there is some link between JosAs and the Johannine texts, but it is difficult to detect what it is."[13] Perhaps one text, the Gospel of John, somehow, influenced another text *indirectly* since the neologism "bread of life" is not to be missed and the different theological meanings in the two documents must be appreciated.

Brown found it "an annoying oversimplification to think that because of these obvious differences [between a Jewish and a "Christian" text] there can be no relation between John and Qumran."[14] He thus concluded that the Fourth Evangelist was indirectly influenced by the Dead Sea Scrolls:

"... the argument for interrelation between the Johannine writings and the Qumran literature is indeed strong. The resemblances do not seem to indicate immediate relationship, however, as if S. John were himself a sectarian or were personally familiar

---

[11] For the Greek text, see Ch. BURCHARD, Gesammelte Studien zu Joseph und Aseneth, SVTP 13, Leiden 1996, 163.

[12] BURCHARD, Joseph and Aseneth, 203. I am also dependent on Burchard for the insight that John Lydgate knew JosAs (a.a.O. 198).

[13] BURCHARD, Gesammelte Studien, 280.

[14] R.E. BROWN, An Introduction to the Gospel of John, hg. v. F.J. Moloney, New York, London 2003, 141. The quotation appears also in BROWN, Gospel, lxiii.

with the Qumran literature. Rather they indicate a more general acquaintance with the thought and style of expression which we have found at Qumran. The ideas of Qumran must have been fairly widespread in certain Jewish circles in the early first century A.D. Probably it is only through such sources that Qumran had its *indirect* effect on the Johannine literature [italics mine]."[15]

Rom 1:17 contains one of Paul's major theological thoughts. He stresses that in "the good news ... *the righteousness of God* is revealed through faith for faith." Clearly this thought shares a "basic similarity in thought and feeling"[16] to the Rule of the Community (1QS) 11.2–22:

"But as for me, the judgment concerning me (belongs) to *God*. In his hand (is) the perfection of my way and the uprightness of my heart. By *his righteousness* he shall blot out my transgression. (1QS 11.2–3)"[17]

Clearly Paul is directly influenced by Jewish thought when he wrote –after all he was a Jew and a Pharisee (and he never said he was no longer influenced by Pharisaism)– and he may have been *indirectly influenced* by some ideas that appear in the hymn that concludes the Rule of the Community (IIT 1–4).

IIP Indirect Influence Through A Person
1 AT had heard the text read (if accurately memorized, this may be also DI).
2 AT had talked with someone who had memorized the text.
3 AT knew someone who had read the text.
4 AT had talked to someone who had heard about the text.
5 AT knew someone who had talked to someone who had memorized the text (if perfectly memorized, this is possibly DI).
6 AT engaged with someone who had heard about the text.
7 AT knew the tradition orally.
8 AT talked with someone who knew the tradition.
9 AT lived in an environment (sociological or spiritual) in which the tradition was alive or known.

Is there a good example of this classification? Perhaps we find it in the words attributed to Jesus by Matthew. Jesus asked "Which man of you, if he has one sheep and it *falls into a pit on the Sabbath*, will not lay hold of it and *lift* it *out*? (Matt 12:11). This question seems absurd to many readers.

---

[15] R.E. BROWN, The Qumran Scrolls and the Johannine Gospel and Epistles, in: K. Stendahl (Hg.), The Scrolls and the New Testament, with a new introduction by J.H. Charlesworth, New York 1992, 183–207: 206.

[16] M.E. BORING u.a. (Hg.), Hellenistic Commentary to the New Testament, Nashville 1995, 337.

[17] Charlesworth's translation published in J.H. CHARLESWORTH (Hg.), Rule of the Community and Related Documents, PTS Dead Sea Scrolls Project 1, Tübingen/Louisville 1994, 47.

Jesus' apparently absurd question makes good sense in light of a teaching found in the Damascus Document: "Let no man help a beast to give birth *on the Sabbath* day; and if it *fall into* a cistern or *into a pit*, let it not be *lift*ed *out on the Sabbath*" (CD 11,13). Jesus may have talked with someone who had memorized this teaching (IIP 2) and clearly lived in a social environment in which this tradition was alive (IIP 9).[18] Also under this category would be Brown's insight (in addition to what was said under IIT) that the influences from Qumran may have come from John the Baptizer:

"Now virtually everyone who has studied the Qumran texts in the light of the New Testament has recognized the startling Qumran parallels in the narratives concerning John the Baptist; almost every detail of his life and preaching has a *possible* Qumran affinity. From this it would seem likely that the Baptist, before his contact with Christ, was in relationship with Qumran or other Essenes (perhaps he was raised by the community; or in contact with the community, or the head of a quasi-Essene group). If this is true, and if John the Evangelist was his disciple, we can explain very well the Qumran impact on the Fourth Gospel."[19]

ITopos

1   AT inherits a topos that was regnant within his specific culture.
2   AT inherits a topos that was well known within a general Mediterranean culture.

Topoi abounded in Second Temple Judaism. When evaluating parallels between two texts we should be reminded of Sandmel's reminder that topoi, parallel words, and thoughts might simply be "the close study of the Tanach and hence the ascription of some pregnant meaning to a pleonastic work or syllable."[20] Hence, G. Theissen and A. Merz can stress rightly the topoi in Jesus' Judaism; for example, Jesus and his fellow Jews knew that "king" was a euphemism for God and "vineyard" was "a fixed metaphor for Israel" (= IT 1).[21] From 70 CE, the destruction of Jerusalem and the burning of the Temple, to 135/6, the death of Bar Kokhba and the end of the Jewish revolts against Rome, numerous apocalypses were composed, using ancient sources and tradition. Among these are 4Esra, syrBar, Rev, slHen, and the ApkAbr; these apocalypses share many ideas but there is not convincing proof that one has influenced another. Within Judaism of this short period there was a yearning for an apocalyptic answer; topoi shared within this specific culture do not indicate a literary relationship.

---

[18] The more precise methodolgy helps clarify what was reported by J.H. CHARLESWORTH, Jesus and the Dead Sea Scrolls, New York/London 1995, 34.

[19] BROWN, Qumran Scrolls, 207.

[20] SANDMEL, Parallelomania, 3.

[21] G. THEISSEN/A. MERZ, The Historical Jesus, Minneapolis 1998, 325.

In Rom 2:17–24 Paul argues against Jews who boast but do not perceive their own sins and errors: "Preaching not to steal, do you steal? Saying not to commit adultery, do you commit adultery?" (Rom 2:21–22). Paul has inherited a topos or gnome known within Mediterranean culture: "Enter within the portals of your own soul, look about to see if there be any rottenness there, lest some vice lurking somewhere within whisper to you the words of the tragedian: Wouldst thou heal others, full of sores thyself? (Plutarch, Mor).[22] Another example of ITopos 2 is Paul's comment in Romans 5:7 ("Why, one will hardly die for a righteous man – though perhaps for a good man one will dare even to die" (RSV 2nd ed.). This thought may be found, for example, also in Aristotle's Eth Nic 8.9:

"But it is also true that the virtuous man's conduct is often guided by the interest of his friends and of his country, and that he will if necessary lay down his life in their behalf."[23]

This is a Hellenistic topos that surfaces again in Seneca's "On Philosophy and Friendship," Epist 9,10.

NI No Influence
1   AT and T only independently develop an earlier tradition (esp. if in the OT).
2   AT and T simply share an "idea" well known in their shared culture.
3   AT and T merely share an "idea" common to the human.
4   Two texts contain similar words but provide different meanings.

An example might help to warn against positing a relationship too quickly. Philo refers to an "unwritten law" (*nomos agraphos*) and the Rabbis know about the "oral torah" (*torah she-be 'al pe*).[24] This alleged parallel is on examination no evidence of any relationship; the two concepts are far apart. Influenced by the Greeks, Philo referred to the law of nature. Influenced by Scripture (Torah), the Rabbis meant the Unwritten Torah which was given along with the Written Torah by God to Moses and the Israelites on Sinai. This alleged parallel proves to be an example of NI 4.

U   Unknown Level of Influence
1   Too little is known about AT to discern DI, IIT, or IIP.
2   Too little is known about the shape of the text.
3   Too little is known about AT's origin to make a judgment.

---

[22] Plutarch, Mor 4–5: "How to Profit by One's Enemies"; see BORING u.a., Hellenistic Commentary to the New Testament, 344. These editors rightly judge "that Paul here adopts a widespread topos of ancient pedagogic (in Plutarch it is practically already quoted as an accepted gnome)."

[23] BORING u.a., Hellenistic Commentary to the New Testament, 358.

[24] I am dependent here on Sandmel's comments; see Parallelomania, 3.

4   Too little is known about AT's setting to make a judgment.
5   Too little is known about what other texts may have existed.
6   Too little is known about what texts and traditions may have been known to
      AT.
7   Very little is known about how the AT might alter traditions and texts.
8   Too little is known about the fluidity of traditions (recall the importance of cara-
      van routes for transporting texts and especially traditions).
9   Too little is known about the uniqueness of Early Judaism (e.g., Hillel's and
      Jesus' appropriation of the Golden Rule).
10   Too little is known about ancient Jewish culture in Palestine or in the Diaspora.
11   We need to appreciate the creativity of the human and also the possibility of
      divine revelation.
12   A translator or transmitter might be working from a text or a tradition but was
      more inspired creatively or gifted linguistically than either of them (e.g. Fitz-
      gerald's version of the *Rubiyat of Omar Kayyam* improves on the Persian
      original).

For example, too little is known of how and in what ways so-called apocry-
phal stories influenced the famous artists, including Michelangelo and
Rembrandt. The latter may have been influenced by JosAs which was
available in Latin (in at least 14 manuscripts dating to about 1200 CE). This
judgment is based on a study of Rembrandt's famous canvas of 1656 which
depicts Gen 48. The masterpiece shows Aseneth as present but she is not
mentioned in Gen 48 which is the main (but perhaps not the only) source of
this painting.[25] Finally, there are striking parallels between the Corpus Hermeticum and the Johannine corpus, but the date of the Hermetic tractates
are uncertain and the thought in them is not as striking to the Johannine
works as it might appear at first glance. For example, 1John 1:5–7a is strik-
ingly similar to Corpus Hermeticum 13:9 since each weaves a message
composed of the concepts of light, darkness, life, and good.[26] The author of
the epistle, however, alone stresses that "the blood of Jesus cleanses us
from all sin" (1:7). Either we cannot discern how and in what ways we are
to explain these parallels or we are left to ponder the existence of a topos in
antiquity.

Caveats
1.   Early Jewish (and "Christian") authors were more influenced by earlier texts
      and traditions than virtually any other authors. The texts produced by early
      Jews (and "Christians") are paradigmatically shaped by quotations and echoes
      from earlier "sacred" texts and traditions. Focusing on the later books in the
      OT, the works in the OTA, OTP, DSS, and NT one can perceive that they are
      almost always exegetical expansions on earlier texts or traditions. As Isa 1–39

---

[25] See BURCHARD, Old Testament Pseudepigrapha, OTP 2.199.
[26] For a convenient edition of the Greek text, see I. RAMELLI, Corpus Hermeticum, Bompiani
2005, 382. This book contains also the Latin and Coptic texts.

shaped *Deutero* and *Trito Isaiah,* so that composite corpus shaped later compositions, esp. 1QS and then the GosJn.

2. The AT can use the "idea" or term(s) in (and from) a text and develop them or understand them differently than in the T. If so, the AT has been influenced, probably directly, by the T.
3. If the AT is deeply influenced by the OT but seldom quotes from the books in it (as with the author of ApJn), then it seems likely that he might do the same with other Jewish documents widely considered sacred or inspired.
4. The AT may know myths and collages of myths that are now lost.
5. Bizarre images appear in ancient texts and also in dreams, and when working with apocalyptic literature we are studying the dream-literature of antiquity.

It is helpful to return again to Sandmel. To find 259 places where Paul's epistles are parallel to passages in Rabbinics does not make Paul either a Rabbi or rob him of his creative genius. What is lacking is fundamentally significant: Paul's "first and second Adam are not found in the rabbis, the mediation of the angels at Sinai is not found in the rabbis, and his view that the νόμος is superseded by the advent of he Messiah is not found there."[27]

ED   Evaluation of Data

1   Depends on scholar's training (skill with languages: level of ability with Latin, Greek, Coptic, Syriac, Semitic, Armenian, Ethiopic, and Slavic texts, as well as the level of historical, philological, and theological training or lack thereof).
2   Depends on scholar's native abilities.
3   Depends on scholar's psychology (subjectivity, vested interests, theological bent, psyche, conservativeness or liberalness).
4   Depends on scholar's level and extent of work on each text allegedly examined thoroughly.
5   Depends on scholar's personal evaluation of the significance of links or parallels.
6   Depends on the text with which the scholar began to work or teaches.
7   Depends on a scholar's diffidence or aggressiveness.
8   Unknown factors (sociological setting, psychology, needs, and anxieties).
9   A Scholars' Rule: If you agree with what has been published you do not (and may not) publish. If you disagree you may and often do publish. To obtain a consensus among the leading experts, one cannot count publications for or against a position.

The Absurdities in Positivism

Non-specialists and those who seek to popularize scholarly research tend toward positivism (that is an overly confident judgment or conclusion); that is, they miss the fundamentally important adverbs – like "perhaps," "possibly," "probably"– which warn the reader that scholars in discerning the past

---

[27] SANDMEL, Parallelomania, 4.

or assessing relationships between two documents can only approximate a convincing answer.

Proposition A: The AT was only indirectly influenced in his use of an "idea" because the "idea" was well known in antiquity or Early Judaism.

Fact A: The AT may not have known that and was dependent on one text tradition.

Proposition B: The AT was only indirectly influenced by the "idea," because it is found in one or more OT books.

Fact B: The AT found it in one text; he could have read it or known it from numerous books in the OT (as well as the OTA, OTP, and DSS), but he was at the moment of writing influenced by the "idea" in a specific text (and even if we can never discern that possibility we should allow for it).

Proposition C: The AT was directly influenced by a specific text.

Fact C: The AT could have developed the idea independently (there is a finite number of ways words can be combined, esp. when focused on shared concerns or expectations).

Proposition D: The AT was directly influenced by a particular text.

Fact D: The AT knew the text and also its Pre-Text (evident to us through intertextuality or the study of echoes), as well as traditions developed in other texts (unknown to us), and even the fluid or set oral traditions, but he (or she) would emphasize that the source of the inspiration was not recoverable and probably was never clear (the subliminal nature of cognition).

Proposition E: The AT was not influenced directly or indirectly in any way by previous texts or oral traditions when he (or she) wrote the "idea."

Fact E: The AT could not have written without being influenced in some ways from texts, traditions, and other persons.

Proposition F: The AT thought creatively.

Fact F: The AT inherited more than "ideas;" the AT inherited the alphabet, morphology, vocabulary, syntax, phrases, clauses, sentences, and large collections of words from others. Virtually every letter and word the AT could arrange had been already so connected orally or textually within academies or around campfires. No historical person can think "creatively" in a putative vacuum.

Proposition G: We cannot know the past.

Fact G: The data is complex. When scholars immerse themselves in the texts and traditions of antiquity, they avoid all abstract generalities and vestiges of positivism.[28] All coherent and true statements are shaped by and contingent on a specific context.

---

[28] Thus, for example, Sänger points out the problems of ascertaining the relation between a possible initiation in JosAs and the mystery religions, especially the cult of Isis. See D. SÄNGER, Antikes Judentum und die Mysterien. Religionsgeschichtliche Untersuchungen zu Joseph und Aseneth, WUNT 2.5, Tübingen 1980, 123f.

Axiom

We who are charged to "re-create" the past are condemned to know the past only through what has survived sometimes in garbage dumps (as in Oxyrhynchus). We are also blinded by the psychological, theological, and sociological forces that shape our methodologies and perceptions. If we hope to create the *Ding an sich* as we focus on it, how much more do we create the past and not merely re-create it (and how do we discern between the "re-created past" and the "real past")? If the context is fundamentally essential in describing – let alone defining – the past,[29] to what degree do we lose sight of that context by focusing on particulars within it? That is – as we all know from photography – a context must become blurred at the moment of focusing.

Conclusion

Scholars invest a lot of energy and time arguing that a relationship is "direct" or "indirect." They reject others' claims, often arguing that a parallel should be explained as only indirect. Neither they nor the one they seek to correct customarily define terms or categories. With the present taxonomy for discerning influences between texts (or among texts), it is now possible to clarify one's own position, to discern options, and to present a clear option for further discussion. One should observe the ramification of judgments; that is, to advocate IIP 9 – AT lived in an environment (sociological or spiritual) in which the tradition was alive or known – is to dismiss some options and contemplate the possibility of others.

Finally, since in Second Temple Judaism the Hebrew canon was not definitively closed and some documents in sectarian circles were treated equal to and perhaps superior to what was placed in the canon, we historians and theologians of Early Judaism and Early Christianity cannot accord more time or prestige to "canonical" works. If two documents are to be compared, the integrity of each work must be acknowledged. Extra-canonical texts should not be mined for theologumena or to prove the superiority of one person or text. What Burchard stated so insightfully with regard to JosAs applies to all texts, "canonical" and "extra-canonical":

"I would like to add that JosAs has too often been used as a quarry, without first giving it the benefit of that good old-fashioned historico-philological exegesis which

---

[29] Sandmel warned that using excerpted parallels devoid of context is an example of incompetence. He chided that "NT scholars devoid of rabbinic learning have been misled by Strack-Billerbeck into arrogating to themselves a competency they do not possess", Parallelomania, 9. A similar warning is found in E.P. SANDERS, Paul and Palestinian Judaism, Philadelphia 1977, and in J.H. CHARLESWORTH, The Old Testament Pseudepigrapha and the New Testament, MSSNTS 54; Cambridge/New York 1985.

has become a must in Biblical studies, let alone of the methodological innovations that have accrued in recent years."[30]

---

[30] BURCHARD, Gesammelte Studien, 311.

Petra von Gemünden

Der Affekt der ἐπιθυμία und der νόμος

Affektkontrolle und soziale Identitätsbildung im 4. Makkabäerbuch mit einem Ausblick auf den Römerbrief

Das Dekaloggebot Ex 20,17/Dtn 5,21 οὐκ ἐπιθυμήσεις wird sowohl in 4Makk 2,6 als auch in Röm 7,7 und Röm 13,9 ohne präzisierendes Objekt aufgegriffen. Dem νόμος, der gebietet „nicht zu begehren", kommt dabei eine durchaus differente Rolle zu. Trotz aller Unterschiede sind sowohl das 4Makk wie auch Paulus als Stimmen in dem in der Antike ausgesprochen bedeutungsvollen Diskurs über den Umgang mit den Affekten[1] zu verstehen. Für den Autor des 4Makk kommt dem νόμος bei der Affektkontrolle und der sozialen Identitätsbildung eine entscheidende Funktion zu. Die Kontrolle über die Begierden behandelt er in 4Makk 1,30b–2,23 unter Rekurs auf das Gesetz. Die Definition der sozialen Identität spielt im ganzen Buch eine zentrale Rolle: Affektkontrolle und soziale Identitätsbildung gehören für ihn eng zusammen.

Deshalb wollen wir uns im Folgenden dem 4Makk zuwenden und nach einem Überblick über dieses Buch und den uns besonders interessierenden Abschnitt 1,30b–2,6a (I) die Rolle des Gesetzes im Verhältnis zur ἐπιθυμία genauer untersuchen (II),[2] um anschließend die Rolle der Affektkontrolle durch das Gesetz für die jüdische Identitätsbildung situativ-funktional einzuordnen (III).

Zum Abschluss wollen wir uns im Vergleich dazu dem Römerbrief des Paulus zuwenden, um auch ihn daraufhin zu befragen, ob und wie in ihm das Gesetz für die Affektkontrolle und Identitätsbildung eine Rolle spielt.

---

[1] Vgl. A. VÖGTLE, Art. „Affekt", RAC I (1950) 160–173: 160–170.

[2] Der Schwerpunkt liegt dabei auf den Beispielen, die der Autor gibt, nicht auf einer Diskussion des νόμος τῆς φύσεως, vgl. dazu R. WEBER, Eusebeia und Logismos. Zum philosophischen Hintergrund von 4. Makkabäer, JSJ 22 (1991) 212–234; P.L. REDDITT, The Concept of *Nomos* in Fourth Maccabees, CBQ 45 (1983) 249–270.

I

Die ganze unter dem Titel Μακκαβαίων δ' oder Περὶ αὐτοκράτορος λογισ-μοῦ und anderen Bezeichnungen[3] überlieferte Schrift wird von der These bestimmt, dass der (am Gesetz orientierte)[4] εὐσεβὴς λογισμός[5] souveräner Herrscher über die πάθη ist: Diese These zieht sich (über 100 Mal!) variie-rend durch die Schrift.[6] Die Schrift weist eine Viergliederung auf: Auf das Exordium (1,1–12) folgt erstens ein philosophischer Teil (1,13–3,18), so-dann zweitens ein sehr ausführlicher narrativer Teil, der eine ἀπόδειξις τῆς ἱστορίας τοῦ σώφρονος λογισμοῦ,[7] bietet (3,19–17,6). Abgeschlossen wird die Schrift durch die Peroratio (17,7–18,24).[8]

Im philosophischen Teil wendet sich der Verfasser des 4Makk – wir nennen ihn im Folgenden Pseudo-Josephus[9] – nach einer Definition des λο-γισμός und der πάθη, sowie nach Ausführungen über die verschiedenen Ausprägungen der πάθη (1,13–30a) der σωφροσύνη zu (1,30ff). Nur in die-sem Abschnitt über die Besonnenheit (σωφροσύνη) wird ἐπιθυμεῖν zwei Mal – in 1,34 und 2,5f – auf νόμος bezogen.[10] Wie Pseudo-Josephus einführend formuliert, soll in diesem der λογισμός genauer betrachtet werden, ὅτι αὐ-τοδέσποτός ἐστιν τῶν παθῶν.[11] Ausgeführt wird dieser Leitsatz durch die These, dass die σωφροσύνη zunächst einmal in der Kontrolle über die Be-

---

[3] WEBER, Eusebeia, 214; L. ROST, Einleitung in die alttestamentlichen Apokryphen und Pseu-depigraphen einschließlich der großen Qumran-Handschriften, Heidelberg 1971, 80; E. NORDEN, Die antike Kunstprosa vom VI. Jahrhundert v.Chr. bis in die Zeit der Renaissance I, Darmstadt [5]1958, 417.

[4] H.-J. KLAUCK, 4. Makkabäerbuch, JSHRZ 3.6, Gütersloh 1989, 666. Die Übersetzungen aus 4Makk folgen der Übersetzung Klaucks in dieser Ausgabe. νόμος und λογισμός sind in 4Makk „eng aneinandergeschoben", so W. VÖLKER, Fortschritt und Vollendung bei Philo von Alexan-drien. Eine Studie zur Geschichte der Frömmigkeit, Leipzig 1938, 66. Gleichwohl ist klar, dass es Pseudo-Josephus um einen „Sieg" „nicht der Vernunft, sondern des Gesetzes" geht, s. H. STRATHMANN, Geschichte der frühchristlichen Askese bis zur Entstehung des Mönchtums im religionsgeschichtlichen Zusammenhange I: Die Askese in der Umgebung des werdenden Chri-stentums, Leipzig 1914, 119.

[5] WEBER, Eusebeia, 218 mit Anm. 24.26; Vgl. U. BREITENSTEIN, Beobachtungen zu Sprache, Stil und Gedankengut des Vierten Makkabäerbuchs, Basel/Stuttgart 1976, 170–171.

[6] Vgl. BREITENSTEIN, Beobachtungen, 119.

[7] 4Makk 3,19.

[8] Vgl. KLAUCK, 4. Makkabäerbuch, 653.

[9] Zur Zuschreibung des 4Makk an Josephus, vgl. vgl. H.-J. KLAUCK, Hellenistische Rhetorik im Diasporajudentum. Das Exordium des vierten Makkabäerbuches (4Makk 1.1–12), in: ders., Alte Welt und neuer Glaube. Beiträge zur Religionsgeschichte, Forschungsgeschichte und Theolo-gie des Neuen Testaments NTOA 29, 99–113: 99f Anm. 4. Diese ist historisch nicht zutreffend, vgl. KLAUCK, 4. Makkabäerbuch, 665.

[10] K.-W. NIEBUHR, Gesetz und Paränese. Katechismusartige Weisungsreihen in der frühjüdi-schen Literatur, WUNT 2.28, Tübingen 1987, 219.

[11] Wie 4Makk 1,30bβ genauer zu interpretieren ist, ist umstritten, vgl. KLAUCK, 4. Makkabäer-buch, 694 Anm. ad 1,30b.

gierden[12] bestehe. In einem weiteren Schritt wird festgestellt, dass es seelische und leibliche Begierden gebe und sofort (V.30bf aufnehmend) unterstrichen, dass der λογισμός beide Arten von Begierden kontrolliere (ἐπικρατεῖν).

Die beiden in 1,32 genannten Arten von Begierden werden in 1,33ff anhand exemplarischer Konkretionen behandelt: Zunächst greift Pseudo-Josephus die in 1,32 zuletzt genannten somatischen Begierden auf und verdeutlicht die Kontrolle des λογισμός über diese anhand der Versuchung durch Speisen, „die uns nach dem Gesetz (νόμος) verboten sind" (1,33–35), sodann greift Pseudo-Josephus die in 1,32 zuerst genannten psychischen (seelischen) Begierden auf (Inversion) und verdeutlicht die Herrschaft der διανοία bzw. des λογισμός[13] anhand des biblischen Beispiels des σώφρων Ἰωσὴφ: Durch die Denkkraft (διανοία) habe er die Wollust (ἡδυπάθεια) unter Kontrolle gebracht.

In 2,4 verallgemeinert Pseudo-Josephus: „Es zeigt sich, dass die Urteilskraft (λογισμός) nicht allein das Toben der Wollust (ἡδυπάθεια) kontrolliert, sondern jegliche Begierde (πάσης ἐπιθυμίας)." Mittels Stichwortanschluss ad verbum ἐπιθυμία folgt in 4Makk 2,5 die mit λέγει γοῦν ὁ νόμος eingeführte Begründung: „Du sollst nicht begehren (οὐκ ἐπιθυμήσεις) deines Nächsten Ehefrau, noch irgend etwas, was deinem Nächsten gehört." Pseudo-Josephus zitiert hier den Beginn und den Schluss von Ex 20,17/Dtn 5,21. Der Beginn des Zitats dieses Toragebots bezieht sich deutlich auf Joseph zurück und charakterisiert das Verhalten dieses besonnenen Mannes als dem Gesetz gemäß.[14]

Die Argumentation mündet in die eingangs erwähnte Feststellung von 2,6: „Wo uns das Gesetz (νόμος) selbst dazu aufgefordert hat, nicht zu begehren (μὴ ἐπιθυμεῖν), sollte es mir um so leichter fallen, euch davon zu überzeugen, dass die Urteilskraft (λογισμός) die Begierden in den Griff bekommen kann." Die Argumentation des Pseudo-Josephus zielt also darauf ab, dass aus der Existenz der Gesetzesforderung „nicht zu begehren" zu folgern ist, dass dieses Gesetz (jüdischer Ansicht entsprechend) auch wirklich eingehalten werden kann – dass der (sich am Gesetz orientierende) λογισμός tatsächlich in der Lage ist, die Begierden in den Griff zu bekommen. Das machen nicht nur die eingehaltenen Speisegesetze (1,34!) und der be-

---

[12] Ἐπικράτεια τῶν ἐπιθυμιῶν.

[13] 4Makk 2,3 ist vom λογισμός die Rede, von daher erklärt sich möglicherweise auch die Änderung von διανοίᾳ in τῷ λογισμῷ in einigen Hss (V *q*). Zum Problem vgl. KLAUCK, 4. Makkabäerbuch, 695 Anm. 2b.

[14] Der zweite Teil des Zitats passt zur Habgier, die in 2,8f verhandelt wird. Insofern kommt dem Zitat in 2,5 eine „Scharnierfunktion" zu, vgl. KLAUCK, 4. Makkabäerbuch, 695 Anm. 5a. Hinsichtlich der Forderung „μηδεὶς τῇ ἐπιθυμίᾳ τῇ αὐτοῦ χαρίζεσθω" (Philo, SpecLeg 4,131) verbindet Philo in SpecLeg 4,129 ἐπιθυμία (und zwar die nach dem Fleisch der Wachteln) mit πλεονεξία (vgl. 4Makk 2,8f).

sonnene Josef (2,2f) deutlich, sondern auch und v.a. die Forderung des Gesetzes selbst, nicht zu begehren.

II

Wenden wir uns nach diesem Überblick über 4Makk 1,30b–2,6a dem dort
dargelegten Verhältnis von Gesetz und Begierde(n) zu: Zunächst (a) hinsichtlich der somatischen Begierde des Essens, sodann (b) hinsichtlich der
psychischen Begierde der Wollust (ἡδυπάθεια), um uns schließlich (c) dem
grundsätzlichen Raisonnement von 4Makk 2,6 zuzuwenden.

   ad a: Die „Speisen, die uns nach dem νόμος verboten sind" (4Makk
1,34) spielen eine ausgesprochen große Rolle im 4Makk:[15] Im narrativen
Teil wird nach der Vorgeschichte in 3,19–4,26 sofort in 5,2 vom Befehl des
Tyrannen Antiochus erzählt, „jeden einzelnen Hebräer heranzuschleppen
und zu zwingen, vom Schweinefleisch und vom Götzenopferfleisch zu
kosten." Unter Berufung auf das göttliche Gesetz widersetzt sich zunächst
Eleazar, „von Herkunft ein Priester, seiner Bildung nach ein Gesetzeslehrer" (5,4) dem Zureden und der Ermutigung des Tyrannen (5,6–13.14),
Schweinefleisch zu essen.[16] Der greise Eleazar jedoch zieht es vor, das Gesetz nicht zu verleugnen (5,34), den reinen Mund nicht zu beflecken (5,36)
und den Geboten des Königs nicht zu gehorchen (6,4) und die Konsequenzen dafür (Folterung und Tod) auf sich zu nehmen. Auch den Rettungsver-
such einiger früherer Freunde, die bereit sind, ihm „gekochte" (wohl: ko-
schere) Speisen[17] vorzusetzen, so dass er nur so tun müsse „als ob" er
Schweinefleisch äße (6,12–15), lehnt er als „beschämendes Possenspiel" ab
(6,17) und stirbt lieber „um des Gesetzes willen" (διὰ τὸν νόμον, 6,27).

---

[15] WEBER, Eusebeia, 221 schreibt: „.... dass ... – mit der atl. Speisegesetzgebung und ihrer Gültigkeit – für 4. Makk die zentrale Frage schlechthin angerührt ist, um die sich das ganze Werk
dreht". Dagegen, dass es sich bei der Speisegesetzgebung um *das* Thema des 4Makk handelt,
spricht m.E. jedoch der vielfach angeführte und bisweilen variierte Leitsatz, ὅτι λογισμὸς
αὐτοδέσποτός ἐστιν τῶν παθῶν und die Beobachtung, dass in 4Makk 14ff das Essen unreiner
Speisen nicht mehr erwähnt wird. Gleichwohl ist unverkennbar, dass die Speisegesetzgebung eine
wichtige Rolle im 4Makk spielt.
[16] Die Ablehnung von Schweinefleisch zeichnete in ganz charakteristischer Weise den geset-
zestreuen Juden aus, vgl. Lev 11,7; Dtn 14,8 (Jes 65,4); Anm. 30 dieser Arbeit, sowie Petronius
Frgm. 37, in: M. STERN (Hg.), Greek and Latin Authors on Jews and Judaism. Edited with Intro-
ductions, Translations and Commentary I: From Herodotus to Plutarch, Jerusalem 1974, 444 No.
195 m. Anm. 1); M. HENGEL, Judentum und Hellenismus. Studien zu ihrer Begegnung unter besonderer Berücksichtigung Palästinas bis zur Mitte des 2. Jahrhunderts v.Chr., WUNT 10,
Tübingen ³1988, 534 m. Anm. 210. Vgl. die zusammenfassende Bewertung von Ch. BURCHARD,
Untersuchungen zu Joseph und Aseneth. Überlieferung – Ortsbestimmung, WUNT 8, Tübingen
1965, 131: „Seit dem 2. Jh. v.Chr. ißt jedenfalls der pharisäisch denkende Jude mit Heiden
möglichst überhaupt nicht, jedenfalls nichts, was der Heide produziert und gekocht hat".
[17] Zu der unklaren Formulierung vgl. KLAUCK, 4. Makkabäerbuch, 715 Anm. 15b.

Nicht nur der greise Eleazar, auch die sieben Brüder – alles junge, fromme Männer – weigern sich – trotz Ermunterungen und Versprechungen von Seiten des Tyrannen (vgl. 8,5–11) und trotz dessen Einschüchterungsversuchen (8,12ff) – unreine Speisen zu essen.[18] Sie werden dafür ebenfalls grausamst gefoltert und demonstrieren so bis in den Tod ihr „Festhalten" (11,12) am „tugendhaften Gesetz" (ἐνάρετον νόμον, 11,5) und erweisen sich so als „Kämpfer der ἀρετή" (12,14) und fungieren, so der lobende Kommentar, als „Schutzwall um das Gesetz" (13,13).

Auch im ersten, philosophischen Teil wird die Essensthematik in 1,27 als somatische Äußerungsform des Affekts der ἡδονή behandelt.[19] Nun üben die „Speisen, die uns nach dem νόμος verboten sind" (1,34) offensichtlich eine Anziehungskraft auf die angesprochenen Juden aus, wie aus 1,33 hervorgeht, wo es heißt: „ἐπεὶ πόθεν κινούμενοι πρὸς τὰς ἀπειρημένας τροφὰς ἀποστρεφόμεθα τὰς ἐξ αὐτῶν ἡδονάς; οὐχ ὅτι δύναται τῶν ὀρέξεων ἐπικρατεῖν ὁ λογισμός;"[20] Die angesprochenen Juden – und da nimmt sich, wie die 1. Person Plural deutlich macht, offensichtlich auch Pseudo-Josephus nicht aus – fühlen sich *durchaus* (auch) hingezogen zu den verbotenen Nahrungsmitteln und verbinden mit diesen Freuden (ἡδονάς).

Es ist also offensichtlich nicht so, dass die Speisegesetze mit ihren Tabus von vornherein in den Juden einen Widerwillen gegen diese Speisen hervorrufen. Vielmehr können unreine Speisen durchaus in diesen eine Bewegung[21] hervorrufen und zu einer „Hemmung" der Affekte durch den besonnenen (σώφρων) νοῦς, ja zu einer „Knebelung" aller Regungen des Leibes durch den λογισμός *nötigen.*[22]

---

[18] Vgl. 2Makk 6,18ff; 7,1ff.

[19] Vgl. die Völlerei (und Begierde) als Beispiel(e) der πάθη, die der σωφροσύνη hinderlich im Wege stehen (vgl. 1,30!).

[20] „Woher kommt es denn sonst, dass wir, selbst wenn wir uns hingezogen fühlen zu den verbotenen Nahrungsmitteln, doch die von ihnen zu erwartenden Freuden verschmähen? Geschieht das nicht deswegen, weil die Urteilskraft das Verlangen zu kontrollieren vermag?"

[21] Das κινούμενοι (1,33) und κινήματα (1,35) verweisen auf die Bedeutung der κίνησις in der antiken Affektenlehre, vgl. A. BONHOEFFER, Epictet und die Stoa. Untersuchungen zur stoischen Philosophie, Stuttgart 1890, 262, vgl. Chrysipp, SVF 3.456. D. ZÖCKLER, Von der Herrschaft der Vernunft (IV. Buch der Makkabäer), in: ders., Die Apokryphen des Alten Testaments nebst einem Anhang über die Pseudepigraphenliteratur ausgelegt, KK A.IX, München 1891, 396–402, 400 Anm. ad 35c, identifiziert κινήματα in 1,35 direkt mit den πάθη.

[22] Diese Attraktivität unreiner Speisen wird in 4Makk auch von Antiochus betont: In 5,8 spricht er in Bezug auf das Schweinefleisch vom „außerordentlich schmackhaften Fleisch dieses Tieres". Andererseits spricht Antiochus in 5,8 von der „Abscheu" des Eleazar vor dem Verzehr von Schweinefleisch und Eleazar in 5,27 von „verhassten unreinen Speisen". 6,29 macht deutlich, dass die negative Wertung in den „heiligen Eiden unserer Vorfahren bezüglich der Wahrung des Gesetzes" begründet ist.

Von der Anziehungskraft verbotener Speisen auf Diasporajuden zeugt – neben 3Makk 7,10f[23] – Philo von Alexandrien, in dessen περὶ τῶν μέρει διαταγμάτων wir im Οὐκ ἐπιθυμήσεις überschriebenen Abschnitt[24] lesen:

„... auch die übrigen (Nahrungsmittel) hat er [cf. Mose] den Teilnehmern an seiner heiligen Staatsordnung nicht zu unbedingtem Genuss und Gebrauch gestattet, sondern die das beste Fleisch gebenden und fettesten Land- und Wassertiere und Vögel, welche die uns nachstellende Begierde (τὴν ἐπίβουλον ἡδονήν) kitzeln und reizen, allesamt streng verboten, in der Erkenntnis, dass sie den Geschmacksinn [sic!], den sklavischsten der Sinne, ködern und Unersättlichkeit erzeugen, ein schwer heilbares Übel für Leib und Seele; denn die Unersättlichkeit erzeugt Verdauungsbeschwerden, und diese sind Anfang und Quelle für Leiden und Schwächezustände. Unter den Landtieren hat nun die Gattung der Schweine das wohlschmeckendste Fleisch nach dem allgemeinen Urteile derer, die es genießen, ... Denn besonders befähigt, wie vielleicht kein anderer, die von Natur zur Übung der Tugend Begabten zur Selbstbeherrschung zu erziehen, übt und schult er sie durch Bedürfnislosigkeit und Genügsamkeit, in dem Bestreben, die Üppigkeit zu beseitigen ... [er] schlug den Mittelweg ... ein: er milderte die Strenge, zog aber auch die Zügel straffer gegenüber der Ausgelassenheit, ... um eine tadellose Harmonie und Symphonie der Lebensführung zu schaffen; daher hat er nicht achtlos, sondern sehr sorgfältig angeordnet, welche (Tiere) genossen werden dürfen und welche nicht.“[25]

Doch nicht nur der gerühmte Wohlgeschmack unreiner Speisen[26] hat wohl die Anziehungskraft der vom Gesetz verbotenen Speisen stimuliert, sondern

---

[23] Dort wird die Bestrafung derer gefordert, die das göttliche Gesetz übertreten „um des Bauches willen" (τοὺς γαστρὸς ἕνεκεν).

[24] Philo, SpecLeg 4,79–135 (Übers. hier und im Folgenden cf. L. COHN u.a. [Hg.], Philo von Alexandria. Die Werke in Deutscher Übersetzung, Bd. I–VII, Berlin ²1962–1964).

[25] SpecLeg 4,100–102. (Übersetzung: I. Heinemann, in: L. COHN u.a. [Hg.], Philo von Alexandria. Die Werke in Deutscher Übersetzung II, Berlin ²1962; Anpassung der Rechtschreibung durch die Autorin). Philo, Migr 89–93 argumentiert ähnlich wie Aristeas *gegen* die Auffassung, die allegorische Interpretation der Gesetze enthebe von dessen wörtlicher Befolgung (vgl. auch J.N. SEVENSTER, The Roots of Pagan Anti-Semitism in the Ancient World [NT.S 41], Leiden 1975, 114 Anm. 131). Wir müssen daraus schließen, dass die Notwendigkeit der wörtlichen Befolgung der Gesetze umstritten war.
Von der Anziehungskraft des (verbotenen) Schweinefleisches zeugt auch SLev 20,26 (93d): „... dass ein Mensch nicht sagen soll ... ich mag nicht Fleisch eines Schweines essen ..., sondern ich mag, was soll ich aber tun, nachdem mein Vater, der im Himmel, so über mich beschlossen hat?" (J. WINTER [Übers.], Sifra. Halachischer Midrasch zu Leviticus [SGFWJ 42], Breslau 1938, 538).

[26] Mit besonderem Nachdruck wird in der Stoa das Schwein empfohlen (Cic., nat. deor. II, 160); vgl. auch den Mittelplatoniker Plutarch, Mor 669 e–f. – Das Beispiel vom Durst Davids auf Wasser aus einer im feindlichen Lager sprudelnden Quelle in 4Makk 3,6ff thematisiert die ἀλόγιστος ἐπιθυμία nach einem Nahrungsmittel, das außerhalb der Reichweite der Juden ist (vgl. dazu Musonius, XVIII [Περὶ τροφῆς B, C. Musonius Rufus, Reliquiae, hg. v. O. Hense, BSGRT, Leipzig 1990 = 1905]: „Sehe ich doch, dass die meisten nach ... Leckereien gieren, wenn sie nicht da sind", Übers. aus: Epiktet, Teles und Musonius: Wege zum Glück. Auf der Grundlage der Übertragung von W. Capelle neu übers., mit Anm. versehen und eingel. von R. Nickel, Darmstadt 1987, 281]. Hier begegnen wir dem Motiv, dass ein Nahrungsmittel ob seiner (gegenwärtigen) Unverfügbarkeit an Attraktivität gewinnt und ἐπιθυμία auslöst. David bekommt in 4Makk 3

auch das Streben nach Anerkennung in der nichtjüdischen Umwelt (α), das Streben nach eigenem beruflichen und gesellschaftlichen Vorankommen (β) und die Mutterliebe, die das Beste für ihre Söhne will (γ).

Ersteres (α) wird besonders gut in der Rede des Antiochus (5,5–13) deutlich, die ohne Anhaltspunkt in 2Makk ist und von daher besonders deutlich die Aussageabsicht von Pseudo-Josephus zum Ausdruck bringen dürfte. Diese Rede bezeichnet mit Blick auf das „religiöse Brauchtum der Juden" (5,7), bes. mit Hinblick auf das Verbot, Schweinefleisch zu essen, die Philosophie der Juden als widernatürlich (5,8f) und φλύαρος (absurd, albern, 5,11).[27] Antiochus Argument, dass Schweinefleisch doch ein Geschenk der Natur (φύσις) sei (5,8f), unterstreicht angesichts der Bedeutung der stoischen Zielformulierung ὁμολογουμένως τῇ φύσει ζῆν[28] (secundum naturam vivere),[29] dass er diesen nicht als Philosophen anerkennt (vgl. auch 5,11) – in seiner Rede spiegelt sich ganz offensichtlich der Spott der heidnischen Umwelt, dem die Diasporajuden ausgesetzt sind.[30]

Eleazar, der die Rede des Antiochus explizit als Verspottung „unserer Philosophie" bezeichnet (5,22), charakterisiert dagegen die Philosophie (!) der Juden als eine, die σωφροσύνη lehrt, und so ermöglicht, alle Lüste und Begierden zu beherrschen[31] – sie übe die ἀνδρεία ein, erziehe zur δικαιοσύνη und lehre die εὐσέβεια. Die Philosophie der Juden, so entgegnet also

---

schließlich das Wasser durch eine kühne Tat seiner Krieger, trinkt es dann jedoch – „obwohl fiebernd vor Durst" (3,15) – nicht: Er setzte den λογισμός der ἐπιθυμία entgegen und goss den Trank als Opferspende aus.

[27] A.-M. Malingrey folgert daraus in ihrem Buch: „Philosophia". Etude d'un groupe de mots dans la littérature grecque des Présocratiques au IVᵉ siècle après J.-C., Etudes et commentaires XL, Paris 1961, 94f: *„A priori, pour un Romain, la pratique de la religion juive exclut toute sagesse ... la religion juive ... n'a aucune valeur à ses [sc. Antiochus] yeux"* (Hervorhebung im Original).

[28] SVF 1,552.

[29] Vgl. E. BREHIER, Histoire de la philosophie, Bd. I/2, Huitième Edition revue et bibliographie mise à jour par P.-M. Schuhl, Paris 1967, 289; P. VON GEMÜNDEN, Vegetationsmetaphorik im Neuen Testament und seiner Umwelt. Eine Bildfelduntersuchung, NTOA 18, Fribourg/Göttingen 1993, 350 mit Anm. 6 (Lit.).

[30] Vgl. C.W. EMMET, The Fourth Book of Maccabees, London, New York 1918, 40 ad 4Makk 5,7f: „The usual greek argument against what seemed the unreasonable and even impious refusal of the Jews to enjoy all nature's gifts. The writer in these debates is clearly replying to the arguments used by the Gentiles among whom he and his hearers lived". Zur ablehnenden Haltung der Umwelt angesichts der jüdischen Abstinenz von Schweinefleisch vgl. Plutarch, Mor 669e–671b: „... Vorwurf gegen die Juden, dass sie dasjenige Fleisch essen, das man doch mit größtem Recht essen kann ..." (Übers.: C. HEIL, Die Ablehnung der Speisegebote durch Paulus. Zur Frage nach der Stellung des Apostels zum Gesetz, BBB 96, Weinheim 1994, 103); Tacitus, Hist V 4,2: „Bei ihnen ist alles unheilig, was bei uns heilig ist, so wie andrerseits bei ihnen alles erlaubt ist, was bei uns verabscheut wird. ... Von Schweinen enthalten sie sich ... Sie essen mit niemand ..." (Übers. cf. HEIL, Ablehnung, 104); Iuvenal, Sat. 14,98f (nec distare putant humana carne suillam, qua pater abstinuit), vgl. Josephus, Ap 2,137 (= II,13, vgl. dazu J.G. MÜLLER, Des Flavius Josephus Schrift gegen Apion. Text und Erklärung. Aus dem Nachlass hg.v. C.J. Riggenbach und C. v. Orelli, Hildesheim/New York 1969, 282–284) und Josephus, Ap 2, 173, weiter SEVENSTER, Roots, 136ff.

[31] Ἡμᾶς ἐκδιδάσκει ὥστε πασῶν τῶν ἡδονῶν καὶ ἐπιθυμιῶν κρατεῖν (4Makk 5,23).

der Gesetzeslehrer Eleazar selbstbewusst dem Tyrannen Antiochus, lehre und übe nichts mehr und nichts weniger ein als die vier Kardinaltugenden.[32] Dabei nimmt die εὐσέβεια als höchste Tugend[33] die Stelle der φρόνησις ein: „elle est la condition d'un véritable progrès moral".[34] Eleazar stellt also der Verspottung der jüdischen Philosophie mit ihren Speiseverboten die Leistungsfähigkeit und Wahrheit, ja, wie im Verlaufe des 4Makk deutlich werden wird, die Überlegenheit der jüdischen Philosophie entgegen.[35]

β) Zweiteres – das Streben nach beruflichem Vorankommen, nach Karriere, wird im Abschnitt über das Martyrium der sieben Brüder (8,1–14.10), das eine Steigerung gegenüber Eleazar aufweist,[36] wiederholt angesprochen: Schon in 4Makk 8,7 verspricht Antiochus: „Ihr [sc. Brüder] werdet sogar leitende Positionen in meiner Reichsverwaltung einnehmen, wenn ihr die von den Vätern ererbte Satzung eures Staatswesens nicht länger anerkennt."[37] Und zum jüngsten Bruder sagt er: „Wenn du gehorchst, wirst du ‚ein Freund'[38] sein, und du wirst eine Führungsposition übernehmen in meinem königlichen Regierungsapparat" (4Makk 12,5).

γ) Drittens handelt 4Makk 14–17,6 in einer weiteren Steigerung von der Mutterliebe, die das Beste für ihre Söhne will.[39] Trotz ihrer starken

---

[32] Vgl. 4Makk 15,10.

[33] Vgl. Philo, Decal 119; vgl. LegAll 1,71(φρόνησις); SpecLeg 4,135 (hier sind die Kardinaltugenden φρόνησις, σωφροσύνη und δικαιοσύνη genannt, als „Führerin der Tugenden" werden εὐσέβεια und ὁσιότης bezeichnet). In Philo SpecLeg 4,147 ist die εὐσέβεια „Königin der Tugenden".

[34] MALINGREY, Philosophia, 95.

[35] In der Lobrede auf Eleazar in 4Makk 7,7 wird dieser als φιλόσοφε θείου βίου apostrophiert, als einer, der mit dem νόμος symphonisch zusammenklinge. Die Überlegenheit der jüdischen Philosophie drückt der älteste der Brüder in 9,18 aus: „... will ich euch beweisen, dass allein die Söhne der Hebräer unschlagbar sind, wo es um die Tugend geht". – Pseudo-Josephus nimmt hier stoisches Gedankengut auf und spezifiziert es von der jüdischen Tradition her: „Any transgression of the Torah ... must be reckoned a transgression of that highest law, as a departure from living 'according to Nature', and hence a departure from virtue and happiness", D.A. DE SILVA, 4 Maccabees, Guides to Apocrypha and Pseudepigrapha, Sheffield 1998, 109.

[36] Vgl. 4Makk 8,2: „Wenn sie Unreines aßen, sollte man sie nach dem Verzehr freilassen. Wenn sie aber Widerrede einlegten, seien sie *noch brutaler* zu foltern" (Hervorhebung von mir, P.v.G.). 4Makk 8,10, wo Antiochus die „schöne Gestalt" der Brüder anspricht, legt nahe, bei seiner Forderung, sich die „griechische Lebensweise" anzueignen, an die Päderastie und damit an einen verbreiteten Topos der Tyrannentypologie zu denken, vgl. B. HEININGER, Der böse Antiochus. Eine Studie zur Erzähltechnik des 4. Makkabäerbuches, BZ NF 33 (1989) 43–59: 52; P. VON GEMÜNDEN, La femme passionnelle et l'homme rationnel? Un chapitre de psychologie historique, Bib. 78 (1997) 457–480, 464 m. Anm. 29 und 30.

[37] Vgl. weiter 8,17: „... ἐπὶ εὐεργεσίᾳ παρακαλοῦντος".

[38] Ein technischer Titel für Inhaber hoher offizieller Positionen, vgl. G. HERMAN, The 'Friends' of the Early Hellenistic Rulers: Servants or Officials?, Talanta 12–13 (1980/81) 103–149; KLAUCK, 4. Makkabäerbuch, 734 Anm. 5a.

[39] Der Autor ist sich offensichtlich der großen verhaltenssteuernden Bedeutung innerfamiliärer Sozialisation (vgl. dazu auch 4Makk 18,10ff) und der Vorbildfunktion der Mutter für die Wahrung der jüdischen Gesetzesobservanz bewusst.

συμπάθεια zu ihren Kindern[40] sucht die Mutter nicht das zeitliche Wohlergehen und die zeitliche Rettung ihrer Söhne (15,1.23ff), sondern deren ewige Rettung und wirkt auf ihre Söhne dahingehend ein, die Gesetzesvorschriften bis zum Tod zu beachten.[41]

Die Mutter, die mittels des (mit der εὐσέβεια verbundenen) λογισμός ihre πάθη zu beherrschen vermochte,[42] hat sich als „Gesetzeswächterin" (νομοφύλαξ) erwiesen (15,32)[43] und macht – gerade als Frau[44] – ob ihrer Affektbeherrschung in der Praxis die Überlegenheit jüdischer Frömmigkeit deutlich.

Der Verzicht auf Speisen, die den Juden nach dem Gesetz verboten sind, mit Hilfe des λογισμός in 1,32.33ff als Beispiel für die Kontrolle somatischer Begierden eingeführt, hat – so legt der narrative Teil des 4Makk nahe – auch eine nicht zu vernachlässigende soziale Dimension.

ad b: Kommen wir nun zum Verhältnis von Affekt und Gesetz hinsichtlich der psychischen Begierde der Wollust (ἡδυπάθεια) in 4Makk 2,1–3, die an dem vorbildlich besonnenen (σώφρων) Joseph exemplifiziert wird. Dieser Abschnitt ist deutlich kürzer als der über die Speisegesetze in 1,33–35, die Thematik erfährt im narrativen Teil über die sieben Brüder auch keine Wiederaufnahme.[45] 4Makk 2 führt das Thema der Beherrschung der ἡδυπάθεια in 2,1 mit der rhetorischen Frage ein, was daran verwunderlich sei, „dass selbst αἱ τῆς ψυχῆς ἐπιθυμίαι πρὸς τὴν τοῦ κάλλους μετουσίαν ihre Kraft verlieren.[46] Bekräftigt wird das durch den Verweis auf den σώφρων Ἰωσήφ: dieser wird gepriesen, weil er durch Denkkraft (διανοίᾳ) die Wollust (ἡδυπάθεια) unter Kontrolle bekam (2,2). Im teilweise parallelen V.3, wo der „λογισμός" die „διάνοια" und die „Wildheit der πάθη" die „ἡδυπάθεια" aufnehmen, wird die Kontrollleistung Josephs nicht nur durch

---

[40] Vgl. 4Makk 14,13–15,11.

[41] 4Makk 15,10, 16,13 u.ö.

[42] Vgl. bes. 4Makk 15,11.23; 16,4.

[43] 4Makk 16,16ff.

[44] In der Antike ist die allgemeine Tendenz zu beobachten, Frauen den πάθη zuzuordnen. Eine vom λογισμός gesteuerte Affektkontrolle ist deshalb bei einer Frau umso bemerkenswerter, vgl. dazu: VON GEMÜNDEN, Femme, 457–480.

[45] Möglicherweise ist das Thema jedoch in gewisser Weise indirekt in der Peroratio gespiegelt, wenn sich die Mutter der sieben Brüder rühmt, vor der Ehe eine „reine Jungfrau" geblieben zu sein und ihren Leib gehütet zu haben (18,7) und dann fortfährt: „Mich missbrauchte nicht der Verführer in der Wüste, der Schänder auf freiem Feld, noch tat meiner jungfräulichen Reinheit Schimpf an der Verführer durch listigen Trug, die Schlange". Das Ideal vorehelicher Keuschheit ist in 4Makk kombiniert mit dem Ideal der treuen (nicht ehebrecherischen) Ehefrau, Mutter und der univira, vgl. die Erwähnung des Vaters in 4Makk 18,9 (im Unterschied zu 2Makk), was auch griechischen und römischen Idealen entsprach, vgl., M.R. D'ANGELO, Eusebeia. Roman Imperial Family Values and the Sexual Politics of 4 Maccabees and the Pastorals, BibInt 11 (2003) 139–165: 154–156.

[46] Die Rede davon, dass sich die Begierden der Seele auf Vereinigung mit der Schönheit richten, erinnert an Platon, Symp, bes. 206e (M. HADAS [Hg.], The Third and Fourth Books of Maccabees, JAL, New York 1953, 152 Anm. ad V.1) und soll wohl die philosophische Bildung des Autors deutlich machen.

die variierende Wiederholung unterstrichen, sondern auch durch den ausdrücklichen Hinweis darauf, dass Joseph „als junger Mann" (eigentlich) „in der Fülle seiner Kraft nach Geschlechtsverkehr verlangte". Auf diesem Hintergrund bekommt Josephs Sexualaskese zusätzliches Gewicht.

Das Beispiel, das Pseudo-Josephus hier wählt, – Joseph als Vorbild der σωφροσύνη – ist im Frühjudentum verbreitet:[47]

So wird Joseph in Joseph und Aseneth 4,7 als ἀνὴρ θεοσεβὴς καὶ σώφρων καὶ παρθένος vorgestellt. Hier ist σώφρων explizit παρθένος[48] beigeordnet (zu letzterem vgl. auch JosAs 8,1). Seine sexuelle Enthaltsamkeit muss sich nicht nur gegenüber Pothiphars Frau, sondern – verbreiteter jüdischer und christlicher Tradition entsprechend[49] – gegenüber allen ägyptischen Frauen bewähren, die ihn plagten „zu schlafen mit ihm" (JosAs 7,3).[50] In JosAs 7,5 wird diese begründet mit dem Gebot Jakobs, nicht mit einer "fremden Frau" (d.h. nicht mit einer Nichtjüdin) Gemeinschaft zu haben. So lehnt Joseph in JosAs 8,4f den (von Aseneths Vater befohlenen) Kuss der Jungfrau Aseneth ab. Die Ablehnung ist in die Essensthematik eingebettet.[51] Der Kuss in Jos 19,11 – nach Aseneths Bekehrung – ist spiritualisiert. Trotz des (Hand?)Kusses in JosAs 20,5 ist für Joseph klar, dass „für einen gottverehrenden Mann" voreheliche Enthaltsamkeit angesagt ist (JosAs 21,1).[52] Im TestJos, das in einigen Handschriften den Titel Περὶ σωφροσύνης trägt,[53] verkörpert Joseph gegenüber der Ägypterin die Tugend der σωφροσύνη,[54] ebenso wie bei Philo[55] und Josephus.[56]

---

[47] Mit der Figur Josephs wird im hellenistischen Judentum darüber hinaus auch dessen erfolgreiche politische Karriere verknüpft, vgl. E.S. GRUEN, Heritage and Hellenism. The Reinvention of Jewish Tradition, Berkeley u.a. 1998, 80f.

[48] Nach Ch. BURCHARD, Joseph und Aseneth, JSHRZ 2.4, Gütersloh 1983, 640 Anm. 7h (fragend), der früheste Beleg für maskulines παρθένος.

[49] Vgl. BURCHARD, Joseph und Aseneth, 647 Anm. 2a.

[50] Übers. hier und im Folgenden: BURCHARD, Joseph und Aseneth, ad loc.

[51] Vgl. BURCHARD, Untersuchungen, 127–129; C. HEZSER, „Joseph and Aseneth" in the Context of Ancient Greek Erotic Novels, FJB 24 (1997) 1–40, 30f.

[52] Vgl. M. FANDER, Die Stellung der Frau im Markusevangelium. Unter besonderer Berücksichtigung kultur- und religionsgeschichtlicher Hintergründe, MThA 8, Altenberge [3]1992, 281; BURCHARD, Untersuchungen, 101; HEZSER, Joseph, 18f.34. Zum Ideal vorehelicher Enthaltsamkeit vgl. Philo, Jos 43; Pseudo-Phokylides 215–216.

[53] bldmef, vgl. H.W. HOLLANDER/M. DE JONGE, The Testaments of the Twelve Patriarchs. A Commentary, SVTP 8, Leiden 1985, 364.

[54] S. TestJos 4,1f; 6,7 (6,7 eingebettet in Speisethematik: Joseph isst nicht von der Speise, die die Ägypterin ihm schickt und die [vgl. TestRub 4,8f] mit einem Zaubermittel vermischt ist; jedoch fehlt in den TestXII eine Mahnung zur Einhaltung der Speisegesetze, s. HOLLANDER/DE JONGE, Commentary, 43); s. weiter TestJos 9,2f, vgl. Joseph als Modell 10,2f und weiter H.W. HOLLANDER, Joseph as an Ethical Model in the Testaments of the Twelve Patriarchs, Proefschrift, Leiden 1981, 38f.

[55] Philo, Jos 40.57.87.

[56] Josephus, Ant 2,48.50.69. Vgl. weiter: Origenes, c Cels 4,46 u.ö.; s. HOLLANDER/DE JONGE, Testaments, 364.

Verbunden mit der Vorstellung einer vorehelichen Sexualaskese ist Joseph als Modell der σωφροσύνη weit verbreitet.[57] In der Stilisierung Josephs als Vorbild der σωφροσύνη schlagen sich möglicherweise auch Züge der kynisch-stoischen Heraklesgestalt nieder.[58] Auch in der Rede von der ἡδυπάθεια kommen Umwelteinflüsse zum Tragen. Das wird schon daran deutlich, dass der Begriff in der LXX einmalig ist.[59] Im urchristlichen Schrifttum, wo wir den Begriff in 2Clem 16,2.17 (dort jedoch im Plural) finden, wird die ἡδυπάθεια wie im 4Makk[60] in Verbindung mit der ψυχή gebracht: So heißt es in 2Clem 16,2: „ἐὰν γὰρ ταῖς ἡδυπαθείις ταύταις ἀποταξώμεθα καὶ τὴν ψυχὴν ἡμῶν νικήσωμεν ἐν τῷ μὴ ποιεῖν τὰς ἐπιθυμίας αὐτῆς τὰς πονηράς."[61] Und in 2Clem 17,7 lesen wir von den Gerechten, welche die Genüsse der Seele (τὰς ἡδυπαθείας τῆς ψυχῆς) gehasst haben. Hier wie in 4Makk 2,1 erscheint die *Seele* als Quelle der Begierden.[62]

Auch hinsichtlich der an Josefs Enthaltsamkeit exemplifizierten Begierden der Seele finden wir in 4Makk 2,5 einen Verweis auf den νόμος, genauer auf das Gebot: „Du sollst nicht begehren deines Nächsten Ehefrau ...". Eingeleitet wird dieser Verweis auf den Dekalog in 4Makk 2,4, wo die am Exempel Josefs aufgezeigte Fähigkeit der διάνοια bzw. des λογισμός, die ἡδυπάθεια zu kontrollieren (2,2f) mit φαίνεται aufgenommen und steigernd verallgemeinert wird.[63] Der Verallgemeinerung auf „jegliche Begierde" (2,4) entspricht die Fortsetzung des Zitats, das an das Verbot des Begehrens der Ehefrau des Nächsten den Schluss von Ex 20,7/Dtn 5,21 anfügt.[64]

Blicken wir noch einmal auf die beiden Beispiele in 1,33ff zurück, bevor wir uns der grundsätzlichen Argumentation in 2,6 zuwenden! In 1,33ff wird die Kontrolle des λογισμός über somatische Begierden am Essen

---

[57] Vgl. BURCHARD, Joseph, 640 Anm. 7: „besonnen (d.h. wohl keusch)". Zum Ideal vgl. auch Epiktet, Ench 33,8.

[58] Vgl. KLAUCK, 4. Makkabäerbuch, 695 Anm. 2a.

[59] Vgl. aber Xenophon, Cyrup. 7,5.74; Mark Aurel X 33 (τρυφή als Lebensinhalt für die ἡδυπαθοῦντες: οἷόν ἐστι τοῖς ἡδυπαθοῦντες ἡ τρυφή).

[60] Vgl. 4Makk 2,1–3 in Verbindung mit 1,32!

[61] Im Kontext ist von der ἐγκράτεια die Rede (2Clem 15,1, vgl. 4,3) und lesen wir (in 14,3) die Aufforderung, das Fleisch (σάρξ) zu bewahren (vgl. auch 6,9; 7,6; 8,4.6; vgl. 9,2). Ob diese Stellen in 2Clem im enkratischen Sinn zu verstehen sind, ist umstritten, vgl. A. LINDEMANN, Die Clemensbriefe, HNT 17, Tübingen 1992, 254. Da nirgends ausdrücklich von vollkommener Sexualaskese die Rede ist, ist es durchaus denkbar, dass ἐγκράτεια hier im Sinne von „Selbstbeherrschung" zu fassen ist, vgl. K. WENGST, Didache (Apostellehre), Barnabasbrief, Zweiter Klemensbrief, Schrift an Diognet, SUC 2, Darmstadt 1984, 231f.

[62] Vgl. LINDEMANN, Clemensbriefe, 247: „ψυχή gilt offenbar als der Ort, wo die bösen ἐπιθυμίαι ihren Ursprung haben".

[63] Οὐ μόνον δὲ τὴν τῆς ἡδυπαθείας οἰστρηλασίαν ὁ λογισμὸς ἐπικρατεῖν φαίνεται, ἀλλὰ καὶ πάσης ἐπιθυμίας.

[64] „... noch irgendetwas, was deinem Nächsten gehört". Dieser Teil des Zitats weist kataphorisch auf 2,8f.

(Speisegebote), die über psychische Begierden an der Wollust (die Sexualität betreffende Gebote) exemplifiziert, wobei das erste Exempel einen deutlich breiteren Raum einnimmt, was auch seiner großen Bedeutung im narrativen Teil entspricht. Die Zusammenstellung gerade dieser beiden Beispiele (Essen und Sexualität) ist kaum arbiträr. Beiden kommt eine stark soziale Komponente zu – betreffen sie doch den über kulturell-religiöse Codes geregelten Kontakt mit bzw. die Abgrenzung von anderen. Und beide begegnen auch sonst nebeneinander.[65] Dem Essen kann ein deutlich größerer Stellenwert zukommen, wie ein Blick auf die Zusätze zum Estherbuch zeigt, wo die Jüdin Esther als Königin – wenn auch mit Abscheu (AddEst C 26) – sexuellen Umgang mit einem Unbeschnittenen hat, nicht aber „vom Tisch des Haman gegessen", „noch ... ein Königsgelage beehrt, noch Wein von Trankopfern genossen" hat (C 28).[66] L. Jensen folgert daraus: „Von den Forderungen des sexuellen Kodes kann dispensiert werden, nicht jedoch von denen des alimentären".[67] Dem entspricht die Prävalenz der Behandlung der Speisegesetze im 4Makk. Gleichwohl stehen diese exemplarisch (pars pro toto) für das ganze Gesetz. Darauf weist nicht nur 4Makk 5,20 hin,[68] sondern auch der die Argumentation in 1,30b–2,6a abschließende V.6. Damit wären wir bei der grundsätzlichen Argumentation in 2,6 angelangt.

---

[65] Vgl. JosAs 7,1.5–6 (Joseph sucht seine jüdische Identität durch Verzicht auf ägyptisches Essen und ägyptische Frauen aufrecht zu erhalten, vgl. HEZSER, Joseph, 30); Arist 150–152 (Kaschrut eines Tieres; keine geschlechtliche Befleckung); JosAs 8,5–7 (der gottverehrende Mann, der gesegnetes Brot des Lebens isst und gesegneten Kelch [der] Unsterblichkeit trinkt, ... küsst keine fremde Frau und umgekehrt); Philo, VitCont; SifraLev 20,26 (93d) („... nicht Fleisch eines Schweines essen, ... nicht einer wegen Inzestes Verbotenen beiwohnen"). – In 2Makk 6,4 stehen der Liebesgenuss der Heiden mit Hetären und (unreiner) Opferschmaus zusammen. – Zur Abstinenz vor der Initiation vgl. Plutarch, Mor. 351f (Abstinenz von βρωμάτων πολλῶν καὶ ἀφροδισίων); Apuleius, Met 11,23,2.

[66] Übers. cf. H. BARDTKE, Zusätze zu Esther, JSHRZ 1.1, Gütersloh 1973, 15–62: 46. Zum Wandel des Gesetzesverständnisses gegenüber dem hebräischen Estherbuch, vgl. 46 Anm. ad 26a.

[67] L.H.J. JENSEN, Die Pervertierung der Küche und die Dialektik der Aufklärung. Eine strukturell-exegetische Meditation über das Martyrium der Juden im 2. und 4. Makkabäerbuch, Tem 24 (1988) 39–55. In dieselbe Richtung weist auch das Buch Judith, wo die Heldin sich schön und anziehend für Holofernes macht (10,3f), gleichzeitig aber für eigenes (koscheres) Essen für sich sorgt (10,5). Sie lässt sich von dem von ihrer Schönheit betörten Holofernes zum Mahl einladen, legt dazu ihr Festtagskleid und all ihren Schmuck an (12,15), isst und trinkt dann aber vor Holofernes das von ihrer Dienerin bereitete Mahl (12,19). Sie ist sogar bereit, nach dem Mahl allein mit Holofernes, der „gierig danach [war], mit ihr zusammenzukommen" (12,16), im Zelt zu bleiben (Jdt 13). So kann sie diesen Feind der Juden töten und bleibt deshalb letztendlich „unbefleckt" (13,16). Angesichts des Feindes weiß sie einerseits durch Gebet und durch dem Gesetz entsprechendes Essen ihre jüdische Identität zu wahren (nach Jdt 11,12–15 bedeutet das Essen vom Gesetz verbotener Lebensmittel die Freigabe zur Vernichtung der Juden), andrerseits entfacht ihre Schönheit des Holofernes Verlangen.

[68] „Denn in kleinen Dingen oder in großen Dingen wider das Gesetz zu verstoßen ist völlig gleichwertig", vgl. I. HEINEMANN, Philons griechische und jüdische Bildung. Kulturvergleichende Untersuchungen zu Philons Darstellung der jüdischen Gesetze, Breslau 1932, 478–480. – Beachte auch die über die ἡδυπάθεια hinausgehende Ausweitung auf πάσης ἐπιθυμίας in 4Makk 2,4.

c) In 4Makk 2,6a lässt Pseudo-Josephus die Objektergänzungen von Ex 20,17/Dtn 5,21 weg und gibt die Forderung des νόμος generalisierend mit μὴ ἐπιθυμεῖν wieder. Diese Zusammenfassung fügt sich in die im hellenistischen Judentum zu beobachtende Tendenz ein, das Begehren als Wurzelsünde anzusehen. So schreibt Philo in SpecLeg 4,84f: „... die Begierde ... ist die Quelle aller Übel; denn Raub, Plünderei und Nichtbezahlen von Schulden, Verleumdung und Beschimpfung, ferner Verführung, Ehebruch, Mord und alle die anderen Verbrechen gegen einzelne oder gegen den Staat, wider heilige oder profane Dinge, aus welch anderer (Quelle) fliessen sie? Denn die Leidenschaft, die mit vollem Recht als das Grundübel bezeichnet werden könnte, ist die Begierde (ἐπιθυμία)".[69] Die ἐπιθυμία ist also Quelle für alle Vergehen gegen die zweite Dekalogtafel. Für Philo ist die böse Begierde deshalb am schlimmsten, weil sie im Unterschied zu jeder anderen Leidenschaft „von uns selbst" ausgeht und „also freiwillig" ist.[70]

In der Forderung des νόμος, nicht zu begehren, sieht Pseudo-Josephus seine These, dass der λογισμός die πάθη in den Griff bekommen kann, begründet: Das im Gesetz angesprochene Verbot belegt, dass die Vernunft die Begierde zu beherrschen vermag: „Das Verbot ... ist nur erklärlich unter Voraussetzung der Möglichkeit seiner Erfüllung, indem Gott uns nichts Unmögliches zumuthen kann".[71] 4Makk folgert also aus der Forderung, nicht zu begehren, dass das Gesetz eingehalten werden kann und zeugt damit von einem großen anthropologischen Optimismus.

III

Mit seinen Ausführungen wendet sich Pseudo-Josephus, der dem hellenistischen Diasporajudentum zuzuordnen ist,[72] gegen Assimilierungstendenzen

---

[69] Vgl. Philo, Decal 149–153 („ ... Die tragischen Kämpfe ... sind doch alle aus der einen Quelle geflossen, der Begierde nach Schätzen oder Ruhm oder Sinneslust"), Decal 173 („ ... τὴν τῶν ἀδικημάτων πηγήν, ἐπιθυμίαν ... nichts ist geschützt vor der Begierde ... wie eine Flamme am Holz erfasst sie alles"); im NT vgl. Röm 7,7 und die Filiationsreihe in Jak 1,15. Vgl. weiter ApkMos 19; ApkAbr 24,10.

[70] Philo, Decal 142.

[71] C.L.W. GRIMM, Viertes Buch der Maccabäer, Kurzgefasstes exegetisches Handbuch zu den Apokryphen des Alten Testamentes III, Leipzig 1853, 283–371: 310, vgl. DE SILVA, 4 Maccabees, 60: „... the very fact that the Law prohibits covetousness ... proves that reason can master covetousness".

[72] Der Inhalt des 4Makk legt nahe, sich Pseudo-Josephus als hellenistischen Diasporajuden vorzustellen, vgl. J. FREUDENTHAL, Die Flavius Josephus beigelegte Schrift Ueber die Herrschaft der Vernunft (IV Makkabäerbuch), Eine Predigt aus dem ersten nachchristlichen Jahrhundert, Jahresbericht des jüdisch-theologischen Seminars „Fraenckel'scher Stiftung", Breslau 1869, 1–116: 28f; J.W. VAN HENTEN, Datierung und Herkunft des vierten Makkabäerbuches, in: ders. u.a. (Hg.), Tradition und Re-Interpretation in Jewish and Early Christian Literature, Essays in Honour of J.C.H. Lebram, StPB 36, Leiden 1986, 136–149: 146; KLAUCK, 4. Makkabäerbuch, 666. Lokalisierung und Datierung des 4Makk sind schwierig. Am ehesten dürfte es um ca. 100 n.Chr. in An-

in seinem jüdischen Umfeld. Einer laxen Gesetzesobservanz[73] sucht er
durch Stärkung der jüdischen Identität seiner AdressatInnen entgegenzu-
wirken. Die Beispiele in 4Makk 1,30b–2,6a behandeln zwei wichtige Pro-
blemfelder persönlichen Kontaktes mit der Außenwelt, die sozial normiert
sind: das des sexuellen Verkehrs mit einem Mitglied der Außengruppe
(2,1–3)[74] und das sehr viel virulentere Problem des Essens von Speisen, die
vom Gesetz verboten sind (1,33–35).[75] Damit ist, wie wir gesehen haben,
auch die Frage gesellschaftlichen Vorankommens und gesellschaftlicher
Anerkennung in der Diasporasituation verknüpft. In seiner Argumentation
verbindet Pseudo-Josephus nun interessanterweise ein stark am Individuum
orientiertes Modell der Affektkontrolle mit dem die Gruppenidentität profi-
lierenden Bezug auf das alttestamentliche Gesetz: Wenn er die These entfaltet, dass der am Gesetz orientierte εὐσεβὴς λογισμός Herr über die πάθη
ist, so rezipiert Pseudo-Josephus trotz seines Eklektizismus besonders breit
stoisches Gedankengut,[76] was insofern nicht überraschend ist, als sich die
Stoa, bes. in popularisierter Form, in hellenistisch-römischer Zeit besonderer Beliebtheit erfreute.[77] In dieser Zeit ist eine allgemeine Tendenz hin zur
Individualisierung zu beobachten. Andererseits greift Pseudo-Josephus in
seinem Bestreben, der Erosion der jüdischen Gruppenidentität durch zu
starke Assmilation zu wehren, zurück auf den im 2. Makkabäerbuch beschriebenen Konflikt zwischen dem seleukidischen Tyrannen und thora-
treuen Juden, die eher bereit sind „zu sterben, als die väterlichen Gesetze zu
übertreten" (2Makk 7,2). Im 4Makk verbindet Pseudo-Josephus also stärker
individuell orientiertes philosophisches Gedankengut aus der Umwelt mit
einem die jüdische Gruppenidentität tief prägenden Konflikt mit der Außenwelt,[78] um die jüdische Identität zu befestigen. Obwohl er selbst in
Wortwahl, Rhetorik, Aufnahme von Gedankengut eine nicht geringe An-
passungsleistung an die Umwelt zeigt, optiert er letztendlich doch (darin

---

tiochien oder allgemeiner: einer syrischen oder kleinasiatischen Stadt entstanden sein, vgl.
KLAUCK, 4. Makkabäerbuch, 665–669.

[73] Vgl. nur die in 4Makk 5,16 implizite Mahnung.

[74] Während Ex 20,17 (primär) den Nächsten in der Binnengruppe im Blick haben dürfte, weist
das in 2,2f gewählte Exemplum des Joseph auf den Kontakt zu einem Mitglied der Außengruppe.

[75] KLAUCK, 4. Makkabäerbuch, 664.

[76] Auch wenn er sich in 4Makk 2,21–23 aufgrund der alttestamentlichen Schöpfungsvorstel-
lung gegen das stoische Ideal der Apathie, des Ausreißens der Affekte wendet, und hier dem peri-
patetischen Modell näher kommt, rezipiert Pseudo-Josephus überwiegend stoisches Gut, vgl. R.
RENEHAN, The Greek Philosophic Background of Fourth Maccabees, RMP 115 (1972) 223–238;
BREITENSTEIN, Beobachtungen, 134ff; 158ff; KLAUCK, 4. Makkabäerbuch, 666.

[77] T. ONUKI, Gnosis und Stoa. Eine Untersuchung zum Apokryphon des Johannes, NTOA 9,
Fribourg/Göttingen 1989, 169ff und 1ff.

[78] Er impliziert natürlich auch einen nicht unerheblichen Richtungskampf innerhalb des jüdischen Lagers, vgl. nur A.H.J. GUNNEWEG, Geschichte Israels bis Bar Kochba, ThW 2, Stuttgart
u.a. ²1972, 152ff.

Philo nicht unähnlich) unter Rekurs auf das Gesetz der Väter für die Distinktion von der Umwelt.

*

Wenden wir uns zum Schluß von 4Makk her kommend noch dem Römerbrief des Paulus zu,[79] wo wir in Röm 7,7 und 13,9 das objektlose οὐκ ἐπιθυμήσεις finden, dem wir auch in 4Makk 2,6 begegnet sind. Trotz dieser gleichlautenden Zitierung bestimmt Paulus das Verhältnis von ἐπιθυμία und Gesetz in signifikant anderer Weise als Pseudo-Josephus. In Röm 7,7 tritt dabei mehr das Moment der (unmöglichen) individuellen Affektkontrolle hervor (a), in Röm 13 stärker das der sozialen Identitätsbildung (b).

ad a: Während Pseudo-Josephus zu beweisen sucht, dass der am νόμος orientierte λογισμός die πάθη und damit auch die ἐπιθυμία zu beherrschen vermag, dem νόμος also eine zentrale Funktion in der Affektbeherrschung zukommt, kommt dem νόμος in Röm 7,7 die Funktion der *Sündenerkenntnis* zu,[80] was Paulus mit dem absolut formulierten Dekaloggebot οὐκ ἐπιθυμήσεις begründet (γάρ).[81] Durch das Verbot des Begehrens[82] ruft nun die Sünde, die als schon vorher existierende, eigenständige Macht gedacht ist,[83] hervor, was es untersagt: Das Verbot lässt die Sünde aufwachen und wirkt als „Suchtmittel"[84] mit der Konsequenz, alles haben zu wollen. So konnte die Sünde mittels des Gebotes „in mir" πᾶσαν ἐπιθυμίαν bewirken (Röm 7,8). Dabei ist im Hinblick auf den νόμος festzuhalten: „,... the Law not only increases the possibilities of sin, but represents the condition through which sin itself becomes ineluctably effective in the ‚I' experience".[85] Die Anklänge an die Paradiesgeschichte[86] und die Assoziationen, die sie evozieren konnte, lassen an die für das Judentum so wichtigen Speisetabus und die se-

---

[79] Aus Raumgründen können wir hier die paulinische Theologie nicht umfassend in den Blick nehmen.

[80] Diese ist nicht nur als Erkenntnis im kognitiven Sinn (so Röm 3,20) zu verstehen, sondern geht darüber hinaus, wie Röm 7,8ff deutlich machen (Anspielung auf Gen 3,1–6!).

[81] „... denn auch das Begehren hätte ich nicht gekannt, wenn nicht das Gesetz gesagt hätte: du sollst nicht begehren". Zum Begehren als Wurzelsünde im hellenistischen Judentum s.o.

[82] Der Röm 7,8 gebrauchte Begriff ἐντολή bezeichnet häufig das konkrete Gebot, wie die im Vergleich zu νόμος häufige Verwendung im Plural deutlich macht, vgl. G. THEISSEN, Psychologische Aspekte paulinischer Theologie, FRLANT 131, Göttingen 1983, 206 m. Anm. 43.

[83] D. ZELLER, Der Brief an die Römer, RNT, Regensburg 1985, 140. Ch. BURCHARD, Der Jakobusbrief, HNT 15.1, Tübingen 2000, 73, spricht differenzierter von der „(Anlage zur) Sünde(n-sucht)".

[84] So die Formulierung von BURCHARD, Jakobusbrief, 73.

[85] S. ROMANELLO, Rom 7,7–25 and the Impotence of the Law. A Fresh Look at a Much-Debated Topic Using Literary-Rhetorical Analysis, Bib. 84 (2003) 510–530: 517.

[86] Vgl. nur R. BERGMEIER, Das Gesetz im Römerbrief, in: ders., Das Gesetz im Römerbrief und andere Studien zum Neuen Testament, WUNT 121, Tübingen 2000, 31–102: 70; E. KÄSEMANN, An die Römer, HNT 8a, Tübingen [4]1980, 188.

xuelle Disziplin denken, gehen aber – die hellenistische Vorstellung der ἐπιθυμία als Wurzelsünde aufnehmend – weit darüber hinaus.[87] Hinter Röm 7,7f klingt die schon in der Antike formulierte Erfahrung an, dass gerade Verbotenes eine besondere Anziehungskraft auf den Menschen ausübt,[88] Verbote also zu normwidrigem Verhalten stimulieren können. Durch das Gebot, das doch zum Leben bestimmt ist, brachte die Sünde „mir" den Tod (Röm 7,10). Trotz grundsätzlich positiver Wertung des Gesetzes (Röm 7,12.14) hat das Gesetz in der Existenz ἐν σαρκί also keine positiven Auswirkungen – vielmehr ist der Mensch seinen Begierden und Affekten (Röm 7,15.19) hilflos ausgeliefert. Eine Auffassung, die Pseudo-Josephus sehr fremd ist.

Die Verse Röm 7,7–25 werden in Röm 7,5 angekündigt, wo Paulus die Existenz ἐν τῇ σαρκί folgendermaßen beschreibt: ὅτε γὰρ ἦμεν ἐν τῇ σαρκί, τὰ παθήματα τῶν ἁμαρτιῶν τὰ διὰ τοῦ νόμου ἐνηργεῖτο ἐν τοῖς μέλεσιν ἡμῶν, εἰς τὸ καρποφορῆσαι τῷ θανάτῳ. Dabei weisen die παθήματα τῶν ἁμαρτιῶν auf die ἐπιθυμίαι in Röm 6,12 zurück, die der Herrschaft der Sünde zuzuordnen sind. Neu gegenüber Röm 6,12 kommt in Röm 7,5 jedoch das διὰ τοῦ νόμου hinzu: Der νόμος „verursacht" (wie in Röm 7,7f dann ausgeführt wird) die παθήματα τῶν ἁμαρτιῶν „in unseren Gliedern"[89] – mit der Folge eines Fruchtbringens τῷ θανάτῳ.

Der Existenz ἐν τῇ σαρκί (7,5) wird in 7,6 (Röm 8,1ff ankündigend) konstrastiv die Existenz ἐν καινότητι πνεύματι entgegengesetzt. Dem νόμος, der nach 7,5 die παθήματα τῶν ἁμαρτιῶν in unseren Gliedern erregte, steht nun die Freiheit vom νόμος entgegen, dem „wir" gestorben sind.

Eine entsprechende Opposition mit den ihr inhärenten Folgen für den νόμος und die Anthropologie kennt Pseudo-Josephus nicht: Für ihn bleibt der νόμος *ausschließliche* und *positive* Bezugsgröße: Er ermöglicht vollkommene Affektbeherrschung und damit ein königliches, vorbildliches Leben: „Wer danach (sc. dem Gesetz) lebt, wird König sein über ein Königreich, das besteht aus Besonnenheit und Gerechtigkeit und Güte und Tapferkeit" (4Makk 2,23). Paulus dagegen kann die Existenz unter dem Gesetz als Sklavenexistenz (Röm 7,1ff), als Im-Gefängnis-Sein (Röm 7,6) und als

---

[87] Theissen, Aspekte, 205–208, bes. 206f.

[88] Vgl. nur Euripides, Stheneboin, Frgm. 668 b. Plutarch, Mor 71a (νουθετούμενος ἔρως μᾶλλον πίεζει); Ovid, Am III 4,17f.25–32; Ovid, Met 15,138; Horaz, Odae I 3,26; (Cicero, Dom 49.127); Cicero, Tull 9; Seneca, Clem I 23,1; Publilius Syrus, Sentenz 438 („Nihil magis amat cupiditas quam quod non licet"). Vgl. auch Theissen, Aspekte, 225.

[89] Die Formulierung mit ἐνεργεῖν in Röm 7,5 wie auch die Formulierung in Röm 5,20f erwecken den Eindruck, dass die Rolle des Gesetzes über die der Sündenerkenntnis hinausgeht: dass der νόμος seine Funktion nicht „nur" als cognitio peccati, sondern auch als causa peccati hat. Wirkt hier die Erfahrung des Paulus nach, der – begeistert vom Gesetz – die Christengemeinde verfolgte?

Leben, das zerrissen ist zwischen Wollen und Tun (7,15.19), beschreiben.[90] In Röm 7,7ff wird deutlich: „... the Law is powerless with relation to sin when it is personified as a power".[91] Der Kontrast zwischen einst und jetzt hat auch Auswirkungen auf die Anthropologie: Während Pseudo-Josephus eine ausgesprochen optimistische Anthropologie vertritt, betrachtet Paulus den Menschen vor der Wende, den Menschen ἐν τῇ σαρκί *ganz und gar* als Sünder, er sieht „den *ganzen* Menschen von der Begierde als dem Grundwesen der Sünde (6,12; 7,8; 1Kor 10,6) bestimmt",[92] vertritt also eine pessimistische Anthropologie. Dabei akzeptiert er *keinen* Unterschied zwischen der heidnischen Außengruppe und den Juden (Röm 1,18ff, vgl. bes. Röm 3,9ff): *alle* Menschen sind Sünder. Die Wende von der Unheilssphäre der Sünde bzw. der σάρξ hin zur Sphäre des Geistes bringt Gott. In Jesus Christus befreit er von der Sündenmacht und ermöglicht einen Wandel nach dem Geist,[93] der ζωὴ καὶ εἰρήνη bedeutet (Röm 8,6). Rituell wird dieser Wechsel in der Taufe dargestellt (Röm 6). Er hat ebenfalls kein Pendant bei Pseudo-Josephus, da dieser ja innerhalb eines System- und Lebenszusammenhanges bleibt.[94]

ad b: Im paränetischen Teil des Römerbriefes (Röm 12ff) geht es darum, wie die in der Taufe gewonnene neue Identität im Wandel im Geist Gestalt gewinnt. Die Formulierungen im Plural im Unterschied zu Röm 7,8ff machen deutlich, dass nun das Moment der christlichen Gruppenidentität in den Vordergrund rückt. Wie Pseudo-Josephus plädiert Paulus gegen eine Anpassung an die Umwelt, wenn er gleich zu Beginn des paränetischen Teils schreibt: μὴ συσχηματίζεσθε τῷ αἰῶνι τούτῳ (Röm 12,2). Gründet

---

[90] Statt der Möglichkeit der Selbstbeherrschung durch das Gesetz, in der das antike hellenistische Ideal der Selbstbeherrschung aufgenommen ist, spricht das Ich von Röm 7 von der *Unmöglichkeit* der Selbstbeherrschung: Paulus beschreibt, was die Antike ἀκρασία nannte und stellt sich hier faktisch gegen die philosophische Tradition seiner Zeit und auch gegen das hellenistische Judentum, das in gewisser Weise analog zu den Philosophen argumentierte, wenn es in dem Gesetz ein Mittel sah, Selbstbeherrschung zu gewinnen. Wie der Rekurs auf die Medeatradition in Röm 7,15.19 deutlich unterstreicht, führt das Gesetz bzw. die Ausrichtung am *Gesetz* nicht zur σωφροσύνη, sondern zur ἀκρασία und zur ταλαιπωρία (7,24), vgl. G.S. HOLLAND, The Self Against the Self in Romans 7.7–25, in: S.E. Porter/D.L. Stamps (Hg.), The Rhetorical Interpretation of Scripture. Essays from the 1996 Malibu Conference, JSNT.S 180, Sheffield 1999, 260–271: 266–268; T. ENGBERG-PEDERSEN, The Reception of Graeco-Roman Culture in the New Testament: The Case of Romans 7.7–25, in: M. Müller/H. Tronier (Hg.), The New Testament as Reception, JSNT.S 230, Sheffield 2002, 32–57, besonders 54.

[91] ROMANELLO, Rom 7,7–25, 525.

[92] M. THEOBALD, Römerbrief. Kapitel 1–11, SKK.NT 6.1, Stuttgart [2]1998, 202.

[93] Gal 5,16ff ist ganz von der Opposition σάρξ – πνεῦμα geprägt, wobei das ἐπιθυμεῖ in 5,17 nicht nur von der σάρξ, sondern auffallenderweise auch vom πνεῦμα ausgesagt ist, während es in Gal 5,24 heißt, dass die, die Jesus Christus angehören, das Fleisch gekreuzigt haben σὺν τοῖς παθήμασιν καὶ ταῖς ἐπιθυμίαις.

[94] P. VON GEMÜNDEN, Die urchristliche Taufe und der Umgang mit den Affekten, in: J. Assmann/G.G. Stroumsa (Hg.), Transformations of the Inner Self in Ancient Religions, SHR 83, Leiden u.a. 1999, 115–136: 126f.

diese Distinktion von der Umwelt bei Pseudo-Josephus im νόμος, ganz zentral sichtbar in den jüdischen Speisegeboten, so bei Paulus in Gottes Heilshandeln in Jesus Christus, das einen (sichtbaren) ethischen Wandel des in der Taufe transformierten Menschen ermöglicht. Das objektlose οὐκ ἐπιθυμήσεις steht in Röm 13,9 im Zusammenhang mit der Mahnung, nicht die Ehe zu brechen, nicht zu töten, nicht zu stehlen – eingefasst vom Gebot der Nächstenliebe, wobei die ἀγάπη als Erfüllung des νόμος interpretiert wird (13,8.10): Die Liebe soll das Identitätsmerkmal der Christen sein.[95] Dafür finden wir im 4Makk keine direkte Analogie.[96] Eingebettet in ein eschatologisch unterstrichenes, den Taufbezug aufnehmendes und paränetisch gewendetes Kontrastschema steht in Röm 13,13 die allgemeine Mahnung vor maßlosem Essen und Trinken neben der Mahnung vor Unzucht und Ausschweifung gefolgt von der Mahnung vor Streit und Eifersucht. Hier sind also kulinarische,[97] sexuelle[98] und aggressive Laster zusammengestellt.[99] Die positive Mahnung in Röm 13,13 weist zurück auf die Taufe. Die Kleidermetaphorik drückt aus, dass die Christen in der Taufe eine neue Identität

---

[95] Vgl. Ch. BURCHARD, Die Summe der Gebote (Röm 13,7–10), das ganze Gesetz (Gal 5,13–15) und das Christusgesetz (Gal 6,2; Röm 15,1–6; 1. Kor 9,21), in: ders., Studien zur Theologie, Sprache und Umwelt des Neuen Testaments, hg. v. D. Sänger, WUNT 107, Tübingen 1998, 151–183: 160f ad Röm 13,8.

[96] In 4Makk 13,19ff ist jedoch von der Liebe der sieben Brüder zueinander die Rede, die mit der gemeinsamen Abstammung, der Erziehung im selben Gesetz (13,24) und der Einübung in dieselben Tugenden (13,24) im Zusammenhang gesehen wird. Ein zweites Mal ist in ἀγαπᾶν im 4Makk in 15,3 gebraucht: Dort ist vom Lieben der εὐσέβεια die Rede.

[97] Gedacht ist an das Laster der Völlerei, das hellenistische Philosophen, aber auch jüdische Schriftsteller wie z.B. Philo, kritisieren konnten, vgl. Musonius, XVIII A + B (Περὶ τροφῆς); Philo, VitCont 40–63; Cher 93. In 4Makk 2,7 führt Pseudo-Josephus hinsichtlich der Affektkontrolle die (Kontrolle der) Völlerei an. – Lässt die Warnung des Paulus vor maßlosem Essen und Trinken an den Rückfall in die vorchristliche, heidnische Existenz denken, so mag in Röm 13,13f (vgl. die parallele εἰς- Formulierung in Röm 13,14 und 14,1) auch schon der Zwist zwischen Starken und Schwachen (Röm 14–15,13) anklingen, der, wie das βλασφημείσθω in Röm 14,16 vermuten lässt, auch wegen seiner Wahrnehmung durch die Außenwelt kritisiert wird, vgl. dazu Ch. HARTWIG/G. THEISSEN, Die korinthische Gemeinde als Nebenadressat des Römerbriefs. Eigentextreferenzen des Paulus und kommunikativer Kontext des längsten Paulusbriefes, NT 46 (2004) 229–252: 248f. Hartwig und Theißen weisen hier auch auf Seneca hin, der sich, wie Seneca, Epist 108,17ff zu entnehmen ist, auf Bitten seines Vaters seinen (neupythagoräisch inspirierten) Verzicht auf Fleisch aufgibt, da (unter Tiberius in Rom 19 n.Chr.) dieser Verzicht im Verdacht steht, ein ausländischer Aberglaube zu sein.

[98] Im ersten Teil des Römerbriefs ist von der ἐπιθυμία im Hinblick auf die Sexualität in Röm 1,24 im Abschnitt über die Heiden die Rede, in Röm 6,12 und 7,7 dürfte diese Konnotation mitschwingen: Die Rede vom δουλεύειν etc. in Röm 6 könnte *auch* darauf hinweisen, dass Sklaven in der Antike sexuell verfügbar waren; die Diskussion um die Ehefrau in Röm 7,1ff impliziert ebenfalls die sexuelle Thematik (Ehebruch). Zu den Assoziationsfeldern von ἐπιθυμία in Röm 7,7ff s.o. – Das Ideal vorehelicher Enthaltsamkeit, das Pseudo-Josephus in 4Makk 2,2f vertritt, ist in 1Kor 7 zum Ideal genereller sexueller Enthaltsamkeit verschärft, das jedoch anders als bei Pseudo-Josephus nicht durch den Bezug zum Gesetz, sondern durch akute Naherwartung (7,29) und durch den ungestörten, durch nichts abgelenkten Dienst am Herrn (7,32–35) motiviert wird.

[99] Die Kombination der Thematik des Essens und der Sexualität findet sich auch bei Pseudo-Josephus. Mit ἔρις und ζῆλος werden in Röm 13 die direkt körperbezogenen Laster verlassen.

gefunden haben,[100] die sie auch festhalten sollen, wie 13,14 deutlich macht: ἀλλὰ ἐνδύσασθε τὸν κύριον Ἰησοῦν Χριστὸν καὶ τῆς σαρκὸς πρόνοιαν μὴ ποιεῖσθε εἰς ἐπιθυμίας.[101] In Röm 13f wird daran anschließend (jedoch ohne ἐπιθυμεῖν) die Essensfrage im Rahmen eines Binnenkonflikts zwischen Starken und Schwachen in der Gemeinde verhandelt: Letztere lebten als Vegetarier und verzichteten auf Fleisch und Wein (Röm 14,21). Der Vegetarismus kann asketisch und auch jüdisch motiviert gewesen sein. Im letzteren Fall ist dieser mit der Treue zum Gesetz (Lev 17) motiviert zu denken und bedingt eine Distanzierung zur Umwelt, die noch über die Enthaltung von Schweinefleisch im 4Makk hinaus geht.[102] Paulus reagiert – anders als im Galaterbrief – moderat, ordnet sich gleichwohl (wie in 1Kor) der Seite der Starken zu, also der Seite, deren Essensgepflogenheiten de facto stärker der heidnischen Umgebung entsprechen.[103] Sucht Pseudo-Josephus angesichts von Assimilationstendenzen in seinem jüdischen Umfeld die jüdische Identität seiner Adressaten durch Rekurs auf den νόμος gerade über die Mahnung zur Einhaltung jüdischer Speisetabus zu stärken, so sind diese für Paulus für die Konstitution der christlichen Identität nicht mehr relevant. Gleichwohl kann er eine gewisse Variabilität innerhalb der Gemeinde anerkennen. In Röm 14,15 sucht er die verschiedenen Gruppen im Hinblick auf den κύριος über das Kriterium der Liebe zu integrieren, wie er gegen Ende des Abschnitts formuliert (Röm 14,15).

Fassen wir zusammen: Für Pseudo-Josephus ermöglicht der νόμος, am dem sich der εὐσεβὴς λογισμός ausrichtet, die Kontrolle der πάθη, auch der ἐπιθυμία, was er besonders ausführlich im Hinblick auf die jüdischen Speisetabus darstellt: Der vom νόμος gebotene Verzicht auf Schweinefleisch dient hier der jüdischen Identitätsbildung: Affektkontrolle und Identitätsbildung stehen hier in unmittelbarem Zusammenhang. Bei Paulus dagegen dient der νόμος in Röm 7 nicht zur Affektkontrolle, sondern gehört zu den Faktoren, die sie scheitern lassen. Daher entfällt der νόμος als Grundlage der Gruppenidentität. Da *alle* Menschen am Gesetz scheitern, wird der νόμος im Römerbrief zur Grundlage einer negativen universalen Identität: *alle* Menschen sind angesichts des Gesetzes Sünder. Dass der Mensch angesichts des Gesetzes nicht als Mitglied einer Gruppe angesprochen wird,

---

[100] M. THEOBALD, Römerbrief. Kapitel 12–16, SKK.NT 6.2, Stuttgart 1993, 115.

[101] Da Paulus hier von σάρξ und nicht von σῶμα spricht und in 13,14b schon zur grundsätzlichen Mahnung übergegangen ist (W. SCHMITHALS, Der Römerbrief. Ein Kommentar, Gütersloh 1988, 485), ist anzunehmen, dass er die dem Leben im Geist entgegengesetzte Existenz κατὰ σάρκα im Blick hat (Röm 8,12ff) und hier vor einem Rückfall „in den Stand des Unglaubens mahnt" (a.a.O. 485).

[102] Zum „Mehr" an Frömmigkeitsleistungen unter dem Druck der heidnischen Umwelt vgl. THEOBALD, Römerbrief, 130f.

[103] Wie im 4Makk (und auch in den Zusätzen zum Estherbuch und im Buch Judith) scheint das Essen eine gewichtigere Rolle als die Sexualität zu spielen.

sondern als Mensch schlechthin, zeigt sich formal im Ich-Stil von Röm 7.[104]
Die christliche Identität wird in Röm 6 durch die Taufe auf Christus Jesus
gebildet. Die wiedergeborenen Christen können durch den Geist nun nach
der Wende das tun, was die AdressatInnen des 4Makk, die keinen entsprechenden Wechsel kennen, „nur" durch den νόμος können, nämlich das
δικαίωμα τοῦ νόμου zu erfüllen (Röm 8,4). Diese Erfüllung zeigt sich aber
nicht mehr in der Erfüllung von Speisegeboten – diese werden vielmehr
relativiert: Die Speisegebote definieren nicht die Identität der Christen nach
außen und können auch innerhalb der christlichen Gemeinde verschieden
bestimmt werden. Auch hier zeigt sich eine gewisse Individualisierung: Jeder wird für sich selbst Gott Rechenschaft geben (Röm 14,12). Die soziale
Identität der Christen soll aber nicht unsichtbar bleiben, sondern soll sich in
deren ethischen Verhalten auch für die Außenstehenden zeigen: die Christen sollen nach außen an ihrer gegenseitigen Liebe erkennbar sein (Röm
13,8.10).

---

[104] Der Tyrann ist im Römerbrief nicht Antiochus IV. Epiphanes, der hellenistische Antagonist
der frommen Juden wie in Ps-Josephus, sondern die Sünde.

Otfried Hofius

Das Wort von der Versöhnung und das Gesetz

I

In 2Kor 5,18–21 beschreibt Paulus das Heilshandeln Gottes in Jesus Christus als den differenzierten Zusammenhang von Versöhnungs*tat* und Versöhnungs*wort*[1]. Der Wort-Aspekt kommt dabei außer in V.20 in den beiden Sätzen V.18c (καὶ δόντος ἡμῖν τὴν διακονίαν τῆς καταλλαγῆς) und V.19c (καὶ θέμενος ἐν ἡμῖν τὸν λόγον τῆς καταλλαγῆς) zur Sprache. Da der Partizipialsatz V.19c – einer paulinischen Spracheigentümlichkeit entsprechend[2] – den Hauptsatz V.19a (θεὸς ἦν ἐν Χριστῷ κόσμον καταλλάσσων ἑαυτῷ) fortsetzt, steht er für die Formulierung καὶ ἔθετο ἐν ἡμῖν τὸν λόγον τῆς καταλλαγῆς. Was das Verständnis dieser Worte anlangt, so sind in der exegetischen Literatur wie auch in den Bibelübersetzungen zwei unterschiedliche Deutungen wahrzunehmen. Die *erste* Deutung sieht das Verbum τίθεσθαι in der Bedeutung „legen"/„niederlegen" verwendet und bezieht den präpositionalen Ausdruck ἐν ἡμῖν auf Paulus selbst bzw. auf Paulus und die anderen Apostel[3]. Die wörtliche Übersetzung lautet dement-

---

[1] Zur Strukturanalyse von 2Kor 5,18–21 s. im einzelnen O. HOFIUS, „Gott hat unter uns aufgerichtet das Wort der Versöhnung" (2Kor 5,19), in: ders., Paulusstudien, WUNT 51, Tübingen [2]1994, 15–32: 15–22. (zuerst erschienen in: ZNW 71 (1980) 3–20).

[2] BDR § 468,1: „Paulus liebt es, nach einem Verb[um] fin[itum] koordinierend mit Partizipien fortzufahren." Beispiele für diesen Sprachgebrauch finden sich in Röm 3,23f; 6,6; 2Kor 5,12; 6,1.3ff; 7,5.

[3] So z.B. C.F.G. HEINRICI, Das zweite Sendschreiben des Apostels Paulus an die Korinthier, Berlin 1887, 300; DERS., Der zweite Brief an die Korinther, KEK 6, Göttingen [8]1900, 218; Ph. BACHMANN, Der zweite Brief des Paulus an die Korinther, KNT 8, Leipzig [3]1918, 269; K. PRÜMM, Diakonia Pneumatos I: Theologische Auslegung des zweiten Korintherbriefes, Rom u.a. 1967, 316; A. SCHLATTER, Paulus der Bote Jesu. Eine Deutung seiner Briefe an die Korinther, Stuttgart 1934 (= [4]1969), 566; Ch.K. BARRETT, A Commentary on The Second Epistle to the Corinthians, BNTC, London 1973 (= 1979), 162.177f; M. CARREZ, La deuxième épître de Saint Paul aux Corinthiens, CNT[N] 8, Genève 1986, 149.153; R.P. MARTIN, 2 Corinthians, WBC 40, Waco, Texas 1986, 135.154f; Ch. WOLFF, Der zweite Brief des Paulus an die Korinther, ThHK 8, Berlin 1989, 116.130f; M.E. THRALL, A Critical and Exegetical Commentary on The Second Epistle to the Corinthians I: Introduction and Commentary on II Corinthians I–VII, ICC, Edinburgh 1994, 400.435f; P. BARNETT, The Second Epistle to the Corinthians, NIC, Grand Rapids 1997, 299.305.308f; J. LAMBRECHT, Second Corinthians, Sacra Pagina Series 8, Collegeville, Minnesota 1999, 91.99. S. ferner auch M. WOLTER, Rechtfertigung und zukünftiges Heil. Untersuchungen zu

sprechend etwa: Gott hat „in uns das Wort von der Versöhnung gelegt"[4], und das wird dann dahingehend interpretiert, dass Gott dem Apostel den λόγος τῆς καταλλαγῆς anvertraut[5] bzw. ihn mit diesem λόγος betraut hat[6]. Nach der *zweiten* Deutung heißt τίθεσθαι in V.19c „einsetzen"/„aufrichten", und für den präpositionalen Ausdruck ἐν ἡμῖν wird die Bedeutung „unter uns" postuliert[7]. Als Übersetzung ergibt sich in diesem Fall die bekannte Formulierung der Lutherbibel: Gott hat „unter uns aufgerichtet das Wort von der Versöhnung"[8]. Der Satz besagt dann, dass „unter uns Menschen"[9] bzw. „unter uns Christen", d.h. in der Kirche[10], aufgrund göttlicher Setzung der λόγος τῆς καταλλαγῆς vorhanden ist[11].

Röm 5,1–11, BZNW 43, Berlin/New York 1978, 82f; C. BREYTENBACH, Versöhnung. Eine Studie zur paulinischen Soteriologie, WMANT 60, Neukirchen-Vluyn 1989, 112–114.

[4] So die revidierte Elberfelder Bibel (1986); in der Sache ebenso die alte Elberfelder Übersetzung (⁴²1965), die Zürcher Bibel und H. MENGE, Das Neue Testament, Stuttgart ¹¹1949, 282. Das gleiche Textverständnis findet sich bereits in der Peschitta (*wsm bn djln mlt' dtr'wt*) und in der koptisch-bohairischen Übersetzung (*woh afkhō ᵉmpisači ᵉnte pihōtp ᵉnchrēi ᵉnchēte n*), wohingegen der Wortlaut der Vulgata (*et posuit in nobis verbum reconciliationis*) kein sicheres Urteil erlaubt.

[5] Vgl. die Einheitsübersetzung: „und uns das Wort von der Versöhnung (zur Verkündigung) anvertraute".

[6] Vgl. MARTIN, 2 Corinthians, 135: „And he has entrusted us with the message of reconciliation".

[7] S. dazu etwa: H. WINDISCH, Der zweite Korintherbrief, KEK 6, Göttingen ⁹1924 (= 1970), 194; H. LIETZMANN/W.G. KÜMMEL, An die Korinther I. II, HNT 9, Tübingen ⁵1969, 126; R. BULTMANN, Der zweite Brief an die Korinther, KEK Sonderband, Göttingen 1976, 146.162.164; V.P. FURNISH, IICorinthians, AncB 32A, Garden City, N.Y. ³1985, 306.320.336f; F. LANG, Die Briefe an die Korinther, NTD 7, Göttingen/Zürich ²⁽¹⁷⁾1994, 294.302; E. GRÄSSER, Der zweite Brief an die Korinther. Kapitel 1,1–7,16, ÖTBK 8.1, Gütersloh/Würzburg 2002, 218.226. Vgl. außerdem auch E. DINKLER, Die Verkündigung als eschatologisch-sakramentales Geschehen. Auslegung von 2Kor 5,14 – 6,2, in: G. Bornkamm/K. Rahner (Hg.), Die Zeit Jesu (FS H. Schlier), Freiburg u.a. 1970, 169–189: 178; H. SCHLIER, Die Stiftung des Wortes Gottes nach dem Apostel Paulus, in: ders., Das Ende der Zeit. Exegetische Aufsätze und Vorträge III, Freiburg u.a. ²1972, 151–168: 151.

[8] In der Sache ebenso U. WILCKENS, Das Neue Testament, Zürich u.a. ⁵1977, 634. Die Jerusalemer Bibel übersetzt: Gott hat „unter uns das Wort der Versöhnung gestiftet".

[9] So z.B. das Verständnis des ἐν ἡμῖν z.B. bei LIETZMANN/KÜMMEL, An die Korinther I. II, 127; WINDISCH, Der zweite Korintherbrief, 194; BULTMANN, Der zweite Brief an die Korinther, 162.

[10] So die Alternative bei WINDISCH, Der zweite Korintherbrief, 194; BULTMANN, Der zweite Brief an die Korinther, 162.164. S. ferner FURNISH, II Corinthians, 320.

[11] Anders H.-J. KLAUCK, 2. Korintherbrief, NEB.NT 8, Würzburg 1986, 55f, der zwar gegen die Wiedergabe in der Einheitsübersetzung (s.o. Anm. 5) für „unter uns aufgerichtet hat" als wörtliche Übersetzung votiert (55), dann aber V.19c doch im Sinne der erstgenannten Deutung interpretiert (56): „Den Schluß von [V.] 19 könnte man vom Wortlaut her [...] auch so deuten, daß Gott das versöhnende Wort *der Gemeinde* eingestiftet hat. In Wirklichkeit engt sich aber das Blickfeld sofort wieder auf den Träger des Versöhnungsdienstes ein [...]. Die Ansage der geschehenen Versöhnung in der missionarischen Predigt rückt in den Vordergrund."

Angesichts der skizzierten exegetischen Sachlage stellt sich die Frage, welche der beiden Deutungen den Vorzug verdient[12]. In meinem in Anm. 1 genannten Aufsatz habe ich die These vertreten, dass die erstgenannte Deutung aus sprachlich-philologischen Gründen als problematisch gelten muss, und zugunsten der zweitgenannten Deutung darauf hingewiesen, dass die in 2Kor 5,19c begegnende Wendung τίθεσθαί τι ἔν τινι in Ps^LXX 77,5aβ eine lehrreiche Parallele hat. Die damaligen Überlegungen möchte ich im folgenden noch einmal aufnehmen und durch zusätzliche Argumente absichern.

II

Die an erster Stelle genannte Deutung geht davon aus, dass die Wendung τιθέναι τι ἔν τινι bzw. τίθεσθαί τι ἔν τινι dann, wenn von einem *Wort* die Rede ist, die Bedeutung „jemandem etwas zur Weitergabe anvertrauen/übertragen" haben kann. Zur Begründung wird in der Literatur zum einen auf die in der Septuaginta begegnende Formulierung τιθέναι τοὺς λόγους ἐν τῷ στόματί τινος (2Kön 14,3.19; 2Esdr 8,17)[13] und zum andern auf PS^LXX 104,27 (ἔθετο ἐν αὐτοῖς τοὺς λόγους τῶν σημείων αὐτοῦ καὶ τῶν τεράτων ἐν γῇ Χάμ) hingewiesen.[14] Beide Hinweise können jedoch keineswegs als eine hinreichende Begründung angesehen werden.

Was die Formulierung τιθέναι τοὺς λόγους ἐν τῷ στόματί τινος anlangt, so will beachtet sein, dass die entscheidenden Worte ἐν τῷ στόματι in 2Kor 5,19c *nicht* erscheinen. Das muss nicht zuletzt deshalb als auffallend gelten, weil in der Septuaginta in allen analogen Formulierungen die Wendung ἐν τῷ στόματί τινος oder εἰς τὸ στόμα τινός begegnet[15]. Christian Wolff hat

---

[12] Unbefriedigend ist es, wenn beide Deutungen bei Bauer, Wörterbuch^5, 1615 bzw. Bauer/Aland, Wörterbuch^6, 1627 s.v. τίθημι II.1.a kurzerhand miteinander kombiniert werden („[…] unter uns das Wort von der Versöhnung aufrichtete [= uns gab; vgl. Ps 104,27]") und somit völlig unklar bleibt, auf wen sich das „uns" bezieht. Zum Problem des „Wir" in 2Kor 2,14–7,4 s. R. BULTMANN, Exegetische Probleme des zweiten Korintherbriefes, in: ders., Exegetica. Aufsätze zur Erforschung des Neuen Testaments, Tübingen 1967, 298–322: 298f.309. Dass das apostolische „Wir" überwiegt, steht außer Frage; dass es auch in 5,18b (τοῦ καταλλάξαντος ἡμᾶς ἑαυτῷ διὰ Χριστοῦ) und in 5,19c (καὶ θέμενος ἐν ἡμῖν κτλ.) vorliegt, ist schon angesichts des gemeinchristlichen „Wir" von 5,21 keineswegs so sicher, wie manche Ausleger meinen.

[13] So z.B. WOLTER, Rechtfertigung und zukünftiges Heil, 82; WOLFF, Der zweite Brief des Paulus an die Korinther, 131. Bereits Th. BEZA, Testamentum Novum, Genf ^41588, II 188, weist zu 2Kor 5,19c auf die bei den *Hebraei* geläufige Wendung *ponere verba in ore* hin.

[14] Siehe oben Anm. 12 sowie ferner etwa C.F.G. HEINRICI, Das zweite Sendschreiben des Apostels Paulus an die Korinthier, 300, Anm. 1; DERS., Der zweite Brief an die Korinther, 218; M. BACHMANN, Der zweite Brief des Paulus an die Korinther, 269; WOLTER, Rechtfertigung und zukünftiges Heil, 82; BREYTENBACH, Versöhnung, 114; THRALL, The Second Epistle to the Corinthians I, 436.

[15] Zu ἐν τῷ στόματί τινος s. außer 2Reg 14,3.19 und 2Esdr 8,17 noch Dtn 18,18, zu εἰς τὸ στόμα τινός Ex 4,15; Num 22,38; 23,5.12.16; Dtn 31,19; 2Kön 14,3 v.l.; Jes 51,16; 59,21; Jer 1,9

den Tatbestand, dass in 2Kor 5,19c nicht ἐν τῷ στόματι ἡμῶν, sondern ἐν ἡμῖν steht, folgendermaßen zu erklären versucht: „Bei seiner Berufung wurde ihm (sc. Paulus) die Botschaft von der Versöhnungstat Gottes [...] ins Herz gelegt (vgl. ähnlich Gal. 1,15f.).“[16] Und: „Paulus erwähnt den Mund nicht, sondern schreibt: ,in uns‘ und bringt damit zum Ausdruck, daß die anvertraute Botschaft sein ganzes inneres Wesen erfaßt hat (vgl. ähnlich Jes. 63,11).“[17] Diese Erklärung vermag schwerlich zu überzeugen. Mit Gal 1,15f (εὐδόκησεν ... ἀποκαλύψαι τὸν υἱὸν αὐτοῦ ἐν ἐμοί) wird man schon deshalb nicht argumentieren können, weil die Worte ἐν ἐμοί dort nicht auf ein *innerliches* Geschehen abheben, sondern für den einfachen Dativ stehen: „Es gefiel Gott, *mir* seinen Sohn zu offenbaren“[18]. Wenn Paulus sagen will, dass eine Gabe Gottes jemanden in seinem inneren Wesen erfasst hat, so verwendet er zumeist ausdrücklich die Wendungen ἐν ταῖς καρδίαις ἡμῶν bzw. εἰς τὰς καρδίας ἡμῶν[19]. Bei dem zum Vergleich notierten Text Jes 63,11 handelt es sich um die Frage ποῦ ἐστιν ὁ θεὶς ἐν αὐτοῖς τὸ πνεῦμα τὸ ἅγιον; (Jes[LXX] 63,11b), die Wolff offensichtlich so versteht: „Wo ist der, der den heiligen Geist in sie legte?“[20] Das aber ist keineswegs der Sinn des Satzes. Im hebräischen Text lautet die Frage (V.11bβ): אַיֵּה הַשָּׂם בְּקִרְבּוֹ אֶת־רוּחַ קָדְשׁוֹ – „Wo ist der, der seinen heiligen Geist in ihre Mitte gab?“[21] Die Präpositionalbestimmung בְּקִרְבּוֹ bezieht sich dabei auf die zuvor in V.11bα erwähnte „Herde“ Gottes, d.h. auf die Generation des Exodus, die durch die רוּחַ יְהוָה geleitet wurde (V.14) – nämlich durch ebene jene רוּחַ קָדְשׁוֹ, die das Volk dann trotz aller Heilserfahrungen durch seine Widerspenstigkeit „betrübte“ (V.10a). In gleicher Weise ist auch der LXX-Text zu verstehen. In der Frage ποῦ ἐστιν ὁ θεὶς ἐν αὐτοῖς τὸ πνεῦμα τὸ ἅγιον;

(vgl. 5,14). Als Verben erscheinen neben τιθέναι (2Reg 14,3.19; 2Esdr 8,17; Jes 51,16): διδόναι (Ex 4,15; Dtn 18,18, Jes 59,21; Jer 1,9 [vgl. 5,14]), βάλλειν (Num 22,38) und ἐμβάλλειν (Num 23,5.12.16; Dtn 31,19).

[16] WOLFF, Der zweite Brief des Paulus an die Korinther, 130.

[17] Ebd. 131.

[18] Siehe dazu A. OEPKE, Art. ἐν, ThWNT 2 (1935 = 1957), 534–539: 535,29ff; BDR § 220,1 mit Anm. 1; Bauer/Aland, Wörterbuch[6], 526 s.v. ἐν IV.4.a. Vgl. sprachlich: φανερόν ἐστιν ἐν αὐτοῖς Röm 1,19a = „es ist ihnen offenbar“ (s. das unmittelbar folgende ὁ θεὸς γὰρ αὐτοῖς [!] ἐφανέρωσεν V.19b); ἐν τοῖς ἀπολλυμένοις ἐστὶν κεκαλυμμένον 2Kor 4,3b = „es ist denen verhüllt, die verloren gehen“.

[19] ἐν ταῖς καρδίαις ἡμῶν: Röm 5,5; 2Kor 1,22; 4,6; εἰς τὰς καρδίας ἡμῶν: Gal 4,6. Zu 1Thess 4,8 siehe die folgende Anmerkung.

[20] Es würde sich dann um eine Parallele zu τὸ πνεῦμά μου δώσω ἐν ὑμῖν Ez 36,27[LXX] handeln; vgl. zur Konstruktion mit εἰς ὑμᾶς Ez 37,6.14 sowie bei Paulus 1Thess 4,8.

[21] Siehe dazu B. DUHM, Das Buch Jesaja, HK 3.1, Göttingen [4]1922 (= [5]1968), 467f; P. VOLZ, Jesaja II, KAT 9, Leipzig 1932 (= Hildesheim/New York 1974), 264.271f; vgl. auch G.A. WEWERS, Sanhedrin. Gerichtshof, Übersetzung des Talmud Yerushalmi IV.4, Tübingen 1981, 266 (Zitat von Jes 63,11 in jSanh X 28a,73f). In diesem Sinn versteht auch der Targum, wenn er übersetzt: אן דאשרי ביניהון ית מימר נבױ קודשיה „Wo ist der, der das Wort seiner heiligen Propheten unter ihnen wohnen ließ?“.

ist jenes πνεῦμα gemeint, das bereits in V.10a erwähnt war[22], und die Worte ἐν αὐτοῖς beziehen sich auf die zuvor in V.11a genannten πρόβατα[23]. Die Frage selbst korrespondiert mithin der Feststellung von V.14: κατέβη πνεῦμα παρὰ κυρίου καὶ ὡδήγησεν αὐτούς. In Jes 63,11b[LXX] hat τιθέναι τι ἔν τινι also nicht die Bedeutung „jemandem etwas in sein Innerstes (in sein Herz) geben", sondern der Sinn ist: etwas in einem bestimmten Bereich als wirkende Größe auf den Plan führen.

Dem Hinweis auf PS[LXX] 104,27 (ἔθετο ἐν αὐτοῖς τοὺς λόγους τῶν σημείων αὐτοῦ καὶ τῶν τεράτων ἐν γῇ Χάμ) liegt die Auffassung zugrunde, dass von bestimmten „Worten" die Rede ist, die den im voraufgehenden V.26 genannten Gottesboten Mose und Aaron zur Verkündigung übergeben wurden. Dieses Verständnis des V.27 ist jedoch unhaltbar, weil dort λόγοι nicht die Bedeutung „Worte" hat und der Ausdruck ἐν αὐτοῖς sich keineswegs auf Mose und Aaron bezieht. Da der Kontext für die angemessene Auslegung des V.27 entscheidend ist, sei zunächst der Abschnitt PS[LXX] 104,23–28 als ganzer zitiert:

23   καὶ εἰσῆλθεν Ἰσραὴλ εἰς Αἴγυπτον,
       καὶ Ἰακὼβ παρῴκησεν ἐν γῇ Χάμ·

24   καὶ ηὔξησεν τὸν λαὸν αὐτοῦ σφόδρα
       καὶ ἐκραταίωσεν αὐτὸν ὑπὲρ τοὺς ἐχθροὺς αὐτοῦ.

25   μετέστρεψεν τὴν καρδίαν αὐτῶν τοῦ μισῆσαι τὸν λαὸν αὐτοῦ,
       τοῦ δολιοῦσθαι ἐν τοῖς δούλοις αὐτοῦ.

26   ἐξαπέστειλεν Μωυσῆν τὸν δοῦλον αὐτοῦ,
       Ἀαρών, ὃν ἐξελέξατο αὐτόν·

27   ἔθετο ἐν αὐτοῖς τοὺς λόγους τῶν σημείων αὐτοῦ
       καὶ τῶν τεράτων ἐν γῇ Χάμ.

28   ἐξαπέστειλεν σκότος, καὶ ἐσκότασεν,
       καὶ παρεπίκραναν τοὺς λόγους αὐτοῦ.[24]

Im hebräischen Text des V.27a (שָׂמוּ־בָם דִּבְרֵי אֹתוֹתָיו) heißt דָּבָר nicht „Wort", sondern „Sache"/„Angelegenheit"[25], und der Ausdruck דִּבְרֵי אֹתוֹתָיו bedeutet demgemäß einfach: „seine Zeichen"[26]. Zu übersetzen ist also: „Sie (Mose und Aaron) richteten unter ihnen (sc. den Ägyptern) seine Zeichen auf und Wunder im Lande Hams."[27] Dass die Septuaginta bei einer Constructus-Bil-

---

[22] V.10a: αὐτοὶ δὲ ἠπείθησαν καὶ παρώξυναν τὸ πνεῦμα τὸ ἅγιον αὐτοῦ.

[23] V.11a: καὶ ἐμνήσθη ἡμερῶν αἰωνίων ὁ ἀναβιβάσας ἐκ τῆς γῆς τὸν ποιμένα τῶν προβάτων.

[24] In den anschließenden Versen 29–36 folgt die Beschreibung weiterer σημεῖα und τέρατα.

[25] Vgl. dazu F. DELITZSCH, Die Psalmen, BC 4.1, Leipzig ⁵1894 (= Gießen/Basel 1984), 648.652; R. KITTEL, Die Psalmen, KAT 13, Leipzig ⁵.⁶1929, 342f (Übersetzung und Anmerkung dazu).

[26] Vgl. W. GESENIUS/F. BUHL, Hebräisches und aramäisches Handwörterbuch über das Alte Testament, Leipzig ¹⁷1915 (= Berlin/Göttingen/Heidelberg 1962), 155a s.v. דָּבָר 2.c.

[27] Nach BHS ist mit LXX und Peschitta der Singular שָׂם zu lesen: „Er (Gott) richtete unter ihnen seine Zeichen auf und Wunder im Lande Hams." Vgl. dazu auch Ps 78,43. – Die Peschitta-

dung mit דִּבְרֵי eine wörtliche Übersetzung der hebräischen Vorlage wählen kann, zeigt 2Kön 11,18f, wo das zweimalige οἱ λόγοι τοῦ πολέμου – nicht anders als das hebräische דִּבְרֵי הַמִּלְחָמָה – „die Ereignisse des Kampfes" heißt[28]. Entsprechend ist auch in Ps^LXX 104,27 die Verbindung von οἱ λόγοι mit den Genitiven τῶν σημείων αὐτοῦ und τῶν τεράτων zu verstehen, weshalb L.C.L. Brenton den Vers mit Recht folgendermaßen übersetzt: „He established among them his signs, and his wonders in the Land of Cham."[29] Die Worte ἐν αὐτοῖς beziehen sich dabei – ebenso wie das zugrunde liegende בָּם des hebräischen Textes[30] – auf die in V.24f erwähnten „Feinde" der Israeliten, d.h. auf die Ägypter, von denen dann auch in V.28ff die Rede ist. Das ergibt sich bereits zwingend aus der Parallelität zu ἐν γῇ Χάμ V.27b – einer Parallelität übrigens, die dem in V.23 zu verzeichnenden Nebeneinander von εἰς Αἴγυπτον und ἐν γῇ Χάμ korrespondiert. Als Bestätigung kommt hinzu, dass der Abschnitt Ps^LXX 104,27–36 in Ps^LXX 77,43–51 eine sachlich-inhaltliche Parallele hat und dort der mit Ps^LXX 104,27 zu vergleichende Vers Ps^LXX 77,43 folgendermaßen lautet: ἔθετο ἐν Αἰγύπτῳ τὰ σημεῖα αὐτοῦ καὶ τὰ τέρατα αὐτοῦ ἐν πεδίῳ Τάνεως. Das ἐν αὐτοῖς von Ps^LXX 104,27a entspricht also dem ἐν Αἰγύπτῳ von Ps^LXX 77,43a. Angesichts der eindeutigen Textbefunde muss die Behauptung, dass sich in Ps^LXX 104,27a die Worte ἐν αὐτοῖς nur auf die in Ps^LXX 104,26 erwähnten Gottesboten Mose und Aaron beziehen können, als gänzlich unbegründet bezeichnet werden[31].

Als Fazit ist festzuhalten: Weder die Formulierung τιθέναι τοὺς λόγους ἐν τῷ στόματί τινος (2Kön 14,3.19; 2Esdr 8,17) noch auch der Satz Ps^LXX

Übersetzung von Ps 105,27 lautet: „Er vollbrachte unter ihnen seine Zeichen ('bd bhwn 'twth) und seine Wunder im Lande Hams."

[28] Vgl. L.C.L. BRENTON, The Septuagint Version. Greek and English (London 1844). Zondervan Edition, Grand Rapids, Michigan 1970 (= [13]1981), 414: „the events of the war".

[29] BRENTON, The Septuagint Version, 762. Bei diesem Verständnis von Ψ 104,27 erübrigt sich die Annahme einer Brachylogie (so mein Vorschlag in dem o. Anm. 1 genannten Aufsatz, 25 bzw. 13). – Nicht korrekt ist die Übersetzung von Ψ 104,27 in: A New English Translation of the Septuagint and Other Greek Translations Traditionally Included under That Title: The Psalms, translated by Albert Pietersma, New York/Oxford 2000, 104: „To them he committed the words of his signs / And miracles in the land of Cham." Um ein keineswegs hinreichend begründetes Urteil handelt es sich, wenn bei J. LUST/E. EYNIKEL/K. HAUSPIE, Greek-English Lexicon of the Septuagint. Revised Edition, Stuttgart 2003, 613b s.v. τίθημι für τίθεσθαί τι ἔν τινι Ψ 104,27 die Bedeutung „to entrust s[ome]th[ing] to s[ome]b[ody]" angegeben wird.

[30] Vgl. B. DUHM, Die Psalmen, KHC 14, Freiburg u.a. 1899, 246; H. GUNKEL, Die Psalmen, HK 2.2, Göttingen [4]1926 (= [5]1968), 460.

[31] Die kritisierte Behauptung findet sich z.B. bei THRALL, The Second Epistle to the Corinthians I, 436, Anm. 1720: „v. 27a is clearly connected with v. 26 where Moses and Aaron are specifically mentioned: 26. ἐξαπέστειλεν Μωυσῆν τὸν δοῦλον αὐτοῦ, Ααρων, ὃν ἐξελέξατο αὐτόν. 27. ἔθετο ἐν αὐτοῖς τοὺς λόγους τῶν σημείων αὐτοῦ [...]." Nach dem hier angewendeten exegetischen Verfahren könnte man ebenso gut urteilen, dass auch V.28b (καὶ παρεπίκραναν τοὺς λόγους αὐτοῦ) von Mose und Aaron handle oder dass sich im gleichen Psalm die Pronominalformen αὐτούς und αὐτῶν von V.37 auf die Ägypter beziehen, von denen unmittelbar vorher in V.36 (dort zweimal αὐτῶν) die Rede ist.

104,27 liefern eine philologisch tragfähige Basis für die These, dass Paulus in 2Kor 5,19c mit den Worten καὶ θέμενος ἐν ἡμῖν τὸν λόγον τῆς καταλλαγῆς erklärt, Gott habe ihm das Wort von der Versöhnung zur Verkündigung anvertraut bzw. ihn mit dessen Verkündigung beauftragt. Überzeugende sprachliche Argumente, auf die sich diese Interpretation stützen könnte, sind in der Exegese bislang nirgends beigebracht worden[32].

III

Für die oben an zweiter Stelle genannte Deutung von 2Kor 5,19c spricht nach meinem Urteil die Beobachtung, dass sich in Ps^LXX 77,5aβ eine sprachliche und sachliche Parallele zu der Aussage θέμενος ἐν ἡμῖν τὸν λόγον τῆς καταλλαγῆς findet, wenn dort im Kontext einer Schilderung des heilsgeschichtlichen Wirkens Gottes gesagt wird: νόμον ἔθετο ἐν Ἰσραήλ[33]. Zu dem Hinweis auf diese Stelle hat Christian Wolff kritisch bemerkt: „Es ist jedoch zu beachten, daß die Wendung νόμον τιθέναι bzw. τίθεσθαι im klassischen Griechisch und im hellenistischen Judentum fest geprägt ist in der Bedeutung ‚ein Gesetz geben' (vgl. auch Röm 9,4). τίθεσθαι λόγον kann dazu schwerlich parallel verstanden werden."[34] Dieser Einwand hält m.E. einer Überprüfung nicht stand. Was zunächst die Wendung νόμον τιθέναι bzw. νόμον τίθεσθαι anlangt, so wird man sicher bei nicht wenigen Texten die Übersetzung „ein Gesetz geben" wählen können. Die Grundbedeutung ist jedoch: „ein Gesetz aufstellen"/„ein Gesetz erlassen"[35], was insbesondere auch dadurch angezeigt wird, dass als perfektisch-passivische Entsprechung die Verbindung von νόμος mit dem Verbum κεῖσθαι erscheint (= „ein Gesetz ist aufgestellt/erlassen"[36], „ein Gesetz gilt"[37]). Sodann will die sprachliche Besonderheit von Ps^LXX 77,5a beachtet sein: die

---

[32] Nicht zufällig bemerkt LAMBRECHT, Second Corinthians, 99, im Blick auf die auch von ihm selbst vertretene Interpretation: „The Greek construction, however, remains strange."

[33] Die Argumentation im Einzelnen s. bei HOFIUS, „Gott hat unter uns aufgerichtet das Wort von der Versöhnung", 25–30. Mein Hinweis auf Ψ 77,5aβ wird aufgenommen bei FURNISH, II Corinthians, 320; vgl. 336f.

[34] WOLFF, Der zweite Brief des Paulus an die Korinther, 130f.

[35] Vgl. dazu die folgenden Belege: Euripides, Alcestis 57; Aristophanes, Acharnenses 532; Nubes 1421.1425; Xenophon, Memorabilia IV 4,19; Platon, Leges 630c.631a.702c.705e; Protagoras 322d; Respublica 338e.339c.497d; Aristoteles, Politica 1289^a,14; Demosthenes, Orationes XXII 30; XXIV 99.102; Diodorus Siculus, Bibliotheca historica V 83,5; Josephus, Ant 16,1; Josephus, Ap 1,269; 2,184.273; Gal 3,19 v.l.; Aristides, Apologia 13,7; Justin, Dialogus cum Tryphone 11,2; Athenagoras, Supplicatio 33,1; 34,2. – Vgl. δόγμα τιθέναι „ein Gebot/eine Verordnung erlassen" Dan 3,10 θ'; 4,6 θ'; 6,27 θ'; 4Makk 4,23.

[36] Isokrates, Orationes I 36; Xenophon, Memorabilia IV 4,21; Platon, Leges 909d; Demosthenes, Orationes XXIV 62.

[37] Thukydides, Historiae III 82,6; Aristophanes, Plutus 914; Xenophon, Memorabilia IV 4,16; Respublica Lacedaemoniorum XV 7; Platon, Leges 909d; Athenagoras, Supplicatio 34,2.

Verbindung von νόμον τίθεσθαι mit dem präpositionalen Ausdruck ἐν Ἰσραήλ. Da der Adressat einer Gesetzgebung in der griechischen Literatur durchweg im bloßen Dativ angeführt wird[38], kann der präpositionale Ausdruck nicht einfach als Empfängerangabe verstanden werden. Die Formulierung von Ps^LXX 77,5a erklärt sich vielmehr ohne jede Frage von daher, dass die hebräische Vorlage – nämlich der synonyme Parallelismus membrorum וַיָּקֶם עֵדוּת בְּיַעֲקֹב / וְתוֹרָה שָׂם בְּיִשְׂרָאֵל – wörtlich ins Griechische übersetzt worden ist:

καὶ ἀνέστησεν μαρτύριον ἐν Ἰακὼβ
καὶ νόμον ἔθετο ἐν Ἰσραήλ

Wie die Parallelität der Verben ἀνιστάναι (קום hif.) und τίθεσθαι (שׂים qal) zeigt, sprechen beide Stichoi von der Stiftung der Tora inmitten des Volkes Gottes[39]. Der Septuaginta-Text ist dementsprechend zu übersetzen:

„Er stellte ein Zeugnis auf in Jakob,
eine Weisung richtete er auf in Israel."[40]

Bedenkt man, dass die Tora an einigen alttestamentlichen Stellen ausdrücklich „das Wort Jahwes" genannt wird[41], und beachtet man außerdem den Kontext Ps^LXX 77,3–7, so wird man mit guten Gründen urteilen dürfen: Der Satz Ps^LXX 77,5aβ redet von der „Aufrichtung" eines *Wortes* durch Gott selbst – und zwar von der grundlegenden „Aufrichtung", mit der dieses Wort für immer in Israel präsent ist und hier verkündigt und gehört werden kann.

---

[38] Beispiele: Sophokles, Electra 580; Herdodot, Historiae I 29,2; Aristophanes, Nubes 1424; Xenophon, Memorabilia IV 4,19; Platon, Symposion 181e; Demosthenes, Orationes XXIV 102; EpArist 15; Josephus, Ap 1,316 (vgl. κήρυγμα τιθέναι τινί Sophokles, Antigone 7f; τίθεσθαί τινι δικαιώματα καὶ κρίσεις Ex 15,25^LXX). – Zu entsprechenden Formulierungen mit διδόναι s. Ex 24,12^LXX; Jos 24,25^LXX; Joh 7,19 (im Passiv: 2Makk 7,30). Steht νόμον διδόναι absolut, d.h. ohne Dativobjekt (2Esdr 7,6; im Passiv: Joh 1,17; Gal 3,21), so ist die Etablierung des Gesetzes als solche im Blick.

[39] H.-J. KRAUS, Psalmen II: Psalmen 60–150, BK 15.2, Neukirchen ⁶1989, 698 übersetzt den hebräischen Text: „Er richtete auf ein Zeugnis in Jakob, eine Weisung setzte fest er in Israel", und er spricht ebd. 707 in der Auslegung dieses Textes von der Tora, „die Jahwe in Israel aufgerichtet hat". Die Wiedergabe von Ps 78,5a bei M. BUBER, Das Buch der Preisungen, Frankfurt am Main/Hamburg 1962, 113 lautet: „Er erstellte in Jaakob Zeugnis, Weisung setzte er in Jißrael ein." Hingewiesen sei schließlich auch auf die Übersetzung im Targum: יעקב ואוריתא נזר בדבית ישראל ואקים סהדותא בדבית „und das Zeugnis stellte er auf unter denen vom Haus Jakob und das Gesetz ordnete er an unter denen vom Haus Israel".

[40] BRENTON, The Septuagint Version, 744 übersetzt: „And he raised up a testimony in Jacob, and appointed a law in Israel."

[41] Num 15,31; Dtn 5,5; 2Sam 12,9; 1Chr 15,15; 2Chr 30,12; 34,21; 35,6 (in LXX s. besonders 2Chr 35,6: ὁ λόγος κυρίου διὰ χειρὸς Μωυσῆ). Siehe auch Sir 1,5^LXX (sekundärer Zusatz in einigen Handschriften) sowie ὁ λόγος τοῦ θεοῦ (v.l. ὁ νόμος τοῦ θεοῦ) Mt 15,6.

Dass die Wendung τιθέναι/τίθεσθαί τι ἔν τινι die Etablierung einer bestimmten Größe in einem bestimmten Bereich bezeichnet, gilt auch für drei weitere Belege, die nur eben kurz notiert seien: 1. Der von den Handschriften A (Alexandrinus) und B (Vaticanus) bezeugte Text gibt in Lev[LXX] 26,11a die hebräische Vorlage (וְנָתַתִּי מִשְׁכָּנִי בְּתוֹכְכֶם) nicht korrekt, sondern – offenbar unter dem Einfluss der Worte καὶ στήσω τὴν διαθήκην μου μεθ' ὑμῶν von V.9 – folgendermaßen wieder: καὶ θήσω τὴν διαθήκην μου ἐν ὑμῖν. Das kann nur heißen: „und ich werde meinen Bund unter euch aufrichten". 2. In Ps 81(80),5.6a wird im Blick auf die vorher erwähnte Feier des Herbstfestes auf die entsprechende Kultordnung verwiesen: „Denn Bestimmung ist es für Israel, Rechtssatzung des Gottes Jakobs. Als Gebot hat er es in Joseph aufgestellt (עֵדוּת בִּיהוֹסֵף שָׂמוֹ), als er auszog gegen das Land Ägypten." Die Septuaginta-Übersetzung von V.6a lautet: μαρτύριον ἐν τῷ Ἰωσὴφ ἔθετο αὐτόν[42] „als Zeugnis hat er es in Joseph aufgerichtet". 3. Bei Platon, Protagoras 322c.d heißt es im Rahmen eines von dem Sophisten erzählten Mythos, dass Hermes von Zeus gesandt wurde, den Menschen „Scham und Recht"[43] bzw. „Sittlichkeit und Rechtsgefühl"[44] zu bringen. Dafür stehen die Wendungen ἄγειν εἰς ἀνθρώπους αἰδῶ τε καὶ δίκην und διδόναι δίκην καὶ αἰδῶ ἀνθρώποις (322c)[45]. Keineswegs einfach damit identisch ist, wie der Kontext lehrt, die Formulierung δίκην καὶ αἰδῶ τιθέναι ἐν τοῖς ἀνθρώποις (322c.d). Sie bezeichnet vielmehr in prinzipiellem Sinn die Etablierung von δίκη und αἰδώς in der Menschheit, so dass also gemeint ist: „Recht und Scham unter den Menschen aufrichten"[46].

IV

Die im Vorigen angeführten Texte, in denen die Verbalphrase τιθέναι/τίθεσθαί τι ἔν τινι begegnet, legen für 2Kor 5,19c die sprachlich unanfechtbare Übersetzung nahe: „Er (Gott) hat unter uns aufgerichtet das Wort von der Versöhnung"[47]. Entscheidet man sich für diese Übersetzung, so darf aus der solennen Rede von der „Aufrichtung" des λόγος τῆς καταλλαγῆς

---

[42] Das Maskulinum αὐτόν ist Attraktion an μαρτύριον.

[43] So die Übersetzung von Friedrich Schleiermacher (in: G. Eigler [Hg.], Platon, Werke. Griechisch und deutsch I, Darmstadt ²1990, 119) und Otto Apelt (in: ders. [Hg.], Platon, Sämtliche Dialoge I, Hamburg 1988, 57).

[44] So der Vorschlag von H. HOFMANN, in: Platon, Werke I, 644.

[45] Vgl. auch Platon, Protagoras 322c.d: δίκην καὶ αἰδῶ νέμειν (322d: ἐπὶ πάντας).

[46] Vgl. F. SCHLEIERMACHER, in: Platon, Werke I, 119: „Recht und Scham [...] unter den Menschen aufstellen"; O. APELT, in: Platon, Sämtliche Dialoge I, 57: „mit der Gründung von Recht und Scham unter den Menschen".

[47] Zu ἐν ἡμῖν = „unter uns" vgl. dann Lk 1,1; 7,16; Joh 1,14; Apg 2,29 sowie ferner das bei Paulus geläufige ἐν ὑμῖν = „unter euch" (1Kor 1,6.10f; 2,2; 3,3.18; 6,5; 11,18f.30; 14,25; 15,12; 2Kor 1,19; 10,1.15; 12,12; 13,3; Gal 3,5; 4,19; 1Thess 1,5). Zu τίθεσθαι = „einsetzen" sind die Aussagen über das Handeln Gottes in 1Kor 12,18 und 1Kor 12,28 zu vergleichen.

gefolgert werden, dass hier das grundlegende Offenbarungsgeschehen gemeint ist, in dem Gott, der Versöhner, den Aposteln die in Christi Tod und Auferstehung geschehene Versöhnung erschlossen hat. Es ist dies jenes Geschehen, auf das sich das vierfache ὤφθη von 1Kor 15,5–8 bezieht und von dem Paulus in den beiden sich gegenseitig erläuternden Selbstzeugnissen des Galaterbriefs spricht: „Ich habe das Evangelium durch eine Offenbarung Jesu Christi empfangen" (Gal 1,12) und „Es hat Gott gefallen, mir seinen Sohn zu offenbaren" (Gal 1,15.16a). Unter dem „Wort von der Versöhnung" haben wir mithin das *Evangelium* – das εὐαγγέλιον τῆς δόξης τοῦ Χριστοῦ (2Kor 4,3f[48]) – zu verstehen[49]. Dieses ist für Paulus keineswegs mit der Missionspredigt identisch, sondern er erblickt in ihm dezidiert das Wort *Gottes* (ὁ λόγος τοῦ θεοῦ 2Kor 2,17; 4,2), das als eine feste und inhaltlich klar bestimmte Größe der Verkündigung verbindlich vorgegeben ist[50]. Im Rahmen der Ausführungen von 2Kor 5,18–21 besagt der Satz V.19c dementsprechend, dass Gott mit der „Aufrichtung" des λόγος τῆς καταλλαγῆς seine Versöhnungstat offenbar gemacht hat – und zwar mit dem Ziel und der Folge, dass die Versöhnung von den mit der διακονία τῆς καταλλαγῆς (V.18c) betrauten Aposteln authentisch bezeugt und verkündigt werden kann. Wo das streng als *verbum Dei* zu begreifende „Wort von der Versöhnung" im Wort der Botschafter Christi laut wird (V.20[51]), da ist es der Versöhner selbst, der die im Christusgeschehen vollzogene Versöhnung kundgibt, erschließt und zueignet[52].

---

[48] In 2Kor 4,3 bedeutet τὸ εὐαγγέλιον ἡμῶν nicht: „unsere Evangeliumsverkündigung", sondern: „das von uns verkündigte Evangelium".

[49] So bereits die Deutung des P[46], der in V.19c die Worte τὸ εὐαγγέλιον τῆς καταλλαγῆς bietet. Aus der Auslegungsgeschichte von 2Kor 5,19c ist dann vor allem auf J. CALVIN, Commentarii in secundam Pauli epistolam ad Corinthios (Ioannis Calvini Opera exegetica XV), hg. von H. Feld, Genf 1994, 103 hinzuweisen. Der Reformator sieht in dem λόγος τῆς καταλλαγῆς das Evangelium, das nach dem Willen des Versöhners „als die zuverlässige und authentische Urkunde der ein für allemal vollbrachten Friedensstiftung in der Welt präsent ist" (*[…] Evangelium, quod extare voluit in mundo tanquam firmas et authenticas tabulas pacificationis semel peractae*).

[50] Ch. BURCHARD, Formen der Vermittlung christlichen Glaubens im Neuen Testament. Beobachtungen anhand von κήρυγμα, μαρτυρία und verwandten Wörtern, in: ders., Studien zur Theologie, Sprache und Umwelt des Neuen Testaments, WUNT 107, Tübingen 1998, 265–292: 268, unterscheidet im Blick auf Paulus mit Recht zwischen dem Evangelium und der „auf ihm fußende[n] Missionspredigt"; und er kennzeichnet das Evangelium zutreffend, wenn er ebd. 269 von seiner „prinzipielle[n] Unabänderlichkeit" spricht und bemerkt: „Es ist wie das Christusereignis von Gott gegeben und so im wörtlichen Sinn der λόγος τοῦ θεοῦ."

[51] Zu 2Kor 5,20 sei an dieser Stelle auf die weithin übersehene Beobachtung von J.J. Wettstein aufmerksam gemacht, dass die Worte δεόμεθα ὑπὲρ Χριστοῦ bei Platon, Menexenus 248e eine genaue sprachliche Parallele haben: δέομαι ὑπὲρ ἐκείνων „ich bitte im Namen jener" (J.J. WETTSTEIN, Novum Testamentum Graecum II, Amsterdam 1752 = Graz 1962, 192). Zu ὑπέρ c. gen. personae in der Bedeutung „in jemandes Namen" s. auch Xenophon, Anabasis VII 7,3; Cyropaedia III 3,14.

[52] Zum Verhältnis von Evangelium und Verkündigung s. im einzelnen HOFIUS, „Gott hat unter uns aufgerichtet das Wort von der Versöhnung", 26–30.31f; DERS., Wort Gottes und Glaube bei Paulus, in: Paulusstudien, 148–174: 150–154. – GRÄSSER, Der zweite Brief an die Korinther.

Wenn Paulus die „Aufrichtung" des Evangeliums in der Kirche mit der Verbalphrase τίθεσθαί τι ἔν τινι zum Ausdruck bringt, die in Ps 77,5aβ in einer Aussage über die „Aufrichtung" des Gesetzes in Israel erscheint, so dürfte es sich hier kaum um eine rein zufällige Parallelität handeln. Der sprachliche Sachverhalt lässt vielmehr an jene Gegenüberstellung denken, die in den Ausführungen von 2Kor 2,14–4,6 thematisch ist: die Gegenüberstellung von Gesetz (= die παλαιὰ διαθήκη 3,14b) und Evangelium (= die καινὴ διαθήκη 3,6a), von mosaischer διακονία (3,7.9a) und apostolischer διακονία (3,8.9b), von Mose (3,13) und Paulus (3,12)[53]. In der Formulierung von 2Kor 5,19c könnte sich von daher widerspiegeln, dass der Apostel den Menschen hinsichtlich seiner Stellung vor Gott *zwei* „Worten" konfrontiert sieht: dem *Gesetz* und dem *Evangelium*. Diese Annahme liegt vor allem deshalb nahe, weil im Gesamtkontext der paulinischen Soteriologie das „Wort von der Versöhnung" gar nicht bedacht werden kann, ohne dass auch das Gesetz in den Blick kommt. Die Versöhnungsaussagen von 2Kor 5,18–21 setzen ja doch voraus, was in dem Paralleltext Röm 5,1–11 ausdrücklich gesagt wird: dass die im Christusgeschehen beschlossene und im Evangelium erschlossene Versöhnung *dem* Menschen gilt, der vor dem heiligen Gott als ein ἀσεβής, ἁμαρτωλός und ἐχθρός dasteht (Röm 5,6.8.10). *Dass* der Mensch – jeder Mensch! – vor Gott so dasteht, das sagt nach Paulus das Gesetz, das ebenso wie das Evangelium ein von Gott selbst gegebenes, ein von ihm „aufgerichtetes" Wort ist[54]. Den fundamentalen Unterschied zwischen den beiden Worten sieht Paulus darin, dass Auftrag, Funktion und Wirkung hier und dort völlig verschieden sind. Das Gesetz ist das Wort, das die Feindschaft des Menschen gegen Gott aufdeckt, den Menschen als einen Gottlosen entlarvt und ihm das Todesurteil spricht. Das

---

Kapitel 1,1–7,1, 225, betont zu Recht, dass nach Paulus die Verkündigung zum Heilsgeschehen hinzugehört und Christus im Wort gegenwärtig ist. Das gilt allerdings ausschließlich unter der *Prämisse*, dass in der Verkündigung das Evangelium zur Sprache kommt (zum Gegenteil s. Gal 1,6–9; 2Kor 11,4). Und *wenn* es gilt, dann wird man gerade *nicht* mit Gräßer (ebd.) von einer „das Heil vermittelnde[n], vergegenwärtigende[n] oder realisierende[n] Predigt" sprechen können; denn das in Christus beschlossene Heil ist keine Sache, die „vermittelt" werden müsste, keine zunächst einmal abwesende Größe der Vergangenheit, die der „Vergegenwärtigung" bedürfte, und keine bloße Potentialität, die erst auf „Realisierung" angewiesen wäre. Nach 2Kor 5,14–21 sind die Menschen, für die Christus gestorben ist, von vornherein in das Geschehen seines Todes und seiner Auferstehung einbezogen, und im gepredigten Evangelium eignet er selbst ihnen das Heil zu, das er ihnen in jenem Geschehen bereits erworben und geschenkt hat.

[53] Mein Verständnis von 2Kor 2,14–4,6 habe ich dargelegt und begründet in: O. HOFIUS, Gesetz und Evangelium nach 2. Korinther 3, in: Paulusstudien, 75–120. An dieser Stelle sei jetzt nur bemerkt, dass ich in den Aussagen von 2Kor 3 keineswegs eine Polemik gegen die Tora und den Dienst des Mose erblicke.

[54] Siehe Gal 3,19f und dazu O. HOFIUS, Das Gesetz des Mose und das Gesetz Christi, in: Paulusstudien, 50–74: 61f. Dass der göttliche Ursprung des Gesetzes in Gal 3,19f keineswegs geleugnet wird, vertritt – allerdings mit anderer Argumentation – auch Ch. BURCHARD, Noch ein Versuch zu Galater 3,19 und 20, in: Studien zur Theologie, Sprache und Umwelt des Neuen Testaments, 184–202.

Evangelium ist das Wort, das die den Feinden gewährte Versöhnung kundgibt, dem Gottlosen die Gemeinschaft mit dem ihn rechtfertigenden Gott
eröffnet und ihm den Freispruch zum Leben bringt. Genau dieser Unterschied wird in 2Kor 3,7–11 benannt, wenn Paulus betont, dass im Gesetz
wie im Evangelium die göttliche δόξα präsent ist – dies jedoch dergestalt,
dass die δόξα sich im Gesetz als eine richtende und tötende, im Evangelium
als eine rettende und lebendigmachende erweist. Wie Paulus diese Sicht des
Gesetzes gewonnen hat und wie sie nach seiner Überzeugung allein gewonnen werden kann, daran lassen die Ausführungen von 2Kor 2,14–4,6 nicht
den geringsten Zweifel: Im Licht des Evangeliums und der durch es gewirkten Christuserkenntnis wird auch das Gesetz erkannt (3,12–18; 4,1–6).
Erkannt wird es allerdings keineswegs als ein durch das Evangelium ins
Unrecht gesetztes und falsifiziertes Wort, sondern als das heilige und gerechte Wort[55], das den Feind Gottes zu Recht unter das göttliche Verdammungsurteil stellt. Das bedeutet aber, dass gerade auch im Licht des Gesetzes sichtbar wird, dass die „Aufrichtung" des λόγος τῆς καταλλαγῆς – wie
die im Christusgeschehen vollzogene Versöhnung selbst – ganz und gar die
Tat der freien Gnade Gottes ist[56].

---

[55] Vgl. Röm 7,12.

[56] Siehe dazu 2Kor 6,1, wo Paulus im Rückblick auf 5,18–21 *expressis verbis* von der χάρις
τοῦ θεοῦ spricht.

Renate Kirchhoff

Röm 12,1–2 und der Qualitätsanspruch diakonischen Handelns[1]

Die Weisen des Umgangs mit biblischen Texten sind unüberschaubar vielfältig.[2] Schon innerhalb der Hochschulen reicht das Spektrum von einem
positivistischen Rückgriff auf Texte bis zum begründeten Verzicht darauf,
sich im Kontext theologischen Denkens überhaupt noch – anknüpfend oder
abgrenzend – auf sie zu beziehen.[3]

Innerexegetisch muss die Funktion der wissenschaftlichen Lektüre nicht
thematisiert werden. Wenn auch der Erweis einer Relevanz von Ergebnissen nicht mehr prinzipiell Skepsis bezüglich ihrer Wissenschaftlichkeit pro-
voziert, so gilt doch die Frage danach auch nicht zu den Merkmalen einer
wissenschaftlichen Exegese. Denn zum disziplinären Paradigma, das an-
gibt, wie Probleme aufgefasst und behandelt werden, gehören trotz der zu-
nehmenden Vielfalt an exegetischen Methoden hermeneutische Verfahren
nicht dazu. Als Bezugswissenschaften der Exegese werden vor allem die
Alte Geschichte, die Philologie, die Linguistik, die Kulturwissenschaften
und die Archäologie herangezogen. Jedes hermeneutische Verfahren, das
im Verbund mit Human- und Sozialwissenschaften arbeitet, gehört im
Kontext des disziplinären theologischen Paradigmas in die Praktische
Theologie oder in die Ethik. Die vorliegende Ausführung verbindet mit der
Ausgangsfrage nicht nur zwei theologische Fächer. Sondern der Kontext
der Ausführungen wirkt sich auf die Beschreibung und Behandlung des
Themas aus, so dass sie ein Kriterium der Transdisziplinarität erfüllen.[4]

---

[1] Dieser Aufsatz basiert auf einer Vorlesung, die ich im Rahmen eines Bewerbungsverfahrens
2004 an der Evangelischen Fachhochschule Freiburg gehalten habe.

[2] H. SCHWIER, Verschiedene Arten des Bibelgebrauchs, Glauben und Lernen 20 (2005) 19–31.

[3] R. KIRCHHOFF, Ethik in der Bibel – Bibel in der Ethik: Über die Verwendung biblischer
Texte im ethischen Kontext, ZNT 11 (2003) 25–32.

[4] Der Begriff der Transdisziplinarität wird in der Sozialarbeitswissenschaft uneinheitlich gebraucht. Ich folge W.R. WENDT, Transdisziplinarität und ihre Bedeutung für die Wissenschaft der
Sozialen Arbeit (2004) (http://www.deutsche-gesellschaft-fuer-sozialarbeit.de/mit65.shtml): Zu
den Merkmalen der Transdisziplinarität zählt im Unterschied zur Interdisziplinarität u.a., dass sie
das disziplinäre Paradigma verändert und sich auf außerwissenschaftliche, gesellschaftliche Pro-
blemverständnisse bezieht. – R. MERZ, Auf der Suche nach einer speziellen Professionalität für
Diakoninnen und Diakone in der kirchlich-sozialen Arbeit, in: V. Herrmann u.a. (Hg.), Diakonische Konturen, VDWI 18, Heidelberg 2003, 305–335, prägt den Begriff des „diakonischen Kon-

Zwar gilt die Theologie in einem theologischen Fachbereich einer Evangelischen Fachhochschule für Soziale Arbeit, Diakonie und Religionspädago-
gik auch in den neuen Studiengängen (Master, Bachelor) noch als Leitwis-
senschaft. Doch zielen Lehr- und Lernprozesse in allen Fachbereichen auf
eine Professionalität, in der nicht unterschiedliche fächerspezifische Kom-
petenzen nebeneinander bestehen, sondern integriert werden. Dieser Herausforderung stellt sich der vorliegende Aufsatz, indem er Aspekte der paulinischen Anthropologie nutzt, um Elemente des Qualitätsanspruchs diakonischen Handelns zu bestimmen.

Die Auswertung von Röm 12,1fgeht dabei davon aus, dass die Schrift
Weisungscharakter nicht im Sinne einer Eigenschaft „hat". Christoph Burchard schrieb von historisch bedingten „Gebrauchsformen, in welchen ‚das
Gesetz' (hebr. Tora) für Juden wie Heiden ... als Lebensweisung real exi-
stiert(e)".[5] Solche Gebrauchsformen gab es jüdisch-christlich nie als Vollständigkeit beanspruchende Kataloge, sondern eher so, dass sie die Grenzen
des Gültigen konturierten und Grundlegendes bzw. besonders Wichtiges
explizit benannten. Grenzen des Gültigen und Grundlegendes sind immer
Ergebnis der Analyse einer Situation, aus der sich nach Ansicht der Herme-
neutin bzw. des Hermeneuten eine begründete Handlungserfordernis ergibt.
In diesem Sinne sind die folgenden Ausführungen zu den Merkmalen diakonisch orientierter sozialer Arbeit zu verstehen als Element einer aktuellen
Gebrauchsform des Weisungscharakters der christlichen Schrift.

1 Der Kontext der Frage nach den Merkmalen diakonisch orientierter Sozialer Arbeit

Die Situation, in der nach den Merkmalen diakonisch orientierter sozialer
Arbeit gefragt wird, ist vor allem durch zwei Entwicklungen geprägt: Zum
einen durch die veränderten sozialstaatlichen Rahmenbedingungen: Die
Einnahmen im Sozialversicherungssystem sinken durch anhaltend hohe Ar-
beitslosigkeit, demographischen Wandel, steigende Kosten im Gesund-
heitswesen und steuerliche Entlastung von Wohlhabenden. Die Zunahme
persönlicher Risiken, die vor allem Arbeitslose, chronisch Kranke, Allein-
erziehende, Kinderreiche und alte Menschen treffen, federt staatliches Handeln immer schlechter ab. Diese Situation führt seit Beginn der 90er Jahre
zu einer Ökonomisierung des Sozialen.[6] Qualitätssicherungsmaßnahmen
des Gesetzgebers zielen zunehmend auf Kostenersparnis durch die Durch-

---

gruierens" (a.a.O. 309), um die erforderliche Kompetenz der im Titel genannten Berufsgruppe zu
bezeichnen.
    [5] Ch. BURCHARD, Der Jakobusbrief, HNT 15.1, Tübingen 2000, 89.
    [6] Vgl. das Positionspapier des DW der EKD: Zur Ökonomisierung des Sozialen, Stuttgart
1998. Zu diesem Prozess gehört die Reform der Sozialhilfe (1993), die Einführung der Pflegever-
sicherung (1995), die Diskussion um das 12. Hauptgutachten der Monopolkommission (1996/97),
sowie das Vierte Gesetz für moderne Dienstleistung am Arbeitsmarkt (Hartz IV) (2004).

setzung von Minimalstandards etwa in der Pflege.[7] In diesem Kontext ist die Rede von der Qualität Teil der Sprache des Marktes:[8] Das Produkt „soziale Leistung" bewertet er danach, in welchem Maße es möglichst kostengünstig an sogenannte Kunden gebracht wird.[9] Wenn diakonische Einrichtungen bestehen bleiben oder expandieren wollen, muss die Qualität speziell ihres Angebotes an sozialer Dienstleistung so ausfallen, dass sie ausreichend Nachfrage auf sich zieht. Es muss fachlichen Standards Sozialer Arbeit entsprechen, d.h. an Sachzielen und ethischen Prinzipien orientiert sein und durch ihren Begründungs- und Deutekontext als Diakonie von außen und von innen erkennbar sein.[10] Die Leitbild- und Qualitätsmanagementprozesse zeigen dabei, dass die Diakonie dafür kämpft, die Definitionsmacht über die Qualität ihres Handelns zu behalten.[11]

Die zweite Entwicklung, die die heutige Situation prägt, ist die Säkularisierung, die auch innerdiakonisch bedeutsam ist. Denn für die Diakonie ist es zumindest eine Anfrage, dass es Einrichtungen gibt, in denen nur ca. 19% der Mitarbeitenden ihr Handeln christlich motivieren.

2 Das paulinische Menschenbild (Röm 12,1f)

Warum die Frage speziell nach dem paulinischen Menschenbild? Die Konzeption des Menschenbildes ist Teil des Wertewissens, das zu den Modulen jeder handlungsorientierten sozialwissenschaftlichen Ausbildung gehört, und sie ist eine Anschlussstelle zwischen Theologie und Sozialer Arbeit.[12]

---

[7] S. ETTWIG, Subsidarität und Demokratisierung der Europäischen Union. Die Verbände der freien Wohlfahrtspflege als sozialpolitische Akteure vor den Herausforderungen einer europäischen Sozialpolitik, DDD 46, Frankfurt a. M. 2000, 65.

[8] G. FLÖSSER, Art. Qualität, in: H.-U. Otto/H. Thiersch, Handbuch Sozialarbeit, Sozialpädagogik, Kriftel u.a. [2]2001, 1462–1468: 1462.

[9] Zu den besonderen Bedingungen des Qualitätsmanagements im sozialen Bereich und der Differenzierung des Kundenbegriffs als Bezeichnung der Zielgruppen Sozialer Arbeit s. B. KRAUS, „Kunden"-Orientierung und „Produkt"-Beschreibung. Zu den Besonderheiten des Qualitätsbegriffs in der Sozialen Arbeit, Unsere Jugend 11 (2004) 471–477.

[10] Vgl. die Beschreibung der Situation der Diakonie am Markt von Eilert Herms: E. HERMS/J. GOHDE, Theologische Begründung – diakonische Leitung, in: M. Schibilsky/R. Zitt (Hg.), Theologie und Diakonie, Veröffentlichung der Wissenschaftlichen Gesellschaft für Theologie 25, Gütersloh 2004, 288–310:299. KRAUS, „Kunden"-Orientierung, 475, nennt als Grenze, die die Sozialen Arbeit gegenüber einem profitorientierten wirtschaftlichen Denken zieht, die Sachzielorientierung und die Orientierung an ethischen Prinzipien.

[11] 1994 hat die Diakonische Konferenz die Durchführung eines Leitbildprozesses beschlossen, und 1997 wurde das Leitbild Diakonie verabschiedet, s. dazu K.D. PFISTERER, Auf dem Weg zu einem Leitbild Diakonie, Diakonie.K 10 (96) 34f.

[12] Anders M. LECHNER, Theologie in der sozialen Arbeit. Begründung und Konzeption einer Theologie an Fachhochschulen für Soziale Arbeit, Benediktbeurer Studien 8, München 2000, 168. – Zu den konzeptionellen Überlegungen zur (diakonischen) Sozialen Arbeit s. R. MERZ, Ach wie gut, dass niemand weiß, dass ... Diakonische Profile in der Lebens- und Berufsgeschichte, in: Diakonische Dokumentation. Diakonische Profile in der Sozialen Arbeit, Stuttgart 2001, H. 1, 39–

Paulus leistet in diesen zwei Versen des Römerbriefes eine Grundlegung dessen, was wir heute soziales Verhalten nennen. 12,3–15,13 konkretisieren, wie die paulinischen Adressatinnen und Adressaten sich einander gegenüber und gegenüber Außenstehenden so verhalten können, dass es ihrem christlichen Status entspricht. Paulus argumentiert damit, wer die Handelnden sind, um daraus Konsequenzen für ihr gemeinschaftliches Handeln zu ziehen.[13] Die Übersetzung ermöglicht es auch den griechisch „Rückgeschrittenen", die exegetischen Splitter zu verstehen.

(1) *Ich fordere euch nun auf, Schwestern und Brüder, durch die Kraft der Barmherzigkeit Gottes: gebt eure Leiber als ein Opfer hin,[14] das lebendig, heilig und Gott wohlgefällig ist.*
Das ist euer Gottesdienst, der Gott entspricht.[15] (2) *Und passt[16] euch nicht dieser Welt an, sondern verändert eure Grundorientierung,[17] so dass ihr prüfen und entscheiden könnt, welches der Wille Gottes ist, nämlich das Gute, Wohlgefällige und Vollkommene.*

51, und D. GEBHARD, Menschenfreundliche Diakonie. Exemplarische Auseinandersetzung um ein theologisches Menschenverständnis und um Leitbilder, Neukirchen-Vluyn [2]2002, 226–237.

[13] Das ist die Grundintention einer postkonversionalen Mahnrede.

[14] Es handelt sich – wie beim Kultus – um eine gemeinschaftliche Handlung, denn die Angesprochenen sollen ihre Leiber (Plural) als ein Opfer (Singular) hingeben.

[15] Die Leiber sind die Bildempfänger, λογικὴ λατρεία/gottgefälliger Gottesdienst der Bildspender, nicht umgekehrt! Es gibt grundsätzlich vier Interpretationen von „λογικός": 1.) „vernünftig"; 2.) „geistlich"; 3.) „sprechend"; 4.) „wahr". Zur Kritik an den ersten beiden s. A. REICHERT, Gottes universaler Heilswille und der kommunikative Gottesdienst. Exegetische Anmerkungen zu Röm 12,1–2, in: M. Trowitzsch (Hg.), Paulus, Apostel Jesu Christi (FS G. Klein), Tübingen 1998, 79–95: 89. Ihr Modell „sprechend", a.a.O. 90, ist methodisch transparent präsentiert. Allerdings ist die Voraussetzung für diese Interpretation, dass Paulus hier die Außenwirkung des Gottesdienstes betone, falsch. Hier wie in Röm 6 interpretiert er das Lebensführung mit kultischen Kategorien, um sie als Konsequenz des neuen Status zu qualifizieren. Das ist ein Unterschied zu Röm 15,16. Ich folge der Interpretation von λογικός im Sinne von „wahr, eigentlich": dieses Wort dient zur Abgrenzung vom bisherigen Verhalten und bezieht sich damit zurück auf die protreptische Redeweise in Röm 6. „Wahr" steht dann für „Gott entsprechend" und ist ein passender Kommentar zu 12,1a.b. So mit W. STRACK, Kultische Terminologie in ekklesiologischen Kontexten in den Briefen des Paulus, BBB 92, Weinheim 1994, 294–299. – Kultkritik, wie sie z.B. E. KÄSEMANN, An die Römer, HNT 8.a, Tübingen [3]1974, 314, findet, intendiert Paulus nicht.

[16] Συσχηματίζομαι τῷ αἰῶνι τούτῳ/sich gleich gestalten mit dieser Welt steht im Gegensatz zu μεταμορφόομαι τῇ ἀνακαινώσει τοῦ νοός/die Grundorientierung verändern, so dass der Wille Gottes erkannt werden kann. Ἀνακαίνωσις/Erneuerung verweist zurück auf Röm 6,4: Paulus versteht die angemahnte fortdauernde Veränderung als Folge der Taufe. So mit F.-J. ORTKEMPER, Leben aus dem Glauben. Christliche Grundhaltungen nach Röm 12–13, NTA N.F. 14, Münster 1980, 37.

[17] Der νοῦς ist mit „Verstand" oder „Vernunft" missverständlich wiedergegeben. Er ist derjenige Ort und das Organ, das Menschen nutzen, um abzuwägen und Entscheidungen für ihr Verhalten zu treffen. An diesem Prozess sind eine Reihe menschlicher Fähigkeiten beteiligt (Gefühle, Selektion von Wahrgenommenem, Bewertung und Gewichtung). Die kantische Vernunft mag einen umfassenderen Prozess ansprechen, der aber nur für eine Minderheit der Leserinnen und Leser präsent sein dürfte. „Grundorientierung" ist daher treffender.

2.1 Menschen sind aufeinander und auf Gott bezogen

Exegetisch verstand man das, was Paulus mit Leib meinte, als „die Person als ganze"[18] oder als den in Verbindung mit Gott und der Welt stehenden Menschen.[19] An diese letztgenannte Interpretation ist präzisierend anzuknüpfen: Mit Leib bezeichnet Paulus den Menschen, den Gott geschaffen hat. Geschaffen sind die Menschen als solche, die aufeinander und auf Gott bezogen sind. Paulus denkt dabei nicht allein daran, dass Menschen grundsätzlich Beziehungen unterhalten können oder immer schon in Beziehungen leben.[20] Nach Paulus sind menschliche Verhaltensmöglichkeiten mit einer Bestimmung versehen. So wie Augen dazu da sind, um zu sehen, so ist der ganze Mensch dazu da, seine Bezogenheit auf seine Mitmenschen und auf Gott dem Willen Gottes entsprechend zu gestalten. Gott hat also mitgesetzt, zu wem sich Menschen in welcher Weise verhalten können und sollen. Wie das aussieht, sagt Paulus anschließend. Wer also sein Handeln am Willen Gottes orientiert, tut nur, wozu sie oder er sowieso geschaffen ist. Ein Status mit Rechten und Privilegien[21] impliziert eine Pflicht, auf die Paulus sich mahnend berufen kann. Seine Grundlegung 12,1f rechnet damit, dass Lesende stolz der Beschreibung ihres Status zustimmen und also auch motiviert sind, den angemahnten Anforderungen Folge zu leisten. So wirbt Paulus für das gewünschte Verhalten: Selbstverständlich verstehen sich die Christinnen und Christen als solche, die auf Gott und aufeinander bezogen sind. Selbstverständlich hat das neben einer Privilegienseite (sie stehen in einer für sie heilvollen Beziehung) auch eine Pflichtseite (sie müssen die Beziehung unterhalten). Wer darauf angesprochen wird, was er oder sie

---

[18] R. BULTMANN, Theologie des Neuen Testaments, Tübingen [9]1984, 196. Bultmann interpretierte den Personbegriff im Sinne der heideggerschen Existenzphilosophie als Menschen, insofern er „sich selbst zum Objekt seines Tuns machen kann oder sich selbst als Subjekt eines Geschehens, eines Erleidens erfährt", ebd.

[19] E. KÄSEMANN, Leib und Leib Christi. Eine Untersuchung zur paulinischen Begrifflichkeit, BThH 9, Tübingen 1933, 134f. – Zur exegetischen Auslegungsgeschichte und der hier präsentierten Interpretation von σῶμα bei Paulus s. R. KIRCHHOFF, Die Sünde gegen den eigenen Leib. Studien zu πόρνη und πορνεία und dem sozio-kulturellen Kontext der paulinischen Adressaten, StUNT 18, Göttingen 1994, 130–145.

[20] Relationale Verfasstheit des Menschen spielt in der Philosophie und Theologie des 20. Jh.s eine große Rolle, s. dazu W. HÄRLE, Art. Mensch VII. Dogmatisch und Ethisch, RGG[4] 5 (2002) 1066–1072: 1068f. Härle spricht vom „Bezogensein", das allem Wählen vorausliegt und dieses erst ermöglicht. Pädagogische Menschenbilder, gehen z.B. von sechs Dimensionen des Menschseins aus (biologisch-leibliche, emotional-affektive, kognitiv-rationale, psycho-motorische, sozial-kommunikative und kulturell-ethische Dimension), s. J. SCHILLING, Anthropologie. Menschenbilder in der Sozialen Arbeit, Neuwied 2000, 249. Der paulinische Leibbegriff läuft quer durch diese Dimensionen, wenn er als Verpflichtungsbegriff gebraucht ist.

[21] Status ist hier als soziologischer Begriff gebraucht, der die Position in der Schichtungshierarchie eines sozialen Systems hinsichtlich eines Schichtungskriteriums bezeichnet und denjenigen, die ihn einnehmen, bestimmte Rechte und Privilegien einräumt aber auch Pflichten abverlangt, s. K.-H. HILLMANN, Wörterbuch der Soziologie, Stuttgart 1994, 839f.

Wertvolles ist und tut, ist auch gerne bereit, dieses weiter zu sein und zu tun.

2.2 Hilfehandeln gegenüber Menschen ist zugleich Bitte, Dank und Anerkennung, die sich an Gott richtet

Opfertheologisches Denken ist vielen Menschen heute fremd, und die Rede vom Opfer hat auch eine Missbrauchsgeschichte.[22] Das ist um 56n.Chr., als Paulus den Römerbrief schrieb, nicht so. Das Opfer ist eine in dieser Zeit übliche Weise, Gott als Gott anzuerkennen, Gott zu danken oder um etwas zu bitten. Deshalb wird beides auf den Altar gelegt. In unserem Text kommt es darauf an, dass die Opfergabe für die Kommunikation der Menschen steht, mit der sie sich speziell an Gott wenden.[23] Im Unterschied etwa zur Gastfreundlichkeit (13,3), zur Solidarität mit denen, die ein geringes Ansehen haben (12,15f), oder zum Verzicht auf Rache (12,19). Das sind Verhaltensweisen Menschen gegenüber, die Paulus im Folgenden aufzählt. Wenn nun Paulus auffordert, den Leib als Opfer zu geben, qualifiziert er das Verhalten anderer Menschen gegenüber als eines, das sich an Gott richtet.[24]

2.3 Handeln wurzelt in der Verfasstheit der Menschen

Nun ist der Gedanke, dass Hilfehandeln gegenüber Menschen sich immer auch an Gott richtet, diakoniewissenschaftlich nicht neu. Er wird jedoch üblicherweise mit dem Gleichnis vom Weltgericht in Mt 25,31–46 begründet: Der Menschensohn wird am Ende richten. Freigesprochen wird, wer die Bedürfnisse befriedigt, die heute oft als Grundbedürfnisse zusammengefasst werden. Ein entscheidender Unterschied zum paulinischen Gedankengang besteht darin, dass Paulus an *dieser Stelle* das geforderte ethische Handeln nicht mit der Analyse der Zielgruppe und ihrer Bedürftigkeit begründet. Er beschreibt vielmehr die *Handelnden* und leitet ihr Handeln da-

---

[22] Die Rede vom Opfer insbesondere von sexueller Gewalt war darauf gerichtet, die Gewalt als solche sichtbar zu machen und die Täter zu benennen. Das ist eine noch immer sinnvolle Weise von „Opfer" im Sinne von victim zu sprechen. Der Missbrauch setzt ein, wenn der Opferbegriff dazu führt, dass die erlittene Gewalt individualisiert und die Selbstgestaltungskräfte der betroffenen Person ignoriert werden. Zur theologischen Diskussion s. B. JANOWSKI/M. WELKER (Hg.), Opfer. Theologische und kulturelle Kontexte, Frankfurt a. M. 2000.

[23] Die Qualifikation als „lebendige und heilige" Opfer fügt sich in den Bildspender ein und hat hier die Funktion, mit dem Verweis auf Röm 6,13f.19 die Beschreibung des christlichen Status aufzurufen.

[24] Das ist keine paulinische Erfindung, sondern jüdische Vorstellung der Zeit. So wie Gebete sich an Gott richten, Gott bitten und danken, so auch die Taten der Barmherzigkeit: P. SEIDENSTICKER, Lebendiges Opfer (Röm 12,2). Ein Beitrag zur Theologie des Apostels Paulus, NTA 20 1.3, Münster 1954, 97–120. – Die Arbeit ist zwar durchsetzt von antijudaistischer Begrifflichkeit, doch die Belege sind übersichtlich zusammengestellt.

von ab, wer sie sind. Die Verfasstheit der Menschen ist es, die er für die Grundlegung sozialen Verhaltens nutzt.[25] Weil sie so sind, wie Gott sie geschaffen hat, können und sollen sie – modern formuliert – solidarisch sein mit den Geringen[26] (12,16), Notleidenden geben, was sie zum Leben brauchen – ungeachtet der religiös-moralischen Bewertung des betreffenden Menschen (12,20), gemeinschaftsbezogene Funktionen zu ihrem Nutzen einzusetzen (12,3–5).

2.4 Distanz zur Welt ist die Voraussetzung dafür, den Willen Gottes zu identifizieren.

Die Lebenssituationen der Menschen sind vielfältig und verändern sich zudem fortwährend. Deshalb ist der Wille Gottes keine statische Größe. Es ist Sache der Interpretation der Situation einerseits und der Schrift andererseits, den Willen Gottes zu identifizieren. Es gibt jedoch eine notwendige Voraussetzung dafür, dass Menschen den Willen Gottes identifizieren können: sie müssen Distanz zur Welt halten, und fortwährend dafür sorgen, dass sie ihrem Anpassungssog standhalten.

„Diese Weltzeit" ist bei Paulus eine offensive Größe, die dem Willen Gottes zuwiderläuft.[27] Für diese Welt und die Menschen, die sich an ihr orientieren, ist kennzeichnend, dass sie unfähig sind, sich für das Gute zu entscheiden. Das Musterbeispiel für die gefährliche Inkompetenz der Welt ist bei Paulus die Kreuzigung Jesu (1Kor 1,18–25): die das Sagen hatten, waren aufgrund ihrer Wahrnehmungs- und Wertestruktur unfähig, Jesus als Sohn Gottes zu erkennen. Deshalb haben sie ihn abgewertet und getötet. Nun haben die Getauften auch bei Paulus keine Garantie dafür, auf der richtigen Seite zu sein und zu bleiben. Sie müssen vielmehr Sorge tragen, dem Anpassungssog, der von der Weltzeit ausgeht, nicht zu erliegen. Was dabei herauskommt, wenn man den Willen Gottes erkennt und tut, beschreibt Paulus übrigens in einer Sprache, die jüdisch und heidnisch Sozialisierte verstehen: „Das Gute, Wohlgefällige und Vollkommene". Denn damit christlich motiviertes Handeln überzeugt, muss es verständlich gedeutet werden. Außerdem geht Paulus davon aus, dass auch heidnische Menschen tun, was Gott will[28], so dass an der Tat selbst die Überzeugung der Handelnden nicht ablesbar ist.

---

[25] In Mt 25,31–46 ist die Mindestanforderung, menschliche Grundbedürfnisse zu befriedigen, das Kriterium für die Entscheidung über Verurteilung oder Rettung.

[26] Mit KÄSEMANN, Römer, 334.

[27] Zur Auslegungsgeschichte von ὁ αἰὼν οὗτος ORTKEMPER, Leben, 34–37.

[28] Röm 1,18–20; s. KÄSEMANN, Römer, 318. In Röm 13,7–11 geht Paulus davon aus, dass das jüdisch verstandene „einander lieben" sich überschneidet mit dem, was das römische Recht in Stadt und Imperium fordert, s. Ch. BURCHARD, Die Summe der Gebote (Röm 13,7–10), das ganze Gesetz (Gal 5,13–15) und das Christusgesetz (Gal 6,2; Röm 15,1–6; 1Kor 9,21), in: ders., Studien zur Theologie, Sprache und Umwelt des Neuen Testaments, hg. v. D. Sänger, WUNT 107, Tübingen 1998, 164f.

3 Konsequenzen für den Qualitätsanspruch diakonischen Handelns

Die paulinische Argumentationsweise dient im Folgenden zur Bestimmung von Qualitätsmerkmalen diakonischen Handelns.

3.1 Hilfehandeln ist Teil menschlicher Kommunikation – Selbstreflexion als Qualitätsmerkmal

Die Reflexion der Rolle des Sozialarbeiters und der Sozialarbeiterin gehört zur Professionalität sozialer Arbeit. Die Konzeption der Rolle hat sich im Laufe der Jahre verändert von dem „professionellen Altruisten" über den „Sozialingenieur" und ist auf dem Weg zum „Anwalt bzw. zur Anwältin der Ambivalenz".[29] Ein Leitgedanke bei dieser Entwicklung war, die Hierarchie in der sozialen Beziehung zu begrenzen und soweit wie möglich abzuarbeiten. Denn sie überschätzt und überfordert die sozial handelnde Person, bremst Eigeninitiative des Gegenübers, lässt seine Ressourcen ungenutzt und verhindert Integration und Teilhabe eher, als dass sie diese befördert.

Nach Paulus ist Hilfehandeln Teil zwischenmenschlicher Kommunikation, die zum Menschsein dazugehört. Das ist *deskriptiv* und *normativ* zu verstehen. Denn zum einen impliziert es ganz realistisch und konkret, dass prinzipiell alle Menschen, vorübergehend oder dauerhaft, helfendes und begleitendes Handeln entgegennehmen. Denn zum Menschsein gehört die eigene Endlichkeit und damit die Erfahrung der eigenen Grenzen ganz grundlegend und unausweichlich hinzu. Selbstkritische Reflexion der eigenen Rolle in der helfenden Beziehung, die darauf verzichten kann, Bedürftigkeit als etwas Fremdes zu konstruieren, ist deshalb ein Qualitätsmerkmal diakonischer sozialer Arbeit. Und das ist normativ zu verstehen: es ist die Aufgabe diakonischen Handelns, Menschen am gesellschaftlichen Kommunikationsprozess zu beteiligen und Stigmatisierung und Desintegration abzubauen.

Ein Ort dieser Reflexion ist die theoretische Auseinandersetzung mit Menschenbildern. Mindestens ebenso wichtig ist der Selbsterfahrungsanteil in der Aus- und Weiterbildung sowie die berufsbegleitende Supervision, die die Fähigkeit zur Selbstreflexion und zur Kommunikation von Werten för-

---

[29] B. DEWE u.a. (Hg.), Professionelles soziales Handeln. Soziale Arbeit im Spannungsfeld zwischen Theorie und Praxis, Frankfurt a. M. 1995, 41. Für den professionellen Altruisten ist der Vorrang sozialsittlichen Engagements und der Integrität vor der systematisch-wissenschaftlichen Kompetenz sowie die Tendenz zur Ausblendung strukturell-politischer Faktoren typisch (a.a.O. 41); für die Sozialingenieurin sind Rationalität und Verwissenschaftlichung typisch, die sich z.B. im Problemlösungswissen im Sinne klar umrissener Behandlungstechniken und Methoden realisiert (a.a.O. 46f). Die Rolle der Anwältin der Ambivalenz verbindet die neutrale Haltung gegenüber der Subjektivität der Lebenswelt des Klienten mit der Aufgabe, zu kontrollieren, wenn wertende gesellschaftliche Übereinkünfte tangiert werden, s. B. KRAUS, Neutralität als professionelle methodische Haltung in der Sozialen Arbeit, Unsere Jugend 4 (2005) 146–155.

dert. Diese Supervision schließt explizit christliche Angebote, Krisen zu deuten, ein.

3.2 Hilfehandeln als Teil menschlicher Kommunikation – Die Verbindung von haupt- und ehrenamtlichem Handeln als Qualitätsmerkmal

Hilfehandeln ist Element des Beziehungshandelns einzelner Personen wie der Gemeinschaft als ganzer. Deshalb gehört es zum Selbstverständnis der Kirche dazu, dass sie an den Orten, an denen sie gemeinschaftlich handelt, auch den konkreten sozialen und politischen Kontext mitgestaltet. Die Diakonie als Wesensäußerung der Kirche sorgt für Qualität ihres Handelns, indem sie diakonischen Gemeindeaufbau und diakonische Gemeinwesenarbeit leistet.[30] Es gibt bereits eine relativ hohe ehrenamtliche Beteiligung: die Anzahl der ehrenamtlich Engagierten ist etwa so groß wie die der 460 000 Mitarbeitenden in der Diakonie.[31] Es sind jedoch nur 8% der Einrichtungen mit ehrenamtlicher Arbeit vernetzt.[32] Diese Zurückhaltung hat Gründe: Vernetzung ist ein nachhaltiger und komplizierter Prozess, in dem das Verhältnis zwischen professionell und nichtprofessionell, zwischen bezahlt und unbezahlt arbeitenden Menschen fortwährend bestimmt werden muss, damit die Synergieeffekte vernetzten Arbeitens[33] wirksam werden können. Zudem gilt es, vernetzte und standortnahe soziale Arbeit auszubauen, ohne den Staat von seiner Verpflichtung zur Gestaltung des Sozialen zu entlasten.[34]

Das ist jetzt, in Zeiten der Diskussion um die sogenannten 1,50-Euro-Jobs, eine besonders dringende Herausforderung an die Diakonie. Hier muss gelten, was auch sonst gilt: Menschen werden entsprechend ihren Wünschen und Möglichkeiten eingesetzt; sie werden eingearbeitet und begleitet. Die diakonischen Einrichtungen, die Arbeitssuchende vorübergehend beschäftigen, nähren die Illusion einer Qualifikation für den ersten Arbeitsmarkt nicht,[35] und sie tragen Sorge für die Qualität sozialer Arbeit.

---

[30] A. GÖTZELMANN, Evangelische Sozialpastoral. Zur diakonischen Qualifizierung christlicher Glaubenspraxis, PTHe 61, Stuttgart 2003.

[31] Die hauptamtlich und ehrenamtlich in der Diakonie Tätigen sind dabei zu ¾ Frauen, s. MERZ, Profile, 214.

[32] Die Zahlen habe ich entnommen H.-S. HAAS, Diakonie Profil. Zwischen Tradition und Innovation, LLG 15, Gütersloh 2004, 237.

[33] Zu den Chancen dieser Form vernetzten Arbeitens der sozialen Arbeit s. E. STEINBACHER, Bürgerschaftliches Engagement in Wohlfahrtsverbänden. Professionelle und organisationale Herausforderungen in der Sozialen Arbeit, Wiesbaden 2004.

[34] Zur Kritik an der Funktionalisierung der Bürgergesellschaft durch den Staat s. HAAS, Diakonie, 208–211.

[35] Die anderen Bedingungen, wie z.B. die Forderung, dass Arbeitsgelegenheiten keine Arbeitsplätze verdrängen dürfen, müssen ebenfalls erfüllt werden. Wie wenig die gesetzliche Regelung geeignet ist, Missbrauch zu verhindern, zeigt z.B. die Forderung z.B. des Landkreises Uckermark an eine Kommune, den Ein-Euro-Jobs Vorrang vor anderen Tätigkeiten im sozialen Bereich einzuräumen, s. FR vom 22.10.04, 4.

Deshalb wird sich die Anzahl der Arbeitsgelegenheiten, die eine Einrichtung zur Verfügung stellt, an ihren Betreuungskapazitäten orientieren, nicht am Bedarf an Arbeitskräften.[36]

3.3 Menschen stehen zueinander und zu Gott in Beziehung – Wertschätzung geleisteter Arbeit und religiöse Sprachfähigkeit als Qualitätsmerkmale

Nach Paulus sind alle Menschen so geschaffen, dass sie in Beziehung zu Gott, dem Gott Jesu Christi, stehen.[37] Paulus' Ziel war es, seinen christlichen Adressaten und Adressatinnen zu sagen, wer sie – christlich verstanden – sind. Nun sind die Mitarbeitenden in diakonischen Einrichtungen nur teilweise christlich verwurzelt und begründen dementsprechend ihre Arbeit auch nur teilweise explizit anhand christlicher Werte.[38] Wenn die Diakonie ihrerseits diakonisches Handeln christlich begründet,[39] bedeutet das zweierlei:

1.) Soziale Arbeit, die Mitarbeitende ohne christliche Werteorientierung leisten, ist nach dem Selbstverständnis der Diakonie Wesensäußerung von Kirche. Das ist möglich, weil eine soziale Handlung nicht dadurch wertvoll wird, dass sie durch ein christlich deutendes Wort begleitet wird, sondern dadurch, dass sie angemessen auf den Hilfebedarf eines Menschen reagiert.[40] Das kann eine christliche Deutung der Krisensituation einschließen, muss es aber keineswegs. Die prinzipielle Gleichrangigkeit von Wort und Tat, die die Diakonie in ihrem Selbstverständnis als Wesensäußerung der Kirche artikuliert, liegt durchaus auf paulinischer Linie. Wenn Paulus davon ausgeht, dass es zur schöpfungsmäßigen Verfasstheit von Menschen gehört, auf Hilfebedarf anderer zu reagieren, liegt darin zudem eine der Diakonie ähnliche Wertschätzung von Hilfehandeln. Aus der Perspektive der sozial Handelnden ist diese Deutung jedoch so lange eine Entfremdung der eigenen Arbeitsleistung, wie der christliche Deutekontext prinzipiell

---

[36] Jede Bereitstellung von Arbeitsgelegenheiten, die über die Qualifizierungsmöglichkeiten hinausgehen, schafft Beschäftigung zu Dumpingpreisen, die bestehende Arbeitsplätze bedroht, und kann der Einstieg in untertarifliche Entlohnung sein. Zum Problem s. Pressegespräch mit Wolfgang Gern: www.diakonie-hessen.de/Aktuell/0431.html.

[37] Für uns ist das in Zeiten des interreligiösen und interkulturellen Dialogs ein problematischer Satz. Paulus verwendet ihn hier jedoch nicht, um die Überlegenheit des Christentums zu behaupten – wenn er auch freilich von der Überlegenheit seines jüdisch-theologischen Programms überzeugt war –, sondern um die Adressaten und Adressatinnen auf ihre Fähigkeiten anzusprechen.

[38] Von der sog. Säkularisierung sind die Mitarbeiterinnen und Mitarbeiter diakonischer Einrichtungen zudem als Repräsentanten und Repräsentantinnen von Kirche doppelt betroffen.

[39] Kirchenamt der EKD (Hg.), Herz und Mund und Tat und Leben. Grundlagen, Aufgaben und Zukunftsperspektiven der Diakonie. Eine evangelische Denkschrift i. A. des Rates der Evangelischen Kirche in Deutschland, Gütersloh ²1998, 76–80.

[40] Die ethischen Prinzipien Sozialer Arbeit orientieren sich an der Durchsetzung von Menschenrechten sozialer Gerechtigkeit und an dem Grundprinzip der Menschenwürde, die 1994 von der International Federation of Social Workers (IFSW) verabschiedet und 1997 vom Deutschen Berufsverband für Soziale Arbeit e.V. (DBSH) übernommen wurde.

abgelehnt wird. Darin liegt eine Anforderung an die Diakonie als Arbeitge-
berin, für eine christliche Deutung des Hilfehandelns zu werben. Solches
Werben sieht je nach dem Handlungsfeld, in dem die Mitarbeitenden tätig
sind, unterschiedlich aus. Es gibt Einrichtungen, die ihren Mitarbeiterinnen
und Mitarbeitern eine Weiterbildung anbieten, die Grundwissen über die
christliche Religion vermitteln und in kultische Praxis einführen. Das ist ein
Weg zur Aus- und Weiterbildung religiöser und sprachlicher Kompetenz.
Dazu gehört die Fähigkeit, die Fragen nach Sinn und Ziel des Lebens, die
grundsätzlich mit jeder Lebenskrise verbunden sind, in ihren Besonderheiten zu verstehen und Artikulationshilfe leisten zu können.
2.) Eine weitere Maßnahme bei den Leitungsebenen an: es gilt die in den
Einrichtungen faktisch geleistete Arbeit wahrzunehmen und zu evaluieren,
und es gilt auch, sie wertzuschätzen unter der Frage, welche christlichen
Werte sie aus der Perspektive der Leitung operationalisieren.[41] Ein beteili-
gender Leitbildprozess[42] ist ein Symptom einer solchen guten Personalfüh-
rung. Dabei ist theologisch deutlich, dass es die schwerpunktmäßig deu-
tende Dimension der Kirche (Verkündigung) faktisch und programmatisch
nicht gibt ohne die sozial-gestalterische Dimension (Diakonie) kirchlichen
Seins und Wirkens. Unter den Bedingungen der sogenannten Säkularisierung ist Wertschätzung fachlich guter Arbeit ein Weg zur Erkennbarkeit
nicht nur von außen, sondern eben auch von innen.

3.4 Sich der Welt nicht anpassen – Distanz zu den dominierenden Plausibilitätsstrukturen als Qualitätsmerkmal

Institutionalisierte Soziale Arbeit reagierte von Anfang an auf Hilfebedarf,
der mindestens teilweise durch Strukturmängel der Welt und ihrer Gesetz-
mäßigkeiten entstanden sind. Bis heute zielt sie darauf, nicht nur Einzelfall-
hilfe zu leisten, sondern auch Strukturmängel zu beseitigen. Jedoch gibt es
weder für Paulus noch für uns heute das gute Innen der Kirche oder der
Diakonie und das böse Außen der politischen Organisation. Die Diakonie
ist historisch und organisatorisch verknüpft mit den Strukturen des Sozial-
staates. Sie übernimmt die Erfüllung sozialstaatlicher Verpflichtungen, und
das tut sie sogar in Zeiten, in denen die Definitionsmacht darüber, was die
Qualität ihrer Arbeit ausmacht, bedroht ist. Paulus warnt vor der verein-
nahmenden Dynamik „dieser Weltzeit", die stumpf macht für die schwie-
rige Aufgabe, die Situation zu analysieren und den Willen Gottes zu ermit-

---

[41] J. GOHDE, Gemeinsam auf dem Weg zur Qualität. Diakonische Konferenz 17.–19. Oktober
2001 in Cottbus, Diakonie Korrespondenz 09.2000, hg. v. Diakonisches Werk der EKD, 8. Das
Beispiel, in dem er die Reaktion der Mitarbeitenden beschreibt, ist seine Würdigung und Deutung
der ergebnisoffenen Begleitung, die die Schwangerschaftskonfliktberatung leistet, a.a.O. 21f. Zum
Thema insgesamt s. A. FELTEN/B. PETRY, Gut geführt. Personalentwicklung und Personalförde-
rung in der Kirche, Hannover 2002.
[42] Zu den grundlegenden Prinzipien eines Leitbildprozesses s. W. REINERS-KRÖNCKE/M.
STÜBINGER, Der Einstieg in soziale Organisationen, Reihe Soziale Arbeit, Mainz u.a. 2000, 31–33.

teln.[43] Solche Dynamik geht heute vor allem von Plausibilitäten aus, die üblicherweise nicht mehr hinterfragt werden, die aber zum Verlust von Qualität führen. Jede weitergehende Konkretion führt zur aktuellen Positionierung. Meines Erachtens ist die pauschale Rede von den knappen Staatskassen[44] ebenso dazuzurechnen wie die Verbreitung der Vorstellung, dass Qualifizierung durch „Fördern und Fordern"[45] für den ersten Arbeitsmarkt prädestiniere. Distanz beweist die Diakonie, wenn sie bei ihren Qualitätsansprüchen bleibt und von ihnen ausgehend mit Partnerinnen und Partnern auf der Ebene gemeinsamer Sachziele große und gesamtgesellschaftlich relevante Ziele anvisiert.

---

[43] Imperativ Präsens der beiden Verben in V.2 ist durativ zu verstehen.

[44] „Bevor eine Gesellschaft wirklich an Kapazitätsgrenzen stößt, sind knappe Ressourcen zunächst Prioritätensetzung", HERMS/GOHDE, Theologische Begründung – diakonische Leitung, 305.

[45] So lautet die Zielsetzung des Vierten Gesetzes für moderne Dienstleistung am Arbeitsmarkt (Hartz IV).

Matthias Klinghardt

„Gesetz" bei Markion und Lukas

In dem minutiösen und sehr hilfreichen Gutachten, das Christoph Burchard
zu meiner Dissertation über das lk Verständnis des Gesetzes erstellte, findet
sich die Bewertung, „daß K. manchmal Probleme löst, die es ohne ihn gar
nicht gäbe."[1] Diese Bemerkung bezieht sich kritisch (wenn auch freundlich
abgemildert: „aber er tut es jedenfalls glänzend") auf diverse Aberrationen
und Phantastereien. Ich habe diese Kritik allerdings immer positiv verstanden. Denn neben der Lösung bekannter Probleme gehört das Aufspüren von
Fragestellungen, die es zuvor „nicht gab", zu den wesentlichen Funktionen
von Wissenschaft.

Ein Problem aus dem größeren Themenkreis „Gesetz bei Lukas" hatte
ich seinerzeit allerdings nicht zu lösen versucht, obwohl es im ursprünglichen Arbeitsplan enthalten war, nämlich die Frage nach dem Verhältnis
zwischen Lukas und Markion. Angesichts der Breite, die das Generalthema
„Gesetz" in Lk-Apg einnimmt, und mit Blick auf seine Bedeutung für die
soziale und religiöse Selbstdefinition des Christentums gegenüber Juden
und Heiden schien mir die Frage wichtig, warum Markion, dem Tertullian
als Haupt- und Oberhäresie die *separatio legis et evangelii* vorwarf,[2] für
seine Bibelausgabe gerade dieses Lk-Evangelium gewählt haben sollte:
Konnte das anders gehen, als durch umfangreiche Korrekturen am Lk-Text?
Nun hat diese Fragestellung ihren Platz eher in der Markion- als in der Lk-
Forschung, und da ihre Bearbeitung außerdem den ihr ursprünglich zuge-
dachten Raum bei weitem überstiegen hätte, fiel sie gleich der ersten Korrektur des Arbeitsplans zum Opfer.

Die Berechtigung der Frage ist allerdings nicht von der Hand zu weisen.
Wenn ich sie jetzt – allerdings aus anderer Perspektive – als Gratulations-
und Dankesgabe für Christoph Burchard angehe (und damit die Thesen
meiner Dissertation einer Revision unterziehe), könnte ich den Anschein
erwecken, erneut Probleme lösen zu wollen, „die es ohne mich nicht gäbe".

---

[1] Gutachten vom 11.10.1986 zu M. KLINGHARDT, Gesetz und Volk Gottes. Das lukanische
Verständnis des Gesetzes nach Herkunft, Funktion und seinem Ort in der Geschichte des Urchristentums, WUNT 2.32, Tübingen 1988.

[2] Tertullian, Marc I 19,4: *separatio legis et evangelii proprium et principale opus est
Marcionis.* Sofern nicht anders angegeben, stammen alle Zitate von Tertullian aus Tertullian, Marc
IV.

In diesem Fall aber kann ich guten Gewissens auf eine Reihe älterer Vorgänger aus dem 18. und 19. Jh. verweisen, die das Problem ähnlich gesehen
haben und deren Lösung ich hier nur erneut zur Geltung bringe. Wie sinnvoll der Versuch ist, deren Problemlösungen aufzugreifen, müssen Durchführung und Ergebnis zeigen.

I

Von den altkirchlichen Zeugen[3] für Markions Evangelium bis hin zu Adolf
von Harnacks grundlegendem Markionbuch steht das Urteil,[4] dass dieses
Evangelium „nichts anderes sei als [...] ein verfälschter Lukas",[5] den Markion aus dogmatischen Gründen bearbeitet und durch Kürzungen „berei-
nigt" hatte.[6] Interessanterweise gelang den altkirchlichen Häresiologen ihre
Bekämpfung Markions unter ausdrücklicher Zugrundelegung seines *eigenen* Evangelientextes,[7] so dass Tertullian am Ende seiner Überprüfung tri-
umphierend feststellen konnte: „Ich bemitleide dich, Markion, du hast dich
vergeblich abgemüht: Denn der Christus Jesus *in deinem Evangelium* ist
meiner!" (IV 43,9).

Erstaunlich ist dabei, dass Markion zwar alles, was seiner Theologie – zu
der ja auch der für ihn angenommene Antinomismus gehörte – nicht entsprach, aus seinem Evangelium gestrichen haben sollte, aber gleichwohl aus
diesem widerlegt werden konnte.[8] Bereits Tertullian bemerkte die Inkonsequenz dieser Argumentation und gab eine höchst gewundene Erklärung dafür: Markion habe absichtlich manches stehen lassen, was seiner Theologie
zuwiderlief, um durch diese Inkonsistenz den Eindruck zu erwecken, er

---

[3] Das sind außer Tertullian vor allem Irenäus, Epiphanius und Adamantius. Wenn nicht anders
angegeben, stammen im Folgenden die Angaben aus Epiphanius aus Haer XLII; Adamantius wird
zitiert nach der Ausgabe von W.H. van de Sande Bakhuyzen (Hg.), Der Dialog des Adamantius
Περὶ εἰς θεὸν ὀρθῆς πίστεως, GCS 4, Leipzig 1901 (danach die Seiten- und Zeilenangaben).

[4] Irenaeus, Haer I 27,2.4; III 14,4; Tertullian, Marc I 1,5; IV 3–5; Epiphanius, Haer XLII 9,1;
10,2 u.v.ö.

[5] A. VON HARNACK, Marcion. Das Evangelium vom fremden Gott. Eine Monographie zur Geschichte der Grundlegung der katholischen Kirche. Neue Studien zu Marcion, Leipzig ²1924 (=
repr. Darmstadt 1996), 240*.

[6] Irenaeus, Haer III 12,12; Tertullian IV 6,2. Epiphanius hatte seiner Behandlung von Markions Evangelium eine Liste seiner „Irrtümer" vorangestellt (XLII 3–8). Auch Harnack bietet eine
Zusammenstellung der Motive, die seines Erachtens für Markions redaktionelle Änderungen verantwortlich seien, darunter die These, dass Christus „das Gesetz nicht erfüllt, sondern aufgelöst,
den entscheidenden Gegensatz von Gesetz und Evangelium aufgedeckt und seine Erlösung allein
auf den Glauben gestellt" habe (Marcion, 64).

[7] Irenaeus, Haer. I 27,4; III 12,12; Tertullian IV 6,2–4; Epiphanius, Haer XLII 9,5f; 10,3; 10,5;
Adamantius, Dial II 18 (867a, *p.* 96,4ff).

[8] Epiphanius XLII 10,3: Markion habe diese Passagen „aus Einfalt" stehen lassen; vgl. Irenaeus I 27,2. Tertullian demonstriert Markions „Antinomismus" übrigens mehrfach dadurch, dass
er ihm die Streichung von Mt 5,17 (!) aus seinem Evangelium vorwirft (IV 7,4; 9,15; 12,14).

habe überhaupt keine Bearbeitung vorgenommen (IV 43,7) – mit dieser Argumentation, die dem Gegner die eigene argumentative Schwäche anlastet, erweist sich der Jurist Tertullian als trickreicher Winkeladvokat.

Es war vor allem diese Beobachtung, die am Ende des 18. und im 19. Jh. verschiedentlich zur Kritik der traditionellen Verstümmelungstheorie führte: Statt Markion als Bearbeitung des Lk zu verstehen, deutete man Lk als redaktionelle Erweiterung des von Markion benutzten Evangeliums.[9] Diese These, die im 20. Jh. noch einmal eindrucksvoll erneuert wurde,[10] ist offensichtlich unter der Wirkung von Harnacks Autorität als Markionkenner so weitgehend aus dem exegetischen Bewusstsein verschwunden, dass sie in der Einleitungsliteratur und den Lk-Kommentaren der letzten 50 Jahre so gut wie keine Spuren hinterlassen hat. Ich habe die Annahme der Markionpriorität, die ich für überzeugend und tragfähig halte, an anderer Stelle[11] ausführlicher begründet, so dass ich mich hier auf wenige allgemeine Hinweise beschränken kann.

1. Am wichtigsten ist die *Inkonsequenz der für Markion angenommenen Redaktion des Lk-Evangeliums*. Dieses Argument rührt an die Grundlage; denn alle Vertreter der Lk-Priorität übernehmen den Ausgangspunkt der häresiologischen Markionkritik, dass dieser das kanonische Lk-Evangelium aus inhaltlichen Gründen bearbeitete, also ein redaktionelles Konzept besaß. Aber ein solches Konzept lässt sich aus dem Text selbst nicht erheben: Wie immer man die Schwerpunkte von Markions Theologie bestimmt, bleibt das (von Tertullian bis von Harnack unbestrittene) Phänomen, dass Markion einerseits Widersprüche zu seinem Konzept hätte stehen lassen, andererseits aber vollkommen unverdächtige Aussagen gestrichen haben müsste. Tatsächlich stammen die Informationen, die zur Rekonstruktion von Markions Theologie verwendet werden, durchweg aus seinen „Antithesen" (bzw. aus Tertullians Referat darüber), nicht aber aus dem angeblich „redigierten" Bibeltext, an dem das theologische Konzept dann demonstriert wird. Damit ist weder bestritten, dass Markion eine Theologie vertrat, die erkennbar von der katholischen abwich, noch, dass sie sich in manchen

---

[9] Als erster hatte J.S. Semler 1783 und 1786 diese Ansicht geäußert, die in den folgenden zwei Jahrzehnten mehrfach aufgegriffen, differenziert und entfaltet wurde, am gründlichsten von J.G. EICHHORN, Einleitung in das Neue Testament 1, Leipzig 1804, 40–78. In der Mitte des 19. Jh. haben diese Position vor allem vertreten: A. RITSCHL, Das Evangelium Marcions und das kanonische Evangelium des Lucas. Eine kritische Untersuchung, Tübingen 1846; F.Ch. BAUR, Kritische Untersuchungen über die Kanonischen Evangelien, ihr Verhältnis zueinander, ihren Charakter und Ursprung, Tübingen 1847 (= Ndr. Hildesheim 1999); A. SCHWEGLER, Das nachapostolische Zeitalter in den Hauptmomenten seiner Entwicklung I, Tübingen 1846, 230ff.

[10] J. KNOX, Marcion and the New Testament. An Essay in the Early History of the Canon, Chicago 1942 (= repr. 1980). Die Gründe für die mangelnde Beachtung seiner These hat Knox später reflektiert, vgl. J. KNOX, Marcion's Gospel and the Synoptic Problem, in: E.P. Sanders (Hg.), Jesus, the Gospels, and the Church (FS W. R. Farmer), Macon 1987, 25–31: 28.

[11] M. KLINGHARDT, Markion vs. Lukas. Plädoyer für die Wiederaufnahme eines alten Falles (erscheint in NTS).

Punkten durch den von ihm benutzten Evangelientext begründen ließ, wohl aber, dass er sich diesen Text nach eigenem theologischem Gutdünken erst herstellte.

2. Den *Ursprung von Markions Evangelientext* stellt man sich in der Regel so vor, dass der „Pauliner" Markion nach Gal 1,6 davon ausging, es gebe nur *ein* Evangelium (nämlich das paulinische), weswegen jedes weitere eine Verfälschung sein müsse (Gal 1,7). Er habe daher die kanonische Sammlung von vier Evangelien *ipso facto* für gefälscht halten und daher eines davon als ursprüngliches identifizieren müssen, das er außerdem noch von verfälschenden Zusätzen „reinigen" musste, um „seinen" Text zu erhalten – dem markionitischen Evangelium läge demnach nicht nur das Lk-Evangelium voraus, sondern das ganze Vier-Evangelien-Buch. Markion dagegen behauptete, dass das von ihm benutzte Evangelium älter und von der Kirche verfälscht worden sei. Am Ende steht Fälschungsvorwurf gegen Fälschungsvorwurf (Tertullian IV 4,1). Da zwischen beiden Texten fraglos eine redaktionelle Bearbeitung liegt, bleibt nur die Frage, in welcher Richtung sie eher vorstellbar ist: Von Markion zu Lk oder von Lk zu Markion? Tertullians Beschreibung dieser Redaktion zitiert den markionitischen Vorwurf einer Interpolation, bei der „das Evangelium von den Verteidigern des Judentums mit dem Gesetz und den Propheten zu einer Einheit verbunden wurde".[12] Diese Formulierung lässt sich nur gewaltsam auf die angebliche Reinigung des Evangeliums von judaistischen Zusätzen beziehen, beschreibt aber recht passabel die kirchliche Redaktion, die Markions Evangelium zu einem Teil der kanonischen Bibelausgabe aus AT und NT gemacht hat.

3. Für die angenommene markionitische Redaktion des Lk ist es methodisch von größter Bedeutung, dass sich *in Markions Evangelium so gut wie keine nicht-lk Texte* finden: Markion hätte nach der herrschenden Ansicht nur gestrichen, aber fast nichts hinzugefügt. Von Harnack hielt die Zahl der Zusätze für „so verschwindend gering, daß man skeptisch gegenüber den wenigen Fällen wird, in denen solche angenommen werden müssen."[13]

In der Tat sind die meisten Abweichungen, bei denen Markion einen etwas umfangreicheren Text gehabt zu haben scheint, entweder aus den Zeugen gar nicht wirklich zu erheben[14] oder so geringfügig, dass sie für eine inhaltliche Redaktion nichts herge-

---

[12] Tertullian IV 4,4. Interessanterweise gibt Tertullian diesen markionitischen Vorwurf zustimmend wieder, denn er leitet daraus die Lk-Priorität ab, weil Markion „ganz gewiss nicht so hätte argumentieren können, wenn er dies (*sc.* das kanonische Lk-Evangelium) nicht schon vorgefunden hätte."

[13] VON HARNACK, Marcion, 61; ebd. 62, eine Aufzählung der Stellen.

[14] Zu *9,54f nimmt VON HARNACK an, dass der (längere) D-Text dem Text Markions entsprach (Marcion, 204*); diese Annahme basiert auf komplexen Voraussetzungen und ungeschützten Vermutungen; in den Textzeugen sind die Änderungen nicht belegt. Vgl. auch K. TSUTSUI, Das Evangelium Marcions. Ein neuer Versuch der Textrekonstruktion, AJBI 18 (1992) 67–132:

ben.[15] Es bleiben allerdings zwei durch Epiphanius gut bezeugte Zusätze, die beide für unsere Fragestellung von Bedeutung sind: Epiphanius las bei Markion *18,19 (ὁ θεός) ὁ πατήρ,[16] was impliziert, dass der Vater Jesu Christi und der Gott der Gebote identisch sind. Für Markion *23,2 bezeugt Epiphanius zwei Änderungen (11,6 [Schol 69.70]): (τοῦτον εὕραμεν διαστρέφοντα τὸ ἔθνος ἡμῶν) καὶ καταλύοντα τὸν νόμον καὶ τοὺς προφήτας, sowie am Ende des Verses den Zusatz καὶ ἀποστρέφοντα τὰς γυναῖκας καὶ τὰ τέκνα. Dass Markion den falschen Zeugen den Vorwurf der Auflösung des Gesetzes sowie der Aufforderung zur Apostasie in den Mund gelegt haben sollte, wäre ja für das ihm unterstellte redaktionelle Konzept wichtig gewesen. Ein früher Kritiker der Lk-Priorität hatte die Inkonsequenz der angenommenen markonitischen Redaktion, die sich aus Beobachtungen wie diesen ergab, empört mit den Worten quittiert, Markion hätte dann ja „seinem Zwecke entgegen" geändert.[17] Es ist in der Tat kaum glaubhaft, dass Markion – im Horizont des altkirchlichen Verstümmelungsvorwurfs – diese Art von Sympathie für „Gesetz und Propheten" an den Tag gelegt haben soll. Von Harnacks Skepsis gegenüber markonitischen „Zusätzen" ist wohl eher Ausdruck der Verlegenheit, dass diese Beobachtungen seinem eigenen Konzept widersprechen.

Gleichwohl bleibt die Beobachtung richtig und wichtig, dass Markion die für ihn angenommene Redaktion nicht durch die Einfügung weiterer Texte gestützt haben sollte, denn ein solches Verfahren wäre in der Tat einzigartig: Alles, was wir über die redaktionelle Bearbeitung von Texten im nächsten Umfeld wissen, deutet darauf hin, dass inhaltliche Interessen vor allem durch ergänzende Korrekturen und Zusätze ausgedrückt werden. Das nächstliegende und hinreichend deutliche Beispiel ist das Verhältnis von Mk und Mt (nach einem der Modelle, die mit Mk-Priorität rechnen), aber man kann auch an das Verhältnis Jud – 2Petr oder Kol – Eph erinnern: Eine Redaktion, die keinerlei Zusätze macht, um das redaktionelle Konzept positiv zum Ausdruck zu bringen, wäre völlig singulär und ist von daher höchst unwahrscheinlich.[18]

---

94. – Hier und im Folgenden verweist * vor der Stellenangabe auf den mutmaßlichen Text in Markions Evangelium.

[15] Vgl. die angenommenen Zusätze zu: *9,41 [πρὸς αὐτούς]: Tertullian IV 23,2; Epiphanius 11,6 [Schol 19]; *16,28f [ἐκεῖ]; *18,20 [ὁ δὲ ἔφη]; *21,13 lautet in Tertullians Markionreferat (*in martyrium utique*) *et in salutem* (IV 39,4).

[16] Epiphanius 11,6 [Schol 50], der an dieser Stelle sehr genau ist: προσέθετο ἐκεῖνος „ὁ πατήρ" καὶ ἀντὶ τοῦ „τὰς ἐντολὰς οἶδας" λέγει „τὰς ἐντολὰς οἶδα". Obwohl Tertullians Markionreferat diesen Zusatz nicht bezeugt (IV 36,3), ist Harnacks Unentschlossenheit (Marcion, 226*) nicht nachvollziehbar, da er zu Recht Epiphanius' Referat für das Evangelium noch „wichtiger als für das Apostol.[ikon]" hielt und seinen Angaben „unschätzbaren Wert" bescheinigt (Marcion, 180*). TSUTSUI, Evangelium, 116 erwähnt diese Stelle nicht einmal.

[17] J.E.Ch. SCHMIDT, Das ächte Evangelium des Lucas. Eine Vermuthung, Magazin für Religionsphilosophie, Exegese und Kirchengeschichte 5 (1796) 468–520: 483.

[18] Die Vertreter der Lk-Priorität haben dieses Phänomen dementsprechend mit großer Verwunderung zur Kenntnis genommen (ohne dass dies Konsequenzen für ihre Grundthese hatte), vgl. VON HARNACK, Marcion, 35f.61.68–70.253f* usw.; H. VON CAMPENHAUSEN, Die Entstehung der christlichen Bibel, BHTh 39, Tübingen 1968, 188f.

4. Die Vertreter der Lk-Priorität müssen postulieren, dass *Markion nicht nur das Lk-Evangelium kannte, sondern auch andere Evangelien und Apg.*[19] Vor allem die Verbindung von Lk-Apg stellt ein Problem dar, denn hier bleibt nur die Möglichkeit, dass Markion Lk in seiner kanonischen Gestalt – und das heißt: als Teil des Doppelwerks Lk-Apg – gekannt, dann aber diese Verbindung durch die Streichung des Lk-Prologs usw. gekappt und Apg „gezielt verworfen" habe.[20] Vor allem von Harnack hat sich hier mit dem argumentativen Widerspruch sehr schwer getan, einerseits (und m.E. zu Recht) die kanongeschichtliche Priorität von Markions Bibelausgabe vor dem kanonischen NT anzunehmen, andererseits aber die Lk-Priorität vor Markions Evangelium zu vertreten. Seine Lösung lautet gezwungenermaßen, dass Lk-Apg schon als eigenständiges Doppelwerk, jedoch nicht als Teil des NT existiert hätte. Dies ist jedoch aus einer Reihe von Gründen mehr als unwahrscheinlich: In allen Handschriften erscheinen Lk und Apg verteilt auf zwei unterschiedliche Teilsammlungen des NT (Evangelienbuch; Praxapostolossammlung), die jedoch mit hoher Wahrscheinlichkeit erst ein Produkt der kanonischen Ausgabe des NT darstellen.[21] Ihre Zusammengehörigkeit ergibt sich also nur durch die aufeinander Bezug nehmenden Prologe (Lk 1,1–4; Apg 1,1–3). Allerdings enthalten diese Prologe keine Verfasserangabe, obwohl sie sich vor allem für den ersten Band aus Gattungsgründen nahe legen würde und angesichts der Abgrenzung von den Versuchen der vielen Vorgänger sowie des betonten historiographischen „Ich" geradezu zwingend zu postulieren wäre.[22] Für die Leser eines isolierten „Doppelwerkes" Lk-Apg bliebe die Identität des Verfassers verborgen, für die Leser der Kanonischen Ausgabe ergibt sie sich jedoch für Lk problemlos aus der Überschrift und lässt sich von da aus, aufgrund der Entsprechung der Prologe, auch auf Apg übertragen.

Eine Lösung für dieses Dilemma bietet die hier vertretene Annahme, dass Markions Vorwurf einer *kirchlichen* Interpolation sachlich zutrifft,

---

[19] Vgl. Th. ZAHN, Geschichte des Neutestamentlichen Kanons I, Erlangen/Leipzig 1889, 653ff; VON HARNACK, Marcion, 21f.40ff.78ff usw. Vgl. dagegen CAMPENHAUSEN, Entstehung, 184ff sowie (zu Markions Kenntnis der Evangelien) U. SCHMID, Marcions Evangelium und die neutestamentlichen Evangelien. Rückfragen zur Geschichte der Kanonisierung der Evangelienüberlieferung, in: G. May/K. Greschat (Hg.), Marcion und seine kirchengeschichtliche Wirkung, TU 150, Berlin/New York 2002, 67–77: 69–74.

[20] VON HARNACK, Marcion, 256*f u.ö. Harnack begründet Markions ausdrückliche Ablehnung von Apg mit der entsprechenden Bemerkung PsTertullian VI (*Acta Apostolorum et Apocalypsim quasi falsa reicit, p.* 223,1f Kroymann), die diese These aber kaum trägt.

[21] Vgl. D. TROBISCH, Die Endredaktion des Neuen Testaments, NTOA 31, Fribourg/Göttingen 1996, 40ff.122ff.

[22] Vgl. F. BOVON, Das Evangelium nach Lukas (Lk 1,1–9,50), EKK 3.1, Zürich/Neukirchen-Vluyn 1989, 33. Bovon sieht das Problem, gesteht aber, dass ihm das Fehlen des Verfassernamens „rätselhaft" bleibe und postuliert einen ursprünglichen Titel als *subscriptio* am Ende von Apg, der bei der Trennung des zweiteiligen Werkes weggefallen sei. Spuren in der handschriftlichen Überlieferung gibt es dafür nicht.

durch die das von ihm benutzte Evangelium Teil der kanonischen Bibel aus AT und NT wurde, eine Reihe von redaktionellen Erweiterungen erfuhr und mit Apg zu einer literarischen Einheit fingiert wurde.

II

Die Falsifizierung der These der Lk-Priorität ist natürlich leichter als die Verifikation der umgekehrten Annahme der Markionpriorität: Angesichts der insgesamt problematischen Quellenlage kann dies nur durch den Nachweis gelingen, dass die Annahme einer Bearbeitungsrichtung von Markion zu Lukas mehr Probleme löst als schafft und die Unterschiede zwischen beiden Fassungen überzeugender erklärt als der umgekehrte Versuch. Die folgenden Überlegungen zu einigen der für das weitere Thema „Gesetz" relevanten Texte verstehen sich als ein vorläufiger Beitrag zu diesem Nachweis und wollen vor allem über den Bestand des markionitischen Evangeliums in diesem Bereich informieren.

1. Relativ leicht lässt sich der *Anfang von Markions Evangelium* – und damit: die lk Redaktion – rekonstruieren, weil die wichtigen Quellen an dieser Stelle ausnahmslos übereinstimmen.[23] Da Markions Evangelium mit *3,1a begann, von dort direkt zu *4,31–37 überging und danach das Grundgerüst der Nazarethperikope *4,16–30 bot, hätte Lk neben dem Prolog die gesamten „Kindheitsgeschichten" sowie die Täuferüberlieferung mit Taufe und Versuchung Jesu einschließlich des Stammbaumes ergänzt sowie 4,16–30 vor 4,31–37 gezogen. Vor allem diese Umstellung ist aufschlussreich, denn sie tut der narrativen Logik Gewalt an: Der Verweis auf das, „was in Kapharnaum geschehen war" (4,23) ist nicht mehr durch eine vorangehende Erzählung gedeckt. Zwar versucht die Einfügung des Summars 4,14f[24] diesen Bruch zu kaschieren, aber nur mit mäßigem Erfolg, denn dass die Lehre von 4,15 auch Heilungen und Wunderzeichen einschließt, wie sie 4,23.(25)27 vorausgesetzt sind, ist nicht unmittelbar einsichtig.

Diese Umstellung mit ihrer programmatischen Intention und den Folgen für die Erzähllogik ist schon immer gesehen worden.[25] Allerdings hat Lk in

---

[23] Tertullian setzt regelmäßig Lk *3,1a als Anfang von Markions Evangelium voraus (I 15,1; 19,2; IV 7,1) und behandelt bei seiner sukzessiven Widerlegung als nächsten Text *4,31–37 (IV 7,5ff), danach *4,16ff (IV 8,1); vgl. auch Epiphanius, Haer XLII 11,4–6; Adamantius, Dial II 19 (869a; p. 102,23); Hippolyt, Refut VII 31,5. Zur ausführlicheren Begründung vgl. KLINGHARDT, Markion.

[24] Hier ist distanziert von „ihren" Synagogen (4,15) die Rede wie später von der Synagoge „der Juden" (Apg 13,5.42; 14,1; 17,1.10) – m.E. ist hier der Redaktor Lk zu hören.

[25] Außer den Kommentaren vgl. U. BUSSE, Das Nazareth-Manifest Jesu. Eine Einführung in das lukanische Jesusbild nach Lk 4,16–30, SBS 91, Stuttgart 1978, 19f.

4,16–30 nicht Mk (1,21–28[26] oder) 6,1–6a, sondern Markions Evangelientext redigiert: Über Mk 6,1–6a hinaus enthielt Markions Text Hinweise auf
die Feindseligkeit der Nazarener Juden, ihr Tötungsvorhaben am Abhang
und Jesu Entkommen, wie Tertullians Referat mit wünschenswerter Deutlichkeit zeigt.[27] Umgekehrt finden sich bei den alten Zeugen keinerlei Spuren von Lk 4,17–22.25–27; die Annahme einer nicht-mk Vorlage, zu der
*4,16.23f.28–30 rechnete,[28] hatte also den richtigen literarkritischen In-
stinkt, ohne jedoch die Quelle identifizieren zu können. Diese Beobachtungen sind aufschlussreich, denn wenn der redaktionelle Schritt nicht zwischen Lk und Mk liegt, sondern (wie Tertullians Angaben zeigen) zwischen
Lukas und Markion, dann lässt sich die Annahme der Markionpriorität angesichts der narrativen Brüche, die sich durch die Umstellung von 4,16–30
und 4,31–37 ergeben, eigentlich nicht umgehen.

Wichtiger ist, was die lk Redaktion hier intendierte. Die Einfügung von
4,17–22 stellt die Verbindung zur Gabe des Geistes bei der Taufe Jesu her
(die bei Markion ja komplett fehlt!) und liefert für die folgenden programmatischen Aussagen eine pneumatologische Begründung. Der so legiti-
mierte Skopus von 4,16–30 liegt in der Erweiterung der Szene durch die
Elia- und Elisabeispiele (1Kön 17; 2Kön 5) in 4,25–27: Die Tötungsabsicht
der Nazarener Juden ist nicht – wie für Markions Text zu schließen ist –
durch die Unfähigkeit Jesu zur charismatischen Legitimation seines Anspruchs begründet, sondern durch die prononcierte Realisierung des Heils
an Nichtisraeliten. Dass die lk Redaktion von 4,16–30 „sich nachweislich
dem Tenor der lukanischen Theologie einfügt",[29] ist keine neue Einsicht.
Aber das Bild gewinnt eine neue Dimension, wenn man sieht, dass alle
diese Elemente Teil einer planvoll aktualisierenden Redaktion des älteren
Markionevangeliums sind. Von dieser Grundlage aus sind einige weitere
Texte aus dem größeren Themenfeld Gesetz, Israel und Tempel zu befragen.

2. Jesu Ankündigung, dass sich das *Heil nicht an Israel, sondern an
Heiden realisiert* (Lk 4,25–27), wird in Lk mehrfach aufgegriffen und bestimmt noch eine Reihe von kompositorisch zentralen Texten in Apg.[30] Der

---

[26] Dies ist schon dadurch ausgeschlossen, dass Tertullian bei Markion ja *4,31–37 par Mk
1,21–28 *vor* *4,16ff las. Die Hinweise auf *4,31ff in IV 7,5ff (z.B. das Zitat *4,32 in IV 7,7) sind
ebenso eindeutig wie das Referat von *4,16ff in IV 8,1ff.

[27] Tertullian erwähnt, dass Jesus „verjagt", „gefangen" und „an den Abhang gebracht wurde,"
aber „durch die Mitte entwich" (IV 8,2f).

[28] Z.B. H. Schürmann, Zur Traditionsgeschichte der Nazareth-Perikope Lk 4,16–30, in: A.
Descamps/A. de Halleux (Hg.), Mélanges bibliques (FS B. Rigaux), Gembloux 1970, 187–205:
205.

[29] G. Schneider, Das Evangelium nach Lukas 1, ÖTBK 3.1, Gütersloh 1977, 107; vgl.
Klinghardt, Gesetz, 236f.

[30] Vgl. nur F. Neirynck, Luke 4,16–30 and the Unity of Luke-Acts, in: J. Verheyden (Hg.),
The Unity of Luke-Acts, BEThL 142, Leuven 1999, 357–395; H. Baarlink, Die Bedeutung der
Prophetenzitate in Lk 4,18f und Apg 2,17–21 für das Doppelwerk des Lukas, ebd. 483–491; W.

redaktionelle Charakter dieses Aspekts wird deutlich, wenn man sieht, welche dieser Passagen bei Markion fehlten. Zunächst ist deutlich, dass Lk mit der gesamten Geburtsgeschichte ja auch die Szene der Darstellung Jesu im Tempel in das markionitische Evangelium eingefügt hat: Die programmatische Weissagung Simeons im *Nunc dimittis*, dass Jesus das Licht zur Erleuchtung der Heiden und (zugleich und gerade darin) die Herrlichkeit Israels sei (2,32), ist erst Teil des redaktionellen Konzepts des Lk, das sich auch in Apg 13,47; 26,23 niedergeschlagen hat.[31] Das gleiche gilt dann auch für die Ankündigung, dass Jesus als σημεῖον ἀντιλεγόμενον zum „Fall und zur Auferstehung vieler in Israel" gesetzt sei (2,34), die ja ebenfalls durch die Erzählung in Apg eingelöst wird.[32]

Da Lk 1f nach geläufiger Ansicht eine fertige Komposition darstellt, die Lk hier eingefügt hat, ist dieser Hinweis vielleicht nicht besonders aussagekräftig. Das ist jedoch anders bei der Komposition von Lk 15. Im jetzigen Kontext ist die Folge der drei Gleichnisse (15,4–6.8f.11–32) erzählerisch eingeleitet durch das „Murren" der Pharisäer über Jesu Tischgemeinschaft mit Sündern; darauf beziehen sich dann auch die Schlussfolgerungen 15,7.10. Für Markion sind beide Gleichnisse bezeugt, aber weder der Rahmen noch die Schlussfolgerungen.[33] Viel wichtiger ist, dass das Gleichnis vom verlorenen Sohn und seinem Bruder (15,11–32) komplett gefehlt hat: Tertullian übergeht es stillschweigend, Epiphanius bezeichnet es ausdrücklich als „gestrichen."[34] Das passt zum Fehlen der Einleitung 15,1f und der Schlussfolgerungen 15,7.10: Die Redaktion zielt auf das Problem der *Mitfreude* der Pharisäer über die umgekehrten Sünder, das weder Markion noch Mt erwähnen. Die umgekehrte Annahme der Lk-Priorität hat üblicherweise größere Schwierigkeiten, die Beibehaltung von 15,4–9(10) zu begründen als die Streichung von 15,11–32, weil sie die Umkehr der Menschen „zu

---

RADL, Paulus und Jesus im lukanischen Doppelwerk. Untersuchungen zu Parallelmotiven im Lukasevangelium und in der Apostelgeschichte, EHS.T 49, Bern/Frankfurt 1975, 82–100. Die Zusammenhänge sind angedeutet in KLINGHARDT, Markion.

[31] Vgl. W. STEGEMANN, „Licht der Völker" bei Lukas, in: C. Bussmann/W. Radl (Hg.), Der Treue Gottes trauen (FS G. Schneider), Freiburg u.a. 1991, 81–97.

[32] Vgl. dazu G. WASSERBERG, Aus Israels Mitte – Heil für die Welt. Eine narrativ-exegetische Studie zur Theologie des Lukas, BZNW 92, Berlin/New York 1998, 146f.

[33] Vgl. folgende Stichworte in Tertullian IV 32,1f: *parabola; ovis et dragma perdita; habuit – perdidit; requisivit ... invenit ... exultavit.* Gegen TSUTSUI, Evangelium, 110 ist es mir nicht wahrscheinlich, dass auch die Schlussfolgerung über die Freude im Himmel über den umgekehrten Sünder 15,(8)10 hier stand: Die Wendung „*exultare illius est de paenitentia peccatoris*" ist Teil von Tertullians Argumentation und stammt eher aus seiner Kenntnis des eigenen Texts. VON HARNACK, Marcion, 219*: „Daß v. 10 getilgt war, ist nicht zweifelhaft."

[34] Tertullian IV 33,1 fährt mit der Behandlung von Lk 16,1ff fort. Epiphanius 11,6 [Schol 42]: παρέκοψε.

ihrem ursprünglichen Besitzer, d.i. dem Schöpfergott"[35] zum Ausdruck bringen würden.

Das andere wichtige Gleichnis zu diesem Thema ist Lk 10,(25–28)29–37. Während die Frage des Gesetzeslehrers nach dem (ewigen)[36] Leben und Jesu (erste) Antwort (10,27f) gut bezeugt sind, fehlt jeder Hinweis auf den zweiten Gesprächsgang (10,29.37).[37] Diese Weiterführung ist also lk Redaktion. Literarisch ist diese Ergänzung sehr gelungen, weil sie die Struktur des ersten Gesprächsgangs (mit der Abfolge von Frage des Gesetzeslehrers – Gegenfrage Jesu – Antwort des Lehrers – abschließende Aufforderung Jesu), die im Unterschied zu Mk 12,28ff par. Mt 22,34ff bereits in der markionitischen Vorlage stand, aufgreift und genau nachahmt. Die theologische Leistung dieser Redaktion besteht in der ekklesiologischen Zuspitzung der Frage nach dem Heil: Es geht nicht darum, welches Gebot „erfüllt" werden muss, sondern darum, auf wen man (und zwar: aus Gründen des Toragehorsams!) zugeht und mit ihm eine Gemeinschaft bildet, innerhalb derer man das Leben findet. Die Pointe der jetzigen Fassung liegt in der Umkehrung der Frage 10,29 in 10,36 sowie in der Vorstellung, dass Israeliten wie der Gesetzeslehrer durch barmherzige (und das heißt hier wie sonst: finanzielle) Zuwendung an Nicht-Israeliten zu deren Nächsten *werden* können (γεγονέναι).[38]

Unter diesem Gesichtspunkt ist schließlich auch noch zu erwähnen, dass auch die Qualifizierung des sich bekehrenden Zachäus als υἱὸς 'Αβραάμ bei Markion noch fehlte: Zwar ist die ganze Perikope 19,1–10 durch Tertullians Referat gesichert (IV 37), aber seine Kennzeichnung des Zachäus als *allophylus* macht es unwahrscheinlich, dass 19,9b bei Markion stand.[39] Die Betonung von Besitzverzicht anlässlich der Bekehrung – als Ausweis ihrer Gültigkeit (und Akzeptanz) – ist eine Besonderheit der lk Redaktion.[40]

---

[35] TSUTSUI, Evangelium, 110, im Anschluss an Tertullian IV 32, der sich wegen dieser Inkonsistenz über Markion lustig macht.

[36] Nach Tertullian IV 25,14 hatte Markion das Adjektiv *aeterna* gestrichen, während es für die parallele Frage des reichen Archon 18,18 bezeugt ist (IV 36,4); die lk Redaktion hat also die Frage der beiden bekehrungswilligen Juden nach den Bedingungen der Konversion (vgl. 3,10.14; Apg 16,30, dazu KLINGHARDT, Gesetz, 54, Anm. 30; 124ff) auch stilistisch aneinander angeglichen.

[37] Epiphanius 11,6 [Schol 23] belegt 10,26.28; da Epiphanius nie ganze Texte, sondern nur den Anfang und das Ende von Perikopen mitteilt, lässt sich schließen, dass er bei Markion 10,29–37 nicht gefunden hatte. Tertullian IV 25,14–18 erörtert die Frage des Gesetzeslehrers und die Antwort Jesu Lk 10,25–27; 10,28 kann möglicherweise in der Bemerkung enthalten sein: *„itaque dominus, ut nec ipse alius, … nec aliud novum inferens praeceptum quam quod principaliter ad omnem salutem et utraque vitam facit"* (IV 25,15). Im Anschluss daran geht Tertullian direkt zu Lk 11,1–18 über (IV 26).

[38] Vgl. KLINGHARDT, Gesetz, 136–155.

[39] Tertullian IV 37,1: *enimvero Zachaeus etsi allophylus*. Vgl. dazu TSUTSUI, Evangelium, 118; VON HARNACK Marcion, 227*, erklärt schlicht: „Getilgt waren die Worte καθότι καὶ αὐτὸς υἱὸς 'Αβραάμ".

[40] Vgl. Lk 3,8: ποιήσατε οὖν καρποὺς ἀξίους τῆς μετανοίας. S. dazu KLINGHARDT, Gesetz, 52ff.

3. Die Frage, wie sich die Realisierung des Heils an Sündern und Heiden
für Israel auswirkt, hat noch einen weiteren wichtigen Aspekt, der sich in
den *Gerichtsankündigungen* zeigt, die mit der Ablehnung der Botschaft
Jesu verbunden sind. Hier ergibt sich ein uneinheitliches Bild: Während das
Gleichnis vom großen Gastmahl (14,15–24), das mit der Einladung von den
Straßen auf die Hinzunahme der Heiden gedeutet wird,[41] für Markion gut
bezeugt ist,[42] hat das Logion 13,29f, das wie ein Kommentar zu der Pointe
14,24 klingt, keine Entsprechung. Epiphanius teilt für 13,28 zwei Unterschiede mit: Markion habe „Abraham und Isaak und Jakob und alle Propheten" durch „alle Gerechten" und „ἐκβάλλειν ἔξω" durch „κρατεῖν ἔξω"
ersetzt (11,6 [Schol 40]). Der gesamte folgende Abschnitt (13,29–35) hat
gefehlt,[43] also die Verheißung, dass die Ersten die Letzten werden mit dem
Wort von denen, die aus allen Himmelsrichtungen ins Reich kommen werden, die Warnung vor Herodes mit dem Hinweis, dass der Prophet in Jerusalem umkommen muss und das Wort über Jerusalem, das die Propheten
tötet.

Theologisch wichtig und charakteristisch für Lk ist die Verbindung von
(a) dem Thema Heidenmission (13,29f), (b) der (daraus resultierenden?)
Drohung gegen das Leben Jesu (13,34) und (c) der Ankündigung der Zer-
störung Jerusalems (13,35a). Die Frage, wie sich der heilsgeschichtliche
„Übergang" von Israel zu den Heiden bzw. die „Hinzunahme der Heiden zu
Israel" bei Lk verhält, ist bekanntlich in zahlreichen Texten vor allem in
Apg ausgesprochen wichtig (bis hin zu dem kompositorisch betonten
Schlusspunkt Apg 28,26–28), gleichwohl strittig, weil sich hier sehr ambi-
valente Aussagen finden.[44] Diese Ambivalenz lässt sich auch nach dem hier
vorgeschlagenen Modell der Markionpriorität nicht durch einfache Auftei-
lung auf (markionitische) Tradition und (lk) Redaktion beseitigen, aber es
ergeben sich doch einige Gesichtspunkte hinsichtlich der Gewichtung der
Texte.

In Lk 11 fehlten bei Markion 11,30–32.49–51: Epiphanius zitiert aus
*11,30 (ἡ γενεὰ αὕτη γενεὰ πονηρά ἐστιν), bezeichnet aber „das über Jona
den Propheten" als gefälscht und fährt fort, dass „das über Ninive, die Königin des Südens und Salomon" fehlte (11,6 [Schol 25]). Das ist eindeutig
genug, auch wenn Tertullian keine Angaben darüber zulässt. Auch das Folgende ist sehr uneinheitlich: Tertullian bezeugt für Markion das Bildwort
über das Licht auf dem Leuchter (11,33), geht aber von da direkt zu 11,37f

---

[41] Z.B. G. SCHNEIDER, Das Evangelium nach Lukas 2, ÖTBK 3.2, Gütersloh 1977, 317: „Die
lukanische Fassung ist heilsgeschichtlich orientiert und spricht vom Gang des Heilsangebotes von
Israel weg zu den Heiden."

[42] Tertullians Referat bezeugt Teile von allen Versen (IV 31), auch von dem für unsere Frage
wichtigen V.24 (IV 31,6: *illos gustatores negat dominus*).

[43] Epiphanius 11,6 [Schol 41] kennzeichnet mit kurzen Zitaten sehr genau alle folgenden Aussagen als „gestrichen" (παρέκοψε). Tertullian übergeht diese Verse.

[44] Vgl. z.B. WASSERBERG, Mitte, 71ff.

über (Tertullian IV 27,1f) und bezeugt den größten Teil der Weherede gegen Pharisäer und Schriftgelehrte.[45] *11,47 ist auch durch Epiphanius bezeugt, der aber für 11,49–51 einen ausdrücklichen Auslassungsvermerk hat (11,6 [Schol 28]). So gibt es neben sicher bezeugten Partien (*11,1–23.27f.29a.37–48.[46]52) und den eindeutig als fehlend gekennzeichneten (11,29b–32.49–51) noch eine Reihe, über die sich keine Aussage treffen lässt (11,24–26.34–36.53f). Dieses Bild macht deutlich, dass ein Teil der Schwierigkeiten bei der Interpretation von Lk 11 seine Ursache in der intensiven Bearbeitung dieses Kapitels hat. Deutlich ist aber das Interesse der lk Redaktion mit der massiven Androhung des Gerichts „an diesem Geschlecht" (11,50f), und zwar in der Zuspitzung, dass es gerade Nichtisraeliten wie die Königin von Saba und die Niniviten sind (11,31f), die als Zeugen der Unbußfertigkeit Israels aufgeboten werden. Obwohl die Vorwürfe in 11,30–32.49–51 nicht identisch sind (Unbußfertigkeit; Propheten- und Apostelmord), gibt es mit 7,29ff eine Verbindung zwischen beiden Texten, die auf gemeinsamen Ursprung verweist (s. gleich).

Zu dieser Gerichtsthematik gehört auch der Einzug Jesu in Jerusalem (19,29–46) mit der pharisäischen Kritik an den Jüngern (19,39f) und vor allem der *Dominus-flevit*-Szene (19,41–44), die in 13,34f eine enge Sachparallele besitzt. Für die ganze Passage vermerkt Epiphanius ausdrücklich Auslassung bei Markion (11,6 [Schol 53]), was vor allem angesichts der konkreten Form der Gerichtsdrohung in 19,43f von Bedeutung ist. Es überrascht daher nicht, dass Epiphanius auch die ähnlich konkrete Ankündigung der Zerstörung Jerusalems 21,21–24 nicht gelesen hat (11,6 [Schol 59]). Da dasselbe auch für das Gleichnis von den bösen Winzern Lk 20,9–18 zutrifft,[47] sind drei große Texte über die Zerstörung Jerusalems erst durch die lk Redaktion Teil des Textes geworden, die überdies durch das Bild der (berstenden) Steine (19,40.44; 20,18 *diff.* Mk, Mt!) und des verpassten Zeitpunkts (19,44: καιρὸς τῆς ἐπισκοπῆς σου; 21,24: καιροὶ ἐθνῶν) wechselseitig aufeinander bezogen sind. Das Bild rundet sich, wenn man dann noch hinzunimmt, dass auch das brutale Ende des Gleichnisses von den anvertrauten Minen (19,27), das wegen des Stichwortes ἐχθροί(anstelle des erwartbaren δοῦλοι) eher zu der folgenden Thematik der Auseinanderset-

---

[45] Tertullian las bei Markion aus *11,37ff die V.37–40 (IV 27,2); 41 (27,3); 42 (mit 43.46.47.52) (27,1); 42 (27.4.6); 43 (27,5); 46 (27,6); 47f (27,8). Epiphanius bezeugt *11,42a.47 (11,6 [Schol 26.27]).

[46] Schwierig ist *11,42b, eine direkte Bezeugung fehlt. Im Zusammenhang seiner Behandlung von *11,46 bietet Tertullian IV 27,6ff eine längere Belehrung darüber, dass die Kritik an der Zehntpraxis keine Kritik am Gesetz, sondern nur an der pharisäischen Heuchelei sei (IV 27,6). Der Hinweis auf die Zehntpraxis verweist auf 11,42(a) zurück. Allerdings wäre die Aussage 11,42b für seine Argumentation mehr als willkommen gewesen; es scheint so, als hätte er diesen Satz bei Markion nicht gelesen.

[47] Auslassungsvermerk Epiphanius 11,6 [Schol 55].

zung in Jerusalem als zur Logik des Gleichnisses passt, bei Markion nicht bezeugt ist.[48]

4. Die Bedeutung der Gerichtsthematik erschließt sich schließlich auch von der *Täuferüberlieferung* her (vgl. 3,7–9), die bei Markion ohne Frage gefehlt hat: Da Markions Evangelium erst mit *3,1a.4,31ff anfing, geht die gesamte Darstellung des Täufers in Lk 1 und 3 auf Kosten der lk Redaktion, und damit eine ganze Reihe von wichtigen Zügen, die ich hier[49] nur anzudeuten brauche: Die priesterliche Abstammung des Täufers (Lk 1,5), die Betonung der Gesetzestreue seiner Eltern (1,6), die erzählerisch dicht gewobene Parallelisierung seiner Geburt mit der Geburt Jesu, seine Funktion als „Wegbereiter" (1,76), die darin besteht, „dem Volk das Heil kundzutun" (1,77), sowie die Qualifizierung dieser Lehrfunktion als εὐαγγελίζεσθαι (3,18)[50] – all das hat bei Markion gefehlt und ist erst Teil der lk Redaktion.

Dieser Befund lässt nach den anderen Täufertexten fragen, vor allem nach Lk 7 und Lk 16. Für Markion belegt ist die Täuferfrage *7,20 und die Antwort Jesu. Während Tertullian aus Markion *7,27f zitiert (IV 18,7), belegt Epiphanius für *7,23 eine anderes Verständnis[51] und erwähnt für *7,27 das Zitat aus Ex 23,20 (11,6 [Schol 9]). Nach der Täuferanfrage gehen sowohl Tertullian (IV 18,9) als auch Epiphanius (11,6 [Schol 10]) direkt über zur Behandlung von *7,36ff. Von 7,29–35 findet sich keine Spur: Das *argumentum e silentio*, dass Markion diesen Abschnitt nicht hatte, lässt sich insofern wahrscheinlich machen, als Lk 7,30 direkt auf die Täuferpredigt 3,7ff zurückgreift, die bei Markion ja zweifelsfrei komplett fehlte. Die Konsequenz ist, dass die breit entwickelte Synkrisis zwischen Jesus und dem Täufer, die von der Kindheitsgeschichte bis Lk 7 reicht, auf das Konto der lk Redaktion geht, die hier Ansätze aus Markions Evangeliums (*7,18–23.24–28) breit ausgebaut und dazu auf die ebenfalls redaktionellen Texte aus Lk 3 zurückverwiesen hat. Ganz offenkundig spielt in diesem Zusam-

---

[48] 19,27 ist weder bei Tertullian noch bei Epiphanius bezeugt. HARNACKS Urteil („muss getilgt worden sein" [Marcion, 228*]), dem TSUTSUI zustimmt (Evangelium, 119), ist insofern begründbar, als Tertullian (IV 37,4) sich darum bemüht zu zeigen, dass Gott ein strenger (will sagen: strafender, und nicht nur Ehren austeilender) Richter ist; hätte er 19,27 bei Markion gelesen, hätte er sich das kaum entgehen lassen.

[49] Vgl. ausführlicher KLINGHARDT, Gesetz, 69ff.

[50] Mit Ch. BURCHARD, Zu Lk 16,16, in: ders., Studien zur Theologie, Sprache und Umwelt des Neuen Testaments, hg. v. D. Sänger, WUNT 107, Tübingen 1998, 119–125: 121, Anm. 10, kann δοῦναι γνῶσιν σωτηρίας nicht Heilsvermittlung bedeuten. Wenn damit aber mehr gemeint ist als nur der Hinweis, dass nach ihm ein Stärkerer kommt (3,16), und wenn die Kenntnis des Heils wesentlich in der Kenntnis der Bedingungen für die Teilhabe daran besteht (3,10ff), dann ist der sachliche Unterschied nicht so groß. Ich bin daher immer noch der Ansicht, daß εὐαγγελίζεσθαι (3,18) mehr aussagt als nur „etwas öffentlich mitteilen" (vgl. KLINGHARDT, Gesetz, 78ff.107 Anm. 27).

[51] Epiphanius zufolge habe Markion die Seligpreisung direkt auf Johannes bezogen (11,6 [Schol 8]). Anders Tertullian, der aus *7,23 schließt, dass die (zweifelnde) Anfrage des Täufers der Grund dafür sei, dass er als kleiner als der Geringste im Himmelreich bezeichnet werde (IV 18,8: *quod tunc Ioannem minuit*). Vgl. auch Adamantius, Dial II 18.

menhang die Frage nach der Taufe ἐν πνεύματι ἁγίῳ (3,16) eine entscheidende Rolle: Der Unterschied zwischen dem Täufer und Jesus besteht nach
Lk 1f (1,35!) und der zusammenhängenden Komposition von 3,16.21f; 4,1–
13.14.16ff darin, dass das πνεῦμα (exklusiv) auf Jesus ruht (4,18.21), was
ihn zu den programmatischen Aussagen 4,25ff befähigt, während der Täufer nicht nur nicht ἐν πνεύματι tauft, sondern auch die Kunde, dass es ein
solches πνεῦμα gibt, offensichtlich noch nicht einmal weitergegeben hat
(Apg 19,1–7).[52] Damit wird die Funktionsweise der Synkrisis zwischen
dem Täufer und Jesus im Rahmen der lk Redaktion verständlich: Der
überbietende Unterschied zwischen beiden liegt in der Gabe des Geistes mit
ihren universal-missionarischen Implikationen (zu 24,49 s. gleich), während
sie darin übereinstimmen, dass das Gesetz die unabweisbare Forderung
Gottes enthält und daher auch *getan* werden muss (3,7ff; 7,28ff; 10,28.37;
18,20).

Neben Lk 3 und 7 ist 16,16–18 der dritte wichtige Täufertext, der für die
Frage der heilsgeschichtlichen Periodisierung und das lk Porträt des Täufers
als Gesetzesprediger zentral ist. Während die Täufertexte in Lk 3 und 7,29–
35 bei Markion gefehlt haben, ist interessanterweise *16,16–18 schon für
Markion bezeugt. Tatsächlich hat Tertullian bei Markion den gesamten Zusammenhang von Kap. *16 mit nur wenigen Ausnahmen[53] gelesen, also
auch die problematische Abfolge der Verse *16,16–18 und im Anschluss
daran das Gleichnis von Lazarus und dem Reichen.[54] Tertullian bezeichnet
die Abfolge von *16,18 und *16,19ff als überraschend (IV 34,10) und
denkt sich die Lazarus-Parabel als Begründung für die Weitergeltung des
Gesetzes.

Angesichts der bekannten Schwierigkeiten bei der Interpretation von 16,16–18[55] sei
hier mitgeteilt, wie Tertullian, dessen Scharfsinn ja bekannt ist, damit umgeht. Tertullian versteht den ganzen Zusammenhang als Text über die Ehe und Ehescheidung.
Ihm ist zunächst wichtig, dass die Ehe – entgegen der markionitischen Askese – eine
von Gott eingesetzte Ordnung ist, wie sich aus *16,18 ergibt: Jesus setzt die Ehe hier
ja voraus. Das eigentliche Problem besteht für Tertullian darin, die Aussage von der
Unauflöslichkeit der Ehe *16,18 mit dem Scheidungsrecht des Gesetzes (Zitat aus
Dtn 24,1) in Einklang zu bringen, zumal davon ja auch das kleinste Häkchen Bestand
hat (*16,17). Er liest daher aus *16,16a die hermeneutisch grundlegende *Differenzierung* von Gesetz und Evangelium: „Siehst du den Unterschied zwischen Gesetz und
Evangelium, Mose und Christus? Gut!" (IV 34,1f). Weil Markion allerdings eine fal-

---

[52] Vgl. KLINGHARDT, Gesetz, 79; BUSSE, Nazareth-Manifest, 13ff.

[53] Tertullian IV 33 zitiert aus Lk 16 folgende Aussagen: *16,1–8 (durch Rückverweis in IV
33,2 hinreichend klar); *16,9b (IV 33,1); 16,11f (33,4); *16,13f (33,2); *16,16a (33,7); *16,17
(33,9); *16,18 (34,1). Nicht direkt bezeugt sind daher nur 16,10.15.16b.

[54] IV 34,10–17 spricht mehrfach die Geschichte als ganze an und zitiert vor allem die Pointe
*16,29. Von der christologischen Zuspitzung 16,30f gibt es keine Spuren.

[55] BURCHARD, Zu Lk 16,16 (*passim*); KLINGHARDT, Gesetz, 14–29.78–96.

sche Bibel hat,[56] kennt er weder die göttliche Stiftung der Ehe (Mt 19,5 mit Zitat Gen 2,7) noch das Argument der Herzenshärte (Mt 19,8), das auf der Grundlage der Schöpfungsordnung das Scheidungsgesetz einschränkt und die Unauflöslichkeit der Ehe in der Lehre Jesu bestätigt. Damit bleibt für ihn nur noch das Problem, unter welchen Bedingungen Scheidung dann eben doch angebracht ist. Er löst es mit der Unzuchtsklausel Mt 5,32: Ein *matrimonium non rite dirumptum* bleibt bestehen, weshalb jede zweite Ehe in diesem Zusammenhang *adulterium* (hier in dem geläufigen Sinn von Bigamie) und daher gesetzwidrig wäre (IV 34,5).[57] Da auch die Tora für diesen Fall ein Ehehindernis sieht, folgert er, dass schon Mose die grundsätzliche Unauflöslichkeit der Ehe propagiert habe, was er durch Dtn 22,28 in Verbindung mit Mal 2,15 begründet: Das Wiederheiratsverbot *16,18 lege Mose ganz richtig aus.

Aber auch Tertullian empfand *16,18 in diesem Kontext als erklärungsbedürftig, denn er bemüht sich zu zeigen, dass diese *propositio* nicht „plötzlich" eingeführt worden sei (*quia nec subito interposita est*): „Ich muss nun aber auch dieses zeigen, woher der Herr dieses Urteil bezog und worauf er zielte" (IV 34,8). Zur Erklärung verweist er auf Johannes' Kritik an Herodes' Ehe mit der geschiedenen Herodias (hier verstanden als Scheidung durch den Tod des Ehepartners), deretwegen dieser den Täufer habe hinrichten lassen (vgl. Lk 3,19f).[58]

Die Deutung ist auf erstaunliche Weise konsistent: Das Gesetz gilt weiter (*16,17), wenn auch in differenzierter Weise (wie *16,16a[b][59] deutlich macht), weswegen *16,18 nicht in Widerspruch zum Mosegesetz steht. Die Erwähnung des Täufers in *16,16a ist notwendig, weil dessen Kritik an Herodes' Ehe deutlich macht, dass bereits das Gesetz die Differenzierung enthält, die Jesus (nach Mt 5,32) ausführt. Tertullians Interpretation von *16,16–18 erklärt zwar nicht, wie die eigenartige Zusammenstellung *16,16–18 entstanden sein könnte (denn er setzt ja immer den kanonischen Kontext voraus); aber die Selbstverständlichkeit, mit der Tertullian *16,17 zitiert und in diesem Zusammenhang verwendet, zeigt deutlich genug, dass das markionitische Evangelium keineswegs antinomistisch war.

5. Ein letzter für unsere Fragestellung wichtiger Textkomplex ist das *Ende des Lk*, das ganz sicher anders aussah als die kanonische Fassung, wenn auch nicht ganz klar ist, wie. Epiphanius teilt zweimal mit, dass Markion nicht nur zu Beginn, sondern auch in der Mitte und am Ende gekürzt

---

[56] IV 34,2: „Denn du hast das andere Evangelium nicht überliefert und seine Wahrheit und seinen Christus, in dem er Scheidung verbietet und die *damit verbundene Frage löst.*"

[57] Dass diese Argumentation mit dem MtEv seinem Grundsatz, Markion aus seinem eigenen Text zu widerlegen, entgegensteht, scheint Tertullian nicht gestört zu haben – wenn er es denn wahrgenommen hat.

[58] Tertullian versteht *16,18 also ziemlich genau in dem Sinn, den BURCHARD in seiner „Nachbemerkung 1998" zu Lk 16,16–18 annimmt (Zu Lukas 16,16, 125): Herodias' Ehe war nicht *rite dirumptum.*

[59] Ob Tertullian den sog. „Stürmerspruch" (16,16b) gelesen hat, lässt sich aufgrund seiner Angaben nicht sagen. Es ist denkbar, dass erst die lk Redaktion 16,16b aus Mt 11,12 in leicht veränderter Form *ad vocem* „Basileia wird verkündigt" hierher gesetzt hat.

hätte.[60] Allerdings gibt seine (sicherlich unvollständige) Liste der Änderungen am Schluss keine ausdrücklichen Auslassungsvermerke.[61] Auch Tertullians Referat, das gegen Ende ohnehin immer großzügiger wird, erlaubt keinen eindeutigen Aufschluss.

Aus Lk 24 sind folgende Aussagen für Markion bezeugt: Aus 24,1–12 hat Tertullian bei Markion *24,1.3f.6f.9–11[62] gelesen (IV 43,1–5), *24,4–7 ist auch durch Epiphanius 11,6 [Schol 76] sichergestellt. Keine Spuren gibt es von 24,2.8.12; während 24,2 unproblematisch ist, gibt es gute Gründe dafür, dass die V.8.12 von Lk redaktionell eingefügt wurden.

Die folgende Emmausepisode ist gut belegt: Aus Lk 24,13–35 ist für Markion *24,13–16.25 durch Tertullian gesichert (IV 43,3f), *24,18.25f.30f durch Epiphanius (11,6 [Schol 77]), *24,25f darüber hinaus durch Adamantius (Dial V 12). Von den nicht belegten Passagen sind Aussagen, die *24,17.28f inhaltlich entsprechen, aus Gründen der narrativen Logik für Markion zu postulieren, ebenso eine wenigstens kurze Angabe über das Unverständnis der beiden Emmausjünger (in Entsprechung zu 24,19–24), das Jesus in *24,25 aufgreift (Tertullian IV 43,4); Epiphanius hat für das Gespräch eine Auslassung vermerkt.[63] Vermutlich auf lk Redaktion geht dagegen 24,33–35 zurück: 24,34 setzt die mutmaßlich redaktionelle Aussage 24,12 voraus, die ἕνδεκα 24,33 entsprechen 24,9. Die für unsere Fragestellung mit Abstand interessanteste Frage, ob 24,27 mit der Erwähnung von „Gesetz und Propheten" bei Markion gestanden haben könnte, lässt sich leider nicht mit der gewünschten Sicherheit beantworten,[64] obwohl es Gründe für die Annahme gibt, dass dieser Vers redaktionell (= lk) ist.

Vom Rest des Kapitels sind für Markion bezeugt *24,37–39.41 (Tertullian IV 43,6–8; Adamantius, Dial V 12) bzw. *24,28f (Epiphanius 11,6 [Schol 78]). Die Erscheinung Jesu 24,36 ist daher zwingend vorausgesetzt.[65] Von *24,42f findet sich

---

[60] Epiphanius XLII 9,2: οὐ μόνον δὲ τὴν ἀρχὴν ἀπέτεμεν ... ἀλλὰ καὶ τοῦ τέλους καὶ τῶν μέσων πολλὰ περιέκοψε; 11,3: ὡς δὲ ἠκρωστηρίασται μήτε ἀρχὴν ἔχον μήτε μέσα μήτε τέλος ἱματίου βεβρωμένου ὑπὸ πολλῶν σητῶν ἐπέχει τὸν τρόπον.

[61] 11,6 [Schol 76] bezeugt *24,5–7 (vgl. dazu Tertullian IV 43,5); 11,6 [Schol 77] vermerkt für *24,25 eine andere Lesart; 11,6 [Schol 78] bezeugt mit anderer Lesart *24,38f (vgl. dazu auch Tertullian IV 43,6; Adamantius, Dial V 12) – danach bricht die Liste ab.

[62] Anstelle der ἕνδεκα (24,9) und der ἀπόστολοι (24,9f) erwähnt Tertullian nur *discipuli*, hat also wohl μαθηταί gelesen (IV 43,3: *incredulitas discipulorum perseverabat*). Allerdings hatte Markion *10,1 die Siebzig als ἀπόστολοι bezeichnet (Tertullian IV 24,1: *adlegit et alios septuaginta apostolos super duodecim*), die Lk nur als ἑτέρους ἑβδομήκοντα bezeichnet (vgl. den Hinweis von Tsutsui, Evangelium, 71ff).

[63] 11,6 [Schol 77]: παρέκοψε τὸ εἰρημένον πρὸς Κλεοπᾶν καὶ τὸν ἄλλον, ὅτε συνήντησαν αὐτοῖς τό „Ὦ ἀνόητοι καὶ βραδεῖς τῇ καρδίᾳ".

[64] Für die Vertreter der Lk-Priorität ist klar, dass Markion diese Aussage gestrichen haben musste, weil sie nicht in das ihm unterstellte Konzept passt, vgl. von Harnack, Marcion, 239* („27 unbezeugt und sicher gestrichen"); Tsutsui, Evangelium, 128f.

[65] In der Literatur heftig diskutiert wird *24,37, wo Markion mit hoher Wahrscheinlichkeit φάντασμα statt πνεῦμα las (Tertullian IV 43,6: *phantasma*; Adamantius, Dial V 12: φαντασία), weil Markion in *24,39 mit ebenso hoher Wahrscheinlichkeit πνεῦμα las. Die möglichen oder tatsächlichen theologischen Implikationen, die hier diskutiert werden, sind für unsere Fragestellung nur insofern von Belang, als sie nur bei Annahme der Lk-Priorität das (dann in der Tat kaum lösbare) Problem aufwerfen, aus welchen inhaltlichen Gründen Markion so inkonsistent formuliert haben

eine Spur bei Eznik von Kolb, demzufolge die Markioniten ihre (Fleisch-)Askese damit begründet hätten, dass Jesus hier Fisch statt Fleisch gegessen habe.[66] Da von der gesamten Himmelfahrtsszene nichts belegt ist, ist es wahrscheinlich, dass Markions Evangelium mit einem Sendungsbefehl am Ende der Erscheinungsszene geendet hatte, den Tertullian in seinem Markionreferat im Zusammenhang mit der Erscheinung des Auferstandenen vor den Jüngern als Letztes mitteilt, auch wenn der genaue Wortlaut unklar bleibt.[67]

Auch wenn das Urteil in vielen Fällen unsicher ist, lassen sich für die lk Redaktion, die das gesamte Kapitel durchgreifend ergänzt und verändert hat, einige wichtige Annahmen wahrscheinlich machen.

(a) Zunächst hat die lk Redaktion eine Reihe von szenischen Verknüpfungen vorgenommen und aus der eher episodischen Reihung von drei Einzelperikopen in Markions Evangelium (*24,1–11.13–35.36–43.47) eine narrative Einheit von hoher Kohäsion und Komplexität geschaffen. Zwischen Grab- und Emmausszene hat Lk Petrus' Gang zum Grab und Autopsie eingefügt (24,12). Das ist deswegen von Bedeutung, weil diese Ergänzung ein erzählerisches Gegenstück zu der entsprechenden Passage in Joh 20,3ff schafft, die deutlich macht, dass die lk Redaktion in großer Nähe zur Abfassung bzw. Redaktion von Joh steht.[68] Auch die Rückkehr der Emmausjünger nach Jerusalem ist – ausweislich der als Kohäsionsmerkmale zu wertenden Bezüge (24,34 auf 24,12; 24,33 auf 24,9) – eine redaktionelle Verbindung zwischen der Emmaus- und der Erscheinungsszene.

(b) In inhaltlicher Hinsicht fällt sodann auf, dass der ganze Themenkomplex des *Wissens*[69] um die Identität Jesu und die Notwendigkeit seines Leidens, der das gesamte Kapitel dominiert, redaktionell ist: In der Grabszene (24,1–9) ist 24,8 nachgetragen worden, was sehr gut dazu passt, dass der belehrende Dialog zwischen Jesus und den Emmausjüngern für Markion nicht bezeugt ist (24,19–24). Tatsächlich wird hier gleich mehrfach auf die Leidensankündigung Jesu referiert: In 24,6 fordern die Engel die Frauen ja nicht nur auf, sich an die Leidensankündigungen zu erinnern, sondern

---

sollte; vgl. dazu VON HARNACK, Marcion, 239*; TSUTSUI, Evangelium, 129ff; M. VINZENT, Der Schluß des Lukasevangelium bei Markion, in: Marcion und seine kirchengeschichtliche Wirkung, 79–94.

[66] VON HARNACK, Marcion, 240*.

[67] Tertullian IV 43,9 zu *24,47: *et apostolos mittens ad praedicandum universis nationibus.* Dass sich ἀρξάμενοι ἀπὸ Ἱερουσαλήμ nicht bei Markion fanden, leuchtet mir (aus anderen Gründen als VON HARNACK, Marcion, 240*) ein. Schleierhaft ist mir dagegen, mit welcher Begründung Harnack (ebd.) annimmt, Markion *24,47 habe die Worte (κηρυχθῆναι) μετάνοιαν εἰς ἄφεσιν ἁμαρτιῶν enthalten. Offensichtlich von hier aus ist diese Vermutung weiter gewandert, z.B. zu VINZENT, Schluß, 84.

[68] Ich habe den engen Zusammenhang anhand der Entsprechung von Lk 1,1–4 und Joh 21,25 angedeutet (KLINGHARDT, Markion). Beides gehört in das unmittelbare Umfeld der kanonischen Ausgabe.

[69] S. bes. K. LÖNING, Das Geschichtswerk des Lukas 1. Israels Hoffnung und Gottes Geheimnisse, Urban TB 455, Stuttgart u.a. 1997, 19–57.

sagen ihnen den Inhalt auch noch direkt vor (24,7), worauf 24,8 das Einsetzen der Erinnerung ausdrücklich feststellt. In 24,20 wird der sachliche Gehalt (zumindest der ersten Hälfte) der Ankündigung noch einmal im Mund
der Emmausjünger wiederholt. Da die lk Redaktion besonders intensiv
daran interessiert ist, was es über Jesus zu *wissen* gibt, wird man geneigt
sein, ihr auch die Einfügung von 24,27 (ἀρξάμενος ἀπὸ Μωϋσέως καὶ ἀπὸ
πάντων τῶν προφητῶν …) zuzuschreiben: Neben dem *Erinnern* an die
Worte Jesu, das ein Zurückblättern im Evangelienbuch verlangt, werden
hier die *Schriften* als hermeneutische Referenz eingeführt (διερμήνευσεν
αὐτοῖς ἐν πάσαις ταῖς γραφαῖς). Dasselbe Thema ist auch in die Szene von
der Erscheinung Jesu (24,36–49) eingefügt worden, die dadurch ein vollständig neues Profil erhält. Gleich mehrere Aspekte, die in den ersten beiden Szenen eingefügt wurden, werden aufgegriffen und im Mund Jesu vor
allen Jüngern wiederholt: Die Leidensankündigung (die 24,44 zum dritten
Mal innerhalb des Kapitels inhaltlich mitgeteilt wird!), die Schrift als
Grundlage des Verstehens (24,45, mit Rückbezug auf 24,27) sowie das
Verstehen, das durch die Verbindung von beidem als „Öffnung der Augen"
erwähnt wird.[70]

Die Hermeneutik, die hier impliziert ist, hat für unsere Fragestellung
zwei wichtige Aspekte: Der Umstand, dass erst die Engel am Grab und
dann Jesus inhaltlich gar nichts Neues mitteilen, sondern nur auf Bekanntes
verweisen, das erinnert werden muss, macht zunächst deutlich, dass es hier
nicht in erster Linie um den materialen Gehalt eines „christlichen Wissens-
bestandes" geht, sondern um die Frage, wie man auf verlässliche Weise zu
diesem Wissen gelangen kann. Genau diese Vermittlung von Zuverlässigkeit (ἀσφάλεια) hinsichtlich der Überlieferung, in der der ideale Leser
Theophilos unterrichtet wurde, ist dem Prolog zufolge die Absicht der Abfassung des Lk.[71] Die Antwort, die der Prolog auf diese Frage gibt, ist der
Verweis auf *dieses* Evangelium: Gemeint ist – in erkennbarem Gegensatz
zu den früheren Versuchen, die „viele unternommen haben" – der lk redi-
gierte Evangelientext, der, vermittelt durch den fiktiven Autor, durch Au-
genzeugenschaft, Nachforschung ganz von Anfang an und Genauigkeit au-
torisiert wird (Lk 1,2f). Die Antwort von Lk 24 schlägt einen weiteren Bogen: Das verlässliche Zeugnis ist in den Schriften Israels enthalten, die nur
richtig gelesen werden müssen; und den Schlüssel zur richtigen Lektüre
vermittelt erst die Belehrung durch Jesus. Das hermeneutische Konzept, das

---

[70] Der Öffnung der Schrift (24,45: διήνοιξεν … τὰς γραφάς) korrespondiert die Öffnung der
Augen (24,31: διηνοίχθησαν οἱ ὀφθαλμοί), die zuvor „gehalten" waren (24,16: οἱ δὲ ὀφθαλμοὶ
αὐτῶν ἐκρατοῦντο) und deshalb nicht „sahen" (vgl. 24,24, über die Frauen am Grab: αὐτὸν δὲ οὐκ
εἶδον): Wem die „Augen geöffnet" werden, so dass er den Auferstandenen „sieht", dem ist auch
der „νοῦς geöffnet", so dass er die Schrift richtig versteht – und umgekehrt.
[71] Lk 1,4. Zum Prolog und seiner antimarkionitischen Funktion für die lk Redaktion s.
KLINGHARDT, Markion.

hier entfaltet wird, enthält also zwei Elemente, die sich gegenseitig bedingen und gegenseitig stützen. Das ist einigermaßen erstaunlich, weil das Gefälle der Erzählung zwar nach einer Begründung von Passion und Auferstehung Jesu verlangt (die hier durch die Schriften gegeben wird), nicht aber nach einer Legitimation von Mosegesetz, Propheten und Psalmen: Diese Referenz erfüllt offenkundig eine Begründungsfunktion, die außerhalb der Erzählung liegt.

Von hier aus wird der andere aufschlussreiche Aspekt dieser Hermeneia Jesu deutlich. Denn die durch ihn vermittelte „Öffnung des Verstandes zum Begreifen der Schriften" (24,45) setzt ja einen fest umrissenen Bestand von Texten voraus, der hier bekanntlich zum ersten Mal mit den großen Teilsammlungen des AT auch genannt wird: Gesetz des Mose, Propheten, Psalmen (24,44).[72] Die Geschlossenheit der hermeneutischen Argumentation – nur der richtige (und das heißt: der lk) Jesus „öffnet" die Schrift, nur die richtige Schrift (und das heißt: die Sammlung von Mosegesetz, Propheten und Psalmen) ermöglicht den Zugang zu diesem Jesus – legt es nahe, diesen Verweis auf die „Schriften" selbstreferentiell auf das *christliche* Alte Testament zu beziehen: Beide Aspekte unterscheiden dieses Konzept von Markion, der keine Sammlung alttestamentlicher Schriften kannte und dessen Evangelium auch keinen Jesus schildert, der Augen und Verstand zum Verstehen des Alten Testaments öffnet. So entspricht das Ende des Lk dem Prolog am Anfang: In beiden Fällen wird das Problem reflektiert, wie Zugang zu relevantem Wissen zuverlässig möglich ist, und in beiden Fällen enthält die Antwort Elemente, die am ehesten antimarkionitisch zu verstehen sind – im Prolog sind das die Verweise auf die Augenzeugen von Anfang an (οἱ ἀπ' ἀρχῆς αὐτόπται), die richtige Reihenfolge (καθεξῆς) usw.,[73] am Ende ist es der Verweis auf das AT, das für das Verstehen Jesu unerlässlich ist. Dieser hermeneutische Zusammenhang in Lk 24 zeigt sehr schön, wie Markions Vorwurf zu verstehen ist, das (kanonische Lk-) Evangelium „sei, verfälscht von den Verteidigern des Judentums, mit dem Gesetz und den Propheten zu einer Einheit verbunden worden, durch welche sie Christus auch von dorther erdichten."[74]

(c) Komplett neu geschaffen hat Lk schließlich den gesamten Rest des Evangeliums mit der Himmelfahrtsszene und der Rückkehr der Jünger nach

---

[72] Auch in 24,27 setzt die Formulierung ἐν πάσαις ταῖς γραφαῖς eine abgeschlossene Sammlung voraus.

[73] Markions Evangelium besitzt ja aus Sicht des Lk am Anfang (*4,31–37.16–30) eine falsche Reihenfolge, und da die gesamte Kindheits- und Taufüberlieferung fehlt, beginnt es auch nicht ἄνωθεν.

[74] Tertullian IV 4,4: Die hier angesprochene *interpolatio* bestünde dann nicht nur in der redaktionellen Verbindung von (Lk-) Evangelium mit Gesetz und Propheten in der Kanonischen Ausgabe (*concorporatio legis et prophetarum*), sondern auch in der Verfälschung des Textes, das diese *concorporatio* begründet. Tertullians Wiedergabe von Markions Vorwurf klingt wie ein direkter Kommentar zu Lk 24,27.44–46.

Jerusalem in den Tempel. Die Korrespondenz von Lk 24,50–53 mit Apg 1,9–11 schließlich schafft trotz der Unterschiede[75] eine beabsichtigte Brücke zum „zweiten Buch". Das zeigen einige gemeinsame Elemente deutlich genug: Belehrung beim gemeinsamen Mahl (24,36ff; Apg 14); Hinweis auf die Zeugenschaft vor allen Völkern bzw. bis an die Grenzen der Erde (24,48; Apg 1,8); die Aufforderung, Jerusalem nicht zu verlassen, mit der Verheißung der Gabe des Geistes (24,49b; Apg 1,4). Dabei dienen die theologisch zentralen Aussagen der Belehrung Jesu (24,46–49) nicht nur als Ankündigung dessen, was dann in Apg erzählt wird, sondern schlagen mit dem Stichwort „Umkehr zur Sündenvergebung für alle Völker" den Bogen zurück zu den programmatisch redigierten Aussagen der Täuferschilderung und der Nazarethperikope: Die Formulierung μετάνοια εἰς ἄφεσιν ἁμαρτιῶν (εἰς πάντα τὰ ἔθνη) ist typisch für die lk Redaktion von Markions Text[76] und macht durch die rekurrenten Belege in Apg die kohärente Zusammengehörigkeit der beiden Bücher deutlich.[77]

Die Rückkehr der Jünger von Bethanien (24,50ff) markiert dabei ein weiteres wichtiges Kompositionssignal. Denn der Gang von Bethanien über den Ölberg nach Jerusalem in den Tempel wiederholt den Weg Jesu beim Einzug nach Jerusalem mit der Königsproklamation durch die Jünger (19,29ff mit 19,37f) und der Tempelreinigung (19,45–48), die den Tempel als Ort des Gebets und der Lehre qualifiziert. An dieser Stelle hatte die lk Redaktion den Pharisäerprotest und die *Dominus-flevit*-Szene mit der Ankündigung der Zerstörung Jerusalems eingefügt, die ebenfalls in Markions Evangelium fehlten.[78] Die Wiederholung des Weges von 19,29ff in 24,50ff zeigt sehr deutlich das redaktionelle Verfahren und Interesse: Das Königtum Jesu muss proklamiert werden. Wenn die Jünger dies nicht tun, werden die Steine schreien, was sie, in der Perspektive der lk Redaktion, ja auch sehr laut getan haben und darin zu Zeugen für Jesu Königtum geworden sind. Analog dazu steht die Proklamation der Jünger. Dass diese Proklamation gerade auf dem Weg vom Ölberg zum Tempel verortet wird, verweist dann auf die Entsprechung in Apg 1,4–14: Auch hier wird das Königtum

---

[75] Die Unterschiede beziehen sich eher auf den Termin (Lk 24,50: in derselben Nacht; Apg 1,3: nach 40 Tagen) als auf den Ort (Lk 24,50: in der Nähe von Bethanien; Apg 1,12: Ölberg), weil Lk sich offensichtlich Betanien, Bethphage und den Ölberg als eine geographische Einheit denkt (19,29). Zur Art der Beziehung der beiden Himmelfahrtsszenen vgl. M.C. PARSONS, The Departure of Jesus in Luke-Acts. The Ascension Narratives in Context, JSNT.S 21, Sheffield 1987, der darauf hinweist, dass die Differenzen eine Folge der jeweiligen narrativen Funktion darstellen.

[76] Lk 1,77; 3,3 vom Täufer (κηρύσσων βάπτισμα μετανοίας εἰς ἄφεσιν ἁμαρτιῶν) bzw. 4,18f im Mischzitat mit den Stichworten πνεῦμα (κυρίου) – ἄφεσις – κηρύξαι ἐνιαυτὸν κυρίου δεκτόν.

[77] Apg 2,38; 5,31; 10,43; 13,38; 26,18. Zu 13,38 s. KLINGHARDT, Gesetz, 99ff; von meinem Versuch, die Formulierung ἄφεσις ἁμαρτιῶν ... (καὶ) ἀπὸ πάντων ὧν οὐκ ἠδυνήθητε ἐν νόμῳ Μωϋσέως δικαιωθῆναι (Apg 13,38) als von Paulus unabhängig zu erweisen, würde ich in der Zwischenzeit deutlich abrücken.

[78] Siehe oben mit dem Auslassungsvermerk bei Epiphanius 11,6 [Schol 53].

Jesu thematisiert (Apg 1,6–8), jetzt aber in der Zuspitzung, dass Jesu βασι-λεία τῷ Ἰσραήλ gerade dadurch realisiert wird, dass die Jünger dieses Königtum „bis an die Enden der Erde" proklamieren, und zwar ausgehend von Jerusalem (genauer: vom Tempel, Apg 22,17f), wo die Jünger im Gebet verharren (Lk 24,53; Apg 1,14). Damit ist deutlich: Dass Jesu Königtum über Israel sich gerade in der Erstreckung auf die Heiden realisiert, entspricht der zentralen Aussage des *Nunc dimittis* (Lk 2,32).[79] Dass die Bewegung, die die Heiden mit einbezieht, gerade vom Tempel ausgeht (Apg 1,6ff; 22,17f), erweist ihre Übereinstimmung mit den Verheißungen Israels. So ist die zentrale Stellung des Tempels am Ende des Lk das narrative Widerlager zu den programmatischen Aussagen in Lk 1f. Dieses Wissen ist in den Schriften enthalten, muss aber durch die Hermeneia Jesu „aufgeschlossen werden."

Die Erkenntnis dieser kompositionellen Zusammenhänge zwischen Lk und Apg sind allesamt nicht neu.[80] Aber sie gewinnen doch ein neues Gewicht, wenn man sieht, dass und wie die einzelnen Elemente in Markions Text, der im Vergleich zur kanonischen Fassung wie ein Torso erscheint, erst eingebaut wurden. Angesichts der hohen literarischen Komplexität und der Verknüpfung so vieler wichtiger Kompositionslinien in Lk 24, die allesamt in Markions Evangelium fehlten, fällt es sehr schwer, die traditionelle Sicht der Lk-Priorität aufrecht zu erhalten: Die Elemente, die die lk Komposition deutlich machen, finden sich fast durchweg in redaktionellen Partien.

III

Mit diesem Überblick über den Umfang von Markions Evangelium sollten wenigstens die Konturen der lk Redaktion erkennbar sein. Da ich das Material nur in groben Zügen aufgelistet und nicht wirklich detailliert analysiert habe, räume ich gerne ein, dass manches aufgrund der Zeugnislage nicht hinreichend sicher ist, anderes auch anders interpretiert werden könnte. Aber trotz mancher Unsicherheiten erlaubt das weitgehend in sich stimmige Gesamtbild einige Schlussfolgerungen, die sich (1.) auf das Profil der Redaktion und die Beurteilung des redaktionellen Gefälles beziehen, von wo aus sich dann (2.) auch inhaltliche Gesichtspunkte zur Beurteilung der Aus-

---

[79] Siehe dazu oben mit Anm. 31.

[80] Zum Tempel allgemein s. M. BACHMANN, Jerusalem und der Tempel. Die geographisch-theologischen Elemente in der lukanischen Sicht des jüdischen Kultzentrums, BWANT 109, Stuttgart u.a. 1980, 315ff; zum Tempel speziell als Ort von Lehre und Gebet sowie in Verbindung mit Heidenmission s. KLINGHARDT, Gesetz, 276ff. Zu Lk 24 und dem Übergang zu Apg s. auch WASSERBERG, Mitte, 191ff.

sagen zum Gesetz und ihrem historischen Ort sowie (3.) zu Markions Haltung zum Gesetz ergeben.

1. In den meisten Fällen ist eine *lk Redaktion von Markions Text wahrscheinlicher als die umgekehrte Annahme.* Abgesehen von einigen kleineren Beobachtungen[81] sind dabei vor allem die redaktionellen Differenzen in Lk 4 und 24 aufschlussreich. Für Lk 4,16–30.31–37 hat sich gezeigt, dass sich die Annahme der Lk-Priorität nicht mehr aufrechterhalten lässt. Vielmehr ist der redaktionelle Charakter von 4,16ff (mit seinen Zügen der „redactional fatigue")[82] ja schon immer gesehen worden – allerdings für das Verhältnis Lk-Mk, nicht für das Verhältnis Lk-Markion. Für Lk 24 ist die hochkomplexe Komposition deutlich geworden, die ausweislich der zahlreichen Kohäsionsmerkmale[83] eine planmäßige Einheit darstellt, während die markionitische Erzählung (mit der Abfolge: Auffindung des leeren Grabes – Emmausjünger – Erscheinung des Auferstandenen in Jerusalem) zwar ohne Brüche ist, aber literarisch eher die Merkmale der episodischen als der thematischen Erzählung aufweist. Es wäre zwar grundsätzlich möglich, dass Markion die genannten Kohäsionsmerkmale beseitigt (oder wenigstens erheblich reduziert) und dadurch die komplexe Struktur seiner Vorlage aufgelöst hätte, aber das ist sehr unwahrscheinlich: Zwar könnte man Markion ein Motiv für die Streichung derjenigen Aussagen unterstellen, die das hermeneutische Konzept von Lk 24 stützen, nicht aber für die Streichung der Zeit- und Ortsangaben oder von Lk 24,12.

(a) Unter der Voraussetzung der Markionpriorität fällt auf, dass die hier besprochenen Texte auch untereinander in enger Beziehung stehen. Sie bilden ein kohärentes Geflecht, verweisen aufeinander und interpretieren sich wechselseitig. Dabei sind die redaktionell besonders intensiv bearbeiteten Passagen zugleich diejenigen, die innerhalb des Lukasevangeliums am deutlichsten literarisch strukturiert sind: Die narrative Analyse zeigt gerade in den hier besprochenen Texten zu Beginn (Lk 1f; 3f) und am Ende (Lk 24) die Planmäßigkeit der Anlage, die sich demnach relativ leicht rekon-

---

[81] Z.B. die Angleichung von Lk 10,25 und Lk 18,18 als Frage nach dem ewigen Leben (s.o. Anm. 36).

[82] M. GOODACRE, The Synoptic Problem. A Way Through the Maze, Sheffield 2001, 71ff. Ein Beispiel ist etwa die Erzählung vom Tod des Täufers (Mk 6,14–29; Mt 14,1–12): Viermal wird Herodes in der mk Fassung als βασιλεύς bezeichnet; Mt korrigiert in 14,1, historisch zutreffend, in τετραάρχης, übersieht diese Korrektur aber in 14,9, wo er aus Mk 6,29 βασιλεύς übernimmt.

[83] Zu nennen sind: Die hohe Rekurrenz der immer wieder aktualisierten Zeitangaben, die das gesamte Geschehen auf einen Tag verteilen (Lk 24,1.13.29.33.36), und zwar auf den „dritten Tag" (vgl. 23,54.56; 24,1; der dritte Tag wird ausdrücklich genannt: 24,7.21); das beständige Gehen von und nach Jerusalem (24,1.9.12a.b.13.22.24.33.50.52), das man mit LÖNING, Geschichtswerk, 33ff, am besten als Bewegung auf der Suche nach Jesus bezeichnet, was im übrigen erklärt, wieso die Jünger 24,17 während der Belehrung durch Jesus stehen bleiben (ἐστάθησαν); und schließlich die gesamte Thematik des Wissens und Erinnerns (s. oben).

struieren lässt,[84] während die literarischen Strukturmerkmale in anderen Partien (vor allem im sog. Reisebericht)[85] sehr viel weniger deutlich ausfallen und dementsprechend kaum konsensfähige Urteile zulassen. Anders gesagt: Markions Text ist, mangels hinreichender Struktursignale, weniger gut erzählt als Lk.

Der narrativen Kohärenz entspricht eine inhaltliche: Eine auffällig große Zahl der lk Texte, die üblicherweise zum größeren Themenbereich „Gesetz" diskutiert werden,[86] sind nicht in Markion, sondern erst in Lk enthalten und erweisen so ein konsistentes, redaktionelles Interesse. Da dieser Befund andererseits der traditionellen Annahme der Lk-Priorität entspricht, dass Markion ja alle entsprechenden Passagen gestrichen oder verändert hätte, sind all diejenigen Signale in Markions Text von Bedeutung, die nicht nur keine Spur von Antinomismus zeigen, sondern die Geltung des Gesetzes theologisch begründen.

An der Spitze steht die grundlegende Äußerung über die ewige Geltung von „Gesetz und Propheten" (*16,17), die durch das Lazarusgleichnis und seinen Spitzensatz interpretiert wird (*16,29). Da dieser ganze Zusammenhang eindeutig bezeugt ist, verwundert Tertullians wiederholte Kritik, Markion habe das Logion von der Erfüllung von Gesetz und Propheten (Mt 5,17) gestrichen.[87] Wie immer dieser Widerspruch entstanden ist,[88] er zeigt, dass Markion den Text seines Evangeliums nicht in dem von Tertullian unterstellten Sinn rezensiert hat. Markions Text und das ihm unterstellte redaktionelle Konzept widersprechen sich an dieser Stelle diametral. Diese Inkonsistenz wird noch in Tertullians Argumentation deutlich, der an dieser

---

[84] Es ist daher kein Zufall, dass beispielsweise Lönings narrative Analyse des Lk gerade mit diesen Passagen einsetzt (Geschichtswerk, 19–57.58–159) und hier sehr viel überzeugender ist als in der Behandlung von Lk 5–9 (160–258).

[85] Auch die umfangreiche Untersuchung von R. VON BENDEMANN, Zwischen Doxa und Stauros. Eine exegetische Untersuchung der Texte des sogenannten Reiseberichts im Lukasevangelium, BZNW 101, Berlin/New York 1999, kann die literarischen Zusammenhänge nicht gleichmäßig gut erklären.

[86] Außer KLINGHARDT, Gesetz, vgl. etwa C.L. BLOMBERG, The Law in Luke-Acts, JSNT 22 (1984) 53–80; K. SALO, Luke's Treatment of the Law. A Redaction-Critical Investigation, AASF.HL 57, Helsinki 1991, 43–167; S.G. WILSON, Luke and the Law, MSSNTS 50, Cambridge 1983.

[87] Diesen Vorwurf erhebt Tertullian immer dann, wenn Markions Text eine positive Haltung zum Gesetz zeigt: Nach IV 7,4 habe Markion dieses Logion „wie einen Zusatz gestrichen (*hoc enim Marcion ut additum erasit*; zu *4,31–37)." – Nach 9,15 (Zusammenhang: Befehl an den Leprösen *5,14) habe Markion „*sententiam Non veni legem dissolvere, sed adimplere*" aus seinem Evangelium gestrichen (*erasisse*). – 12,14: Tertullian führt zu Lk 6,6–11 aus, dass Jesus das Sabbatgebot in Kraft gesetzt habe und folgert: „Überall drängt er durch seine Taten auf: Ich bin nicht gekommen, das Gesetz aufzulösen, sondern es zu erfüllen! – auch wenn Markion ihm mit diesem Wort den Mund verstopft hat (*si Marcion hac voce os ei obstruxit*)."

[88] Unter den verschiedenen Möglichkeiten erscheint mir am wahrscheinlichsten, dass Tertullian schlicht die enge Verbindung von Mt 5,17.18 im Hinterkopf hatte und in der Parallele bei Markion *16,17 eine Entsprechung zu Mt 5,17 vermisste.

Stelle zur Widerlegung Markions auf die mt Fassung des Ehescheidungs- und Wiederheiratsverbotes zurückgreifen muss (s.o.).

Auch Markions Text von *23,2 mit dem erlogenen Vorwurf, Jesus habe Gesetz und Propheten aufgelöst und das Volk zum Aufruhr veranlasst (s.o.), ist hier von Bedeutung: Denn unter der Voraussetzung der Lk-Priorität müsste man annehmen, dass Markion die seiner Theologie direkt widersprechende Äußerung redaktionell zu Lk hinzugefügt habe. Umgekehrt erfordert die Annahme der Markionpriorität, hier eine Streichung durch die lk Redaktion wahrscheinlich zu machen. Das gelingt leicht, denn indem Lk die falschen Anklagen (Tempelwort und Auflösung von Gesetz und Propheten) streicht und dann in die entsprechend gestaltete Anklage gegen Stephanus einfügt (Apg 6,14), legt er den ganzen Ton auf die (echten) Fragen nach der Gottessohnschaft (22,67–70) bzw. dem Königtum Jesu (23,3f), die Jesus beide bejaht.

(b) Interessanterweise *erstreckt sich die inhaltliche Kohärenz der lk Redaktion über Lk hinaus auch auf Apg*. Dabei zeigt sich die enge redaktionelle Verflechtung von Lk und Apg nicht nur in der Entsprechung der beiden Prologe (Lk 1,1–4; Apg 1,1–3) oder der beiden Himmelfahrtsszenen (Lk 24,50–53; Apg 1,9–11), sondern auch an denjenigen Querverbindungen, die zentrale Aussagen von Apg mit redaktionellen Partien in Lk verknüpfen. Und hier sind gerade die besprochenen Texte im Umfeld von Gesetz und Heidenmission von Bedeutung, also etwa diejenigen Linien, die in Lk 4,16–30 ihren kompositionellen Kulminationspunkt besitzen:[89] die Täufertradition,[90] die Aussagen zum Tempel als Ort von Lehre und Gebet[91] und zu seiner Funktion für die Heidenmission[92] und anderes mehr. Das heißt: Auch die wichtigen Aussagen in Apg zum größeren Themenbereich „Gesetz" sind Teil desselben redaktionellen Konzepts wie ihre Entsprechungen in Lk.

Damit ist nicht behauptet, dass Apg insgesamt erst durch den Redaktor von Markions Evangelium verfasst wurde, wohl aber, dass die kanonische Gestalt des „lk Doppelwerks" erst durch eine einheitliche und vereinheitlichende Redaktion entstanden ist, die – für das Evangelium – Markions Text benutzt hat. Die Frage nach der Art der Zusammengehörigkeit[93] von Lk und Apg ist in jüngster Zeit mehrfach behandelt worden. Dabei ist die übliche Ansicht, dass Lk-Apg auf ein und denselben Verfasser zurückgehen und als

---

[89] Vgl. dazu ausführlich KLINGHARDT, Markion.

[90] Vgl. dazu die Rückverweise auf Lk 3 in Apg 1,5.22; 10,37; 11,16; 13,24f; 18,25; 19,2–5.

[91] Z.B. Lk 2,46ff; 19,47; 24,53; Apg 2,46; 5,20ff usw.

[92] Z.B. Lk 1,9–17; 2,32; Apg 1,6ff; 22,17f usw.

[93] Vgl. die Übersicht von I.H. MARSHALL, Acts and the "Former Treatise", in: B.W. Winter/A.D. Clarke (Hg.), The Book of Acts in Its Ancient Literary Setting, BAFCS 1, Grand Rapids 1993, 163–182.

ein Werk in zwei Bänden konzipiert wurde,[94] verschiedentlich kritisiert worden, wobei die Zugehörigkeit zu verschiedenen Gattungen von Lk und Apg eine wichtige Rolle spielt.[95] Für die Verhältnisbestimmung ist von Bedeutung, dass Apg nicht nur Lk voraussetzt, sondern auch eine enge Beziehung zu Joh aufweist, so dass die Redaktion in großer Nähe zur Kanonischen Ausgabe steht.[96] Wenn man die Beobachtungen zusammennimmt und in Rechnung stellt, dass es höchst unwahrscheinlich ist, dass Lk und Apg jemals als eigenständige Bücher zirkulierten, dann bietet die hier vorgeschlagene Annahme einer gemeinsamen Redaktion eine plausible und einfache Lösung.

2. Diese Beobachtungen zur Redaktion haben weit reichende Konsequenzen: Die *lk Theologie des Gesetzes* ist – zwar nicht in allen Einzelaussagen, wohl aber im Gesamtbild – etwa auf die Mitte des 2. Jh. zu datieren. Zwar glaube ich nicht, dass erst Markion das von ihm benutzte Evangelium verfasst hat; sehr viel leichter ist die Annahme, dass er einfach kein anderes kannte. Aber die lk Redaktion weist an den herausgehobenen Stellen so deutliche antimarkionitische Spitzen auf, dass die gezielte Reaktion auf Markion zumindest ein Hauptmotiv dieser Redaktion war.

Die antimarkionitische Intention kommt vor allem in dem oben skizzierten hermeneutischen Konzept zum Ausdruck, das den Prolog und das Ende des Lk prägt: Nur *alle Schriften* (24,27), also auch Mose, Propheten und Psalmen (24,44), gewährleisten die *Sicherheit* hinsichtlich der christlichen Überlieferung (1,4), die angesichts von „vielen Versuchen" (1,1) offenkundig fraglich geworden ist. Die διήγησις, die der sich hinter dem *Auctor ad Theophilum* versteckende Redaktor unternimmt, unterscheidet sich dabei von den früheren Versuchen vor allem dadurch, dass sie, auf *Augenzeugen* gestützt, in der richtigen *Reihenfolge* (1,3) und *ganz vom Anfang an* (und das heißt nach Apg 1,21f: mindestens von der Johannestaufe an) berichtet: Alle diese Elemente richten sich gegen Markions zweiteilige Bibel, die ja keine „Schriften" wie Mose, Propheten und Psalmen enthielt, und gegen sein Evangelium, das ja – aus der Perspektive des Lk – weder καθεξῆς noch ganz vom Anfang an berichtet, und das vor allem keinen Jesus porträtiert, der die Zusammengehörigkeit aller Schriften theologisch begründet. Wie

---

[94] Zum Problem vgl. J. VERHEYDEN (Hg.), The Unity of Luke-Acts, BEThL 142, Leuven 1999, und darin Verheydens einführenden Beitrag, in dem er die Diskussion um die gemeinsame Verfasserschaft kurzerhand für beendet erklärt (The Unity of Luke-Acts. What Are We Up To?, 3–56: 6, Anm. 13).

[95] Vgl. M.C. PARSONS/R.I. PERVO, Rethinking the Unity of Luke and Acts, Minneapolis 1993, 61ff. Siehe jetzt auch J. SCHRÖTER, Die Apostelgeschichte und die Entstehung des neutestamentlichen Kanons. Beobachtungen zur Kanonisierung der Apostelgeschichte und ihrer Bedeutung als kanonischer Schrift, in: J.M. Auwers/H.J. de Jonge (Hg.), The Biblical Canons, BEThL 143, Leuven 2003, 395–429: 418–423.

[96] So erinnert die Formulierung Apg 13,25 eher an Joh 1,26f als an Lk 3,16; analog dazu ist die Entsprechung von Lk 24,12 und Joh 20,3ff (s.oben).

dieses Modell praktisch angewandt wird, zeigt etwa die Begründung des Aposteldekrets, zu der „Mose" (15,21), die Apostel und Ältesten (15,22) und der Heilige Geist (15,28) als einstimmige Zeugen aufgerufen werden.

(a) Die antimarkionitische Intention erlaubt die Lösung der notorisch strittigen Frage, wie der historische Hintergrund der lk Aussagen zum Gesetz zu bestimmen ist. Denn obwohl das generelle Interesse des Lk am Gesetz deutlich ist, lässt sich ein inhaltliches Profil nur schwer ausmachen.[97] Damit hängt die Ambivalenz der Aussagen über das Verhältnis zu Israel zusammen, die am besten in der Schlussperikope von Apg (28,23–28[29]) sichtbar wird: Ist die erfolgreiche Mission unter Heiden eine Folge oder eine Voraussetzung der Verstockung Israels? Die Frage, auf die so verschiedene Antworten gegeben werden, lautet dementsprechend: Inwiefern konnte (bei traditioneller Datierung: ein bis zwei Generationen) nach Paulus die Heidenmission für Lk, der die zweite Hälfte von Apg ganz dem „dreizehnten Zeugen" widmet, theologisch fraglich sein? Hat es eine „Re-Judaisierung" gegeben, wie man früher glaubte?[98] Oder war das pharisäisch geprägte Judenchristentum, das Lk vor Augen stand, eine so „mächtige Minderheit",[99] dass sie diese theologische Auseinandersetzung auch noch lange nach der grundsätzlichen Anerkennung der Mission unter Heiden erforderlich machte? Dient die Verhältnisbestimmung, die Lk anhand der Aussagen zum Gesetz trifft, eher dazu, nach innen die Leser ihrer jüdischen Wurzeln zu versichern, oder geht es um apologetische Abgrenzung vom Judentum oder zielt sie gar auf das Forum der paganen Öffentlichkeit?[100] Mein eigener Versuch, die Ambivalenz der Aussagen zum Gesetz zu interpretieren (und zugleich ihr erkennbar ekklesiologisches Interesse ernst zu nehmen), bestand in der Konstruktion einer soziologisch differenzierten Gemeindewirklichkeit, die ich dann historisch zu verorten versucht habe.[101]

---

[97] Z.B. SALO, Treatment, 165: „Luke is not interested in individual legal commandments. However the law, as such, is certainly crucial for him."

[98] H. HÜBNER, Das Gesetz in der synoptischen Tradition. Studien zur These einer progressiven Qumranisierung und Judaisierung innerhalb der synoptischen Tradition, Witten 1973.

[99] J. JERVELL, The Mighty Minority, StTh 34 (1980) 13–38; DERS., Luke and the People of God. A New Look at Luke-Acts, Minneapolis 1972.

[100] W. STEGEMANN, Zwischen Synagoge und Obrigkeit. Zur historischen Situation der lukanischen Christen, FRLANT 152, Göttingen 1991. Ähnlich H. MERKEL, Das Gesetz im lukanischen Doppelwerk, in: K. Backhaus/F.G. Untergassmair (Hg.), Schrift und Tradition (FS J. Ernst), Paderborn 1996, 119–133. Sein Versuch, den πατρῷος νόμος als apologetisches Bindeglied zwischen Juden und Heiden zu verstehen, überzeugt mich nicht, weil die Tradition der „väterlichen Gesetze" ja die Übereinstimmung mit der jeweils eigenen Tradition stark macht.

[101] KLINGHARDT, Gesetz, 306ff. Ein Kritiker hat dieser Lösung bescheinigt, hier beginne „dann doch die Märchenstunde" (Müller, BZ 34 [1990], 143). Auch wenn diese Kritik weniger freundlich formuliert ist als die eingangs zitierte von Christoph Burchard, hebt sie die methodischen Mängel zu Recht hervor. Allerdings halte ich an der Notwendigkeit fest, dass die genannten Ambivalenzen eine textpragmatische Funktion in einer identifizierbaren historischen Situation besitzen müssen.

(b) Die Einsicht in die antimarkionitische Tendenz der lk Redaktion legt einen anderen Hintergrund nahe. Denn die Datierung rückt das gesamte Konzept in die Nähe der „altkatholischen" Position, die etwa Franz Overbeck für Lk angenommen hatte[102] und die von der Lk-Kritik zur Mitte des 20. Jh. unter dem Schlagwort „Frühkatholizismus" aufgegriffen wurde.[103] Franz Overbeck sah die entscheidende Nähe zwischen Justin und Apg darin, dass beide aus der Position eines mehr oder weniger gesicherten Heidenchristentums schrieben[104] und daher weniger prinzipiell mit dem Gesetz umgehen konnten als Paulus. Mir hatte seinerzeit weder das hier vorausgesetzte Geschichtsbild der Tübinger Schule eingeleuchtet,[105] noch hatte ich verstanden, warum in dieser altkatholischen (und das hieß: heidenchristlichen) Synthese die Aussagen zum Gesetz eine derartige Dominanz besitzen konnten: Ich fand, dass ethische Forderungen, die, wie etwa das Aposteldekret, kraft der eigenen (und nicht christlich oder christologisch reaffirmierten) Autorität der Mosetora erhoben wurden, nicht historisierend, sondern nur als Reflex aktueller Bedürfnisse verstanden werden konnten.[106]

Vor dem Hintergrund der beginnenden Auseinandersetzung der katholischen Kirche mit Markion verstehe ich die lk Redaktion mit ihrer Rückbesinnung auf und ihrer Geltendmachung von jüdischen Traditionen als Ausdruck der Einheit der Verheißungsgeschichte, die die Kirche für sich reklamiert: Nicht die Geltung bestimmter einzelner Forderungen der Tora innerhalb des Christentums war das wirklich brennende Problem, wohl auch nicht die theologisch begründete Abgrenzung vom (nichtchristlichen) Judentum, sondern das moderne, gnostisierend „ungeschichtliche" und einseitig paulinische Verständnis des Christentums, das Markion vertrat. Die Hauptreaktion dagegen war die Kanonische Ausgabe selbst, die die relevanten Schriften als Neues Testament mit dem Alten Testament verband und das paulinische Anathema gegenüber den Jerusalemer Lügenaposteln

---

[102] Vgl. F. OVERBECK, Kurze Erklärung der Apostelgeschichte. Kurzgefasstes exegetisches Handbuch zum Neuen Testament von W.M.L. de Wette, Leipzig ⁴1870; F. OVERBECK, Ueber das Verhältnis Justins des Märtyrers zur Apostelgeschichte, ZWTh 15 (1872) 305–349. F. Overbeck hatte diese Untersuchung als „Nachtrag" zu dem Kommentar verstanden (Verhältnis, 305f).

[103] Grundlegend Ph. VIELHAUER, Zum ‚Paulinismus' der Apostelgeschichte, in: ders., Aufsätze zum Neuen Testament, ThB 31, München 1965, 9–27; DERS., Franz Overbeck und die neutestamentliche Wissenschaft, ebd. 235–252. Die historische Verortung, die bei Overbeck weitgehend wertfrei ist, wurde bei Vielhauer und seinen Nachfolgern unter dem Eindruck der dialektischen Theologie zum Verdikt (s. dazu KLINGHARDT, Gesetz, 3f).

[104] OVERBECK, Verhältnis (passim).

[105] Overbeck hat für seine Apg-Deutung ausführlich begründet, inwiefern die judenchristliche „These" und die (durch Paulus vertretene) radikal heidenchristliche „Antithese" in der durch (Lk-)Apg repräsentierten altkatholischen „Synthese" miteinander vermittelt und aufgehoben seien, s. OVERBECK, Apg, XXIX–XXXV.

[106] Deswegen hatte ich versucht, gerade an dieser Stelle eine historische Erklärung zu geben, was die Harmonisierung der wesentlichen Aussagen von Apg 15 mit Gal 2 erforderte (Gesetz, 204ff).

(Gal 1,8; 2,4) dadurch entschärfte, dass deren Briefe gleichberechtigt neben die des Paulus gestellt wurden – einschließlich der ausdrücklichen Anerkennung der paulinischen Theologie durch „Petrus" (2Petr 3,15).[107] Innerhalb des NT ist Apg vermutlich der Text, der diese Intention – durch die Weichzeichnung des Paulus, durch seine biographische Anknüpfung an Jerusalem usw. – am deutlichsten vertritt.[108] Zu dieser kanonischen „Domestizierung" des Paulus gehört dann auch, dass Positionen, die durch ihren Inhalt oder den erzählerischen Rahmen als „paulinisch" charakterisiert sind, ihren Platz in diesem Konzept erhalten[109] bzw. dass Paulus' vernichtende Aussage über Petrus, der die Tischgemeinschaft mit den Heiden verweigert (Gal 2,12), durch die ausführliche Erzählung (Apg 10) mit ihrer Erläuterung (11,1–18) gekontert wird.

Für die Aussagen zum Gesetz wird jetzt – neben der offenkundigen Betonung der verheißungsgeschichtlichen Kontinuität zu Israel – vor allem verständlich, dass wiederholt christliches Ethos mit dem Gesetz begründet wird. Ich nenne nur zwei Beispiele:

Die wiederholt erhobene Forderung nach Besitzverzicht, bekanntermaßen ein zentraler Aspekt der lk Ethik, wird sehr unterschiedlich begründet: Auf der einen Seite ist der Verzicht auf Besitz Ausdruck des Glaubens und der Bekehrung (Lk 3,8; 18,22; 19,8 etc.), auf der anderen wird das Almosengeben theologisch ausdrücklich als Erfüllung des Gesetzes (z.B. Lk 10,30ff; 16,19ff usw.) bzw. sogar der Reinheitsforderung (Lk 11,42) verstanden. Tatsächlich aber scheint die Erfüllung des Gesetzes so wenig im Vordergrund zu stehen wie die Bekehrung: Besitzverzicht ist schlicht Ausdruck von Frömmigkeit (z.B. Lk 7,5; Apg 10,2), für die die Hinwendung zu Jesus ebenso selbstverständlich und unverzichtbar ist wie die Übereinstimmung mit der Forderung des Gesetzes.

Ähnliches gilt wohl auch von den (theologisch unverzichtbaren und literarisch stark herausgehobenen) Forderungen des Aposteldekrets, die die Einheit von Juden- und Heidenchristen in der Lebensführung konkretisieren sollen. Auffälligerweise sind die Anforderungen, die hier an die Lebenspraxis der Heidenchristen gestellt werden, insgesamt doch sehr maßvoll: Neben der ohnehin selbstverständlichen Enthaltung von Unzucht und Götzendienst wird hier noch der Genuss von Blut und Ersticktem[110]

---

[107] Zum Konzept der Kanonischen Ausgabe s. TROBISCH, Endredaktion, 71ff.

[108] So auch schon A. VON HARNACK, Beiträge zur Einleitung in das Neue Testament 6. Die Entstehung des Neuen Testaments und die wichtigsten Folgen der neuen Schöpfung, Leipzig 1914, 46: Apg sei „in gewisser Weise der Schlüssel zum Verständnis der Idee des kirchlichen Neuen Testaments und hat es zu dem Organismus, wie er vor uns steht, gemacht."

[109] Also z.B. Apg 13,38f und 15,10. Zum paulinischen Charakter vgl. nur VIELHAUER, Paulinismus, 18ff; WILSON, Law, 59ff. Ich selbst habe dem „paulinischen" Charakter dieser Aussagen zu wenig Rechnung getragen (Gesetz, 97–123), wie Burchard zu Recht moniert hat (s. Anm. 1): „Ich finde, K. spielt Apg 13,38f und 15,10 zu sehr herunter."

[110] Die Bedeutung von πνικτόν ist unklar; mir leuchtet immer noch am ehesten ein, dass damit verschiedene Formen von Delikatessen gemeint sind, wie vor allem Athenaeus bezeugt (Deipn IV 147d; VII 295f; IX 396a; X 440b; außerdem Philo, SpecLeg 4,122; vgl. KLINGHARDT, Gesetz, 202f, Anm. 43f).

verboten. Das heißt: Nur das Blutverbot ist als typisch jüdische Forderung zu identifizieren, der Rest ist, unterstellt man dem angesprochenen christlichen Milieu eine nur
gemäßigt enkratitische Haltung, eigentlich selbstverständlich und jedenfalls nicht
wirklich einschränkend. *Begründet* wird dieser Katalog von Selbstverständlichkeiten
allerdings mit der ganzen Macht des Gesetzes: Weil das Gesetz grundsätzlich und
auch für Heiden gilt, müssen alle diese Forderungen erfüllen (Apg 15,21).

So lässt sich die lk Gesetzestheologie als eine Art *interpretatio Iudaica* von
christlichem „Allerweltsethos" verstehen. Die lk Redaktion der Aussagen
zum Gesetz ist nicht in erster Linie daran interessiert, eine bestimmte Gesetzesobservanz zu implementieren und bestimmte, inhaltlich konkretisier-
bare Forderungen mit dem Gesetz zu begründen; vielmehr soll die Identität
des Christentums in die Kontinuität der Verheißungsgeschichte Israels gestellt und dann auch in der konkreten Ausprägung der Lebenspraxis als ge-
setzeskonform erwiesen werden.

(c) Angesichts der „Principlosigkeit",[111] mit der Lk die Aussagen zum
Gesetz in Markions Evangelium redigiert, ist dann auch zu fragen, ob die
separatio legis et evangelii tatsächlich Markions *proprium et principale
opus* ist, das Tertullian ihm vorwirft. Diese Einschätzung beruht ja auf der
Annahme der Lk-Priorität und bezieht sich darüber hinaus kaum direkt auf
Markion, sondern gehört in die Diskussionslage zwischen der Kirche und
den Markioniten an der Wende zum 3. Jh. Unsere Überlegungen haben gezeigt, dass Markion Lk gar nicht redigiert hat und dass er sich offensichtlich
auch nicht an Spitzenaussagen über die Geltung des Gesetzes gestoßen hat
– jedenfalls nicht in dem Maß, dass er sich dadurch zu einer Korrektur seines Evangeliums veranlasst fühlte. Dasselbe gilt möglicherweise auch für
den markionitischen Apostolos, für den Ulrich Schmid in minutiöser Analyse gezeigt hat, dass das Maß der Abweichungen zwischen dem kanonischen und dem markionitischen Paulustext „weitaus geringer zu veran-
schlagen ist, als bislang angenommen" und viele der vor allem von Adolf
von Harnack angenommenen Textänderungen nicht nachweisbar sind.[112]
Zumindest als Denksportaufgabe wäre zu erwägen, ob für den Apostolos
nicht dasselbe gelten könnte wie für das Evangelium: Markion hätte dann
nur einfach einen schlechten Paulustext besessen, der nachträglich redigiert
und um die *mentiones Abrahae* erweitert wurde.

Aber das bleibt Spekulation. Wichtiger ist vielleicht, dass die frühe Kritik an Markion nicht seinen Antinomismus hervorhebt, sondern die gnosti-
sierende Zwei-Götter-Lehre.[113] Die Kritik der Häresiologen an diesem Dua-

---

[111] OVERBECK, Verhältnis, 337.

[112] U. SCHMID, Marcion und sein Apostolos. Rekonstruktion und historische Einordnung der
marcionitischen Paulusbriefausgabe, ANTF 25, Berlin/New York 1995, 310.

[113] Bei Justin fehlt der Vorwurf des Antinomismus, er notiert nur sehr knapp die Zwei-Götter-
Lehre (1Apol 26,5); nach Irenaeus I 27,2 habe Markion behauptet, dass Jesus „Gesetz, Propheten
und alle Werke des Gottes, der die Welt gemacht hat und den er Kosmokrator nennt, aufgelöst"

lismus entzündete sich an dem Widerspruch, dass ihre Bibel ja die Identität von Schöpfer- und Erlösergott nicht nur dogmatisch behauptete, sondern sie ja auch – von Gen bis Offb – *erzählte*. So ist die „Trennung von Gesetz und Evangelium" in erster Linie ein Problem der Trennung der jeweiligen *Urkunden*: Angesichts der Zwei-Götter-Lehre musste der Widerspruch zu Markions mangelhafter und „gefälschter" Bibel evident werden. Und erst aus dieser Behauptung (im doppelten Sinn des Wortes) der einen Bibel erwuchs dann die *separatio legis et evangelii* in den dogmatischen Kategorien, die für von Harnacks Markioninterpretation so wichtig wurden. Angesichts dieser Überlegungen ist es mir zweifelhaft, ob man der markionitischen Interpretation des Gesetzes eine „eindrucksvolle Konsequenz und Geschlossenheit"[114] bescheinigen kann: Die geht wohl eher auf die systematischen Fähigkeiten Tertullians als auf Markion selbst zurück.

* * *

Auch wenn die hier vertretene Verhältnisbestimmung zwischen Markions Evangelium und Lk schon am Ende des 18. und Anfang des 19. Jh. gesehen wurde, könnten die Konsequenzen, die sich daraus für mich ergeben, in der gegenwärtigen Diskussionslage doch wie die Lösung eines Problems erscheinen, das nur ich so wahrnehme. Das damit verbundene Risiko, kopfschüttelndes Unverständnis zu ernten, nehme ich gerne auf mich, weil es die Voraussetzung für die Entdeckung neuer und weiterführender Einsichten ist. Zu den Einsichten, die ich daran gewonnen habe, gehört die hier vorgestellte These: Sie hat zu einer gründlichen Korrektur meiner eigenen Sicht geführt und, zu meiner Überraschung, etliche Einwände bestätigt, die Christoph Burchard schon vor 20 Jahren geäußert hatte, deren Berechtigung mir erst jetzt einleuchtet.

---

habe (*dissolventem prophetas et legem et omnia opera eius dei qui mundum fecit, quem et Cosmocratorem dicit*).

[114] W.A. LÖHR, Die Auslegung des Gesetzes bei Markion, den Gnostikern und den Manichäern, in: G. Schöllgen/C. Scholten (Hg.), Stimuli (FS E. Dassmann), JAC.E 23, Münster 1996, 77–95: 80.

Matthias Konradt

Die vollkommene Erfüllung der Tora und der Konflikt mit den Pharisäern im Matthäusevangelium

Die Frage nach dem Verhältnis Jesu und seiner Verkündigung zur Tora im MtEv wirft ein zentrales, viel verhandeltes und nach wie vor kontrovers beurteiltes Problem der Matthäusexegese auf. In verdichteter Weise stellt sich die Problematik bei der Auslegung der Antithesen in Mt 5,21–48 in der Frage, ob diese torakritisch oder auslegungskritisch zu lesen sind, d.h. ob sich Jesu Antithesen gegen Toragebote selbst richten[1] oder gegen deren Verständnis in bestimmten jüdischen Strömungen.[2] Diesem Diskurs stehen andere Kontroversen zur Seite, z.B. über die Bedeutung der Rede von der Erfüllung von Tora und Propheten in Mt 5,17, die Geltung bzw. Relevanz von Sabbat- (vgl. Mt 12,1–14; 24,20) und Reinheitsbestimmungen (vgl. Mt 15,1–20; 23,25f) oder über den genauen Sinn der Herausstellung des Doppelgebots der Liebe als Summe von Tora und Propheten in 22,34–40. Und

---

[1] Die Annahme, dass Matthäus in den Thesen Toragebote anführt bzw. anführen will, ist – bei z.T. erheblich divergierenden Interpretationen – Mehrheitsmeinung. Siehe für viele I. BROER, Freiheit vom Gesetz und Radikalisierung des Gesetzes. Ein Beitrag zur Theologie des Evangelisten Matthäus, SBS 98, Stuttgart 1980, 75–81; U. LUZ, Das Evangelium nach Matthäus, 1. Teilbd.: Mt 1–7, EKK 1.1, Düsseldorf u.a. ⁵2002, 330; D.C. SIM, The Gospel of Matthew and Christian Judaism. The History and Social Setting of the Matthean Community, Studies of the New Testament and Its World, Edinburgh 1998, 129; H.-J. ECKSTEIN, Die Weisung Jesu Christi und die Tora des Mose nach dem Matthäusevangelium, in: C. Landmesser u.a. (Hg.), Jesus Christus als die Mitte der Schrift. Studien zur Hermeneutik des Evangeliums, BZNW 86, Berlin/New York 1997, 379–403: 396–403; K.-W. NIEBUHR, Die Antithesen des Matthäus. Jesus als Toralehrer und die frühjüdische weisheitlich geprägte Torarezeption, in: Ch. Kähler u.a. (Hg.), Gedenkt an das Wort (FS W. Vogler), Leipzig 1999, 175–200: 176f.

[2] In diesem Sinne Ch. BURCHARD, Versuch, das Thema der Bergpredigt zu finden, in: ders., Studien zur Theologie, Sprache und Umwelt des Neuen Testaments, hg. v. D. Sänger, WUNT 107, Tübingen 1998, 27–50: 40–44; Ch. DIETZFELBINGER, Die Antithesen der Bergpredigt im Verständnis des Matthäus, ZNW 70 (1979) 1–15: 3; H.-W. KUHN, Das Liebesgebot Jesu als Tora und als Evangelium. Zur Feindesliebe und zur christlichen und jüdischen Auslegung der Bergpredigt, in: H. Frankemölle u.a. (Hg.), Vom Urchristentum zu Jesus (FS J. Gnilka), Freiburg u.a. 1989, 194–230: 213–218; J.D. CHARLES, Garnishing with the "Greater Righteousness": The Disciple's Relationship to the Law (Matthew 5:17–20), Bulletin for Biblical Research 12 (2002) 1–15: 8.

nicht zuletzt kann man fragen, ob dem MtEv im Blick auf die Tora überhaupt eine kohärente Position zu entnehmen ist.[3]

Tatsächlich sind in unterschiedlichen Textsegmenten verschiedene Ak-
zentsetzungen zu vermerken[4]. Gleichwohl lässt sich zeigen, dass sich in der
mt Erörterung der Gesetzesthematik ein einheitlicher Gestaltungswille ma-
nifestiert, der wesentlich dadurch geformt ist, dass sich die mt Gemeinde in
einem von ihr selbst noch als *inner*jüdisch wahrgenommenen intensiven
Konflikt mit der örtlichen pharisäisch dominierten Synagoge oder Synago-
gengemeinschaft befand und darin den Anspruch erhob, *die* legitime Sachwalterin des theologischen Erbes Israels[5] zu sein. Dazu sind im Folgenden
zunächst grundlegende Aspekte des mt Ansatzes in Mt 5,17–48 zu erörtern,
bevor dann einige Gesetzeskontroversen Jesu mit seinen Gegnern hinzuge-
zogen werden. Schließlich sind die sich ergebenden Daten knapp mit der
sozialen Situation der mt Gemeinde in Beziehung zu setzen, wie sie sich
aus einer Gesamtlektüre des Evangeliums und historischen Rahmendaten
ergibt.

1 Die Erfüllung von Tora und Propheten und die mt Antithesen
(Mt 5,17–48)

Nach den einleitenden Passagen der Seligpreisungen in 5,3–12 und der
grundlegenden Exposition des Auftrags der Jünger, Licht der Welt zu sein,
in 5,13–16, beginnt das Korpus der Bergpredigt (5,17–7,12) in 5,17–20 mit
einer Grundsatzerklärung über Tora und Propheten.[6] Schon die kompositorische Stellung von 5,17–20 als Eröffnung des Korpus der Bergpredigt und
mithin als *erste* Aussage im Evangelium über Tora und Propheten verweist
auf die hohe, ja programmatische Bedeutung, die Matthäus diesen Versen
beimisst.[7]

---

[3] So konstatiert H.-J. ECKSTEIN, Die ‚bessere Gerechtigkeit'. Zur Ethik Jesu nach dem Matthäusevangelium, ThBeitr 32 (2001) 299–316: 301, eine „eigenartige Widersprüchlichkeit in der
Entfaltung der Lehre Jesu durch Matthäus". Während 5,18f in Aufnahme einer konservativen
judenchristlichen Tradition die grundsätzliche Gültigkeit aller Gebote proklamiere, zeige sich
andernorts, dass „Matthäus und seine Gemeinde faktisch im Widerspruch – nicht nur zu Jota und
Häkchen, sondern – zu entscheidenden Bestimmungen der Tora" stehen (ebd.).

[4] Vgl. unten (bei) Anm.89.

[5] Vgl. ECKSTEIN, Weisung, 399; P. LUOMANEN, Entering the Kingdom of Heaven. A Study on
the Structure of Matthew's View of Salvation, WUNT 2.101, Tübingen 1998, 88.

[6] Zur Gliederung der Bergpredigt vgl. BURCHARD, Versuch, 48–50.

[7] Vgl. LUZ, Mt I⁵, 308; K. SNODGRASS, Matthew and Law, SBL.SP 27, Atlanta (GA) 1988,
536–554: 546; H. FRANKEMÖLLE, Die Tora Gottes für Israel, die Jünger Jesu und die Völker, in:
K. Backhaus/F.G. Untergaßmair (Hg.), Schrift und Tradition (FS J. Ernst), Paderborn u.a. 1996,
85–118: 97; SIM, Gospel, 126f.

Was *Erfüllung* von Tora und Propheten konkret heißen soll,[8] erhellt zum einen die Korrespondenz von „erfüllen" und „tun und lehren" (V.19) als Oppositum zu „auflösen",[9] wobei im Kontext von V.18 der Ton auf die Lehre fällt[10], die freilich entsprechendes Handeln eröffnen soll. Zum anderen ist aber im Lichte des sonstigen – christologisch orientierten – Gebrauchs von πληροῦν im MtEv eine spezifisch christologische Sinndimension mitzuhören. Matthäus' Anliegen, Jesus von der Schrift her als den verheißenen Messias auszuweisen, hat sich bekanntlich in einer Reihe von für das MtEv typischen „*Erfüllungs*zitaten" niedergeschlagen.[11] Das sich darin artikulierende Kontinuitätsmotiv prägt nun auch Matthäus' Verständnis der Unterweisung Jesu und wird in 5,17 durch πληρῶσαι signalisiert[12]: Es geht Matthäus darum, Jesus in Kontinuität zur Kundgabe des Rechtswillens Gottes in Tora und Propheten zu setzen[13], freilich nicht bloß in der Gestalt, dass Jesus von der Tora her als mit ihr übereinstimmend ausgewiesen und legitimiert wird, sondern so, dass allererst Jesu Lehre Inhalt und Intention dieser Willenskundgabe Gottes in vollgültiger Weise ans Licht gebracht und damit aufgerichtet hat.[14] Jesus tut und lehrt die Tora also nicht wie andere vor und neben ihm auch, sondern Jesus ist aufgrund seines direkten, intimen Vertrautseins mit dem Willen des Vaters (11,27) für Matthäus der *eine*, der den Menschen den Willen Gottes auf der Basis von Tora und Propheten in rechter, letztgültiger Weise und mit höchster Autorität dargelegt

---

[8] πληροῦν mit νόμος oder ähnlichem als Objekt ist nicht häufig, aber doch vereinzelt belegt. Siehe frühjüdisch besonders TestNaph 8,7 (καὶ γὰρ αἱ ἐντολαὶ τοῦ νόμου διπλαῖ εἰσι καὶ μετὰ τέχνης πληροῦνται), ferner Sib 3,246; Philo, Praem 83, frühchristlich Röm 8,4; 13,8; Gal 5,14; (6,2). Nächste Verwandte im MtEv selbst ist bekanntlich Mt 3,15. – Zur Vielzahl der Deutungsoptionen für πληρῶσαι in Mt 5,17 s. die Übersicht bei W.D. DAVIES/D.C. ALLISON, The Gospel According to Saint Matthew, Vol. I, ICC, Edinburgh 1988, 485f.

[9] Vgl. BURCHARD, Versuch, 39, der freilich einen darüber hinausgehenden semantischen Gehalt ausdrücklich ablehnt (vgl. unten Anm.12).

[10] Vgl. BROER, Freiheit, 28.

[11] Siehe Mt 1,22f; 2,15.17f.23; 4,14–16; 8,17; 12,17–21; 13,35; 21,4f; 27,9.

[12] BURCHARD, Versuch, 39 Anm.44, verweist zu Recht auf die semantische Differenz zwischen aktivischer Formulierung in Mt 3,15; 5,17 und passivischer in den Reflexionszitaten. Dies hindert aber nicht die Annahme, dass Matthäus in 5,17 πληρῶσαι benutzt, um eine assoziative Verbindung zu den Reflexionszitaten herzustellen, die durch das Kontinuitätsmotiv als gemeinsamen Nenner inhaltlich charakterisiert ist.

[13] Vgl. A.J. MAYER-HAAS, „Geschenk aus Gottes Schatzkammer" (bSchab 10b). Jesus und der Sabbat im Spiegel der neutestamentlichen Schriften, NTA.NF 43, Münster 2003, 473.481 (zur Genposition s. unten [bei] Anm. 60). – Dass in 5,17 von der Erfüllung von Tora *oder Propheten* die Rede ist und die Wendung „Tora und Propheten" noch zweimal im MtEv im Kontext der Thematisierung des Willens Gottes wiederkehrt (7,12; 22,40), zeigt an, dass es nicht nur um die Gebote in der Tora, sondern umfassender um den in der Schrift laut werdenden Willen Gottes geht.

[14] Vgl. G. BARTH, Das Gesetzesverständnis des Evangelisten Matthäus, in: G. Bornkamm u.a., Überlieferung und Auslegung im Matthäusevangelium, WMANT 1, Neukirchen-Vluyn [7]1975, 54–154: 64.

(und vorgelebt) hat[15] (vgl. 23,10). Die Tora ist damit nicht in Jesu Weisung – im doppelten Wortsinn – „aufgehoben",[16] wie schon die späteren Rekurse auf alttestamentliche Gebote im MtEv belegen (s. 15,4; 19,18f; 22,37–40). Im Gegenteil: Es geht um das wahre Erschlossensein des Israel in der Schrift, in Tora und Propheten, verkündigten Willens Gottes in der Unterweisung Jesu.

Die grundsätzliche Aussage von 5,17 wird in V.18 und V.19 in doppelter Hinsicht konkretisiert. Zum einen wird die *umfassende* Geltung der Tora bekräftigt: Kein Iota oder Häkchen wird, solange diese Welt existiert,[17] vergehen.[18] Zum anderen aber wird mit der Rede von Iota und Häkchen und – darauf rückbezogen – von ἐντολαὶ ἐλάχισται[19] eine Gewichtung unter den

---

[15] Vgl. MAYER–HAAS, Geschenk, 471.480; SIM, Gospel, 124.

[16] Anders R. BANKS, Jesus and the Law in the Synoptic Tradition, MSSNTS 28, Cambridge u.a. 1975, 218; F. THIELMAN, The Law and the New Testament. The Question of Continuity, New York 1999, 49.69–72 („Jesus' own teaching is a replacement of the Mosaic law. Jesus' own words, including his affirmation of the Mosaic law's ultimate goal and many of its specific requirements, constitute not a new interpretation of the Mosaic law but a supersession of it" [69]) und zuletzt R. DEINES, Die Gerechtigkeit der Tora im Reich des Messias. Mt 5,13–20 als Schlüsseltext der matthäischen Theologie, WUNT 177, Tübingen 2005, 400.434 (Der Weg zur Gerechtigkeit führt „über Jesus und damit über Kreuz und Auferstehung ... [3,15; 21,32]. Die Tora in ihrer alten Funktion kann zu *dieser* eschatologischen Gerechtigkeit *nichts* beitragen, sie bleibt aber erhalten und gültig in den ἐντολαί Jesu ... Sie bleibt als erfüllte gegenwärtig, aber der Weg in die universale Basileia führt nicht über sie, sondern über Jesus" [434, Hervorhebungen im Original].), auch wenn Deines die Rede von einer Aufhebung meidet bzw. – offenbar bezogen auf den einfachen Wortsinn – ausdrücklich verneint (z.B. a.a.O. 392).

[17] V.18d auf die „Erfüllung" der Forderung der Tora durch Jesus (s. BANKS, Jesus, 217) oder auf Wirken, Tod und Auferstehung Jesu zu beziehen (J.P. MEIER, Law and History in Matthew's Gospel. A Redactional Study of Mt 5:17–48, AnBib 71, Rom 1976, 63f), hat V.18b dezidiert gegen sich und setzt ferner eine nicht haltbare Interpretation von πληρῶσαι in Mt 5,17 voraus. Anders gesagt: Nach V.18b kann sich ἕως ἂν πάντα γένηται ebenfalls nur auf das Ende der Welt beziehen (vgl. Mt 24,34f). Die beiden ἕως-Phrasen in Mt 5,18b.d sind also sachlich identisch (vgl. zur Deutung der ἕως-Phrasen in Mt 5,18 DAVIES/ALLISON, Mt I, 490.494f; SIM, Gospel, 124–126).

[18] Die Deutung von 5,17f, dass Jesu Weisung die Tora überbiete bzw. „aufhebe", kann sich gerade nicht auf Mt 11,13 berufen, denn Matthäus kennzeichnet hier durch ἐπροφήτευσαν ausdrücklich, in welcher Hinsicht „alle Propheten und das Gesetz" (nur) bis Johannes reichen. Es geht hier gerade nicht wie in 5,17 um Gottes *Rechts*willen. 11,13 trägt daher zum Verständnis von 5,17 nichts Wesentliches bei (gegen MEIER, Law, 85–89; DEINES, Gerechtigkeit, 277–279). ἐπροφήτευσαν dürfte dabei ebenso wie die – von Mt 5,17; 7,12; 22,40 abweichende (!) – Reihenfolge von „alle Propheten und das Gesetz" auf mt Redaktion basieren (vgl. die Rekonstruktion des Q-Textes in: J.M. Robinson u.a. (Hg.), The Critical Edition of Q, Hermeneia, Minneapolis/Leuven 2000, 464). Das heißt: Matthäus meidet gerade die allgemeine Aussage „das Gesetz und die Propheten (sind) bis Johannes", weil sie in einem mit Mt 5,17 unvereinbaren Sinn verstanden werden könnte (gegen R. BANKS, Matthew's Understanding of the Law: Authenticity and Interpretation in Matthew 5:17–20, JBL 93 [1974], 226–242: 236f).

[19] Siehe das hinzugesetzte Demonstrativpronomen. „Iota und Häkchen" wird also durch ἐντολαὶ ἐλάχισται epexegesiert. – Anders D. SCHELLONG, Christus fidus interpres Legis. Zur Auslegung von Mt 5,17–20, in: Jesus Christus als die Mitte der Schrift, 659–687: 670f: Iota und Häkchen meinten den genauen Sinn der Gebote. DEINES, Gerechtigkeit, 403, bezieht ἐντολαί in Mt 5,19, wie einige andere vor ihm, auf „die den Jüngern anvertrauten Gebote Jesu, in denen kein Iota von der ,Tora' versäumt worden ist". Mit Recht gegen diesen Ansatz z.B. DAVIES/ALLISON, Mt I,

Geboten deutlich: Es gibt kleine und große Gebote.[20] Diese beiden Aussagen bilden, wie noch deutlich werden wird, einen Gesamtzusammenhang, der im MtEv von dem Konflikt der Gemeinde mit dem pharisäischen Gegenüber her sein spezifisches Kolorit erhält.

Nach 5,19 wird nun der, der eines der kleinen Gebote auflöst und die Menschen entsprechend lehrt, der Kleinste genannt werden im Himmelreich. Da Matthäus die gelegentlich in der frühjüdischen und später auch in der rabbinischen Literatur begegnende Vorstellung kennt, dass es im Himmelreich unterschiedliche Ehrengrade gibt,[21] ist ἐλάχιστος κληθήσεται ἐν τῇ βασιλείᾳ τῶν οὐρανῶν schwerlich bloß rhetorische Finesse, die sich dem Versuch verdankt, den Zusammenhang zwischen Tun und Ergehen durch Aufnahme eines Wortes aus dem Vordersatz im Nachsatz zu unterstreichen, und faktisch Ausschluss vom Heil besagt,[22] sondern tatsächlich so zu nehmen, wie es dasteht.[23] Die Alternative von Heilsteilhabe und -ausschluss begegnet erst im Zusammenhang der Gegenüberstellung der Gerechtigkeit der Schriftgelehrten und Pharisäer einerseits mit der von den Jüngern erwarteten „besseren Gerechtigkeit" andererseits in V.20. Der Toragehorsam der Schriftgelehrten und Pharisäer muss demnach größere Defizite aufweisen als im Fall der Auflösung von kleinen Geboten in V.19.[24] Explizit tritt der in 5,20 enthaltene Vorwurf zum Beispiel in 23,23 zutage: Die Schriftgelehrten und Pharisäer nehmen es zwar mit dem Verzehnten ganz genau – ein kleines Gebot –, vernachlässigen aber das Wichtigste im Gesetz,[25] nämlich Recht, Barmherzigkeit und Treue.[26]

---

496. Im übrigen spricht auch 28,20 nicht substantiviert von den Geboten Jesu. Vielmehr beziehen sich alle weiteren Belege von ἐντολή im MtEv auf Toragebote (15,3; 19,17; 22,36.38.40).

[20] Vgl die redaktionelle Rede von der μεγάλη ἐντολή in 22,(36).38 (vgl. LUOMANEN, Kingdom, 84)!

[21] Siehe Mt 5,12; 11,11; 10,41f; 18,1–4; 20,23. Jüdisch 4Esr 8,49; 10,57; slHen 44,5, Rabbinisches bei Bill 1.1, 249f, und 4.2, 1138–1143.

[22] Gegen E. SCHWEIZER, Das Evangelium nach Matthäus, NTD 2, Göttingen [4][16]1986, 62; M. GIELEN, Der Konflikt Jesu mit den religiösen und politischen Autoritäten seines Volkes im Spiegel der matthäischen Jesusgeschichte, BBB 115, Bodenheim 1998, 67f.81f. Zuletzt ausführlich D. SIM, Are the least included in the kingdom of heaven? The meaning of Matthew 5:19, HTS 54 (1998) 573–587, bes. 583f.

[23] Ist der Vers so zu verstehen (vgl. exemplarisch BROER, Freiheit, 52f), spricht sich hier eine gemäßigte judenchristliche Position aus (vgl. LUZ, Mt I[5], 317f). Ähnliches findet sich dann etwas später in der Didache, die das MtEv kennt (Did 6,2f).

[24] Anders BROER, Freiheit, 62, nach dem es „der Gerechtigkeit der Pharisäer und Schriftgelehrten ... in der Lehre am Festhalten an Jota und Häckchen und diesen kleinsten Geboten" mangelt (ähnlich LUOMANEN, Kingdom, 85, der in 5,20 die Kritik an den Schriftgelehrten und Pharisäern explizit sieht, die in 5,19 impliziert sei). *Solcher* Mangel führt nach V.19 aber nicht zum Ausschluss vom Heil.

[25] Die Rede von τὰ βαρύτερα τοῦ νόμου geht, wie ihr Fehlen in der lk Parallele (Lk 11,42) nahe legt, auf mt Redaktion zurück. Das diachrone Profil des Textes unterstreicht also die Relevanz der Unterscheidung von großen und kleinen Geboten für den ersten Evangelisten.

[26] Eklatant missverstanden ist die mt Sicht der Tora m.E. bei DEINES, Gerechtigkeit, 269f, wenn er den im Evangelium erzählten Konflikt zwischen Jesus und den Schriftgelehrten und Pha-

Mit den programmatischen Aussagen in 5,17–20 hat Matthäus den Antithesen eine Leseanweisung vorangestellt. Vertreten wird freilich vielfach,
dass diese Leseanweisung mit der ursprünglichen Stoßrichtung der Antithesen in Spannung stehe,[27] denn hier stelle Jesus seine Autorität über die der
Tora.[28] Vorausgesetzt wird dabei, dass die Antithesenform nicht aus der Feder des Evangelisten stammt. Folgt man der „Normalhypothese"[29] hat Matthäus die erste, zweite und vierte Antithese als solche in seinem Sondergut
vorgefunden und nach diesem Vorbild die übrigen drei, zu denen synoptische Parallelen ohne antithetische Einkleidung vorliegen, redaktionell gestaltet. Eine – m.E. zwingende – Modifikation erfährt diese These zuweilen
durch die Beobachtung, dass das Schwurverbot in der vierten Antithese
zwar keine synoptische Parallele besitzt, wohl aber eine enge Verwandte in
Jak 5,12, wiederum nicht in Antithesenform, die vielmehr auch hier sekundär ist[30].

Damit bleiben als *möglicherweise* genuine Antithesen nur die ersten beiden, in denen die ersten beiden Dekaloggebote der zweiten Tafel aufgenommen sind.[31] Gerade in diesen wird in Jesu Position allerdings in keiner
Weise ein Gegensatz zu den Dekaloggeboten laut. Es handelt sich hier
vielmehr um verschärfende Auslegungen der Gebote nach dem Muster
„nicht erst, sondern schon",[32] die deren Sinngehalt gegenüber einem bloß
buchstäblichen Verständnis extensivieren. Das Tötungsverbot umschließt
demnach bereits das Verbot des Zorns; das vom Ehebruchverbot inkrimi-
nierte Verhalten wird auf das bloße begehrliche Anblicken einer anderen
Ehefrau hin ausgeweitet. Jesu Weisungen schließen dabei an Tendenzen der

---

risäern zur von ihm postulierten Spannung zwischen Jesus und der Tora analog setzt und die
Schriftgelehrten und Pharisäer ohne Einschränkungen zu Vertretern der Tora macht. Matthäus
wirft den Schriftgelehrten und Pharisäern gerade vor, die Tora nicht zu verstehen. Siehe dazu noch
im Folgenden.

[27] Pointiert D. ZELLER, Jesus als vollmächtiger Lehrer (Mt 5–7) und der hellenistische Gesetzgeber, in: L. Schenke (Hg.), Studien zum Matthäusevangelium (FS W. Pesch), Stuttgart 1988,
299–317: 303: Die Verse 5,17ff „stehen ... in krassem Widerspruch zu 5,21–48".

[28] Vgl. zuletzt J. YUEH-HAN YIEH, One Teacher. Jesus' Teaching Role in Matthew's Gospel
Report, BZNW 124, Berlin/New York 2004, 34f.

[29] Zur Bezeichnung s. LUZ, Mt I[5], 326. Zu weiteren Hypothesen s. a.a.O. 326f.

[30] Auf dieser Linie auch G. DAUTZENBERG, Ist das Schwurverbot Mt 5,33–37; Jak 5,12 ein
Beispiel für die Torakritik Jesu?, BZ NF 25 (1981) 47–66: 52.61; B. KOLLMANN, Das Schwurverbot Mt 5,33–37/Jak 5,12 im Spiegel antiker Eidkritik, BZ NF 40 (1996) 179–193: 189f u.a. Für die
Ursprünglichkeit der Antithesenform dagegen G. STRECKER, Die Antithesen der Bergpredigt (Mt
5,21–48 par), ZNW 69 (1978) 36–72: 58.62.

[31] Siehe dagegen das Postulat einer redaktionellen Herkunft aller Antithesen bei I. BROER, Die
Antithesen und der Evangelist Matthäus. Versuch, eine alte These zu revidieren, BZ NF 19 (1975)
50–63; M.J. SUGGS, The Antitheses as Redactional Products, in: L. Schottroff u.a., Essays on the
Love Commandment, Philadelphia 1978, 93–107.

[32] Vgl. R. HUMMEL, Die Auseinandersetzung zwischen Kirche und Judentum im Matthäusevangelium, BEvTh 33, München 1963, 72; BROER, Antithesen, 59.

frühjüdischen Toraparänese an,[33] die intensiv vor dem Zorn warnte[34] und dem Problem des Ehebruchs an die Wurzel zu gehen suchte, indem sie den Blickkontakt „ins Visier nahm"[35] – natürlich in der Meinung, damit nichts anderes als Gottes Willen in der Tora zu vergegenwärtigen. Will man die ersten beiden Antithesen auf den historischen Jesus zurückführen, kann man sagen, dass Jesus hier dem im Dekalog inkriminierten Verhalten an die Wurzel geht und damit die Geltung des Gebotenen – auf diese Weise den Menschen als Ganzen erfassend und in seiner Integrität fordernd – von der Tat auf die dieser zugrunde liegenden Affekte hin ausdehnt[36]. Anders gesagt: Was in der – weisheitlich geprägten – frühjüdischen Toraparänese als Entfaltung der Tora erscheint, wird hier zum einen radikalisiert und zum anderen explizit einem bloß buchstäblichen Verständnis der Gebote entgegengesetzt, das das, was unterhalb der Schwelle des *ausdrücklich* Verbotenen liegt, nicht in den Blick nimmt und damit Gefahr läuft, dieses als einen ethischen Freiraum erscheinen zu lassen.[37] Die Toragebote werden damit aber gerade nicht „aufgelöst", sondern – im Horizont des Gottesreiches – neu in Geltung gesetzt. Für Matthäus bedeutet dies: 5,17–20 dient nicht einer judenchristlich-konservativen Domestizierung einer dezidiert torakritischen Position Jesu, im Gegenteil: Der in 5,17 laut werdende Anspruch, Tora und Propheten zu erfüllen, fügt sich der Autorität Jesu, wie sie in den ersten beiden, möglicherweise traditionellen Antithesen beansprucht wird, nahtlos ein.

Entscheidend für das Verständnis von Mt 5,21–48 ist freilich nicht die diachron orientierte Frage, wie sich 5,17–20 zur Rolle der Tora in den möglicherweise dem Evangelisten überkommenen Antithesen verhält, sondern die, wie *Matthäus* die Thesen verstanden hat, konkret: ob Matthäus mit den Thesen Sätze der Tora vorbringen wollte? Fragt man, ob bzw. inwiefern die Thesen mit alttestamentlichen Geboten im Wortlaut übereinstim-

---

[33] Vgl. dazu für die Antithesen im Ganzen NIEBUHR, Antithesen, 181–198.

[34] Siehe als Modellfall die TestXII, genauer: TestSim 4,8; TestJud 14,1; TestDan passim (1,3: Der Zorn lehrt den Menschen alles Übel); TestGad 5,1. Ferner Sir 1,22f; 10,18; 27,30; 4Makk 2,16; PsSal 16,10; PsPhok 57; Sib 3,377 u.ö.

[35] Siehe vor allem TestIss 7,2 (πλὴν τῆς γυναικός μου οὐκ ἔγνων ἄλλην · οὐκ ἐπόρνευσα ἐν μετεωρισμῷ ὀφθαλμῶν μου) sowie TestBenj 6,3 sowie die „Reflexion" über die Unzuchtssünde Rubens in TestRub 3,10–6,4.

[36] Zum Reich Gottes als Horizont und Ermöglichungsgrund dieses Anspruchs s. unten bei Anm. 54.

[37] Vgl. R. FELDMEIER, Verpflichtende Gnade. Die Bergpredigt im Kontext des ersten Evangeliums, in: ders. (Hg.), „Salz der Erde". Zugänge zur Bergpredigt, BTSP 14, Göttingen 1998, 15–107: 46f. – Dass eine solche Konsequenz zu ziehen nicht frühjüdischer Torainterpretation entspricht, zeigt exemplarisch schon ein Blick auf die paränetische Form der Toravergegenwärtigung in den TestXII. Das schließt aber nicht aus, dass Matthäus den Schriftgelehrten und Pharisäern ein solches Missverständnis polemisch unterstellt.

men, ergibt sich, wie Christoph Burchard gezeigt hat,[38] ein komplexer Befund: Eine (nahezu) wörtliche Wiedergabe liegt nach dem Dekalogverbot
des Ehebruchs nur noch in der fünften Antithese beim Vergeltungsverzicht
vor, wo gleich mehrere alttestamentliche Passagen als Referenz in Frage
kommen, es sich freilich nur um ein Satzfragment handelt. Alle anderen
Thesen stehen so nicht in der Tora.[39] Besonders instruktiv ist die sechste
These, in der das Liebesgebot Lev 19,18 zum einen unvollständig zitiert,
zum anderen – wie das Tötungsverbot in 5,21 – mit einem Zusatz versehen
wird. Es wäre angesichts der guten Schriftkenntnisse des Evangelisten ab-
wegig zu behaupten, er hätte nicht gewusst, dass das so nicht im AT steht,
zumal er das Liebesgebot später noch zweimal korrekt zitiert. Kurzum:
Matthäus geht sicher nicht davon aus, dass er in den Thesen durchgehend
Toragebote im Wortlaut zitiert hat. Als ein Ausweg bleibt, dass es sich hier
um Toraparaphrasen handeln könnte, mit denen Matthäus das in der Tora
Gebotene mehr oder weniger frei wiederzugeben suchte.

Im mt Kontext betrachtet, legt sich aber eine andere Deutung des Befun-
des nahe. Ist im Blick auf den Gesamtkontext unter anderem zu bedenken,
dass Matthäus schwerlich in 5,43f das Gebot kritisieren wird, das er später
zum Hauptgebot erklärt (22,34–40),[40] so ist innerhalb von Mt 5 darauf zu
verweisen, dass der der Antithesenreihe vorangehende Vers 5,20, wie vielfach vermerkt wurde, eine Art Obersatz zum Folgenden ist.[41] Dies gilt aber
nicht nur insofern, als durch Jesu Gegenthesen die von den Jüngern erwar-
tete „bessere Gerechtigkeit" materialiter konkretisiert wird. Zugleich nämlich wird in den Thesen die unzulängliche Gerechtigkeit der Schriftgelehrten und Pharisäer entfaltet, d.h. die kompositorische Funktion von 5,20 ist
konsequenter zu fassen, als dies gemeinhin geschieht. Obersatz ist der Vers
in beiden Gliedern, und die Antithesen als Ganze explizieren exemplarisch
die Forderung von 5,20, indem sie in These und Gegenthese die den jewei-

---

[38] Siehe BURCHARD, Versuch, 40f, ferner D. SÄNGER, Schriftauslegung im Horizont der Got-
tesherrschaft. Die Antithesen der Bergpredigt (Mt 5,21–48) und die Verkündigung Jesu, in: H.
Deuser/G. Schmalenberg (Hg.), Christlicher Glaube und religiöse Bildung (FS F. Kriechbaum),
GSTR 11, Gießen 1995, 75–109: 84f.

[39] In der ersten Antithese wird zunächst das Tötungsverbot aus dem Dekalog zitiert und daran
eine Strafbestimmung angefügt, die mit der Tora im Einklang, aber so nicht in ihr steht. Auf Mord
steht nach Ex 21,12; Lev 24,17 die Todesstrafe (s. auch Num 35,16–34; Dtn 19,11–13); eine en-
gere Anlehnung von Mt 5,21 daran ist nicht zu verzeichnen. Die dritte These, man solle der Frau
bei der Scheidung eine Scheidungsurkunde ausstellen, ist überhaupt kein alttestamentliches Gebot,
basiert aber auf alttestamentlichem Material, nämlich auf Dtn 24,1–4, wo *en passant* die Ausstel-
lung einer Scheidungsurkunde erwähnt ist. Auch die vierte These steht nicht annähernd so im AT,
wieder gibt es aber Gebote, die als Hintergrund aufgerufen werden können, namentlich Ex 20,7;
Lev 19,12; Sach 8,17 für Mt 5,33a sowie Num 30,3; Dtn 23,22; Ps 50,14 für Mt 5,33b. Zur sechsten These s. oben.

[40] Vgl. dazu W.D. DAVIES/D.C. ALLISON, The Gospel According to Saint Matthew, Vol. III,
ICC, Edinburgh 1997, 243.

[41] Vgl. LUZ, Mt I[5], 319; SIM, Gospel, 130f u.a.

ligen Gerechtigkeitsniveaus von 5,20 zugrunde liegenden Torainterpretationen einander gegenüberstellen. In den Thesen geht es also nicht einfach um die Tora, sondern um die Tora in ihrem Verständnis durch die Schriftgelehrten und Pharisäer[42], wobei anzufügen ist, dass die Thesen damit nicht zu historisch verwertbaren Quellen für das Gesetzesverständnis der Pharisäer werden[43]; sie sind vielmehr Teil einer polemischen Auseinandersetzung.

Dieser Interpretationsansatz wird dadurch untermauert, dass Matthäus in der letzten Antithese durch τί περισσὸν ποιεῖτε; (V.47) einen Rückverweis auf περισσεύσῃ in 5,20 geschaffen hat. Jesu Gegenthese formuliert das, was die Jünger in ihrer Befolgung des Willens Gottes gegenüber den Schriftgelehrten und Pharisäern auszeichnen soll. Dem vorgeschlagenen Verständnis der Thesen fügt sich ferner ein, dass mit der Ausnahme von 5,31, die aber durch die unmittelbare Fortführung der zweiten Antithese zu erklären ist, die antithetische Formel nie ἐρρέθη – ἐγὼ δὲ λέγω ὑμῖν lautet, sondern stets ἠκούσατε ὅτι ἐρρέθη (τοῖς ἀρχαίοις) – ἐγὼ δὲ λέγω ὑμῖν. ἐρρέθη steht parallel zu τὸ ῥηθέν in den Erfüllungszitaten, verweist also auf die Schrift[44]. In dem einleitenden ἠκούσατε steckt aber eine Relativierung, die am einfachsten so zu erklären sein dürfte, dass hier die sabbatliche synagogale Toraauslegung im Blick ist[45]. In ihr wurde Tora aktualisiert, erläutert, erweitert, und solche Auslegung konnte wiederum ohne Umschweife als in der Tora selbst geboten ausgewiesen werden. Mit den Worten von Karlheinz Müller: Die Sinaioffenbarung wurde frühjüdisch „nicht als eine einmalige Vorgegebenheit mit ein für allemal fest umgrenzten Aussagen" begriffen, „sondern man sah die Offenbarung der Tora zutiefst angewiesen auf den Vorgang menschlicher Vermittlung, der es erst zuwege bringen konnte, daß die Tora in den konkreten geschichtlichen Verhältnissen anwendbar wurde".[46] In der Einleitungsformel zu den Thesen kann man diesen menschlichen Vermittlungsprozess reflektiert sehen. Die Sinaioffenbarung ist offen, in sie wird die halachische Vermittlung quasi hineingeschrieben. Die Einleitungsformel der Thesen nimmt dies auf.

---

[42] Auf dieser Linie auch HUMMEL, Auseinandersetzung, 50.70–75; BURCHARD, Versuch, 40 (Matthäus wird „in den Thesen nicht alttestamentliche Zitate gesehen haben ..., sondern Sätze der ‚Gerechtigkeit der Schriftgelehrten und Pharisäer'"); SÄNGER, Schriftauslegung, 91, s. auch J. KAMPEN, The Sectarian Form of the Antithesis within the Social World of the Matthean Community, Dead Sea Discoveries 1 (1994) 338–363.

[43] Vgl. BURCHARD, Versuch, 42; SUGGS, Antitheses, 101.

[44] Hingegen postuliert ECKSTEIN, Weisung, 397–403, Moses als in ἐρρέθη impliziertes Subjekt und grenzt dies gegen die Auffassung des ἐρρέθη als eines passivum divinum ab. Die torakritische Lesart der Antithesen geht hier also mit einer zumindest tendenziellen Abwertung der göttlichen Dignität der Tora einher. Dagegen spricht aber schon die Ersetzung von Mose (Mk 7,10) durch Gott in der Einleitung zur Zitation des Elternehregebots in Mt 15,4.

[45] Nicht einfach, wie z.B. BANKS, Jesus, 202 postuliert, die Tora*lesung*. – BARTH, Gesetzesverständnis, 87, deutet ἠκούσατε im Sinne von „ihr habt als Tradition empfangen".

[46] K. MÜLLER, Gesetz und Gesetzeserfüllung im Frühjudentum, in: K. Kertelge (Hg.), Das Gesetz im Neuen Testament, QD 108, Freiburg u.a. 1986, 11–27: 24f.

Die eben vermerkte gemischte Form der Thesen lässt sich auf diesem Hintergrund und auf der Basis der vorgeschlagenen Deutung der Thesen als Illustration des Toraverständnisses der Schriftgelehrten und Pharisäer problemlos verstehen. Wo, wie in der zweiten Antithese, in der These ein Torawort erscheint, geht es darum, dass die Schriftgelehrten und Pharisäer das Gebot nur oberflächlich beim Buchstaben nehmen, nicht aber in die tiefere Intention des Gebotes eindringen, wie sie, wie oben ausgeführt, durch Jesu Gegenthese ans Licht gebracht wird. Im Falle des Liebesgebotes in der sechsten Antithese dagegen wird die „einschränkende Auslegung"[47] durch die Anfügung an das Gebot zum Ausdruck gebracht, während Jesu Gegenthese den in dem Gebot artikulierten Willen Gottes in seinem Vollsinn aufweist: Das Liebesgebot ist nicht, wie dies den Schriftgelehrten und Pharisäern zur Last gelegt wird, nach dem vulgärethischen Prinzip der Gegenseitigkeit auf den eigenen Freundes- und Bekanntenkreis einzugrenzen[48], sondern gilt universal – und damit auch und gerade gegenüber dem Feind. Ist in 5,20 impliziert, dass die Schriftgelehrten nicht bloß kleine Gebote auflösen, sondern hinter den gewichtigen Forderungen der Tora zurückbleiben, so wird ebendies durch die Antithesenreihe erläutert.

Entsprechend kann man den übrigen vier Antithesen entlanggehen: Das Tötungsverbot zielt demnach nicht bloß auf justiziable Fälle von Mord, sondern recht verstanden darauf, *jedes* zornig-aggressive Vorgehen gegen den Nächsten zu inkriminieren, das im schlimmsten Fall zum Mord führt. In der dritten Antithese wird den Schriftgelehrten und Pharisäern vorgeworfen, aus der in Dtn 24 erwähnten Scheidungsmöglichkeit eine generelle Erlaubnis abzuleiten, während der matthäische Jesus die Scheidungserlaubnis auf den einzigen Fall der Unzucht der Frau bezieht. Die Einfügung der Unzuchtsklausel bewirkt dabei, dass die Regelung von Dtn 24 an sich durch Jesu Position zur Ehescheidung nicht aufgehoben wird. Fasst im Falle der vierten Antithese die These entsprechende Bestimmungen der Tora in einem knappen Verbot falschen Schwörens und in dem Gebot, Gott Eide zu halten, zusammen, so führt Jesu Gegenthese wiederum über das am Wortlaut haftende Verständnis der Schriftgelehrten und Pharisäer hinaus und legt – auch hier Tendenzen frühjüdischer Paränese aufnehmend[49] – die Wahrhaftigkeit *allen* menschlichen Redens als hinter diesen Weisungen stehende Intention Gottes frei – und bringt damit das Dekaloggebot, den Namen Gottes nicht zu missbrauchen, mit letzter Konsequenz zur Geltung.[50] Ein Gegensatz zum alttestamentlichen Gebot selbst scheint bei der fünften Antithese vorzu-

---

[47] Vgl. BURCHARD, Versuch, 41.

[48] Vgl. dazu M. KONRADT, „... damit ihr Söhne eures Vaters im Himmel werdet". Erwägungen zur „Logik" von Gewaltverzicht und Feindesliebe in Mt 5,38–48, in: W. Dietrich/W. Lienemann (Hg.), Gewalt wahrnehmen – von Gewalt heilen. Theologische und religionswissenschaftliche Perspektiven, Stuttgart u.a. 2004, 70–92: 84f.

[49] Siehe dazu die monographische Abhandlung von M. VAHRENHORST, „Ihr sollt überhaupt nicht schwören". Matthäus im halachischen Diskurs, WMANT 95, Neukirchen-Vluyn 2002.

[50] Zum Zusammenhang des Schwurverbots mit Ex 20,7 s. DAUTZENBERG, Schwurverbot, 53f.

liegen, wo Jesu Forderung des Widerstandsverzichts *prima facie* der in der These angeführten *talio*-Formel „Auge um Auge" diametral entgegengesetzt ist. Nun bezeugt die spätere rabbinische Auslegung ein Verständnis der *talio* im Sinne des finanziellen Schadensausgleichs,[51] und auch abgesehen von dieser Interpretation kann man die Pointe der *talio* gerade darin sehen, dass hier eine Begrenzung der Vergeltung erfolgt.[52] Die *talio* so verstanden, liest sich Jesu Antithese wiederum so, dass in ihr der vergeltungskritische Impetus des Toragebotes aufgenommen und radikalisiert wird und damit die hinter dem Wortlaut des Gebotes stehende eigentliche Intention Gottes aufgedeckt wird.

Bringen Jesu Gegenthesen den Willen Gottes in seinem Vollsinn ans Licht, so bringt die Schlussmahnung in 5,48 dies auf den Punkt. Es ist häufig und mit Recht herausgestellt worden, dass der Vers nicht nur die sechste Antithese abschließt, sondern die ganze Reihe summiert.[53] Die Vollkommenheitsforderung variiert dabei die Rede von der besseren Gerechtigkeit in 5,20, die durch die Antithesen inhaltlich umrissen wurde. Vollkommenheit ist möglich auf der Basis der vorangehenden Erschließung des in der Schrift artikulierten Willens Gottes durch die autoritative Weisung Jesu.

Sachlicher Kontext dieser Torahermeneutik ist Jesu Botschaft von der Nähe des Reiches (vgl. Mt 4,17),[54] d.h. die Antithesen legen Tora im Angesicht des nahenden Gottesreiches aus, und dies bedeutet: ohne dass – mit Mt 19,8 gesprochen – Rücksicht auf die das Leben in dieser Welt kennzeichnende menschliche Hartherzigkeit die Entfaltung und Geltendmachung des Willens Gottes begrenzt[55]. Wenn man in den Antithesen einen torakritischen Akzent finden möchte, dann höchstens insofern, als die Formulierung des göttlichen Willens in der Tora des Mose die ethische Unzulänglichkeit des Menschen mit im Blick hat[56] und von daher vielfach eher auf die Eindämmung des Bösen zielt.[57] Freilich ist auch in dieser Hinsicht noch einmal auf die Offenheit frühjüdischer Toraparänese als religionsgeschichtlichen Kontext des Evangelisten zu verweisen: Ethische Unterweisung ist

---

[51] Siehe die Diskussion in bBQ 83–84. Josephus, Ant 4,280 kennt die Schadensersatzleistung als eine – freilich von der Entscheidung des Geschädigten abhängige – Möglichkeit.

[52] Vgl. dazu LUZ, Mt I[5], 391; THIELMAN, Law, 55f.

[53] Siehe exemplarisch LUZ, Mt I[5], 408.

[54] Vgl. dazu im Blick auf den „historischen" Jesus exemplarisch Ch. DIETZFELBINGER, Die Antithesen der Bergpredigt, TEH 186, München 1975, 70–76.

[55] Im Zusammenhang der Auseinandersetzung mit der Frage der Pharisäer nach der Ehescheidung in Mt 19,3–9 – bei Matthäus genauer mit der Frage, ob ein Mann seine Frau κατὰ πᾶσαν αἰτίαν entlassen dürfe – führt Jesus aus, dass der ursprüngliche, in der Schöpfungsgeschichte in Gen 2 laut werdende Gotteswille war, dass Mann und Frau *ein* Fleisch sind. Nur wegen der menschlichen Hartherzigkeit hat Mose später die Ehescheidung gestattet. Das nahende Gottesreich ist nun der Kairos, an dem der ursprüngliche Gotteswille zur Geltung gebracht wird.

[56] Vgl. dazu DAVIES/ALLISON, Mt I, 494 sowie Y.-E. YANG, Jesus and the Sabbath in Matthew's Gospel, JSNT.S 139, Sheffield 1997, 128; THIELMAN, Law, 51–58.

[57] Vgl. FELDMEIER, Verpflichtende Gnade, 46.

im Frühjudentum zum Teil nur recht frei an der Tora orientiert,[58] versteht sich gleichwohl aber fraglos als deren Erläuterung und Entfaltung; der – im Prinzip auf der Tora basierende – lebendige Prozess der Aktualisierung und Erläuterung des Gotteswillens ist von der geschriebenen Tora nicht abzulösen. Dies gilt im Grundsatz auch für die Weisungen Jesu in Mt 5,21–48 *in ihrem mt Verständnis*.[59] Ihre spezifischen, „radikalen" Konturen sind dabei damit im Zusammenhang zu sehen, dass sie den in der Tora niedergelegten Willen Gottes im Lichte und unter der Voraussetzung des andringenden Gottesreiches erläutern und entfalten.

Festzuhalten ist: Mt 5,21–48 steht in keiner Weise in Spannung zu 5,17–20. Die Grundaussage der mt Antithesen ist nicht, dass die Tora an sich insuffizient ist und (deshalb) Jesus mit seinen Forderungen über die Tora hinausgeht.[60] Die Grundaussage ist vielmehr, dass Jesu Weisung den in der Tora artikulierten Willen Gottes angesichts des Kairos des nahen Gottesreiches in vollkommener Weise erschließt und dadurch die in 5,48 geforderte Vollkommenheit ermöglicht, während die in den Thesen anvisierte Gesetzesauslegung der Schriftgelehrten und Pharisäer deren Unverständnis bezeugt. Die in 7,28f geschilderte Reaktion der Volksmengen auf Jesu Bergpredigt nimmt denn auch eben diesen Kontrast auf: Die Volksmengen geraten über Jesu Lehre außer sich, „denn er lehrte sie mit Vollmacht und nicht wie ihre Schriftgelehrten".

Der in Mt 5,17–48 zutage tretende Zusammenhang zwischen der radikalisierenden, die wahre Intention des göttlichen Willens aufdeckenden Auslegung der sozialethischen Gebote durch Jesus und der Vollkommenheitsforderung kehrt an der zweiten Stelle, an der Matthäus den Vollkommenheitsgedanken eingefügt hat, wieder (19,21). Da es in Jesu Reaktion auf das Weggehen des Jünglings um den Zutritt zum Reich Gottes und damit nach wie vor um den Zugang zum ewigen Leben, also um die Ausgangsfrage von V.16 geht, ist zu folgern, dass der reiche Jüngling die in V.17 dazu formulierte Bedingung des Haltens der Gebote nicht erfüllt hat. Ist das richtig, dann ist Jesu Aufforderung zum Verkauf der Habe (V.21) als Auslegung bzw. Applikation

---

[58] Siehe dazu K. MÜLLER, Anmerkungen zum Verhältnis von Tora und Halacha im Frühjudentum, in: E. Zenger (Hg.), Die Tora als Kanon für Juden und Christen, HBS 10, Freiburg u.a. 1996, 257–291.

[59] Davon ist zu unterscheiden, dass man aus heutiger analytischer Perspektive zu dem Schluss kommen kann, dass die Weisungen Jesu in Mt 5,21–48 den Aussagegehalt der zugrunde liegenden alttestamentlichen Gebote faktisch transzendieren (vgl. YANG, Jesus, 120–129). Für Matthäus selbst geht es aber darum, dass Jesu Weisungen die Toragebote ihrer eigenen Intention nach entfalten, und dies ist religionsgeschichtlich im Kontext der lebendigen Auslegungsprozesse der Tora und ihrer damit gegebenen prinzipiellen Offenheit zu betrachten.

[60] Hingegen sieht z.B. BANKS, Understanding, 231 im Erfüllungsgedanken ein Diskontinuitätsmoment inbegriffen: „that which is more than the law has now been realized". Vgl. DERS., Jesus, 210; YANG, Jesus, 18.111 sowie vor allem THIELMAN, Law, 47–72.

der zuvor angeführten Gebote, näherhin des Liebesgebots, zu verstehen.[61] Anders gesagt: Eine *vollkommene* Erfüllung des Liebesgebotes bedeutete für den reichen Jüngling in seiner spezifischen Situation, dass er seinen Besitz den Armen zur Verfügung stellt[62] – wie es zur vollkommenen Erfüllung des Liebesgebots nach 5,43–48 gehört, auch dem Feind mit Liebe zu begegnen. Und wie 5,43–48 – zumindest primär – an die Jünger gerichtet ist (s. 5,1f), so mündet die Applikation des Liebesgebots in 19,21 in die Aufforderung zur Nachfolge ein. Nachfolge und Befolgung der Tora im Sinne und auf der Basis ihres von Jesus eröffneten Verständnisses sind für Matthäus zwei Seiten derselben Medaille.

Festzuhalten ist: Auch in 19,21 geht es also bei der Einfügung des Vollkommenheitsgedankens um die Erfüllung der Tora in ihrer – die sozialethische Forderung zuspitzenden – Auslegung durch Jesus, ja in 5,48 wie 19,21 steht der Vollkommenheitsgedanke näherhin im Kontext der Auslegung des – in V.19 ebenfalls redaktionell an die Dekaloggebote angefügten – Liebesgebotes. Der reiche Jüngling erscheint damit als ein zu den Schriftgelehrten und Pharisäern in 5,20ff analoger Fall, nämlich als ein Exempel für ein den Vollsinn dieses „großen" Gebotes nicht erfassendes Verständnis und eine dementsprechend insuffiziente Torapraxis. Und wie den Schriftgelehrten und Pharisäern (s. 5,20) bleibt auch ihm der Zugang ins Himmelreich verwehrt (19,23).

Die These, dass die mt Antithesen konsequent im Kontext des Konfliktes zwischen Jesus und den Pharisäern zu lesen sind, findet Bestätigung, wenn man weitere die Gesetzesthematik betreffende Texte des MtEv hinzuzieht. Es findet sich nämlich eine ganze Reihe von Konfliktszenen, in denen immer wieder die Pharisäer als Gegner Jesu in Torafragen erscheinen.

2 Die Auseinandersetzungen mit den Pharisäern um Tora und Propheten im MtEv

Fragt man nach Leitmotiven, die die mt Darstellung des Konflikts zwischen Jesus und den jüdischen Autoritäten prägen, so ist zum einen auf Jesu Würde als (davidischer) Messias Israels, dem die Autoritäten sich unterzu-

---

[61] Treffend DEINES, Gerechtigkeit, 391: „Indem er [sc. der reiche Jüngling, M.K.] seinen Besitz nicht zu verkaufen und zu verteilen vermag, gesteht er ein, dass er eben seinen Nächsten nicht so liebt wie sich selbst." Anders THIELMAN, Law, 59f.

[62] Die Vollkommenheitsforderung ist also auch hier auf die durch Jesus ermöglichte Befolgung des Willens Gottes bezogen, wie er in den Geboten der Heiligen Schrift grundsätzlich artikuliert ist (vgl. M. MEISER, Vollkommenheit in Qumran und im Matthäusevangelium, in: M. Karrer u.a. [Hg.], Kirche und Volk Gottes [FS J. Roloff], Neukirchen-Vluyn 2000, 195–209: 198–204). Anders deuten E. LOHSE, „Vollkommen sein". Zur Ethik des Matthäusevangeliums, in: L. Oberlinner/P. Fiedler (Hg.), Salz der Erde – Licht der Welt. Exegetische Studien zum Matthäusevangelium (FS A. Vögtle), Stuttgart 1991, 131–140: 138–140 sowie R. HOPPE, Vollkommenheit bei Matthäus als theologische Aussage, ebd. 141–164.

ordnen hätten, zu verweisen,[63] zum anderen eben auf das Verständnis des Willens Gottes, auf die Auslegung der Tora oder umfassender: von Tora und Propheten. Zu einem ersten Konflikt kommt es bereits in Mt 9,9–13, wo die Pharisäer an Jesu Tischgemeinschaft mit Zöllnern und Sündern Anstoß nehmen. Indem Matthäus die Pharisäer redaktionell von Jesus als Lehrer sprechen lässt (9,11), lenkt er die Aufmerksamkeit darauf, dass es um eine Frage des Verständnisses des Willens Gottes geht. Dem korrespondiert die Einfügung von Hos 6,6 in die Reaktion Jesu (9,13).[64] Das Zöllnermahl wird durch diese Einfügung zur Illustration der Erfüllung von Tora und Propheten durch Jesus (5,17).[65] Die Pharisäer dagegen erscheinen als unverständig.[66]

Diese Konfiguration kehrt beim Protest der Pharisäer gegen das Ährenraufen der Jünger am Sabbat in Mt 12,1–8 wieder. Matthäus verweist hier eingangs ausdrücklich darauf, dass es die Jünger hungerte. Dies dient nicht nur der Analogisierung mit dem Rekurs auf David in V.3, sondern bereitet vor allem das von Matthäus in V.5–7 eingefügte Argument vor, dass die Priester im Tempel, da sie nach Num 28,9f vorgeschriebenen Opfer darzubringen haben, den Sabbat faktisch entweihen, aber doch unschuldig sind. Der mt Jesus verweist damit darauf, dass die Tora selbst mit einer Hierarchie unter den Geboten operiert,[67] bzw. nimmt Matthäus mit V.5–7 die halachische Diskussion auf, was den Sabbat verdrängt,[68] und leistet dazu durch den erneuten Rekurs auf Hos 6,6 einen spezifischen Beitrag: Es gehe hier um Größeres als um den Tempel, nämlich um die Barmherzigkeit,[69] die nach dem Prophetenwort dem Opfer übergeordnet ist. Wenn schon der Tempeldienst das Sabbatgebot verdrängen kann, um wie viel mehr dann die Barmherzigkeit.[70]

Jesus lässt also wieder die Schrift für seine Interpretation des Willens Gottes sprechen. Dass das Ährenraufen den Sabbat bricht (s. Ex 34,21, vgl. Jub 50,12; CD 10,20f; mShab 7,2), wird nicht bestritten[71]. Aber da bei und

---

[63] Siehe dazu G.N. STANTON, Matthew's Christology and the Parting of the Ways, in: J.D.G. Dunn (Hg.), Jews and Christians. The Parting of the Ways A.D. 70 to 135, WUNT 66, Tübingen 1992, 99–116: 100.108–112, sowie auch D.J. VERSEPUT, The Role and Meaning of the 'Son of God' Title in Matthew's Gospel, NTS 33 (1987) 532–556: 535f.

[64] Vgl. B. REPSCHINSKI, The Controversy Stories in the Gospel of Matthew. Their Redaction, Form and Relevance for the Relationship Between the Matthean Community and Formative Judaism, FRLANT 189, Göttingen 2000, 78.

[65] Vgl. HUMMEL, Auseinandersetzung, 39.

[66] Siehe die Einleitung des Hoseazitats durch πορευθέντες δὲ μάθετε τί ἐστιν.

[67] Vgl. MAYER-HAAS, Geschenk, 443.487; DEINES, Gerechtigkeit, 485.

[68] Siehe dazu VAHRENHORST, „Ihr sollt überhaupt nicht schwören", 385–389.

[69] μεῖζον wird im Kontext durch ἔλεος näherbestimmt (vgl. U. LUZ, Das Evangelium nach Matthäus, 2. Teilbd.: Mt 8–17, EKK 1.2, Zürich u.a. 1990, 231). Ein Bezug auf Jesus selbst (für viele YANG, Jesus, 176f.180f) ist aufgrund der neutrischen Form unwahrscheinlich.

[70] Vgl. VAHRENHORST, „Ihr sollt überhaupt nicht schwören", 383.388.

[71] Anders YANG, Jesus, 174.175.185.

vor Gott der Barmherzigkeit Priorität zukommt, sind die Jünger, da sie Hunger hatten, dennoch schuldlos. Anders gesagt: Wer den Willen Gottes recht versteht, nämlich die übergeordnete Bedeutung der Barmherzigkeitsforderung begreift, der erkennt, dass den hungernden Jüngern überhaupt kein Vorwurf zu machen ist[72]. Die Pharisäer hingegen offenbaren mit ihrem Vorwurf ihre eigene Schriftunkenntnis. Sie müssen nicht nur an die Szenerie bei David erinnert werden; sie haben offenbar auch die Bestimmung *im Gesetz*[73] über den Tempeldienst am Sabbat nicht gelesen, und schon gar nicht haben sie das Prophetenwort von Hos 6,6 verstanden. Im mt Kontext bedeutet dies zugleich: Die Lektion, die Jesus ihnen in 9,13 aufgetragen hatte, haben sie nicht gelernt.[74]

Damit, dass Matthäus mit dem Hunger der Jünger einen Fall anführt, der ihr Verhalten legitimiert, deutet sich zugleich an, dass Matthäus den Text nicht so verstanden wissen will, dass damit das Sabbatgebot selbst prinzipiell außer Kraft gesetzt wird[75]. Was hier ansichtig wird, ist vielmehr die Differenzierung zwischen kleinen und großen Geboten, wie sie in 5,17–19 zutage trat. Die Barmherzigkeit ist ein großes Gebot, die Sabbatheiligung ist dem untergeordnet. Im Konfliktfall ist dem wichtigeren Gebot der Vorrang einzuräumen. Der Streit um das Ährenraufen am Sabbat exemplifiziert also die in 5,17–19 enthaltene Gesetzeshermeneutik. Zugleich liest sich die Verurteilung der Pharisäer in 12,1–8 wie eine Illustration zum in 5,20 implizierten Vorwurf: Sie bleiben hinter den *großen* Geboten zurück. Die Überordnung der Barmherzigkeit über den Sabbat wird dann durch die nachfolgende zweite Sabbatkontroverse in Mt 12,9–14 weiter illustriert und zugleich in einen Grundsatz gefasst: Es ist am Sabbat erlaubt, Gutes zu tun (12,12).[76]

Dem Konflikt über den Sabbat steht in Mt 15 die Kontroverse um die Reinheitstora zur Seite, in der Pharisäer und Schriftgelehrte aus Jerusalem den Jüngern Jesu vorwerfen, die Satzung der Alten zu übertreten, da sie sich vor dem Essen nicht die Hände waschen. Durch die Umstellung von Mk 7,6f und die Umformulierung von Mk 7,8f nach dem Modell des Vorwurfs der Schriftgelehrten und Pharisäer in Mt 15,2 lässt Matthäus Jesus

---

[72] Vgl. L. DOERING, Schabbat. Sabbathalacha und -praxis im antiken Judentum und Urchristentum, TSAJ 78, Tübingen 1999, 435: „In der Perspektive der Barmherzigkeit können Sabbatverstöße gerechtfertigt werden, die von Menschen, die Mangel leiden, begangen werden."

[73] Οὐκ ἀνέγνωτε nimmt V.3 wieder auf, ἐν τῷ νόμῳ ist ausdrücklich angefügt.

[74] Vgl. REPSCHINSKI, Stories, 100f.305; GIELEN, Konflikt, 110.

[75] Positiv gewendet: Mt 12,1–8 gibt – wie auch 12,9–14 – zu erkennen, dass der Sabbat in der mt Gemeinde gehalten wird. Ebenso z.B. BARTH, Gesetzesverständnis, 74.75; GIELEN, Konflikt, 108.112; MAYER-HAAS, Geschenk, 446.453.489f. Anders U. LUCK, Das Evangelium nach Matthäus, ZBK, Zürich 1993, 144; YANG, Jesus, 228f. – Zur Deutung der Einfügung von μηδὲ σαββάτῳ in 24,20 s. E. KUN-CHUN WONG, The Matthean Understanding of the Sabbath: A Response to G.N. Stanton, JSNT 44 (1991) 3–18; MAYER-HAAS, Geschenk, 454–458.

[76] Vgl. dazu MAYER-HAAS, Geschenk, 452.

direkt mit einer Gegenfrage bzw. einem Gegenvorwurf kontern: „Warum
übertretet auch ihr[, nämlich] das Gebot Gottes um eurer Überlieferung
willen" (15,3)[77]. Matthäus charakterisiert damit den Konflikt gleich zu Beginn so, dass hier Gottes Gebot und pharisäische Satzung (vgl. Josephus,
Ant 13,297F) einander gegenüberstehen. Die nachfolgende Illustration des
Gegenvorwurfs durch den Verweis auf den (möglichen) Konflikt zwischen
Gelübde und Elternehregebot[78] nimmt dies auf, denn Matthäus formuliert
die von Jesus zitierte Halacha seiner Gegner in V.5–6a als direkten Widerspruch zum Dekaloggebot:[79] οὐ μὴ τιμήσει τὸν πατέρα αὐτοῦ (V.6a); das
Gelübde vermag also die Geltung des Elternehregebots aufzuheben.

In Jesu Position tritt hingegen wiederum eine kategorische Überordnung
des sozialethischen Gebots hervor. Die Belehrung zunächst der Volksmengen in V.10f und dann der Jünger in V.15–20 unterstreicht dies: Ins Zentrum der Diskussion um Unreinheit wird lasterhaftes Verhalten gerückt, das
in V.19 in Anlehnung an – nach dem Elternehregebot in V.4 weitere – Dekaloggebote exemplarisch benannt wird. Zugleich zeigt die mt Bearbeitung
der Markusvorlage die Tendenz, Jesus nicht eine prinzipielle Abrogation
der Reinheitstora vertreten zu lassen,[80] sondern allein die kategorische Ver-
werfung pharisäischer Halacha. So hat Matthäus den mk Kommentar, Jesus
habe alle Speisen für rein erklärt (Mk 7,19c),[81] übergangen;[82] stattdessen
lässt er Jesus zum Abschluss seiner Belehrung als Bezugspunkt der Be-
streitung der Verunreinigung ausdrücklich das Eingangsthema, das Essen
mit ungewaschenen Händen, aufnehmen (Mt 15,20b). Für V.11a legt dies
nahe, dass Matthäus auch diese Aussage allein auf den in V.2 aufgeworfe-

---

[77] Matthäus' rhetorische Gestaltung birgt hier die Gefahr des Missverständnisses, in dem καί
in V.3 impliziert zu sehen, dass auch die Jünger Gottes Gebot übertreten. Matthäus kommt es aber
darauf an, die Übertretung der Überlieferung der Väter auf der einen Seite und die Übertretung des
Gebots Gottes um der Überlieferung der Väter willen einander gegenüberzustellen. Das καί ist
also allein darauf zu beziehen, dass auch die Schriftgelehrten und Pharisäer „Übertreter" sind, aber
– im Unterschied zu den Jüngern – des *Gebots Gottes*. Sachlich ist also in V.3 nach παραβαίνετε
eine Zäsur zu setzen, die in der obigen Übersetzung durch die Einfügung von „nämlich" verdeutlicht ist.

[78] Zur jüdischen Diskussion s. exemplarisch LUZ, Mt II, 422f.

[79] Vgl. nur R.H. GUNDRY, Matthew. A Commentary on His Handbok for a Mixed Church under Persecution, Grand Rapids [2]1994, 304; W.D. DAVIES/D.C. ALLISON, The Gospel According to
Saint Matthew, Vol. II, ICC, Edinburgh 1991, 524.

[80] In diesem Sinne z.B. auch HUMMEL, Auseinandersetzung, 48; MAYER-HAAS, Geschenk,
477f; LUZ, Mt II, 422.428; DAVIES/ALLISON, Mt II, 517.

[81] Dagegen hält I. BROER, Anmerkungen zum Gesetzesverständnis des Matthäus, in: Gesetz
im Neuen Testament, 128–145: 142 die Auslassung von Mk 7,19c für „*sachlich* bedeutungslos"
(Hervorhebung im Original).

[82] Siehe auch die mt Änderungen in Mt 15,11 par Mk 7,15 und in Mt 15,17 par Mk 7,18 und
dazu die Deutung von LUZ, Mt II, 424f.426 sowie im Folgenden.

nen Fall bezieht und bezogen wissen möchte[83]. Deshalb konnte er die pauschale Formulierung von Mk 7,15a nicht übernehmen[84].

Der Sachverhalt ist hier also ähnlich wie beim Sabbat. 5,17–20 zeigt sich damit als ein programmatisches Wort, das Matthäus im Laufe seiner Erzählung der Jesusgeschichte konsequent zur Geltung gebracht hat[85]. Die Weisungen von Tora und Propheten stehen in Kraft, doch ist unter ihnen zu differenzieren. Zugleich wird durch die angesprochenen Gesetzeskontroversen die Frontstellung von 5,17–19 deutlicher. Hinter der Abwehr in 5,17, man solle nicht meinen, dass Jesus gekommen sei, um Gesetz oder Propheten aufzulösen, und hinter dem Diktum von der fortbestehenden Gültigkeit *aller* Gebote, auch der kleinen, steht nicht, wie verschiedentlich postuliert wurde,[86] eine libertinistische christliche Gruppierung. Es geht vielmehr um die Zurückweisung des pharisäischen Vorwurfs, dass die Christgläubigen sich nicht torakonform verhalten.[87] Demgegenüber wird in 5,17–19 betont, dass Jesus und die, die ihm nachfolgen, die Geltung der ganzen Tora grund-

---

[83] Vgl. J. GNILKA, Das Matthäusevangelium II. Teil, HThK 1.2, Freiburg u.a. ²1992, 24.26f; S. VON DOBBELER, Auf der Grenze. Ethos und Identität der matthäischen Gemeinde nach Mt 15,1–20, BZ NF 45 (2001) 55–78: 68. Anders z.B. BROER, Freiheit, 121; THIELMAN, Law, 67.

[84] Erwähnung verdient in diesem Zusammenhang, dass Matthäus in seiner Neufassung der Heilung des besessenen Geraseners aus Mk 5,1–20 die Schweineherde durch die Ersetzung von ἐκεῖ πρὸς τῷ ὄρει (Mk 5,11) durch μακρὰν ἀπ' αὐτῶν (Mt 8,30) weit von Jesus entfernt sein lässt, denn dieser redaktionelle Eingriff erklärt sich gut, wenn in der mt Gemeinde der Verzicht auf Schweinefleisch gängige Praxis war. Geht ἐσθίοντες καὶ πίνοντες τὰ παρ' αὐτῶν und/oder ἐσθίετε τὰ παρατιθέμενα ὑμῖν in Lk 10,7f auf Q zurück (vgl. The Critical Edition of Q, hg. v. J.M. Robinson u.a., Hermeneia, Minneapolis/Leuven 2000, 170), kann man in der mt Auslassung ein weiteres Indiz sehen, dass Matthäus Aussagen meidet, die als grundsätzliche Abrogation der Reinheitsgebote verstanden werden können (vgl. DAVIES/ALLISON, Mt II, 174). Auf der anderen Seite ist aus Mt 15 m.E. nicht, wie SIM, Gospel, 132 postuliert, herauszulesen, „that Matthew's group *strictly* kept the dietary and purity laws of Judaism" (Hervorhebung von mir). Schon gar nicht ist Mt 15,1–20 zu entnehmen, dass Matthäus die halachische Bestimmung des Händewaschens als verpflichtend ansieht (gegen GIELEN, Konflikt, 165f). Zu beachten ist dabei, dass Händewaschen vor dem Essen als *allgemeine* Forderung in der Tora gar nicht erhoben wird. Nach Ex 30,17–21 sollen sich die Priester die Hände in einem eigens dafür aufgestellten Kupferbecken waschen, bevor sie in die Stiftshütte oder zum Altar gehen (vgl. Josephus, Ant 8,86f). Aus Lev 15,11 wird ferner deutlich, dass Waschen der Hände vor der Übertragung von Unreinheit schützt. Aber ein allgemeines Gebot zum Waschen der Hände für *Laien* beim *Essen* gibt es nicht. Daher berührt das Verhalten der Jünger gar nicht die Geltung der Iota und Häkchen der Tora, sondern allein, wie in der Konfliktexposition in Mt 15,2f richtig markiert wird, die „Überlieferung der Alten". – Für eine bündige Orientierung über die rabbinische Diskussion über die Unreinheit der Hände s. VAHRENHORST, „Ihr sollt überhaupt nicht schwören", 396–401.

[85] GIELEN, Konflikt, 164 vermerkt zu Recht, dass sich die Streichung von Mk 7,19c „in die grundsätzliche Akzeptanz aller Häkchen und Jota des Gesetzes (Mt 5,18f)" einfügt.

[86] Siehe exemplarisch BARTH, Gesetzesverständnis, 62–70.149–154; J.L. HOULDEN, The Puzzle of Matthew and the Law, in: St.E. Porter u.a. (Hg.), Crossing the Boundaries (FS M.D. Goulder), Biblical Interpretation Series 8, Leiden u.a. 1994, 115–131: 118f. Eine antipaulinische Frontstellung postulieren z.B. Ch. HEUBÜLT, Mt 5,17–20. Ein Beitrag zur Theologie des Evangelisten Matthäus, ZNW 71 (1980) 143–149: 145; SIM, Gospel, 199–211, bes. 207–209.

[87] GIELEN, Konflikt, 78f.284; ECKSTEIN, Gerechtigkeit, 306, s. auch DERS., Weisung, 395 (mit Einbezug konservativer Judenchristen in der Gemeinde) sowie LUOMANEN, Kingdom, 90f.

sätzlich bejahen. Zugleich aber wird eben konsequent zwischen kleinen und großen Geboten unterschieden. Diese Gesetzeshermeneutik erlaubt Matthäus eine faktische Marginalisierung bestimmter rituell-kultischer Gebote, ohne ihre prinzipielle Abrogation zu vertreten und dem pharisäischen Vorwurf Recht geben zu müssen, wobei die Berufung auf Hos 6,6 für die mt Apologie von zentraler Bedeutung ist. Ja mehr noch: Auf der Basis dieser Gesetzeshermeneutik lässt sich der Gegenangriff führen, dass umgekehrt die Pharisäer dem Willen Gottes in Tora und Propheten blind gegenüber stehen (vgl. 15,14; 23,16.24).[88] Die Stoßrichtungen sind zwar in 5,17–19 und in den angesprochenen Gesetzeskontroversen insofern unterschiedlich, als in 5,17–19 in Abwehr von Vorwürfen des Gegenübers die prinzipielle Gültigkeit aller Gebote – auch der kleinen – betont wird,[89] während in den Gesetzeskontroversen die Praxis des Gewichtens zwischen großen und kleinen Geboten und damit die faktisch übergeordnete Bedeutung von Liebe und Barmherzigkeit bzw. überhaupt der sozialethischen Gebote in den Vordergrund tritt. Dies ändert aber nichts daran, dass im MtEv eine in sich kohärente Gesetzeshermeneutik sichtbar wird. Und bereits in Mt 5 wird durch die Weiterführung der Einheit mit V.20 deutlich, dass der (soteriologisch) entscheidende Aspekt der Erfüllung von Tora und Propheten darin besteht, sich vom Gerechtigkeitsniveau der Pharisäer und Schriftgelehrten positiv abzuheben, die „Größeres" (vgl. 12,6) bzw. „Gewichtigeres" (vgl. 23,23) als „bloß" die kleinen Gebote außer Acht lassen.[90]

In die Entfaltung der Konfliktgeschichte eingebunden hat Matthäus, man möchte sagen: konsequenterweise, schließlich auch Jesu Hervorhebung der Liebe zu Gott und zum Nächsten als Summe der Tora in 22,34–40. Die mk Fassung bietet ein freundliches Gespräch zwischen Jesus und einem verständigen Schriftgelehrten, der Jesu Antwort auf seine Frage nach dem höchsten Gebot durch die Wiederholung des monotheistischen Bekenntnisses (V.32) und des Doppelgebots der Liebe (V.33) positiv affirmiert und für seine verständige Antwort wiederum von Jesus gelobt wird (V.34). In der lk Version, die vermutlich auf einer anderen Version fußt, die auch Matthäus neben der mk Fassung kannte[91], haben die Worte des verständigen mk

---

[88] Basis dieser Gegenkritik ist, dass Matthäus an ἔλεος und θυσία die verschiedenen Programme von Jesus und Pharisäern festmacht (vgl. GIELEN, Konflikt, 98f).

[89] Anders gesagt: Der Ton liegt in 5,17–19 nicht darauf, dass bestimmte Gebote weniger bedeutsam sind, sondern dass auch sie grundsätzlich zu halten sind. Gleichwohl schwingt auch hier durch die soteriologische Aussage in 5,19 (das Nichttun kleiner Gebote entscheidet nicht über die Heilsteilhabe, sondern „nur" über den Ehrengrad) bereits ihre faktisch nachgeordnete Bedeutung mit.

[90] Nur am Rande sei auf die Kontroverse über die Ehescheidung in Mt 19,3–9 verwiesen, wo Matthäus (wiederum) durch verschiedene Eingriffe in die mk Vorlage den sich in dieser nahe legenden Eindruck eines Konflikts zwischen Jesu Position und der Tora zu vermeiden sucht. Siehe dazu exemplarisch REPSCHINSKI, Stories, 172–183.

[91] Dafür sprechen nicht nur auffällige minor agreements, vor allem die Rede vom νομικός (Mt 22,35; Lk 10,25) und vom (ἐκ)πειράζειν (Mt 22,35; Lk 10,25), sondern auch die andere Situierung

Schriftgelehrten darin ein Pendant, dass hier nicht Jesus, sondern der Gesetzeskundige selber das Doppelgebot der Liebe anführt.

Matthäus geht hier bezeichnenderweise einen anderen Weg: Es passt
nicht in sein Konzept, einen nicht zu den Jüngern gehörenden Gesetzeslehr-
rer die Gebote der Gottes- und Nächstenliebe als Hauptsätze der Tora vorbringen zu lassen. Diese Einsicht wird *exklusiv* für die eigene Gruppe reklamiert. Aus dem freundlichen, einen ethischen Konsens signalisierenden
Dialog der mk Version ist bei Matthäus ein von Feindseligkeit geprägtes
Gespräch zwischen einem als Pharisäer gekennzeichneten Gesetzeslehrer
und Jesus geworden. Der Gesetzeskundige *versucht* Jesus. Die Frage nach
dem größten Gebot ist in der mt Komposition der letzte von drei Anläufen
der Jesus feindlich gesonnenen Autoritäten, Jesus mit einem Wort zu fan-
gen, um etwas gegen ihn in der Hand zu haben[92] (22,15).

Die Pointe des mt Wortlauts der Antwort Jesu liegt darin, dass er zum
einen dem als erstes zitierten Gottesliebegebot als größtes Gebot das Nächstenliebegebot ausdrücklich gleichordnet (V.39a) und zum anderen dann
„diese beiden" zum „Inbegriff des Gesetzes"[93] erklärt (V.40). In jüdischen
Schriften erscheint die Gottesliebe bzw. die Verehrung des einen Gottes
wiederholt als das Oberste und Wichtigste im Gesetz.[94] Jesu Antwort
stimmt in diesen Konsens ein, um dann aber sogleich als zweites auch das
Nächstenliebegebot mit auf den ersten Platz zu setzen.[95] Im Gesamtkontext
des Evangeliums betrachtet nimmt dies die vorangehende Betonung der
sozialen Gebote, insbesondere der Barmherzigkeit auf.[96] Möglicherweise

---

dieser Perikope durch Lukas, der Perikopenumstellungen bekanntlich nicht allzu häufig vornimmt.
Beides zusammengenommen macht die These einer zweiten Fassung zu einer plausiblen Annahme
(anders z.B. J. KIILUNEN, Das Doppelgebot der Liebe in synoptischer Sicht. Ein redaktionskriti-
scher Versuch über Mk 12,28–34 und die Parallelen, STAT Ser. B 250, Helsinki 1989). Ob Mat-
thäus und Lukas diese zweite Fassung in der Logienquelle vorgefunden haben (so z.B. J. LAM-
BRECHT, The Great Commandment Pericope and Q, in: R.A. Piper [Hg.], The Gospel behind the
Gospels. Current Studies on Q, NT.S 75, Leiden u.a. 1995, 73–96: 78–88.95), ist dabei nur *eine*
Option.

[92] Während bei Mk der Schriftgelehrte Jesus anspricht, weil Jesus den Sadduzäern gut geant-
wortet hatte (Mk 12,28), korrespondiert der mt Rede vom πειράζειν, dass in der mt Einleitung die
Pharisäer für die zuvor abgefertigten Sadduzäer einspringen, um einen weiteren Versuch zu unter-
nehmen, Jesus in eine Falle zu locken (Mt 22,15).

[93] BARTH, Gesetzesverständnis, 73. – Eine faktische Reduktion der Tora auf das Doppelgebot
(vgl. zuletzt wieder den Ansatz von DEINES, Gerechtigkeit, 400) ist mit Mt 22,40 in keiner Weise
das Wort geredet, wie schon 19,18f beweist. Die Gebote der Gottes- und Nächstenliebe fungieren
vielmehr – ähnlich wie bei Philo die Tugenden der εὐσέβεια καὶ ὁσιότης sowie der φιλανθρωπία
καὶ δικαιοσύνη (SpecLeg 2,63) – als Obersätze der Tora, die zugleich deren hermeneutische Mitte
bestimmen.

[94] Siehe EpArist 132; PsPhok 8; Philo, Dec 65; Josephus, Ap 2,190.

[95] Ch. BURCHARD, Das doppelte Liebesgebot in der frühen christlichen Überlieferung, in:
Studien zur Theologie, Sprache und Umwelt des Neuen Testaments, 25, spricht treffend von
„Gleichordnung trotz Differenz".

[96] Zur Barmherzigkeit als Interpretament der Nächstenliebe vgl. exemplarisch TestIss 5,2, wo
πένητα καὶ ἀσθενῆ ἐλεᾶτε in 5,2b Epexegese zur vorangehenden Mahnung zur Nächstenliebe ist

ergibt sich im Lichte der vorangehenden Gesetzeskontroversen auch ein
Zugang zu dem schwierigen Problem, wieso Matthäus die Frage des Gesetzeslehrers als eine versucherische ausweisen konnte,[97] denn nach dem größ-
ten Gebot zu fragen hat an sich nichts Unjüdisches,[98] und die Auskunft,
dass nur die Böswilligkeit des Fragestellers markiert werden sollte,[99] ist
eine Verlegenheitslösung, die nur als ultima ratio in Frage kommt. Der mt
Jesus hatte in den vorangehenden Kontroversen, wie gesehen, zweimal auf
Hos 6,6 rekurriert. Aus der Überordnung der Barmherzigkeit über den
Tempel und damit über die Gottesverehrung im Tempel ließe sich nun auf
Seiten der Gegner der Vorwurf ableiten, hier werde die Zuwendung zum
Menschen auf Kosten der Gottesliebe betont und damit die Gottesverehrung
marginalisiert (s. auch Mt 5,23f). Zu verweisen ist ferner auf Jesu dezidierte
Kritik an einer Überordnung von – Gott geleisteten – Gelübden über das
Elternehregebot, wie Jesus sie in 15,4–6 der pharisäischen Halacha anlastet.
Liest man die Frage des pharisäischen Gesetzeslehrers in 22,35 auf diesem
Hintergrund, eröffnet sich eine Verstehensmöglichkeit, warum Matthäus die
Frage als eine Fangfrage präsentiert: Die Pharisäer versuchen, Jesus eine
ausdrückliche Stellungnahme zur Tora zu entlocken, die zeigt, dass er Gott
nicht die ihm gebührende Ehre erweist,[100] dass die Verehrung Gottes bei
ihm nicht die oberste Priorität genießt. Antwortet Jesus aber im Sinne der
Zentralstellung der Verehrung des einen Gottes, könnten die Pharisäer dies
zum Anlass nehmen, Jesu vorangehendes Handeln zu hinterfragen.

Mit seiner Replik gelingt es Jesus nun, seine Betonung der barmherzigen
Zuwendung zum Nächsten mit der Stellung der Gottesliebe als Hauptgebot
zusammenzubinden. Er reiht sich zunächst in den jüdischen Konsens ein[101]
und unterläuft damit das Anliegen der Pharisäer, ihm eine Falle zu stellen[102]; er interpretiert diesen Konsens dann aber durch die Gleichordnung

---

(s. dazu M. KONRADT, Menschen- oder Bruderliebe? Beobachtungen zum Liebesgebot in den
Testamenten der Zwölf Patriarchen, ZNW 88 [1997], 296–310: 305–307).

[97] Vgl. die Feststellung bei U. LUZ, Das Evangelium nach Matthäus, 3. Teilbd.: Mt 18–25,
EKK 1.3, Zürich u.a. 1997, 277: „Worin das Böswillige seiner [sc. des Gesetzeslehrers, M.K.]
Frage bestehen soll, ist allerdings für die Leser/innen kaum erkennbar". Ganz ähnlich z.B. HUM-
MEL, Auseinandersetzung, 52. – Im Kontext von Lk 10,25 kann man ἐκπειράζειν durchaus im
Sinne von „prüfen, auf die Probe stellen" verstehen. Im Rahmen der mt Komposition in Mt 21–23
hat πειράζειν aber eindeutig den negativen Sinn von „versuchen".

[98] Vgl. LUZ, Mt III, 278.

[99] So DAVIES/ALLISON, Mt III, 239.

[100] Anders BARTH, Gesetzesverständnis, 71. – Die Stoßrichtung ist damit eine ganz ähnliche
wie die der ersten Fangfrage in 22,15–22, ob es erlaubt sei, dem Kaiser Steuer zu zahlen. Denn dahinter steht die Kontroverse, ob die Steuerzahlung mit der Verehrung des einen Gottes kompatibel
ist.

[101] Vgl. GIELEN, Konflikt, 262: Mit Mt 22,37f „ist die Frage des pharisäischen Gesetzeskundi-
gen zunächst beantwortet, und zwar in einer Weise, von der der fiktive Adressat vermuten darf,
daß sie konsensfähig ist."

[102] Bezieht man die mit Mt 22,40 verwandte Aussage über die „Summe" der Tora in Mt 7,12
hinzu, so ist es in 22,34–40 die Gottesliebe, die im Vergleich zu 7,12 hinzutritt!

der Nächstenliebe im Sinne seiner Hervorhebung der barmherzigen Zuwendung zum Mitmenschen. Aus dem weiteren Kontext ist dabei evident: Die Liebe zu Gott realisiert sich nicht in der Verschärfung der Reinheitsregeln, der rigorosen Observanz von Sabbatbestimmungen oder der Extensivierung der Verzehntung[103], sondern im Tun des göttlichen Willens, der zentral in der Barmherzigkeitsforderung besteht, so dass Gottes- und Nächstenliebe, sowenig sie einfach identisch sind, nicht gegeneinander ausgespielt werden können. Und da die Gleichordnung der Nächstenliebe eben die vorangehende Betonung der Barmherzigkeit aufnimmt, schwingt in Jesu Antwort auf die Frage des pharisäischen Gesetzeslehrers zugleich der Vorwurf mit, dass die Pharisäer der Nächstenliebe nicht den ihr gebührenden Rang einräumen, wie ja schon die letzte Antithese in Mt 5 den Vorwurf enthielt, dass sie der radikalen Forderung der Nächstenliebe durch ihre vulgärethische Interpretation die Spitze abbrechen.

Überblickt man die vorangehenden Ausführungen, so wird als ein Grundcharakteristikum der Entfaltung des in Tora und Propheten zum Ausdruck kommenden göttlichen Willens durch Jesu im MtEv deutlich, dass diese wesentlich im Rahmen des Konfliktes mit den Pharisäern und in Abgrenzung von der pharisäischen Gesetzesinterpretation erfolgt. Dem stehen nun noch zwei weitere Texte zur Seite, in denen sich Jesus als der eine wahre Lehrer präsentiert. Zum einen schärft Jesus seinen Jüngern in 23,8–12, also kompositorisch inmitten der Rede wider die Schriftgelehrten und Pharisäer, ein, sie sollten sich nicht Rabbi oder Lehrer nennen lassen, weil nur *einer* ihr Meister und Lehrer sei, nämlich Jesus selbst. Zum anderen ist auf Mt 11,25–30 zu verweisen. Jesu mildes Joch (11,29f) ist metaphorische Bezeichnung für seine menschenfreundliche Auslegung der Tora, wie sie durch die unmittelbar nachfolgenden Sabbatkontroversen exemplarisch illustriert wird.[104] Zugleich zählen die in 12,1–14 als Kontrahenten auftretenden Pharisäer zu den „Weisen“, denen Gott das Verständnis des Wirkens Jesu als τὰ ἔργα τοῦ Χριστοῦ (11,2, vgl. 11,19)[105] verborgen hat. Ferner ergeht die Einladung Jesu in 11,28–30 an Menschen, die *sich abmühen und belastet sind*. Im weiteren Verlauf erhält dies eine Erläuterung wiederum in der Weherede gegen die Schriftgelehrten und Pharisäer, denn nach 23,4 schnüren diese schwere und unerträgliche Lasten und legen sie auf die Schultern der Menschen. Jesu Einladung, zu *ihm* zu kommen und sein *mil-*

---

[103] Gartenkräuter bzw. Gewürze wie Minze, Dill und Kümmel kommen in Lev 27,30; Dtn 14,22f nicht (explizit) vor. Vgl. auch Neh 13,12: „Und ganz Juda brachte den Zehnten vom Getreide und Most und Öl zu den Vorratskammern.“

[104] Zum Zusammenhang von Mt 11,25–30 und 12,1–14 s. YANG, Jesus, 143–146.160f sowie vor allem MAYER-HAAS, Geschenk, 421–439.

[105] Zu diesem Bezug von ταῦτα in 11,25 s. exemplarisch L. NOVAKOVIC, Messiah, the Healer of the Sick. A Study of Jesus as the Son of David in the Gospel of Matthew, WUNT 2.170, Tübingen 2003, 94.

des Joch auf sich zu nehmen, ist also wiederum durch eine antipharisäische Polemik profiliert. Weist Jesus in 5,21–48 durch die Entfaltung des Sinns der göttlichen Gebote auf dem Kontrasthintergrund des Unverständnisses der Schriftgelehrten und Pharisäer den Weg zu einer vollkommenen Erfüllung der Tora, so wendet sich Jesus in 11,28–30 denen zu, denen die Schriftgelehrten und Pharisäer Lasten aufbürden, die nicht nur schwer (23,4), sondern auch unnütz sind, denn mit ihrer Toraauslegung verschließen sie den Menschen das Himmelreich (23,13, vgl. 5,20).

3 Die Kontroversen um die Tora im MtEv und die Situation der mt Gemeinde

Der bei den Antithesen entwickelte Interpretationsansatz hat durch die Hinzuziehung der Gesetzesdebatten des MtEv Bestätigung gefunden. Nicht Jesu Weisung und die Tora stehen in Matthäus' Perspektive einander – spannungsvoll – gegenüber, sondern Matthäus profiliert Jesu wahre Entfaltung des in Tora und Propheten zum Ausdruck kommenden göttlichen Willens auf der Kontrastfolie des seines Erachtens unzulänglichen Verständnisses der Schriftgelehrten und Pharisäer.

Das hier zutage tretende Anliegen des Evangelisten spiegelt zweifelsohne zentrale Identitätsbelange der mt Gemeinde und verweist auf eine aktuelle Konfliktlage. Die verzweigte Diskussion über die Situation der Gemeinde, insbesondere im Blick auf ihr Verhältnis zum zeitgenössischen Judentum (bzw. zu *anderen* jüdischen Gruppierungen),[106] ist hier nicht im einzelnen zu verhandeln. Die richtige Richtung haben m.E. Anthony Saldarini und J. Andrew Overman gewiesen,[107] die den im MtEv ansichtig werdenden Konflikt in den Kontext der Neuformierungsprozesse des Judentums nach der Katastrophe des Jahres 70 einstellen. Im Rahmen dieser offenen Situation haben die Pharisäer einerseits und die christgläubige mt Gruppierung andererseits miteinander konkurrierende Führungsansprüche erhoben. Während sich die Pharisäer in der Synagoge als dominierende Gruppe zu etablieren vermochten, formierten sich die Christgläubigen als unterlegene und offenbar auch schikanierte Minderheit in der *ecclesia* und verstanden sich selbst als die wahren und von Gott legitimierten Vertreter des eschatologisch erneuerten (und noch zu erneuernden!) Gottesvolkes.

---

[106] Zur *intra/extra muros*-Debatte s. den Forschungsbericht bei REPSCHINSKI, Stories, 13–61, zu Repschinskis eigener Position (*intra muros*) a.a.O. 343–349.

[107] Siehe vor allem A.J. SALDARINI, Matthew's Christian-Jewish Community, Chicago Studies in the History of Judaism, Chicago/London 1994; J.A. OVERMAN, Matthew's Gospel and Formative Judaism. The Social World of the Matthean Community, Minneapolis (MN) 1990. Anders zuletzt P. FOSTER, Community, Law and Mission in Matthew's Gospel, WUNT 2.177, Tübingen 2004.

Die das Evangelium durchziehende Kontroverse um die Tora samt ausdrücklicher Präsentation Jesu als des einen Lehrers erschließt sich in ihren klar gezeichneten Konturen von diesem situativen Kontext her. Es bedarf keiner langen Begründung, dass im frühjüdischen Selbstverständnis dem auf die Tora bezogenen Ethos eine einzigartige Bedeutung zukam und darin Sabbat und Reinheitsgebote als jüdische identity markers von erheblichem Gewicht waren, es hier also um für jüdische Identität in der hellenistisch-römischen Welt sensible Punkte ging. Die Christgläubigen werden sich hier den Vorwurf haben gefallen lassen müssen, dass ihre halachische Position zentrale jüdische Identitätsmerkmale aufgibt und nicht auf dem Boden der Tora steht. Der Evangelist weist dies zurück und erhebt im Gegenzug den Anspruch, dass gerade die Gemeinde den in Tora und Propheten niedergelegten Willen Gottes in rechter Weise zur Geltung bringt. Dieser Anspruch schlägt sich darin nieder, dass nicht nur die grundsätzliche Torakonformität Jesu und ihm nachfolgend seiner Jünger vorausgesetzt wird, sondern weit darüber hinausgehend Jesus als der eine wahre Lehrer des in Tora und Propheten zum Ausdruck kommenden göttlichen Willens präsentiert wird, dessen Lehre seinen Jüngern die *vollkommene* Erfüllung des Willens Gottes in Tora und Propheten ermöglicht. Zugleich kontert Matthäus die pharisäische Kritik mit dem dargelegten Gegenvorwurf des völligen Unverständnisses und totaler Blindheit gegenüber dem tatsächlichen Willen Gottes.

In dieser Konfliktkonstellation hat eine differenzierte Zeichnung der Position des Gegenübers keinen Platz, sondern diese wird zum genauen negativen Gegenstück der Toraauslegung Jesu stilisiert.[108] Tatsächlich wird das pharisäische Gegenüber keineswegs sozialethisch so blind gewesen sein, wie das MtEv dies suggeriert. Es geht hier, kurz gesagt, um eine umfassende Delegitimation des Gegenübers,[109] und dies umso mehr, als man zum einen unentschlossene jüdische Zeitgenossen noch an sich zu binden hoffte und zum anderen Zweifler in den eigenen Reihen zu halten suchte.

Funktional betrachtet erscheint das Postulat der vollkommenen Erfüllung der Tora, wie sie auf diesem Hintergrund in den Antithesen beschrieben wird, als mt Pendant zur identitätstiftenden Funktion der pharisäischen boundary markers. Das doppelt ausgerichtete Abhebungsmotiv beim Feindesliebegebot, gegenüber den Zöllnern und Heiden zum einen, gegenüber den Pharisäern zum anderen (5,46f), macht dies exemplarisch deutlich. Überblickt man das erhaltene frühjüdische Schrifttum, fällt auf, dass sich Rekurse auf die Vollkommenheitsthematik in den Qumranschriften massieren,[110] in denen sich die Gemeinde selbst als „ein Haus der Vollkommen-

---

[108] Vgl. oben Anm. 88.
[109] Speziell zu Mt 23 in diesem Zusammenhang A.J. SALDARINI, Delegitimation of Leaders in Matthew 23, CBQ 54 (1992) 659–680.
[110] Vgl. MEISER, Vollkommenheit, 204–206

heit und der Wahrheit in Israel" (1QS 8,9) bezeichnet.[111] Soziologisch handelt es sich auch hier um eine deviante Gruppe; auch hier stehen Ansprüche auf die rechte Erfüllung des Willens Gottes im Kontext konflikthafter Abgrenzungen von anderen jüdischen Gruppierungen (vgl. 4QMMT). Im Unterschied zu Qumran ist der Vollkommenheitsgedanke als ein Abhebungsmotiv im MtEv durch die gleichzeitige Intensivierung des Vergebungsethos (s. nur Mt 6,14f; 9,8; 18,21–35) nach innen ausbalanciert bzw. abgefedert.[112] Gemeinsam ist aber die abgrenzende identitätstiftende Funktion des Vollkommenheitsdiskurses im Kontext von Gruppenkonflikten.

Weiter beleuchten lässt sich dieses Phänomen, wenn man zum Vergleich die Verwendung des Vollkommenheitsgedankens in der wohl aus dem Umfeld des MtEv stammenden Didache heranzieht, wo es am Ende der Zwei-Wege-Lehre heißt: „Wenn du das ganze Joch des Herrn", womit das alttestamentliche Gesetz im Blick ist[113], „auf dich nehmen kannst, wirst du vollkommen sein; wenn du es aber nicht kannst, tu das, was du kannst" (Did 6,2). Seiner Gemeinde eine solche Option offen zu halten, wäre Matthäus angesichts des aktuellen Konflikts mit der Synagoge um das rechte Verständnis der Tora schwerlich möglich gewesen. Bei Matthäus ist es die durch Jesus ermöglichte vollkommene Erfüllung des Willens Gottes, die die Gemeinde gegenüber der pharisäischen Variante jüdischen Lebens als die wahre Sachwalterin des theologischen Erbes Israels auszeichnen soll.

---

[111] Siehe ferner 1QS 1,8; 2,2; 3,3.9f; 4,22; 8,10.18.20.21.25; 9,2.6.8.9.19; 10,21; 11,2.17; 1QSa 1,17.28; 1QSb 1,2; 5,22; CD 1,20f; 2,15f; 20,2.5.7; 1QH 9[1*],36; 12[4*],30–32; 4Q403 Frgm. 1 1,22; 4Q510 Frgm. 1 1,9; 4Q511 Frgm. 63 3,3 u.ö.

[112] In den Qumrantexten geht die Forderung vollkommenen Wandels hingegen mit drastischen Strafbestimmungen (s. 1QS 6,24–7,25) einher.

[113] Siehe dazu Didache (Apostellehre), Barnabasbrief, Zweiter Klemensbrief, Schrift an Diognet, eingel., hg., übertr. und erl. v. K. WENGST, SUC 2, Darmstadt 1984, 95f.

Heinz-Wolfgang Kuhn

„Gemeinde Gottes" in den Qumrantexten und bei Paulus unter Berücksichtigung des Toraverständnisses

Im Schema des Münchner Projekts „Qumran und Paulus"[1] werden hier zunächst für das Thema grundlegende Paulus- und Qumrantexte gegenübergestellt. Die erste Gegenüberstellung bezieht sich auf den Begriff „Gemeinde

---

[1] Das Münchner Projekt „Qumran und Neues Testament", dessen Anfänge in meine Heidelberger Zeit (bis 1986) zurückreichen, habe ich für meine eigene Arbeit vor allem auf die authentischen Paulusbriefe und die Qumrantexte beschränkt. Etwa gleichzeitig mit diesem Aufsatz erscheint von mir: The Impact of Selected Qumran Texts on the Understanding of Pauline Theology, in: J.H. Charlesworth (Hg.), The Bible and the Dead Sea Scrolls. The Princeton Symposium on the Dead Sea Scrolls. Bd. 3: The Scrolls and Christian Origins, Waco, Tex., Kap. 6. Für die früheren Arbeiten des Projekts s. im genannten Aufsatz Anm. 1 oder meine Bibliographie im Web der Evang.-Theol. Fakultät der Universität München (<http://www.evtheol.uni-muenchen.de/nt>, unter „Qumrantexte"). Für die Mitarbeit bei der Herstellung des Manuskripts danke ich vor allem Herrn Jacob Nordhofen und für die sorgfältige Endkorrektur Frau Alison Deborah Sauer; in archäologischen Fragen hat mich Frau Dr. Regina Franke beraten. – Soweit die Qumrantexte in den ca. 30 Bänden der Reihe „Discoveries in the Judaean Desert" (+ „of Jordan" [Bd. 3–5]) erschienen sind (es fehlen nur noch die Bände 5a, 32, 37 und 40), richtet sich die Zählung der Fragmente, Kolumnen und Zeilen nach diesen Editionen. Nicht in dieser Reihe, sondern in anderen wissenschaftlichen Editionen sind erschienen: 1QS, 1QH[a], 1QpHab, 1QM, 1QapGen und 11QT[a] (11Q19); außerdem CD. Die Untersuchung der Qumrantexte kann jetzt auf die Veröffentlichung einer Konkordanz für alle (!) nichtbiblischen Qumrantexte zurückgreifen; sie ist auf Papier und auf CD-ROM zugänglich: M.G. Abegg Jr. u.a., The Dead Sea Scrolls Concordance. Bd. 1: The Non-Biblical Texts from Qumran, Leiden/Boston 2003; M.G. Abegg Jr., Qumran Sectarian Manuscripts. Qumran Text and Grammatical Tags [on CD-ROM] (Version 2.1 in Accordance 6.6), Alamonte Springs, Fla., 2005; die benutzte Version – für Mac OS 10.4 – ist 6.7, 2005; die CD-ROM-Version enthält u.a. alle nichtbiblischen Qumrantexte „grammatically tagged" und eine englische Übersetzung der Texte. Die Konkordanz und die CD-ROM-Version berücksichtigen auch die in DJD 37 und 40 erst noch zu erwartenden Texte nichtbiblischer Schriften und Ergänzungen. Die Zählung der ersten Loblieder-Rolle der Höhle 1 (1QH[a]) richtet sich nach der Rekonstruktion von Hartmut Stegemann, zuletzt veröffentlicht in: DERS., The Number of Psalms in 1QHodayot[a] and Some of Their Sections, in: E.G. Chazon (Hg.), Liturgical Perspectives. Prayer and Poetry in Light of the Dead Sea Scrolls, StTDJ 48, Leiden 2003, 191–234; vgl. auch: E. Puech, Quelques aspects de la restauration du Rouleau des Hymnes (1QH), JJS 39 (1988) 38–55 (die herkömmliche Zählung nenne ich in Klammern); für 11QT[a] (11Q19) s. die neue Zählung bei A. Steudel (Hg.), Die Texte aus Qumran II. Hebräisch/Aramäisch und Deutsch. Mit masoretischer Punktation. Übersetzung, Einführung und Anmerkungen, Darmstadt 2001, 1–157 (diese Zählung wird in Klammern genannt).

Gottes", die zweite auf das Nebeneinander von „Gemeinde" und Tora, das im Philipperbrief als Gegensatz erscheint.

Zur „Gemeinde Gottes"

Gal 1,13
Ihr habt ja von meinem Wandel früher im Judentum gehört, wie ich maßlos die *Gemeinde Gottes* (τὴν ἐκκλησίαν τοῦ θεοῦ) verfolgte und zu vernichten suchte.

ἡ ἐκκλησία τοῦ θεοῦ findet sich im Sing. auch 1Kor 1,2; 10,32; 11,22; 15, 9; 2Kor 1,1 (in 1Kor 15,9 ebenfalls von der Verfolgung durch Paulus; die von Paulus verfolgte „Gemeinde" [ohne den Genitiv „Gott"] findet sich in Phil 3,6). Von Interesse für das Folgende ist auch der Plural vor allem in 1Thess 2,14, wo speziell von den verfolgten „Gemeinden Gottes in Judäa" gesprochen wird („die Gemeinden Judäas" [wiederum ohne den Genitiv „Gott"], die Paulus verfolgt habe, werden auch in Gal 1,22f genannt); der Plural „die Gemeinden Gottes" begegnet noch in 1Kor 11,16. Es zeigt sich eine gewisse Affinität gerade zwischen dem Begriff „Gemeinde(n) Gottes" und einer Verfolgungssituation durch Paulus und/oder in Judäa (in drei der acht Vorkommen).

1QM IV 9
Ordnung der Feldzeichen der Gemeinde (העדה): Wenn man zum Kampf ausrückt, soll man auf das erste Feldzeichen schreiben: *Gemeinde Gottes* (עדת אל), ...

In 4QEschatological Hymn (4Q457b) I 5 ([…]נ[2] עדת אל […] „[...] Gemeinde Gottes .[...]") fehlt in dem neunzeiligen Palimpsest-Fragment weitgehend der Kontext. In 11QMelch (11Q13) II 10 liegt ein Zitat aus Ps 82,1 vor. Zwei weitere Stellen sind unsicher: 4QH[a] (4Q427) 7 I 14, wo בע[דרת אל...][3] „[...in der Gem]einde Gottes" gelesen werden kann, und 4QH[a] (4Q427) 8 I 10, einem weiteren Lied der Hodajot, wo aber der Paralleltext 1QH[a] VII 8 = Sukenik 1QH[a] fr 10, 7 [... רעת אל „Wiss[en Gottes ...]" statt עדת אל „Gemeinde Gottes" hat. Schließlich sei noch auf 4QpPs[a] (4Q171) III 16 verwiesen, wo von einer Gemeinde (עדה) „für ihn (sc. Gott [אל])" die Rede ist; ebenfalls durch eine Präposition ist „Gott" in 1QM II 5 zum Ausdruck gebracht (כול עדתו „seine ganze Gemeinde").

---

[2] Das נ ist im Textbestand so gut wie sicher.
[3] דת sind im Textbestand nicht gesichert.

Zum Nebeneinander von „Gemeinde" und Tora

Phil 3,5f (Paulus über sich)
..., in Bezug auf die *Tora* (κατὰ νόμον) (lebte ich) als Pharisäer; was meinen Eifer betrifft, so verfolgte ich die *Gemeinde* (τὴν ἐκκλησίαν); hinsichtlich der Gerechtigkeit in der *Tora* (ἐν νόμῳ) (war ich) unschuldig.

Verwandt mit dieser Aussage ist die schon oben z.T. zitierte Stelle Gal 1,13f (statt von der Tora ist hier von den „väterlichen Überlieferungen" die Rede).

4QpPs[a] (4Q171) II 2–14[4] (früher: 4QpPs 37 [4Q171] II 2–14)
Seine Deutung (Ps 37,8f) bezieht sich auf alle, die (3) zur *Tora* (לתורה) umkehren ... (4) ... Seine Deutung (Ps 37,9): (5) Sie sind die *Gemeinde* seiner Erwählten (עדת בחירו), die seinen Willen tun ... (8) ... Seine Deutung (Ps 37,11) bezieht sich auf (9) die *Gemeinde* der Armen (עדת האביונים) ... (13) ... Seine Deutung (Ps 37,12f) bezieht sich auf ... (14) ... die Täter der *Tora* (תורה), die zur Gemeinschaft der *Einung* (יחד)[5] gehören ...

Eine weitere Stelle in zwei redaktionell verschiedenen Fassungen aus 1Q und 4Q ist unten in Abschnitt II angeführt (1QS 5,7ff mit Parallelen in 4QS[b] und 4QS[d]).

I

In den authentischen Paulusbriefen begegnet die Wendung „Gemeinde Gottes" zweimal im Plural (αἱ ἐκκλησίαι τοῦ θεοῦ) und sechsmal im Singular, wie schon oben mitgeteilt. Die Formulierung ist im Hinblick auf die Qumrantexte von besonderem Interesse; sie verweist aber aufgrund der Genitivverbindung zugleich ganz allgemein auf den jüdischen Bereich (eine „ἐκκλησία Gottes" ist im paganen Bereich der Antike, soweit ich sehe, nicht belegt). Es stellt sich also im Vergleich mit dem Begriff συναγωγή (in einem jüdischen Sinn), mit dem die Tora assoziiert wird (s. dazu unten),[6] nicht zuletzt die Frage, wie der christliche Begriff ἐκκλησία und das „Gesetz" (νόμος oder ein entsprechender Hinweis auf die Tora) zueinander in Beziehung stehen.

Wenden wir uns zunächst dem bloßen Wort ἐκκλησία zu. Die Entdeckung der Qumrantexte hat erneut die Frage aufkommen lassen, welches

---

[4] Wegen der leeren Zeile 6 wird richtiger auch Z.2–15 gezählt.

[5] Mit עצה היחד i.S. von „Gemeinschaft der Gemeinde" ist jedenfalls hier die ganze Qumrangemeinde gemeint, wie z.B. 1QS VI 13f nahelegt. Vgl. KBL[3], s.v. I עֵצָה, 1: „in DSS עצה häufig = Gemeinschaft".

[6] Das Corpus Paulinum verwendet συναγωγή nicht.

aramäische oder hebräische Wort hinter dem urchristlichen ἐκκλησία stehen könnte bzw. ἐκκλησία entspricht. Vom ersten Aufkommen dieses christlichen Sprachgebrauchs vermutlich schon bei den griechisch sprechenden „Hellenisten" Jerusalems und – wie gesagt – von der Formulierung „Gemeinde Gottes" her,[7] ist der jüdische Hintergrund, und zwar sicherlich bereits der „judäische", sicher. Aber das ist unten noch genauer darzulegen.

Es gibt in der Hebräischen Bibel mehrere Möglichkeiten vor allem für ein hebräisches Äquivalent zu ἐκκλησία: Hebräisch (auch wenn für die aramäisch sprechenden judäischen Christen eigentlich ein aramäisches Wort zu suchen ist) sind es vor allem קהל (atl.: Bedeutung primär „Ansammlung" von Menschen; vor allem in Num, Dtn, Ez und besonders häufig [ca. 40x] in 1/2Chr + Esr, Neh; z.B. Esr 10,1 „eine sehr große Ansammlung ... aus Israel") und עדה (atl.: Bedeutung oft „Schar" oder „Volks-, Rechts- oder Kultgemeinde", auch militärisch; hauptsächlich in priesterlichen Texten, nämlich in Num [ca. 80x], nie in Dtn, nur einmal in 1/2Chr + Esr, Neh; z.B. Num 19,9 „für die Gemeinde der Kinder Israels").[8] Beide, zum Teil synonym gebrauchten Wörter begegnen auch häufig in den Qumrantexten (s. insbesondere die Tabelle S. 168f).[9]

Aramäisch sind (unter Einbeziehung der Qumrantexte) vor allem zu nennen: כנו(י)שתא bzw. כנ(י)שתה (primär „Versammlung", auch „Synedrium" und vor allem „Synagoge"[10]); in den Qumrantexten mehrmals belegt), vor allem in 4QEnGiants[b.c] ar (4Q530 u. 531) von der Versammlung der Giganten; ferner חבורתא (Grundbedeutung „Gruppe"): vielleicht auch einmal in den Qumrantexten belegt („unsere Gruppe"[?]: 4QVisions of Amram[c] ar [4Q545] 1a–b II 16; hebr. kommt חבורה in den Qumrantexten nicht vor); außerdem שיעתא o.ä. („Gruppe"): kaum bis zum 2. Jh. n.Chr. zu belegen;[11] schließlich קהלא bzw. קהלה (primär „Versammlung"): bis zum 2. Jh. n.Chr. nicht belegt.[12]

Von der LXX her ist die Frage nach dem zugrunde liegenden hebr. Wort scheinbar eindeutig zu beantworten, da עדה in der LXX nie durch ἐκκλησία (aber gerne mit συναγωγή) wiedergegeben wird, קהל dagegen in etwa zwei Drittel der Fälle (ca. 70x) mit ἐκκλησία übersetzt wird. Wo umgekehrt ἐκκλησία in der LXX begegnet, ist es aber fast immer die Übersetzung von קהל.[13] Im Blick auf Gesamtisrael wird קהל bzw. ἐκκλησία oft, aber nicht

---

[7] S. zu beidem unten.
[8] S. auch noch gleich unten zu קהל und עדה in der LXX.
[9] Zu יחד („Einung", „Gemeinde") und עצה (ggf. „Ratsversammlung") s. ebenfalls unten.
[10] S. ATTM I.
[11] S. ATTM II.
[12] S. ATTM I.
[13] Wie ein Blick in die LXX-Konkordanz von Hatch/Redpath lehrt: E. HATCH/H.A. REDPATH, A Concordance to the Septuagint, Grand Rapids [2]1998, s.v. ἐκκλησία. Auch an den sieben Stellen in Jesus Sirach, wo ἐκκλησία ein hebräisches Äquivalent hat, steht קהל (15,5; 30,27 [33,19]; 34 [31], 11 [z.T. ergänzt]; 44,15; 46,7; 50,13.20). Entsprechendes gilt für συναγωγή im Zusammen-

durchgehend, speziell unter dem Gesichtspunkt einer „Versammlung" aus der Gesamtgemeinde gebraucht (z.B. ἐν ἐκκλησίᾳ πολλῇ „in großer Gemeinde", Ps^LXX 34,18), *während* עדה *bzw.* συναγωγή *öfter mehr die Gemeinde als solche bedeutet (z.B.* μνήσθητι τῆς συναγωγῆς σου *„Gedenke an Deine Gemeinde", Ps^LXX 73,2) und somit* עדה *– trotz der fehlenden Übersetzung mit* ἐκκλησία *in der LXX – für die christliche* ἐκκλησία *sogar passender erscheint.*[14] Aber ist überhaupt von der LXX her eine Entscheidung möglich (s. dazu unten in Abschnitt III)? Es sei an dieser Stelle schon das Urteil eines über vierzig Jahre alten Aufsatzes von Wolfgang Schrage angeführt: „Wir müssen also die bisherigen Versuche, die Bevorzugung des Begriffes ἐκκλησία gegenüber συναγωγή aus der LXX erklären zu wollen, für gescheitert ansehen."[15]

συναγωγή läßt im profanen Griechisch vor allem an eine spezielle „Versammlung" aus der Bürgerschaft denken, besonders auch im Vereinswesen. Daß griechisch sprechende Christen sehr früh das (wegen seiner Grundbedeutung einer speziellen Zusammenkunft [s. Apg 19,32.40], gerade auch in der politischen Sphäre [Apg 19,39], kaum besonders geeignete) Wort[16] ἐκκλησία gewählt haben, hat offensichtlich damit zu tun, daß συναγωγή insbesondere für eine jüdische Versammlung (z.B. Apg 13,43), eine jüdische Gemeinde (z.B. Apg 9,2) oder einen jüdischen Versammlungsort (z.B. Apg 18,7)[17] – und damit wohl theologisch, wie noch zu zeigen ist, von der Tora her – festgelegt war.[18] Für eine frühe Verwendung von ἐκκλησία in den

---

hang eines Zusammenseins von Menschen: An den fünf Stellen, wo so gebrauchtes Wort συναγωγή ein hebräisches Äquivalent hat, findet sich immer עדה (4,7; 16,6; 41,18; 45,18; 46,14).

[14] Vgl. oben zu קהל und עדה in der Hebräischen Bibel.

[15] W. SCHRAGE, „Ekklesia" und „Synagoge". Zum Ursprung des urchristlichen Kirchenbegriffs, ZThK 60 (1963) 178–202: 184.

[16] Für ἐκκλησία i.S. eines Vereins gibt es in der griechischen Welt keinen oder jedenfalls kaum einen Beleg. In die laufende Diskussion kann hier nicht eingegriffen werden. Vgl. W.O. MCCREADY, *Ekklēsia* and Voluntary Associations, in: J.S. Kloppenborg/S.G. Wilson (Hg.), Voluntary Associations in the Graeco-Roman World, London/New York 1996, 59–73, 62, zu heidnischen freiwilligen Vereinigungen: „there is little evidence that voluntary associations or clubs used the word *ekklesia* as a community designation." Vgl. aber P.A. HARLAND, Associations, Synagogues, and Congregations. Claiming a Place in Ancient Mediterranean Society, Minneapolis 2003, bes. 106.182. Sehr unscharf R.S. ASCOUGH, Paul's Macedonian Associations. The Social Context of Philippians and 1 Thessalonians, WUNT 2.161, Tübingen 2003, 74. Die folgende Behauptung bei E. Schürer hat keinen ausreichenden Grund: „...later Judaism seems to have made a distinction in the use of the two concepts so that συναγωγή describes the congregation more from the point of view of its empirical reality, and ἐκκλησία more from that of its ideal significance: συναγωγή is a community established in some place or other; ἐκκλησία is the congregation of those called to salvation by God as the קהל, ..." (The History of the Jewish People in the Age of Jesus Christ [175 B.C.–A.D. 135], II. A New English Version Revised and Edited by G. Vermes u.a., Edinburgh 1979, 429f Anm. 12). Belege für die beiden griechischen Wörter in diesem Sinn werden bei Schürer nicht gegeben.

[17] Vgl. Bauer/Aland, Wörterbuch⁶, s.v. συναγωγή.

[18] So auch schon SCHRAGE, „Ekklesia" und „Synagoge", bes. 195ff. Vgl. z.B. auch MCCREADY, Associations, 63. H. MERKLEIN, Die Ekklesia Gottes. Der Kirchenbegriff bei Paulus

griechisch sprechenden Gemeinden „Judäas"[19] spricht schon, daß Paulus in
1Thess 2,14 „die Gemeinden Gottes, die es in Judäa gibt und die in Christus
Jesus sind", anführt und in Gal 1,22 „die Gemeinden Judäas in Christus"
erwähnt. Bisheriges Fazit: Damit wäre ἐκκλησία in griechisch sprechenden
Gemeinden „Judäas" aufgekommen, also sicherlich bei den sog. Hellenisten
Jerusalems, was jetzt zu begründen ist. Auch hier folge ich im Ergebnis
Schrage.[20]

II

Es ist jetzt auf das Verhältnis von συναγωγή/ἐκκλησία und Tora bzw. Mose
an für unsere Fragestellung relevanten Stellen im Neuen Testament und im
zeitgenössischen Judentum einzugehen (griechische Belege in jüdischen
Texten, die nicht das Stichwort συναγωγή enthalten, bleiben unberücksich-
tigt).[21] Zunächst zu συναγωγή: Im Neuen Testament wird von Mose in der
Apostelgeschichte gesagt, daß er „an jedem Sabbat in den Synago-
gen/Synagogengemeinden gelesen" werde (15,21).

Zu verweisen ist auch auf die in Apg 6–8,3 genannten Hellenisten, die
schon oben angesprochen wurden. Sie werden von anderen hellenistischen
Juden angegriffen (6,9–15), zu denen sie als Jesusanhänger ebenfalls gehörten. Gegen die Darstellung in der Apostelgeschichte ist der mitgeteilte
Vorwurf, der hier gegen Stephanus ausgesprochen wird, zweifellos im wesentlichen zutreffend. Nach der Behauptung des Lukas seien Männer ange-
stiftet worden, gegen Stephanus falsch auszusagen. Als eigentliche Angrei-
fer werden ausdrücklich Mitglieder hellenistischer Synagogen bzw. Synagogengemeinden (sicherlich nicht nur einer) genannt. In diesem Zusammenhang wird ausdrücklich gesagt, daß Stephanus (gemeint sind zweifellos
überhaupt die Hellenisten) sich nach deren Meinung gegen die Tora ge-
wandt hätte (V.11); in V.13f werden der Tempel und die Tora genannt.

---

und in Jerusalem, BZ 23 (1979) 48–70, gesteht den Hellenisten Jerusalems immerhin „tora- und
tempelkritische Impulse" und die Motivation aufgrund einer „gewisse[n] Verengung des Synago-
genbegriffes" zu, wenn er auch „den Begriff ἐκκλησία τοῦ θεοῦ nicht zu einer gesetzeskritischen
Parole der Jerusalemer Hellenisten hochstilisieren" möchte (66f; s. auch 59).

[19] Mit Judäa muß z.Z. des Paulus nicht unbedingt nur das eigentliche Judäa gemeint sein: Stra-
bon faßt um die Zeitenwende „Judäa" etwa so weit wie Palästina (Geographica 16,2,21 § 756).
Andererseits unterscheidet Josephus z.B. für den politisch zusammengehörenden Raum römischer
Provinzherrschaft zur Zeit des Prokurators Felix (ca. 52–60) zum einen zwischen Judäa, Samarien,
Galiläa und Peräa (Bell 2,247; vgl. auch 3,48 innerhalb einer geographischen Beschreibung), zum
anderen aber kann Josephus, ebenfalls für die Zeit des Felix, das ganze Gebiet, abgesehen von
Ausnahmen in Galiläa und Peräa, „das übrige Judäa" (Bell 2,252) nennen.

[20] SCHRAGE, „Ekklesia" und „Synagoge", 197ff.

[21] So z.B. der Satz bei Josephus, Ant 16,43, gegenüber Marcus Agrippa, einem Freund von
Augustus: „Den siebenten Tag widmen wir dem Lernen unserer Gebräuche und der Tora (τῶν
ἡμετέρων ἐθῶν καὶ νόμου)".

Greift nicht die Bezeichnung des Streitpunktes als „Toraauslegung" etwas zu kurz?[22] Wir kommen auf die lukanische Darstellung, die in Jerusalem christliche Hellenisten aus den Juden und jüdische Mitglieder hellenistischer Synagogen gegenüberstellt, noch zurück.

Zunächst sei aber auch auf die bekannte Theodotos-Inschrift eingegangen, die ebenfalls „Synagoge" und „Gesetz" zusammensieht. Die wahrscheinliche Datierung dieser Inschrift aus Jerusalem in die Zeit vor 70 n.Chr. ist seit einiger Zeit mit unzureichenden Argumenten bestritten worden (mit einer Datierung ins 3. Jh. n.Chr. hat Howard Clark Kee, der einige Nachfolger fand, diese Diskussion in Gang gesetzt).[23] Vor allem aus archäologischen Gründen ist eine Datierung vor 70 n.Chr. aber so gut wie sicher. Weder der Grabungsbefund noch sonstige Feststellungen zu Synagogengebäuden vor 70 n.Chr. rechtfertigen die Spätdatierung.

Der Kalksteinblock (ca. 75 x 41 x 20 cm) mit der Inschrift ist bei der Ausgrabungskampagne von 1913/1914 durch Raymond Weill in der Davidstadt auf dem Südosthügel von Jerusalem gefunden worden.[24] Er wurde zwar nicht *in situ* entdeckt, aber – was oft übersehen wird – in *secundo situ*, das heißt in einer sekundären antiken Lage,

---

[22] Zu Ch. BURCHARD, Nicht aus Werken des Gesetzes gerecht, sondern aus Glauben an Jesus Christus – seit wann?, in: ders., Studien zur Theologie, Sprache und Umwelt des Neuen Testaments, WUNT 107, Tübingen 1998, 230–240: 234.

[23] H.C. KEE, The Transformation of the Synagogue after 70 C.E. Its Import [sic!] for Early Christianity, NTS 36 (1990) 1–24; nach vielen weiteren Aufsätzen dazu auch DERS., Defining the First-Century C.E. Synagogue: Problems and Progress, in: ders./L.H. Cohick (Hg.), Evolution of the Synagogue. Problems and Progress, Harrisburg, Pa. 1999, 7–26, bes. 7–10 (26 seine Datierung: „A mid- to late third-century date"). Die beste neuere Darstellung der Inschrift bietet J.S. KLOPPENBORG VERBIN, Dating Theodotos (CIJ II 1404), JJS 51 (2000) 243–280 (mit scharfer Kritik an Kee); s. vor allem noch die ausgewogene Darstellung von C. CLAUSSEN, Versammlung, Gemeinde, Synagoge. Das hellenistisch-jüdische Umfeld der frühchristlichen Gemeinden, StUNT 27, Göttingen 2002, bes. 186–191. Auch das renommierte archäologische Lexikon für Israel/Palästina datiert die Inschrift vor 70 n.Chr.: N. AVIGAD, Art.: „Jerusalem", NEAEHL 2 (1993), 723.

[24] R. WEILL, La Cité de David. Compte rendu des fouilles exécutées, à Jérusalem, sur le site de la ville primitive. Campagne de 1913–1914 + Planches, Paris 1920, s. bes. 173–196 (eine Abbildung des Steinblocks mit der Inschrift: Planches, Tafel 25A); unmittelbar vorher erfolgte eine Vorveröffentlichung des Buchtextes durch Weill in der Revue des Études juives 69 (1919), 70 (1920) und 71 (1920). Vgl. Auch Y. SHILOH, Excavations at the City of David I, 1978–1982, Interim Report of the First Five Seasons, Qedem 19, Jerusalem 1984; DERS., Stratigraphical Introduction to Parts I and II, in: D.T. Ariel (Hg.), Excavations at the City of David 1978–1985, Directed by Yigal Shiloh II: Imported Stamped Amphora Handles, Coins, Worked Bone and Ivory, and Glas, Qedem 30, Jerusalem 1990, 1–12. Für das genaue Areal der Ausgrabung durch Weill in der Davidstadt in den Jahren 1913/1914 s. SHILOH: City of David, 40, oder z.B. D. BAHAT, The Illustrated Atlas of Jerusalem, Jerusalem 1989, Karte S. 19 oben, Nr. 37. Die Inschrift mit Foto findet sich u.a. auch in CIJ 2, 1404. Zu weiteren Grabungsergebnissen in der Davidstadt s. die Qedem-Bände 33 (1992), 35 (1996), 40 (2000) und 41 (2000); erwartet wird ein weiterer Qedem-Band.

hier einer Grube, die Weill als „vaste cisterne" bezeichnet,[25] und zwar zusammen mit anderen übereinandergestapelten Steinen, die deutlich auf ein öffentliches Gebäude hinweisen (Steinblöcke von dekorierten Wänden, Blöcke mit vertieften Reliefs, Säulenteile).[26] Bei diesen Architekturfragmenten handelt es sich zweifellos um die Reste des in der Inschrift genannten Synagogengebäudes und der Zusatzbauten, da diese sorgfältig übereinandergestapelt in einem gemeinsamen Kontext gefunden wurden.[27]

Vermutlich ist die Synagoge im Jahr 70 zerstört worden, als die Römer die Unterstadt bis zum Schiloach-Teich in der Südostecke Jerusalems niederbrannten (Josephus, Bell 6,363). Um 135 n.Chr. hat dann Kaiser Hadrian auch die Davidstadt offenbar als Steinbruch für die nunmehr römische Kolonie Aelia Capitolina benutzt.[28] Die im Kontext der Grube gefundenen Wasserinstallationen (vgl. die χρη[σ]τήρια τῶν ὑδάτων der Inschrift in Z.6f!), die keineswegs Merkmale eines (evtl. späteren) römischen Bades zeigen, und die, wie Weill betont, nicht von dem Stein mit der Inschrift und den Überresten eines abgerissenen Gebäudes getrennt werden können,[29] sind z.T. der Gewinnung von Steinen zum Opfer gefallen.[30] Ronny Reich hat darauf aufmerksam gemacht, daß das größte der vier Becken (P1) geteilte Stufen hat, die für eine Mikwe kennzeichnend sind.[31]

Ferner haben spätere archäologische Untersuchungen um 1980 ergeben – und das ist entscheidend –, daß dieser Teil von Jerusalem, die Davidstadt, wo also die Synagoge ganz offensichtlich auch stand, nach 70 n.Chr. bis zur byzantinischen Zeit nicht wieder besiedelt wurde.[32] Damit ist die Datierung so gut wie gesichert. Macht man

---

[25] S. dazu WEILL, Cité, 178. Diese Zisterne trägt bei Weill die Bezeichnung „C 2" und weist einen Umfang von mindestens ca. 28 qm auf. Sie ist bei WEILL, Cité, Planches, auf Tafel 3 eingezeichnet.

[26] WEILL, Cité, 185 (vgl. auch 178f), und die vier Steine in der obersten Reihe von Tafel 25B bei DERS., Cité, Planches.

[27] Der Ausgräber fragt etwa so: Ob man nicht im Zusammenhang von Steinbrucharbeiten beim Abriß des Gebäudes einigen Steinen der Synagoge in der Grube eine „Ruhestätte" geben wollte (Ebd. 185).

[28] Vgl. P. SCHÄFER, Der Bar Kokhba-Aufstand. Studien zum zweiten jüdischen Krieg gegen Rom, TSAJ 1, Tübingen 1981, 96: Die Umwandlung der Stadt in die neue Kolonie setzt „eben auch die Abtragung aller bestehenden Bauten und Baureste" voraus.

[29] WEILL, Cité, 179.

[30] Ebd. 177, über die Baderäume und den Komplex zu dem sie gehörten: „antérieures aux carrières romaines qui les dévastant".

[31] R. REICH, The Synagogue and the *Miqweh* in Eretz-Israel in the Second-Temple, Mishnaic, and Talmudic Periods, in: D. Urman/P.V.M. Flesher (Hg.), Ancient Synagogues. Historical Analysis and Archaeological Discovery, StPB 47,1, Leiden u.a. 1995, 289–297, 291f; s. auch KLOPPENBORG VERBIN, Theodotos, 253–255 und vor allem den Ausgrabungsbericht bei Weill selbst: Cité, 176f; die geteilten Stufen sind in WEILL, Cité, Planches auf Tafel 17 (links) und Tafel 20B deutlich zu erkennen; die Lage der vier Becken ist auf Tafel 3 eingezeichnet.

[32] SHILOH, City of David I, 30: „With the destruction of Jerusalem, at the end of Stratum 6, the hill of the City of David was neglected." Auch im Schutt dieser Periode, der auf tiefergelegene Teile stürzte (als Stratum 5 benannt), wurde „almost nothing later than 70 CE" gefunden. Erst in Stratum 3 („Byzantine period") wurden Architekturreste an anderen Stellen der Davidstadt entdeckt. Die von Weill auch gefundenen fünf Öllämpchen (WEILL, Cité, Planches, Tafel 26 und WEILL, Cité, 102), die CLAUSSEN, Versammlung, 57, für die Zeit der Herodier in Anspruch nimmt, sind jedoch für eine Datierung wenig hilfreich, weil sie nicht mit dem Fund in eine ausreichende Verbindung gebracht werden können. Für Stratum 4 (spätrömische Zeit) gilt: „there are no architectural remains" (SHILOH, Introduction, 6a).

die Gegenprobe mit der Paläographie, so läßt sich zwar nicht mit voller Sicherheit die Zeit vor 70 n.Chr. begründen, aber kein Merkmal der Buchstaben weist auf eine spätere Zeit.[33]

Das Wort συναγωγή für ein Gebäude ist nicht erst in Lk 7,5 zweifelsfrei belegt, sondern jedenfalls auch in einer Inschrift aus der Cyrenaika vom Jahr 55/56 n.Chr., wo von der „Renovierung der Synagoge" (εἰς ἐπισκευὴν τῆς συναγωγῆς) in Z.4f die Rede ist.[34] Bei vielen anderen ähnlich frühen Belegen für συναγωγή ist diese Bedeutung immerhin möglich oder gar wahrscheinlich (s. vor allem Philo, Prob 81; Josephus, Bell 2,285–289); an Zusammenkünfte unter freiem Himmel kann man in der Regel nicht ernsthaft denken! Für Synagogen als Gebäude oder Gebäudeteil in der Zeit vor 70 n.Chr. in Israel/Palästina nenne ich nur zwei archäologische Belege, die Hinweise auf eine religiöse Funktion aufweisen: Masada: mit einer Art Geniza, hier einem kleinen Zusatzraum (Raum 1043), in dessen Fußboden in zwei sog. „pits" Fragmente aus Deuteronomium und Ezechiel (Mas 1c und 1d) gefunden wurden, und auch mit Wasserbecken in der Nähe (Locus 1301, vermutlich eine Mikwe, ferner Loci 1901 und 1902) und einer größeren Mikwe-Anlage in einiger Entfernung im Norden (in Gebäude 7). Ferner Gamla: mit einer Mikwe beim Eingang des stattlichen Gebäudes. Als literarischer Beleg ohne Zweifel für ein Synagogengebäude vor 70 n.Chr. in Israel/Palästina sei das „mächtige Gebäude" (μεγιστὸν οἴκημα) für „eine große Menschenmenge" in Tiberias angeführt, das Josephus als προσευχή bezeichnet und das er als Oberbefehlshaber der jüdischen Truppen im Norden des Landes im Jahr 66/67 auch besuchte (Vita 277; vgl. 280.293). Durch die Wortwahl „Bethaus" ist der religiöse Charakter des Gebäudes sicher gestellt.[35]

Die Inschrift nennt neben der „Synagoge" auch eine „Herberge", sowie „Räumlichkeiten" und „Wasseranlagen". Als Grund für die Errichtung der Synagoge wird „die Lesung der Tora und die Lehre der Gebote" angegeben. Z.1–5 der zehnzeiligen Inschrift lauten:

(1) Theodotos, (Sohn) des Vettenos[36], Priester und (2) Synagogenvorsteher, Sohn eines Synagogenvor-(3)stehers, Enkel eines Synagogenvorstehers, er-(4)baute die Synagoge für die Le-(5)sung der Tora und für die Lehre der Gebote und (6) ... (ᾠκοδόμησε[37] τὴν συναγωγὴ[ν] εἰς ἀν[άγ]νω/σ[ιν] νόμου καὶ εἰς [δ]ιδαχ[ὴ]ν ἐντολῶν κα[ὶ]/ ...).

---

[33] KLOPPENBORG VERBIN, Theodotos, 251–253.271–276.

[34] G. LÜDERITZ, Corpus jüdischer Zeugnisse aus der Cyrenaika, Anhang von J.M. Reynolds, BTAVO B 53, Wiesbaden 1983, 72; S. APPLEBAUM, כתובת יהודית חדשה מברניקי שבקירינאיקה („Eine neue jüdische Inschrift aus Berenike in der Cyrenaika"), BIES 25 (1961) 167–174 (mit Photo). S. dazu R.E. OSTER JR., Supposed Anachronism in Luke-Acts' Use of ΣΥΝΑΓΩΓΗ. A Rejoinder to H.C. Kee, NTS 39 (1993) 178–208 (mit scharfer Kritik an Kee), bes. 187f; KLOPPENBORG VERBIN, Theodotos, 247f; CLAUSSEN, Versammlung, 123.

[35] S. die Diskussion bei CLAUSSEN, Versammlung, 117. Leider ist der Kontext, der in CD XI 22 par. 4QD[f] (4Q271) 5 I 15 von einem „Bethaus" spricht, sehr unklar (trotz des verbreiteten Wortes προσευχή für ein Synagogengebäude – allerdings fast immer außerhalb Israels/Palästinas – und trotz Philo, Prob 81 über „Orte" [τόποι], die die Essener als „συναγωγαί" bezeichnen).

[36] Warum auch immer, es handelt sich um den Sohn eines Mannes mit einem lateinischen Namen (vgl. KLOPPENBORG VERBIN, Theodotos, 262–264).

[37] Das κ ist im Textbestand so gut wie sicher.

Was immer die hebräische/aramäische Bezeichnung ist, die dem christlichen Begriff ἐκκλησία am meisten entspricht, auch die Qumranfrommen verbinden ihre Gemeindebegriffe יחד und עדה eng mit der Tora. Außer der schon im Eingang zitierten Stelle 4QpPs[a] (4Q171) II sei eine weitere Stelle, die in zwei redaktionell verschiedenen Fassungen in 1Q und 4Q vorliegt, genannt:

1QS 5,7ff	4QS[d] (4Q258) 1,5–7 par. 4Q256:IX 6–8
Jeder, der zur Gemeinschaft der *Gemeinde* (עצת היחד)[38] kommt,	Und jeder, der zur Gemeinschaft (6) der *Gemeinde* (עצת הי[ח]ד) kommt,
(8) soll in den Bund Gottes kommen vor den Augen aller Willigen,	
und er soll mit dem Eid eines Enthaltungsgelübdes auf sich nehmen, umzukehren zur *Tora des Mose,*	soll mit einem Enthaltungsgelübde auf sich neh[men], umzukehren zur *Tora des Mose*
gemäß allem, was er befohlen hat,	
mit ganzem (9) Herzen und mit ganzer Seele, entsprechend allem was von *ihr* offenbart ist	mit ganzem Herzen und mit ganzer Seele (entsprechend) allem was von (7) der *T[ora]* offenbart ist
den Söhnen Zadoks, den Priestern …	au[f Geheiß] der Gemeinschaft der Männer der *Gemeinde.*

An einer Stelle, nämlich in Phil 3,6, stehen nun auch bei Paulus νόμος und ἐκκλησία in einer Relation, hier in sprachlicher Opposition (freilich ohne daß für den Begriff ἐκκλησία ausdrücklich eine sachliche Opposition hergestellt wird) – also genau umgekehrt als in den bisherigen Belegen –, egal ob Paulus diese Opposition bewußt formulierte oder ob sie einfach aus seiner Theologie folgte. Paulus spricht hier m.E. nicht relativierend von speziell pharisäischer Gesetzesauffassung oder gar allgemeiner von einer besonderen Halacha, wie sie „entschiedenes Judentum" vertrete, wenn er κατὰ νόμον Φαρισαῖος formuliert,[39] wie auch die „Gerechtigkeit" beim dritten κατά keine speziell pharisäische Gerechtigkeit ist, sondern – wiederum von Paulus ausdrücklich auf die Tora bezogen – die vermeintliche Gerechtigkeit „aus der Tora", die nicht „von Gott her kommt" (V.9). Paulus sagt eben nicht κατὰ τὴν διδαχὴν τῶν Φαρισαίων/τῶν εὐσεβῶν ἐν τῷ Ἰσραὴλ ζῶν („nach der Lehre der Pharisäer/der Frommen in Israel lebte ich") und auch

---

[38] S.o. Anm. 5.

[39] Das letztere meint offenbar der verehrte Jubilar (BURCHARD, Nicht aus Werken, 234–236), der hier auch mit den „Werken der Tora" in 4QMMT C 26f (= pap4QMMTe [4Q398] 14–17 II 2f) argumentiert (236). Mit Recht lehnt Burchard aber den Bezug speziell auf den Pharisäismus ab, weil die Wendung zu unspezifisch sei (235). Burchard ist natürlich auch zuzustimmen, wenn er sagt, daß die besondere Halacha, von welcher Gruppe auch immer, „für die einzig richtige gehalten wird" (236).

nicht κατὰ δικαιοσύνην τὴν ἐν τῇ διδαχῇ τῶν Φαρισαίων/τῶν εὐσεβῶν ἐν τῷ Ἰσραὴλ ἄμεμπτος („hinsichtlich der von den Pharisäern/den Frommen in Israel geforderten Gerechtigkeit war ich unschuldig") o.ä.

Paulus hebt hier hervor, daß er als Pharisäer nach den Maßstäben der Tora lebte, ja sich gegenüber der Tora (sogar nach pharisäischen Maßstäben) als „untadelig" verstand. Dieses frühere Leben nach der Tora (nicht die Tora selbst) hält er nun „wegen Christus" sogar für „Dreck" (σκύβαλα, V.8). Solch eine hyperbolische Formulierung muß natürlich im Kontext eines Kontrastes gelesen werden.

Die mit Phil 3,6 verwandte Stelle in Gal 1,13f bestätigt bei genauer Betrachtung der Wortwahl die oben gegebene Deutung: Es stehen sich ἐκκλησία und die „väterlichen Überlieferungen" sprachlich gegenüber. Hier werden „die väterlichen Überlieferungen" nicht auf fromme Sondergruppen hin interpretiert und auch nicht speziell auf den Pharisäismus (was faktisch aufgrund des pharisäischen Gesetzesverständnisses gerade im Blick auf die „Väterüberlieferung" sogar naheliegt),[40] sondern die Deutung lautet zweimal generell „Judentum". Das „einst im Judentum" (ποτε ἐν τῷ Ἰουδαϊσμῷ) und die „Gemeinde Gottes" bilden hier in der Sache den Kontrast, wenn auch der Kontrast zwischen dem Begriff ἐκκλησία τοῦ θεοῦ und „den väterlichen Überlieferungen" wiederum nicht ausdrücklich hergestellt wird.

Man kann sich jedenfalls gut vorstellen, daß sich die christlichen Hellenisten in Jerusalem gegenüber der „Synagoge" (eher: den Synagogen) der jüdischen Hellenisten aus der Diaspora (Apg 6,9) nicht (mehr nur) die Selbstbezeichnung „Synagoge" geben wollten (sie trafen sich auch zweifellos in einer eigenen Hausgemeinde oder Hausgemeinden, wie auch die Judenchristen Jerusalems)[41] und daß sie sich deshalb, vielleicht sogar nur recht oder schlecht, für ihre Gemeinschaft für das Wort ἐκκλησία entschieden.[42] Apg 8,1–3 scheint vorauszusetzen, daß nur die Hellenisten die Bezeichnung ἐκκλησία trugen, denn die Apostel in Jerusalem wurden ja nicht verfolgt.[43] Jedenfalls bezeichnet Paulus die Christen im jüdischen Land, wie wir gesehen haben, schon in seinem ältesten Brief als „Gemeinden Gottes in Judäa" (τῶν ἐκκλησιῶν τοῦ θεοῦ τῶν οὐσῶν ἐν τῇ Ἰουδαίᾳ, 1Thess 2,14), und auch Gal 1,22 spricht von den „Gemeinden Judäas" (ἐκκλησίαις

---

[40] Diese Wendung begegnet zweimal bei Josephus, einmal als Überlieferung „der Väter" (Josephus, Ant 13,297) und einmal als „väterliche Überlieferung" (Josephus, Ant 13,408), und zwar auf die Pharisäer bezogen und im Singular. Weitere Belege mit παράδοσις und einem Hinweis auf die Väter sind in griechisch-jüdischen Texten vom 3. Jh. v.Chr. bis zum 3. Jh. n.Chr., soweit ich sehe, nicht vorhanden.

[41] Vgl. z.B. Apg 2,46.

[42] Im NT bezeichnet nur der Jakobusbrief eine christliche Gemeindeversammlung („eure"!) als συναγωγή (2,2). Charakteristischerweise tun das auch noch die Ebioniten, die Epiphanius beschreibt (haer. 30,18).

[43] H. CONZELMANN/A. LINDEMANN, Arbeitsbuch zum Neuen Testament, UTB 52, Tübingen [13]2000, 535.

τῆς Ἰουδαίας);[44] in beiden Fällen sind die Gemeinden Verfolgte (von der durch Paulus verfolgten „Gemeinde Gottes" spricht auch Gal 1,13).

Burchard versucht aus guten Gründen zu zeigen, daß auch der frühchristliche Grundsatz „nicht aus Werken des Gesetzes, sondern ..." von den Christgläubigen stammte, die Paulus verfolgte (Gal 1,13.23; 1Kor 15,9) und die mit Martin Hengel[45] die Hellenisten in Jerusalem gewesen seien. Sehr schön formuliert Burchard in diesem Zusammenhang: „Man geniert sich freilich, den Hellenisten, die selber nur auf höchstens zwei Kapiteln eines 50 Jahre späteren Buches stehen, auch den Grund-Satz aufzulasten. Aber solange sie von ihrer natürlichen Tochter, der blühenden Antiochenischen Theologie, gestützt werden, können sie noch mehr vertragen."[46] Bei diesem Grundsatz könnte man mit Burchard noch weiter zurückgehen und auch an die aramäisch sprechende Urgemeinde denken, die ja gerade auch aus Menschen bestand, die Jesus in Galiläa nachgefolgt waren und sich „an bestimmte Züge des Wirkens Jesu" erinnerten.[47]

III

Wenden wir uns jetzt dem Vergleich der Wendung „Gemeinde Gottes" bei Paulus und in den Qumrantexten zu. Wir beginnen mit den beiden naheliegenden hebräischen Wörtern קהל und עדה; sie kommen auch häufig bzw. sehr häufig in den Qumrantexten vor (ca. 40x bzw. ca. 130x),[48] wobei eine Verengung des Bezugs von Israel auf die Qumrangemeinde hin in gewissem Umfang zu beachten ist,[49] z.B. für עדה in 1QS V 20: „sich der heiligen Gemeinde anzuschließen"; in 1QSa [1Q28a] wird in der Wendung עדת ישראל „Gemeinde Israels" [I 1.20; II 12] die essenische Gemeinde in einem Entwurf für eine noch ausstehende Endzeit mit „Israel" gleichgesetzt.[50]

---

[44] Zu „Judäa" s.o. Anm. 19.

[45] M. HENGEL, Der vorpaulinische Paulus, in: ders., Paulus und Jakobus. Kleine Schriften III, WUNT 141, Tübingen 2002, 68–192, bes. 167–170.

[46] BURCHARD, Nicht aus Werken, 233 Anm. 23.

[47] Ebd. 237.

[48] Wie auch sonst bei solchen Zahlen für die Qumranschriften gilt: Vorkommen (1) in den nicht-biblischen Texten, (2) sofern nicht vollständig ergänzt und (3) ohne Parallelstellen.

[49] Vgl. J.J. COLLINS, The Construction of Israel in the Sectarian Rule Books, in: A.J. Avery-Peck u.a. (Hg.), Judaism in Late Antiquity V. The Judaism of Qumran I, Leiden u.a. 2001, 25–42.

[50] „The entire community of Israel is to be identical with the sect in the end of days" (L.H. SCHIFFMAN, The Eschatological Community of the Dead Sea Scrolls. A Study of the Rule of the Congregation [SBL.MS 38], Atlanta 1989, 12). Oder z.B.: „the Messianic Rule makes no distinction between Israel and the community of the elect" (COLLINS, Construction, 38; vgl. auch DERS., Forms of Community in the Dead Sea Scrolls, in: S.M. Paul u.a. [Hg.], Emanuel. Studies in Hebrew Bible, Septuagint, and Dead Sea Scrolls [FS E. Tov], VT.S 94, Leiden/Boston 2003, 97–111: 107–111.

Um die Diskussion im Blick auf Paulus zu schärfen, sei der Akzent auf die Wendung „Gemeinde Gottes" o.ä. gelegt, eine Formulierung, die, wie wir gesehen haben, bereits durch den Singular θεός auf den jüdischen Bereich weist. Bei Paulus findet sich die Wendung ἐκκλησία τοῦ θεοῦ immer mit Artikel, in Gal 1,13 und dann fast nur im 1. Korintherbrief (1,2; 10,32; 11,22; 15,9; außerdem noch 2Kor 1,1). In zwei Fällen ist analog zum Plural „Gemeinden Gottes" (1Thess 2,14; 1Kor 11,16) ebenfalls die Einzelgemeinde im Blick (so im Präskript der beiden Korintherbriefe in 1,2 bzw. 1,1, aber in beiden Fällen mit dem auf die Gesamtkirche zielenden Zusatz: „soweit sie sich in Korinth befindet"). In zwei anderen Fällen ist offenbar mehr als eine einzige Gemeinde im Blick: so in 1Kor 15,9 und Gal 1,13 hinsichtlich der Verfolgung der frühen Christen durch Paulus (in Gal 1,22f benutzt Paulus dafür den Plural „Gemeinden"; die Apostelgeschichte spricht in 26,10–12 ebenfalls von Verfolgungen durch Paulus auch außerhalb Jerusalems). Es bleiben noch 1Kor 10,32 und 11,22. An der ersten Stelle steht ἐκκλησία τοῦ θεοῦ parallel zu „Juden und Griechen" und dürfte von daher eher die Gesamtkirche meinen; an der zweiten Stelle wird der korinthische Mißbrauch beim Herrenmahl getadelt, und hier ist speziell die korinthische Gemeinde im Blick, was aber die Bedeutung „Gesamtgemeinde" nicht ausschließt.[51] Die Frage, ob der frühchristliche Ausdruck ἐκκλησία originär die Einzelgemeinde oder die Gesamtgemeinde meint, kann hier nicht behandelt werden. Der paulinische Sprachgebrauch ist im Licht jüdischer und pagan-griechischer Sprachkompetenz zu beurteilen, aber auch im Zusammenhang des Kontextes, der z.B. in 1Kor 1,2 mit der Wendung „berufene Heilige" (vgl. 1QM II 2+5) sogar an die Qumrantexte erinnert. Von עדת (בני) ישראל bzw. קהל ישראל in der BH (das erstere fast 40x, meistens mit כל, bzw. das letztere 13x, immer mit כל) und in den Qumrantexten (3x in 1QSa, 2x mit כול, bzw. 1x in 4QapocPent B)[52] her wäre eher an die Gesamtgemeinde zu denken, und zwar im Sinne des Gottesvolkes.

Wie wenig Paulus oder die frühen Christen für ἐκκλησία auf die LXX zurückgegriffen haben,[53] wird deutlich, wenn man sieht, daß die LXX zwar siebenmal ἐκκλησία mit κύριος verbindet (was Paulus nie tut), aber dort nur an einer einzigen Stelle die Wendung ἐκκλησία θεοῦ (ohne Artikel!) vorkommt (Neh 13,1). Ähnlich sieht es auch mit Philo aus, bei dem nur zweimal die Wendung ἐκκλησία θεοῦ (ebenfalls ohne Artikel) unter Bezug auf die LXX zu finden ist (in Ebr 213 mit nachfolgendem Zitat aus Deut 23,2 und All III 8 ebenfalls aus Deut 23,2). In den griechischen Pseudepigra-

---

[51] Nach MERKLEIN, Ekklesia, 52 sei in 1Kor 10,32 und 11,22 „primär an die konkrete korinthische Gemeinde zu denken".

[52] עדת ישראל: 1QSa (1Q28a) I 1.20; II 12; קהל ישראל 4Q377 2 II 6. Zur Bedeutung von כול bzw. πᾶς in diesem Zusammenhang vgl. MERKLEIN, Ekklesia, 60.

[53] Vgl. früher schon vor allem SCHRAGE, „Ekklesia" und „Synagoge", 184–189, 198; übernommen z.B. von MERKLEIN, Ekklesia, 58.

phen, die Denis[54] gesammelt hat, begegnet die Wendung überhaupt nicht. Insofern wird man den Hintergrund der christlichen Bezeichnung auch nicht in den jüdisch-griechischen Texten der Diaspora suchen, zumal sich offenbar bereits (torakritische, griechisch sprechende) „judäische" Gemeinden, d.h. insbesondere wohl die „Hellenisten" Jerusalems, schon vor der Berufung/Bekehrung des Paulus als ἐκκλησίαι verstanden haben. *Eine gewisse Nähe zwischen den Qumrantexten und den Paulusbriefen besteht insofern, daß die Wendung „Gemeinde Gottes" o.ä. (mit* עדה, קהל *oder* יחד*) hier häufiger vorkommt (s. die Tabelle S. 168f) als in den sonstigen diesbezüglichen Texten des Judentums.* Über ein entsprechendes aramäisches Wort läßt sich kaum eine Aussage machen; am ehesten könnte man von den zur Verfügung stehenden Wörtern an כנ(י)שתא o.ä. denken, das in den Qumrantexten weder „Synedrium" (so in der Fastenrolle aus dem 1. Jh. n.Chr.) noch „Synagoge" bedeutet. Abgesehen davon, daß die hier herangezogenen Nomina עדה und קהל keinen Plural, wie das christlich verwendete Nomen ἐκκλησία kennen, entspricht in den Qumrantexten עדה am ehesten der christlichen Gemeindebezeichnung ἐκκλησία. Für עדה, das also von der Grundbedeutung her – eher als קהל – die Gemeinde als solche bezeichnet und sich dementsprechend häufiger auf eine Gemeinde hinter den Qumrantexten bezieht (vgl. die Tabelle S. 168f), spricht auch eine Parallele zwischen der Wendung „meine Gemeinde (Kirche) bauen" im nichtauthentischen Jesuswort Mt 16,18 und einem Satz über den Lehrer der Gerechtigkeit in 4QpPs[a] (4Q171) III 16, daß er von Gott (אל) den Auftrag erhalten habe, „ihm eine Gemeinde von [...] zu erbauen" ([...]עדת[55] לו לבנות). Erwähnt sei noch, daß das Verb „hinzufügen" zur Gemeinde in Apg 2,47 eine Entsprechung in CD XIII 11 hat, wobei ebenfalls עדה benutzt wird: וכל הנוסף לעדתו („und jeder, der seiner [sc. des Aufsehers] Gemeinde hinzugefügt wird"); z.B. auch mit יחד in 1QS VIII 19: לכול הנוסף ליחד „für jeden, der zur Einung hinzugefügt wird."[56]

In den Qumrantexten ist die Wendung עדת אל („Gemeinde Gottes") an folgenden Stellen belegt:[57]

1QM IV 9 (s. das Zitat der Stelle am Beginn des Beitrags): Beim Aufbruch zum Kampf soll auf dem ersten Banner die Gesamtheit der Frommen

---

[54] A.-M. DENIS, Concordance grecque des pseudépigraphes d'Ancien Testament, Louvain-la-Neuve 1987.

[55] Das ר ist im Textbestand sehr wahrscheinlich.

[56] Vgl. R. BAUCKHAM, The Early Jerusalem Church, Qumran, and the Essenes, in: J. Davila (Hg.), The Dead Sea Scrolls as Background to Postbiblical Judaism and Early Christianity, StTDJ 46, Leiden/Boston 2003, 63–89: 85–89.

[57] Die Feststellungen Donfrieds, der ἐκκλησία τοῦ θεοῦ von אל קהל herleitet („derives from"), sind gemäß den folgenden Daten zu vervollständigen und m.E. auch zu korrigieren (K.P. DONFRIED, The Assembly of the Thessalonians: Reflections on the Ecclesiology of the Earliest Christian Letter, in: ders., Paul, Thessalonica, and Early Christianity, Grand Rapids/Cambridge 2002, 139–162: 156–160; das Zitat 157).

genannt sein. Es heißt hier עדת אל „Gemeinde Gottes" (eine Zeile weiter auf dem sechsten Banner ist die Gesamtheit derjenigen, die zu diesem Krieg zusammengekommen sind, genannt: קהל אל „Versammlung Gottes").

In den Lobliedern (H) ist jedenfalls einmal die Formulierung עדת אל wahrscheinlich vorhanden. Die Stelle 4QH[a] [4Q427] 7 I 14 (ergänzt in dieser Zeile durch 1QH[a] fr 56 II 5 + fr 46 II 1) entspricht 1QH[a] XXVI 10. Es handelt sich hier um die Rezension eines in den Qumrantexten wegen des „ich" am meisten umstrittenen Textes (4QH[a] [4Q427] 7 I)[58] innerhalb eines Liedes in den Hodajot, wo עדת אל in Z.14 wahrscheinlich zu lesen ist. Die Wendung steht in einem Aufruf zum Lobpreis (ergänzt durch die oben genannten Parallelstellen): „Musiziert, ihr Freunde, singt dem König (14) [der Herrlichkeit], freut euch [in der Ge]meinde Gottes (בע[...]דת[אל)[59], jubelt in den Zelten des Heils, singt am (15) [heiligen] Ort, [p]reist zusammen mit der ewigen Schar ... (17) ... und ohne (18) [Auf]hören kniet nieder[?][60] [in] der versammelten [Ge]meinde (קהל [61]חד[בי[.. .])(?)...".[62]

Eine zweite Stelle in den Hodajot ist textkritisch und grammatisch problematisch: In 4Q427 8 I 10 heißt es: ו]בהפלא נספרה יחד בעדת אל […] „[... und] in wunderbarer Weise wollen wir gemeinsam sprechen in der Gemeinde Gottes". Aber der Paralleltext in 1QH[a] VII 8 (= Sukenik 1QH[a] fr 10,7) lautet [... ובהפלא נספרא יחד בדע[ת אל „und in wunderbarer Weise wollen wir gemeinsam sprechen mit göttlichem Wissen ...". Es liegt zweifellos eine Vertauschung von עד und דע vor, aber welcher Text ist der ursprünglichere? Immerhin spricht der Hodajot-Text, wie wir gesehen haben, auch an anderer Stelle, wahrscheinlich von der Gemeinde Gottes als עדת אל.[63]

Außer עדת אל begegnet in den Qumrantexten „Gemeinde" mit einem Wort für „Gott" im Genitiv noch (vgl. auch die Tabelle S. 168f): עדה mit „Jahwe" findet sich in 4QapocrPent B (4Q377) 2 II 3 parallel zu כול הקהל „die ganze Gemeindeversammlung" in der selben Zeile; ferner noch in 4QText Mentioning the Congregation of the Lord (4Q466) 1,3. – קהל אל „Versammlung Gottes" begegnet außer an der eben oben zitierten Stelle in 1QM IV 10 in den Qumrantexten vielleicht noch in 1QSa II 4

[58] Vgl. die Versionen in parallelem Druck bei D. DIMANT, A Synoptic Comparison of Parallel Sections in 4Q427 7, 4Q491 11 and 4Q471B, JQR 85 (1994) 157–161: 157–159. Z. 14–16 hat keine Parallele in den besser erhaltenen Paralleltexten 4QM[a] (4Q491) fr 11 und 4QH[e] (?) (4Q471b) fr 1a–d.

[59] דת sind im Textbestand nicht gesichert.

[60] [.. השתח]וו (das ה ist so gut wie sicher). Schreibfehler für השתחוו (kniet nieder)?

[61] חד sind im Textbestand so gut wie sicher.

[62] In Verbindung mit 1QH[a] fr. 46 II 5 ([...]ביחד; ד ist nicht gesichert) so zu lesen?

[63] Genannt seien noch folgende Stellen: In 4QEschatological Hymn (4Q457b) I 5 fehlt für die Wendung עדת אל weitgehend der Kontext; in 11QMelch (11Q13) II 10 liegt ein Zitat aus Ps 82,1 vor. Mit Suffix der 3. Pers. Sing. von „Gott" (אל) in 1QM II 5: „... zu bereiten wohlriechendes Räucherwerk zum Wohlgefallen Gottes, um zu entsühnen für seine ganze Gemeinde (עדתו)". Schließlich wird in 4QpPs[a] (4Q171) III 16 „Gott" durch eine Präposition zum Ausdruck gebracht: eine Gemeinde „für ihn".

(hier ist אלה statt אל eventuell Schreibfehler):[64] Ausschluß eines Unreinen aus der „Versammlung Gottes"[?] (gemäß I 25f wird der קהל für eine Gerichtsverhandlung, eine Ratsversammlung oder zum Krieg einberufen). – Schließlich ist die qumranspezifische Gemeindebezeichnung יחד (gerne als „Einung" übersetzt) in Verbindung mit אל zu nennen, die zweimal vorkommt (1QS I 12; II 22). – Ein Gemeindeterminus ist mindestens z.T. auch „Ratsversammlung" (so ist עצה öfter gebraucht), in Verbindung mit יחד: z.B. 1QS VII 24, wörtlich „der Rat der Gemeinde" (die genaue Bedeutung ist öfter umstritten; vgl. Anm. 5); עצת אל (Rat/Ratsversammlung Gottes), mindestens z.T. ein Gemeindeterminus, begegnet in 1QS I 8.10; 1QSb (1Q28b) IV 24; 4QShir[b] (4Q511) 48,1.

In der BH findet sich עדה oder קהל mit „Gott" nur in Ps 82,1 (עדת אל, LXX aber συναγωγὴ θεῶν; vgl. noch Ps 74,2 von Gott: עדתך) und in Neh 13,1 (קהל אלהים, LXX ἐκκλησία θεοῦ). עדת יהוה begegnet in der BH Num 27,17; 31,16; Jos 22,16.17 (LXX immer συναγωγὴ κυρίου), קהל יהוה Num 16,3; 20,4; Dtn 23,2–4.9; Mi 2,5; 2Chr 28,8 (LXX in Num 16,3 συναγωγὴ κυρίου, sonst ἐκκλησία κυρίου).

Fazit: Sucht man in den Qumrantexten nach einem hebräischen Ausdruck, der dem christlich verwendeten Wort ἐκκλησία entspricht, so kommt unter Berücksichtigung von ἐκκλησία τοῦ θεοῦ am ehesten עדה in Frage (auch יחד, das eher עדה als קהל entspricht, könnte man nennen); einen Plural gibt es für die qumranischen Gemeindebezeichnungen nicht, obgleich ja zwischen der Niederlassung in Chirbet Qumran und sonstigen Niederlassungen zu unterscheiden ist (s. 1QS VI 2 par. 4QS[d] [4Q258] II 6). Wie sich die aramäisch sprechenden Gemeinden Palästinas bezeichnet haben, bleibt ungewiß. ἐκκλησία ist wohl bewußt von den griechisch sprechenden Christen „Judäas", genauer den Hellenisten Jerusalems, in Differenz zur von der Tora her bestimmten συναγωγή gewählt worden. Die LXX und das griechisch sprechende Judentum sind sicherlich nicht die direkte Quelle. Das Ergebnis lautet also kurz zusammengefaßt: Das bei Paulus faßbare Konzept der „Gemeinde" und besonders der „Gemeinde(n) Gottes" hat – natürlich abgesehen von den christologischen Implikationen – eine große Nähe zur Qumrangemeinde. Der griechische Begriff selbst ist offenbar aus Gründen der Abgrenzung von der Synagoge bzw. von Synagogengemeinden (mit der dort das Zentrum bildenden Tora) vermutlich von den Jerusalemer Hellenisten gewählt worden.

Anhang: Tabelle

Vorkommen von atl.-jüdischer Gemeindeterminologie für die Untersuchung von ἐκκλησία bei Paulus

BH (mit LXX)	קהל übersetzt mit ἐκκλησία[a]	ca. 70x
	קהל übersetzt mit συναγωγή	ca. 35x

---

[64] Anders z.B. COLLINS, Forms, 109: „the assembly of these".

	קהל übersetzt mit anderen Wörtern, davon mit ὄχλος	6x
	Vorkommen von קהל (ה)אלהים (nicht mit אל belegt)[b]	1x
	עדה übersetzt mit ἐκκλησία[c]	0x
	עדה übersetzt mit συναγωγή[d]	ca. 130x
	Vorkommen von עדת אל (nicht mit אלהים belegt)[e]	1x
Qumran[f]	Vorkommen von עדה (Nomen)[g]	ca. 130x
	Vorkommen von קהל (Nomen)[h]	ca. 40x
	Vorkommen von יחד (Nomen; „Gemeinde", öfter auch „Einheit"[i])	ca. 110x
	Vorkommen von עדת אל[j]	3–5x[k] + 2x[l]
	Vorkommen von קהל אל[m]	1–2x[n]
	Vorkommen von יחד אל[o]	2x[p]
LXX	Vorkommen von ἐκκλησία θεοῦ (im Sing.; 7x mit κύριος)	1x
Philo	Vorkommen von ἐκκλησία θεοῦ (im Sing.; 4x mit κύριος in Zitaten aus Dtn 23,1–4)	2x
Paulus	Vorkommen von ἐκκλησία τοῦ (!) θεοῦ (im Sing.; zusätzlich 2x im Plural; nie mit κύριος!)	6x

Anmerkungen zur Tabelle

[a] + Sir (7x bei 8 Vorkommen von קהל, nie συναγωγή). Vor allem in 1/2 Chr und Esr/Neh, auch 7x in Dtn (gemäß Gött. LXX), jedoch z.B. keinmal in Ex. Im Vergleich mit der BH die Zahlen für die LXX in der Regel gemäß HATCH/REDPATH ([2]1998). Sir ist hebräisch nicht vollständig erhalten.

[b] Neh 13,1; fehlt in Sir. In BH 10x mit יהוה, nicht in Sir.

[c] + Sir (0x bei 10 Vorkommen von עדה).

[d] + Sir (5x; mit πλῆθος hier 3x, mit λαός 2x).

[e] Ps 82,1; fehlt in Sir. In BH 4x mit יהוה, nicht in Sir.

[f] Wie auch sonst gilt bei Zahlen für Qumrantexte: in den nicht-biblischen Texten; sofern keine vollständige Ergänzung; ohne Parallelstellen.

[g] Als Terminus für Gemeinde in den Qumrantexten vor allem in D (14x), Sa bzw. SE, M und 4QpPs[a] (4Q171) (in S nur in 1QS V 20: עדת קודש „heilige Gemeinde").

[h] Als Terminus für Gemeinde in den Qumrantexten sehr selten, vor allem in D (3x) und in Sa bzw. SE (2x) (in M wohl nur 1x), nie in 1QS. Vgl. Anm. 9.

[i] Eine Unterscheidung ist nicht immer möglich; vgl. auch יחד Adv. Das Nomen in 1QS ca. 60x, in 1QSa (1Q28a) 7x.

[j] Mit יהוה 2x, keinmal mit אל(ו)הים.

[k] 1QM IV 9; 4Q457b I 5; 11Q13 II 10 (Zitat aus Ps 82,1); fraglich: 4Q427 7 I 14 und 8 I 10 (vgl. den Paralleltext 1QH[a] VII 8).

[l] Gemeint ist: außerdem in 1QM II 5 mit Suffix 3. Pers. Sing. von „Gott" (אל), ferner in 4QpPs[a] (4Q171) III 16 durch eine Präposition zum Ausdruck gebracht (eine Gemeinde „für ihn", sc. Gott [אל]).

[m] Nie mit אל(ו)הים oder יהוה.

[n] 1QM IV 10; fraglich 1QSa (1Q28a) II 4.

[o] Nie mit אל(ו)הים oder יהוה.

[p] 1QS I 12; II 22.

Peter Lampe

Rhetorische Analyse paulinischer Texte – Quo vadit?

Methodologische Überlegungen

Ein bunter Fächer verschiedenster Forschungsansätze schmückt sich mit der Etikette „rhetorische Analyse der Paulusbriefe". Mühe bereitet das Überblicken, noch mehr Mühe das Integrieren. Bereits beim doppelbödigen Begriff „Rhetorik", der einerseits den praktischen Redevollzug, die Oratio, andererseits die theoretische Reflexion über diesen, die „Oratologie", zu bezeichnen vermag, beginnen die Nebelschwaden – eine Diffusität, welche freilich nicht von der neutestamentlichen Wissenschaft zu verantworten ist. Vorliegende Skizze wird versuchen, Fragen für künftiges Forschen zu formulieren.

1 Rhetorische Analyse seit der Spätantike

Rhetorisch untersucht wird das Corpus Paulinum seit der Spätantike, wenn unter „rhetorischer Analyse" das Begreifen rhetorischer Strukturen gemeint ist, das Beschreiben einzelner rhetorischer Phänomene in urchristlichen Texten. Origenes, Augustin, der den Galaterbrief kommentierende Johannes Chrysostomus, nicht zuletzt Melanchthon, Luther und Calvin erwarben sich beim Entdecken rhetorischer Phänomene in neutestamentlichen Texten Verdienste.[1] Auch die Exegese des 19. Jahrhunderts bediente sich ausdrücklich „rhetorischer" Methode, wenn sie im Rahmen des Einzelsatzes Tropen und Figuren, also Redeschmuck aufspürte,[2] wenn sie die paulinische Perio-

---

[1] Zur rhetorischen Analyse des Neuen Testaments seit der Spätantike cf. die Literatur bei D.F. WATSON/A.J. HAUSER (Hg.), Rhetorical Criticism of the Bible. A Comprehensive Bibliography with Notes on History and Method, Biblical Interpretation Series 4, Leiden u.a. 1994, bes. 101–125; ferner J. FAIRWEATHER, The Epistle to the Galatians and Classical Rhetoric. Part 1, TynB 45 (1994) 1–22; C.J. CLASSEN, S. Paul's Epistles and Ancient Greek and Roman Rhetoric, in: S.E. Porter/Th.H. Olbricht (Hg.), Rhetoric and the New Testament. Essays from the 1992 Heidelberg Conference, JSNT.S 90, Sheffield 1993, 270–280; DERS., Paulus und die antike Rhetorik, ZNW 82 (1991) 1–31, 16–26; weitere Lit. bei D. SÄNGER, „Vergeblich bemüht" (Gal 4,11)? Zur paulinischen Argumentationsstrategie im Galaterbrief, NTS 48 (2002) 377–399: 379 Anm. 6.

[2] So z.B. C.G. WILKE, Die neutestamentliche Rhetorik. Ein Seitenstück zur Grammatik des neutestamentlichen Sprachidioms, Dresden/Leipzig 1843.

denfügung untersuchte[3] oder sich über Stil und Sprachniveau des Apostels stritt.[4] Diese Art von Analysieren ist nicht neu, sie ist aber auch noch nicht erschöpft[5] und sollte deshalb nicht vor die Tür verbannt sein.

2 Rhetorische Analyse seit H.D. Betz und G.A. Kennedy

Neu ist seit den letzten drei Jahrzehnten, dass paulinische Briefe einer rhetorischen *Gesamt*analyse unterzogen werden, der Argumentationsduktus im Rahmen des Gesamtaufbaus eines Briefes untersucht wird. Hans Dieter Betz entdeckte 1975, wie die Disposition einer antiken Rede und die Struktur des Galaterbriefcorpus sich entsprechen, und legte so den Grundstein für sein großes Kommentarwerk zum Galaterbrief.[6] Sein Ansatz machte Schule,[7] auch weil Betz' Weggefährte George A. Kennedy eine griffige, in fünf Schritte gegliederte Anleitung zum rhetorischen Analysieren urchristlicher Texte formulierte.[8] Es war und ist im Rahmen dieser For-

---

[3] So z.B. J. WEISS, Beiträge zur Paulinischen Rhetorik. Theologische Studien (FS B. Weiss), Göttingen 1897, 165–247.

[4] So z.B. E. NORDEN, Die antike Kunstprosa vom VI. Jahrhundert v.Chr. bis in die Zeit der Renaissance, Neudruck der Ausgabe von 1898, Darmstadt 1958, 492–510; C.F.G. HEINRICI, Zum Hellenismus des Paulus, in: ders., Der zweite Brief an die Korinther, KEK 6, Göttingen [8]1900, 436–458.

[5] Cf. z.B. in neuerer Zeit R.D. ANDERSON Jr., Ancient Rhetorical Theory and Paul, Leuven [2]1999, 146.150–157.161–163.170–171.180.182–183; P. LAMPE, Reticentia in der Argumentation: Gal 3,10–12 als Stipatio Enthymematum, in: U. Mell/U.B.Müller (Hg.), Das Urchristentum in seiner literarischen Geschichte (FS J. Becker), BZNW 100, Berlin/New York 1999, 27–39; DERS., Theological Wisdom and the ‚Word About the Cross‘: The Rhetorical Scheme in I Corinthians 1–4, Interpr. 44 (1990) 117–131; R.I.H. THOMSON, Chiasmus in the Pauline Letters, JSNT.S 111, Sheffield 1995; älter J. JEREMIAS, Chiasmus in den Paulusbriefen, in: ders., ABBA. Studien zur neutestamentlichen Theologie und Zeitgeschichte, Göttingen 1966, 276–290; N. SCHNEIDER, Die rhetorische Eigenart der paulinischen Antithese, HUTh 11, Tübingen 1970.

[6] H.D. BETZ, The Literary Composition and Function of Paul's Letter to the Galatians (1975), in: ders., Paulinische Studien. GAufs. 3, Tübingen 1994, 63–97, als Programm für seinen 1979 folgenden Galaterkommentar: Galatians. A Commentary on Paul's Letter to the Churches in Galatia, Hermeneia, Philadelphia [2]1984 = Der Galaterbrief. Ein Kommentar zum Brief des Apostels Paulus an die Gemeinden in Galatien, übers. v. S. Ann, München 1988.

[7] Cf. o. die in Anm. 1 genannte Bibliographie. Als Forschungsüberblick speziell zum Galaterbrief cf. ANDERSON, Ancient Rhetorical Theory, 111–123. Als Paulus-Monographien cf. z.B. M. BÜNKER, Briefformular und rhetorische Disposition im 1. Korintherbrief, Göttingen 1984; H. PROBST, Paulus und der Brief. Die Rhetorik des antiken Briefes als Form der paulinischen Korintherkorrespondenz (1Kor 8–10), WUNT 2.45, Tübingen 1991; M.M. MITCHELL, Paul and the Rhetoric of Reconciliation. An Exegetical Investigation of the Language and Composition of 1 Corinthians, HUTh 28, Tübingen 1991; ferner D.F. WATSON, Invention, Arrangement, and Style. Rhetorical Criticism of Jude and 2 Peter, SBL.DS 104, Atlanta 1988; L. THURÉN, The Rhetorical Strategy of 1 Peter. With Special Regard to Ambiguous Expressions, Åbo 1990. Weitere Lit. übersichtlich bei SÄNGER, „Vergeblich bemüht", 378–380.

[8] New Testament Interpretation through Rhetorical Criticism, Chapel Hill/London 1984, 33–38. In jüngerer Vergangenheit erneut befürwortet z.B. von W.B. RUSSELL, Rhetorical Analysis of the Book of Galatians, BS 150 (1993) 343–351.

schungsrichtung vor allem angesagt, einerseits in einem neutestamentlichen Brief den Aufbau einer antiken Rede – von Exordium bis Peroratio – zu entdecken, andererseits den jeweiligen Brief einer der drei klassischen Redegattungen (*genera orationis*), der Gerichts- (*genus iudiciale*), Beratungs- (*genus deliberativum*) oder Lobrede (*genus demonstrativum*), zuzuordnen.

Die von Betz und Kennedy angestoßene Forschungsrichtung bleibt ihrem eigenen Selbstverständnis nach dezidiert im Rahmen der *historischen* Analyse, insofern nur Kategorien der antiken Rhetorik zur Beschreibung herangezogen werden, wie sie vor allem von Aristoteles (Rhet), von Cicero (Inv; Orat), Quintilian (Inst) oder auch der Rhet Her, also von antiken Rhetorikhandbüchern entfaltet werden. Ausschließlich *antike* Texttheorie, *antike* Textmodelle werden auf die Paulinen appliziert – ein Grundsatz, der sich nach wie vor als fruchtbar erweist und dessen Applikationsmöglichkeiten nicht erschöpft sind.

Freilich, im neuen Jahrhundert kann die von Betz und Kennedy eingeschlagene Richtung nicht ohne Kurskorrekturen weiter gesteuert werden. Unter Beschuss geriet ihr und ihrer SchülerInnen Kurs aus vor allem drei Richtungen.

3 Verhältnisbestimmung zur sogenannten Neuen Rhetorik

Zunächst entwickelten sich vermeintliche Konkurrenzunternehmen auf dem Boden der sogenannten Neuen Rhetorik. Fußend auf der klassischen Rhetorik, sich aber von dieser emanzipierend, verdankt die Neue Rhetorik sich modernen Kommunikationstheorien und sprachphilosophischen Überlegungen.[9] Sie etablierte sich – in verschiedensten Ausprägungen[10] – abseits

---

[9] Eine erste Einführung in die unter dem Etikett „Neue Rhetorik" zusammengefassten verschiedenen Ansätze – von Argumentationstheorien im Gefolge Perelmans über Habermas bis zu Dekonstruktionsansätzen im Gefolge Derridas – z.B. bei K.-H. GÖTTERT, Einführung in die Rhetorik, München [2]1994, 201–218. H. HOLOCHER, Anfänge der „New Rhetoric", Rhetorik-Forschungen 9, Tübingen 1996, konzentriert sich vor allem auf die primär sprachphilosophisch orientierten Anfänge (1936–1953) der Neuen Rhetorik in den USA: auf Richards, Hayakawas, Burkes, Weavers.

[10] Diese Heterogenität führt G. UEDING/B. STEINBRINK, Grundriß der Rhetorik. Geschichte, Technik, Methode, Stuttgart/Weimar [3]1994, 165, dazu, die Neue Rhetorik des „terminologischen Etikettenschwindels" zu zeihen: Hinter der Etikette „Neue Rhetorik" verbergen sich „ganz verschiedenartige Rezeptionsweisen klassischer Rhetorik, die eigentlich nur zusammenstimmen in der Deklaration von Gemeinsamkeiten mit der rhetorischen Überlieferung und dem Pathos des Neubeginns". In ihrer Darstellung konzentrieren sich Ueding und Steinbrink vor allem (a) auf die psychologisch-kommunikationswissenschaftliche Rhetorik, die sich z.B. im Gefolge Carl Hovlands mit den Vorgängen bei der Überredung beschäftigt, (b) auf die aristotelische Rhetorik rezipierenden, philosophisch orientierten Argumentations- und Kommunikationstheorien (bes. Perelman, Burke, Hovland, Weiss, Irving, Richards), (c) auf die linguistische und/oder semiotisch ausge-

der neutestamentlichen Wissenschaft und der dortigen Applikationsmöglichkeiten, strahlte dann aber in die Paulus-Exegese aus.[11] Wer, um „historisch" zu arbeiten, diesen nicht-historischen Ansatz zunächst ausklammert, wird ihn nicht prinzipiell als inadäquat abzuqualifizieren vermögen. Er wird nur säuberlich scheiden müssen zwischen den verschiedenen Zugängen – und möglicherweise beide wie die Höhe und Tiefe eines Raumes verfolgen, ohne sie diffus auf einer Ebene zu vermischen. Parallel und abseits eigener „historischer" Analysen[12] habe ich versucht, in konstruktivistisch-wissenssoziologischen Arbeiten[13] das Ur-Axiom antiker Rhetorik zu hinterfragen, dass *res* und *verba*, die sachliche Seite der Rede und ihre sprachliche Ausgestaltung, Inhalt und Form, säuberlich unterscheidbar seien und dass die *verba* die *res* zu „repräsentieren" hätten. Wem die Unterscheidung von *res* und *verba* problematisch geworden ist, wer Wahrheitsfindung nicht mehr als verbale Annäherung an eine von der Sprache getrennt vorgegebene Realität zu verstehen vermag, sondern Realität als etwas von Subjekten Konstruiertes begreift, kann das Verhältnis der Worte zur Realität nicht mehr als „Repräsentation" bestimmen. Realität wird in den *verba* nicht repräsentiert, sondern erzeugt.[14] Damit zerbröckelt – aus sprachphilosophi-

---

richtete Rhetorik (bes. Richards Metapherntheorie, Ecos Tropenlehre, Barthes Übersetzungssystem).

[11] Cf. dazu bes. F. SIEGERT, Argumentation bei Paulus gezeigt an Römer 9–11, WUNT 34, Tübingen 1985; St.E. PORTER/Th.H. OLBRICHT (Hg.). Rhetoric and the New Testament. Essays from the 1992 Heidelberg Conference, JSNT.S 90, Sheffield 1993, darin z.B. die Einleitung von St.E. Porter (21–28); J.D.H. AMADOR, Academic Constraints in Rhetorical Criticism of the New Testament. An Introduction to a Rhetoric of Power, JSNT.S 174, Sheffield 1999. Angeregt durch Burkes Idee von Rhetorik als Identifikationsstrategie zur Machtausübung, entwickelt Amador, der Dekonstruktion verpflichtet, eine „Rhetoric of Power", die zum Ziel hat, die jedem Text inhärenten Machtstrukturen aufzudecken. Diese Text-Macht manifestiere sich in dem auf den Text reagierenden Verhalten der Rezipienten, die durch den Text zu neuen Äußerungen angeregt werden. Die Auslegungs- und Wirkungsgeschichte der Bibel, einschließlich des heutigen Exegesebetriebes, gehöre deshalb (als Teil des Machtgeflechtes) mit zum Gegenstandsbereich der „Rhetoric of Power".

[12] Siehe oben Anm. 5

[13] P. LAMPE, Wissenssoziologische Annäherung an das Neue Testament, NTS 43 (1997) 347–366; DERS., Die urchristliche Rede von der „Neuschöpfung des Menschen" im Lichte konstruktivistischer Wissenssoziologie, in: S. Alkier/R. Brucker (Hg.), Exegese und Methodendiskussion, TANZ 23, Tübingen 1998, 21–32; DERS., Die Gleichnisverkündigung Jesu von Nazareth im Lichte konstruktivistischer Wissenssoziologie, in: U. Mell (Hg.), Die Gleichnisreden Jesu 1899–1999: Beiträge zum Dialog mit Adolf Jülicher, BZNW 103, Berlin/New York 1999, 223–236.

[14] In der Neuen Rhetorik werden aus dieser Einsicht konsensus-theoretische Konsequenzen gezogen, z.B. bei Chaim Perelman in seiner Theorie der Argumentation (Ch. PERELMAN/L. OLBRECHTS-TYTECA, The New Rhetoric. A Treatise on Argumentation, Notre Dame/Indiana u.a. 1971; Ch. PERELMAN, Das Reich der Rhetorik. Rhetorik und Argumentation, München 1980): Wenn Wirklichkeit als Konstruktion verstanden wird, beruht Wahrheitsfindung auf ständig revidierbarer Zustimmung zu Konstruktionen: „Da sich die Argumentation auf Thesen richtet, denen unterschiedliche Öffentlichkeiten mit jeweils unterschiedlicher Intensität zustimmen, kann der Status der in eine Argumentation eingehenden Elemente nicht wie in einem formalen System unveränderlich sein, da er ja von der ... Übereinstimmung des Auditoriums abhängt ..." (PERELMAN,

scher Sicht – das Fundament klassischer Rhetorik (und mit ihm die Konzepte der „kunstvollen Repräsentation", der „Objektivität").

Die Frage drängt sich auf, wieso neutestamentliche Wissenschaft überhaupt noch auf der Basis *antiker* rhetorischer Texttheorie arbeiten soll. Eben weil es – unabhängig von der philosophischen Perspektive – aus *historisch-kritischer Sicht* weiterhin sinnvoll bleibt, die *damals* Sprechenden und Schreibenden mit den *damals* gängigen Theorien über Sprache und Texte zu konfrontieren, egal wie systematisch adäquat oder inadäquat (aus heutiger Sicht) diese antiken Theorien gewesen sein mögen. Mit anderen Worten: Ein sich der Neuen Rhetorik verdankender Interpretationszugang zum Neuen Testament tritt mitnichten in Konkurrenz zu einem der antiken Rhetorik verpflichteten. Beide Ansätze *ergänzen* einander. *Beide* sollten betrieben werden.[15] Neu-rhetorisches Streben, das damals Gesprochene und Geschriebene mit modernen und postmodernen Theorien über Kommunikation und Literatur zu konfrontieren, bleibt ein legitimes, ja notwendiges Vorhaben. Neutestamentlicher Wissenschaft dringend geboten ist zum Beispiel, die sich moderner Literaturtheorie verdankende narratologische Untersuchungsmethode auf befriedigende Weise ins Verhältnis zur (wie immer dann zu bestimmenden) „rhetorischen" Analyse zu setzen. Hier verbleiben spannende Forschungsfelder, so faszinierend es überhaupt ist, Texte der Antike durch die Linse heutiger – auch über die Ansätze der Neuen Rhetorik hinausgehender – Literaturtheorien neu zu entdecken.[16]

Reich der Rhetorik, 55). Ähnlich z.B. S. TOULMIN, Der Gebrauch von Argumenten, Kronberg 1975: Wahrheit wird – abseits von „letzten Kriterien" – im Konsens der Dialogbereiten gefunden.

[15] Jede historisch ausgerichtete, institutionell abgesicherte (SNTS, renommierte Universitäten) Paulusexegese darf sich dann auch getrost von Dekonstruktivisten wie Amador (s.o. Anm. 11, z.B. 289) fragen lassen, ob sie sich nicht aus Gründen des eigenen Machterhalts gerade auf das Historische fixiert: Durch Berufung auf die historische Bedeutung eines Textes (der biblische Kanon als eine der wichtigsten Grundlagen abendländischer, westlicher Kultur) und auf das historische Fachwissen, das zur Erschließung dieses Textes notwendig ist, wird im Blick auf die Bibel Auslegungsautorität beansprucht, also zweifellos – und sei es auch nur unbewusst – ein Stück Machterhalt betrieben (Sicherung von Forschungsgeldern, von gesellschaftlichem Ansehen [akademische Titel]; Kontrolle des hermeneutischen Zugangs zur Bibel in einer Kultur; etc.). – Freilich muss sich umgekehrt auch der Dekonstruktivismus vom Schlage Amadors, bei aller Verbeugung vor seinem kritischen Potential, fragen lassen, wo denn in aller Zelebration des Chaos (cf. AMADOR, Constraints, 123) seine eigene klar umrissene, das heißt aber auch, überprüfbare und angreifbare Interpretationsmethode geblieben ist. Seine Kreativität erstickt sich aufgrund des eigenen Ansatzes immer wieder selbst.

[16] Cf. z.B. für den Bereich der Klassischen Philologie die Einführung Th.A. SCHMITZ, Moderne Literaturtheorie und antike Texte, Darmstadt 2002.

4 Verhältnis antike Rhetorik – antike erzähltheoretische Ansätze

Nicht befriedigend definiert ist ferner – innerhalb des „historischen" Zugangs selbst – die Verhältnisbestimmung von antiker Rhetorik einerseits und antiker Poetik und Historiographie andererseits, das heißt, von antiker Theorie der Rede und den freilich im Vergleich zur Rhetorik weniger elaborierten antiken Ansätzen zu einer Theorie des Erzählens. Die Paulusbriefe schließen narrative und biographische Teile ein (z.B. Gal 1,13–2,21), und Erzählopera wie Acta eine Fülle rhetorischer Strukturen. Wie sind beide, antike Rhetorik und antike erzähltheoretische Ansätze, aufeinander zu beziehen und in diesem Bezug dann für neutestamentliche Forschung fruchtbar zu machen? Eine noch nicht endgültig gelöste – und vielleicht eine fruchtbare – Frage.

4.1

Im letzten Viertel des zwanzigsten Jahrhunderts zog die Evangelienforschung vermehrt analoge Phänomene in der griechisch-römischen Literatur zum Vergleich heran und vollzog damit eine der rhetorischen Paulusexegese parallele Bewegung. Vor allem Charles H. Talbert[17] bemühte sich ab der Mitte der 70er Jahre – zeitgleich zu Betz' Grundlegungen zum Galaterkommentar – um „architecture analysis" des lukanischen Doppelwerkes: um das Entdecken der Architektur des lukanischen Schreibens, von Rhythmen und literarischen Mustern. Sein Ziel war, das lukanische Erzählopus in der antiken Literaturgeschichte zu verorten. Er war es dann auch, der mit dieser seiner Kompositionskritik nicht unwesentlich mit dazu beitrug, dass das Forschungsinteresse wenigstens in Angelsachsen sich weg von der auf die Quellenbearbeitung konzentrierten Redaktionsgeschichte hin zum „Narrative Criticism" bewegte, zur Analyse der Gesamtkonzeptionen der Evangelienerzählungen.

Parallel zur Entwicklung in der rhetorischen Paulusexegese (s.o. 3.) kamen in der narratologischen Analyse von Evangelien und Acta sehr schnell auch moderne Literaturtheorien ins Spiel, schon allein deshalb, weil die Antike auf dem erzähltheoretischen Felde weniger zu bieten hatte als auf dem Felde der Rhetoriktheorie. In der narratologischen Exegese des Neuen Testaments bestimmen die modernen Literaturtheorien heute in fruchtbarer Weise das Feld.

---

[17] C.H. TABERT, Literary Patterns, Theological Themes and the Genre of Luke-Acts, SBL.MS 20, Missoula/Montana 1974; cf. M.C. PARSONS, Reading Talbert. New Perspectives on Luke-Acts, SBL.SP 26 (1987) 687–720, und U.E. EISEN, Die Poetik der Apostelgeschichte. Narratologische Studien, HabSchr. Heidelberg 2002, 24–37.

4.2

Am Punkt der Verhältnisbestimmung von antiker Redetheorie und antiken erzähltheoretischen Ansätzen wird niemand daran vorbeikommen, vor allem mit Vernon Kay Robbins und anderen Vertretern des sogenannten *Socio-Rhetorical Criticism* ins Gespräch zu kommen. Nicht von ungefähr hat Vernon Kay Robbins diese seine – ebenfalls historisch-kritisch arbeitende – Interpretationsmethode am Beispiel des erzählenden Markusevangeliums eingeführt.[18]

Er analysiert zunächst (a) die „rhetorisch-literarischen" Merkmale *innerhalb* eines neutestamentlichen Textes, sei es in einem Logion *oder* einer Erzählung, und (b) geht dann in einem zweiten, intertextuellen Schritt dazu über, diese Merkmale mit literarischen Formen und Inhalten der griechisch-römischen sowie jüdischen Umwelt zu vergleichen.

In diesem zweiten Schritt wird sich mit ihm austauschen müssen, wer daran geht, antike Rede- *und* Erzähl-Konventionen heranzuziehen und zueinander ins Verhältnis zu setzen. Robbins wird möglicherweise zu fragen sein, ob er seinen Ansatz nicht lieber „sozio-narratologisch" als „sozio-rhetorisch" hätte taufen sollen. „Rhetorisch" arbeitet er nur da, wo er nicht den Evangelisten, sondern den Orator Jesus in den Blick nimmt und sich fragt, wieweit das in antiken rhetorischen Handbüchern Festgehaltene, besonders das über die χρεία Ausgeführte, mit dem Jesus-Spruchgut konfrontierbar ist und möglicherweise dessen Ausgestaltung mit beeinflusste. In der Tat stellt die χρεία, die prägnante Sentenz, einen hervorragenden Punkt dar, an dem die Kombination von „Rede" und „Erzählung" studiert werden kann, wird die χρεία doch oft durch eine sie begleitende anekdotische Narratio illustriert. Sobald aber ein Text eine solche Kombination aufweist, stellt er nicht einen rhetorischen, sondern einen narrativen Text dar, in dem Geredetes zitiert wird, so dass die Analyse dieses Textes unweigerlich eine narratologische sein wird, und zwar auch dann, wenn sie im Rede-Zitat rhetorische Strukturen aufdecken sollte.

Die Frage, ob Robbins seine Analysemethode nicht besser als „narratologische" denn als „rhetorische" hätte etikettieren sollen, bleibt. Auch an einem anderen Beispiel sei dies erläutert. Wer wie Robbins[19] die Bergpre-

---

[18] V.K. ROBBINS, Jesus the Teacher. A Socio-Rhetorical Interpretation of Mark, Philadelphia 1984/1992. Cf. dann auch seine auf Erzähltexte bezogenen „rhetorischen" Studien (z.B. DERS., Pronouncement Stories and Jesus' Blessing of the Children: A Rhetorical Approach, Semeia 29 [1983] 43–74; DERS., Pronouncement Stories from a Rhetorical Perspective, Forum 4.2 [1988] 3–32; zu den Seligpreisungen: DERS., Pragmatic Relations as a Criterion for Authentic Sayings, Forum 1.3 [1985] 35–63). Die Einleitung in die 1992er Ausgabe von „Jesus the Teacher" stellt Robbins' Methode besonders griffig als ein vierstufiges Verfahren vor. Nur die ersten drei Stufen seien hier skizziert.

[19] V.K. ROBBINS, A Socio-Rhetorical Response: Contexts of Interaction and Forms of Exhortation, Semeia 50 (1990) 261–271.

digt in ihren Antithesen einer der drei antiken Redegattungen zurechnen möchte (angeblich sei sie ein deliberativer Text für die christlichen Leser des Matthäus), begeht einen Kategorienfehler und trägt zum Begriffsnebel bei. Der Evangelist ist nun einmal kein Orator, sondern ein Narrator, der in seiner Erzählung einen Orator auftreten lässt, der in der erzählten Situation andere Adressaten vor sich hat als das Matthäusevangelium sie anvisiert. Dass die Adressaten der matthäischen Narratio sich mit den erzählten Adressaten der Bergpredigt identifizieren sollen, ist ein narratologisch höchst spannendes Phänomen, es macht die Bergpredigt (als Kommunikation an die Matthäusleser) aber noch nicht zu einer *Rede* an die Matthäusleser, die einer der drei antiken Redegattungen zugeordnet werden könnte. Die Bergpredigt wird als Kommunikation an die Matthäusleser erst dann adäquat erfasst, wenn ihr *narrativer* Kontext mitgelesen wird, wenn begriffen wird, dass der ethische Anspruch der Bergpredigt unablösbar einbettet ist in die Narratio vom Immanuel, der den Adressaten der Bergpredigt nicht nur Anweisungen zu gerechtem Handeln gibt, sondern in der Narratio mit ihnen zusammen auf dem „Weg der Gerechtigkeit" mitgeht, ihnen aufhilft (Sturmstillung gleich nach der Bergpredigt), etc. Die Bergpredigt als Kommunikation an die MatthäusleserInnen bleibt so Teil einer Narratio. Das Genus einer deliberativen Narratio aber gibt es nicht in der Antike.

Legitim ist dagegen, *innerhalb* einer narratologischen Analyse zu fragen, ob eine in die Narratio eingeflochtene Rede in der *erzählten* rhetorischen Situation (z.B. zwischen Jesus und dem Volk), die von der Kommunikationssituation zwischen dem Evangelisten und seinen LeserInnen freilich geschieden ist, vom Narrator als deliberativ, juridisch oder demonstrativ gedacht war und was diese Gattungsbestimmung dann für die Analyse der Narratio auszutragen vermag. Die Kategorien sollten klar auseinander gehalten werden.

Zu einer *„sozio"*-analytischen Methode schließlich weitet sich Robbins Vorgehen in einem dritten Schritt, in dem die Ergebnisse der beiden ersten Schritte synthetisiert werden. (c) Primärer Erkenntnisgegenstand ist jetzt nicht mehr der Text, von dem ausgegangen wurde, sondern die zu rekonstruierende soziale Umwelt des Textes und seiner ersten RezipientInnen. Welche sozialen Strukturen, welche *belief systems*, welche impliziten und expliziten sozialen Werte und Normen, welche Verhaltenskonventionen, welche kulturellen, literarischen Formen kennzeichneten diese Umwelt, aus der der Text erwuchs und auf die er antwortete? Welche Erwartungshaltungen, welche stillschweigenden Annahmen dürfen aufgrund dieser Umwelt-Rekonstruktion bei der ersten Leserschaft und beim Autor vorausgesetzt werden? Wo schließlich wich der biblische Autor von den Konventionen der Umwelt ab?

Die Rekonstruktion der damaligen sozialen Umwelt der Texte ist Robbins vor allem deshalb wichtig, weil Texte nicht in sich Sinn besitzen, sondern nur in Abhängigkeit vom Wissen der Leser Sinn annehmen.[20] Für Robbins, der historisch arbeitet, heißt das: Sinn stellte sich damals nur in Abhängigkeit vom Wissen der antiken Leser ein, also in Abhängigkeit vom damaligen sozio-kulturellen Kontext des Textes, und kann sich folglich für heutige Leser nur über die Kenntnis dieses (fremden) sozio-kulturellen Kontextes der Texte erschließen.[21]

Es darf aus methodologischer Perspektive eingewendet werden, dass *alle* diese Fragerichtungen (a–c) auch abseits des Robbins'schen Etiketts („sozio-rhetorisch") in der neutestamentlichen Wissenschaft verfolgt – und miteinander vernetzt – wurden und werden. Obgleich ich mich selbst – *auch* im Interesse besseren *Text*verständnisses – auf dem in Schritt (c) umrissenen Forschungsgebiet betätige, ist m.E. dieses Arbeiten nicht als „rhetorisch" zu etikettieren.

Höchst stimulierend sind Robbins materiale Ergebnisse, seine intertextuellen Vergleiche innerhalb der antiken mediterranen Welt, auch z.B. die Idee, aus Erkenntnissen der χρεία-Forschung ein Kriterium für authentische Jesusworte zu schmieden.[22] Über seine methodologische Terminologie dagegen darf gestritten werden.

5 Kritik an der Betz-Kennedy-Richtung aus dem historisch-kritischen Lager: *Dissimulatio artis*; Verhältnisbestimmung zur Epistolographie

Ein in Abschnitt 3 verlassener Faden sei aufgegriffen. Mit der vermeintlichen Konkurrenz im Lager der Neuen Rhetorik endet nicht der Gegenwind, der der von Betz und Kennedy begründeten Forschungsabteilung entgegen bläst. Beruht mögliche Kritik aus dem Lager der Neuen Rhetorik, wie angedeutet, lediglich auf einem schnell zu berichtigenden Kategorienfehler, auf dem Aufreißen falscher Alternative, so geht ein anderer kritischer Wind, der aus der historisch-kritischen Ecke selbst weht, weitaus stärker unter die Haut. Diese Kritik kommt in zweierlei Gestalt daher.

5.1

Zunächst wird der fast ausschließliche Rekurs auf die Rhetorikhandbücher moniert. Handbuchtheorie und praktische Anwendung waren auch nach antikem Verständnis zweierlei Paar Schuhe. Redner mühten sich *dissimulatione artis* in der Praxis sogar, das sie inspirierende theoretische Modell *nicht* erkennbar werden zu lassen, so dass das Reden in der Praxis flexibler

---

[20] Cf. z. B. ROBBINS, Jesus the Teacher (1992), XXIX.

[21] Ob dieses „nur" berechtigt ist, sei hier dahingestellt.

[22] Cf. ROBBINS, Pragmatic Relations.

und vielfältiger sich darbot, als die theoretischen Regeln vermuten lassen.[23] Zukünftige Forschung wird diese Kluft zwischen antiker Theorie und Praxis auch theoretisch-methodologisch reflektieren müssen, das heißt, nicht nur im praktischen Vollzug des Analysierens auf diese Kluft in bequemer Weise immer dann verweisen, wenn die Applikation eines theoretischen Regelwerks auf einen Paulustext zu unserem Ärger nicht 1:1 aufgeht.

Die Analyse der *erzählenden* Teile des Neuen Testaments muss mit demselben – bereits antiken – Hiatus zwischen Theorie und Praxis rechnen. Auch wenn Aristoteles (Poet 1451a) und Horaz (Ars 23) auf dem Boden antiker Dichtungstheorie beispielsweise die Einheit und Kohärenz erzählender Texte forderten, wich doch die antike Praxis von solchen Theorieentwürfen munter immer wieder ab.[24] Die narrativen Texte des Neuen Testaments bildeten hier keine Ausnahme. Heutige NarratologInnen tun deshalb recht daran, die Evangelien nicht mehr in die Zwangsjacke eines Kohärenzpostulats zu stecken.[25]

Narratologische wie rhetorische Analyse neutestamentlicher Texte werden in der Zukunft vermehrt zu lernen haben, dass nicht ein deduktiv von bestimmten Prinzipien der Poetik oder der Rhetorik geleitetes Lesen angesagt ist, sondern die induktive Umsicht, die gerade auch die Besonderheiten der Texte wahrzunehmen weiß, gerade auch das nicht in die Schablone des theoretisch Vorgegebenen Passende. Hier ist von der Weisheit des Altmeisters der Narratologie, Gérard Genette, zu lernen, der es sich versagte, seinen Forschungsgegenstand (Marcel Prousts „A la recherche du temps perdu") in Gänze dem Diktat seiner Methode zu unterwerfen. Wir werden auf den Unterschied zwischen deduktivem und induktivem Untersuchen zurück zu kommen haben.

5.2

Noch steiferer Gegenwind bläst aus folgender Konkurrenten-Ecke. Die ebenso strikt nur historisch, das heißt, nur mit *antiken* Texttheorien und *antikem* Vergleichsmaterial arbeitende *epistolographische* Analyse des Cor-

---

[23] Cf. z.B. CLASSEN, Paulus und die antike Rhetorik, bes. 31; F. VOUGA, Zur rhetorischen Gattung des Galaterbriefes, ZNW 79 (1988) 291–293; G. STRECKER, Literaturgeschichte des Neuen Testaments, UTB 1682, Göttingen 1992, 91.

[24] Vgl. z.B. M. HEATH, Unity in Greek Poetics, Oxford 1989, 9; EISEN, Poetik, 16.

[25] Vgl. D. RHOADS, Narrative Criticism: Practices and Prospects, in: ders./K. Syreeni (Hg.), Characterization in the Gospels. Reconceiving Narrative Criticism, JSNT.S 184, Sheffield 1999, 264–285: 268; P. MERENLAHTI/R. HAKOLA, Reconceiving Narrative Criticism, ebd. 23–33. In der Paulusexegese macht sich z.B. J.D.H. AMADOR, Interpretive Unity: The Drive toward Monological (Monotheistic) Rhetoric, in: St.E. Porter/D.L. Stamps (Hg.), The Rhetorical Interpretation of Scripture. Essays from the 1996 Malibu Conference, JSNT.S 180, Sheffield 1999, 48–62: 58.61 u.ö., dafür stark, die Brüche bei Paulus schonungsloser wahrzunehmen und so den Apostel als rhetorischen Genius zu demontieren.

pus Paulinum[26] bietet sich seit vielen Jahren als alternative Analysemethode an, so dass Raum für lautstarke Vorbehalte gegen die von Betz und Kennedy angestoßene Art des „Rhetorical Cristicism" entstand. Kritiker wie S. E. Porter und C. J. Classen[27] zitieren antike Theoretiker, die deutlich das

---

[26] Cf. antike Theorien über das Briefeschreiben zusammengestellt bei P. CUGUSI, Evoluzione e forme dell' epistolografia latina, Roma 1983; A. MALHERBE, Ancient Epistolary Theorists, SBL.SBS 19, Atlanta 1988. Natürlich werden bei epistolographischer Analyse auch Briefe aus der Praxis, seien es Papyri-Orginale oder in der Literatur überlieferte Briefe, zum Vergleich herangezogen. Cf. z.B. J.A.D. WEIMA, Neglected Endings. The Significance of the Pauline Letter Closings, JSNT.S 101, Sheffield 1994; M.L. STIREWALT, Studies in Ancient Greek Epistolography, SBL.SBS 27, Atlanta 1993; E.R. RICHARDS, The Secretary in the Letters of Paul, WUNT 2.42, Tübingen 1991; D. TROBISCH, Die Entstehung der Paulusbriefsammlung. Studien zu den Anfängen christlicher Publizistik, NTOA 10, Fribourg/Göttingen 1989; F. SCHNIDER/W.STENGER, Studien zum neutestamentlichen Briefformular, NTTS 11, Leiden 1987; S.K. STOWERS, Letter Writing in Greco-Roman Antiquity, LEC 5, Philadelphia 1986; J.L. WHITE, Light from Ancient Letters, Philadelphia 1986; R. BUZON, Die Briefe der Ptolemäerzeit. Ihre Struktur und ihre Formeln, Diss. Heidelberg 1984; C.-H. KIM, Index of Greek Papyrus Letters, Semeia 22 (1981) 107–112 (unvollst.); J.L. WHITE/K.A. KENSINGER, Categories of Greek Papyrus Letters, SBL.ASP 10 (1976) 79–91; T.Y. MULLINS, Formulas in New Testament Epistles, JBL 91 (1972) 380–390; J.L. WHITE, The Form and Function of the Body of the Greek Letter. A Study of the Letter-Body in the Non-Literary Papyri and in Paul the Apostle, SBL.DS 2, Missoula, Montana 1972; DERS., Introductory Formulae in the Body of the Pauline Letter, JBL 90 (1971) 91–97; K. THRAEDE, Grundzüge griechisch-römischer Brieftopik, Zet. 48, München 1970; C.J. BJERKELUND, PARAKALO. Form, Funktion und Sinn der parakalo-Sätze in den paulinischen Briefen, BTN 1, Oslo 1967; G.J. BAHR, Paul and Letterwriting in the First Century, CBQ 28 (1966) 465–477; H. KOSKENNIEMI, Studien zur Ideologie und Phraseologie des griechischen Briefes bis 400 n.Chr., AASF.B 102.2, Helsinki 1956; M. VAN DEN HOUT, Studies in Early Greek Letter-Writing, Mn. 4 (1949) 19–41.138–153; O. ROLLER, Das Formular der paulinischen Briefe. Ein Beitrag zur Lehre vom antiken Brief, BWANT 58, Stuttgart 1933; F.X.J. EXLER, The Form of the Ancient Greek Letter. A Study in Greek Epistolography, Washington, DC 1923; F. ZIEMANN, De epistularum Graecorum formulis sollemnibus quaestiones selectae, Dissertationes philol. Halenses 18.4, Halle 1910, 253–369; H. PETER, Der Brief in der römischen Literatur. Literaturgeschichtliche Untersuchungen und Zusammenfassungen, Leipzig 1901. Weitere Lit. bei SÄNGER, „Vergeblich bemüht", 384 Anm. 25. Forschungsüberblicke bei D. DORMEYER, Das Neue Testament im Rahmen der antiken Literaturgeschichte. Eine Einführung, Darmstadt 1993, 190–198; STRECKER, Literaturgeschichte, 66–95; J. SCHOON-JANSSEN, Umstrittene „Apologien" in den Paulusbriefen. Studien zur rhetorischen Situation des 1. Thessalonicherbriefes, des Galaterbriefes und des Philipperbriefes, Göttingen 1991, 14–19; K.H. SCHELKLE, Paulus. Leben – Briefe – Theologie, EdF 152, Darmstadt ²1988, 3–6; D.E. AUNE, The New Testament in its Literary Environment, LEC 8, Philadelphia 1987, 158–225. Zu den unterschiedlichen Briefgattungen – neben dem von z.B. Epikur gepflegten Lehr- und dem von z.B. Ovid geschätzten Kunstbrief fächert sich der Privatbrief in verschiedene Spielarten auf – cf. u.a. die Musterbriefsammlungen des Pseudo-Demetrius (Formae epistolicae; ed. Weichert) und des Pseudo-Libanius (R. FOERSTER [Hg.], Libanii opera 9. Libanii qui feruntur characteres epistolici prolegomena ad epistulas imprimendum cur Eberhardus Richtsteig, Hildesheim 1963).

[27] St.E. PORTER, The Theoretical Justification for Application of Rhetorical Categories to Pauline Epistolary Literature, in: ders./Th.H. Olbricht, Rhetoric and the New Testament. Essays from the 1992 Heidelberg Conference, Sheffield 1993, 100–122: 100–103.115–116; CLASSEN, Paulus und die antike Rhetorik, 13 u.ö.; DERS., Zur rhetorischen Analyse der Paulusbriefe, ZNW 86 (1995) 120–121. Zur Diskussion cf. auch STRECKER, Literaturgeschichte, 89–95; THURÉN, Rhetorical Strategy, 57–64. Lit. auch bei SÄNGER, „Vergeblich bemüht", 380 Anm. 9.

Geschriebene vom Geredeten absetzen, es also als *inadäquat* erscheinen lassen, brieflich Verschriftetes mit den Kategorien antiker Rhetorik, der Theorie mündlich vorgetragener Rede, erfassen zu wollen. Demetrius (De elocutione 224–226; 229–231; 235) konzediert zwar, dass man bei der Ausarbeitung eines Briefes – wie bei einem Geschenk – sich durchaus Mühe machen solle, dass es aber zum Lachen wäre, wenn man versuchte, in einem Brief Perioden wie in einer Prozessrede zu formulieren. Der Briefstil sei von Festvortrag, Gerichtsrede oder öffentlichem Disput gänzlich verschieden. Cicero erlaubt sich im Brief Volksjargon, da Rede und Brief sehr unterschiedlich seien (*quid enim simile habet epistula aut iudicio aut contioni?* Fam 24,1; cf. Orat 64). Und Seneca bevorzugt im Brief lockeren Spaziergangston vor sorgfältiger Stilisierung (Epist 75,1). Ist mithin der gesamte „Rhetorical Criticism" in der Paulusbriefexegese fehl am Platz:[28] falsche Garderobe, ein Frack auf dem Dorffest? In der Tat lehrt die Epistolographie, dass Briefschreiber nur bei den Prä- und Postskripten sowie bei einigen Einleitungs- und Übergangsformeln an Vorgaben gebunden sind, sie aber sonst frei schalten und walten können. Warum sollten sie sich in dieser Freiheit an Modelle der Rhetorik halten?[29]

Die neutestamentliche Wissenschaft hat sich an dieser Stelle in eine Sackgasse manövriert. Epistolographische und rhetorische Analysen stehen in der Forschungslandschaft zumeist unverbunden nebeneinander.[30] Und

---

[28] So vor allem Ph.H. KERN, Rhetoric, Scholarship und Galatians. Assessing an Approach to Paul's Epistle, TynB 46 (1995) 201–203.

[29] Die Freiheit geht sogar so weit, wie Ciceros Sekretär Tiro demonstriert, dass Briefautoren ein Stück der Gestaltungs- und Formulierarbeit an ihre Sekretäre delegieren (cf. RICHARDS, Secretary; auch J.D. HESTER, The Use and Influence of Rhetoric in Galatians 2:1–14, ThZ 42 [1986] 386–408), was nicht unerhebliche Konsequenzen für die Interpretation der Paulinen zeitigen dürfte, zum Beispiel für das Verständnis des Kolosserbriefes, der nach E. SCHWEIZER, Der Brief an die Kolosser, EKK 12, Zürich 1976, aus der Feder eines Paulusmitarbeiters stammen soll. Schweizers These ließe sich weiter abstützen mit diesem in der Epistolographie gegebenen Freiraum. Ließe sich Analoges auch für den 2. Thessalonicherbrief festmachen? Sowohl im Kol als auch 2Thess würde die eigenhändige Unterschrift des Paulus seine De-jure-Autorschaft trotz der großen Freiheit des Sekretärs sichern (Kol 4,18; 2Thess 3,17). Vielleicht ist das Phänomen der paulinischen „Pseudepigraphie" nochmals von hierher neu zu durchdenken.

[30] Zuweilen sogar in ein und derselben Studie (cf. z.B. die beiden Anfangskapitel in V. JEGHER-BUCHER, Der Galaterbrief auf dem Hintergrund antiker Epistolographie und Rhetorik. Ein anderes Paulusbild, AThANT 78, Zürich 1989/1991). – Auf der anderen Seite bahnen sich interessante Brückenschläge zwischen Briefkunst und juristischer Beurkundung an. R. Buzon (Die Briefe der Ptolemäerzeit) wies auf die Nähe zwischen den Formularen antiker Briefe und juristischer Urkunden hin. Nach D. KREMENDAHL, Die Botschaft der Form. Zum Verhältnis von antiker Epistolographie und Rhetorik im Galaterbrief, NTOA 46, Fribourg/Göttingen 2000, 32–119, erhebt der Galaterbrief den Anspruch gleichsam *amtlicher Verbindlichkeit*, die des Paulus apostolische Amtsautorität betont. M.E. gehört auch die im Phlm (18) anzutreffende rechtlich verbindliche Schuldverschreibung in diesen Kontext (cf. P. LAMPE, Der Brief an Philemon; in: N. WALTER u.a., Die Briefe an die Philipper, Thessalonicher und an Philemon, NTD 8.2, Göttingen 1998, 224–226). Der Eindruck juristischer Verbindlichkeit wird in beiden Fällen u.a. durch Paulus' Eigenhändigkeit geweckt (Phlm 19; Gal 6,11; cf. auch 1Kor 16,21; Kol 4,18; 2Thess 3,17). – Der Brü-

statt auf Integration hinzuarbeiten, wird das Auseinanderdriften beider
Analysemethoden eher befördert, indem den je anders Arbeitenden adä-
quates Vorgehen abgesprochen wird. Zur Integration beider Zugänge ist
Theoriearbeit zu leisten. Nur in Ansätzen wurde bislang an einem auch theoretisch reflektierten Brückenschlag gebaut.

Stellen wir einige Bausteine für eine solche Brücke zusammen:

a) Die dem antiken Briefschreiber zu Gebote stehende Freiheit verwehrt
es dem heutigen Exegeten, a priori eine Anlehnung an rhetorische Modelle
im Briefkorpus zu fordern. Das heißt, wer antritt, Briefe rhetorisch zu analysieren, muss – aufgrund der Ergebnisse der epistolographischen Forschung – mit der Möglichkeit kompletten Scheiterns rechnen.

b) Auf der anderen Seite gab die epistolographisch belegte Freiheit des
Briefschreibers diesem Raum, sich durchaus an rhetorische Modelle im
Briefcorpus anzulehnen. Dass die Freiheit oft genug in genau dieser Weise
genutzt wurde, belegen alle rhetorischen Briefcorpusanalysen, die zu überzeugen vermögen, seien sie nun in der neutestamentlichen Wissenschaft
oder in der Klassischen Philologie angesiedelt. Letztere hat selbst bei einem
nur wenige Zeilen umfassenden Pliniusbrief (Epist 1,11; cf. auch 2,6) typi-
sche Rededispositionen nachweisen können – mit Eingangsthese, Einwand,
Argumentatio und Peroratio. Und sogar in einigen Briefen des Seneca lässt
sich ein klassischer Redeaufbau erkennen – *trotz* obiger Selbstaussage des
Seneca, dass er im Brief lieber ungezwungen wie auf einem Spaziergang
rede, als zu stilisieren.[31] Wir entdecken hier wie bei Paulus eine Diskrepanz
zwischen Selbstaussage (Distanz gegenüber rhetorischen Mitteln)[32] und tat-
sächlicher Anwendung derselben.

c) Angesichts der bestimmenden Rolle der Mündlichkeit in damaliger
Kultur ist der Schluss nicht von der Hand zu weisen, dass die Paulusbriefe
in den Gemeinden *vorgelesen* wurden,[33] also zumindest sekundär eine rhe-

---

ckenschlag hinüber zum Betrieb amtlicher Schreiben und juristischer Beurkundungen erlaubt es
Kremendahl, die epistolographischen Besonderheiten des Galaterbriefes, die die Galater überrascht
haben werden (Verzicht auf Danksagung, auf Namen von Mitabsendern, auf Besuchsankündigung
und Grüße; dafür auffällig langer eigenhändiger Schluss), einer überzeugenden Erklärung (Schreiben mit gleichsam amtlicher Verbindlichkeit) zuzuführen. Als aus dem Rechtswesen entlehnte
Formularelemente erkennt Kremendahl die beiden *subscriptiones* 5,2–6 und 6,11–15 (dazu s.u.),
die adaptierte Schwurformel 1,20, das zitierte Signalement in 6,17b, die theologisch umgedeutete
Strafandrohung in 1,8–9 und das Dokumentenzitat in 2,7–8.

[31] Cf. zu Plinius: M. VON ALBRECHT, Geschichte der römischen Literatur. Von Andronicus bis
Boethius, München [2]1994, 409–414, bes. 411. Zu Epist 13, 40 und 50 des Seneca: KREMENDAHL,
Botschaft, 27 Anm. 26. Zum ersten Demosthenesbrief: F.W. HUGHES, Early Christian Rhetoric
and 2 Thessalonians, JSNT.S 30, Sheffield 1989, 47–50.

[32] 1Kor 2,1.4; Gal 1,10; 1Thess 2,5; cf. 1,5. In 2Kor 11,6 schließt Paulus aus, die höchsten
Weihen rhetorischer Bildung genossen zu haben.

[33] Briefe wurden darüber hinaus von den Überbringern oft durch mündliche Nachrichten ergänzt. Cf. W. RIEPL, Das Nachrichtenwesen des Altertums mit besonderer Rücksicht auf die Römer, Leipzig 1913; S.R. LLEWELYN, Sending Letters in the Ancient World. Paul and the Philippians, TynB 46 (1995) 337–356.

torische Situation gegeben war, von der Paulus als Briefautor auch wusste. Die Möglichkeit, paulinische Briefe als verschriftete Reden mit typisch epistolographischem Rahmen zu begreifen, ist deshalb nicht zu widerlegen.

d) Die Antike selbst versuchte – wenn auch nur zögerlich und spät – Epistolographie und Rhetorik zu verbinden. Es waren niemand anders als die Rhetoriklehrer selbst, wie A. Malherbe richtig beobachtete,[34] die langsam auch das Gebiet der Brieftheorie zu beackern begannen, obwohl dieses ursprünglich nicht zum ihrem theoretischen System gehörte und auch nicht in den frühesten erhaltenen Rhetorikhandbüchern erwähnt wird.[35]

Antikes Verbinden von Rhetorik und Epistolographie wird im Lehrerhandbuch Progymnasmata des Theon von Alexandrien aus dem 1./2. Jh. n.Chr. besonders handgreiflich. Dort wird für den Schulunterricht das Abfassen fiktiver Briefe empfohlen und diese Übung dann unter dem rhetorischen Stichwort *Prosopopoiia* verbucht – ein interessanter Versuch, wenigstens *einer* Art des Briefeschreibens im rhetorischen Theoriesystem einen Ort zuzuweisen (10, p. 115, ed. Spengel). *Prosopopoiia* oder auch *Ethopoiia*, die „Charakterausformung", steht für die Kunst, Personenrollen authentisch auszugestalten, diesen Personen die zu den jeweiligen Umständen passenden Worte in den Mund zu legen. Dieses Sich-Hineinfühlen in andere hat der Rhetorikschüler zu üben, will er sich später wirkungsvoll auf seine ZuhörerInnen einstellen. Für Theon gehört auch das Üben fiktiver Briefe zur *Prosopopoiia*, denn auch bei diesem Exerzitium hat der Schüler sich in die Lage und Redeweise einer anderen Person, nämlich eines fiktiven Briefschreibers, hineinzuversetzen.

Ist diese Verbindung zwischen Rhetorik und Epistolographie auch nur eine punktuelle, so zeigt sie doch interessantes Integrationsstreben bereits in der Antike. Sie markiert darüber hinaus m. E. einen spannenden Punkt, an dem antike Rhetorik und Epistolographie sich mit antiker Theorie über Erzählkunst und Historiographie berühren: Wenn zum Beispiel Lukas im Verlauf seiner Narratio nicht nur treffliches Lokalkolorit – zum Beispiel in Athen und Ephesus – aufträgt, nicht nur fiktive Briefe einstreut, sondern sich in den Redeabschnitten der Apostelgeschichte auch der Mimesis befleißigt – auf dem Areopag wird in Optativen parliert, während dem Petrus eine patinierte, semitisierende Septuaginta-Sprache in den Mund gelegt wird – , dann betreibt Lukas nichts anderes als *Prosopopoiia*. Jeder Narrator

---

[34] MALHERBE, Epistolary Theorists, 2.

[35] Zur wenigstens lockeren theoretischen Verbindung von Rhetorik und Epistolographie bereits in der Antike cf. auch J.T. REED, The Epistle, in: St.E. Porter (Hg.), Handbook of Classical Rhetoric in the Hellenistic Period (330 B.C. – A.D. 400), Leiden/New York 1997, 171–193; SÄNGER, „Vergeblich bemüht", 381–382, mit Verweis auf die späten Autoren (4.Jh. n.Chr.) Libanius (Epist 528,4) und C. Julius Victor (Rhet 447–448 = R. GIOMINI/M.S. CELENTANO [Hg.], C. Julii Victoris Ars rhetorica [BSGRT], Leipzig 1980, 105.10–106.20). Quintilian kümmert sich noch wenig um den Brief und schreibt ihm eine gegenüber der Rede eigene Natur zu (Inst 9,4,19–20).

betreibt sie, wenn er oder sie den Figuren der Erzählung Leben einhaucht, sie zu „round characters" ausgestaltet. Noch einmal: antike Rhetorik und antike erzähltheoretische Ansätze ins Verhältnis zu setzen, bleibt ein Agendum.

e) Wir stehen glücklicherweise nicht am Punkte Null, sondern können bereits auf Versuche, rhetorische und epistolographische Analysemethode miteinander zu verknüpfen, zurückgreifen. F. Schnider/W. Stenger lieferten (freilich diskutierbare) Ansätze zu einer *rhetorischen Brief*analyse, wenn sie den von ihnen als „briefliche Selbstempfehlung" bezeichneten Formularteil zwischen Danksagung und Briefcorpus als Analogon zum Exordium einer Rede begriffen.[36] Von anderen Forschern wurden die typisch epistolographischen Postskripte des Paulus auf ihre rhetorische Funktion hin befragt.[37] Umgekehrt scheinen brieftypische Elemente auch abseits der Prä- und Postskripte zu entdecken sein.[38] Viel breiter noch setzte die Galaterbrief-Dissertation des Altphilologen und Theologen Dieter Kremendahl[39] von 1999 zu einer Verbindung beider Analysemethoden an. Kremendahl möchte beide Verfahren auf den gesamten Galater-Text angewendet sehen und so zu einer synthetischen Schau von Epistolographie und Rhetorik vordringen.[40] Ihm gelingt es auf diese Weise, das Faktum der brieflichen Schriftlichkeit, das Paulus immerhin zweimal metakommunikativ hervorhebt (Gal 1,20; 6,11), endlich einer adäquaten Würdigung zuzuführen.[41] Meines Erachtens war für den Apostel in der Kommunikation mit seinen Gemeinden diese Schriftlichkeit nicht einfach ein wegen der räumlichen Distanz in Kauf zu nehmendes Übel, so dass seine Briefe schlicht als verhinderte mündliche Reden angesehen werden dürfen, sondern nicht selten wird ihm diese Schriftlichkeit vor dem mündlichen Vortrag willkommen gewesen sein; er wusste – seine Hörer wussten – um Probleme seiner mündlichen Präsentationsfähigkeit bzw. um Probleme bei der Rezeption seines mündlich-persönlichen Auftretens (cf. 2Kor 11,6; 10,1.10–11; 13,10). Aus dieser Perspektive gewinnt die Schriftlichkeit ein eigenes, zu interpretierendes Gewicht, das ihr eine bloß rhetorische Analyse nicht zu verleihen vermag. Erst beide Zugänge, die die Schriftlichkeit bedenkende epistolographische und die mündliche Vorträge reflektierende rhetorische Analyse, werden dem

---

[36] Beide würden der „Ethos-Beschaffung" dienen. SCHNIDER/STENGER, Briefformular, 50ff.

[37] Cf. I.-G. HONG, The Law in Galatians, JSNT.S 81, Sheffield 1993; A. PITTA, Disposizione e messagio della lettera ai Galati. Analisi retorico-letteraria, AncBib 131, Roma 1992; JEGHER-BUCHER, Galaterbrief; B.H. BRINSMEAD, Galatians. Dialogical Response to Opponents, SBL.DS 65, Chico 1982, 57–87.

[38] G.W. HANSEN, Abraham in Galatians. Epistolary and Rhetorical Contexts, JSNT.S 29, Sheffield 1989, 19–94.

[39] Siehe KREMENDAHL, Botschaft.

[40] Ähnlich im Blick auf den gesamten 1. Petrusbrief: THURÉN, Rhetorical Strategy, 58.

[41] Cf. oben Anm. 30.

Text gerecht, und zwar nur dann, wenn beide nicht unverbunden nebeneinander stehen bleiben.

Eine synthetische Sicht beider Zugangsweisen liefert Kremendahl[42] exemplarisch, wenn er die aus rhetorischer Sicht ärgerliche Platzierung des *paränetischen Abschnitts* innerhalb des Galaterbriefes einer überzeugenden Erklärung zuführt. Diese Passage in Gal 5 und 6,1–10, für die rhetorische Galaterexegese eine Crux, verhindert eine rhetorische Gliederung des Briefes, die antik-rhetorischer Theorie im Verhältnis 1:1 Genüge täte. Entsprechend hängen die in der Forschung vorgeschlagenen unterschiedlichen rhetorischen Gattungsbestimmungen des Galaterbriefes – apologetische Gerichtsrede (Betz) oder Beratungsrede (Kennedy) – maßgeblich davon ab, wie dieser Paränese-Abschnitt gewichtet wird. Epistolographisches Analysieren dagegen vermag, diese rhetorisch-analytische Aporie zu überwinden. Aus epistolographischer Sicht stellen sich Gal 5,6 als vorläufiger *Endpunkt* der Verteidigung und 5,7–6,18 als Postskript dar.[43] Das heißt, mit 5,7 wird, epistolographisch gesehen, neu eingesetzt: Zwischen 5,6 und 5,7 steht eine formale Zäsur, ein Gattungswechsel von rhetorischer Apologie zu brieflicher Paränese, dem in der Praxis des Schreibens (und Vortragens), wie es vor Postskripten üblich war, sogar ein „Luftholen", eine wenigstens kürzere zeitliche Pause entsprochen haben wird.[44] Allen auf der Galater-Paränese basierenden Einwänden gegen die Betz'sche Gattungsbestimmung „Apologie" ist in dieser Epistolographie und Rhetorik integrierenden Sicht, die die Apologie schon in 5,6 enden lässt, der Boden entzogen.

Kremendahl[45] vermag bei seiner integrativen Sicht darüber hinaus die forensische Engführung der Gattung „Apologie" zu überwinden[46] sowie überzeugende Belege für die Gattung „apologetischer Brief" beizubringen: v.a.

---

[42] Ebd. 120–150.

[43] Mittels paulinischen und epistolographischen Vergleichsmaterials gelingt Kremendahl der m.E. überzeugende Nachweis, dass (a) nicht nur 6,11–15, sondern auch die strukturell ähnliche Passage 5,2–6 die Vorgaben einer *subscriptio* (Eigenhändigkeit, persönliches Formulieren, prägnante Inhaltsrekapitulation) erfüllt, wie sie als rechtsverbindliche Autorisierung v.a. auch am Ende juristischer Dokumente anzutreffen ist (cf. oben Anm. 30), und dass (b) folglich der eigenhändig geschriebene Briefpart schon in 5,2 und nicht erst in 6,11 beginnt.

[44] Sogar bereits vor Abfassen der ersten *subscriptio* mit ihrer Inhaltsrekapitulation (5,2–6) ist wohl eine Durchsicht des bisher Geschriebenen anzunehmen; KREMENDAHL, ebd. 268. Ebd. 146: „Paulus hat mit 5,6 seine Verteidigung abgeschlossen und – wenn man antizipiert, dass sie von den Galatern akzeptiert wurde – zugleich auch seine Position als maßgebliche Autorität in der Gemeinde behaupten können. Erst im Rang dieser zurückgewonnenen Autorität und aufgrund des damit gegebenen Hierarchiegefälles zwischen Apostel und Gemeinde fügt er die Paränese an." Diese Paränese stellt sich dann aus rhetorischer Perspektive als die zweite große Rede des Galaterbriefs dar (5,7–6,18), die wie die erste in 1,6–5,6 einen vollständigen Redeaufbau von *exordium* bis *peroratio* durchläuft. Auf diese Weise ergänzen sich die Resultate der epistolographischen und der rhetorischen Analyse nahtlos.

[45] Ebd. 127ff.

[46] Jegliche Assoziationen eines fingierten „Gerichtshofes", vor dessen „Richtern" (den Galatern) sich Paulus verteidige, sind *pace* Betz vermutlich beiseite zu stellen.

den zweiten Demosthenesbrief und den entsprechenden Eintrag in der Musterbriefsammlung des Demetrius. Der Verteidigungs*brief* diente der apologetischen Selbstdarstellung seines Autors und konnte – anders als die gerichtliche Verteidigungs*rede* – darauf verzichten, Namen der Gegner und Anklagepunkte konkret zu benennen, was des Paulus Zurückhaltung an diesem Punkt erklärt.[47]

Auf dem von Kremendahl im Blick auf den Galaterbrief eingeschlagenen integrativen Weg lohnt es sich im Blick auf alle Paulinen weiterzugehen. Auf ihm lösen sich Aporien allein rhetorischer Analyse.

6 Richtungsvielfalt innerhalb der antiken Rhetorik

Rhetorik ist nicht gleich Rhetorik; bereits in der Antike bot sie eine schillernde Fassade. Neutestamentliche Wissenschaft wird noch mehr, als sie es bisher vermochte,[48] der bereits antiken Richtungsvielfalt Rechnung zu tragen haben.

Einzusetzen ist nochmals bei der Spannung zwischen paulinischen Selbstaussagen (kritische Distanz zu rhetorischen Mitteln) einerseits und den bei ihm dann doch diagnostizierbaren rhetorischen Vorgehensweisen andererseits. F. Siegert[49] hat diese kritische Distanz treffend so charakterisiert: Paulus weist Logos „im Sinne der zünftigen Rhetorik" zurück, „die die Anpassung an die Stilkriterien einer Bildungsschicht verlangte und sich zum obersten Ziel setzte, das Auditorium über die Gefühle zu manipulieren, ohne Rücksicht auf Wahrheit." Paulus lehnt also nicht jegliche rhetorische Kunst ab, sondern eine, die die zu weckende πίστις des Auditoriums auf sprachlich blendendes, verführerisches Menschenwerk zu gründen sucht. Eine dermaßen gegründete πίστις soll vermieden werden. Wenn dagegen das Evangelium in schwacher Gestalt daherkommt und trotzdem πίστις geweckt wird, dann kann eher behauptet werden, hier sei Dynamis Gottes (1Kor 2,5) am Werke gewesen. Abgewehrt wird mithin, so mussten es antike Rezipienten verstehen, die zwischen sophistischer Rhetorik einerseits und platonischer[50] sowie aristotelischer Rhetorik andererseits zu unterscheiden wussten, eine sophistische Wohlgefälligkeit, die manipulativ auf schnellen Erfolg beim Hörer zielt und an der Wahrheitsfrage letztlich nicht interessiert ist, ja radikal skeptizistisch den Anspruch auf Wahrheit für prinzipiell uneinlösbar hält. Es existieren für die Sophisten nur Meinungen, die nebeneinander stehen, und wer die schwächere zur stärkeren hochzujubeln

---

[47] Diese Zurückhaltung diente in der Vergangenheit als Gegenargument gegen die Betz'sche Gattungsbestimmung „Apologie". Cf. z.B. AUNE, Literary Environment, 207.

[48] Vorschnelle Ineinssetzung von Rhetorik und Sophistik z.B. bei BETZ, Galaterbrief, 70.

[49] SIEGERT, Argumentation, 250.

[50] Cf. bes. die Dialoge Phaidr und Gorg.

vermag, ist der bessere Redner.[51] Platonisch oder aristotelisch ausgerichteten Rhetoren war diese Haltung, die in der heutigen Werbeindustrie sich prolongiert, zuwider. Die antike Rhetorik in ihren verschiedenen Gesichtern war gespalten, was den entscheidenden Erklärungshintergrund für die genannte Diskrepanz bei Paulus abgibt.[52] 1 Thess 2,5 wendet sich überdeutlich gegen die *sophistische Kolakeia*, wie sie auch Plato – mit derselben Vokabel (Gorg. 463 B) – aufs Korn nimmt.[53] Dagegen lassen sich in den paulinischen Briefen, vor allem bei deren Stoff-Disposition, so versuchte die bisherige rhetorische Paulusexegese zu zeigen, rhetorische Strukturen erkennen, welche von Aristoteles beschrieben worden (und in der Kaiserzeit Schuljungenwissen geworden)[54] waren. Die vermeintliche Diskrepanz bei Paulus spiegelt eine Diskrepanz im antiken Rhetorikbetrieb insgesamt.

Wer paulinische Texte rhetorisch zu analysieren, das heißt, mit antiken rhetorischen Referenztexten zu vergleichen sich anschickt, muss deshalb sich vorher Rechenschaft ablegen über diese Heterogenität der antiken Vergleichstexte. Genaues Differenzierungsvermögen innerhalb der rhetorischen Landschaft der Antike ist gefragt,[55] ihr gesamtes Panorama muss im Blick sein.

7 Griechisch-römische und jüdische Sprachkunst

Der Begriff „gesamtes Panorama" sei in einem noch radikaleren als bisher anvisierten Sinne verstanden. Wer von antiker Rhetorik redet und diese mit urchristlicher Literatur vergleicht, wird nicht nur die Profangräzität, sondern auch *jüdische* rhetorische (und epistolographische) Praxis in den Blick zu nehmen haben, nicht nur in ihrer hellenistischen, auch zum Beispiel in ihrer apokalyptischen Ausprägung. Statt bequemer antiker Handbücher, statt bereits in der Antike erfolgter metakommunikativer Systematisierung wird hier vor allem die jüdische rhetorische und epistolographische Kommunikations*praxis* zu beobachten, systematisierend zu beschreiben und dann mit dem Neuen Testament zu vergleichen sein. Ansätze dafür liegen

---

[51] Cf. Aristoteles, Rhet 1402a,24: τὸ τὸν ἥττω δὲ λόγον κρείττω ποιεῖν.

[52] Cf. so auch SIEGERT, Argumentation, 249ff.

[53] Cf. ähnlich Senecas Kritik am leeren sophistischen Gealber (*cavillatio*), am wortklauberischen Haarspalten und rhetorischem Trugschließen, das keinen ethischen Fortschritt befördere (Epist 45,5; 49,5–6; 48,6ff; 108; 111). Solche Kritik an *einer bestimmten* Ausrichtung der Rhetorik hält Seneca ebenso wenig wie Paulus davon ab, sich gleichwohl rhetorischer Mittel – reichlichen Redeschmucks und überlegter Dispositionen – zu bedienen.

[54] Cf. z.B. das Material bei KREMENDAHL, Botschaft, 28ff.

[55] Eine schöne Differenzierung zwischen sophistischen, platonischen und aristotelischen Rhetorik-Elementen in den Paulinen jetzt bei KREMENDAHL, Botschaft, 25–27.

vor.[56] Wir können zum Beispiel bereits auf Studien zur jüdisch-aramäischen Epistolographie zurückgreifen.[57] In der Zukunft werden wir solche Mittel noch intensiver für die Paulusexegese zu nutzen haben. Hier ist noch viel zu tun und zu entdecken – in den Schnittmengen zwischen profanantiker und jüdischer Redekunst.

8 *Christliche* Rhetorik?

Indem wir einen letzten Aspekt der *dissimulatio artis* aufsuchen, nähern wir uns dem Ende des Rundgangs. Zukünftiges Forschen sollte auch getreulich festhalten, was sich an der paulinischen Rhetorik *nicht* „vergleichen" lässt, was also typisch paulinische, was christliche Rhetorik geworden ist. W. Harnisch[58] redet von der paulinischen Rhetorik als einer „Sprache der Liebe". K. Berger[59] hielt die Gattung der Paulusbriefe für eine genuin christliche („Apostelbriefe"), allenfalls aus jüdischen Vorbildern ableitbare. Wie immer man sich zu solchen Positionen stellen will, die Frage ist berechtigt: Beginnt eine genuin urchristliche Rhetorik sich zu entwickeln? Für das spätantike Christentum besonders eines Augustin ist die Frage zu bejahen. In seiner Rhetorik entwickelt Augustin im Blick auf die Bibel eine revolutionär eigenständige Texttheorie, eine Theorie der Auslegung und Verkündigung, also eine Bibelhermeneutik und Prediglehre, die nicht mehr um dialogische Wahrheits-*Er*mittlung oder gar das Abwägen von Wahrscheinlichkeiten sich drehen, sondern auf die *Ver*mittlung einer ewig vorgegebenen Wahrheit zielen. Aber lassen sich Ansätze für eine genuin christliche Rhetorik auch schon im Urchristentum vermehrt entdecken? Die Antwort bedarf der Arbeit, denn *dissimulationes* lassen sich mit gutem Gewissen erst dann behaupten, wenn alle auch nur möglichen Vergleichstexte studiert wurden. Der geschärfte Blick für *dissimilitudines* dürfte uns gleichwohl – auch theologisch – spannende Resultate bescheren.

---

[56] K. BERGER, Apostelbrief und apostolische Rede. Zum Formular frühchristlicher Briefe, ZNW 65 (1974) 190–231: 231, versuchte bereits vor Jahrzehnten, die angeblich genuin christliche Gattung des Apostelbriefes vor den Hintergrund literarisch fixierter Reden jüdischer religiöser Autoritäten zu stellen. Man mag sich zu dieser These stellen, wie man will, die Fragerichtung an sich ist verdienstvoll. Auch Robbins verglich im Rahmen seiner „sozio-rhetorischen" Methode zum Beispiel literarische Strukturen des Markusevangeliums mit Elementen prophetischer Literatur der hebräischen Bibel oder Mk 13 mit jüdischen Abschiedsreden (ROBBINS, Jesus the Teacher, 58.173–178 u.ö.).

[57] Z.B. I. TAATZ, Frühjüdische Briefe. Die paulinischen Briefe im Rahmen der offiziellen religiösen Briefe des Frühjudentums, NTOA 16, Fribourg/Göttingen 1991.

[58] W. HARNISCH, „Toleranz" im Denken des Paulus? Eine exegetisch-hermeneutische Vergewisserung, EvTh 56 (1996) 64–82: 74 ff.

[59] S.o. Anm. 56. Cf. auch bereits Kennedys Überlegungen zu einer spezifisch religiösen bzw. „radical Christian" Rhetorik (KENNEDY, Interpretation, 6.158 u.ö.).

Ebenso theologisch und hermeneutisch spannend wird es, wenn wir nicht nur fragen, an welchen Stellen die Paulinen von der damaligen Rhetorik abwichen, sondern auch, was passiert, wenn von ihnen das mit der damaligen Rhetorik Konforme abgezogen wird. L. Thurén stellte die Forderung auf, den biblischen Text nicht nur zu enthmythologisieren, sondern auch zu „*derhetorisieren*".[60] Denn der rhetorische, persuasive Charakter des antiken Textes versperre heutiger Leserschaft den Zugang, noch mehr, als dies die mythologische Sprache tue. Zu fragen ist, wie weit ein Abziehen der rhetorischen Sprachform vom Denken möglich ist oder ob hier nicht eine Emanzipation vom antik-persuasiven Charakter ausgerechnet auf dem Boden des antiken und nach heutigem Verständnis überholten Axioms der Unterscheidbarkeit von *res* und *verba* versucht wird. Müsste diese Emanzipation radikaler ausfallen, um den Text heutigen LeserInnen zu öffnen? Auch an dieser Stelle stehen noch interessante Dialoge bevor.

9 Autorintention, bewusster Einsatz rhetorischer Mittel?

Zum Abschluss sei ein Blick auf die Entwicklung in der profanen Literaturwissenschaft geworfen. Noch zu Anfang des 20. Jahrhunderts stand in der Literaturwissenschaft der Autor und seine Intention im Mittelpunkt. Nur in dieser Konzentration schien es möglich, Texten Sinn abzugewinnen. Die erste Hälfte des 20. Jahrhunderts lenkte dagegen das Augenmerk auf den Text selbst, auf die textimmanenten Strukturen, seine *intrinsic structures*, aus denen – möglicherweise auch gegen die Autorenabsicht – sich Sinn ergab. Am Ende des 20. Jahrhunderts haben wir schließlich die Hinwendung zum Rezipienten erlebt: Reader-Response Criticism, Rezeptionsästhetik, Rezeptionsgeschichte konzentrieren sich auf die Wirkungen des Textes, auf die Sinn produzierenden LeserInnen. (In der Epistemologie ist parallel zu dieser Gewichteverlagerung das Subjekt der Erkenntnis in den Mittelpunkt gerückt: Der Rezipient von Sinnesdaten konstruiert selbst schöpferisch die Wirklichkeit, weil ihm eine „objektive Realität" und damit auch die Möglichkeit der Annäherung an eine solche verloren gegangen sind.)

Alle drei profan-literaturwissenschaftlichen Ansätze werden mittlerweile in der Bibelwissenschaft praktiziert und ergänzen einander.

Mein Plädoyer wäre, alle drei Sichtweisen auch in der rhetorischen Bibelexegese gelten zu lassen, gerade auch die zweite und dritte. Dann erübrigt sich die Frage, ob Paulus selbst bewusst und planmäßig rhetorische Strukturen in seine Texte einbaute. Es erübrigt sich auch die einengende

---

[60] P. THURÉN, Was Paul Angry? Derhetorizing Galatians, in: D. Stamps/St.E. Porter (Hg.), The Rhetorical Interpretation of Scripture. Essays from the 1996 Malibu Conference, JSNT.S 180, Sheffield 1999, 302–320; DERS., Derhetorizing Paul. A Dynamic Perspective on Pauline Theology and the Law, WUNT 124, Tübingen 2000.

Konzentration auf die Autorintention, wie sie für Kennedy noch im Vordergrund stand.[61] Wichtig ist die Frage, was antike RezipientInnen aufgrund ihres rhetorischen Vorwissens in Paulus' Briefen entdecken konnten. *Solchen* Entdeckungsmöglichkeiten können wir nachgehen, haben sie nun beispielsweise doppelbödige Texte mit verstecktem Sinn oder verschiedenste Register der deliberativen Rede zum Gegenstand.

Für „Neue Rhetoriker" wird darüber hinaus wichtig sein, was auch heutige LeserInnen aufgrund ihres modernen oder postmodernen rhetorischen Vorwissens in den Paulustexten entdecken können. Diese spannende Frage greift bereits weit ins Feld neutestamentlicher Hermeneutik hinein.

---

[61] Rhetorische Analyse ziele auf „the discovery of the author's intent and of how that is transmitted through a text to an audience" (KENNEDY, Interpretation, 12. cf. 3–4). Freilich konzedierten bereits Kennedy und Betz, dass auch die antiken Rezipienten in den Blick zu nehmen seien, damit die historische rhetorische Situation rekonstruiert werden könne, auf die der Text antwortete (cf. BETZ, Galaterbrief, 47; KENNEDY, Interpretation, 4: „Rhetorical criticism... looks at it [the text] from the point of view of the author's ... intent,... and how it would be perceived by an audience of near contemporaries"). AMADOR, Interpretive Unity, 48–62, unterzieht die Vorstellung einer singulären Autorenintention seiner beißenden (dekonstruktiven) Kritik. Die ExegetInnen stünden in der Gefahr, ihre eigenen Intentionen einem Autorenkonstrukt aufzuzwängen. Mehrere mögliche Textintentionen seien in die Interpretation mit einzubeziehen.

Gottfried Nebe

Die Kritik am εἴδωλα-Kult in 1Thessalonicher 1,9–10 im Rahmen der paulinischen Missionstätigkeit und Soteriologie

Zugleich ein Beitrag zum Verständnis von „Tora-Gesetz" und „Natur-Gesetz"

1 Der Weg zur Fragestellung

Die Sicht und Beurteilung der Theologie des Apostels Paulus – zumal der Gesetzesauffassung und Rechtfertigungslehre – sind in der letzten Zeit in der Forschung erneut in Bewegung gekommen. So hat z.B. M. Bachmann im Zusammenhang mit seiner halachischen Deutung der ἔργα νόμου im Gal des Paulus (beim Vergleich mit den מעשי התורה in 4QMMT aus den Qumranfunden) gefolgert: „Wo Paulus (wie vielleicht schon eine vorpaulinische Christenheit ...) solche ‚Werke' negativ beleuchtet, wendet er sich nicht gegen die Tora als Ausdruck der Forderung Gottes und auch nicht gegen gutes menschliches Tun ... – ein Ergebnis, das für das Verhältnis des Christentums zum Judentum und für die innerchristlichen Streitigkeiten von kaum zu überschätzendem Gewicht sein dürfte"[1].

So hat Ch. Burchard seine Paulusdeutung des öfteren von der „Mehrheitsmeinung" der Exegeten und Theologen abgesetzt. Er hat das gerade auch im Zusammenhang mit der Betrachtung der Gesetzesauffassung und Rechtfertigungslehre bei Paulus getan.[2] Er hat dabei resümiert: „Die Verknüpfung von Glaube und Gesetzesgehorsam wurde frühchr. nicht aufgegeben, auch von Jesus und Paulus nicht (anders Mehrheitsmeinung). Wohl aber wird angesichs der Christuserfahrung der Glaube inhaltlich erweitert, das Gesetz neu gedeutet und der Zusammenhang beider neu verstanden

---

[1] M. BACHMANN, 4QMMT und Galaterbrief, מעשי התורה und EPΓA NOMOY, in: ders., „Antijudaismus" im Galaterbrief? Exegetische Studien zu einem polemischen Schreiben und zur Theologie des Apostels, NTOA 40, Fribourg/Göttingen 1999, 33–56, Zitat 56.

[2] Dazu vor allem die Aufsätze zu Paulus in: Ch. BURCHARD, Studien zur Theologie, Sprache und Umwelt des Neuen Testaments, hg. v. D. Sänger, WUNT 107, Tübingen 1998.

(dabei keinesweges einheitlich). So auch von Jak."[3] Nun ist bei Burchard nach meinem Einblick in seinen Beiträgen aber nicht ausdrücklich thematisiert worden, was so etwas wie ein „Gesetz der Natur" im allgemeineren Horizont von Soteriologie, Schöpfung und Natur hier zur Interpretation der theologischen Auffassung des Paulus beiträgt. Paulus argumentiert in diesem Zusammenhang ja nicht nur „im jüdischen Horizont" der Gesetzesobservanz oder entsprechend an einer „jüdischen Front".

In diesen Fragenbereich will der vorliegende Beitrag im Sinn des Themas einsteigen. Dabei wird davon ausgegangen, daß das sog. Verhältnis von Indikativ und Imperativ in der Soteriologie und Rechtfertigungslehre des Paulus fundamental ist.[4] Der älteste Paulusbrief, d.h. der 1Thess soll besonders bedacht werden, und zwar speziell im Blick auf 1Thess 1,9–10 und dort das Eidola (εἴδωλα) – Problem. Bemerkenswerterweise hat sich Ch. Burchard jüngst zu dieser Stelle mit einem Deutungsvorschlag geäußert.[5] Es sei außerdem in diesem Zusammenhang eine aktuelle, umfangreiche Untersuchung generell zu Götter, „Götzen", Götterbild bei Paulus von J. Woyke erwähnt, auf die im folgenden immer wieder verwiesen und ggf. zurückgegriffen werden kann.[6]

Nun ist es so, daß im 1Thess der Gesetzesbegriff direkt keine Rolle spielt. Es fehlen i.U. zu anderen Paulusbriefen die zentralen Termini νόμος und ἐντολή. Das gilt auch für den Terminus φύσις. Deshalb müssen wir in dieser Richtung die Aussagen des 1Thess hinterfragen.

Wenn dabei von *„Tora-Gesetz"* und *„Natur-Gesetz"* geredet wird, so ist der erstere Begriff von mir als ein Kunstbegriff gewählt worden, um den Zusammenhang von hebräisch-alttestamentlicher תורה und ihrer griechischen Entsprechung νόμος zu würdigen, um sachlich auf den alttestamentlich-jüdischen Traditionsbereich der Tora und des Gesetzes hinzuweisen. Beim „Natur-Gesetz" oder „Gesetz der Natur" gibt es in der Gräzität solche Formulierungen. Das ist aber bei Paulus als νόμος φύσεως nicht gegeben. Die Diskussion in Röm 1–3 zeigt, daß „Tora-Gesetz" und „Natur-Gesetz" in diesem Sinn, im Miteinander, „analog" bei Paulus angesprochen werden. Zu fragen bleibt, ob und inwieweit das ins Spiel kommt, was wir in den

---

[3] So Ch. BURCHARD, Der Jakobusbrief, HNT 15.1, Tübingen 2000, 114.

[4] Eine Stelle wie Röm 13,1–7 bringt dann – so ist zu bedenken – noch einen weiteren Aspekt ins Spiel. Die protestantisch-lutherische Tradition hat all das bekanntlich in ein sog. zweifaches oder dreifaches Amt (officium) des Gesetzes, in Gesetz und Evangelium u.ä. gefaßt (vgl. dazu M. Luther und Ph. Melanchthon gemäß E. HIRSCH, Hilfsbuch zum Studium der Dogmatik, Berlin/Leipzig 1937, Nr.109,80; Nr.110,80–82; Nr. 146–147, 102–104).

[5] Ch. BURCHARD, Satzbau und Übersetzung von 1 Thess 1,10, ZNW 96 (2005) 272–273. Dieser Deutungsvorschlag ist syntaktisch und christologisch ausgerichtet.

[6] J. WOYKE, Götter, „Götzen", Götterbilder. Aspekte einer paulinischen „Theologie der Religionen", BZNW 132, Berlin/New York 2005 (vgl. Diss. Tübingen 2003/2004).

Naturwissenschaften als „Natur-Gesetz" und seine antiken Vorformen benennen.[7]

Beim 1Thess stoßen wir nach dem allgmeinenen Urteil der Forschung auf den ältesten erhaltenen Paulusbrief. In seinen Aussagen ist offensichtlich (noch) ein enger Zusammenhang mit der Heidenmission der Christengemeinde Antiochiens zu vermuten. Im Wirkungsbereich und Auftrag Antiochiens hatte Paulus bekanntermaßen anfänglich missioniert, und zwar als Heidenmissionar (vgl. Gal 1,21f; 2,1ff). Nach dem Bruch mit Antiochien (vgl. Gal 2,11ff)[8] ist Paulus dann zu einer Missionsreise mit eigenständiger Heidenmission aufgebrochen, die ihn durch Kleinasien bis nach Europa, d.h. Mazedonien und Griechenland geführt hat. Auf dieser Reise ist die Christengemeinde in Thessalonich gegründet worden, ist Paulus über Athen bis nach Korinth weitergezogen. Von Korinth aus hat Paulus dann, so ist zu vermuten, den 1Thess (unter Einbeziehung der Mitarbeiter Silvanus und Timotheus) geschrieben (vgl. 1Thess 1,1; 2,1ff; 3,1ff). All das führt vermutlich für die antiochenische Zeit auf ca. 34/35 bis ca. 49 n.Chr., mit dem sog. Apostelkonzil ca. 48, für das Verlassen Antiochias und den Aufbruch zur eigenen Missiontätigkeit bis zu Wirken und Aufenthalt in Korinth auf ca. 49 bis 52, mit dem Gründungsaufenthalt in Thessalonich ca. 49/50 und dem Abfassen des 1Thess ca. 50/51.[9]

So etwas bringt zugleich das Problem einer geschichtlichen Entwicklung im Leben und Wirken des Paulus, bei der Theologie des Paulus ins Spiel. Dazu sei hier das folgende gesagt: Es ist davon auszugehen, daß sich dem Paulus als jüdischem Pharisäer bei seiner Christenverfolgung und als Christ gleich bei seiner Bekehrung und Berufung zum Missionar („Damaskusgeschehen") von vorherin und grundsätzlich jeweils das Tora-Gesetzes-Problem gestellt hat. Demgegenüber sieht das z.B. G. Strecker anders.[10] Inwieweit Paulus sich dazu geäußert hat, inwieweit seine Meinungsbildung

---

[7] Vgl. hier z.B. Philo Alexandrinus, Op 13 (im Plur., bezüglich der Zahl 6 bei der Schöpfung/Erzeugung).

[8] Vgl. hier auf seine Weise auch Apg 11,25–30; 13–14; 15,1–34.35ff. Dabei ist grundsätzlich zu beachten, daß der „viel gescholtene Lukas" auch in der Apg seine eigenen Tendenzen besitzt, daß er sich aber – so kann man immer wieder feststellen – dabei durchaus „etwas gedacht" hat, was auch der Exeget bedenken sollte. Primärquellen sind hier allerdings nur die sog. echten Paulusbriefe (mit und ohne Literarkritik).

[9] So mit J. BECKER, Paulus. Der Apostel der Völker, Tübingen 1989, bes. 87ff.132ff (Zeittabelle 32). Auf diese Weise lehne ich eine Frühansetzung der ersten Missionsreise des Paulus nach Europa vor dem Apostelkonvent ab, wie das etwa G. Lüdemann vertritt.

[10] Vgl. G. STRECKER, Befreiung und Rechtfertigung, in: ders., Eschaton und Historie. GAufs., Göttingen 1979, 229–259. Er hat dabei eine christologisch orientierte Phase seit dem Damaskusgeschehen und dann eine Phase der Herausbildung der Rechtfertigungslehre aufgrund der Auseinandersetzungen mit Judenchristen, erst im Gal bezeugt, herausgestellt.

weitergegangen ist, ist eine andere Frage. Auf jeden Fall folge ich hier einer Verbindung von theologischer und geschichtlicher Paulusinterpretation.[11]

2 1 Thess 1,9–10 – seine Strukturierung und Einbindung in den Kontext im 1 Thess

1 Thess 1,9f gehört zur *sog. Danksagung* (Proömium), die im Briefformular auf das Präskript folgt (1,1.2–10). Dabei stellt es den Abschluß dieser Danksagung dar. Es folgen Ausführungen, die persönlich orientiert sind, die den Weg der Thessalonicher zum Christentum, ihre Situation und ihr Leben seitdem, das Wirken des Paulus, die Beziehung des Paulus zur Gemeinde in Thessalonich u.ä. betreffen (2,1–3,13, Abschluß durch eine Fürbitte in 3,11–13). In dieser Gestalt stellen sie als erster Briefteil eine Art narrativ orientierte Soteriologie dar, vielleicht sogar dergestalt eine Fortsetzung der sog. Danksagung.[12] Dann folgt der zweite Hauptteil 4,1–5,22 mit Passagen, die Fragen des Lebens und des Glaubens im Sinn der Briefparänese aufgreifen, bis hin zu den Ausführungen in 4,13–18; 5,1–11, bevor 5,23–28 mit Grüßen, Bitten und Wünschen den ganzen Brief abschließen.

Paulus[13] verweist im Rahmen von 1 Thess 1,2–10 und der Darstellung anschließend auf seine Missionstätigkeit in Mazedonien und Achaia[14], so auch im mazedonischen Thessalonich, also auf dem europäischen Festland. Das gehört zur ersten selbständigen Missionsreise, die Paulus als Heidenmissionar nach seiner Trennung von Antiochien durch das Innere von Kleinasien bis nach Mazedonien und Griechenland in Europa geführt hat.

1 Thess 1,9–10 bringen den Inhalt der Fama, die „in Makedonien und Achaia und überall" (1,8) über Paulus und die Thessalonicher, speziell den Gründungsaufenthalt in Thessalonich umläuft. Sie enthält genauer als Inhalt:

---

[11] Vgl. zu einer konsequent entwicklungsgeschichtlichen Darstellung BECKER, Paulus, 1ff. Becker hat folgende Stufen erarbeitet: Sprache bzw. Theologie der Erwählung (1 Thess), des Kreuzes (1 Kor), der Rechtfertigungslehre (Gal; Phil 3 [Brief B]; Röm). Vor dem Gal hat Paulus in Antiochien eine dem Gal ähnliche Situation erlebt. Dort wurde die Taufgerechtigkeit direkt antigesetzlich ausgelegt. R. Bultmann hatte bekanntlich in seiner klassischen Paulusdarstellung die Meinung vertreten, daß die geschichtliche Stellung des Paulus dadurch gekennzeichnet ist, daß Paulus im Rahmen des hellenistischen Christentums stand, daß er die theologischen Motive, die im Kerygma der hellenistischen Gemeinde wirksam waren, zur Klarheit des theologischen Gedankens erhob –, so in R. BULTMANN, Theologie des Neuen Testaments, Tübingen [3]1958, 188f (§16). Gemäß Becker und Bultmann war das Gesetzesproblem für Paulus gleich bei seiner Bekehrung bzw. Berufung gestellt.

[12] Vgl. Ph. VIELHAUER, Geschichte der urchristlichen Literatur, Berlin/New York 1975, 84: der ganze erste Briefteil als das Proömium..

[13] Die 1. Pers. Plur. bringt ggf. die beiden Mitabsender Silvanus und Timotheus mit ins Spiel.

[14] Beide nomina propria meinen die jeweilige römische Provinz.

– 1,9a Hinweis auf den Gang der Fama, dann ihr Inhalt:
– 1,9b „Eingang" des Paulus bei den Thessalonichern;
– 1,9c–10 das Missionskerygma bei der Gemeindegründung in Thessalonich – narrativ als Handeln bzw. Verhalten der Thessalonicher, in drei Teilen als Bekehrungsvorgang mit „Ergebnis"[15]:
1. die geschehene Hinwendung zu Gott weg von den εἴδωλα als Götzen bzw. Götterbildern (1,9c),
2. das dem lebendigen und wahren Gott Dienen (1,9d),
3. das „Warten auf" den Gottessohn aus den Himmeln (1,10a), und zwar mit anschließender soteriologisch-christologischer Erweiterung und Präzisierung:
– den er (Gott) von den Toten auferweckte (1,10b),
– Jesus, der uns errettet aus dem kommenden Zorn(gericht) (1,10c).[16]

Bemerkenswert sind dann die Kontextbeziehungen. Im Rahmen der sog. Danksagung in 1,2–10 ist der Verweis in 1,3 auf das Christenleben der Thessalonicher in der sog. Trias (πίστις, ἀγάπη, ἐλπίς – erweiterte Form!) wichtig. Er bringt zudem die Verarbeitung der sog. Trias später in 5,8 (erweiterte Form!) ins Spiel, zugleich den Vergleich mit der Dreiheit von „Hinwendung, Dienen, Warten auf" in 1,9f. Ferner sind zu beachten in 1,4 die Erwählung (ἐκλογή) der Christen Thessalonichs durch Gott, bezogen in 1,5 auf das vollmächtige Wirken des Evangeliums in Thessalonich im Zusammenhang mit dem Auftreten des Paulus; in 1,6f die Thessalonicher als Nachahmer des Paulus und des Kyrios, als Vorbild im Glauben und Leiden in Achaia und Mazedonien; in 1,8–10 insgesamt die Thessalonicher als Gegenstand der Fama in diesen Gegenden und darüberhinaus, zugleich mit dem Verweis auf das Wirken des Wortes des Herrn in 1,8 und das Missions(kerygma)geschehen in Thessalonich gemäß 1,9f. Solche Stichworte und Gedanken finden sich dann auch immer wieder im Rest des 1Thess. Das gilt für Evangelium, Wort, Glaube usw., die Erwählung,[17] eschatologisch (vgl. 4,13–18; 5,1–11!), für das Bild der Heiden im paganen Zustand (vgl. 4,5: die Heiden kennen Gott nicht; 4,13: die Übrigen haben keine Hoffnung). Erweckt dabei 1,9f in seinem Kontext zugleich einen gewissen eigenständigen, erratischen Eindruck, so gilt das auch bei diesen Äußerungen über die Heiden.

---

[15] Syntaktisch folgen auf das verbum finitum im Aor. (ἐπεστρέψατε) zwei Inf. Präs. mit gleichem Subj. (δουλεύειν, ἀναμένειν). Sie schillern final-konsekutiv zwischen Zweck und Folge (vgl. im Griech. die „dativische, genauer final-konsekutive Bedeutung" des Inf. nach E. SCHWYZER, Griechische Grammatik. Bd. 2, HAW II 1.2, München ³1966, 358f).

[16] Im Blick auf 1,10 hat kürzlich Ch. Burchard, wie schon erwähnt, einen anderen, syntaktisch-christologischen Deutungsvorschlag gemacht. Dieser besagt, eine eigene Formulierung des Paulus in traditionellen Wendungen anzunehmen, den Relativsatz „den er (Gott) auferweckte von den Toten" i.U. zur gängigen Praxis nicht auf „seinen Sohn" zu beziehen, sondern mit „Jesus" zu verbinden –, BURCHARD, Satzbau.

[17] Vgl. dazu BECKER, Paulus, 138ff.

3 1Thess 1,9–10 als Zeugnis paulinischer Missiontätigkeit und Verkündigung im Rahmen des urchristlichen Kerygmas

Daß in 1Thess 1,9f ein überkommenes urchristliches Missionskerygma für die Heidenmission inhaltlich ins Spiel kommt, ist eine verbreitete Exegetenmeinung. Sie ist aber bis heute nicht unbestritten geblieben. Das letztere zeigt sich dann auch bei J. Woyke[18]. Von den Aussagen in 1Thess 1 her wird man solch ein Missionskerygma zugleich speziell auch auf die Verkündigung des Apostels Paulus bei seiner Heidenmission beziehen wollen.[19] Gleichwohl stellt sich die Frage, wie diese Art des Kerygmas sich zu den Aussagen des Paulus sonst in Richtung Heilsanteil der Heiden verhält. Da scheinen sich doch zumindest terminologisch andere Perspektiven eher aufzudrängen. So fallen gleich in 1Thess 1,2–10 bei 1,9f im Verhälttis zum Kontext unterschiedliche „Sprachfelder" und Vorstellungen in die Augen. Anderseits ist aus solchen Gründen und wegen der Vita Pauli bis zur Abfassung des 1Thess in 1,9f der Niederschlag eines sog. Antiochenischen Missionskerygmas naheliegend. So wird in der Tat solch ein Niederschlag antiochenischer Tradition in der Forschung auch vertreten. Das geschieht etwa bei J. Becker. Er nimmt dabei das Kerygma von 1,9f und die Aussagen über Evangelium, Glaube, Erwählung usw. zusammen.[20]

Auffällig ist, wie sehr in 1Thess 1,9f auf verschiedenen Ebenen gedacht und dargestellt wird. Paulus formuliert hier zwar narrativ, aber kaum kerygmatisch-theologisch einfach ad hoc. Das wird schon daran deutlich, daß

---

[18] So WOYKE, Götter, dabei 104–157 zu 1Thess 1,9b–10. Vgl. hier 106 (fragender Hinweis auf einen zu erschließenden „Duktus und Wortlaut der paulinischen oder gar urchristlichen Missionsverkündigung unter Nichtjuden").108 und passim in 104ff. Mit Recht nennt Woyke hier den wichtigen Anstoß durch M. DIBELIUS, An die Thessalonicher I–II. An die Philipper, HNT 11, Tübingen [2]1925, 6f. Überhaupt läßt sich hier eine Linie von der älteren (historischen) Forschung über die Formgeschichte bis zur „Redaktionsgeschichte" ziehen. Woyke erwähnt dazu zahlreiche Meinungen. Vgl. hier von E. DOBSCHÜTZ, Die Thessalonicher-Briefe, hg. v. F. Hahn, KEK 10, Göttingen 1974 (= [7]1909), 80 („Summe christlichen Bekenntnisses in nuce"); A. VON HARNACK, Die Mission und Ausbreitung des Christentums in den ersten drei Jahrhunderten, Leipzig [4]1924, 117 („die Missionspredigt an die Heiden in nuce"); U. WILCKENS, Die Missionsreden der Apostelgeschichte. Form- und traditionsgeschichtliche Untersuchungen, WMANT 5, Neukirchen-Vluyn [3]1974, 81–91.179f (die „erste Missionsverkündigung, wie sie neu enstandenen Gemeinden bzw. gerade ,bekehrten' Christen als erste Überlieferung übergeben zu werden pflegte", in summarisch-urzer Zusammenfassung; vgl. Hebr 6,1 und Apg 14,15–17; 17,22–31). Kritisch auch BURCHARD, Satzbau, 272 Anm.1 („nicht die Wiedergabe einer traditionellen Zusammenfassung der Missionspredigt. Paulus formuliert hier selber, wenn auch mit traditionellen Wendungen, und zwar auf 4,13–18 hin"), d.h. kritisch zusammen mit T. HOLTZ, Der erste Brief an die Thessalonicher, EKK 13, Zürich/Neukirchen-Vluyn 1986, 54–62: 54–57 (zugleich mit Kritik an der Annahme eines Taufliedes hellenistischer Judenchristen); M. KONRADT, Gericht und Gemeinde. Eine Studie zur Bedeutung und Funktion von Gerichtsaussagen im Rahmen der paulinischen Ekklesiologie und Ethik, BZNW 117, Berlin/New York 2003, 40–57.

[19] Vgl. forschungsgeschichtlich zur Beurteilung der Heiden bei Paulus und zur Missionsverkündigung des Paulus WOYKE, Götter, 14ff.22ff.

[20] Vgl. dezidiert BECKER, Paulus, 87–159.

der Inhalt von 1,9b–10 mit recht komplexen Metaebene – Verhältnissen verbunden ist: Fama, die bei Christen in Mazedonien und Achaia über die Geschehnisse der Bekehrung in Thessalonich umläuft (vgl. eine geschichtliche Kontingenz, zugleich eine Art „Sitz im Leben"). Paulus referiert das. Der Inhalt verweist zugleich auf eine formelhaft-kerymgatische Gebundenheit. In 1,9a spricht Paulus bei dem „Wir" persönlich über sich, inklusive Mitarbeiter und Thessalonicher, und zwar über den Gründungsaufenthalt, wobei i.U. zu 1,9b–10 keine kerygmatische Tradition aufgenommen wird.

Als Hinweise auf Tradition, zumal kerygmatischer Art, seien folgende Einzelheiten herausgestellt:

- das neutestamentliche hapax legomenon ἀναμένειν (vgl. aber ὑπομονή in 1,3)
- die „Dreiheit" der Verhaltensweisen von 1,9b–10 im Verhältnis zur sog. Trias in 1,3 (und 5,8)
- der (semit. verwurzelte) Plur. bei Himmel (ἐκ τῶν οὐρανῶν)[21]
- die Verbindung des Gottessohntitels mit der Auferweckung Jesu (vgl. Tod und Auferweckung) im Verhältnis zum typischen Sprachgebrauch bei Paulus sonst (vgl. 4,14)[22]

Es kommt hinzu, daß eine Zwei- bzw. Dreigliedrigkeit vorhanden ist: Gott und Endgericht in Verbindung mit der Christologie. Für die Zweigliedrigkeit seien zwei Fragmente aus Pseudo-Sophokles angeführt.[23] Sie legen im Rahmen einer hellenistisch-jüdischen „Bearbeitung" dem alten griechischen Tragödiendichter einmal den Monotheismus in den Mund, inklusive Kritik an den Götzen und Götzenbildern, zum andern das Endgericht, zugleich in Farben des stoischen Weltuntergangs gezeichnet.

Pseudo-Sophokles sagt hier u.a.: „In Wahrheit ist nur einer; Gott ist nur Einer, der den Himmel und die weite Erde schuf ... Wir Sterblichen, wir irren in dem Herzen, wenn wir zum Trost im Leiden, aus Stein, aus Erz uns Götzenbilder fertigen ..." und „Es kommt die Stunde für die Welt, wo der goldfarbige Himmel, das ganze Feuermeer in ihm herniedergießt. Und die gefräßige Flamme frißt ..."[24]

---

[21] Vgl. das Gewicht des Sing. hier in den Paulusbriefen.

[22] Vgl. bei Paulus hier auch für Jesus (bzw. Jesus und Christus) 2Kor 4,10f; 11,4; Gal 2,19f (trotz 2,20b); 6,14.17; Phil 3,9f; Röm 3,26; 8,11. Das bedeutet in gewisser Weise eine Umkehrung des schon erwähnten Argumentes von BURCHARD, Satzbau, 272f: Paulus sagt nie vom Sohn, „Gott habe ihn auferweckt oder er sei von ihm auferweckt worden oder er sei auferstanden, wohl aber von Jesus (Röm 8,11; 1 Thess 4,14)". Allerdings wird die Auferstehung Jesu von den Toten mit dem Sohntitel eindeutig in der Tradition Röm 1,4 verknüpft.

[23] Sie gehören offensichtlich zu dem Werk (Gnomologion) eines jüdisch-hellenistischen Autors der Diaspora um 100 v.Chr. Vgl. U. FISCHER, Eschatologie und Jenseitserwartung im hellenistischen Diasporajudentum, BZNW 44, Berlin/New York 1978, 27f.

[24] So mit der Übersetzung bei P. RIESSLER, Altjüdisches Schrifttum außerhalb der Bibel übersetzt und erläutert, Darmstadt ²1966, 1046, Nr. 52 Sophokles 1,1ff; 2,1ff. Belegung durch Pseudo-Justinus, Clemens Alexandrinus u.a. (Fragmenta Pseudepigraphorum quae supersunt Graeca una

Für die Dreigliedrigkeit sei auf die Darstellung bei R. Bultmann zum Kerygma der hellenistischen Gemeinde vor und neben Paulus verwiesen: 1)
die monotheistische Predigt (in Fortsetzung der hellenistisch-jüdischen
Mission); 2) die Predigt des Gerichts; 3) das christologische Kerygma.[25]
Dabei ist auffällig, daß Bultmann das Kerygma der hellenistischen Gemeinde schließlich besonders an den Stichworten Evangelium und Glaube
orientiert, also an den theologischen Sachverhalten und Kerygmaaussagen
im Kontext von 1Thess 1,9f, somit beides zusammenfallen läßt.[26]

Im folgenden gehe ich davon aus, daß an diesem Punkt für den 1Thess
zwei Kerygmatypen ins Spiel kommen.[27] Der erste Typ ist der, der sich in
1Thess 1,9f niedergeschlagen hat. Der zweite Kerygmatyp ist durch die
Stichworte wie Evangelium und Glaube bestimmt. Die Frage ist dabei, wie
sich dem der Gedanke der „Erwählung" zuordnet. Der Kerygmatyp von
1,9f ist inhaltlich, funktional und regional fixiert, in sich geschlossen und
fest mit der jüdischen Diaspora, der Tradition des hellenistischen Judentums und eines davon bestimmten hellenistischen Christentums verbunden.
Er ist von daher direkt an der paganen, heidnischen „Front" des Judentums
bzw. hellenistischen Christentums lokalisiert – bei der religiösen Verteidigung, Propaganda, Werbung und Mission, jüdisch in Richtung Gottesfürch-
tige und Proselyten, christlich in Richtung Heidenmission bei der Erstverkündigung. Insofern wird er auch zurück bis zu entsprechenden jüdischen
und christlichen Schichten in Antiochien gehen. Demgegenüber ist der andere Kerygmatyp inhaltlich und funktional offener. Er erscheint bei seinen
abgekürzt-formelhaften Aussagen gleichsam wie eine kerygmatische Zusammenfassung und Sammelgattung, wie ein entsprechender Sammelbegriff. Paulus konnte ihn dann mit unterschiedlichen Inhalten präsentieren und
dabei auch alte Tradition wiedergeben (vgl. z.B. 1Kor 15,1ff; Gal 1,6ff;
Röm 1,16f).[28] Paulus konnte voraussetzen, daß die christlichen Gemeinden

---

cum historicorum et auctorum Judaeorum Hellenistarum fragmenta, hg. v. A.-M. DENIS, Pseudepigrapha VT Graece 3, Leiden 1970, 162f.167f, 16.b. und f). Vgl. N. WALTER, Pseudepigraphische
jüdisch-hellenistische Dichtung, JSHRZ 4.3, Gütersloh 1974, 173–278: 262f.264f

[25] Vgl. BULTMANN, Theologie, 69–75.75–80.80–89.

[26] Vgl. Ebd. 68ff (§9 und sein Titel).89ff.

[27] Es hat im Urchristentum natürlich eine Reihe von Kerygmatypen gegeben. Vgl. zur Fülle
auch das Schema zu den Kerygmatradionen, das ich für die Darstellung bei WILCKENS, Missionsreden, herausgezogen habe; G. NEBE, Prophetische Züge im Bilde Jesu bei Lukas, BWANT
127, Stuttgart u.a. 1989, 94f (im Rahmen von 91ff).

[28] Vgl. WOYKE, Götter, 28f, zur Frage einer Beziehung zwischen εὐαγγέλιον θεοῦ (vgl. eine
hellenistisch-judenchristliche Monotheismuspredigt, Kritik an der jüdischen Torafrömmigkeit und
der von dieser getragenen Bekehrungspredigt der Synagoge) und εὐαγγέλιον Χριστοῦ (vgl. das
Evangelium vom Jesus-Messias, innergemeindlich-katechetisch verankert) einerseits und der Unterscheidung gemäß Gal 2,7 in εὐαγγέλιον τῆς περιτομῆς und εὐαγγέλιον τῆς ἀκροβυστίας in der
Linie von P. STUHLMACHER, Das paulinische Evangelium. I. Vorgeschichte, FRLANT 95, Göttingen 1968, 280, im Rahmen von 258ff.

in Judäa, die Paulus nicht persönlich kannten, mit diesem Kerygmatyp vertraut waren (vgl. Gal 1,15–20, dann 2,1ff).[29] Wenn so die beiden Typen des Kerygmas nebeneinandergestellt werden, kann gefragt werden, ob der eine Typ aus dem anderen abgleitet werden kann und damals so auch aus dem anderen entstanden ist, womöglich in Antiochien. So kann erwogen werden, ob der Evangeliumstyp aus dem Typ von 1Thess 1,9f entstanden ist. Dazu hat sich schon G. Strecker Gedanken gemacht, mit dem einleuchtenden Ergebnis, daß das nicht möglich ist.[30] Das Umgekehrte ist noch unwahrscheinlicher, da der Typ von 1Thess 1,9f so genuin und selbständig traditionsgeschichtlich mit dem hellenistischen Judentum verbunden ist.

4 Terminologisches zu den εἴδωλα – Eidola

Betrachten wir das besagte griechische Wort εἴδωλα. Das ist Neutr. Plur. zu dem Substantiv εἴδωλον. Dieses Wort erscheint als eine Erweiterung zu dem Wortstamm, den wir in griechisch εἶδον, εἶδος κτλ. (vgl. die Wurzel *vid) vorfinden (vgl. den Bedeutungsbereich „sehen"; „Aussehen, Gestalt"; „Urbild, Idee" usw.).[31] Diese Erweiterung ist über die Anfügung des Suffix -lo gegangen. Das kann ggf. eine deminuierende Bedeutung ins Spiel bringen.[32] Diese würde dann bei der Gottheit eine „Verkleinerung" im Bild erbringen. Wenn das Subst. aber auch selbst „Gott(heit), Götze" bedeutet, erscheint das als eine „Rückbildung", insofern der Weg dann vom Bild zur Gottheit zurück geht. In der Gräzität hat das Subst. die Sinnbreite von „Gestalt, Bild, Schatten- und Trugbild", dann „Nachbildung, Götter-, Götzenbild", schließlich auch „(falscher) Gott, Götze".[33] Die letzten beiden Be-

---

[29] Die Annahme des technischen oder absoluten terminus technicus-Gebrauchs beim Evangeliumsbegriff und das in Verbindung mit dem Verständnis des Glaubens als Annahme der Botschaft im Sinn von R. Bultmann (vgl. BULTMANN, Theologie, 89ff) könnte wegen des formalen Charakters gegen diesen zweiten Kerygmatyp sprechen. Wenn aber das Evangelium dabei bedeutsam mit dem Glauben verbunden wird, so stellt sich direkt auch die implizierte soteriologische Frage nach einer inhaltlich-kerygmatisch qualifizierten Verkündigung. Die Offenheit für viele Inhalte bleibt allerdings. Ob strenge Judenchristen wie Jakobus und die „falschen Brüder" oder die Jakobusleute von Gal 2,1ff.11ff von „Evangelium und Glaube" gesprochen haben, bleibt mir zweifelhaft (vgl. Jak).
[30] Vgl. G. STRECKER, Art. Evangelium, EWNT II, 1981, 176–186: 178. Nach Strecker ist es wahrscheinlich, daß schon vor Paulus in den urchristlich-hellenistischen Gemeinden monotheistische und christologische Aussagen mit εὐαγγέλιον kombiniert wurden; diese Verbindung verbiete aber die Ableitung des Wortes „Evangelium" aus der monotheistischen Missionspredigt der hellenistischen Synagoge.
[31] Vgl. W. GEMOLL, Griechisch-Deutsches Schul- und Handwörterbuch, München/Wien [9]1979, 242.
[32] Vgl. E. SCHWYZER, Griechische Grammatik. Bd.1, HAW II 1.1, München [4]1968, 480ff zu den Suffixen mit Liquida oder Nasal, speziell 483.
[33] Vgl. dazu s.v. GEMOLL, Wörterbuch, 242; Bauer/Aland, Wörterbuch[6], 446f.

deutungsbereiche, d.h. Götzenbild, Götze usw. sind charakteristisch für den
jüdisch-christlichen Sprachgebrauch. Das gilt entsprechend für weitere De-
rivate von εἴδωλον im NT (vgl. Götzentempel, Götzenopferfleisch, Götzendienst).[34] In der LXX werden durch εἴδωλον eine Menge an hebräischen
Wörtern wiedergegeben, die immer wieder in diese „Götter-Götzen(bild)“-
Sinnrichtung führen.[35] Überhaupt fällt im Sprachgebrauch des Judentums
und Urchristentums, im NT und bei Paulus der negative Sinn in die Augen.

Im NT und bei Paulus spielen auch analoge, sinnverwandte Begriffe wie
εἰκών, μορφή eine Rolle. Sie haben dort aber nicht so konzentriert den Bedeutungsbereich von „Götzenbild, Götze". So beschreibt εἰκών zwar diesen
Bereich ebenfalls, ist aber demgegenüber religiös auch positiv besetzt, und
zwar im Sinn der theologisch-anthropologischen und christologischen Traditionen von Gen 1 bis zu Paulus (der Mann als Ebenbild Gottes und Jesus
Christus als Gottes Ebenbild – vgl. 1Kor 11,7; 2Kor 4,4).[36] Zugleich kommen über dieses Wort und weitere bis hin zu μορφή die sog. Manifestationsbegriffe ins Spiel.[37] Demgegenüber bringt der Begriff εἶδος in der Gräzität die antike philosophische Tradition besonders ins Spiel, und zwar im
Zusammenhang des aristotelisch geprägten Verhältnisses von Stoff und
Form (ὕλη und εἶδος) und der platonischen Ideenlehre (vgl. die Ideen als
εἶδος, ἰδέα). Im NT besitzen die entsprechenden Vokabeln lexikalisch diesen philosophisch befrachteten Sinn nicht.[38]

Auf diesem Hintergrund müssen wir bei der Auslegung unserer Stelle die
folgenden zwei Bedeutungsbereiche für εἴδωλον bedenken: Gott(heit),
Götze und Götterbild, Götzenbild.

5 Gott versus Eidola als Götzen und Götter/Götzenbilder, der lebendige und wahre Gott

Wenn in der Alten Welt ein Angehöriger des Volkes Israel, später eine Jude
oder Christ durch die Ortschaften und Städte, zumal die Großstädte und
über ihre Agora gingen, dann begegneten ihnen auf Schritt und Tritt die

---

[34] Vgl. Bauer/Aland, Wörterbuch[6], 446f, zu solchen Derivaten.

[35] Vgl. E. HATCH/H.A. REDPATH, A Concordance to the Septuagint, Bd.1, Graz 1954, 376; die
Ausführungen zur Terminologie bei WOYKE, Götter, 37ff (1. Exkurs) bzw. speziell 72ff. Woyke
plädiert dafür, das griech. εἴδωλον im Deutschen deskriptiv mit „Götter(bilder)“ wiederzugeben
(90). Auch für die LXX stellt er einen entsprechend breiteren, nicht nur negativ besetzen Sprachgebrauch heraus (89f).

[36] Vgl. Bauer/Aland, Wörterbuch[6], 448f.

[37] Vgl. dazu H. CONZELMANN, Grundriß der Theologie des Neuen Testaments, München
1967, 196f: griech. Formbegriffe werden zu Manifestationsbegriffen (schon im hellenistischen
Judentum).

[38] Freilich stellt Paulus in 2Kor 5,7 der πίστις das εἶδος als Schauen im Eschaton gegenüber.

Gottheiten ihrer Zeit und deren Bilder bzw. Kultbilder.[39] Das war an öffent-
lichen Plätzen der Fall, das war bei den Tempeln mit ihrem Kultbild in der
Cella gegeben, das war im privaten Bereich zu sehen. Das sog. Allerheilig-
ste im Jerusalemer Tempel versuchte das mit dem alttestamentlich-jüdischen Monotheismus und Bilderverbot in Beziehung zu bringen. Um 40
n.Chr. hatte der römische Kaiser Caligula versucht, im Jerusalemer Tempel
ein Kultbild (des Herrschers) aufzustellen. Bei solchen Dingen gingen Israel, die Juden, die Christen „offiziell" auf Konfrontation. Das führte bis
hin zu dem, was es bedeutete, als Heide Jude, also Proselyt, zu werden, sich
als Heide zum Christentum zu bekehren. Gerade das ist die Situation, die
auch in 1Thess 1,9f gegeben ist, in dem Geschehen in Thessalonich, in
dem, was das Kerygma in 1,9f in Form der „Fama" hervorhebt. Auch hier
wird gegenübergestellt, ja scharf gegenübergestellt, und zwar im Sinn von
Eidola als Götzen und Götter/Götzenbilder versus Gott. Wie geschieht das
aber? Wie wird dabei argumentiert?

R. Bultmann hat im Zusammenhang mit der Entwicklung des Kerygmas
der hellenistischen Gemeinde formuliert: „*Die christliche Missionspredigt
in der Heidenwelt* konnte nicht einfach das christologische Kerygma sein;
sie mußte vielmehr beginnen mit der *Verkündigung des einen Gottes*. Denn
nicht nur ist es die herrschende jüdische und judenchristliche Vorstellung,
daß der eine wahre Gott der Heidenwelt unbekannt sei und daß heidnische
Religion Vielgötterei und Götzendienst sei, sondern in der Tat erreichte die
christliche Mission zunächst solche Schichten, in denen der Polytheismus
noch eine lebendige Macht war." Bultmann weist dann darauf hin, daß die
jüdische Mission mit der monotheistischen Predigt vorangegangen war. Er
verweist auf Polemik und Kritik von den späteren alttestamentlichen Literatur bis hin zur SapSal. Die SapSal zeigt, „wie das hellenistische Judentum
bei seiner Kritik des Heidentums die in der hellenistichen Aufklärung selbst
entwickelte Kritik am naiven Polytheismus und seinen Kulten ebenso übernahm wie positive Gedanken hellenistisch-philosophischer Religiösität".
Der alttestamentlich-jüdische Gottesbegriff werde dabei, so folgert Bultmann, vielfach modifiziert oder verdeckt durch den Gottesgedanken der
griechisch-philosophischen Tradition. Diese Gottesgedanke ist durch den
Gedanken der kosmischen Gesetzlichkeit bestimmt.[40]

In 1Thess 1,9f betrifft das insbesondere den ersten und zweiten Teil des
Missionskerygmas. Im ersten Teil in 1,9c geht es um die Hinwendung weg
von den Eidola hin zu Gott (ὁ θεός). Narrativ wird die Hinwendung im Aor.
genannt (ἐπεστρέψατε), also als faktisch geschehen, aber im Sinn des Missi-

---

[39] Zu Götterbildern im Verhältnis zu Dämonenbild, Heroenbild, Herrscherbild, Ahnenbild bis
hin zum Bild bedeutsamer Persönlichkeiten in diesem Zuammenhang vgl. H. FUNKE, Art. Götterbild, RAC 11 (1981) 659–828: 702ff; zur Differenzierung zwischen Götterbild und Kultbild
WOYKE, Götter, 57 Anm.181.

[40] BULTMANN, Theologie, 69f (Kursivierung im Orig. gesperrt gedruckt).

onskerygmas auch als typischer Vorgang. Gott im Sing. und die Eidola im
Plur. stehen einander gegenüber. Bei beiden wird ein Art. hinzugesetzt, bei
Gott im Sinn der von der Bibel (LXX) her bestimmten anaphorisch-deter-
minierenden Tradition, bei den Eidola zusammenfassend als Gattung. Bei
diesem Gegenüber ist es nicht so, daß zwischen dem „einen" Gott und nied-
rigeren sog. Mittelwesen unterschieden wird. Zwar könnte die Christologie
anschließend in 1,10 in diese Richtung weisen. Doch hätten pagan analog
eher Dämonen o.ä. genannt werden müssen.[41] Es geht um die Gottheiten,
die für den heidnischen Zustand wichtig (gewesen) sind, und um den Gott,
der für die Christen grundlegend ist. Bei den Eidola werden die Gottheiten
und ihre figürlichen Abbildungen einfach zusammengenommen. So stehen
sich dann Polytheismus und Monotheismus gegenüber.

Im zweiten Teil in 1,9d werden die Eidola dann nicht mehr erwähnt. Es
ist ausschließlich von Gott die Rede, und zwar ohne Art., dabei aber mit
den beiden Attributen bzw. Epitheta lebendig (Ptzp. $\zeta\tilde{\omega}\nu$) und wahr (Adj.
$\dot{\alpha}\lambda\eta\theta\iota\nu\acute{o}\varsigma$). Auf diesen Gott richtet sich des Christenleben als Dienen ($\delta o u$-
$\lambda\epsilon\acute{u}\epsilon\iota\nu$). Aufgrund des Gegensatzes ist zu folgern, daß lebendig und wahr
für die Eidola nicht gelten. Beide Qualifizierungen Gottes bringen direkt
einen inhaltlichen Argumentationsaspekt in das Gegenüber. Er ist bei der
kurzen Aussagewweise aber noch reichlich konnotativ bestimmt. Gleichwohl erscheint der zweite Teil zugleich als eine Art Kommentar zum Gegenüber im ersten Teil. Man könnte auch überlegen, ob in 1,9c eine Art
Axiomatik vorliegt, von der her dann in 1,9d gefolgert wird.

Ja, wie wird gegenübergestellt? Wie wird dabei argumentiert? Was ergibt
sich für die Kritik an den Eidola? Es ist davon auszugehen, daß die scharfe
Gegenüberstellung auf dem Boden der Bibel (AT) steht, daß sie dabei aber
eine Entwicklung durchgemacht hat. Betrachtet man den *Dekalog* mit dem
sog. ersten Gebot und dem dann folgenden sog. Bilderverbot in Ex 20,2f.4–
6; Dtn 5,6f.8–10, so wird das deutlich.[42]

Das Gegenüber von Gott und anderen Göttern bzw. Götterbildern ist
analog gegeben, und zwar im sog. Vorspruch bei der Selbstvorstellung
Gottes, im apodiktischen Verbot, andere Götter zu haben, sich ein Gottesbild zu machen. Einzelheiten aus dem Dekalog werden im Missionskerygma von 1Thess 1,9 aber nicht mehr aufgegriffen. Das gilt etwa für den
Verweis auf die Herausführung aus Ägypten bei der Selbstvorstellung Gottes. Auch das Vergelten der Schuld durch Gott an denen, die Gott hassen,
im Gegenüber zur Gnade Gottes an denen, die Gott lieben und seine Gebote
halten, fehlt. Das ist ebenfalls eine Art Selbstvorstellung Gottes und dient
als Begründung offensichtlich sowohl für das erste Gebot als auch für das

---

[41] Vgl. hier aber die Verhältnisse in 1Kor 8,4ff; 10,19ff oder die Mächte wie in Röm 8,38f.
Zum Problem der Dämonen WOYKE, Götter, 220ff (Exkurs 4: Dämonen und Götter).

[42] Eine Literaturangabe zum Dekalog bedeutet hier das Übergehen einer Legion anderer. Vgl.
zu den Dekaloggeboten jedenfalls WOYKE, Götter, 412ff (im Exkurs 6).

Bilderverbot. Gott wird als ein „eifersüchtiger" Gott, als „der Herr, dein Gott" (BH יהוה אלהיך, LXX κύριος ὁ θεός σου) deutlich. So hat das Gegenüber etwas mit dem Jahweglauben zu tun. Als Termini für die Götterbilder werden gebraucht „Gottesbild" (BH פסל, LXX εἴδωλον) und in der Entfaltung „Abbild" (BH תמונה, LXX ὁμοίωμα). Bemerkenswert ist im Bildverbot: Du sollst sie nicht anbeten (BH שחה, LXX προσκυνεῖν), ihnen nicht dienen (BH עבד, LXX λατρεύειν).

Beim Vergleich wird deutlich, daß für das Missionskerygma im 1Thess so zwar eine biblische Grundlage vorhanden ist, es so biblisch und über die Tora begründet ist, daß das aber nicht markiert ist und die Denk- und Argumentationsrichtung dann eigenständig weitergeht. Dabei kommt in 1Thess 1,9f eine zusammenfassende und theologisch-spekulative Entwicklung zum Vorschein, die ganz grundsätzlich formuliert, dahinein dann auch die Eidola einbeziehet. Das geht bis hin zur Qualifizierung Gottes als lebendig und wahr. Der Jahwename (LXX κύριος) wird nicht aufgenommen. Zwischen den „anderen Göttern" und den Gottesbildern wird terminologisch nicht mehr unterschieden. Monotheismus und Polytheismus treten grundsätzlich einander gegenüber. Für das erste Gebot hat G. von Rad herausgesellt, daß es zunächst mit Monotheismus nichts zu tun hat (der Hintergrund eher ein polytheistischer, mit Verweis auf die Bezeichnungen Henotheismus oder Monolatrie), daß gleichwohl mit einem gewissen Recht von dem Aufkommen eines Monotheismus in Israel gesprochen worden ist.[43]

Philo Alexandrinus, ein Zeitgenosse des Paulus, hat dann für das Gegenüber von Monotheismus und Polytheismus die Dinge im hellenistischen Judentum voll zu Begriff gebracht.

So hat er am Ende der Auslegung der biblischen Schöpfungsgeschichte in der Schrift Op 170–172 gefolgert, als besondere fünf Lehren des Mose (mit jeweiligen Erläuterungen): 1. Gott existiert und waltet (ἔστι τὸ θεῖον καὶ ὑπάρχει). 2. Gott ist einzig (θεὸς εἷς ἐστι). 3. Die Welt ist geschaffen (γενητὸς ὁ κόσμος). 4. Die Welt ist einzig (εἷς ἐστι ὁ κόσμος). 5. Gott läßt der Welt seine Fürsorge angedeihen (προνοεῖ τοῦ κόσμου ὁ θεός).[44] Bei 2.

---

[43] Vgl. G. VON RAD, Theologie des Alten Testaments. Bd. I, München 1962, 223f.216ff.225ff, speziell 223f. von Rad verweist dabei auch auf parallele oder analoge Aussagen sonst im AT. Man mag hier auch das sog. Höre Israel in Dtn 6,4f anführen. Zum allgemeineren Horizont vgl. B. LANG, Jahwe der biblische Gott, Darmstadt 2002; E. HORNUNG, Der Eine und die Vielen. Ägyptische Gottesvorstellungen, Darmstadt 1973; W. VON SODEN, Einführung in die Altorientalistik, Darmstadt 1985, bes. 165ff.

[44] Vgl. BULTMANN, Theologie, 72. WOYKE, Götter, 125 Anm. 85, hat die fünf Punkte zugleich konkret bezogen: (1) gegen Atheisten, (2) gegen Polytheisten, (3) gegen stoische Pantheisten, (4) gegen Demokrit und Epikureer, (5) gegen Epikureer.

stellt Philo der Lehre vom einzigen Gott die Vertreter der Vielgötterei (171) gegenüber.[45]

Das ist sicherlich um einiges philosophischer, als es für die Träger des Missionskerygmas von 1Thess 1,9f, für Paulus und die Thessalonicher, für die Gemeinden in Mazedonien und Achaia vorauszusetzen ist.[46] Es bringt aber diesen zeitgenössischen Hintergrund von Monotheismus und Polytheismus in jüdisch-hellenistischer Perspektive gut zu Begriff.

An dieser Stelle kann überhaupt nach den „Bildungsvoraussetzungen" bei Paulus und seinen Lesern gefragt werden. Daß Paulus durch „seine Bibel", das hellenistische Judentum, die Apokalyptik, durch den Pharisäismus und m.E. auch durch eine schriftgelehrte Ausbildung seiner jüdischen Zeit (als Phariäser), durch den Platonismus, die Stoa, die stoisch-kynische Diatribe, die Mysterienreligionen geprägt oder beeinflußt worden ist, zeigen seine Briefe.[47] Man hat hier für seine Jugend in Tarsus[48] und ggf. Jerusalem[49] nachgedacht, ebenfalls für Antiochien,[50] für die Verhältnisse in Thessalonich[51]. Man hat sich hier auch allgemeiner Gedanken über die Schulbildung damals gemacht, insofern sie zugleich für den Bildungsgang des Paulus und den Horizont seiner Leser wichtig geworden sein könnte.[52] Paulus hat sicherlich nicht Philosophie im Rahmen des damaligen Bildungsgangs studiert. Bei seinen Lesern setzt er das auch nicht voraus. Gleichwohl argu-

---

[45] Am Anfang von 170 hat Philo resümiert, daß so das Leben der Menschen war, die anfangs in Unschuld und Einfalt lebten, später aber die Sünde der Tugend vorzogen. Dieser „Sündenfall" ist für die allgemeinmenschliche Gottesbeziehung bemerkenswert.

[46] Vgl. bei Philo auch den pagan verbreiteten Begriff τὸ θεῖον, der im NT nur in der „assimilatorischen" Areopagrede des Paulus in Apg 17,29 vorkommt.

[47] Vgl. dabei Einwirkungen des stoischen Pantheismus und des εἷς θεός-Gedankens z.B. in Röm 11,36; 1Kor 8,4–6.

[48] Vgl. BECKER, Paulus, 37: Tarsus als Mikrokosmos des hellenistischen Mitttelmeerraumes, mit römischen Statthaltern und Kaiserverehrung, mit Vertretern hellenistischer Philsophie (vgl. platonische Akademie, Epikuräer, Stoiker) und Bildung (vgl. Grammatiker und Dichter), zum Teil mit orientalischem Einschlag.

[49] Vgl. hier z.B. M. HENGEL, Der vorchristliche Paulus, in: ders./U. Heckel (Hg.), Paulus und das antike Judentum, WUNT 58, Tübingen 1991, 177–291 (Diskussion 291–293), mit 290f: „Sein theologisches Denken hat Paulus zunächst nirgendwo anders als im jüdischen Lehrhaus gelernt, und bevor er Christus den Heiden verkündigte, hat er in der Synagoge – sehr wahrscheinlich in Jerusalem selbst – Juden aus der Diaspora das Gesetz ausgelegt."

[50] Becker zufolge sind in Antiochien religionsgeschichtlich betrachtet entsprechend der Zusammensetzung der Gemeinde synkretistische, jüdisch-apokalyptische, mysterienhafte Anschauungen und Sprache wichtig geworden (BECKER, Paulus, 111).

[51] Vgl. die Hinweise bei WOYKE, Götter, 111 (mit Anm. 30).155, auf die dortige Verehrung des Stadtgottes Kabirus, des Dionysos, der ägyptischen Götter Isis, Serapis, Osiris, Anubis, des römischen Kaisers (zugleich mit der Frage nach der konkreten Relevanz für das Eidola-Problem).

[52] Vgl. BECKER, Paulus, 54ff: im Rahmen der hellenistischen Gesamtbildung Paulus mit einer höheren Allgemeinbildung, d.h. als zweite Stufe im Rahmen von drei Stufen des Bildungsweges; ferner D. SÄNGER, Pagane Bildungsinstitutionen und die Kommunikation des Evangeliums. Erwägungen zu einem Aspekt der paulinischen Verkündigung, in: W. Härle u.a. (Hg.), Systematisch Praktisch (FS R. Preul), MThSt 80, Marburg 2005, 71–90: Paulus kommuniziert in seinen Briefen im Blick auf seine Leser auf der Ebene des sog. Elementarunterrichts.

mentiert und schreibt er auf einem Niveau, das dann auch das Gegenüber von Monotheismus und Polytheismus und dabei auch das von Gott und den Eidola in einen wohl alltäglichen, aber doch auch durchdachten Rahmen stellt.

Und wie steht es dabei nun mit Gott als dem lebendigen und wahren im zweiten Teil des Kerygmas und das im Verhältnis zu den Eidola?[53] Auf jeden Fall erscheint der zweite Teil zugleich als ein präzisierender und weiterführender Kommentar für den ersten.

Das Epitheton „lebendig" wird durch das Ptzp. Präs. vom alten und verbreiteten griechischen Verb ζῆν gebildet. Es bedeutet „leben" und ist intr.(!) gebraucht. Die Art des „lebendig" hängt von den vielen Bedeutungsbereichen ab, in denen das Verb gebraucht wird.[54] Mir scheinen für unsere Stelle folgende Aspekte wichtig zu sein:

- Einmal ist die alttestamentliche Verwurzelung bis zum Attribut und *Epitheton* חי in Verbindung mit Gott zu beachten.[55] Man mag auch an den Jahwe-Namen und seine Deutung denken.[56] Allerdings weist die LXX-Tradition, die das Tetragramm durch κύριος wiedergibt, eher in eine andere Richtung. Grundstrukturen könnnen sich aber latent durchgehalten haben. Auf jeden Fall kommt das Verhältnis von „lebendig" und „schöpferisch-lebendig", „lebenschaffend" ins Spiel.
- Dann ist daran zu denken, daß sich die Entwicklung von Gott in Beziehung zur Schöpfung von der Darstellung in Gen 1f u.ä. bis hin zur dezidierten Beschreibung im ontologischen Paradigma zeigt, nämlich in der Linie von Gott als Schöpfer, als Schöpfer durch das Wort, als „Schöpfer aus dem Nichts". D.h. der lebendige Gott steht jenseits von, über Seiendem und Nichtseiendem, „Sein und Nichtsein". Diese Entwicklung ist erst in der zwischentestamentlichen Zeit des Judentums zu solchen Formulierungen gekommen.[57] Dabei spielen sicherlich die Gewichtungen und Herausforderungen angesichts der ontologischen Tradition der antiken Philosophie

---

[53] Vgl. zum lebendigen und wahren Gott WOYKE, Götter, 113ff.

[54] Vgl. die Angaben bei Bauer/Aland, Wörterbuch⁶, 679–682.

[55] Vgl. dazu H. RINGGREN, Art. חיה, ThWAT 2 (1977) 874–898: 891f.

[56] Bis hin zur „Definition" in Ex 3,14 und der Deutung im Sinn einer Unnennbarkeit, Unfaßbarkeit (vgl. eine rätselhafte, nicht hinterfragbare, selbstreferente Axiomatik) oder von „er ist, er erweist sich", „er läßt sein", Jahwe als „der Leidenschaftliche", „der Mächtige". Vgl. VON RAD, Theologie I, 24f.193ff; K.-H. BERNHARDT, Art. היה III., ThWAT 2 (1977), 402–408, dort 406f; B. LANG, Jahwe, bes. 257–259; W. VON SODEN, „Er ist, er erweist sich" (1966), in: H.-P. Müller (Hg.), Bibel und Alter Orient. Altorientalische Beiträge zum AT, BZAW 162, Berlin/New York 1985, 78–88. Die LXX mit Ἐγώ εἰμι ὁ ὤν spitzt hier ontologisch zu.

[57] Vgl. den ältesten Beleg für die sog. creatio ex nihilo dort. R. BULTMANN, Das Urchristentum im Rahmen der antiken Religionen, rde 157/158, Zürich 1962, 11.12, hat im Blick auf die Konsequenzen alttestamentlichen Denkens formuliert: „Der Gedanke der Jenseitigkeit Gottes kommt schließlich in dem für griechisches Denken unmöglichen Satz von der Erschaffung der Welt aus dem Nichts zum Ausdruck, der sich – konsequent nach der Grundkonzeption – allmählich ausbildet (Jub* 12,4; 2Makk.7,28 usw.)." und theologisch-hermeneutisch zum Ganzen: „Der Schöpfungsglaube des Alten Testaments redet im Grunde von der gegenwärtigen Bestimmtheit der menschlichen Existenz durch die unbegreifliche, dem Denken unverfügbare Übermacht Gottes. Die Erzählung von dem, was Gott am Anfang tat, lehrt im Grunde, was er immer tut."

eine Rolle. Ebenfalls in diesen Bedeutungsbereich führt der Gedanke der Neuschöpfung in Verbindung mit der Eschatologie, zugleich ggf. im Zusammenhang
mit der Bekehrung u.ä.[58] Das führt zugleich auf den Zusammenhang von Gott als
Schöpfer und als Richter im Endgericht. Paulus selbst kann später dezidiert Gottes
Wirken im Sinn der *creatio ex nihilo* und im Sinn der (eschatologischen) Auferweckung der Toten miteinander in Beziehung bringen (so in Röm 4,17 bei der Ab-
rahamdarstellung). In 1Thess 1,9 und seiner Tradition des Missionskerygmas kann
das jüdisch vermittelt schon mitgemeint sein, zumal wenn man dann an 1,10
denkt. Auf der Ebene des 1Thess mag dann auch das „nicht nur im Wort, sondern
auch in der Macht des Hlg. Geistes" (1,5) angeführt werden.

– Schließlich ist Gott in dem Sinn als lebendig zu sehen, daß er „Reaktion zeigt". So
etwas ist die Tradition des Gottes, der erwählt, der „eifersüchtig" ist, der zürnt und
bestraft, der barmherzig, gnädig, gütig ist. Das ist der Gott, der in der Geschichte
mitgegangen ist und mitgeht. Man wird kaum einfach davon ausgehen können,
daß auf dem Boden des Hellenismus so etwas von Gott als einem soz. vergeistig-
ten Gott völlig ferngehalten worden ist.[59] Deshalb ist es auch in der Tradition des
Missionskerygams in 1Thess 1,9f zu vermuten. Auf der Ebene des 1Thess ist so
etwas auf jeden Fall vorhanden (vgl. 1,2.4; 2,2 u.ä.).

Die Eidola haben im scharfen Gegenüber an all diesem grundsätzlich nicht
Anteil. Für die Eidola ergibt sich dabei vor allem das alte, verbreitete Argument der Kritik, daß die Eidola aus Materie, aus vergänglichem Stoff
sind, daß sie nicht lebendig, sondern tot, machtlos sind. So etwas zeigt sich
schon im AT bis hin zum hellenistischen Judentum und zum NT (vgl. z.B.
Jer 10; JosAs 11,8; Apg 17,29). Dabei sind Anbetung der Materie und
Leblosigkeit in der Antike auch als zwei eigene Argumente der Polemik
und Kritik aufgetreten (vgl. SapSal 13,1–9.10ff).[60]

Gott wird ferner, und zwar mit dem Adj. ἀληθινός, der „wahre" Gott genannt. Dieses griechische Wort hat den Bedeutungsbereich „wahrhaft, zuverlässig", „wahr, wahrheitsgemäß", „echt, wirklich".[61] So kommen hier
der verbreitete griechische Wortstamm für „Wahrheit", der Wahrheitsbeg-
riff ins Spiel. In Verbindung mit dem Bedeutungsbereich läßt sich für das
Adj. in Beziehung zu Gott und den Eidola in dieser Hinsicht das folgende
erwägen bzw. folgern.

---

[58] Vgl. hier z.B. Jes 65,17; 66,22; äthHen 91,16; ApkBar(syr) 32,6; 1QH 3,21 (Eintritt in die
Qumran-Einung); 1QS 4,25; JosAs 8,9 (Proselytenbekehrung der Aseneth) bis hin zum NT in
2Kor 6,15; Gal 5,17 (christliche Existenz); 2Petr 3,13; Apk 21,1. Dazu G. NEBE, „Hoffnung" bei
Paulus. Elpis und ihre Synonyme im Zusammenhang der Eschatologie, StUNT 16, Göttingen
1983, bes. 154.311 (Anm. 382). 320f (Anm. 440).

[59] So etwas ist auch hier einfach unter Stichworten wie Anthropomorphismus, Euhemerismus
in der antiken Götterkritik zu fassen.

[60] Vgl. dazu FUNKE, Götterbild, 748.786ff.

[61] Warum die erweiterte Form des Wortstammes statt des kürzeren ἀληθής gewählt wird, bleibt
zu fragen. Vom Sprachgebrauch im NT her erklärt sich das offensichtlich nicht. Spielt hier die
LXX eine Rolle? Vgl. zum NT Bauer/Aland, Wörterbuch[6], 70–72 s.v.

- Zunächst gilt auch hier, was generell bei den Menschen unter Wahrheit verstanden wird, soz. schon im Alltagsverstand, daß nämlich etwas mit der Wirklichkeit übereinstimmt, in dem Sinn: Es stimmt.[62] In diesem Sinn ist dann die Frage: Existiert Gott als Gott? Ist Gott wirklich Gott? Für die Eidola wird das in 1Thess 1,9 im Gegensatz zu Gott dann bestritten. Solch ein Sprachgebrauch zeigt sich etwa bei Pseudo-Sophocles.[63]

- Dann spielt sicher die antike Aufklärung hinein.[64] Sie hat an einem primitiven, allzumenschlichen Götterbild Kritik geübt.[65] Das hat der jüdisch-hellenistische Monotheismus auf seine Weise aufgenommen. Das Urchristentum übernimmt so etwas,[66] dann auch im Missionskerygma unserer Stelle. Der wahre, so zugleich bilderlose Gott ist hier erhaben über so etwas. Bei den Eidola ist diese Kritik dagegen angebracht.

- So kann man dann auch in den Bahnen des Platonismus den mindernden Abbildcharakter der Eidola gegenüber dem bilderlos verehrten wahren Gott herausstellen.[67] In den Eidola in 1Thess 1,9 fallen demgegenüber Götter- und Götterbildkult zusammen. Warum ist das so?[68] Vielleicht kann man an dieser Stelle sagen, daß im Missionskerygma das Gegenüber von Gott und den Eidola so grundsätzlich ist, daß es wenig Sinn macht, zwischen den beiden Bedeutungsbereichen und Aspekten von εἴδωλα zu differenzieren. Zudem könnte es typisch sein, daß die Gott gegenüberstehenden Götzen auf Götterbilder bezogen sind.

- Vom AT her wird das Paradigma des Gemeinschaftsverhaltens ins Spiel gebracht.[69] Unter solchen Voraussetzungen hat die Wahrheit als אמת usw. dann etwas mit Beständigkeit, Zuverlässigkeit, Treue zu tun. Auch von da aus können sich Grundstrukturen bis ins Missionskerygma von 1Thess 1,9f durchhalten. Paulus kennt so etwas auf jeden Fall.[70] An unserer Stelle würde das auf der christlichen Ebene Leben und Totenauferweckung, begründet in Gottes kreativer Tätigkeit, Zuverlässigkeit, Treue, Zuwendung, Liebe und Gabe der Geborgenheit ins Spiel bringen. Bei den Eidola ist das trügerisch und nichtig, ja nicht vorhanden.[71]

---

[62] Vgl. dann reflektierter die sog. adaequatio- oder Korrespondenztheorie der Wahrheit.

[63] Wenn gesagt wird: „In Wahrheit ist nur einer (εἰς ταῖς ἀληθείαισιν); Gott ist nur einer, der ...“ Vgl. auch 1Thess 2,13.

[64] Vgl. ihre Verwurzelung bis in das sog. „vom Mythos zum Logos“ bei den Griechen.

[65] So bei Xenophanes, Plato und in deren Gefolge – vgl. WOYKE, Götter, 144ff.

[66] Vgl. BULTMANN, Theologie, 69f.

[67] Vgl. auch schon das Gegenüber von Wahrheit auf der einen Seite und Meinen und Scheinen auf der anderen Seite in der Tradition des sog. Lehrgedichts des Parmenides (um 500 v.Chr.), und zwar in Verbindung mit Göttin, Sein, Denken, πίστις ἀληθής. Dazu J. SZAIF, Art. Wahrheit. I. Antike, HWP 12 (2004) 48–54: 49.

[68] Vgl. zu solchen Überlegungen in der Literatur WOYKE, Götter, 37ff.

[69] Vgl. hier VON RAD, Theologie I, 382ff u.ö., zur Gerechtigkeit.

[70] Vgl. 1Thess 5,24; 1Kor 1,9; Röm 3,3ff über πίστις κτλ und ἀλήθεια κτλ im Blick auf Gott.

[71] In diesem Zusammenhang mag man auch gemäß W. von Soden auf den größeren Horizont in der Alten Welt schauen: Bei den Griechen die Konzeption der Wahrheit als Unverborgenheit (ἀλήθεια), für die Babylonier und Israeliten die Wahrheit als „das Dauernde, das sich im letzten stets Gleichbleibende im Gegensatz zur Unbeständigkeit, zum planlosen Wechsel“ – B. LANDSBERGER/W. VON SODEN, Die Eigenbegrifflichkeit der Babylonischen Welt. Leistung und Grenze sumerischer und babylonischer Wissenschaft, Libelli 142, Darmstadt 1965, 21–123, Nachträge 125–133, 133. Versagen möchte ich es mir hier, in der Tradition des aristotelischen λόγος ἀποφαντικός und der „Phänomenologie“ im Sinn etwa von M. Heidegger und R. Bultmann

– Zu bedenken ist, ob eine Wahrheit im Urteilen, Folgern, Schließen, und zwar etwa
  in der Tradition der aristotelischen Syllogistik, der stoisch-kynischen Diatribe, der
  jüdischen Schriftgelehrsamkeit im Gedankengang des Missionskerygmas von
  1Thess 1,9f zum Tragen kommt. Es gibt aber keine Anzeichen für eine Kasuistik.
  Eher sind eine Axiomatik im Sinn des gegebenen Gegenübers von Gott und Eidola, das Schließen aus Konnotationen, ein Fortgang des Gedankens, eine Kommentierung im Verhältnis der Teile des Kerygmas zueinander zu beachten.
– Wichtig ist auch die Zuordnung der Wahrheit zum Wissen. So wissen die Heiden
  nichts über Gott gemäß dem Einwurf in 1Thess 4,5. Wissen die Heiden dann aber
  über die Eidola und von ihnen her zu viel? Meinen sie das? Sind sie hier überheb-
  lich? Bemerkenswert ist dabei auch die Zuordnung der Wahrheit zum Ethischen
  und Bösen, wie es bei Paulus auf jeden Fall in Röm 1,18f deutlich wird: die Gottlosigkeit (ἀσέβεια) und Ungerechtigkeit (ἀδικία) der Menschen, die die Wahrheit
  in Ungerechtigkeit aufhalten. In dieser Linie hat R. Bultmann für die hellenistisch-
  christliche Missionssprache herausgestellt, daß in ihr die Welt des Heidentums als
  in Unwissenheit (ἄγνοια) und Irrtum (πλάνη) versunken gilt, daß den christlichen
  Glauben annehmen heißt, „Gott" oder „die Wahrheit erkennen".[72] Hier in 1Thess
  1,9 wäre daran zu denken, daß im Eidola-Kult der wahre Schöpfer unbekannt ist,
  übersehen oder vergessen wird, Geschöpfliches an die Stelle des Schöpfers gesetzt
  wird, daß in der Bekehrung dem Bösen der alten Existenz der Rücken gekehrt
  wird, daß beim „Dienen" gegenüber Gott die Wahrheit des Guten von Gott her
  zum Tragen kommt.

Auf diese Weise ergeben sich eine ganze *Reihe an Aspekten* für das Gottes-
verständnis und die Eidola-Kritik. *Beide Attribute* können auch untereinander *zusammenhängen* und einander interpretieren. So mag gelten: Zuerst
kommen „Sein oder Nichtsein", dann erst die Wahrheit. Das Sein ist der
Wahrheit vorgeordnet, ähnlich wie bei Philo in der genannten Zusammenfassung die Existenz Gottes vor seiner Fürsorge für den Kosmos kommt.
Wenn so die beiden Attribute „lebendig" und „wahr" in der Beziehung zu
Gott betrachtet werden, kommen überhaupt besondere Attribute und Epitheta Gottes ins Spiel.

– Im Blick auf das AT seien Konstruktverbindung mit besonderen Schlüsselbegrif-
  fen herausgestellt, so z.B. bei אל und אלהים mit אמונה Dtn 32,4; אמת Ps 31,6; אמן
  Jes 65,16; bei ihnen oder bei יהוה analog z.B. mit חי, חיים Dtn 5,23/26; Jos 3,10; 2
  Kön 19,4; Ps 18,47. Das zeigt, wie sehr Leben und Wahrheit alttestamentlich vorgegeben zu Gott gehören. Die LXX bleibt an den genannten Stellen im Rahmen
  von θεός und κύριος, von ἀλήθεια κτλ, ζωή κτλ, ggf. auch πιστός. Für die Kombination beider Begriffe konzentriert sich J. Woyke alttestamentlich-jüdisch auf

---

die Eidola und das Gegenüber zu Gott zu verstehen zu versuchen. Vgl. H. HÜBNER, Art. ἀλήθεια
κτλ, EWNT 2 (1980) 138–146: 139f; ferner R. BULTMANN u.a., Art. ἀλήθεια κτλ, ThWNT 1
(1933) 233–251: 239,2ff; 242,32–248,27 (Bultmann).

[72] Vgl. BULTMANN, Theologie, 70f. Das Verständnis der Wahrheit im Sinn von „rechter
Lehre", „rechtem Glauben" scheint mir hier allerdings viel zu „orthodox" für eine Bekehrungssituation zu sein.

JosAs 11,10; Jer 10,10 (MT); 3 Makk 6,18.28; Sib Frgm. 3,43–46. Dort werden auch die Götterbilder kritisiert. Eine Reihe typischer Argumente werden deutlich.[73]

– Besonders sei hier auf JosAs als Hintergrund hingewiesen. Bei JosAs stoßen wir auf eine hellenistisch-jüdische Schrift, die von einer Ägypterin Aseneth und dem Juden Joseph handelt, die dabei im Rahmen einer komplexen Schichtung vor allem das Thema der Bekehrung, das Proselytenthema[74] behandelt, mit bemerkenswerten Parallelen zu neutestamentlichen und speziell paulinischen Aussagen, verfaßt offensichtlich in Ägypten und im Bereich des 1. Jh. v. und n.Chr.[75] In JosAs sind für uns hier vor allem die Darstellung der Begegnung der heidnischen Aseneth mit dem Juden Joseph (JosAs 8) und die Bekehrung der Aseneth (JosAs 11) interessant. Der Gott der Juden ist wahr und lebendig (11,10, diese Reihenfolge! vgl. lebendig in 8,5.6), (und zwar in Kombination mit zahlreichen anderen Epitheta wie eifersüchtig, fürchterlich, barmherzig, mitleidig, nachsichtig usw., 11,7ff). Gott wird in das Gegenüber zu den elterlichen Göttern in Ägypten, den Götzenbildern gestellt. Die Götzenbilder werden als stumm, tot bezeichnet (8,5; 11,8). Im Blick auf die Bekehrung wird im Mund des Joseph im Gebet, im Lobpreis über Gott gesagt (8,9): Herr, der Gott meines Vaters Israel; Gott als der Höchste, der starke Jakobs, dann in zwei Teilen der Rekurs 1. auf den Schöpfer: er belebte (ζῳοποιήσας) das All, 2. von da aus weiter auf die Rettung in der Bekehrung über die Berufung durch Gott: aus der Finsternis ins Licht, aus dem Irrtum zur Wahrheit, aus dem Tod zum Leben. Joseph bittet Gott, daß er Aseneth erneuert (ἀνακαίνισον) durch seinen Geist, daß sie in Gottes ewigem Leben lebt; der Gedanke der Erwählung wird genannt. Hier zeigen sich deutlich Hintergründe für 1Thess 1,9f.[76]

– Ferner sei Sap genannt. Diese jüdisch-hellenistische Schrift, offensichtlich aus Ägypten, zu Beginn der römischen Kaiserzeit, in der LXX überliefert,[77] behandelt in Kap. 13–15 ausführlich das Thema der Götzen, Götzenbilder, ihrer Hersteller und Verehrer.[78] Die Praxis des Lebens, das Gegenüber zu Gott und den Frommen werden angesprochen. Dabei zeigt sich eine Theologie der Weisheit, die auf dem Gesetz gründet, aber das Gesetz nur noch durchscheinen läßt. Besonders wird auf das Gegenüber von Gott und Mensch, Schöpfer und Geschöpf bzw. Geschöpflich-

---

[73] WOYKE, Götter, 93f.113ff.155f.

[74] Wenn WOYKE, Götter, 132ff, im Zusammenhang mit 1Thess 1,9 ausdrücklich die Frage nach Proselyten und Gottesfürchtigen betrachtet, so ist das traditionsgeschichtlich u.U. interessant. Paulus thematisiert das im 1Thess aber nicht. Er spricht die Christen Thessalonichs und überhaupt die in Mezodonien und Achaia prinzipiell als Heidenchristen an.

[75] Vgl. dazu Ch. BURCHARD, Untersuchungen zu Joseph und Aseneth. Überlieferung – Ortsbestimmung, WUNT 8, Tübingen 1965, 140ff; DERS., Joseph und Aseneth, JSHRZ 2.4, Gütersloh 1983, 577–735: 613f; zum folgenden auch 598ff; Textedition: DERS., Joseph und Aseneth, kritisch hg. v. Ch. Burchard, mit Unterstützung von C. Burfeind/U.B. Fink, PVTG 5, Leiden 2003 .

[76] Vgl. auch die Nähe zu Apg 26,18.

[77] Vgl. zu den Abfassungsverhältnissen, zur möglichen Kenntnis durch Paulus H. HÜBNER, Die Weisheit Salomons. Liber Sapientiae Salomonis. Übersetzt und erklärt, ATD Apokryphen 4, Göttingen 1999, 15ff.

[78] Vgl. dazu HÜBNER, Weisheit, 164ff (13,1–15,19 als zweiter theologischer Exkurs: Die Götzenverehrer, ihre Torheit und das Nichts). Es sei hier auch hingewiesen auf 11,17: Gottes allmächtige Hand hat den Kosmos aus gestaltlosem Stoff (ἐξ ἀμόρφου ὕλης) geschaffen (als Bekenntnis).

keit, pervertiert in Selbstüberhebung, Nichtigkeit, verderblichem Lebenswandel, Bösem und Bosheit,[79] abgehoben. In 14,29 ist vom Vertrauen auf leblose Götzenbilder die Rede,[80] in 14,22; 15,11 vom Irrtum in der Gotteserkenntnis oder ihrem Fehlen. Gott wird in 15,1 als gütig, wahrhaftig, langmütig, mit Milde gepriesen, im Blick auf die Lenkung des Alls, aber auch die Vergebung der Sünde.

– Für den paganen Hintergrund und den schon angesprochenen Bildungshorizont sei schließlich herausgestellt: Es gab hier im griechisch-hellenistisch-römischen Kulturkreis sogar eine ausdrücklich religiös-philosophische Reflexion, positiv und negativ, zustimmend und kritisch, u.U. auch positiv „interpretierend". In diesem Zusammenhang ist auf die sog. theologia tripertita hinzuweisen, die zwischen der mythischen Theologie der Dichter, der politischen Theologie der Staatsmänner, der physischen oder metaphysischen Theologie der Philosophen unterschied. Dabei ist besonders an den Weg von Herodot zu den römischen Autoren Mucius Scaevola und Varro (1. Jh. v.Chr.) bis zur berühmten sog. Olympischen Rede des Dio Chrysostomus (97 n.Chr.) zu denken.[81]

Auf jeden Fall gehören, so wird deutlich, diese Attribute „wahr" und „lebendig" bei Gott zu bedeutungsträchtigen, theologisch und soz. auch spekulativ sehr gewichtigen Epitheta. Für die Eidola ergibt sich dann jeweils das Gegenteil. Für das Missionskerygma in 1Thess 1,9 wird in folgender Richtung etwas deutlich: Monotheismus gegen Polytheismus; „lebendig" und „wahr" als komplementär; Gott als der alleinige und wirkliche Schöpfer, der alleinige Spender und Garant des Lebens, der wahre Orientierungspunkt und Begleiter für das Leben, der nicht „ohne Regung" ist. Die Eidola sind demgegenüber als Götzen und Götzenbilder nur wirklich für heidnische Verehrung, nicht lebendig, tot, stumm, von Menschenhand gemacht, materiell; sie zeigen für ihre Verehrer die Unkenntnis, Vergessenheit, Auflehnung im Blick auf Gott.[82] In 1Thess 1,9 sind ein starkes konnotatives Moment und eine gewisse Offenheit für das Verständnis gegeben. Das führt dann auch weiter zu 1,10.

---

[79] Vgl. den Stil von Lasterkatalogen wie in 14,23ff.

[80] Überhaupt wird vieles über die Götzen und Götzenbilder als nichtig, tot, Werke von Menschenhand, nur Abbild, Stofflichkeit (unterschiedlichen Zwecke dienend), nicht mit Sinnen begabt, widerwärtige Tierabbildungen u.ä. deutlich. In 13,1ff steht eine Kritik an der göttlichen Verehrung der Elemente.

[81] Vgl. dazu H.-J. KLAUCK, Die religiöse Umwelt des Urchristentums I.II, KStTh 9.1/2, Stuttgart u.a 1995/1996, I,37ff, ferner I,123–125 (Mithrasmysterien); II,64f (Kaiserkult); WOYKE, Götter, 416ff (Exkurs 6, 412ff). Zu Kritikargumenten im Blick auf die Eidola vgl. FUNKE, Götterbild, 745ff. 792ff; WOYKE, Götter, 37ff.140ff.

[82] Diesen letzten Gedanken wird Paulus dann in Röm 1,18ff besonders aufgreifen.

6 Der Sohn Gottes Jesus als Retter aus dem Endgericht

R. Bultmann hat für die hellenistisch-christliche Missionspredigt formuliert:[83] „Der Ruf zur Buße gründet aber darin, daß *Gott der Schöpfer zugleich der Richter* ist ... Die christliche Predigt vom einen wahren Gott ist deshalb zugleich *eschatologische Verkündigung*, die Predigt vom bevorstehenden *Weltgericht*. Stimmt sie darin mit der jüdischen Apokalyptik überein (im hellenistischen Judentum war dieses Motiv zurückgetreten), so liegt ihre Eigentümlichkeit einmal darin, daß sie das Weltgericht als ein nahe bevorstehendes verkündigt, und sodann darin, daß sie den Vollzug dieses Gerichtes an die Person Jesu bindet."

So etwas wird nun im dritten Teil des Missionskerygmas in 1 Thess 1,10 thematisch. Vom Gegenüber Gottes, des lebendigen und wahren, zu den Eidola geht es weiter zur Eschatologie und Christologie, und zwar damit zur Soteriologie im Horizont des bevorstehenden Endgerichts. Erst hier wird die Soteriologie explizit. Vorher mußte sie aus dem Gegenüber von Gott und Eidola sowie aus dem „lebendig" und „wahr" bei Gott erschlossen werden. Das Endgericht wird als ὀργή bezeichnet. Das Ptzp.-Attribut „das kommende" drückt die Zukunft und die Nähe, das Andringende dieser Zukunft aus (vgl. 4,13ff). Der apokalyptische Hintergrund ist deutlich. Die Einstellung des ἀναμένειν als „warten auf" kann diese Naherwartung, aber auch so etwas wie eine Ausdauer und Beharrlichkeit angesichts des unverfügbaren Kommens ausdrücken. Das Endgericht wird durch ὀργή als „Zorn(gericht)" ins Spiel gebracht. Das ist eine traditionelle Vorstellung, von der prophetischen Botschaft im AT bis zur Eschatologie im Frühjudentum und NT. Der Zorn kann hier zugleich Gott als den „lebendigen" entfalten.[84] Es wird hier nicht explizit zwischen forensischem, d.h. in einem Urteil nach den Werken, und vernichtendem Endgericht differenziert[85] oder auf eines von beidem abgehoben. Der Vernichtungsaspekt drängt sich aber auf.

Im Endgericht, d.h. vor dem Zorn Gottes dort, rettet (ῥύεσθαι) der Sohn Gottes (ὁ υἱὸς αὐτοῦ). Er kommt „aus den Himmeln". Dem Hoheitstitel wird der Jesusname hinzugefügt, nach dem Hinweis auf die geschehene Auferweckung des Sohnes Gottes bzw. Jesu von den Toten durch Gott, mit

---

[83] BULTMANN, Theologie, 77 (Kursivierung im Orig. gesperrt gedruckt).

[84] In Röm 1,18ff ist der Aspekt des Zornes ganz deutlich. Vgl. zur Vorstellung des Endgerichts W. BOUSSET/H. GRESSMANN, Die Religion des Judentums im späthellenistischen Zeitalter, HNT 21, [4]1966, 292ff; J. FICHTNER u.a.: Art. ὀργή κτλ, ThWNT 5 (1954) 382–448: 401,14ff zum AT (J. Fichtner); 413,47ff zum sog. Spätjudentum (E. Sjöberg u.a.); zum NT W. PESCH, Art. ὀργή, EWNT 2 (1981) 1293–1297: 1295–1297; zu Paulus und 1 Thess L. MATTERN, Das Verständnis des Gerichts bei Paulus, AThANT 47, Zürich/Stuttgart 1966, bes. 82ff; KONRADT Gericht, 57ff; NEBE, „Hoffnung", 55ff.

[85] Vgl. zur Differenzierung J. BECKER, Das Heil Gottes. Heils- und Sündenbegriffe in den Qumrantexten und im Neuen Testament, StUNT 3, Göttingen 1964, 19ff.251ff.

Erläuterung zu diesem Jesus als dem, „der uns aus dem kommenden Zorngericht rettet". So bringt die Christologie in den Gerichtshorizont die Soteriologie ein. Es wird nicht direkt gesagt, warum Jesus rettet. Das Warten auf ihn rettet nicht. Es gehört zu Zweck und Folge des Bekehrungsvorgangs. Es ist aber daran gedacht, daß die, für die die geschehene „Hinwendung", das „Dienen" und „Warten auf" gelten, im Endgericht gerettet werden. Die Rettung hängt mit der Auferweckung Jesu zusammen. Ein Sühnetod Jesu o.ä. kommt nicht ins Spiel.

So wird hier in den Rahmen des Monotheismus eine Heilsmittlergestalt eingebracht. Auf diese Weise rückt zugleich der Gottesohn Jesus auf der Seite Gottes als Retter für die Christen in das Gegenüber von Gott versus Eidola und Monotheismus versus Polytheismus ein. Vom zweiten Teil des Missionskerygmas wird nicht ausdrücklich argumentativ durch Folgerungen, Kasuistik u.ä. weitergegangen. Freilich ist ein Gedankenfortschritt vorhanden. Die besagte Zukunftsausrichtung kommt nun explizit hinzu. Zugleich kommentiert 1,10 die Aussagen von vorher. So wird durch die Auferweckung Jesu deutlich, daß Gott ein „lebendiger" Gott ist, daß Gott ein „wahrer" Gott ist, der sich nämlich an das hält, was ihm gemäß ist, was er will, was er verheißen hat. All das steht im Gegenüber zu dem, was bei den Eidola der Fall ist.

Nun hat Ch. Burchard, wie schon erwähnt, auf Spannungen in 1,10 hingewiesen, und zwar syntaktisch und im Blick auf den Gebrauch des Jesusnamens. So etwas sehe ich i.U. zu Burchard gerade als ein Zeichen für die Verarbeitung von Tradition, die „kommentiert" wird. Wie ist nun die traditionsgeschichtliche Situation zu beurteilen? Dazu seien einige Hinweise gegeben, zunächst für den urchristlichen Bereich.

Ich gehe davon aus, daß im vorgegebenen Missionskerygma auf hellenistisch-judenchristlicher Stufe das Endgericht enthalten war, und zwar in Verbindung mit einer aus dem Himmel kommenden Rettergestalt, die mit Jesus als Gottessohn identifiziert wurde. Daß der Sohn Gottes in solchen eschatologisch-himmlischen Zusammenhängen eine Rolle spielen konnte, kann aus vorpaulinischen Traditionen wie in Röm 1,3b–4a; Phil 2,6–11 gefolgert werden.[86] Zum Sohnestitel konnte es besonders über die Erhöhung Jesu in den Himmel durch seine Auferweckung kommen.[87] Ps 110,1 hat dabei eine Rolle gespielt.[88] In die jüdisch-apokalyptisch verwurzelte Tradi-

---

[86] Vgl. zu hellenistisch-judenchristlichen Traditionen dort G. STRECKER, Theologie des Neuen Testaments, hg. v. F.W. Horn, Berlin/New York 1996, 71ff, speziell 74.78.

[87] Vgl. zur Erhöhung schon BULTMANN, Theologie, 84; zum Gottessohntitel generell F. HAHN, Christologische Hoheitstitel. Ihre Geschichte im frühen Christentum, UTB 1873, Göttingen ⁵1995, 280ff.474ff (Anhang).

[88] Zur Bedeutung von Ps 110,1 vgl. U. MELL, Heiligende Homologie. Zur Anatomie des Evangeliums am Beginn des Römerbriefes, in: D. Sänger (Hg.), Heiligkeit und Herrschaft. Intertextuelle Studien zu Heiligkeitsvorstellungen und zu Psalm 110, BThSt 55, Neukirchen-Vluyn 2003, 65–93.

tion vom kommenden Menschensohn Jesus in der synoptischen Tradition, die auf der Botschaft des historischen Jesus vom kommenden Menschensohn basierte,[89] ist dann im hellenistischen Judenchristentum der Sohnestitel in die Endgerichts- und Parusieaussagen eingerückt. Paulus hat, so scheint mir, bei seiner Aufnahme des Missionskerygmas Jesus als den Auferweckten besonders betont (vgl. 4,14) und das so auch in 1,10 in der Formulierung gezeigt. Im Hintergrund steht dabei immer der Gottesgedanke, in 1,9f schon durch Gott als den „lebendigen" dafür zum Ausdruck gebracht. Später in Röm 4,17 wird Paulus dann die Auferweckung der Toten durch Gott direkt mit dem Gott der Schöpfung, d.h. der creatio ex nihilo in Verbindung bringen.

Und wie ist es hier mit dem Wurzelboden des Missionkerygmas im hellenistischen Judentum bestellt? Auch dazu seien ein paar Hinweise gegeben.

Daß im hellenistischen Judentum eschatologische Vorstellungen im Sinn einer kosmologisch-apokalyptischen Zukunftsschau (gegenüber individuellen Jenseitserwartungen) zurücktreten oder keine Rolle spielen, ist eine verbreitete Auffassung. Allerdings ist so etwas dort nicht gänzlich unbekannt. Wie hier theokratisch ausgerichtet von einem Endgericht als Vernichtungsgericht gesprochen werden kann, zeigt die schon erwähnte Stelle aus Pseudo-Sophokles. Generell hat die Heidelberger Dissertation von U. Fischer dazu für das hellenistische Diaporajudentum einiges aufgearbeitet. Fischer hat gezeigt, daß im slHen (griechische Urfassung aus dem 1. Jh. n.Chr. in der ägyptischen Diaspora) zwischen einem Gericht gleich nach dem Tod (über alle Menschen) und einem Vernichtungsgericht am Ende (über die Gottlosen und die Welt) differenziert worden ist.[90] Und wie steht es mit einer eschatologischen Mittlergestalt, zumal im Endgericht? Das Judentum an sich hat hier besonders an den Messias, Elias, die Erzengel Gabriel und Uriel gedacht.[91] Wenn bei Philo Alexandrinus der Logos eine eschatologische Funktion bekommt, in Praem 165 bei der an sich auf den Messias deutenden Rückführung der zerstreuten Juden (nach Palästina),[92] so ist das hier eine andere Sache.[93] Bemerkenswert ist, daß Flavius Josephus[94] bei der Danielauslegung gerade vor Dan 7 „halt macht".[95] Auffäl-

---

[89] So deute ich im Gefolge von Bultmann und vielen anderen – vgl. BULTMANN, Theologie, 31f. Wenn man die Worte vom kommenden Menschensohn erst nachösterlich mit der Jesustradition in Verbindung bringt, dann verschiebt sich der Ansatzpunkt und Haftpunkt lediglich zeitlich.

[90] Vgl. FISCHER, Eschatologie, 41.59, dabei 37ff zum slHen.

[91] Vgl. ebd. 204f.

[92] Vgl. ebd.

[93] Über den Logos bei Philo könnte man zu den schon erwähnten sog. Manifestationsbegriffen kommen. Freilich spielt das bei dem Gottessohn wie auch bei den Eidola in 1Thess 1,9f keine Rolle. Eher ist das bei dem christologischen εἰκών – Begriff später in 2Kor 4,4 zu bedenken.

[94] Vgl. FISCHER, Eschatologie, 157ff, zur nationalen Eschatologie bei Flavius Josephus.

[95] Vgl. ebd. 175ff.

lig ist bei Flavius Josephus auch, daß er in Bell 6,288–315 im Zusammenhang mit dem sog. χρησμὸς ἀμφίβολος bei der Darstellung des Kommens
des Messias eine (ihm offensichtlich) in paganer Quelle (vgl. Tacitus, Dio
Cassius) vorgegebene und belegte Prodigienreihe aufnimmt, in der auch
astral-kosmische Zeichen eine Rolle spielen (vgl. Josephus, Bell 6,289; Dio
Cassius, HistRom 65,8,1).[96] Im Blick auf JosAs sei auf 14,1ff mit der Erscheinung des Engelfürsten Michael in Verbindung mit einem himmlischen
Zeichen verwiesen. Dieser Engel ist bei der Bekehrung der Aseneth wichtig. Er wird in 14,3 als Mensch aus dem Himmel (ἄνθρωπος ἐξ οὐρανοῦ)
bezeichnet.[97] Schließlich sei hingewiesen auf die jüdischen Bestandteile in
den Sibyllinen, und zwar auf Gottes eigenes Wirken vom Himmel her, zum
Gericht in 3,33ff. 303ff, aber auch auf eine Mittlergestalt in 3,652ff und in
dem späteren 5,414ff (ein seliger Mann vom Himmel, mit einem von Gott
verliehenen Szepter).[98]

Angesichts solcher Sachverhalte wäre beim Missionskerygma in 1Thess
1,10 eine hellenistisch-jüdische Grundlage bis hin zu einer himmlischen
Mittlergestalt durchaus möglich. Freilich stellt sich dann die soteriologische
Frage. Zudem scheint es aufgrund der beschriebenen Situation im Urchristentum doch angebrachter zu sein, bei der Gestalt des Gottessohnes hier
eher erst im hellenistischen Judenchristentum zu verankern – mag dabei
Antiochien eine schöpferische Rolle gespielt haben oder nicht.

7 Die Bedeutung der „Dreiheit" ἐπιστρέφειν, δουλεύειν, ἀναμένειν

Bisher haben wir das Missionskerygma in 1Thess 1,9f im Sinn der *Zweiteilung* von Monotheismus und Eschatologie in Verbindung mit der Christologie interpretiert. Durch die Zuordnung zu den drei Verhaltensweisen
ἐπιστρέφειν, δουλεύειν, ἀναμένειν kommt dann eine Dreiteilung ins Spiel.
Dabei haben wir eben die Teile des Missionskerygmas im Sinn der Vorstellungen über Gott und die Eidola, über den Gottessohn Jesus, das Endgericht usw. betrachtet. Die Ausdrucksweise ist aber genauer so, daß die Vorstellungen auf drei Verhaltensweisen bezogen referiert werden. Insofern
liegt eine Art Existenzinterpretation der Vorstellungen vor. Ist das eine Art
„Dreiheit" von „Existentialien" im Rahmen dieses Missionskerygmas für

---

[96] Dazu ebd. 162ff.

[97] Zur Textüberlieferung vgl. BURCHARD, Joseph und Aseneth, 672. Zu Joseph als Sohn Gottes in JosAs 6,2.6 usw. vgl. D. SÄNGER, Antikes Judentum und die Mysterien. Religionsgeschichtliche Untersuchungen zu Joseph und Aseneth, WUNT 2.5, Tübingen 1980, 199ff (statt der heilsgeschichtlichen Erwählung des Volkes bei der atl. Rede von der Gotteskindschaft Israels bzw. des
Israeliten nun das mit Weisheit erfüllte tugendhafte Individuum [d.h. Joseph] als Sohn Gottes).

[98] Vgl. zu den Sibyllinen H. MERKEL, Sibyllinen, JSHRZ 5.8, Gütersloh 1998, 1041–1140,
bes. 1048.1050.1060.1062.1066f.1082.1091.1132.

Heidenchristen? Es seien nun ein paar Hinweise zu den drei Verben gegeben.

Die ersten beiden Verhaltensweisen betreffen die Gottes- und Eidolarelation, zentriert auf Vergangenheit und Gegenwart. Bei ἐπιστρέφειν als „sich hinwenden zu",[99] d.h. hier aktiv im intr. Sinn gebraucht, sind die Beziehung zu Gott und überkommene Missions- und Bekehrungsterminologie ganz deutlich (vgl. bei *Paulus* ferner Gal 4,9, 2Kor 3,16,[100] in der Apg z.B. 3,18; 11,21; 14,15; 15,19; 26,18.20). Analogie, Nebeneinander oder Miteinander mit μετάνοια κτλ. fallen in die Augen (vgl. hier durch das Präfix μετα- im Sinn einer Veränderung den Umkehr- und Bußgedanken mit der Abwendung von der Vergangenheit auf dem Weg zum Neuen). Bei ἐπιστρέφειν in 1Thess 1,9 drückt die ἀπο- Konstruktion das „weg von den Eidola" ausdrücklich aus, wird das Präfix durch das „hin zu Gott" entfaltet. Dieses ἐπιστρέφειν beinhaltet im Bekehrungs- und Missionssprachgebrauch eine(n) Gesinnung(swandel), zugleich aber auch einen offiziellen Vorgang mit Taufe usw.

Schon lange ist gesehen worden, daß der Terminus das Gepräge jüdische Redeweise trägt.[101] So sind etwa LXX, TestXII (z.B. TestSeb 9,8); JosAs 54,10 genannt worden.[102] Aber auch die Beziehung zur hebräischen Bibel ist über eine Wurzel wie שוב und die LXX-Wiedergaben bemerkenswert. Dort stellt sich im Blick auf Israel und die Juden dabei aber die Frage, ob man von Bekehrung im Sinn von Mission(sterminologie) sprechen kann.[103] Schon im AT öffnen sich hier allerdings die Dimensionen über Israel hinaus, wie Jer 28,8 zeigt.

Bei δουλεύειν als „dienen" geht es erneut um das Leben und Verhalten in der Relation zu Gott. Paulus bringt das Verb in Gal 4,3.8f in Beziehung zum heidnischen Gottesdienst,[104] speziell beim Rückfallproblem („wieder dienen"). Zusammen mit 1Thess 1,9 ist das δουλεύειν auf diese Weise sowohl mit der heidnischen Religion und ihrer Praxis, so auch im Verhältnis zu den Eidola, als auch mit der christlichen Religion und ihrem Gottesverhältnis verbunden. Der Christ und Apostel Paulus sieht sich dann überhaupt als solch eine „Diener".

---

[99] Vgl. zum breiteren Sprachgebrauch im NT Bauer/Aland, Wörterbuch[6], 609f.

[100] In Gal 4,9 beim umgekehrten Vorgang des Rückfalls, in Verbindung mit einem δουλεύειν, in 2Kor 3,16 in besonderer hermeneutisch-soteriologischer Weise (vgl. Ex 34,29ff und die „Buchstabe-Geist"-Thematik). Vgl. dabei in 2Kor 3,18 den εἰκών-Begriff christologisch-soteriologisch (mit sog. Spiegelschau, Begrifflichkeit der sog. Manifestationsbegriffe).

[101] Vgl. HOLTZ, 1Thess, 58.

[102] Freilich hat schon Bertram darauf hingewiesen, daß das Wort in den Apokryphen und Pseudepigraphen zurücktritt; G. BERTRAM, Art. στρέφω κτλ, ThWNT 7 (1963) 714–729: 722–729 (zur Belegungssituation!), Hinweis 724.

[103] Vgl. dazu die Bemerkungen bei BERTRAM, ἐπιστρέφω, 724,23ff; SÄNGER, Judentum, 210ff; NEBE, „Hoffnung", 320f Anm. 440 (zu alttestamentlichen Stellen, JosAs, Qumran usw.).

[104] In Gal 4,1ff zugleich im Kontrast zur Sohnschaft der Christen.

Im Blick auf dieses Verb ist gesagt worden: „δουλεύειν ist in LXX der häufigste Ausdruck für Gottesdienst, und zwar im Sinn totaler Bindung an die Gottheit, nicht etwa im Sinn des gottesdienstlichen Einzelaktes".[105] Auch sonst in der griechisch-jüdisch geprägten Literatur findet sich solch ein Sprachgebrauch, bis hin zum lk Doppelwerk im NT (vgl. z.B. Flavius Josephus, Ant 7,367; TestAss 3,2;[106] Maria als Gottes δούλη Lk 1,38.48).[107] In den Paulusbriefen bezieht sich der Wortstamm δουλ- auffälligerweise aber statt auf Gott eher auf Jesus Christus, das Gesetz, die Sünde, den Hlg. Geist, die Gerechtigkeit u.ä., also auf Mittelinstanzen, eine Mittlergestalt. Vom tradionellen griech. Selbstbewußtsein mit seinem Freiheitsgedanken her konnten sich hier keine positiven Voraussetzungen ergeben.[108] Vom AT und seinem altorientalischen Hintergrund her war das anders, zumal dann im Zusammenhang mit der Entwicklung der hellenistisch-römischen Welt.[109] Im Traktat Pirqe Aboth (I,2) der Mischnah wird bereits dem Simon dem Gerechten (um 300 v.Chr.), einem der letzten Männer der großen Synogoge, so heißt es, zugeschrieben: Auf drei Dingen beruht die Welt: Auf der „Tora", dem Gottesdienst (העבודה), dem Erweis von Liebestaten (גמילות חסדים). Mag sich dieser Gottesdienst (noch) auf den Tempelkult beziehen,[110] so steht er doch zugleich in Bezug zur Tora.

Paulus ist als Phariäser aus der Diaspora sicherlich in solch einem Horizont aufgewachsen, zumal auch im Sinn der genannten Äußerung Simons des Gerechten. So mag dann in der Überlieferung des Missionskerygmas von 1Thess 1,9 auf jüdischer Stufe durchaus die Tora ins Spiel kommen. Auf der urchristlichen Stufe ist das aber, zumal bei der Heidenmission, die Tradition der Bindung an Gott im Leben coram Deo. Ob solch ein δουλεύειν zugleich ein bedeutsamer Terminus für den „Kult" gewesen ist, zumal im Blick auf die Eidola, bleibt angesichts der Terminologie in der Gräzität zu fragen.[111] Auf jeden Fall ergibt sich hier beim und durch das δουλεύειν ein Herrschaftwechsel.

In der Zukunftsdimension steht dann in 1,10 das griech. Verb ἀναμένειν als „warten auf", als Inf. Präs. ebenfalls abhängig von ἐπεστρέψατε. Mit diesem Verb liegt nicht die verbreitete Hoffnungsterminologie mit Bildungen vom Wortstamm ἐλπίς κτλ. vor. Dieser letzte Wortstamm reicht – über die LXX vermittelt – zugleich bis zum AT und seinem hebräischen בטח zurück.

---

[105] So K.H. RENGSTORF, Art. δοῦλος κτλ, ThWNT 2 (1935) 264–283: 270,37–39.

[106] Vgl. HOLTZ, 1Thess, 58f; zur Belegung überhaupt Rengstorf in dem genannten Art.

[107] Vgl. Apg 2,18 Gottes δοῦλοι und δοῦλαι im Zitat aus Joel 3,2.

[108] Vgl. RENGSTORF, δοῦλος, 264,31ff.

[109] Vgl. dazu BULTMANN, Urchristentum, 76ff.137ff; RENGSTORF, δοῦλος, bes. 267,7ff; 269,39ff.

[110] Vgl. H.L. STRACK, Pirqe Aboth. Die Sprüche der Väter, Leipzig ⁴1915, 10*.2.

[111] Für das Griechische sei hier etwa auf εὐσέβεια, δεισιδαιμονία, λατρεία, für das Lat. auf cultus deorum (colere), pietas, religio hingewiesen. Vgl. in der LXX z.B. προσκυνεῖν und λατρεύειν in Ex 20,5 par.

In 1,10 wird ἀναμένειν verwendet, und zwar als ntl. hapax legomenon. Durch den Wortstamm und die Vorsilbe wird das durative Moment wichtig,[112] aber auch die Ausrichtung auf ein Ziel, einen Inhalt, hier das andrängende, nahe Endgericht und die rettende Parusie.[113] Das Verb kommt auch in der LXX vor, als Wiedergabe für hebräische קוה (Hoffnungsterminologie!), i.U. zu ἐλπίς κτλ. aber nicht in den Ps, vielmehr in Hiob; Jes; Jer, sonst in den Apokryphen.[114] Dadurch ergibt sich neben einem allgemeineren Sprachgebrauch[115] zugleich eine Verwurzelung in bestimmten Schichten der jüdischen Aufnahme des AT und seiner Apokryphen. Für die Anhänger des Eidola-Kultes gilt solch eine Zukunftsausrichtung im ἀναμένειν nicht.

Man wird dabei als Hintergrund auf die kurze, generalisierende Bemerkung des Paulus in 1Thess 4,13 verweisen, daß „die Übrigen keine Hoffnung haben" (οἱ λοιποὶ οἱ μὴ ἔχοντες ἐλπίδα). Nun ergibt sich alltäglich-kulturell und religiös-philsophisch betrachtet bis hin zum postmortalen Zustand in der zeitgenössischen Antike ein ambivalentes Bild für ein „mit Hoffnung" und „ohne Hoffnung". Wenn Paulus „den Übrigen" eine Hoffnung abspricht, so wird erst einmal das mit ἐλπίς zusammengefaßt, was in 1,10 über ἀναμένειν im Missionskerygma indirekt für den Eidola-Kult angesprochen worden ist.[116] Mögen „Hoffnung" und positive Zukunft „subjektiv" oder über die Vorstellungen der Religionen vorhanden sein oder angeboten werden, so ist – im Missionskerygma angelegt – Paulus zufolge „objektiv" eine „Hoffnung" nicht gegeben. Das gilt so auch für die Eidola-Verehrung. Es besteht für sie kein Grund zum „Warten auf" im Sinn von 1,10.[117]

Diese „Dreiheit" von 1Thess 1,9f ist also charakteristisch für die Christen im Zusammenhang mit dem Missionskerygma. Aus der geschehenen „Hinwendung (und Abwendung)" in der Bekehrung folgen (Inf.!) parallel und zugleich in der Zeitrelation verschoben das „Dienen" und „Warten auf". Alle drei beschreiben zusammen die christliche Existenz, und zwar unter dem Gesichtsunkt der missionarischen Erstverkündigung unter Heiden und deren christliche Folgen. Daß in diesen drei Verhaltensweisen aber

---

[112] Vgl. die Erweiterung der ἐλπίς in der Trias durch ὑπομονή in 1,3.

[113] Vgl. zur Hoffnungsterminologie und zu ἀναμένειν NEBE, „Hoffnung", 19ff.50.56f.

[114] Vgl. HATCH/REDPATH, Concordance, 79.453 s.v.

[115] Vgl. Bauer/Aland, Wörterbuch[6], 113.

[116] Ob und inwieweit in 1Thess 4,13 auch die Juden bei der Hoffnungslosigkeit mitgemeint sind, bleibt eine Frage (vgl. hier etwa 1,10 im Verhältnis zu 2,16). In 1Thess 1,10 richtet sich das Kerygma aber speziell auf die Heidenchristen und die pagane Situation.

[117] Vgl. zum Hoffnungsproblem R. BULTMANN/K.H. RENGSTORF, Art. ἐλπίς κτλ, ThWNT 2 (1935) 515–531: 515,8ff (R. Bultmann zum paganen Bereich); NEBE, „Hoffnung", 76ff speziell zu 1Thess 4,13 u.ä. Im Blick auf die Problemsituation von 4,13ff und eine „Lösung" bei Paulus im Sinne antiochenischer Tradition vgl. BECKER, Paulus, 148ff (unter dem Stichwort „Hoffnung in der Krise").

eine „Dreiheit" vorliegt, die so formelhaft, markant und wegweisend wie
die sog. Trias ist, scheint mir nicht der Fall zu sein.[118]

8 Gesetzesperspektiven und Soteriologie

R. Bultmann hat bei der Darstellung des (Missions-)Kerygmas der hellenistischen Gemeinde gesagt:[119] „Nach jüdischer Auffassung besteht ein ur-
sächlicher Zusammenhang zwischen dem heidnischen Polytheismus und
Götzendienst und der Versunkenheit der Heidenwelt in Sünde und Laster.
Diese Anschauung hat auch Paulus übernommen; Röm 1,24–32 erscheinen
die heidnischen Laster als Folge bzw. göttliche Strafe für die Ursünde des
Götzendienstes. Und so versteht es sich für die urchristliche Anschauung
von selbst, daß heidnisches Leben ein Wandel in Sünden ist, der in Lasterkatalogen beschrieben wird, wie sie schon das hellenistische Judentum aus
der ethischen Paränese des Hellenismus übernommen hatte ...."
Anders als in den Anfangskapiteln des Röm finden wir im 1Thess nichts
terminologisch und sachlich zum Evangelium von der Gottesgerechtigkeit
und Glaubensgerechtigkeit, nichts zum „Tora-Gesetz" der biblisch-jüdi-
schen Tradition, zur Perspektive eines „Natur-Gesetzes", sei es im Sinn der
Ordnung des Kosmos (vgl. Röm 1,19ff), sei es bei dem Tun des Gesetzes
bei den Heiden (vgl. Röm 2,14f). Allerdings zeigt sich das, was R. Bultmann über die Lasterkataloge sagt. Es finden sich Einflüsse von solchen
Lasterkatalogen, aber auch von Tugendkatalogen (so in der Briefparänese
1Thess 4,1–12; 5,12ff). Das Gesetz wird nicht in soteriologischer Hinsicht
thematisiert. Sogar die Beschneidung und Speisegesetze werden nicht bedacht.[120] Generell werden Bestimmungen des Tora-Gesetzes einfach neben
anderen ethischen Maßstäben genannt. Warum ist das so?
Ch. Burchard hat bei der Betrachtung der Ortsbestimmung von JosAs
darauf hingewiesen, daß JosAs jüdisch ist. Das zeige sich auch bei der
Rechtfertigungslehre und Ethik. Man bekomme die Ethik von JosAs gut zu
fassen, wenn man die οὐ προσήκει-Sätze zusammenstellt, die eine Ethik des
ἀνὴρ θεοσεβής beschreiben (vgl. 49,3.5f.11–13 usw.).[121] Er folgert: „Was
JA vom θεοσεβής verlangt, ist zwar bis auf den mit dem Monotheismus zus-
mammenhängenden ersten οὐ προσήκει-Satz, der dann auch als einziger
eine Begründung nach sich hat, inhaltlich nicht spezifisch jüdisch, sondern

---

[118] Vgl. den Sachverhalt, daß das formelhaft-generalisierende „Gott nicht kennen" über die
Heiden von 1Thess 4,5 in 1,9f nicht durch einen entsprechenden Erkenntnis- oder Wissensbegriff
aufgenommen wird.

[119] BULTMANN, Theologie, 75f.

[120] Obwohl der 1Thess nach den Ereignissen geschrieben worden ist, die in Gal 2,1ff.11ff behandelt werden.

[121] Vgl. BURCHARD, Untersuchungen, 99ff.

paßt zum allgemeinen sittlichen Bestand des Hellenismus ... und könnte auch in einer christlichen Ethik vorkommen."[122]

Auf solch einem Hintergrund wird man Paulus hier im 1Thess zu sehen haben. Er mag das aus Antiochien mitgebracht haben. Ja, man kann sogar fragen, ob das bei Paulus deshalb so im 1Thess ist, weil er in seiner beginnenden eigenständigen Mission unter den Heiden nach dem Konflikt in Antiochien dokumentieren will, daß er der „wahre Antiochener" bei der Heidenmission ist.[123] Hat Paulus hier die Rechtfertigungslehre nicht, so ist doch gleichwohl die Paränese des 1Thess im Rahmen von sog. Indikativ und Imperativ zu sehen. Es geht um die Christen als Berufene, Erwählte usw.

Hier ordnet sich dann auch das Missionskerygma von 1,9f ein. Es spricht zwar nicht von Erwählung und Berufung. Hier überwiegt das Gewicht des Verhaltens im Rahmen der „Dreiheit". Diese Verhalten vermitteln aber nicht das Heil. Vielmehr ordnen sie (sich) in einen Heilsprozeß ein. Insofern gilt auch hier der Rahmen von Indikativ und Imperativ. Zudem entspricht die „Erwählung" als ἐκλογή einer Absetzung von „denen draußen" (4,12). Daß der Gedanke der Erwählung im hellenistischen Judentum zurückgetreten ist, kann man ebenfalls nicht sagen.[124] Paulus betont dabei sicherlich die Erwählung der Heidenchristen auch deshalb, weil er so einen Kontrast zu den Geschehnissen in Antiochien zum Ausdruck bringen will und kann.

Allerdings finden sich, genauer betrachtet, nun doch auch Gesetzesperspektiven im Missionskerygma von 1,9f. Das mag auf einer betont jüdischen Stufe solcher Aussagen beim Endgericht oder „Dienen" der Fall gewesen sein. Bei dem Verhältnis von Gott und Eidola ist das einmal der Boden des Dekalogs mit dem sog. ersten Gebot und dem Bilderverbot, allerdings nicht halachisch, sondern theologisch-spekulativ entfaltet. Zum andern kommt bei dem „lebendigen" Gott und den dementsprechend „nichtlebendigen" Eidola die Materie ins Spiel, also ein naturphilosophischer Horizont, der seit den Vorsokratikern bis zu den Atomisten und der Stoa in der Antike auch über die Gesetze der Natur nachdenken ließ. Doch steht im Missionskerygma und so auch bei Paulus demgegenüber der Schöpfungsgedanke im Vordergrund, wohl bis hin zur creatio ex nihilo, dann bis hin zur Erhöhung bzw. Auferweckung Jesu und ihren Folgen. Wenn bei dem

---

[122] BURCHARD, Untersuchungen, 101f. Burchard hebt dann aber auch am Beispiel der Mahnung, „nicht Böses mit Bösem zu vergelten" hervor, daß gegenüber JosAs die neutestamentlich-christlichen Stellen ein stärker christliches Gepräge erhalten haben, mit der Folgerung (102): „Hier wird ein jüdisch-hellenistischer Satz übernommen und im Fortgang verchristlicht" (dabei auch 1Thess 5,15 angesprochen). Vgl. zur Ethik in JosAs auch BURCHARD, Joseph und Asenneth, 611–613.

[123] Vgl. BECKER, Paulus, 108, zu Paulus als dem konsequenten Antiochener. Man mag hier auch bedenken: Paulus weiß mehr, als er situativ schreibt.

[124] Vgl. JosAs; dazu SÄNGER, Judentum, 198ff.

„wahren" Gott im Sinn der biblischen Verheißung verankert wird, dann ergibt sich auch da die Frage nach der Tora. Auf jeden Fall wird durch das Missionskerygma in 1,9f und den ganzen 1Thess deutlich: Paulus denkt, verkündigt und schreibt nicht nur im jüdischen Horizont und an der jüdischen „Front", kommt dabei aber gleichwohl vom Judentum her.

Zum Schluß ergeben sich zwei besondere Fragen, als erste Frage: Ist die Trias von Glaube, Liebe, Hoffnung „größer"? Sie wird in 1,3 und 5,8 angeführt und kommt so im Verhältnis zu den drei Verhalten in 1,9f ins Spiel. Wie die Paulusbriefe zeigen, scheint sie für Paulus wirklich wichtiger zu sein,[125] wie immer sie dabei verwurzelt wird, wie immer Paulus bei ihrer Ausgestaltung kreativ gewesen ist. Das hat sicherlich auch damit zu tun, daß sie näher zum Kerygmatyp von Evangelium und Glaube steht.

Zweite Frage: Führen Evangelium und Glaube auf eine weiter tragende, zukunftsträchtigere Botschaft? Wenn wir die zwei besagten Kerygmatypen betrachten, den des Missionskerygmas für Heiden in 1Thess 1,9f und den, der durch das Evangelium und den Glauben bestimmt ist, so ist deutlich, daß der letztere Typ in die Zukunft hinein wichtiger geworden ist als der erstere, der besonders für die sog. Erstverkündigung in der Missions- und Bekehrungssituation gilt. Schon im 1Thess stellt er den Rahmen für das Missionskerygma dar. Er erscheint inhaltlich als offener und tragfähiger. So kann er dann bei Paulus schließlich auch die Rechtfertigungslehre als Evangeliumsbotschaft von der Gottesgerechtigkeit und Gnade Gottes,[126] der Glaubensgerechtigkeit in christologischer und pneumatologischer Ausrichtung tragen, im Rahmen des Verhältnisses von sog. Indikativ und Imperativ, in der lutherischen Tradition formuliert als Botschaft von „Gesetz und Evangelium". Im Urchristentum ist dieser Kerygmatyp dann auch für die Herausbildung der literarischen Gattung des Evangeliums grundlegend geworden.[127]

Folgenden besonderen Anstoß gibt das Missionskerygma in 1Thess 1,9f aber dann doch auch bleibend. Die Eidola als Götzen und ihre Bilder – offensichtlich mit einem dabei typischen Zusammenhang zwischen beidem – sind dort, nicht zuletzt wegen ihrer Beziehung zum Materiellen und im Gegenüber zum „lebendigen" und „wahren" Gott „tot", „nicht wahr". Heute kann man oft den umgekehrten Eindruck gewinnen, daß nämlich das Mate-

---

[125] Vgl. zum Gewicht der Trias BECKER, Paulus, 1 u.ö., ferner speziell 148 (im Kontrast zu Väterbund, Gesetz, Leben beim jüdischen Selbstverständnis).

[126] Vgl. hier die Verbindung mit den Gedanken der Erwählung, Berufung usw.

[127] Vgl. z.B. R. BULTMANN, Die Geschichte der synoptischen Tradition, FRLANT 29, Göttingen [5]1961, 372f; DERS., Theologie, 88f. Bemerkenswert ist hier im Rahmen des Mk auch 1,14f mit der Predigt Jesu: zwei Ebenen des Evangeliumsbegriffs, mit einer Dreiteiligkeit in 1,15 entsprechend 1Thess 1,9f, wobei die Eschatologie vorgezogen wird, dann das μετανοεῖν und πιστεύειν folgen. Bei der Frage der kerygmatisch-traditionsgeschichtlichen Verwurzelung des Evangeliumbegriffs wird man im Verhältnis zu Bultmann allerdings weiter zu fragen haben – vgl. z.B. schon STUHLMACHER, Evangelium; STRECKER, Art. Evangelium.

rielle in Verbindung mit einer stabilen, ausgeglichenen Energiebilanz und ggf. mit dem Problem der Abbildung lebendiger und wahrer, stärker als Gott erscheint. Mancher wird sich heute vielleicht auch eher mit den folgenden Worten des Stoikers der Kaiserzeit Epiktet (1.–2. Jh. n.Chr.) identifizieren wollen: „Glaubt ihr, ihr sollt mir einen Zeus oder eine Athene von Phidias zeigen, ein Bildwerk aus Gold oder Elfenbein? Zeigt mir doch nur einen Menschen, der danach trachtet, in Übereinstimmung zu sein mit Gott ...“[128] – und das dann in Verbindung mit dem alten stoischen Grundsatz „in Übereinstimmung mit der Natur zu leben". So ist dann die Gottesfrage gestellt.[129] An diesem Punkt hat die biblisch-neutestamentliche Exegese auch heute ihre große, bleibende Aufgabe.

---

[128] Epiktet, Diss 2,19; nach Epiktet: H. SCHMIDT (Hg.), Handbüchlein der Moral und Unterredungen, Stuttgart 1954, 78.

[129] WOYKE, Götter, 451f, sieht seine exegetischen Ergebnisse systematisch-theologisch in der Nähe von K. Barth. In seiner Exegese zu 1Thess 1,9f (vgl. 106f.120ff.156f) hat er sich um die Frage gemüht, ob in 1Thess 1,9f der monotheistische Teil nur einen propädeutischen Charakter gegenüber dem christologischen Teil besitzt (vgl. A. Oepke u.a., den Ausgangspunkt bei einer bestimmten theologiegeschichtlichen Situation) oder schon zum Proprium gehört. Er befürwortet das letztere. Für solch eine Fragestellung finde ich im Text selbst keinen zwingenden Grund.

George W. E. Nickelsburg

Torah and the Deuteronomic Scheme in the Apocrypha and Pseudepigrapha

Variations on a Theme and Some Noteworthy Examples of its Absence

It is axiomatic that the Sinaitic Covenant and the Mosaic Torah were central to Judaism in the Second Temple period. In this short essay I shall survey two groups of texts from the Apocrypha and Pseudepigrapha, identifying in the first group the nature of Torah and the function of Torah obedience and disobedience in the "narratives" of these works, and underscoring how the texts in the second group minimize or ignore the covenant and Torah.

1 Torah and the Centrality of the Deuteronomic Historical Scheme

The pattern operative in this first group of texts — sometimes explicitly, sometimes implicitly — is drawn from Deuteronomy 28–32. Within the structure of the Sinaitic covenant, God lays out the stipulations of the Torah. Obedience brings the blessings of the covenant and disobedience its curses. When Israel repents of its sins, the curses are removed and divine blessing returns to Israel.[1] The first explication of this scheme is the Deuteronomic History. Subsequently, the scheme becomes a staple in texts of the Second Temple Period that are written in times of distress and suffering and speak to those circumstances.

---

[1] For the place of Torah in its covenantal context (i.e., "covenantal nomism") in some of the Apocrypha, Pseudepigrapha, and Dead Sea Scrolls, see E.P. SANDERS, Paul and Palestinian Judaism. A Comparison of Patterns of Religion, Philadelphia 1977, 233–428.

1.1 The Book of Jubilees: Return to the Eternal Law will Bring Long Life and Blessing

The Book of Jubilees was written on the verge, in the midst, or in the wake of the persecution by Antiochus Epiphanes.[2] In the prologue to the work God predicts: that Israel will forsake the divine ordinances, commandments, festivals, and Sabbaths, as well as the sanctuary, and will sacrifice to idols (1,7–9.11–13); that God will punish them, sending them into exile and dispersion (v.10.13); that they will repent (v.15.22–15); and that God will gather them, restore the blessings of the covenant, and rebuild the sanctuary in their midst (v.16–18).[3] Although the fictional setting of the book is Mount Sinai and its contents are a rewriting of Genesis 1–Exodus 12, the wording of this prologue and its historical scheme are heavily dependent on Deut 28–31.

The author's second use of the biblical scheme occurs in 23,10–31 and is triggered by a reference to Abraham's age (175 years) at the time of his death (v.9). Human life has already shortened from its patriarchal length due to sin. In the author's time, the nation will sin and forsake the covenant (commandment, covenants, feasts, months, Sabbaths, and jubilees) and pollute the sanctuary (v.14–22). Life will continue to shorten (v.11–12), and God's punishment will be so severe that children of three weeks will appear to be 100 years old (v.23–25). However,

> In those days, the children will begin to study the laws
> and to search the commandments,
> and to return to the path of righteousness (v.26).

With that repentance, God will restore the covenantal blessings, and humans will live to almost a thousand years (v.27–31).

The repentance to which the author refers is, in fact, the result of the process of searching the Torah that has led to the composition of the Book of Jubilees.[4] That is, Jubilees is the Sinaitic Torah, which when obeyed, will deliver Israel from the terrible evils that have befallen the nation in the sec-

---

[2] For alternative dates, see J.C. VANDERKAM, Textual and Historical Studies in the Book of Jubilees, HSM 14, Missoula 1977, 214–258; G.W.E. NICKELSBURG, The Bible Rewritten and Expanded, in: M.E. Stone (Hg.), Jewish Writings of the Second Temple Period, CRI 2.2, Assen/Philadelphia 1984, 101–103; J.C. VANDERKAM, The Book of Jubilees, Guides to Apocrypha and Pseudepigrapha, Sheffield 2001, 17–21.

[3] On the Deuteronomic scheme here, see R.A. WERLINE, Penitential Prayer in Second Temple Judaism: The Development of a Religious Institution, SBL Early Judaism and its Literature 13, Atlanta 1998, 110–111. On the copious quotation of Deuteronomy, see R.H. CHARLES, The Book of Jubilees, in: idem (Hg.), The Apocrypha and Pseudepigrapha of the Old Testament 2, Oxford 1912, 11–12.

[4] On the likely use of דרש here and in chapter 1, see WERLINE, Penitential Prayer, 111–113.

ond century. Its status as right Torah, moreover, is punctuated by the claim that the book was dictated to Moses by angels, who read its contents to him from the eternal heavenly tablets.[5] The book is not intended to replace the Pentateuch, but rather to present precepts of the Torah, disobedience to which have brought the terrible evils of the Antiochan period.[6]

1.2 The Testament of Moses: The Deuteronomic Scheme Made Explicit

The Testament (Assumption) of Moses, whose original form, I believe, derives from roughly the same time as Jubilees,[7] is a kind of literary twin of the Book of Jubilees. In a sense, it is its parent, since it sets its explication of the last chapters of Deuteronomy on the mountain of Moses's death. This explication spells out the details of Israel's history, employing a double cycle of the Deuteronomic scheme.[8] Israel's sin (chap. 2) leads to divine punishment in the Exile (3,1–4). The prayer of an unnamed figure (3,5–4,4) effects the return of God's favor and the people's return to the land (4,5–9). Israel's repeated sin – notably idolatry and the pollution of the sanctuary (chap. 5 and perhaps 7)[9] – brings on God's "second visitation", the Antiochan persecution (chap. 8). Repentance comes when "Taxo," a man from the tribe of Levi, exhorts his seven sons to "die rather than transgress the commands of the Lord of Lords, the God of our fathers" (chap. 9). With this death, he expects that God will avenge their blood and bring on the cosmic cataclysm that will vindicate them and destroy their oppressors (chap. 10; cf. especially 9,7; 10,2 with Deut 32,43).

Different from Jubilees, this text does not explicate the particulars of the Torah, nor does it explicate a notion of its eternal, heavenly character. It is significant for our purposes in that it applies the Deuteronomic scheme to the particulars of Second Temple Jewish history, and it offers Israel the promise of imminent deliverance from the severe persecution that was God's punishment for the sins of the Hellenistic period.

---

[5] See 1,27; 3,10; 4,32; 5,13; 15,25; 16,29; 24,33; 28,6; 32,15. On the angel as the one who dictates rather than writes the book, see J.C. VANDERKAM, The Putative Author of Jubilees, JSS 26 (1981) 209–217.

[6] For Jubilees as a supplement to the Torah, see H. NAJMAN, Seconding Sinai. The Development of Mosaic Discourse in Second Temple Judaism, JSJ.S 77, Leiden 2003, 43–50.

[7] On the problems of dating the Testament of Moses, see G.W.E. NICKELSBURG, Jewish Literature Between the Bible and the Mishnah, Minneapolis [2] 2005, 363 n.34.

[8] On this scheme in the Testament of Moses, see NICKELSBURG, Jewish Literature, 75.

[9] On the problem of this chapter as an interpolation, see NICKELSBURG, Jewish Literature, 74.363f, nn. 34–37.

1.3 Second Maccabees: The Deuteronomic Scheme Shaping Historical Narrative

Written sometime in the first half of the first century B.C.E.,[10] 2 Maccabees provides a "historical" narrative of some of the same events that led to the composition of both Jubilees and the Testament of Moses. Different from its counterpart, 1 Maccabees, its author shapes his narrative of these events through the use of the Deuteronomic scheme, focusing in particular on their relationship to the Jerusalem sanctuary (also a concern, though not a central one, for Jubilees and the Testament of Moses). The priesthood of Onias — when the temple is given its due honor and the laws are obeyed — is a time of blessing for Jerusalem (chap. 3, esp. v. 1). Sin envelops the city during the Hellenistic reforms under the high priestly reigns of Jason and Menelaus (5,1–10). Divine punishment comes to the people through the persecution under Antiochus (5,11–6,17). The deaths of the martyrs and the prayers of the people are acts of repentance (6,18–8,4), which effect divine judgment on Israel's enemies and bring the return of blessing for the people and the temple through the victories of Judas Maccabeus (8,5–15,36). Explicit connection with Deuteronomy appears in 7,6, where the first of the seven brothers cites the song of Moses, quoting Deut 3,36. Their obedient deaths will turn God's wrath to mercy (cf. 8,5). Thus the stories of deaths of Eleazar (6,18–31) and of seven brothers and their mother (chap. 7) function in the historical scheme in the same way as the story of the deaths of Taxo and his seven sons (TestMos 9). Within the Deuteronomic scheme and with explicit reference to passages in Deuteronomy 32, both texts depict the acts of repentance that defuse God's wrath over Israel's sin.[11]

As in our previous two texts, Israel's woe and weal depend on their disobedience to the Torah and their repentance, as this is laid out in the Deuteronomic scheme. Different from Jubilees, where the study of the laws and commandments enables the people's obedience to newly revealed Torah, the Testament of Moses and 2 Maccabees depict a single act of obedience (specifically obedient death) to function as the turning point in the Deuteronomic scheme.

The author of 2 Maccabees provides a nuance to the notion of retribution not found in Jubilees and the Testament of Moses. Antiochus's reprisals against the Jews are not a harsh act of divine retribution. God deals with Israel and the nations in different ways, "disciplining" (παιδεύω) Israel so that they will repent and receive divine mercy, but allowing the nations to

---

[10] On the date of 2 Maccabees, on the details of the exposition here, and for a comparison of the Testament of Moses and 2 Maccabees, see NICKELSBURG, Jewish Literature, 107f.

[11] For a detailed comparison of the stories of Taxo and his sons, the martyrs in 2Macc 6–7, and the death of Mattathias the Hasmonean (1Macc 2,49–70) see G.W.E. NICKELSBURG, Resurrection, Immortality, and Eternal Life in Intertestamental Judaism, HThS 26, Cambridge 1972, 97–102.

reach the full measure of their sins, at which point God will wreak complete vengeance on them (6,12–17).

1.4 The Psalms of Solomon: The Deuteronomic Scheme Embodied in Prayers

In this collection, divine retribution on the nation and the individual are embodied in the prayers of "the pious".[12] As with the previous texts, the prayers that relate to the nation are set in a time of national disaster, specifically Pompey's appearance in Jerusalem in 63 B.C.E. and the cruel activity of Herod the Great.[13] Moreover, like 2 Maccabees, the Deuteronomic scheme turns, at least in part, on events in the temple. In psalm 1, Jerusalem, assuming the Deuteronomic scheme, is surprised at the approach of the enemy, because her prosperity and her multitude of children has convinced her that God was blessing her because she was "full of righteousness." As events unfold, however, it becomes clear that the situation is otherwise. Psalm 2 narrates the sequence of events, employing the Deuteronomic scheme. The Romans storm the city and trample on the altar (v.1–2) because the priests had polluted the temple and its offerings (v.3). Thus the invasion is an act of divine judgment (v.5–13a [5–14]). The sequence of sin and punishment is reiterated (v.13b–21 [15–23]). The turning point here is the psalmist's prayer for judgment on the enemy (v.22–25 [24–29]). In the spirit of Deuteronomy 32, the answer to that prayer is the destruction of Pompey (v.26–27[30–31b]) for his arrogance in presuming to be God (v.28–31 [31c–35]; cf. Deut 32,27–33).[14] The same pattern governs the narration of events (and expectations) in two other psalms. Psalm 8: the coming of judgment (vv. 1–7); description of Israel's sins (v.8–13 [8–14]); divine punishment through Pompey (v.14–21 [15–24]); reiteration of the cycle (v.22–24 [25–29]); a prayer that God's mercy will return (vv. 25–30 [30–39]). Psalm 17: the sons of David were the human agents of God's kingship over Israel (v.1–4 [1–5]); Israel sinned (v. 5a [6a]); their punishment was the rise of the Hasmonean dynasty (v.5b–6b [6b–8a]); God is punishing their arrogance (v.7c–20 [8b–22]); a prayer to restore the Davidic dynasty and a description of the Lord's anointed and his times (v.21–44 [23–50]).

Psalm 3 concerns itself with God's dealings with the individual righteous and the sinners. The righteous person is not sinless, but, different from the

---

[12] For the term ὅσιος, see PsSol. 2,36 (40); 3,8 (10); 4,6 (7); 4,8 (9); 8,23 (28); 8,34 (40); 9,3 (6); 10,6 (7); 12,4 (5); 12,6 (7); 13,10 (9); 13,12 (11); 14,3 (2); 14,10 (7); 15,3 (5); 15,7 (9).

[13] For the date of the Psalms, and especially some allusion to Herod the Great, see NICKELSBURG, Jewish Literature, 242.247.

[14] The idea is elaborated with language drawn from Ezek 28,1–10.

sinner, atones for his sins. Here and in other psalms about righteous individuals and about the nation, the authors of these texts – like the author of 2Macc 6,12–17 – nuance the notion of God's retribution by reference to God's disciplining (παιδεύω / παιδεία / παιδευτής) and showing mercy (ἐλεέω / ἔλεος) (3,4; 7,3–5; 7,8d [9b]; 8,26–29 [32–34]; 10,2–4; 13,7–12 [5–11]).

1.5 Tobit and Judith: Torah in Historical Fiction

The issue of Torah, human conduct, and reward or punishment appears in Tobit on two levels – with reference to Tobit, the pious Israelite, and his kinswoman, Sarah, and with reference to Israel, God's people in exile. The comparable, miserable situations of these individuals and their nation are, however, inversely related to their respective status before God. Tobit is the epitome of Torah-abiding Israelite. He made annual pilgrimages to Jerusalem, gave proper tithes, shared his wealth with the poor, and engaged in other acts of kindness to his compatriots (1,3–9.16–18; 2,1–7). In spite of this piety and righteousness, and sometimes because of it, he suffers severely, losing his wealth, his social status, his eyesight, and his happy home (1,10.19–20; 2,8–14). Sarah, who is also a pious Israelite, has lost seven successive husbands on their wedding nights, with her marriages unconsummated and her hopes for children unfulfilled (3,7–10). By contrast, Israel's exile is God's *just* punishment for the nation's apostasy.

While the latter situation seems to accord with Deuteronomic theology (God's punishes Israel's sin), the suffering of Tobit and Sarah seems to contradict it. Indeed, the impoverished and blind Tobit advises his son that if he lives uprightly (sharing his wealth among other things), he will be the recipient of God's blessing (4,1–19). Similarly, Sarah complains to God that her suffering is unjust (4,11–13).

The author of Tobit solves the problem of theodicy in the case of Tobit in two ways. In the long run, Tobit is healed, and his wealth is restored. Likewise, as all things work out for good, Sarah becomes the bride of Tobias the son of Tobit. As to the suffering of Tobit in the meantime, he uses the pattern of scourging and mercy (here μαστιγώ and ἐλεέω) that we have seen in both 2 Maccabees 6 and at various points in the Psalms of Solomon. Like the righteous one in Ps.Sol 3, Tobit the righteous and pious one is not perfect (3,3), and the author applies the familiar formula to both Tobit (11,15 [14 Gk]), and Israel, whom God scourges and on whom God will have mercy (13,2.5.10) when they return to God with their whole heart and soul (13,6). With this latter allusion to Deut 30,2, we see the Deuteronomic scheme at work in Tobit with reference to the nation. Israel worships the calf (sin); the nation is sent into exile (punishment); they will return to God (repentance); God will restore the people who apostatized from their Jeru-

salem worship by returning the dispersion and building a new and glorious
Jerusalem and temple.

The Deuteronomic pattern is a perhaps more difficult to see with respect
to Tobit, but it would seem that the turning point in his life is his prayer,
where the pious one confesses not only the sins of the nation, but also his
own sins and unwitting transgressions (3,1–6). At the moment that Tobit
confesses his sins and Sarah prays for release, God dispatches Raphael to
heal the two of them. God will do the same when Israel in exile turns to
God in repentant prayer. In both cases, the author applies the Deuteronomic
pattern of sin, punishment, repentance, and restoration to difficult situations: Israel in exile and the respective suffering of Tobit and Sarah.

The Deuteronomic pattern is not as explicit in the book of Judith as it is
in Tobit. Nonetheless, it is presumed and elements of it surface from time to
time. To state the situation briefly: Israel finds itself in a state of crisis, as
"Nebuchadnezzar" overruns the land, his general Holofernes lays siege to
Bethulia, and the forces of the "Assyrians" threaten Jerusalem. Through the
intervention of Judith, the pious "Jewess", the day is saved and the enemy
army is defeated. The possibility that the people will sin and God will punish them is explicit and is a clear and present danger. Achior, the leader of
the Ammonites, rehearses sacred history to Holofernes (the covenant, the
people's sin, their exile, their repentance, and their return to the land). He
advises Holofernes to wait and see if the people sin again, and if not, to let
them alone (5,5–21). The arrogant general dismisses this advice and lays
siege to the city and cuts off their water supply (chaps. 6–7). The people's
prayers go unheard, and they think that God will invoke the curses of the
covenant on them for not surrendering to the enemy (chap. 7; see esp. vv.
23–31). At this point Judith enters the scene (chap. 8). Like the martyrs in 2
Maccabees 6–7 and Taxo in Testament of Moses 9–10 (and Tobit), she is
the epitome of the pious Israelite (8,1–8; 12,1–9). Like Achior, she informs
Holofernes of the sin/punishment nexus, pointing out that soon the people
will break Jewish ritual law in order to save themselves from starvation
(11,11–19). As the story plays out, the Deuteronomic pattern lies in the
background and shapes the story: possibility of sin; the people abstain, and
Judith's faith and piety prevail; God delivers Israel and punishes the arrogant enemy.

1.6 Baruch and Ben Sira: Torah and Wisdom

These two texts from the first half of the second century B.C.E. identify the
Mosaic Torah with heavenly wisdom. Although the Wisdom of Ben Sira is
the earlier of the two texts by perhaps two decades, Baruch offers a better
entree into our topic. The text divides into four sections: narrative introduction (1,1–14); prayer (1,15–3.8); Wisdom poem (3,9–4,4); Zion poem (4,5–

5,9). The introduction sets the narrative in Babylon in the fifth year after Nebuchadnezzar's destruction of Jerusalem (in 582 B.C.E.), suggesting a real date in 164 B.C.E., five years after the sack of Jerusalem by Antiochus IV.[15] In the fictional introduction to the book, Baruch sends the temple vessels back to Jerusalem together with money for sacrifices and instructions for rituals of repentance. Throughout the prayer – in its confessions of sin, its petitions for forgiveness, and its expressed hope for future restoration – the prayer follows the Deuteronomic scheme of sin against the Torah, punishment, repentance, and restoration, and it draws on the language of Deuteronomy and Jeremiah, and it parallels the wording of similar prayers in Daniel 9,1–27 and Nehemiah.[16] The third part of the book is a poem about Wisdom, whose language is drawn from Job 28, but also from Deuteronomy 30, which ties it to the previous section. It concludes by identifying heavenly Wisdom with "the book of the commandments of God and the torah that endures forever" (4,1), here drawing on a poem found in Sir 24, as we shall see below. Its final word ("Happy are we, O Israel" [4,4]), recalls Deut 33,29 ("Happy are you, O Israel)." Here Israel's happiness is tied to the nation's knowledge of God's will revealed in the Torah, which gives life, the blessing of the covenant (4,1b; cf. Deut 30,15). These verses form a transition to the book's final section, where the author employs the language of Deut 28,49–50 (4,15) and 32,16–17 (4,7) to recall Israel's sin and punishment, and then uses the idiom of Second and Third Isaiah to promise Mother Zion the return of her children (4,5–5.9).

In summary, Baruch employs the Deuteronomic scheme to explain Israel's exile and to predict its return. The "plot" of the book moves from the problem of exile to the anticipation of its solution in a return to the homeland, and the various elements of the Deuteronomic scheme are embodied in traditional confessional prayer, traditional poetry about Wisdom and Torah, and quotes and allusions to Deuteronomy and the prophets.

The degree to which the Deuteronomic scheme controls the narrative of Baruch provides a context for assessing Ben Sira's somewhat earlier treatment of the Sinaitic covenant and the Mosaic Torah (196–175 B.C.E.).[17] Most obvious is Ben Sira's poem in honor of Wisdom (24,1–22), which traces the "history" of heavenly Wisdom from her participation in creation to her appearance on earth, where she ministers to God in Zion. As Ben Sira puts it (and as Baruch will do later), she is embodied in the Mosaic Torah:

---

[15] For the date, see NICKELSBURG, Jewish Literature, 97.

[16] For a detailed discussion of the prayer and its parallels, see WERLINE, Penitential Prayer, 86–108. For the prayer in Dan 9, see ibid., 65–86.

[17] NICKELSBURG, Jewish Literature, 57f.96.

All this is the book of the covenant of the Most High God,
the Torah that Moses commanded us
as an inheritance for the congregations of Jacob (24,23).

Complementing this celebration of the Mosaic Torah at the center of his
book is Ben Sira's strong support of the Jerusalem cult, his recitation of the
activity of Moses and especially Aaron (45,1–22), and his occasional allusions to passages in the Torah.[18] These facts notwithstanding, Ben Sira concerns himself at length with only one biblical commandment – to honor
one's parents (3,1–16).[19] Moreover, here, as elsewhere, he is not concerned
with halakhah (wherein consists obedience to one's parents and under what
circumstances). Instead he expresses himself in the forms of proverbial
wisdom, whose parallelism provides a vehicle for presenting the nexus of
action and consequence. In short, one's obedience to the covenant and the
consequent blessings and curses are described mainly with reference to individuals and specific acts and not in terms of the Deuteronomic historical
scheme that pertains primarily to the nation and its fate. Thus, although Ben
Sira knows and celebrates the Mosaic Torah, his instruction about human
conduct and its consequences is expressed in sapiential rather than legal
forms and rhetoric. The Torah is the earthly presence of Wisdom, but it is
with this *wisdom* and not with the Mosaic Torah that he is predominately
concerned, page after page in his book. His paradigm is that of a sage and
not of an interpreter of the specifics of the Torah.[20]

1.7 4 Ezra and 2 Baruch: Wisdom and Torah in Late Apocalyptic Writings

As I have suggested above, the prayer in Daniel 9 employs the Deuteronomic historical scheme to explain Israel's dire circumstances during the
persecution under Antiochus Epiphanes and to ground its hope for deliverance. The situation is somewhat different in 4 Ezra and 2 Baruch, two
apocalypses written in the aftermath of the Roman destruction of Jerusalem
in 70 C.E.[21] Both of these texts, like 1 Baruch, provide a fictional setting
after 587 B.C.E., the one in Babylon and the other in Jerusalem. Employing

---

[18] On wisdom and Torah in Ben Sira, see E.J. SCHNABEL, Law and Wisdom from Ben Sira to
Paul. A Tradition Historical Enquiry into the Relation of Law, Wisdom, and Ethics, WUNT 2.16,
Tübingen 1985, 8–92. For a summary of the topic and the ambiguities relating to Ben Sira's atti-
tude toward the Deuteronomic tradition, see NICKELSBURG, Jewish Literature, 57–59, and the
related notes.

[19] NICKELSBURG, Jewish Literature, 55.60. J.T. SANDERS, When Sacred Canopies Collide, JSJ
32 (2001) 123–124, doubts an allusion to the biblical commandment because 3,1 "lacks the biblical warrant of a long life in the land." But cf. 3,6.

[20] SANDERS, Sacred Canopies, 122–126; NICKELSBURG, Jewish Literature, 60.

[21] On the dating of these two apocalypses and for a general discussion of them, see
NICKELSBURG, Jewish Literature, 271–285. On 4Ezra see M.E. STONE, Fourth Ezra, Hermeneia,
Minneapolis 1990.

this typology, their authors — probably in some sort of dialogue with one another — explain how it is that a sinful gentile nation can utterly defeat the covenant people of God and destroy the holy city.[22] Several points are noteworthy in the context of our discussion. First, both authors agree that Israel's sin was the cause of the problem, noting however, the greater wickedness of the gentile destroyer (e.g., 4Ezra 3,20–27.28–36; 2Bar. 1–12). Second, after much questioning (Ezra more than Baruch) and anguish, and much sorrow over Israel's sins and its present situation, both come to accept God's point of view, and they comfort the people with the promise that the covenant has not been broken and that Israel will again experience God's favor.[23] Third, although this exposition of Israel's situation and the nation's future corresponds in general with the Deuteronomic scheme, it appears not to be cast in any detail in Deuteronomic language. Indeed, Ezra plumbs the question of God's justice to the point of blaming God for not removing the evil impulse in the human heart that prevents obedience to the Torah (3,20–27). Fourth, these differences from the Deuteronomic view aside, the two apocalypses, each in its own way, reflect some of the elements of the prior Torah speculation we have discussed above. For both, obedience to the Torah is the promise of Israel's future blessing. For both, Torah is the repository of divine wisdom, which will bring life, and for both (as for Ben Sira), the sage, as the expositor of the Torah, is the mediator of this wisdom and this life.[24]

Perhaps the principal element that sets 4 Ezra and 2 Baruch apart in their use of Deuteronomic theology is the degree of their questioning and speculation. Although they acknowledge that Israel's collapse is due to the nation's sin, at least in the narrative as it unfolds they are not prepared to move on to an optimistic assessment of the future. Baruch asks whether the covenant has been annulled. Ezra's question about the fairness of God makes somewhat the same point.[25] In the narrative plot of both texts, it is only in stages that the seer is brought around to a confident belief in God's faithfulness and Israel's future salvation that he is then able to share with

---

[22] On the problems of determining the relationship between the two works, see NICKELSBURG, Jewish Literature, 283–285. Tentatively, I date 4 Ezra earlier.

[23] On 4 Ezra, see E. BREECH, These Fragments I Have Shored Against my Ruins. The Form and Function of 4 Ezra, JBL 92 (1973) 267–274; STONE, Fourth Ezra, 31–33; and F.F. DAILEY, Dreamers, Scribes, and Priests: Jewish Dreams in the Hellenistic and Roman Eras, JSJ.S 90, Leiden 2004, 212–220. On 2 Baruch, see G.B. SAYLER, Have the Promises Failed? A Literary Analysis of 2 Baruch, SBL.DS 72, Chico 1984, 14–39.

[24] On Ben Sira, see Sir 24,30–34. In 4Ezra 14, Ezra is the sage, prophet, and scribe who transmits the Torah. In 2Bar 77, Baruch promises that expositors of the Torah will appear after he has left. In both apocalypses, the seer is depicted as a kind of second Moses (4Ezra 14; 2Bar 76).

[25] For 2 Baruch on this issue as well, see SAYLER, Promises, 42–74.

the people.[26] This "optimism" appears early in 2 Baruch (13,9–11; cf. 4,1), in the distinction that we have already seen between God's punishment of the enemy and God's "discipline" and then "mercy" on Israel (2 Maccabees, Psalms of Solomon, and Tobit). Nonetheless, it takes much of the apocalypse to bring Baruch around to accept this truth. As in 4 Ezra, the point is made only through a series of revelatory visions that controvert the seers' original states of mind.

1.8 Summary

Several common elements have emerged from our discussion. All of the texts that we have studied, except Sirach, were composed or have their fictional setting in times of distress: the Exile; Tobit's and Sarah's suffering; the Hellenization of Jerusalem and Antiochan persecution and its aftermath; the invasion of Pompey; and the Roman destruction of Jerusalem. Through biblical interpretation, historical fiction, prayers, and apocalypses, the authors employ or presume the Deuteronomic scheme in order to explain the present circumstances and promise a better future. This present distress is God's punishment for disobedience to the Torah, and repentance and obedience to the Torah will turn Israel's fortunes and restore the covenantal blessings. Several of these texts distinguish between God's punishment of Israel's enemies and God's temporary discipline, which is meant to bring about the needed repentance. Several texts also focus on the nature of the Mosaic Torah as the real earthly presence of heavenly Wisdom (Sirach, Baruch, probably 4 Ezra and 2 Baruch), and Jubilees makes the same point by claiming that its Torah has been copied from the heavenly tablets.

2 Texts in Which Moses and the Torah are Not Central

2.1 Ben Sira

As we have seen, the Wisdom of Ben Sira presents something of an exception to the pattern evident in the other books we have discussed. Although it celebrates the Sinaitic covenant and the sage "was surely Torah-devout,"[27] he does not apply the Deuteronomic scheme to the events of Israelite history, and he pays little heed to the details of Mosaic Torah. Indeed, as Jack T. Sanders has argued in an important article, Ben Sira's book represents a transition from a non-Mosaic sapiential paradigm to one that will be domi-

---

[26] There is some debate as to whether this psychological movement is as integral to the plot of 2 Baruch as it is in 4 Ezra; see F.J. MURPHY, The Structure and Meaning of Second Baruch, SBL.DS 78, Atlanta 1985, 141; SAYLER, Promises, 155.

[27] SANDERS, Sacred Canopies, 125.

nated by the Mosaic Torah.[28] There is some specific evidence of this in Baruch, which – as we have seen – provides a Deuteronomic context for material found in Sir 24.

2.2 *Wisdom of Solomon*

Sanders provides a second example of his thesis in the Wisdom of Solomon.[29] Although pseudo-Solomon's recitation of Israelite history is based on the Pentateuch and ascribes to Moses the important roles of leader and prophet, at no point does the author mention the Sinaitic covenant or associate Moses with the Torah, which itself is mentioned only four times in the entire book.[30] This general absence of reference to covenant and Torah is striking in a book that is concerned with issues relating to human conduct. It is the more noteworthy since pseudo-Solomon emphasizes Wisdom's role in catalyzing right behavior in human beings. This author can discuss issues that other authors closely associate with covenant and Torah (human behavior and God's vindication of the righteous and punishment of the wicked), using sapiential and philosophical forms and rhetoric, ignoring the paradigm of covenant and Torah, and tying instruction about the reception and function of Wisdom to king Solomon rather than Moses.

That this approach was not the only one is indicated by 4 Maccabees, which expounds the observance of the Mosaic Torah in terms that are "most philosophical" (4Macc 1,1).[31]

2.3 *1 Enoch*

First Enoch provides my third example of a text that knows the Pentateuch but almost completely ignores the Sinaitic covenant and the Mosaic Torah.[32] The only explicit reference to this covenant and/or Torah appears in the Apocalypse of Weeks, which mentions visions at Sinai and states that God made there "a covenant (*or* a law) for all generations and a tabernacle" (93,6). The final redactor of the Book of the Watchers may allude to this covenant and Torah in 1,4, which locates God's eschatological descent on Mount Sinai, perhaps indicating that God is coming to condemn the transgression of the Sinaitic covenant. It is uncertain whether the perversion of "the eternal covenant" mentioned in 99,2 refers to the transgression of the

---

[28] SANDERS, Sacred Canopies, 123–136.

[29] SANDERS, Sacred Canopies, 128–129.

[30] Wis 2,12; 16,6; 18,4 (especially); 18,9.

[31] For Moses in 4Macc, see 9,2; 17,19; and 18,18 (which reflects 2Macc 7,6).

[32] On 1Enoch's knowledge of the Pentateuch, see NICKELSBURG, 1 Enoch 1, Mineapolis 2001, 57. On the problematic relationship of the corpus to the Sinaitic covenant and the Mosaic Torah, as summarized here, see ibid., 50–53, 58–61.

Mosaic Torah and hence the breaking of that covenant. Beyond these references 1Enoch is remarkably silent on the Mosaic covenant and Torah. The Animal Vision is especially noteworthy in this respect. Its account of the events at Sinai mention the theophany and Israel's idolatry but does not refer to the establishment of the covenant or the giving of the Torah (89,29–35). God had opened the eyes of the sheep (i.e., given them revelation) already at Marah (89,28; cf. Exod 15,25–26). As in the Wisdom of Solomon Moses is the leader of Israel, but not the mediator of its Torah. In addition to these points at which 1Enoch downplays the figure of Moses is the disputation at the end of the Epistle of Enoch (102,4–104,8), which stands Deuteronomic theology on its head.[33] In 102,4–103,8, he refutes the claims that a premature death or a long, prosperous life are necessary indicators of a person's sinfulness or piety and argues, instead, that divine rewards and punishments are administered after one's death. In 103,9–104,6, he chides the oppressed righteous for claiming that they are suffering the curses of the covenant that are spelled out in Deuteronomy,[34] and he promises that the final judgment and their future life among the angels will reverse their present misery.

Alongside this downplaying of Moses, the Sinaitic covenant, and the Torah is an elevation of the importance of Enoch and the revelations that he received. The first words of the book ascribe to Enoch words from the Blessing of Moses (cf. 1Enoch 1,1–4 with Deut 33,1–2). Similarly, the testamentary part of the corpus (chap. 91) attributes to Enoch language found in Moses' last words in Deuteronomy 29–32.[35] Perhaps most striking is 81,1–82,3. Here in language similar to Sirach 24, this author claims that *the Enoch corpus* is the earthly repository of the divine wisdom that facilitates the right conduct that brings eternal life.[36] In this context it is worth noting the degree to which 1Enoch, which is generally classified as an apocalypse, employs the forms and covers some of the same *topoi* that are typical of wisdom literature.[37] Indeed, from one perspective 1Enoch and Sirach can be seen as two contemporary, albeit very different exemplars of Jewish wisdom literature that are familiar with the Sinaitic covenant and the Mosaic Torah, but that deal with the issues of human conduct and divine retribution without the consistent reference to covenant and Torah that is typical of the texts we discussed in the first part of this essay.[38] Of the two, 1Enoch seems to be typologically earlier since it does not even grant passing acknowl-

---

[33] NICKELSBURG, Resurrection, 114–20, and in more detail, idem, 1 Enoch 1, 516–530.

[34] For the verbal allusions to Deuteronomy 28, see NICKELSBURG, Resurrection, 119.

[35] NICKELSBURG, 1 Enoch 1, 135, 144–146, 410–13.

[36] Ibid. 343.

[37] Ibid. 50–53.

[38] R.A. Argall, 1 Enoch and Sirach. A Comparative Literary and Conceptual Analysis of the Themes of Revelation, Creation and Judgment, SBL.EJL 8, Atlanta 1995.

edgment to Moses and his Torah. Rather its authors chose to write in the name of a patriarch who lived three millennia earlier than Moses and to ascribe universal revealed wisdom to him. In this respect the Wisdom of Solomon and 1Enoch complement one another by identifying their "wisdom unto salvation" to non-Mosaic figures – one much more ancient than Moses, the other several centuries after Moses. This stands in striking contrast to the pseudepigrapha attributed to Baruch and Ezra, scribes who expound the importance of the Mosaic Torah.

3 Conclusion

This study has identified two parallel sets of Jewish texts from the Second Temple period that provide instruction about right and wrong human conduct regarding God's will and the consequences of this behavior. We may describe the one as Mosaic and the other as non-Mosaic, the one legal and the other sapiential.[39] I have no doubt that the Mosaic traditions are, by and large, older than the Enochic materials,[40] and it is clear that the latter know the former. This fact notwithstanding, at a time when the Mosaic texts are gaining authority, the Enochic authors ascribe their sapiential material to a non-Mosaic sage. Ben Sira, for his part, reflects the growing authority of Moses, but still writes in a non-Mosaic idiom and with little actual attention to Moses and the Torah. The author of Baruch, however, thoroughly deuteronomizes his sapiential tradition, and the author of Jubilees, who is partial to Enochic traditions,[41] writes in the name of Moses, composing a paraphrase of Genesis 1–Exodus 12 that is halakhic in nature. Pseudo-Solomon, for his part, draws on Enochic traditions,[42] ignores Moses as the great lawgiver, and ascribes his text to the Solomon, the legendary wise king of Israel.

In the end *Moses* and his Torah won out among the Jews, as *the Apostle Paul* did in the church in the late second century and thereafter; but before that happened there was a good deal of theological diversity, some of it attached to other important founding figures – as was also the case in the church of the first and early second centuries.

---

[39] For another example of this non-Mosaic sapiential stream of tradition, see 4QInstruction. On its relationship to some of the texts we have discussed, see SANDERS, Sacred Canopies, 126–127; NICKELSBURG, 1 Enoch 1, 58–59; and M. GOFF, The Worldly and Heavenly Wisdom of 4QInstruction, STDJ 50, Leiden 2003.

[40] Here I disagree with M. BARKER, The Older Testament. The Survival of Themes from the Ancient Royal Cult in Sectarian Judaism and Early Christianity, London 1987, on which see NICKELSBURG, 1 Enoch, 120.66, and my review of her book and her methodology in JBL 109 (1990) 335–337.

[41] NICKELSBURG, 1 Enoch 1, 71–76.

[42] Ibid. 78–79.

Dieter Sänger

„Das Gesetz ist unser παιδαγωγός geworden bis zu Christus" (Gal 3,24)

Nach und neben seiner Vorliebe für Joseph und Aseneth (zu unserem Glück noch immer)[1] und andere außerkanonische Pretiosen, denen gewichtige neutestamentliche Studien zu den synoptischen Evangelien, der frühen Jesusüberlieferung, Apostelgeschichte und Jakobus (samt Kommentar) zur Seite treten, hat Christoph Burchard sich in den letzten zwei Jahrzehnten verstärkt Paulus zugewandt. Dabei ist er über das Auferstehungskapitel 1Kor 15 und den Weg einer Ansichtskarte zum Röm[2] bald schon auf vermintes Gelände vorgestoßen. Mit einer Reihe von Beiträgen hat er sich thematisch gezielt oder im Kontext einer übergreifenden Fragestellung in die Diskussion um das paulinische Gesetzesverständnis eingeschaltet[3]. Genauer müsste man sagen: in die erneut aufgebrochene Diskussion. Schien es eine Zeit lang, als habe sie – zumindest im deutschsprachigen Raum – nach den heftigen Kontroversen über die theologischen Implikationen der namentlich von Rudolf Bultmann und seinen Schülern repräsentierten anthro-

---

[1] Vgl. zuletzt: Joseph und Aseneth. Eine jüdisch-hellenistische Erzählung von Liebe, Bekehrung und vereitelter Entführung, ThZ 61 (2005) 65–77; Küssen in Joseph und Aseneth, JSJ 36 (2005) 316–323.

Als Christoph Burchard dem neutestamentlichen Frischling vor mehr als dreißig Jahren „Joseph und Aseneth" als Dissertationsprojekt vorschlug, habe ich weder geahnt, worauf ich mich einließ, noch wäre mir in den Sinn gekommen, darin den Beginn eines Weges zu sehen, auf dem ich dem Doktorvater später einmal als Kollege begegnen würde. Über die Ergebnisse der Dissertation kann man streiten; über den Dank, den ich Christoph Burchard für seine Hilfe, Geduld und stete Ermutigung schulde, nicht.

[2] 1 Korinther 15,39–41, in: ders., Studien zur Theologie, Sprache und Umwelt des Neuen Testaments, hg. von D. Sänger, WUNT 107, Tübingen 1998, 203–228 (= ZNW 75 [1984] 233–258); Römer 9,25 ἐν τῷ Ὡσηέ, in: Studien, 229 (= ZNW 84 [1993] 131).

[3] Die Summe der Gebote (Röm 13,7–10), das ganze Gesetz (Gal 5,13–15) und das Christusgesetz (Gal 6,2; Röm 15,1–6; 1Kor 9,21), in: Studien, 151–183; Noch ein Versuch zu Galater 3,19 und 20, ebd. 184–202; Nicht aus Werken des Gesetzes gerecht, sondern aus Glauben an Jesus Christus – seit wann?, ebd. 230–240; Glaubensgerechtigkeit als Weisung der Tora bei Paulus, ebd. 241–262 (sie datieren aus den Jahren 1993–1997; die beiden ersten erschienen in fakultätsinternen Festschriften); Römer 7,2–3 im Kontext, in: B. Kollmann u.a. (Hg.), Antikes Judentum und Frühes Christentum (FS H. Stegemann), BZNW 97, Berlin/New York 1999, 443–456; Zu Galater 4,1–11, in: U. Mell/U.B. Müller (Hg.), Das Urchristentum in seiner literarischen Geschichte (FS J. Becker), BZNW 100, Berlin/New York 1999, 41–58.

pologisch-soteriologischen Paulusinterpretation an Aktualität verloren, ist sie inzwischen unter veränderten Vorzeichen wieder in den Brennpunkt des Interesses gerückt. Wesentlichen Anteil daran hatte Ed P. Sanders. Seine Kritik an der lutherisch geprägten Auslegungstradition, ihre (von Paulus nicht gedeckte) nomistische Vorurteilsstruktur habe maßgeblich dazu bei-getragen, das zeitgenössiche Judentum als eine Religion der Werkgerech-tigkeit und Gesetzlichkeit zu stigmatisieren, verbindet sich mit einer Revi-sion der sie bestimmenden Leitprämisse, die kategorial juridisch gefasste Rechtfertigungslehre stelle das theologische Proprium des Apostels dar[4]. Demgegenüber vertritt Sanders im Anschluss an Albert Schweitzer die Auf-fassung, nicht sie, sondern Paulus' „participationist language"[5] bringe sein eigentliches Anliegen zur Anschauung. Sie liefere den entscheidenden Hinweis, dass die durch die Taufe vermittelte Teilhabe am Tod Christi – paulinisch gesprochen: das den Übergang des Menschen aus dem Sünden-in den Heilsbereich bewirkende „in Christus Sein"[6] – „the real bite" und „the heart of Paul's theology"[7] bilde. Mit seiner Neujustierung des Koordi-natensystems im Gesamt der paulinischen Theologie hat Sanders einen Umbruch eingeleitet, der im Gefolge der sog. „new perspective on Paul" zum Kennzeichen des vielbeschworenen Paradigmenwechsels in der jünge-ren Paulusforschung geworden ist[8], gerade auch im Blick auf die Gesetzes-problematik. Der Singular darf freilich nicht vergessen machen, dass sich hinter der Bezeichnung „new perspective"[9] – ähnlich wie hinter ihrem Ant-

---

[4] Paul and Palestinian Judaism. A Comparison of Patterns of Religion, London 1993[4] (= Pau-lus und das palästinische Judentum. Ein Vergleich zweier Religionsstrukturen, StUNT 17, Göttin-gen 1985; Paul, the Law, and the Jewish People, Minneapolis [2]1989; Paul, Oxford/New York 1991 (= Paulus. Eine Einführung, Reclams Universal-Bibliothek 9365, Stuttgart 1995).

[5] Judaism, 552 (= Judentum, 514).

[6] Judaism, 447–474 (= Judentum, 421–449.653–658).

[7] Judaism, 502 (= Judentum, 480).

[8] Vgl. nur Ch. STRECKER, Paulus aus einer „neuen Perspektive". Der Paradigmenwechsel in der jüngeren Paulusforschung, KuI 11 (1996) 3–18. Drei jüngst erschienene Aufsatzbände doku-mentieren mit ihrer Mischung aus Zustimmung und Kritik, Replik und Duplik den aktuellen Stand der Debatte: D.A. CARSON u.a. (Hg.), Justification and Variegated Nomism II: The Paradoxes of Paul, WUNT 2.181, Tübingen/Grand Rapids 2004; M. BACHMANN (Hg.), Lutherische und Neue Paulusperspektive. Beiträge zu einem Schlüsselproblem der gegenwärtigen exegetischen Diskus-sion, WUNT 182, Tübingen 2005; J.D.G. DUNN, The New Perspective on Paul. Collected Essays, WUNT 185, Tübingen 2005 (hier besonders: The New Perspective: whence, what and whiter?, 1–88). Dass die für die „neue Sicht" eine zentrale Rolle spielende These Sanders', in funktionaler Hinsicht lasse sich die religiöse Struktur des palästinischen Judentums am ehesten als „Bundes-nomismus" (convenantal nomism) beschreiben, ein reduktionistisches Moment enthält und ge-genläufige Tendenzen ausblendet, zeigen exemplarisch F. AVEMARIE, Erwählung und Vergeltung. Zur optionalen Struktur rabbinischer Soteriologie, NTS 45 (1999) 108–126; Ph.S. ALEXANDER, Torah and Salvation in Tannaitic Literature, in: D.A. Carson u.a. (Hg.), Justification and Variega-ted Nomism I: The Complexities of Second Temple Judaism, WUNT 2.140, Tübingen/Grand Rapids 2001, 261–301.

[9] Geprägt hat sie J.D.G. DUNN, The New Perspective on Paul, BJRL 65 (1983) 95–122 (wieder abgedr. in seinem Anm. 7 genannten Aufsatzband, 89–110).

onym „old perspective" – z.T. sehr unterschiedliche Sichtweisen verbergen. Dies bleibt häufig unbeachtet, erschwert es aber zusätzlich, die nicht nur positionellen Differenzen klein zu schreiben und sie durch den methodisch wie konzeptionell eine übersummative Einheit suggerierenden Sammelbegriff „new perspective" auf einen gemeinsamen Nenner zu bringen[10].

Obwohl die Rezeption ihres Ertrags außerhalb des angelsächsischen Bereichs noch in den Anfängen steckt und eher zögerlich voranschreitet, hat es den Anschein, als werde schon die nächste Runde (oder ein Roll-back?) eingeläutet. Ist die traditionelle, dem reformatorischen Erbe verpflichtete Paulusdeutung in die Defensive geraten, weil ihre religionsgeschichtlichen Voraussetzungen unter Ideologieverdacht stehen und ihr am Individuum orientierter Interpretationsansatz an Plausibilität verloren hat, sieht sich die „new perspective" neuerdings Befürchtungen gegenüber, sie leiste einer Ent-theologisierung der Paulusexegese Vorschub.[11] Indem nämlich die Rechtfertigungslehre in den Zusammenhang der paulinischen Völkermission hinein kontextualisiert werde und begründen solle, warum der für jüdisches Selbstverständnis konstitutive Unterschied zwischen Juden und Nichtjuden christologisch überholt sei, werde ihr nurmehr der Status eines Sekundärphänomens zugebilligt, das historische Erfahrungen reflektiert und auf den theologischen Begriff bringt. Dergestalt in einen religionssoziologischen bzw. missionspragmatischen Referenzrahmen eingespannt, fungiere sie primär als ein auf die Überwindung ethnischer und religiöser Grenzen zielendes theoretisches Konstrukt[12]. Dies zeigt: In der gegenwärtigen Situation ist die Diskussionslage unübersichtlich. Während die Zweifel an vormals konsensfähigen Antworten wachsen, befinden sich ihre Alternativen noch auf dem Prüfstand oder bereits in der Kritik. Umstritten sind vor allem, ohne dass andere Differenzpunkte marginalisiert werden sollen: a) die Bedeutung der Rechtfertigungslehre im Gesamt des paulinischen Denkens, b) Anlass und Funktion der mit ihr verbundenen gesetzeskritischen Aussagen des Apostels, c) der theologische Ursprung und situative Kontext, damit auch das Anliegen und Ziel der paulinischen Argumentation in den Auseinandersetzungen um die Heilsrelevanz der Beschneidung für die Zu-

---

[10] Vgl. dazu jetzt S. WESTERHOLM, Perspectives Old and New on Paul. The „Lutheran" Paul and His Critics, Grand Rapids/Cambridge (U.K.) 2004, bes. 129ff.146ff.178ff.249ff.

[11] Diese Gefahr sieht u.a. Ch.H. TALBERT, Paul, Judaism, and the Revisionists, CBQ 63 (2001) 1–22. In die gleiche Richtung tendiert, wenngleich im Ton moderater, B. BYRNE, Interpreting Romans Theologically in a Post-„New Perspective" Perspective, HThR 94 (2001) 227–241.

[12] Pointiert urteilt (hier im Blick auf Dunn) WESTERHOLM, Perspectives, 317f: „So limited a view of the atonement would have astonished even the most dogmatic TULIP theologian". Dass er bisweilen überreizt und „the social and national dynamic behind Paul's language" zu einseitig betont hat, gesteht Dunn jetzt selbst ein, The New Perspektive: whence, what and whiter?, 27f, und präzisiert: „All I want to do is to remind ... that there is *also* a social and ethnic dimension to Paul's own understanding and expression of the gospel" (ebd. 28).

gehörigkeit zum eschatologischen Gottesvolk, d) die Reichweite, Geltung und Aufgabe der Tora angesichts des Christusgeschehens.

Der zuletzt erwähnte Problembereich schließt die zuvor genannten mit ein; jedenfalls in dem Sinne, dass sie der Sache nach unmittelbar und ursächlich auf ihn bezogen sind. Deshalb laufen in ihm, wie immer man urteilen und entscheiden mag, alle Interpretationslinien zusammen. Er markiert den übergreifenden Horizont, innerhalb dessen das Verhältnis von Christus, πίστις ([τοῦ] Χριστοῦ) und τὰ ἔθνη einerseits zu γραφή, νόμος, ἐπαγγελία und Ἰσραήλ andererseits (dort wie hier ließe sich noch Weiteres aufzählen) zu bestimmen ist. Dies wird in der Regel auch so gesehen; ebenfalls, dass insbesondere der Gal und Röm thematisch einschlägig sind. Wie nirgends sonst in seiner uns bekannten Korrespondenz reflektiert Paulus in diesen beiden Schreiben, wenngleich aus unterschiedlichen Gründen und mit je anderer Zielsetzung, über die Bedeutung und Funktion der Tora ante et post Christum[13]. Insofern verwundert es nicht, dass der Jubilar sich vor allem auf sie bezieht. Wenn ich im Folgenden versuche, einige seiner Gedanken aufzunehmen und in ein Gespräch mit ihm zu treten, kann das nur exemplarisch geschehen. Die titelgebende Formulierung aus Gal 3,24 ist leitmotivisch zu verstehen. Sie verweist auf den literarischen Kontext der folgenden Überlegungen und gibt die Fragerichtung an. Daher hat sie, wenn man so will, heuristischen Charakter.

Zwei Bemerkungen vorweg. Ich rücke das Zirkularschreiben (1,2) zeitlich in die Nähe des Röm. Dafür sprechen nicht zuletzt die engen theologischen Berührungen und Strukturparallelen im Briefaufbau[14]. Dies erlaubt es, den etwas früher (noch in Ephesus oder in Makedonien) entstandenen Gal neben den Röm zu legen, ohne ihn von dort her zu lesen. Ein Junktim zwischen der vermuteten Datierung des Gal (ca. 55/56 n.Chr.) und der Lokalisierung seiner Adressaten besteht nicht[15]. Ferner gehe ich davon aus,

---

[13] Der Vollständigkeit halber wäre mindestens noch auf 2Kor 3 (dazu pars pro toto: O. HOFIUS, Gesetz und Evangelium nach 2. Korinther 3, in: ders., Paulusstudien, WUNT 51, Tübingen ²1994, 75–120) und Phil 3,1–11 (dazu jetzt M. THEOBALD, Paulus und Polykarp an die Philipper. Schlaglichter auf die frühe Rezeption des Basissatzes von der Rechtfertigung, in: Lutherische und Neue Paulusperspektive, 349–388, bes. 351ff) zu verweisen. Um nicht ins Uferlose zu geraten und der begrenzten Thematik willen lasse ich diese Texte beiseite.

[14] Vgl. nur Röm 1,1–5 mit Gal 1,15f; Röm 3,19–28 mit Gal 2,15–21; Röm 4,1–25 mit Gal 3,6–25.29; Röm 7,15–23 mit Gal 5,17; Röm 8,12–17 mit Gal 4,1–7; Röm 8,[12–17].18–30 mit Gal 5,16–26; Röm 9,6–13 mit Gal 4,21–31; Röm 12,9–21/13,8–10 mit Gal 5,13–15. Weiteres bei J.P. SAMPLEY, Romans and Galatians: Comparison and Contrast, in: J.T. Butler (Hg.), Understanding the Word. Essays in Honor of B.W. Anderson, JSOT.S 37, Sheffield 1985, 315–339. Dennoch würde ich den Röm nicht als eine „Reproduktion des Galaterbriefs" bezeichnen, so U. WILCKENS, Der Brief an die Römer, 1. Teilband: Röm 1–5, EKK 6.1, Zürich u.a. 1978, 48, da einzelne Passagen deutliche Anklänge u.a. an den Phil enthalten und dort vorstrukturiert sind (vgl. nur Gal 2,15–21 mit Phil 3,9; Gal 2,19f und 6,14 mit Phil 3,20), J. BECKER, Paulus. Der Apostel der Völker, UTB 2014, Tübingen ³1998, 364f.

[15] Weder die Landschafts- noch die Provinzhypothese schließen eine frühere (kurz vor dem 1Kor) oder spätere (kurz vor dem Röm) Abfassungszeit aus. Dass eine Adressierung an Empfän-

dass es sich bei der anonym bleibenden Gruppe (1,6f.9; 3,1; 4,17; 5,7.10.12), die Paulus für den drohenden Abfall der Galater von der ἀλήθεια τοῦ εὐαγγελίου (2,5.14) verantwortlich macht, um Christen jüdischer Herkunft handelt, nicht um Vertreter lokaler jüdischer Gemeinden[16] oder gar Nichtjuden. Doch während aus Sicht seiner Kontrahenten die Auseinandersetzung an der Grenzlinie des Gegenübers von Juden und Heiden entlang läuft (3,2.5; 4,9f.21; 6,12f[17]), d.h. auf der Basis des jüdischen Wirklichkeitsverständnisses zu diskutieren ist, siedelt Paulus den Konflikt im binnenchristlichen Raum an (vgl. nur 1,2–4; 2,6–10.11–14; 3,28). Diese unterschiedliche Perspektive ist zu berücksichtigen.

Gal 3,24 im Kontext

Engerer Kontext ist der argumentative Hauptteil 3,1–4,31 [5,1–12].[18] Er lässt sich als eine in der galatischen Situation notwendig gewordene theolo-

---

ger in der römischen Provinz den Gal zwangsläufig zum ältesten Paulusbrief macht, so J.D.G. DUNN, The Theology of Paul's Letter to the Galatians, Cambridge [4]1998, 12–17, und C. BREYTENBACH, Paulus und Barnabas in der Provinz Galatien. Studien zu Apostelgeschichte 13f.; 16,6; 18,23 und den Adressaten des Galaterbriefes, AGJU 38, Leiden u.a. 1996, 172f, sehe ich ebensowenig wie andere, vgl. F.J. MATERA, Galatians, Sacra Pagina Series 9, Collegeville 1992, 24–26.

[16] Für diese Identifikation plädiert mit Nachdruck M.D. NANOS, The Irony of Galatians. Paul's Letter in First-Century Context, Minneapolis 2002, 193–199. Näherhin handle es sich um Proselyten, die von den lokalen jüdischen Gemeinden als „agents for interaction with Gentiles" (249) eigens damit beauftragt worden seien, den Kontakt zu Nichtjuden zu pflegen und im Falle ihres Übertritts den „ritual conversion process" (199) zu begleiten (zu den dagegen sprechenden Gründen vgl. meine Rez. in ThLZ 130 [2005] 1192–1194). Auch die in Gal 2,4 attackierten ψευδάδελφοι seien keine Judenchristen, sondern Juden, da Paulus den Terminus ἀδελφός ausweislich von Röm 9,3 nicht für Christen reserviere, DERS., Intruding „Spies" and „Pseudo-Brethren": The Jewish Intra-Group Politics of Paul's Jerusalem Meeting (Gal 2:1–10), in: St.E. Porter (Hg.), Paul and His Opponents (Pauline Studies 2), Leiden/Boston 2005, 59–97, bes. 65ff. Dabei wird jedoch übersehen, dass der Genitiv τῶν ἀδελφῶν μου aus paulinischer Sicht mit τῶν συγγενεῖς μου κατὰ σάρκα einer präzisierenden Apposition bedarf, um semantisch eindeutig zu sein. Als sprachliches Argument fällt Röm 9,3 damit aus. Dass die toraobservanten Mitglieder der von Paulus anvisierten Gruppe zwar Jesus von Nazareth als Messias verehrten, sich dabei aber dezidiert als Juden verstanden, steht auf einem anderen Blatt.

[17] Vgl. 2,3.7.11–14; 5,1–4; 6,15.

[18] Die genaue Abgrenzung nach hinten bereitet Schwierigkeiten. Versteht man den nach dem folgernden διό von 4,31 mit einem Asyndeton und Subjektwechsel eingeleiteten Abschnitt 5,1–12 als eine auf die Situation der Galater bezogene Zusammenfassung des zuvor Gesagten (so u.a. H. SCHLIER, Der Brief an die Galater, KEK 7, Göttingen [6(15)]1989, 229; O. MERK, Der Beginn der Paränese im Galaterbrief, in: ders., Wissenschaftsgeschichte und Exegese. GAufs. zum 65. Geb., hg. von R. Gebauer u.a., BZNW 95, Berlin/New York 1998, 238–259: 253f), erstreckt sich der Beweisgang von 3,1–5,12. Gestützt wird dieses Verständnis durch die den Bogen zu 3,2.5 zurückschlagende Verschränkung der Signalbegriffe πνεῦμα und πίστις in 5,5, denen die auf die Seite des νόμος gehörende περιτομή (5,6, vgl. 5,2f) analog zur eingangs formulierten Alternative kontrastiert wird. Einwände: 1) Das οὖν-paraeneticum, das die aus den Darlegungen von 4,21–31 sich ergebenden Konsequenzen einleitet und sie nun ethisch gewendet weiterführt: στήκετε οὖν καὶ μὴ ...

gische Explikation des weder von Petrus noch den λοιποὶ Ἰουδαῖοι (2,13) in Frage gestellten ([ἡμεῖς] ... εἰδότες [δὲ] ὅτι)[19] Grundsatzes verstehen, Rechtfertigung geschehe ausschließlich διὰ πίστεως Ἰησοῦ Χριστοῦ und nicht ἐξ ἔργων νόμου (2,16a, vgl. Röm 3,28). Im Blick auf den aktuellen Dissens formuliert Gal 3,2b.5b den status quaestionis und bringt aus paulinischer Sicht die Unvereinbarkeit der ἐξ ἀκοῆς πίστεως sich verdankenden pneumatischen Erfahrungen der Galater mit ihrer angestrebten Proselytenidentität auf den strittigen Punkt[20]. Der Abschnitt 2,15–21 präludiert die Ausführun-

---

ἐνέχεσθε (vgl. Röm 6,12; 12,1; 1Thess 4,1 u.ö.), 2) die Stichwortverbindung zwischen 4,31 und 5,1: ἐλεύθερος – ἐλευθερία, ἐλευθεροῦν; sie nimmt die affirmative Aussage von 4,31 auf (ἐσμὲν) τέκνα ... τῆς ἐλευθέρας und leitet sie in die Paränese über, indem sie den Ermöglichungsgrund der Freiheit nennt: Christus, 3) der indikativisch formulierte, jeweils auf 4,31 bezogene Auftakt der Unterabschnitte 5,1–12; 5,13–24; 5,25–6,10 in 5,1a.13a und 5,25a, wodurch sich das ganze Segment 5,1–6,10 als zusammengehörig erweist, vgl. H.D. BETZ, Der Galaterbrief. Ein Kommentar zum Brief des Apostels Paulus an die Gemeinden in Galatien, München 1988, 433.435f, und jetzt U. WILCKENS, Theologie des Neuen Testaments 1.3: Die Briefe des Urchristentums: Paulus und seine Schüler, Theologen aus dem Bereich judenchristlicher Heidenmission, Neukirchen-Vluyn 2005, 155. Vielleicht verbietet sich aber ein striktes Entweder-Oder und ist es angesichts der Tatsache, dass in 5,1b–12 der Imperativ στήκετε auf die in Christus geschenkte Freiheit rekurriert und der δι᾽ ἀγάπης wirksame Glaube noch einmal ausdrücklich an die ἐν Χριστῷ Ἰησοῦ gewährte δικαιοσύνη gekoppelt wird (5,5f), sachgemäßer, von einem paränetisch grundierten Transitus zu sprechen. Die den Gal durchziehenden direkten und indirekten Appelle wie überhaupt seine imperative Struktur (vgl. 2,16; 3,2.5; 4,12; 5,1.13.16.25f; 6,1f.4.6.9f.17) sind in diesem Zusammenhang zu beachten. Hingegen möchte jetzt S. SCHEWE, Die Galater zurückgewinnen. Paulinische Strategien in Galater 5 und 6, FRLANT 208, Göttingen 2005, hinter 5,12 keine Zäsur setzen. Vielmehr gehörten 5,13–6,10 noch zur vorherigen Grundsatzdebatte und werde hier s.v. πνεῦμα die Tiefendimension der Akzeptanz von Gesetzesgehorsam und Beschneidung enthüllt.

[19] Selbst wenn die in wichtigen Textzeugen (p[46] A) fehlende Partikel δέ sekundär sein sollte, änderte sich nichts am Verständnis von V.16. Bereits das asyndetisch anreihende Participium coniunctum εἰδότες signalisiert einen Gegensatz, vgl. H.-J. ECKSTEIN, Verheißung und Gesetz. Eine exegetische Untersuchung zu Galater 2,15–4,7, WUNT 86, Tübingen 1996, 12. Dass Paulus in V.16aα wie im vorhergehenden Nominalsatz ἡμεῖς φύσει Ἰουδαῖοι καὶ οὐκ ἐξ ἐθνῶν ἁμαρτωλοί auf jüdisches Wissen referiere, so R. SCHÄFER, Paulus bis zum Apostelkonzil. Ein Beitrag zur Einleitung in den Galaterbrief, zur Geschichte der Jesusbewegung und zur Pauluschronologie, WUNT 2.179, Tübingen 2004, 254, ist wegen des Fortgangs ἐὰν μὴ διὰ πίστεως Ἰησοῦ Χριστοῦ, der ebenfalls zu dem in Erinnerung gerufenen Wissensbestand gehört, m.E. ausgeschlossen.

Trotz der vorausgesetzten formalen Einheit der an Petrus gerichteten Rede 2,14d–21 indiziert das ἡμεῖς von 2,15 eine Erweiterung des Adressatenkreises. Zwar inkludiert das betonte „wir" von 2,15–17 zunächst nur die Judenchristen. Doch zielt die Pragmatik der Rede auf die mehrheitlich heidenchristlichen Galater. Was für die φύσει Ἰουδαῖοι gilt, gilt für sie ebenfalls. Paulus hat in der Briefsituation den antiochenischen Vorfall nur noch mittelbar vor Augen. Das ἡμεῖς ... εἰδότες schließt daher, wie spätestens 3,1b (vgl. 2,19f) erkennen lässt, auch die Empfänger des Gal ein, was das nicht determinierte generische ἄνθρωπος (V.16a) und das universalisierende πᾶσα σάρξ (V.16fin.) auf ihre Weise unterstreichen. Überdies deutet das zweimalige καί in V.16b („auch wir") und V.17a („wir auch selbst Sünder") darauf hin, dass ein ursprünglich auf Heidenchristen bezogener Grundsatz hier auf Judenchristen übertragen wird. Deshalb wäre ich vorsichtig, mit BURCHARD, Nicht aus Werken des Gesetzes gerecht, 231, zu sagen: „Heidenchristen kommen bis V.21 einschließlich nicht vor".

[20] Die beiden Präsenspartizipien ἐπιχορηγῶν und ἐνεργῶν (3,5) lassen erkennen, dass Paulus bei seinem Hinweis auf das empfangene πνεῦμα an die gegenwärtig von Gott gewährten und bis jetzt in den Gemeinden sich auswirkenden δυνάμεις denkt. Wahrscheinlich sind einzelne Charis-

gen der beiden folgenden Kapitel, indem er sie prospektivisch bündelt. Dies bestätigt neben der in konzentrierter Form dargelegten, später dann diskursiv entfalteten Verhältnisbestimmung von νόμος und πίστις Ἰησοῦ Χριστοῦ (Gen. obj.) vor allem der sprachliche Befund. Das im argumentativen Duktus des Hauptteils dominierende Vokabular wird in den thetisch formulierten Passus 2,15–21 verdichtet eingebracht. Von der πίστις (2,16 [bis].20) war zuvor lediglich in 1,23 (ὁ διώκων ἡμᾶς ποτε νῦν εὐαγγελίζεται τὴν πίστιν) die Rede;[21] πιστεύειν, in 2,7 im Sinne von „anvertrauen" gebraucht (ἰδόντες ὅτι πεπίστευμαι τὸ εὐαγγέλιον τῆς ἀκροβυστίας), findet sich später nur noch 2,16fin. und 3,6.22; δικαιοῦσθαι (2,16f [5 mal]),[22] δικαιοσύνη (2,21, vgl. 3,6.21) sowie νόμος (2,16.19.21 [7 mal])[23] begegnen erstmals hier. Ein in gewisser Hinsicht vergleichbares Verfahren lässt sich auf der makrotextuellen Ebene beobachten. Die Disposition des brieflichen Gesamtgefüges ist bereits in den Eingangsversen vorstrukturiert, gleichviel, ob man die aus den Lehrbüchern gewonnenen und für den mündlichen Vortrag gedachten Regeln der griechisch-römischen Rhetorik auf den Gal überträgt oder nicht[24]. Das semantische Gefälle des Eröffnungsvortrags (Präskript: 1,1–5; Exordium: 1,6–9) wird durch drei Oppositionspaare bestimmt. Ihre positiv und negativ konnotierten Glieder sind einander koordiniert und auf der gleichen Ebene angesiedelt. Paulus und den ἐκκλησίαις τῆς Γαλατίας, die beide in dem viermaligen „wir" (1,3f), das die ekklesiologischen Konsequenzen aus dem christologisch identifizierten Heilsgeschehen zieht (1,4)[25], zusammengeschlossen sind, werden die hinter dem indefiniten τινές

---

men gemeint, vgl. Röm 15,19; 1Kor 12,7–10.28–30; 14,1–32.37–39. Er kann aber auch, ohne dass sich beides ausschließt, bestimmte pneumatisch-ekstatische Widerfahrnisse in den Gemeinden vor Augen haben. Darauf deutet der Gebrauch von πνεῦμα hin, 3,2.5.14; 5,16.18–22.25.

[21] Vgl. 3,2.5.7f.9bis.11f.14.22.23[bis].24f.26.

[22] Vgl. 3,8.11.24.

[23] Vgl. 3,2.5.10[bis].11f.13.17f.19.21[3x].23f; 4,4f.

[24] Grundsätzlich spricht nichts dagegen, Formen brieflicher Kommunikation in die rhetorische Fragestellung mit einzubeziehen. Schon lange vor der rhetorischen Wende in den 1970er Jahren hatten Augustin und Melanchthon das exegetische Potenzial dieses Interpretationsansatzes erkannt und für ihre Auslegung des Gal fruchtbar gemacht. Freilich sollte nicht in Vergessenheit geraten, dass die antiken Rhetoriker *oratio* und *epistula* trotz ihrer Verwandtschaft als zwei zu unterscheidende Phänomene menschlicher Kommunikation betrachtet haben und sie auch getrennt behandelt wissen wollten (Demetrius, Eloc 225f.229–231.235; Cicero, Fam IX 21,1; Orat 64; Seneca, Epist 75,1–3; Quintilian, Inst IX 4,19f). Erst in späterer Zeit verflüchtigen sich diese Distinktionen (Ps.-Libanius, Epist 528,4; C. Julius Victor, Ars rhetorica 447f [De epistolis]). Vgl. C.J. CLASSEN, Paul's Epistles and Ancient Greek and Roman Rhetoric, in: ders., Rhetorical Criticism of the New Testament, WUNT 128, Tübingen 2000, 1–28; D. SÄNGER, „Vergeblich bemüht" (Gal 4,11)? Zur paulinischen Argumentationsstrategie im Galaterbrief, NTS 48 (2002) 377–399; Bekennendes Amen. Zur rhetorischen und pragmatischen Funktion von Gal 6,18, in: K.-M. Bull/E. Reinmuth (Hg.), Bekenntnis und Erinnerung (FS H.-F. Weiß), Rostocker Theologische Studien 16, Münster 2004, 235–257, bes. 237.250ff, sowie den Beitrag von P. Lampe in diesem Band, 170–190.

[25] Das ekklesiologische ἡμεῖς („wir Christen") erscheint hier wie anderswo in soteriologischem Kontext: Röm 4,25; 8,32.34; 1Kor 6,14; 15,3b–5; Gal 4,4f; 1Thess 1,10, vgl. Eph 5,2; 1Joh 4,9.

sich verbergenden ταράσσοντες (1,7, vgl. 1,9; 3,1; 4,17; 5,7.10.12) kontrastiert. Den doxologisch qualifizierten αἰῶνες τῶν αἰώνων (1,5) steht der zeitlich befristete αἰὼν ἐνεστὼς πονηρός (1,4) gegenüber. Das vom Apostel verkündigte, göttlich autorisierte (1,1.10f.12.16bf.18–20) und auf dem Jerusalemer Konvent gesamtkirchlich ratifizierte (2,7–9) εὐαγγέλιον τοῦ Χριστοῦ (1,7) hat sein negatives Pendant in dem ἕτερον εὐαγγέλιον (1,6)[26] der τινές. Es droht die ekklesiale Gemeinschaft von geborenen Juden und Heiden zu zerstören, die Briefautor und -empfänger exemplarisch repräsentieren.

Diese gleich zu Beginn des Gal antithetisch entworfene bipolare Grundstruktur steckt die Koordinaten ab, innerhalb derer Paulus sich bewegt und argumentiert. Sie hält sich bis zum Schluss durch und wird im weiteren Verlauf in einer Reihe elementarer Oppositionen, „deren positive Seite mit dem Glauben, deren negative mit dem erstrebten Proselytenstatus in Beziehung"[27] gesetzt werden, inhaltlich entfaltet und präzisiert: Gerechtigkeit aus Werken des Gesetzes vs. Gerechtigkeit aus Glauben an Jesus Christus (2,16–21; 3,1–14), Versklavung unter das Gesetz vs. Freiheit und Sohnschaft in Christus (3,23–4,7; 4,21–31), Beschneidung vs. Glauben (5,1–12), Fleisch vs. Geist (5,13–6,10), Sich-Rühmen der Beschneidung vs. Sich-Rühmen des Kreuzes Jesu Christi (6,11–17). Seine auf der Basis von 2,16a entwickelte These, die Integration des νόμος[28] in das christologisch-soteriologische Koordinatengefüge von Kreuz und Auferstehung impliziere eine

---

[26] Der neuerliche Versuch J. SCHRÖTERs, Die Einheit des Evangeliums: Erwägungen zur christologischen Kontroverse des Galaterbriefes und ihrem theologiegeschichtlichen Hintergrund, in: J Mrázek/J Roskovec (Hg.), Testimony and Interpretation. Early Christology in Its Judeo-Hellenistic Milieu. Studies in Honor of P. Pokorný, JNST.S 272, London/New York 2005, 49–67, das ἕτερον εὐαγγέλιον wegen des folgenden Relativsatzes ὃ οὐκ ἔστιν ἄλλο (er übersetzt: „welches in Wahrheit gar kein anderes [ist]", ebd. 60) in bonam partem zu interpretieren, überzeugt aus mehreren Gründen nicht. Denn er muss 1. annehmen, das ἕτερον εὐαγγέλιον sei identisch mit dem in 2,7 genannten εὐαγγέλιον τῆς περιτομῆς, deshalb 2. davon ausgehen, das *eine* Evangelium habe – und zwar bedingt durch seine unterschiedliche Adressierung (Juden, Heiden) – in *zweierlei* Gestalt existiert, und schließlich 3. unterstellen, für Paulus habe es eine legitime Form der Verkündigung neben der von ihm in prägnanter Weise rechtfertigungstheologisch explizierten Größe εὐαγγέλιον τοῦ Χριστοῦ gegeben, zu deren „Wahrheit" (2,5.14, vgl. 4,13.16) sich die δοκοῦντες in Jerusalem ausdrücklich bekannt hatten (2,2f). Ganz abgesehen von dem Problem, ob die doppelte Zielangabe in 2,7 überhaupt in der Weise inhaltlich ausgemünzt werden darf, verkennt Schröter, dass in Gal 1,6f (wie übrigens auch in 3,4 und 4,9) die rhetorische Figur der μεταβολή (Demetrius, Eloc 148f) bzw. *correctio* (Rhetorica ad Her 4,36: *correctio est, quae tollit id, quod dictum est*; vgl. Cicero, De Orat 3,203) vorliegt. Zutreffend D.F. TOLMIE, Persuading the Galatians. A Text-Centered Rhetorical Analysis of a Pauline Letter, WUNT 2.190, Tübingen 2005, 41: „The notion Paul wants to convey is that the opponents' message is a different gospel which is not similiar to the real gospel. Thus: it is not to be considered as gospel at all!".

[27] E. STEGEMANN, „Das Gesetz ist nicht wider die Verheißungen!". Thesen zu Galater 3,15–29, in: G. Freund/E. Stegemann (Hg.), Theologische Brosamen für Lothar Steiger, DBAT.B 5, Heidelberg 1985, 389–395: 389.

[28] Gemeint ist die Übernahme der Beschneidung (6,12f, vgl. 5,2f.6; 6,15), die Orientierung am jüdischen Festkalender (4,9f) und das Einhalten der Speise- und Reinheitsgebote (2,11–14).

Absage an die „Wahrheit des Evangeliums" (2,5.14, vgl. 4,13.16), führe erneut zur Unfreiheit (2,4fin.; 4,3.7.9.25; 5,1) und verkehre den Heilsstand der Galater ins Gegenteil (2,2c.21b), legt Paulus in zwei Beweisgängen dar (3,1–4,7; 4,8–31). Der erste erfolgt in mehreren Teilschritten (3,1–5.6– 9.10–14.15–18.19–22.23–29; 4,1–7),[29] die sich durch ihren Rückbezug auf die Ausgangsthese von 2,16a und gezielt gesetzte, der Rezeptionssteuerung dienende Textsignale als ein kohärentes Ganzes erweisen.

Struktur und Gedankengang von Gal 3,1–4,7

3,6–14 beantwortet die auf die beiden rhetorischen Fragen 3,2b.5b zuge- spitzte Alternative in zwei Anläufen (V.6–9.10–14). Beide Teilantworten sind der Frage von 3,5b chiastisch zugeordnet. Mit dem ἐπίστευσεν von V.6 knüpft Paulus an die zweite der syntaktisch koordinierten, inhaltlich freilich in Opposition zueinander stehenden präpositionalen Wendungen an (ἐξ ἀκο- ῆς πίστεως, V.5fin.). Die Wiederaufnahme der ersten (ἐξ ἔργων νόμου) in V.10aα leitet den nächsten, unter dem Stichwort κατάρα stehenden Gedan- kengang ein, den das weiterführende γάρ[30] mit 3,6–9 aufs Engste verbindet:

---

[29] Burchard nimmt 4,8–11 noch hinzu, weil man V.3b ohne V.8–10 und Paulus' Befürchtung, mit seiner Mission in Galatien gescheitert zu sein (V.11), ohne V.1–7 nicht verstehe, Zu Galater 4,1–11, 41f. Aber diese Möglichkeit ist bereits 1,6f angedeutet (vgl. 2,2c; 3,4). Und die unvermit- telt eingeführten στοιχεῖα τοῦ κόσμου erwiesen sich im Kontext der Argumentation von 4,1–7 geradezu als dysfunktional – V.9b.10 klappen nach –, hätte Paulus nicht damit rechnen dürfen, dass allein ihre Erwähnung den Adressaten eben jene Praktiken in Erinnerung ruft, die zu befolgen er wenig später als Rückfall hinter ihre gnadenhaft gewirkte (1,6) eigene Gotteserkenntnis tadelt (4,9a). Das adversative ἀλλά und der Wechsel von der 2. Pers. Sing. in die 2. Pers. Plur. sind ein weiteres Indiz dafür, dass nach 4,1–7 eine Zäsur zu setzen ist. Zudem bereitet der besorgt klin- gende V.11 den mit persönlichen Reminiszenzen gespickten Abschnitt 4,12–20 vor.

[30] Es hat nicht begründende Funktion, sondern ist wie in Röm 1,18; 2,25; 4.3.9; 14,5; 1Kor 10,1; 2Kor 1,12; 10,12; Gal 5,13 u.ö. anknüpfend bzw. weiterführend gemeint, vgl. Bauer/Aland, Wörterbuch[6], 305 [4]. Der beide Verse (3,9f) verklammernde antithetische Parallelismus: οἱ ἐκ πίστεως (V.9a) – ὅσοι γὰρ ἐξ ἔργων νόμου εἰσίν (V.10aα), εὐλογοῦνται σὺν τῷ πιστῷ ᾿Αβραάμ (V.9b) – ὑπὸ κατάραν εἰσίν (V.10aβ) bietet dafür eine zusätzliche Stütze. Zugleich macht der ein ergänzendes Partizip (ὄντες) fordernde elliptische Ausdruck οἱ ἐκ πίστεως deutlich, dass es sich um eine ontologische Aussage handelt. Das gilt dann auch für die mit ihm koordinierte Wendung ὅσοι γὰρ ἐξ ἔργων νόμου εἰσίν. Deshalb scheidet m.E. eine Interpretation aus, die hier das Syn- tagma ἔργα νόμου auf Halachot und damit den Halbvers auf „Gesetzeserfüller" bezieht, „die sich von solchen Regelungen her definieren", M. BACHMANN, 4QMMT und Galaterbrief. מעשי התורה und ΕΡΓΑ ΝΟΜΟΥ, in: ders., Antijudaismus im Galaterbrief? Exegetische Studien zu einem polemischen Schreiben und zur Theologie des Apostels, NTOA 40, Fribourg/Göttingen 1999, 33– 56: 54, vgl auch DERS., Rechtfertigung und Gesetzeswerke bei Paulus, ebd. 1–31: 14.23–25. Nur unter der – von Paulus gerade *nicht* geteilten – Voraussetzung, der Mensch könne durch voll- kommenen Toragehorsam das eschatologische Heil erlangen, steht das sich anschließende Schriftzitat (Dtn 27,26 [LXX], vgl. 28,58; 30,10), mit dem die zuvor aufgestellte Behauptung begründet wird (γέγραπται γάρ), in Spannung zu V.10aα (näheres in: Die Verkündigung des Gekreuzigten und Israel. Studien zum Verhältnis von Kirche und Israel bei Paulus und im frühen Christentum, WUNT 75, Tübingen 1994, 266–269). Der immer wieder erhobene Einwand, der Irrealis von 3,21

3,10a füllt die in 3,7 verbliebene Leerstelle aus und formuliert im Klartext die negative Kehrseite des aus dem Schriftzitat Gen 15,6^{LXX} (3,6) positiv Gefolgerten. Nicht die ἐξ ἔργων νόμου, sondern nur[31] die ἐκ πίστεως leben sind Söhne Abrahams. Zudem bilden das Verb und sein Substantiv πίστις (V.14fin.: διὰ τῆς πίστεως) eine Inklusion, wodurch die konnektiv Struktur des Dazwischenliegenden noch eigens unterstrichen wird.

Nach dem asyndetischen Neueinsatz ἀδελφοί (3,15), der die seit 1,11 erstmals wieder mit dem familiären „Brüder, Geschwister" angeredeten Galater als Begünstigte des Loskaufs vom Gesetzesfluch in das auch für sie geltende λάβωμεν (sc. τὴν ἐπαγγελίαν τοῦ πνεύματος, V.14b[32]) integriert, knüpft Paulus s.v. αἱ ἐπαγγελίαι (V.16) abermals an den zweiten der syntaktisch parallel gebauten Finalsätze von V.14 an. Thema ist jetzt das Verhältnis des νόμος zur Verheißung. Da es nach wie vor um die an Abraham ergangene ἐπαγγελία geht (V.18b), die das begründende γάρ in V.18a als Implikat der von Gott rechtsgültig ausgefertigten διαθήκη (V.17a) zu erkennen gibt, erscheint dieser Abschnitt wie ein erläuternder Kommentar zur Schriftexegese 3,6–9 und den aus ihr sich ergebenden Klarstellungen (3,10–12). Auf die nun zwangsläufig sich einstellende Frage, was es denn mit dem νόμος auf sich habe (V.19a), geht Paulus in V.19b–22 ein, wobei er wiederum – analog zu V.10 und V.14 – mit den bisher dominieren Signalwörtern νόμος und πίστις bzw. νόμος und ἐπαγγελία diese Sequenz rahmt. Statt wie zu erwarten vom Gesetz spricht er in V.22a von der γραφή, die τὰ πάντα ὑπὸ ἁμαρτίαν eingeschlossen hat. Aber mit dem νόμος hätte er den Zweck des συνέκλεισεν: ἵνα ἡ ἐπαγγελία ἐκ πίστεως Ἰησοῦ Χριστοῦ δοθῇ τοῖς πιστεύουσιν nicht verbinden können, zumal nach V.21 (vgl. 2,21; 3,11f) nicht. Deshalb muss Paulus von der „Schrift" reden, weil sie in ihrer Gesamtheit beides ist: als νόμος anklagende, überführende und verurteilende (Röm 3,9–20, vgl. Gal 2,16d [ψ 142,2]; 3,10–12; 4,30), als ἐπαγγελία rechtfertigende, Segen und Leben verheißende Instanz (Gal 3,8f; Röm

---

drücke lediglich die praktische, nicht aber prinzipiell-theoretische Unmöglichkeit der eschatologischen Lebensspende durch den νόμος aus, weil sonst ein Widerspruch zu 3,12b bestünde, verkennt den Zitatcharakter von 3,12a. Mit ἐκ πίστεως wird in Abbreviatur das vorhergehende Schriftzitat aus Hab 2,4^{LXX} (ὁ δίκαιος ἐκ πίστεως ζήσεται) eingespielt und durch das einleitende ὁ νόμος οὐκ ἔστιν zu einer vom Gesetz *negierten* Aussage: Das Gesetz sagt gerade *nicht*, dass der *aus Glauben* Gerechte leben wird, sondern nur der ein Gerechter vor Gott ist, der gemäß Lev 18,5^{LXX} πάντα τὰ προστάγματά μου καὶ πάντα τὰ κρίματά μου getan hat (vgl. Ez 20,11; Neh 9,29). Paulus unterscheidet also innerhalb der Schrift zwischen dem, was auf dem Boden des Gesetzes und von ihm her gilt (3,12b), und dem, was dem νόμος a limine unmöglich ist zu sagen: ὁ δίκαιος ἐκ πίστεως ζήσεται.

[31] Sprachliches Indiz für den intendierten Gegensatz zwischen den οἱ ἐκ πίστεως und der gedanklich schon präsenten, aber erst in 3,10a genannten Gruppe derer ἐξ ἔργων νόμου ist die Stellung des zwar syntaktisch, nicht jedoch semantisch überflüssigen Pronomens οὗτοι (Inklusion). Vgl. M. SILVA, Faith Versus Works of the Law in Galatians, in: Justification and Variegated Nomism II, 217–248: 222–224f.

[32] Die Wendung ἡ ἐπαγγελία τοῦ πνεύματος ist eine Antiptosis = „der verheißene Geist".

10,6–8, vgl. Röm 1,7; Gal 3,11 [zit. jeweils Hab 2,4^{LXX})[33]. Der vorletzte Gedankenschritt beginnt mit einem Stichwortanschluss – τὴν πίστιν (V.23) greift τοῖς πιστεύουσιν (V.22fin) auf – und steht damit formal wie sprachlich in symmetrischer Korrespondenz zu V.5 und V.6. Zudem lenkt Paulus mit ἐλθεῖν τὴν πίστιν auf ἄχρις οὗ ἔλθῃ τὸ σπέρμα (V.19c) zurück. War in V.19b davon die Rede, welche ihm von Gott her zugemessene Funktion der νόμος in der Spanne zwischen seiner Kundgabe am Sinai[34] und dem Kommen des σπέρμα (d.h. dem Auftreten Jesu) hatte: τῶν παραβάσεων χάριν προσετέθη[35], wird jetzt gesagt, als *was* die Tora πρὸ τοῦ δὲ ἐλθεῖν τὴν πίστιν

---

[33] Wenn Burchard meint, in V.22 könne mit der γραφή ebensowenig wie in 3,8 und 4,30 die Sinaitora gemeint sein, Versuch, 197, gilt das nur für die zweite Vershälfte. 3,11f zeigt, dass Paulus innerhalb der als Einheit verstandenen Größe „Schrift" differenziert und in ihr die – bei Nichterfüllung den Fluch nach sich ziehende – Forderung des Gesetzes *und* die zum Leben führende Glaubensgerechtigkeit bezeugt findet (vgl. oben Anm. 31).

[34] Dass νόμος hier (und mit Ausnahme von 6,2 auch sonst durchweg im Gal) dezidiert die Sinaitora bezeichnet, betont Burchard zu Recht, Versuch, 186.

[35] Wie in dem ἐρρέθησαν (V.16) und ἐδόθη (V.21) ist Gott logisches Subjekt, ob man nun von einem passivum divinum ausgeht oder nicht. Auch im bejahenden Fall besteht kein Widerspruch zu V.19dα (διαταγεὶς [sc. ὁ νόμος] δι' ἀγγέλων). Dort ist allein das Verhältnis des Nomos zur ἐπαγγελία im Sinne ihrer zeitlichen und sachlichen Priorität im Blick, worauf bereits V.15b.17f abheben. Dass Paulus den Ursprung des Gesetzes im Dunkel lasse, BETZ, Galaterbrief, 268 Anm. 35, leuchtet selbst dann nicht ein, wenn man für das προσετέθη einen vorpaulinischen Kontext vermutet (ebd. 268). Keinen Anhalt am Text hat die Interpretation von A. OEPKE, Der Brief des Paulus an die Galater, ThHK 9, Berlin ⁴1984, 115f. Weil er Röm 5,20a: νόμος δὲ παρεισῆλθεν s.v. παρεισέρχεσθαι mit Gal 2,4 kombiniert und die an dieser Stelle vorliegende negative Denotation des παρῆλθον („sie hatten sich eingeschlichen") fälschlicherweise auf Röm 5,20a überträgt, liest er das so bestimmte Verständnis des Gesetzes auch in Gal 3,19 ein. Jedoch ist *erstens* παρεισέρχεσθαι in Röm 5,20a – anders als in Gal 2,4 – nicht abwertend gemeint, sondern hat trotz der Affinität des νόμος zu Adam und der personifiziert vorgestellten unheiligen Allianz von Sünde und Tod (5,12ff) neutrale Bedeutung („außerdem hinzukommen"). Dafür spricht neben den Belegen, in denen das Verb wertfrei gebraucht wird, vor allem Röm 5,12a: ἡ ἁμαρτία εἰς τὸν κόσμον εἰσῆλθεν καὶ διὰ τῆς ἁμαρτίας ὁ θάνατος, vgl. O. HOFIUS, Die Adam-Christus-Antithese und das Gesetz. Erwägungen zu Röm 5,12–21, in: ders., Paulusstudien II, WUNT 143, Tübingen 2002, 62–103: 96–98. Hinzu kommt *zweitens*, dass die im Finalsatz V.20b angegebene Zweckbestimmung der Tora (ἵνα πλεονάσῃ τὸ παράπτωμα) in den beiden klimaktisch angeordneten ἵνα –Sätzen Röm 7,13 noch einmal unmissverständlich explizit wird, und zwar in Bezug auf den unmittelbar zuvor (7,12) ausdrücklich als ἅγιος (V.14: πνευματικός) charakterisierten νόμος und die als ἁγία καὶ δικαία καὶ ἀγαθή gekennzeichnete ἐντολή (gemeint ist das von Paulus in 7,7c zitierte, dem Dekalog entnommene „transmoralische Grundgebot" [W. SCHMITHALS, Der Römerbrief. Ein Kommentar, Gütersloh 1988, 214] Ex 20,17/Dtn 5,21: οὐκ ἐπιθυμήσεις, gegen das Adam im Paradies verstieß). Nicht das Gesetz ist die Ursache von Sünde und Tod. Weder im Röm noch Gal wird es auf *diese* Weise negativ qualifiziert. Vielmehr bringt der νόμος die Macht der Sünde zuallererst zum Vorschein und entbirgt, wie es um τοὺς πάντας (Röm 11,32) bzw. τὰ πάντα (Gal 3,22 [zum Subjekt γραφή s. unten]) steht. Weil das Gesetz die Aufgabe hat, ausnahmslos alle Menschen bei ihrem Sündersein zu behaften, kann Paulus im Gal auch sagen, dass aufgrund der κατάρα τοῦ νόμου (3,13a [Gen. subj.]) alle ὑπὸ νόμον (3,23, vgl. 4,4f.21; 5,18) und folglich ὑπὸ ἁμαρτίαν (3,22) sind. Liegt hier der Ton auf dem Machtcharakter der Sünde, geht es dort um die Funktion des νόμος. Aus den genannten Gründen ist Oepkes tendenziell marcionitische Interpretation von Gal 3,19 weder exegetisch noch theologisch haltbar. Andererseits erscheint es wegen des οὐδεὶς ἀθετεῖ ἢ ἐπιδιατάσσεται (sc. eine

fungiert hat (V.24a.25b) und auf *wen* das In-Erscheinung-Treten der πίστις zielt: auf die „wir", die bis zum Zeitpunkt des Offenbarwerdens (V.23fin.) bzw. Kommen des Glaubens (V.25a)[36] ὑπὸ νόμον ἐφρουρούμεθα[37]. Das den Hauptsatz V.24a einleitende ὥστε („also, folglich, daher") bindet V.24f zusammen. Ihre chiastisch angeordneten Gliedsätze, deren syntaktische Struktur mit der invertierten Stellung des Kontrastpaares παιδαγωγός (= νόμος) und πίστις parallel läuft, macht beide Verse im Ensemble als Schlussfolgerung kenntlich. Diese ergibt sich zunächst aus V.23, ist aber schon durch die vorgeschaltete These V.22a und den mit V.24b korrelierten Finalsatz V.22b vorbereitet. Daraus wird ersichtlich, dass 3,23–25 noch zur Antwort auf die Frage von V.19a gehört[38]. Die in dem Präpositionalgefüge εἰς ... ἀποκαλυφθῆναι bereits anklingende zeitliche Befristung des ὑπὸ νόμον-Seins, das der durative Imperfekt ἐφρουρούμεθα und das im zeitlosen Präsens stehende konjunkte Partizip συγκλειόμενοι als einen Zustand beschreiben, den „wir" – ob φύσει Ἰουδαῖοι oder ἐξ ἐθνῶν – aus eigener Kraft nicht ändern können (die Gründe sind in 3,10–12 genannt, vgl. 1,4)[39], wird in V.24b rechtfertigungstheologisch expliziert und anschließend in Form eines speziell die galatische Situation fokussierenden Resümees auf den allgemeinen Punkt gebracht. Was der Nomos „uns" als Paidagogos πρὸ τοῦ δὲ ἐλθεῖν τὴν πίστιν geworden ist und wozu er von Gott bestimmt war: τῶν

---

rechtsgültige διαθήκη, V.15) trotz 4,24 problematisch, mit Eckstein vom νόμος als einer zur ἐπαγγελία hinzugefügten διαθήκη zu sprechen, Verheißung, 192.

[36] Sowohl V.23a (πρὸ τοῦ δὲ ἐλθεῖν τὴν πίστιν) als auch den Gen. abs. ἐλθούσης δὲ τῆς πίστεως in V.25a drücken die zeitliche Limitierung der mit den Passivformen ἐφρουρούμεθα und συγκλειόμενοι beschriebenen Wirkfunktion des νόμος aus. Ihr mit dem Offenbarwerden der πίστις und d.h. mit dem Kommen Christi gesetzes Ende markieren die beiden εἰς–Wendungen V.23b.24a, wobei die zweite adverbial auf γέγονεν und nicht adnominal auf παιδαγωγός zu beziehen ist. Der Stenogrammsatz Burchards: „Man muß aber εἰς in V.23f. nicht nur zeitlich verstehen", Versuch, 200 (Anm. 90), besagt wohl, dass es auch finale Bedeutung haben könnte, so u.a. F. VOUGA, An die Galater, HNT 10, Tübingen 1998, 88; R.A. BRYANT, The Risen Crucified Christ in Galatians, SBL.DS 185, Atlanta 2001, 153, und schon (im Anschluss an M. Luther: *in hoc, ut fide futura liberaremur*) F. SIEFFERT, Kritisch exegetisches Handbuch über den Brief an die Galater, KEK 7, Göttingen ⁹1889, 224. Dagegen spricht a) der offenkundige Rückbezugs auf 3,19c und b), dass der Finalsatz V.24b: ἵνα ἐκ πίστεως δικαιωθῶμεν ausschließlich εἰς Χριστόν erläutert.

[37] Der nach 3,13f erstmals wieder erfolgte Wechsel in die 1. Pers. Plur. zeigt an, dass Paulus analog zu dem ekklesiologischen „wir" von 1,3f performativ spricht und eine Wirklichkeit beschreibt, die für alle Christen, mithin auch für die Mitglieder der galatischen Gemeinden gilt und ihre Existenz bestimmt.

[38] Vgl. BETZ, Galaterbrief, 311.

[39] Diese prinzipielle Unmöglichkeit ergibt sich für Paulus aus der allgemeingültigen, auf die Schrift gestützte Erkenntnis (Röm 3,10b–18), dass Juden wie Nichtjuden, also alle Menschen ὑφ' ἁμαρτίαν sind (3,9c, vgl. V.19: ὑπόδικος ... πᾶς ὁ κόσμος τῷ θεῷ). Der Abschnitt Röm 7,14–23 beschreibt dieses Unter-der-Sünde-Sein die Signatur Adams (5,12–21) tragenden Menschheit. Die universale Dimension des vom Sprecher-Ich konstatierten Machtcharakters der Sünde wird nicht zuletzt dadurch unterstrichen, dass Paulus ab 7,14 präsentisch formuliert.

παραβάσεων προσετέθη[40], gilt nur εἰς Χριστόν, ἵνα ἐκ πίστεως δικαιωθῶμεν. Denn Rechtfertigung und damit Loskauf von dem Fluch, den das Gesetz über „uns" ausspricht (3,13), geschieht einzig ἐκ πίστεως Ἰησοῦ Χριστοῦ (V.22b). Und dieser rechtfertigende Glaube, der sich allein der Gnade Gottes verdankt (1,6.15; 2,9; 3,18), die im gekreuzigten Kyrios personifiziert erscheint (2,20f, vgl. 1,4; 6,14), ist der Modus, in dem das Verheißene – konkret: die Gerechtigkeit (V.21), das Erbe (V.18) und das Leben im Geist (3,2f.5.14; 5,16.18–22.26)[41] – τοῖς πιστεύουσιν gegeben wird (V.22b). Da Paulus die Galater ohne jeden Vorbehalt als ἐκκλησίαι anredet (1,2) und mit dieser Identitätszuschreibung, deren semantischer Gehalt vor allem in den Kapiteln 3 und 4 näher bestimmt und entfaltet wird[42], ihren gegenwärtigen Status charakterisiert, gilt das aus der These von 3,22 und ihrer Erläuterung in 3,23 gezogene Fazit uneingeschränkt auch für sie: „Nachdem aber der Glaube gekommen ist, sind wir nicht mehr unter dem παιδαγωγός". Die Aussage des Hauptsatzes wird im folgenden Vers und nun in direkter Anrede (πάντες ... ἐστέ) mit dem Verweis auf die im Glauben realisierte Sohnschaft begründet (γάρ). Denn (γάρ) die Galater sind διὰ τῆς πίστεως ἐν Χριστῷ Ἰησοῦ, was sie sind: υἱοὶ θεοῦ. Mit ihrer Taufe εἰς Χριστόν (V.27), die eine neue Wirklichkeit im Heilsbereich des Christus (ἐν Χριστῷ Ἰησοῦ, V.28) konstituiert, ist die Existenz der Galater ὑπὸ νόμον bzw. ὑπὸ παιδαγωγόν definitiv beendet. M.a.W., durch ihre Zugehörigkeit zu Christus, *dem* σπέρμα Ἀβραάμ (3,16), sind sie – tertium non datur – Nachkommen Abrahams und Erben der ihm gegebenen Verheißung (V.29, vgl. 3,6–9).

Der Übergang zu 4,1 ist wiederum (vgl. 3,22f) mittels einer Stichwortverbindung gestaltet: κληρονόμοι – κληρονόμος. Darüber hinaus legt das achtergewichtete Nomen einen Ring um 4,1–7[43] und schlägt als Zielpunkt

---

[40] Ich verstehe diese viel umstrittene Wendung, verkürzt gesagt, als eine Wesens- und Zweckbestimmung der Tora: Sie soll die beim Menschen immer schon – d.h. seit Adam – vorfindliche Sünde ans Licht bringen und ihn mit eschatologischer Geltung bei ihr behaften. Anders formuliert: „Sie soll die Sünde als die den unendlichen Unterschied zu Gott bestimmende Realität aller Menschen, d.h. die heillose Verlorenheit aller erfahrbar machen", STEGEMANN, Thesen, 392. Von einem *Hervorrufen* der Sünde (Paulus gebraucht παράβασις wegen des *nomen agentis* παραβάτης in 2,18 und der Tatsache, dass erst die Existenz eines Gesetzes παραβάσεις justiziabel macht, Röm 4,15; 5,13, vgl 2,23 sowie die Verbindung von ἁμαρτίαν ἐργάζεσθε und παραβάται in der Apodosis von Jak 2,9 und ihrer steigernden Fortführung) oder gar einer darauf abzielenden *Intention* des νόμος kann deshalb keine Rede sein, weil für Paulus der Mensch auch *sub lege* „es immer schon mit *Gott selbst* zu tun" hat, O. HOFIUS, Das Gesetz des Mose und das Gesetz Christi, in: ders., Paulusstudien, WUNT 51, Tübingen ²1994, 50–74: 63.

[41] Vgl. BURCHARD, Versuch, 197.

[42] Die heidenchristlichen Galater *sind* „Söhne" bzw. „Kinder Gottes" (3,26; 4,6f), sie *sind* „Kinder Abrahams" (3,7), sie *sind* Erben der Verheißung (3,22.29; 4,28, vgl. 3,14.18; 4,31), jeweils akzentuiert durch den Ind. Präs. von εἰμί. Folglich redet Paulus sie durchgängig als ἀδελφοί an (1,11; 3,15; 4,12.28.31; 5,11.13; 6,1.18) und macht sie dadurch unterscheidbar. Indem er die Familienmetaphorik als Illustrationsmittel für ihr Beziehungsverhältnis zu Gott und sich selbst in die symbolische Sinnwelt der ἐκκλησία integriert, wird diese zu einer identitätsstiftenden Größe.

[43] Die Inklusion wird durch δοῦλος (4,1.7) zusätzlich markiert.

des klimaktisch angeordneten Kettenschlusses δοῦλος – υἱός – κληρονόμος (vgl. Röm 8,16f) den Bogen über 3,29 und 3,18 (κληρονομία) zur Ausgangsfrage 3,2b.5b zurück. Beides ein Indiz dafür, dass nach der adressatenbezogenen Applikation der in 3,23–25 eingespeisten Metaphorik mit λέγω δέ[44] eine weitere Illustration folgt, nicht ein neuer Gedankengang beginnt. Sie profiliert den Ertrag des vorhergehenden Abschnitts und sichert ihn im Blick auf die These von 3,29 ab, Christuszugehörigkeit impliziere Erbe sein gemäß dem, was die Schrift im Voraus verkündet hat (3,8 [Zitatenkombination aus Gen 12,3b/18,18b])[45]. Das Motivinventar des nun folgenden Beispiels, bei dem Paulus allein die Anwendung interessiert – von daher erklärt sich die oft monierte Inkongruenz von Bildhälfte (V.1f) und Sachhälfte (V.3–5) im Vergleich – stammt aus dem Erb- bzw. Vormundschaftsrecht[46]. Die V.1f beschreiben den Stand des als unmündig (νήπιος)[47] vorgestellten κληρονόμος bis zu dem von seinem Vater festgelegten Zeitpunkt (ἄχρι τῆς προθεσμίας)[48] des Erbantritts. Solange dieser Termin noch aussteht, befindet sich der Erbe, obwohl de iure schon Herr über alles, noch unter Kuratel und unterscheidet sich *darin* nicht von einem Sklaven. Tertium ist die ihren jeweiligen Status kennzeichnende Unfreiheit. In V.3 wird das Bild auf die Sachebene übertragen (οὕτως καὶ ἡμεῖς), verbunden mit einem Tempuswechsel. Mehr noch als durch die Bildwahl ist der Übergang von präsentischen zu präterialen Verbalaussagen textpragmatisch motiviert. Die Tempora des eingeschobenen Nebensatzes ὅτε ἦμεν νήπιοι

---

[44] Einführendes formelhaftes λέγω δέ wie in 5,16 und 1Kor 1,12, vgl. Gal 3,15.17.

[45] Vgl. BURCHARD, Zu Galater 4,1–11, 42.

[46] Welche Rechtsverhältnisse näherhin vorausgesetzt werden (hellenistisches oder römisches Recht), ist strittig. Neben den Komm. z.St. vgl. M. CONRAT, Das Erbrecht im Galaterbrief (3,15–4,7), ZNW 5 (1904) 204–227: 220ff; O. EGER, Rechtswörter und Rechtsbilder in den paulinischen Briefen, ZNW 18 (1917/18) 84–108:105ff ; F. LYALL, Slaves, Citizens, Sons. Legal Metaphors in the Epistles, Grand Rapids 1984, 82ff.98f; ECKSTEIN, Verheißung, 227f. Ganz ablehnend, vor allem wegen der Inkongruenz von Bild- und Sachhälfte, J.M. SCOTT, Adoption as Sons of God. An Exegetical Investigation into the Background of ΥΙΟΘΕΣΙΑ in the Pauline Corpus, WUNT 2.48, Tübingen 1992, 121–186. Er deutet 4,1f typologisch auf die Zeit der Knechtschaft in Ägypten (κληρονόμος und νήπιος seien Kollektivbegriffe für Israel) und 4,3–7 in gleicher Weise auf den vom Messias heraufgeführten „neuen Exodus". Diese Interpretation wirkt trotz der reichen Materialdarbietung gesucht und zieht m.E. die falschen Konsequenzen aus der Asymmetrie zwischen 4,1f und 4,3–5. Die Bildlogik sollte nicht überstrapaziert werden.

[47] Wohl kein juristischer t.t. Dennoch dürfte die Übersetzung mit „unmündig" (auch im rechtlichen Sinn) zutreffen, da die mit „ganz jung[]" so BURCHARD, Zu Galater 4,1–11, 43, kaum etwas anderes als den Gedanken „deshalb noch nicht mündig" assoziieren lässt. In der LXX steht νήπιος zumeist für עוֹלֵל und bezeichnet – häufig verbunden mit θηλάζειν (1Kön 15,3; 22,19; Ps 8,3; Jer 51,7 u.ö.) – den Säugling (vgl. Mt 21,16), kann aber auch griechisches Äquivalent von פֶּתִי („einfältig, dumm") sein und synonym zu ἄφρων gebraucht werden (Sap 12,24; 15,14, vgl. Mt 11,25 par). Hier liegt der Gedanke an Unmündigkeit von vornherein nahe, wohl auch in rechtlicher Hinsicht. In 1Kor 3,1 kennzeichnet νήπιος den noch Unreifen im Gegensatz zum τέλειος (2,6, vgl. 13,11; 14,20).

[48] Das ntl. Hapaxlegomenon referiert auf eine vielleicht nicht gängige, aber belegte Rechtspraxis, EGER, Rechtswörter, 107f.

(Imperfekt) und der periphrastischen Konjugation ἤμεθα δεδουλωμένοι (Plusquamperfekt) indizieren den inzwischen erfolgten Statuswechsel. Aus der Perspektive der Glaubenden (ἡμεῖς) gehört ihr bisheriger Lebenswandel der Vergangenheit an und wird zum Differenzkriterium der Gegenwart. Was den Antritt ihres Erbes bisher verhinderte und ihre frühere Existenzweise definierte, hat nun seine Geltung verloren. Die Zeit der Unmündigkeit für die „wir", Juden- und Heidenchristen, ist vorbei. Stand sie im Zeichen der Versklavung ὑπὸ τὰ στοιχεῖα τοῦ κόσμου, bei denen wegen der unmittelbaren Entsprechung zum ὑπὸ νόμον εἶναι von V.5a und seiner intratextuellen Verknüpfungen (3,10.22f.24f; 4,2a.4d.21; 5,18) auch, wenn nicht gar primär an die Tora zu denken ist[49], markiert der Anfang von V.4: ὅτε δὲ ἦλθεν τὸ πλήρωμα τοῦ χρόνου – er bildet die Analogie zu V.2b (ἄχρι τῆς προθεσμίας τοῦ πατρός), bezieht sich aber zugleich antithetisch auf V.3b – das Ende der Befristung[50]. An die Sendungsaussage V.4b schließen sich zwei parallel stehende Näherbestimmungen des direkten Objekts τὸν υἱὸν αὐτοῦ an (V.4c.d). Sie werden im nächsten Vers, und zwar analog zu 3,14, durch zwei einander koordinierte Finalsätze fortgeführt, wobei der zweite den ersten auf das Prädikat des Hauptsatzes hin auslegt[51]. Inhaltlich lenken V.4f auf 3,13f zurück und kommentieren bzw. explizieren sie. Das ergibt sich zum einen aus der Zweckangabe des ἐξαπέστειλεν in V.5a: ἵνα ... ἐξαγοράσῃ (wie in 3,13aα), zum anderen aus dem Partizipialattribut γενόμενον ὑπὸ νόμον (V.4d), das dem γενόμενος ὑπὲρ ἡμῶν κατάρα von 3,13aβ korrespondiert. Zudem wird mit νόμος (V.4d.5a) das logische Subjekt des Flu-

---

[49] R.N. LONGENECKER, Galatians, WBC 41, Dallas 1990, 165f; J.L. MARTYN, Galatians. A New Translation with Introduction and Comentary, AncB 33A, New York u.a. 1997, 370–373.393; ECKSTEIN, Verheißung, 233. Vgl. L.L. BELLEVILLE, ‚Under Law': Structural Analysis and the Pauline Concept of Law in Galatians 3.21–4,11, JSNT 26 (1986) 53–78: 69: „[B]eing ‚under law' and being ‚under the rudimentary principles of the world' are similar experiences with similar results ... The Jew can thus be said to be ὑπὸ τὰ στοιχεῖα τοῦ κόσμου in that his life is regulated by that which is by nature rudimentary and temporarily suitable for an age of minority". M.E. spricht weder der Plural gegen die Verbindung des Syntagmas mit der Tora noch kollidiert ein solches Verständnis mit dem „wir" von 4,3. Liegt 3,13 wirklich zu fern, um hier evoziert zu werden? Röm 1,18ff und besonders 3,9–20 zeigen schließlich, dass Paulus Juden wie Nichtjuden unter die Forderungen der Tora gestellt sieht und, weil niemand sie erfüllt, allen Menschen attestieren muss: πάντες ὑφ᾽ ἁμαρτίαν (3,9).

[50] Wie in Röm 11,25bβ ἄχρι οὗ τὸ πλήρωμα τῶν ἐθνῶν εἰσέλθῃ steht die jüdische Vorstellung im Hintergrund, wonach Gott ein bestimmtes Maß für die Zeit festgesetzt hat, das gefüllt sein (d.h. voll werden) muss, bis etwas geschieht, vgl. 4Esr 4,36f; 7,74; syrBar 30,1; 42,6; 70,1f; LibAnt 3,2; 13,7f; 14,4, Tob 14,5; Josephus, Ant 6,49, ferner Mk 1,15; Lk 2,6; 21,24; Joh 7,8; Eph 1,10 und zur Sache R. STUHLMANN, Das eschatologische Maß im Neuen Testament, FRLANT 132, Göttingen 1983, 62–69.

[51] Deshalb verstehe ich das zweite ἵνα epexegetisch, mit F. MUSSNER, Der Galaterbrief, HThK 9, Freiburg u.a. ⁴1981, 270. Überhaupt läuft die syntaktische Struktur von 3,13f weithin parallel mit der von 4,4f, nur dass in 3,13 eine partizipiale Ergänzung steht und nicht zwei. Wegen des antithetischen Rückbezugs von V.4a auf V.3b und der über V.4f sich erstreckenden Satzkonstruktion möchte ich die Applikation des Bildes nicht auf V.3 beschränken.

ches,[52] unter dem „wir" stehen und von dem „uns" Christus befreit hat, betont aufgenommen. Durch diese Markierung wird 3,13 als intendierter Referenztext eingespielt und abermals auf das Kreuzesgeschehen als Realgrund und Sinnhorizont des ἐξαγοράζειν verwiesen.[53] Der zweite ἵνα-Satz gibt das Ziel der Sendung an und ihre Folgen für die Glaubenden: „damit wir die Sohnschaft erlangten". Ob υἱοθεσία (neben 4,5 noch Röm 8,15.23; 9,4; Eph 1,5) im technischen Sinn gebraucht ist und speziell den Adoptionsakt bezeichnet, der die υἱότης begründet[54], oder allgemeiner die Annahme an Sohnes Statt, mag hier auf sich beruhen. Wichtiger ist, worauf Paulus mit dem Vergleich hinaus will: dass Gott vormals unter Fremdherrschaft Stehende durch die Sendung seines Sohnes aus diesem Dauerzustand (δεδουλωμένοι) befreit hat, damit sie in die Sohnschaft eingesetzt und seinem Sohn Jesus Christus gleichgestellt würden. Der Ton liegt wie in 3,19.23–25 auf dem Kontrast zwischen „einst" und „jetzt". Beide Epochen zäsuriert ein „Kommen": das ἐλθεῖν des verheißenen σπέρμα (3,19c), der πίστις (3,23a.25a)[55] und des πλήρωμα τοῦ χρόνου (4,4a). Es qualifiziert die Zeit nach der προθεσμία τοῦ πατρός (4,2) als Zeit der Mündigkeit, in der das Verheißene (3,6–9.14.18.22.29) für die Glaubenden Wirklichkeit geworden

---

[52] Was freilich nicht heißt, Gesetz und Fluch seien identisch. So aber SCHLIER, Galater, 136; erwogen auch von BETZ, Galaterbrief, 270 („kommt dem sehr nahe").

[53] Anders BURCHARD, Zu Galater 4,1–11, 49. Er deutet die beiden Partizipien V.4 auf die Seinsweise des Sohnes, woraus sich dann für die Wendung γενόμενον ὑπὸ νόμον das neutrale Verständnis: „im Geltungsbereich oder unter der Autorität der Tora" ergibt. M.E. ist der Ausdruck damit semantisch unterbestimmt. γίνεσθαι ὑπό τι (τινα) heißt „unter der Macht von etwas/jemandem stehen, der Macht von etwas/jemandem unterworfen sein", 1Makk 10,38 (τοῦ γενέσθαι ὑφ' ἕνα); Thukydides, Hist I 110,2 (ὑπὸ βασιλέα ἐγένετο) ; Lukian, Abdicatus 23,7f (ὑπὸ δουλείαν γενέσθαι νόμου). An der zuletzt genannten Stelle ist ὑπὸ γενέσθαι wie im Gal (vgl. 2,4; 3,26–28; 4,21ff; 5,1.13) Kontrastbegriff zu ἐλεύθερος εἶναι (23,1f) Berücksichtigt man den engeren und weiteren Kontext, dürfte dem Kompositum ἐξαγοράζειν – Paulus benutzt gerade nicht das Simplex (vgl. aber immerhin seine Verbindung mit τιμή „Preis" in 1Kor 6,20; 7,23) – doch stärker, als Burchard meint, der Gedanke des Loskaufs aus der Verfügungsgewalt eines Dritten anhaften, auch wenn es sich nicht um einen sakralrechtlichen t.t. des Sklavenfreikaufs handelt. Darin allenfalls ein „Nebenmoment" (ebd. 51) zu sehen, hieße wohl, den theologischen Sachbezug der mit dem Verb erneut aufgerufenen und das paulinische Anliegen illustrierenden Sklaven- und Freiheitsmetaphorik (δοῦλος/δουλεύειν/δουλεία: 3,28; 4,1.7.9.24f; 5,1.13; παιδίσκη: 4,22f.30f; ἐλεύθερος/ἐλευθερία: 2,4; 3,28; 4,22f.26.30f; 5,1.13) zu marginalisieren.

[54] Energisch vertreten von SCOTT, Adoption, 174–177. Seine Argumentation ist jedoch nicht frei von vorgängigen Setzungen. Denn sie soll die These bestätigen, Gal 4,5b spiele auf die „eschatological expectation in Jewish tradition" an, „which applies the promise of divine adoption in 2 Sam 7:14 to the Messiah" (ebd. 178).

[55] Das jeweils absolut gebrauchte πίστις nimmt ἐκ πίστεως Ἰησοῦ Χριστοῦ von 3,22b auf und steht metonymisch für den volleren Ausdruck „Glaube an Jesus Christus". Bestätigt wird dies durch 3,19c (ἄχρις οὗ ἔλθῃ τὸ σπέρμα, vgl. 3,16) und 3,24a (γέγονεν εἰς Χριστόν). Es ist also nicht allgemein vom Glauben die Rede. Da es Paulus allein auf den eschatologisch grundierten Kontrast zwischen νόμος und πίστις ankommt, kann er davon absehen, dass Menschen schon vor Christus aus Glauben gerechtfertigt worden sind (Röm 4,1–8.16f; Gal 3,6, vgl. Röm 1,2; 3,21; 9,6–13; 11,2–6; Hebr 11) und das δικαίωμα τοῦ νόμου (Röm 8,4, vgl. 1Kor 7,19; Gal 5,14) auch nach Christus in Geltung bleibt. Vgl. SILVA, Faith, 240f.

ist. In V.6 werden Sohnschaft und Geistbesitz als untrennbare Einheit miteinander verkoppelt. Resultiert aus der Sendung des Gottessohnes die Sohnschaft der Christen, so aus der Zugehörigkeit zu ihm auch die Begabung mit seinem Geist, der in ihnen wohnt (vgl. Röm 8,9.11) und sie befähigt, wie Jesus (Mk 14,36) Gott als „Abba, lieber Vater" anzurufen (vgl. Röm 8,15).[56] Das Eine ist mit dem Anderen gegeben – abzulesen an der Wiederaufnahme von ἐξαπέστειλεν ὁ θεός und dem Genitivattribut τοῦ υἱοῦ –, nicht etwa die Folge davon oder seine Voraussetzung. Weil sie *Söhne* sind (vgl. 3,26), wohnt Christi Geist, d.h. Christus selbst (Gal 2,20, vgl. 2Kor 3,17; Phil 1,19), in den Herzen der Christen. In der aktuellen Situation kommt es Paulus entscheidend auf dieses Junktim an. Denn nicht *dass* die Galater den Geist besitzen, ist zwischen ihnen und Paulus strittig (3,2.5.14), sondern allein das Woher des πνεῦμα. Indem V.6 aus der unbezweifelbaren Tatsache des Geistempfangs auf die Sohnschaft gerade auch derer schließt, die „nicht am Sinai-Bund teilhaben",[57] erhält das christologisch identifizierte πνεῦμα den Charakter eines Evidenzarguments für die υἱοθεσία der verunsicherten Heidenchristen. V.7 nimmt die entscheidenden Begriffe υἱοὶ θεοῦ (V.26) und κληρονόμοι (V.29) wieder auf, jetzt allerdings wegen der ad personam gerichteten Anrede („Du") im Singular. Gegenüber 3,26–29 (vgl. 3,18) enthält der Vers nichts eigentlich Neues. Er zieht die Folgerung (ὥστε) aus der Anwendung des Beispiels auf die Adressaten (V.6). Zugleich formuliert er die Quintessenz des bisherigen Argumentationsgangs und „stellt ... fest, was zu beweisen war".[58] Negativ gesprochen: Christuszugehörigkeit und also Gottessohnschaft heißt, nicht länger (οὐκέτι) einem Dritten in Sklavenmanier zu dienen. Positiv gesagt: Der Glaube an Christus, *den* Nachkommen Abrahams (3,16), rechtfertigt (3,11, vgl. 2,17) und macht die ἐκ πίστεως [ὄντες] (3,7.9) aus den ἔθνη (3,8fin.14) zu legitimen Nachkommen und Erben Abrahams (3,29). Gemäß der Schrift (3,8f) haben sie damit den ihm verheißenen Segen empfangen: das eschatologische Leben (3,11f.21, vgl. 2,19), den Geist (3,2.5.14; 4,6), die Sohnschaft (3,7.26; 4,5–7). Urheber und Wirkgrund von allem ist Gott (διὰ θεοῦ), der διὰ τῆς χάριτος αὐτοῦ (1,15, vgl. 2,21) den einstigen Verfolger der Ekklesia (1,13.23) zum Völkerapostel berufen (1,1.16) und sich als καλέσας ὑμᾶς ἐν χάριτι Χριστοῦ (1,6, vgl. 5,8) auch den gottfernen Galatern als gnädig erwiesen hat. Deshalb kann – quod erat demonstrandum – die Antwort auf die

---

[56] Dass Paulus hier und in Gal 4,6 die Gebetsanrede Jesu im Vaterunser (Mt 6,9/Lk 11,2) vor Augen gehabt hat, O. HOFIUS, Art. ἀββά, TBLNT[2] 2 (2000) 1721f, ist möglich, bleibt aber eine Vermutung.

[57] BETZ, Galaterbrief, 366.

[58] BURCHARD, Zu Galater 4,1–11, 53. Vgl. J. BECKER, Der Brief an die Galater, NTD 8.1, Göttingen [2(18)]1998, 7–103: 64; LONGENECKER, Galatians, 175; D. LÜHRMANN, Der Brief an die Galater, ZBK.NT 7, Zürich 1978, 70.

Frage von 3,2.5 nur zugunsten des ἐξ ἀκοῆς πίστεως und nicht seiner Alternative ἐξ ἔργων νόμου ausfallen.

Ergebnis: Der argumentative Duktus von 3,1–4,7 orientiert sich an den Oppositionsbegriffen πίστις und νόμος des (aus antiochenischer Tradition stammenden?) Basissatzes von 2,16a (vgl. Röm 3,28).[59] Sie bilden die semantische Achse, an der die exegetische Beweisführung entlang läuft, und strukturieren den Text. Jeder Unterabschnitt endet mit einem Wort vom Stamm πιστ- (3,5.9. 14.22) oder einem auf die Seite der πίστις gehörenden Lexem: ἐπαγγελία (3,18), κληρονόμος (3,29 [Sing.]; 4,7 [Plur.]). Das Antonym νόμος findet sich eingangs des dritten und fünften Teilsegments (3,10.19), eben jener Passagen, in denen sein Verhältnis zu Glaube und Verheißung speziell in rechtfertigungstheologischer Perspektive thematisiert wird (vgl. 3,11f.14 mit 3,21f). Ihr Differenzmerkmal bringt Paulus mit Hilfe zeitlicher Kategorien zur Anschauung. Das Gesetz kam 430 Jahre nach (μετά) der Verheißung. Es wurde ihr nicht dauerhaft beigegeben (προσετέθη), sondern ἄχρις οὗ ἔλθῃ τὸ σπέρμα. Bevor (πρό) der Glaube kam, waren wir dem Gesetz unterworfen, danach nicht mehr (οὐκέτι).[60] Solange (ἐφ᾽ ὅσον χρόνον) der zum Erben Bestimmte noch unmündig war, stand er einem Sklaven gleich unter Vormündern und Aufsehern ἄχρι τῆς προθεσμίας τοῦ πατρός. Als aber (ὅτε δέ) der Mündigkeitstermin gekommen war (ἦλθεν τὸ πλήρωμα τοῦ χρόνου), hatte die Fremdaufsicht ein Ende[61]. Der vormals ein Sklave war, ist es nicht länger (οὐκέτι). Durch seinen ausdrücklichen Bezug auf die Vergangenheit werden Geltungsbereich und Aufgabe des Gesetzes zeitlich limitiert. Die mit ihm verbundene übergeordnete Absicht drücken die beiden Finalsätze 3,22b und 3,24b aus. Aufgrund der parallelen Formulierung Röm 11,32: συνέκλεισεν γὰρ ὁ θεὸς τοὺς πάντας εἰς ἀπείθειαν, ἵνα τοὺς πάντας ἐλεήσῃ kann nur Gott das logische Subjekt des συνέκλεισεν in V.22a sein. Diese ihm von der Schrift qua Gesetz zugedachte Zweckbestimmung verbietet es, den νόμος selbst ins

---

[59] Sollte er den Bewusstseinsstand der antiochenischen Gemeinde reflektieren, ließe er sich am ehesten als missionstheologischer „Grundentscheid" verstehen, BECKER, Paulus, 101.294ff. Vgl. M. THEOBALD, Der Kanon von der Rechtfertigung (Gal 2,16; Röm 3,28). Eigentum des Paulus oder Gemeingut der Kirche?, in: ders., Studien zum Römerbrief, WUNT 136, Tübingen 2001, 164–225: 183ff. Burchard führt dieses „christliche Urgestein" sogar auf den Kreis der „Hellenisten" um Stephanus in Jerusalem zurück und vermutet „die Erinnerung an bestimmte Züge des Wirkens Jesu ... (als) Erfahrungshintergrund", Nicht aus Werken des Gesetzes gerecht, bes. 233ff (Zit. ebd. 234.237). Seine Matrix wäre dann nicht die Heidenmission, sondern der innerjüdische Konflikt zwischen zwei Reformbewegungen: den pharisäisch gesinnten Rigoristen, die wie der vorkonversionelle Paulus die Rechtfertigung von einem strikten Toragehorsam abhängig machten, und den christusgläubigen Juden, die im Glauben an Jesus den Grund für die Rechtfertigung ganz Israels sahen.

[60] In 3,25 bezeichnet das Partizip ἐλθούσης den terminus ad quem des ὑπὸ νόμον ἐφρουρούμεθα von 3,23.

[61] Zutreffend LÜHRMANN, Galater, 69: „Es geht ... um einen Bruch der Zeiten, nicht um eine ,Erfüllung' im Sinne einer folgerichtigen Steigerung".

theologische Abseits zu stellen oder gar zu dämonisieren.[62] Andernfalls
könnte Paulus unmöglich sagen, er stünde den Verheißungen nicht entgegen (3,21). Vielmehr zielt der temporale Aspekt, dem das Moment der
Vorläufigkeit und Befristung innewohnt, auf die begrenzte Funktion des
Gesetzes in der göttlichen Heilsökonomie. Es sollte nie rechtfertigen und
Leben bringen,[63] sondern dem Menschen bescheinigen, dass er ein παραβάτης ist (2,18; 3,19) und kein ποιητὴς νόμου (vgl. Röm 2,13). Insofern also
das Gesetz und der durch die Verkündigung gewirkte Glaube (3,2.5) im
Blick auf die Rechtfertigung „operate differently in their respective and
distinct epochs, it is proper and necessary to contrast them".[64] Was besagt
dies alles für das Verständnis von Gal 3,24?

Der νόμος als παιδαγωγός – Bewahrer oder Bewacher?

Soweit ich sehe, wird in der jüdisch-hellenistischen und paganen Literatur
vor und neben Paulus der νόμος nirgends expressis verbis als παιδαγωγός
bezeichnet[65]. Offensichtlich handelt es sich bei der Wendung ὁ νόμος παιδαγωγὸς ... (γέγονεν) um eine genuin paulinische Bildung, in der νόμος das
Interpretandum ist. Sein Verständnis hängt wesentlich vom semantischen
Gehalt der παιδαγωγός-Metapher ab, die inhaltlich jedoch nicht näher bestimmt wird. Daher dürfte ein orientierender Blick auf ihren sonstigen Gebrauch im Corpus Paulinum nützlich sein.

Der einzige – auch einzige neutestamentliche – Beleg außerhalb des Gal
findet sich im 1Kor, näherhin im paränetischen Schlussabschnitt (4,14–21)

---

[62] Gegen z.B. G. KLEIN, Art. Gesetz III. Neues Testament, TRE 13 (1984) 58–75, der „im Zu-
sammenspiel von Sünde und Gesetz ... die reine Dämonie triumphier[en]" sieht (ebd. 67).

[63] Nach jüdischen Verständnis ist aber die Tora Mittel und Weg zum Leben, Dtn 30,15–20;
32,47; Ez 18,17.19; 20,11.13.21; Ps 119,40.93.116.144; Prov 3,1f; Sir 17,11; 45,5; CD [B] 19,1f;
mAv 2,7; bQid 39b; bHul 142a; yHag 2,1; ARN (B) 26 u.ö. Vgl. F. AVEMARIE, Tora und Leben.
Untersuchungen zur Heilsbedeutung der Tora in der frühen rabbinischen Literatur, TSAJ 55, Tübingen 1996, bes. 376–399.

[64] SILVA, Faith, 244. Vgl. D.F. TOLMIE, Ὁ νόμος παιδαγωγὸς ἡμῶν γέγονεν εἰς Χριστόν: The
Persuasive Force of a Pauline Metaphor (Gl 3:23–26), Neotest. 26 (1992) 407–416: 411. Dieser
Gegensatz gilt jedoch, worauf Silva zu Recht insistiert, ausschließlich in soteriologischer Hinsicht.
Andernfalls droht die Gefahr, in Gesetz und Christusglaube „opposing principles" zu sehen (ebd.).
Dass die Toragebote keineswegs, gerade auch für Paulus nicht (Röm 13,8–10; 1Kor 7,19; Gal 5,6),
samt und sonders christologisch überholt sind, habe ich andernorts zu zeigen versucht: Tora für die
Völker – Weisungen der Liebe. Zur Rezeption des Dekalogs im frühen Judentum und Neuen Testament, in: H. Graf Reventlow (Hg.), Weisheit, Ethos und Gebot. Weisheits- und Dekalogtraditio-
nen in der Bibel und im frühen Judentum, BThSt 43, Neukirchen-Vluyn 2001, 97–146, bes.
115ff.136ff.

[65] Die von N.H. YOUNG, *Paidagogos*: The Social Setting of a Pauline Metaphor, NT 29 (1987)
150–176, angeführten Belege (ebd. bes. 154f) tragen in dieser Hinsicht nichts aus. Auch das bei
Plutarch überlieferte Aesop-Zitat: ὁ γὰρ οἶνος ..., ἀφαιρῶν τὸ πλάσμα καὶ τὸν σχηματισμόν,
ἀπωτάτω τοῦ νόμου καθάπερ παιδαγωγοῦ γεγονότων, Mor 645B, ist nicht wirklich vergleichbar.

des ersten Hauptteils (Kap. 1–4). Freilich spielt hier die Gesetzesproblematik, anders als in Gal 3f, keine Rolle. Im Kontext gelesen ist die Stelle dennoch aufschlussreich. In 1Kor 4,15 distanziert Paulus sich von den – wirklichen oder vermeintlichen[66] – unzähligen παιδαγωγοί der Korinther (vgl. 3,10ff). Weil er ihr Vater ist und sie durch das Evangelium „gezeugt" hat (ἐγέννεσα, vgl. 2Kor, 6,13; 12,14; Gal 4,19; 1Thess 2,11; Phlm 10), steht ihm das alleinige Recht zu, die Gemeinde zurecht zu weisen (4,14). Für sich genommen bietet der Vers keinen Anlass, den Gegensatz zum Vater über die (vielfach bezeugte[67]) Negativität des Begriffs παιδαγωγός zu konstruieren[68]. Bezieht man V.21 mit ein, liegt der Gedanke zumindest nahe[69]. Die Frage τί θέλετε; ἐν ῥάβδῳ ἔλθω πρὸς ὑμᾶς ἢ ἐν ἀγάπῃ πνεύματί τε πραΰτητος; ist im Begründungssatz V.15 vorbereitet und knüpft an ihn an. Sie korreliert den dortigen Kontrast zwischen παιδαγωγός und πατήρ mit dem Verhalten von beiden und stellt den Korinthern anheim, sich für eine der angebotenen Möglichkeiten zu entscheiden: Soll Paulus bei seinem angekündigten Besuch (V.18f) sich wie ein παιδαγωγός verhalten und mit dem Stock (ἐν ῥάβδῳ) kommen oder – entsprechend seinem Selbstverständnis (V.15b) – wie ein Vater ἐν ἀγάπῃ? Die Alternative reflektiert das sprichwörtlich grobe bis tyrannische Gebaren des παιδαγωγός[70]. Der Stock galt als sein typisches Attribut und Zeichen der Strenge, mit der er den ihm anvertrauten Kindern begegnete[71]. Dass auch der Vater die ῥάβδος als strafende „Zuchtrute" ge-

---

[66] Zu ἐάν mit Konj. statt klassisch Potentialis oder Irrealis vgl. BDR § 373,2 (mit Anm. 11).

[67] Vgl. E. SCHUPPE, Art. Paidagogos, PRE 18.1 (1942) 2375–2385: 2378f; D.J. LULL, „The Law was our Pedagogue": A Study in Galatians 3:19–25, JBL 105 (1986) 481–498: 489ff; YOUNG, *Paidagogos*, 161ff; T. VEGGE, Die Schule des Paulus. Eine Untersuchung zur Art und zum Stellenwert schulischer Bildung im Leben des Paulus, Diss.theol. Oslo 2004, Acta Theologica 9, Oslo 2004, 35–38 (erscheint in BZNW).

[68] Vgl. H. MERKLEIN, Der erste Brief an die Korinther, Kapitel 1–4, ÖTBK 7.1, Gütersloh/Würzburg 1992, 324.

[69] Für Ch. WOLFF, Der erste Brief des Paulus an die Korinther, ThHK 7, Leipzig 1996, 93, auch ohne diesen Vers.

[70] Plautus, Bacch 405–499; Ps.-Platon, Axiochos 366e; Terenz, Andr 51–54; Horaz, Ars 161; Sueton, VitNer 37; Dion v. Prusa, Or 72,10; Teles bei Stobaios, Flor 72 u.ö., vgl. Josephus, Bell 2,126. Auch ein Schweigen kann beredt sein. Im 1. Buch seiner „Wege zu sich selbst" führt M. Aurel in Form einer geistigen Inventuraufnahme all diejenigen an, denen er für sein Leben Entscheidendes verdankt. Neben Familienangehörige und Freunde nennt er seine διδάσκαλοι (1,4) und seinen τροφεύς (1,5). Bezeichnenderweise fehlt ein παιδαγωγός in der Aufzählung. Er wird erst später erwähnt, freilich im Rahmen einer für ihn wenig schmeichelhaften Bemerkung (10,36). Die den παιδαγωγοί auf breiter Front attestierten Eigenarten wie Kneifen, Drohen, Schreien, Schimpfen und Prügeln (Platon, Lysis 223a; Quintilian, Inst VI 1,41; Plutarch, De Catone Maiore 20,4 [348B]; Libanius, Epist 139,2) mögen sich zwar zu Stereotypen verfestigt haben. Ohne Anhalt an der Wirklichkeit sind sie aber nicht.

[71] Zum ῥάβδος bzw. zur *virga* als dem – ebenso kritisierten wie als Zuchtmittel weithin tolerierten – Prügelstock in der Hand des παιδαγωγός/*custos*: Platon, Leg 700c; Alciphron, Epist III 7,3f; Quintilian, Inst I 3,17; Juvenal, Sat 7,210; Libanius, Or 58,9, vgl. ferner Platon, Leg 808e; Prot 325c; Philo, Post 97; Congr 94; All 2,89–91; Migr 115f; Libanius, Or 43,9; Martial, Epigr 11,39 sowie die Abb. auf der Vase von Ruvo (Italien) bei N.H. YOUNG, The Figure of the Paid-

brauchen kann (2Sam 7,14; PS^LXX 88,33 [jeweils auf Gott bezogen]), Sir
30,1f und Prov 23,13f ihm sogar Schläge als fürsorglich gemeintes Erzie-
hungsmittel empfehlen, ändert nichts am Referenten der Metapher. Wegen
der in V.21 nachklingenden Opposition von V.15 und des vom Vater be-
setzten Handelns ἐν ἀγάπῃ bleibt die Alternative ἐν ῥάβδῳ für den παιδαγωγός reserviert.[72] Hält man sich vor Augen, dass er im zeitgenössischen
Verständnis nicht nur als ungehobelter Rohling und notorischer Spielver-
derber galt, der seine Schutzbefohlenen drangsalierte, sondern auch als ein
unentbehrlicher Anstands- und Sittenwächter, der auf sie Acht gab und ihnen die elementaren Benimmregeln beibrachte[73] und deshalb – obwohl zumeist ein (noch dazu fremdländischer) Sklave – respektiert wurde, fällt das
ihn kennzeichnende ἐν ῥάβδῳ um so mehr auf. In der korinthischen Situation gewinnt es den Charakter eines die Rezeption der Metapher steuernden
Interpretaments. Durch die Zuordnung des Stocks zum παιδαγωγός, in dessen Rolle die Korinther Paulus zwingen, sollten sie seine Weisungen igno-
rieren und die Zustände in der Gemeinde nicht zum Besseren wenden (vgl.
1Kor 5–6), wird allein das mit dem Begriff verbundene negative Assoziati-
onspotenzial aktiviert. M.a.W., in dem paränetisch grundierten Abschnitt
1Kor 4,14–21 fungiert das Bild des παιδαγωγός als ein Drohmittel. Dies
setzt voraus, dass es, jedenfalls aus paulinischer Perspektive, von den Emp-
fängern auch in diesem Sinn erschlossen werden konnte. Andernfalls hätte
das Bild die beabsichtigte Wirkung verfehlt. Paulus greift also nicht nur
eine geläufige Vorstellung auf und operiert mit ihr, sondern schreibt sie
metaphorisch kodiert in den Text ein, um seiner Forderung den nötigen
Nachdruck zu verleihen.

In Bezug auf Gal 3,24f resümiert H.-J. Eckstein: „Daß die Bezeichnung
des νόμος als παιδαγωγός in keiner Weise positiv zu verstehen ist, wird in
der exegetischen Diskussion inzwischen allgemein anerkannt".[74] Mehrheitlich wohl, aber nicht von allen. Ch. Burchard teilt diese Auffassung nicht
und vertritt eine Gegenposition[75]. Für ihn ist „die Vokabel παιδαγωγός vox

---

agogos in Art and Literature, BA 54 (1990) 80–86: 85. Das ikonographische Material ist u..nfas-
send dokumentiert bei H. SCHULZE, Ammen und Pädagogen. Sklavinnen und Sklaven als Erzieher
in der antiken Kunst und Gesellschaft, Mainz 1998, 28ff.
    [72] A. LINDEMANN, Der Erste Korintherbrief, HNT 9.1, Tübingen 2000, 118. Vgl. F. LANG, Die
Briefe an die Korinther, NTD 7, Göttingen 1986, 68.
    [73] Vgl. Plutarch, Mor 439F–440A; Seneca, Epist 94,8f; Aristides, Or 2,380. Deshalb bezeich-
net Plutarch die παιδαγωγία als eine „schöne und leuchtende Aufgabe" (καλὸν ἔργον ... καὶ
λαμπρόν), Alex 5. Zur positiven Konnotation des metaphorisch gebrauchten Begriffs vgl. Seneca,
Epist 89,13: der Weise (*sapiens*) als „Erzieher des Menschengeschlechts" (*generis humani
paedagogus*).
    [74] Verheißung, 215f.
    [75] Versuch, 197–202; Zu Galater 4,1–11, 44 (mit Anm. 20). Wie Burchard, wenngleich mit
z.T. anderer Begründung, auch YOUNG, *Paidagogos*, 170f; LULL, Pedagogue, 489ff; T.D.
GORDON, A Note on ΠΑΙΔΑΓΩΓΟΣ in Galatians 3.24–25, NTS 35 (1989) 150–154; LONGEN-

bona oder zumindest media wie unser Lehrer auch"[76]. Auch vom Kontext her lege sich eine Deutung in sensu malo nicht unbedingt nahe. Weder V.22 noch der gewöhnlich dafür in Anspruch genommene V.23 seien notwendig von „Haftmetaphorik" bestimmt. Zugunsten seiner abweichenden Sicht macht Burchard die folgenden Argumente geltend:[77] 1) In συγκλείειν schlägt der „bildspendende Bereich" kaum stärker durch „als in unserem ‚einschließen'; im verwandten Satz Röm 11,32: συνέκλεισεν γὰρ ὁ θεὸς τοὺς πάντας εἰς ἀπείθειαν ist er gar nicht mehr spürbar. 2) Die Schrift, nicht die Sinaitora ist Subjekt. 3) φρουρεῖν kann wie in Phil 4,7 und vor allem 1Petr 1,5 „bewahren" heißen, wofür auch der – freilich erst relativ spät (4. Jh.) belegte[78] – Vergleich des παιδαγωγός mit schützenden Aufpassern, Wächtern und festen Mauern spricht. 4) Der νόμος ist selbst dann nicht logisches Subjekt von ἐφρουρούμεθα, wenn ὑπὸ νόμον zum Prädikat gehört; muss man eins ergänzen, steckt es in συγκλειόμενοι, wobei an die Schrift oder Gott zu denken ist. Sollte ein Hyperbaton vorliegen und der präpositionale Ausdruck in Aufnahme von V.22a zum Partizip zu ziehen sein, wäre „die Tora als παιδαγωγός nicht Einschließende, sondern Eingeschlossene". 5) V.23b fügt sich dem ein, gleichviel, ob εἰς τὴν μέλλουσαν πίστιν ἀποκαλυφθῆναι zum finiten Verb oder Partizip gehört. Im ersten Fall ist das Verb, analog zu 1Petr 1,5, am ehesten mit „wir wurden bewahrt" zu übersetzen; im zweiten Fall wird es als Haftmetapher unbrauchbar, tendiert sogar zur vox bona. Burchards Fazit: Paulus dürfte in Gal 3,21–25 „auf eine bewahrende Funktion der Sinaitora hinauswollen und sie in V.24 mit der Metapher παιδαγωγός auf den Punkt bringen".[79]

Die Argumente gehen ineinander über, z.T. bedingen sie einander. Aus Raumgründen konzentriere ich mich auf die mir wesentlich erscheinenden Punkte. Einiges ist oben bereits angeklungen.

Zunächst zum Subjekt von V.22a. Es ist die Schrift. Nur fragt sich, woran Paulus in V.22a und V.22b genauer denkt. 3,11f (vgl. 3,8.15–18; 4,30) zeigen, dass er differenziert[80]. Integraler Bestandteil der als Einheit verstandenen Größe γραφή ist auch der νόμος, der die Verfallenheit eines jeden Menschen unter die Sünde „mit eschatologisch-forensischer Kraft enthüllt"[81]. Stünde V.22a für sich, hätte Paulus ἡ γραφή problemlos durch ὁ νόμος ersetzen können. Aufgrund der Zielangabe des συνέκλεισεν (V.22b) und der Tatsache, dass sich dann ein glatter Widerspruch zur Logik des Ir-

---

ECKER, Galatians, 146–148; B.W. LONGENECKER, The Triumph of Abraham's God. The Transformation of Identity in Galatians, Edinburgh 1998, 126f.

[76] Versuch, 198. Den Verweis auf 1Kor 4,15 (ebd.) halte ich nach dem zuvor Gesagten jedoch für nicht zutreffend.

[77] Zum Folgenden vgl. Versuch, 199f.

[78] Bei dem Rhetoriker Libanius, Or 1,12; 34,29; 58,7. 31. Vgl. YOUNG, Paidagogos, 159.172.

[79] Versuch, 200.

[80] Vgl. oben Anm. 31 und 34.

[81] HOFIUS, Gesetz des Mose, 60. Vgl. BERGMEIER, Bedeutung, 40f.

realis in V.21b ergäbe, war ihm dies jedoch a limine verwehrt. Deshalb musste er von der „Schrift" reden, weil sie in ihrem Gesamt beides ist: qua νόμος den Sünder anklagende und verurteilende, qua ἐπαγγελία rechtfertigende und Leben verheißende Instanz[82]. Der Wechsel von der Tora zur γραφή erfolgt also nicht zufällig, sondern ist theologisch gefordert. Mit dem Verweis auf Röm 11,32 ist m.E. nichts gewonnen. Im Gegenteil. Hier ist dem Kontext entsprechend (11,28–32) und wegen 1,18–3,20 Gott als Subjekt genannt. Von ihm wird freilich nicht gesagt: συνέκλεισεν ... τοὺς πάντας ὑπὸ ἀπείθειαν, sondern εἰς ἀπείθειαν. In der LXX bedeutet συγκλείειν εἰς – wie auch in paganer Literatur (Polybius III 63,3; Diodorus Siculus XII 34,5; XIX 19,8) – „ausliefern an, preisgeben an" (ψ 30,9; 77,50.62; Am 1,6.9)[83]. Röm 11,32: συνέκλεισεν γὰρ ὁ θεὸς τοὺς πάντας εἰς ἀπείθειαν liegt inhaltlich auf der gleichen Linie. Paulus dürfte sich an den Sprachgebrauch der LXX anlehnen. Im Übrigen zeigt 1Makk 5,5: καὶ συνεκλείσθησαν ὑπ' αὐτοῦ εἰς τοὺς πύργους („sie wurden ... in den Türmen eingeschlossen" im Sinne von „sie wurden festgesetzt/eingesperrt"), dass συγκλείειν auch in Verbindung mit εἰς zur Haftmetapher werden kann und damit eher zur vox mala als zur vox media tendiert. Kurzum, Röm 11,32 entfällt als Stütze für ein „neutrales" Verständnis von συγκλείειν.

Ob φρουρεῖν (V.23) wie in Phil 4,7 „behüten, beschützen" heißt oder „bewachen" (so in 1Kor 11,32), lässt sich allein von der Vokabel her nicht entscheiden. In 1Petr 1,5, dem einzigen außerpaulinischen Vorkommen im Neuen Testament, ist das Partizip φρουρουμένους zweifellos positiv konnotiert. Inmitten ihrer Bedrängnis (1,6) werden die Adressaten des Beistands Gottes versichert, der sie durch den Glauben bewahrt[84]. Diese Stelle ist allerdings nicht mehr als ein weiterer Beleg für die semantische Doppelkodierung des Verbs, bei dem der Verfasser des 1Petr im Unterschied zu Paulus nur den einen Aspekt sprachlich realisiert. Wie sein Bedeutungsgehalt in Gal 3,23 zu bestimmen ist, muss aus dem Kontext erschlossen werden. Burchard bezieht συγκλειόμενοι auf συνέκλεισεν ἡ γραφὴ τὰ πάντα ὑπὸ ἁμαρτίαν mit der Schrift bzw. Gott als logischem Subjekt des Partizips – und zwar unabhängig davon, ob ὑπὸ νόμον mit ἐφρουρούμεθα zu verbinden

---

[82] Vgl. oben 245f. Dieser differenzierte Sachverhalt wird von Betz, GALATERBRIEF, 311, verkannt. Zu ungenau auch MUSSNER, Galaterbrief, 253. U. BORSE, Der Brief an die Galater, RNT, Regensburg 1984, 136, identifiziert die Schrift in toto fälschlicherweise mit dem „Mosaische[n] Gesetz". Zutreffend hingegen MARTYN, Galatians, 360: Wenn „Paul ... speaks of the scripture ..., he does distinguish the cursing voice of the Law from its scriptural and promissory voice", und STEGEMANN, Thesen, 393: „Paulus redet hier von ihr (sc. der Tora) durchaus als γραφή, aber eben so, daß sie die negative Einheit in der Menschheit, nämlich das universale Sein ὑπὸ ἁμαρτίαν und damit den unendlichen Unterschied zu Gott markiert".

[83] Der von ECKSTEIN, Verheißung, 209 Anm. 126, darüber hinaus angeführte Beleg Ob 14 ist zu streichen. In ψ 77 stehen παραδίδωμι und συγκλείω parallel: παρέδωκεν εἰς χάλαζαν (V.48a) – εἰς θάνατον συνέκλεισεν (V.50c).

[84] Vgl. R. FELDMEIER, Der erste Brief des Petrus, ThHK 15.1, Leipzig 2005, 52.

ist oder per Hyperbaton in Aufnahme von V.22a zu συγκλειόμενοι gehört. In beiden Fällen wäre die Tora als ein einschließender/bewachender παιδαγωγός aus dem Spiel, im zweiten wäre sie sogar die „Eingeschlossene, auch wenn ‚wir' unter ihr sind"[85]. Mit ausdrücklichem Bezug auf Burchard konstatiert daher R. Bergmeier: „Von der Tora, die Menschen unter den Fluch Gottes über die Sünder stelle, ist im unmittelbaren Kontext nicht die Rede"[86]. Diese Interpretation steht und fällt, je nachdem, ob die γραφή in V.22a als νόμος fungiert oder nicht. Dass sie es tut, legen schon die exakt parallel formulierten Wendungen ὑπὸ ἁμαρτίαν (V.22a), ὑπὸ νόμον (V.23a) und ὑπὸ παιδαγωγόν (V.25) nahe, mit denen der Ausdruck ὑπὸ τὰ στοιχεῖα τοῦ κόσμου (4,3b) korrespondiert[87]. Damit rückt die παιδαγωγός-Metapher, deren negatives Assoziationsfeld Burchard hier und in 1Kor 4,15 zu gering gewichtet[88], nicht nur an die Seite des νόμος, sondern wird durch ihn bestimmt, wie sie umgekehrt den Charakter des νόμος für die galatischen Christen per analogiam zur Anschauung bringt. Um hermeneutisch produktiv sein und diese Analogie stiften zu können, kann die Metapher aber erst eingeführt werden, nachdem Paulus seine Adressaten über das kontrastive Verhältnis von ἐπαγγελία und νόμος aufgeklärt hat, das sich mit dem von χάρις und πίστις auf der einen und νόμος bzw. ἔργα νόμου auf der anderen Seite verschränkt[89]. Dies geschieht in 2,16–21 und dann vor allem im argumentativen Hauptteil 3,1ff, wo die grundlegende Differenz zwischen Glaube und Gesetz aus der Schrift erwiesen und mit Hilfe zeitlicher Kategorien expliziert wird. Indem Paulus am Ende seiner Antwort auf die selbstgestellte Frage, was es denn mit dem νόμος auf sich habe (3,19), das Gesetz mit dem Prädikat παιδαγωγός versieht (3,24), wird der Paidagogos zu einer „summierenden" Metapher – d.h. einer Metapher, „that provides a memorable summary of a description that has already articulated"[90]. Anders formuliert: Im Wahrnehmungshorizont der Galater erscheint der παιδαγωγός als personifizierter νόμος in das bisher vom νόμος Gesagte integriert. Die – bezogen auf die Verheißung von Gerechtigkeit und Leben – mit der Tora verbundenen Negationen (2,16f; 3,10–12.15–18.20) haben wie die seit 3,17 dominierende Struktur des „Vorher – Seitdem" Signalfunktion und steuern die Rezeption der Metapher. 1Kor 4,15–21 könnte ein Indiz sein,

---

[85] BURCHARD, Versuch, 200.

[86] BERGMEIER, Bedeutung, 46 Anm. 62.

[87] Burchard will zwar „unter den Elementen der Welt" von „unter dem Paidagogos" unterschieden wissen, Zu Galater 4,1–11, 48 Anm. 43, konzediert aber, „daß der Paidagogos auch ... zum Dienst an den Elementen anhält" (ebd.).

[88] Vgl. BURCHARD, Versuch, 198.

[89] M. KONRADT, „Die aus Glauben, diese sind Abrahams Kinder" (Gal 3,7). Erwägungen zum galatischen Konflikt im Lichte frühjüdischer Abrahamtraditionen, in: G. Gelardini (Hg.), Kontexte der Schrift I: Text, Ethik, Judentum und Christentum, Gesellschaft (FS E.W. Stegemann), Stuttgart 2005, 25–48: 42.

[90] TOLMIE, Pauline Metaphor, 414.

dass Paulus mit ihr bewusst an das verbreitete negative Bild des παιδαγωγός erinnern will, der die ihm anvertrauten Kinder unter der Knute hält, wenn auch aus seiner Sicht zu ihrem Besten.

Es fällt deshalb schwer, den παιδαγωγός in Gal 3,24 positiv zu bewerten und ihm im Sinne Burchards eine bewahrende Rolle zu attestieren. Der argumentative Duktus sowie die antithetische Struktur des engeren und weiteren Kontextes sprechen dagegen, die Syntax und das verwendete Vokabular in 3,22–25 jedenfalls nicht unbedingt dafür. Als Übersetzung ergibt sich:

„[22] Aber die Schrift hat alles unter die Sünde eingeschlossen, damit das Verheißene aufgrund des Glaubens an Jesus Christus den Glaubenden gegeben würde. [23] Bevor jedoch der Glaube kam, wurden wir unter dem Gesetz bewacht[91], eingeschlossen (eingesperrt) bis zu dem Zeitpunkt, an dem der Glaube offenbar werden sollte. [24] Daher ist das Gesetz unser Aufseher geworden (und geblieben) bis zu Christus, damit wir aufgrund des Glaubens gerechtfertigt würden. [25] Nachdem aber der Glaube gekommen ist, sind wir nicht mehr unter dem Aufseher".

Burchards These, dass die Schrift logisches Subjekt in συγκλειόμενοι ist, bleibt dennoch richtig, sofern deutlich wird, dass Gott selbst durch die Schrift qua Gesetz den Menschen bei seinem Sündersein behaftet. Eben darin liegt die der Tora zugewiesene Aufgabe als παιδαγωγός[92]. Diese Funktion des νόμος ist allerdings wegen der übergeordneten Absicht seines göttlichen Urhebers: ἵνα ἐκ πίστεως δικαιωθῶμεν (V.24b) zeitlich befristet εἰς τὴν μέλλουσαν πίστιν ἀποκαλυφθῆναι (V.23b) und d.h. εἰς Χριστόν (V.24a). Insofern weist die Tora e contrario darauf hin, dass die Erlösung für alle Menschen, seien sie Juden oder Heiden, jenseits ihrer Grenze liegt: im Glauben an Jesus Christus, der ἐξέληται ἡμᾶς ἐκ τοῦ αἰῶνος τοῦ ἐνεστῶτος πονηροῦ κατὰ τὸ θέλημα τοῦ θεοῦ καὶ πατρὸς ἡμῶν (1,4). Der Gesetzgeber hat alles gut gemacht.

---

[91] Das Impf. ἐφρουρούμεθα drückt den durativen Charakter des Bewachens aus.

[92] Zutreffend formuliert STEGEMANN, Thesen, 394: „[D]ie Tora [hat] als παιδαγωγός ... die Funktion ..., den Status aller Menschen ante Christum (und außerhalb des Glaubens post Christum) als defizitären transparent zu machen".

Berndt Schaller

Christus, „der Diener der Beschneidung ..., auf ihn werden die Völker hoffen"

Zu Charakter und Funktion der Schriftzitate in Röm 15,7–13

Röm 15,7–13 ist in der neutestamentlichen Forschung seit langem Gegenstand höchst kontroverser Erörterungen und Bestimmungen. Die ältere kritische Auslegung konnte mit dem, was in diesem Abschnitt nach den eingehenden Ausführungen in Röm 9–11 nochmals über das Verhältnis von Juden und „Heiden" thematisch akzentuiert zur Sprache gebracht wird, oft gar nichts recht anfangen.[1] Die Verankerung im Gefüge des Gesamttextes schien unpassend, „in einem für ihn unmöglichen Zusammenhang".[2] Vielfach begnügte man sich damit, die sachlichen Schwierigkeiten durch den Griff zur literarkritischen Schere zu beheben.[3] Das ist heutzutage nur noch selten der Fall.[4] Die Einsicht, dass es sich um ein integrales Textstück des Römerbriefes handelt, ist stetig gewachsen und hat sich inzwischen weithin durchgesetzt.[5] Die damit verbundenen Ansichten über den Gehalt und die

---

[1] Vgl. z.B. Th. ZAHN, Der Brief des Paulus an die Römer, Leipzig 1910, 591–595.

[2] W. SCHMITHALS, Der Römerbrief, Gütersloh 1988, 519.

[3] F.Ch. BAUR, Paulus, der Apostel Jesu Christi, Stuttgart 1845, 398ff: nachpaulinischer Eintrag; J.W. STRAHTMANN, Het slot van den Brief van Paulus aan de Romeinen, ThT 2 (1868) 24ff; H. SCHULTZ, Adresse der letzten Kapitel an die Römer, Jahrbuch für deutsche Theologie 21 (1867) 104ff; H.J. HOLTZMANN, Der Stand der Verhandlungen über die beiden letzten Capitel des Römerbriefs, ZWTh 17 (1874) 515; F. SPITTA, Zur Geschichte und Litteratur des Urchristentums 3.1. Untersuchungen über den Brief des Paulus an die Römer, Göttingen 1901, 51f: ursprünglich literarischer Zusammenhang mit Röm 9–11; Anfügungen an Röm 11,28–36, Schlussteil einer Fassung des Römerbriefs, in der die Kapitel 12;16 noch keinen Platz hatten.

[4] Wie oft auch hier insbesondere SCHMITHALS, Römerbrief, 519ff; s. ferner J. KINOSHITA, Romans – Two Writings Combined. A new Interpretation of the Body of Romans, NT 7 (1965) 257–277; J.C. O'NEILL, Paul's Letter to the Romans, Pelican New Testament Commentaries, Penguinbooks A 1810, Harmondsworth 1975, 238f.

[5] Vgl. die einschlägigen Kommentare z. St.: O. MICHEL, Der Brief an die Römer, KEK 4, Göttingen 1955, ⁵1978; E. KÄSEMANN, An die Römer, HNT 8a, Tübingen 1973, ⁴1980; H. SCHLIER, Der Römerbrief, HThK 6, Freiburg 1977, ²1979; C.E.B. CRANFIELD, The Epistle to the Romans, ICC, Edinburgh 1979; U. WILCKENS, Der Brief an die Römer (Röm 12–16), EKK 4.3, Zürich/Neukirchen-Vluyn 1982; D. ZELLER, Der Brief an die Römer, RNT, Regensburg 1985; J.D.G. DUNN, Romans, WBC 38A.B, Dallas (Texas) 1988; J.A. FITZMYER, Romans, AncB 33, London 1993; K. HAACKER, Der Brief des Paulus an die Römer, ThHK 6, Leipzig 1999; E. LOHSE,

Zielsetzung des Abschnittes weichen freilich nach wie vor stark von einander ab. Strittig ist vor allem, ob, wie weit und in welcher Weise Paulus in diesem Abschnitt auf den vorangehenden Textkomplex (Röm 14,1–15,6) zurückgreift. Handelt es sich bloß um einen „Anhang bzw. Nachtrag zu der mit 14,1 einsetzenden Erörterung über das Verhältnis zwischen Starken und Schwachen"[6] in der Gemeinde? Oder haben wir es hier mit dem krönenden Abschluss dieser Erörterungen zu tun?[7] Ja sollte zugleich sogar die Klimax der Antwort des Paulus auf die den ganzen Römerbrief (mit-)bestimmende Frage nach dem Verhältnis Israels als Volk Gottes zu den Völkern der Welt erreicht sein[8]? Oder hat gar die „Erwähnung von περιτομή und ἔθνη [von Juden und „Heiden"] in 15,7ff ... mit den Schwachen und Starken aus 14,1ff nichts mehr zu tun",[9] sondern kommt mit diesen beiden Gruppen ein ganz neuer Aspekt in den Blick?

Der folgende Beitrag greift diese Fragen erneut auf und versucht, ihnen von einer in der Forschung bisher unzureichend beachteten[10] Seite her beizukommen: Er konzentriert sich auf die Kette der von Paulus angeführten Schriftzitate, fragt nach ihren exegetischen Prämissen und Implikationen und sucht von daher ihre hermeneutische Funktion im Rahmen des näheren und weiteren Kontextes zu ermitteln.

Der Brief an die Römer, KEK 4, Göttingen 2003; ferner: R.J. KARRIS, Romans 14:1–15:13 and the Occasion of Romans, CBQ 35 (1973) 155–178 [= in: K.P. Donfried, The Romans Debate, Peabody (MA) 1977, [2]1991, 65–84]; D. ZELLER, Juden und Heiden in der Mission des Paulus. Studien zum Römerbrief, FzB 8, Stuttgart 1973, 208–223; D.-A. KOCH, Die Schrift als Zeuge des Evangeliums. Untersuchungen zur Verwendung und zum Verständnis der Schrift bei Paulus, BHTh 69, Tübingen 1986, 281–284; F. WATSON, Paul, Judaism and the Gentiles. A Sociological Approach, MSSNTS 56, Cambridge 1986, 94–105 [= The Two Roman Congregations: Romans 14:1–15:13, in: K.P. Donfried, The Romans Debate, Peabody (MA) [2]1991, 203–215]; N. SCHNEIDER, Die „Schwachen" in der christlichen Gemeinde Roms. Eine historisch-exegetische Untersuchung zu Römer 14,1–15,13, Diss.theol., Wuppertal 1989; G. SASS, Leben aus den Verheißungen. Traditionsgeschichtliche und bibel-theologische Untersuchungen zur Rede von Gottes Verheißungen im Frühjudentum und beim Apostel Paulus, FRLANT 164, Göttingen 1995, 462–481; J.R. WAGNER, The Christ, Servant of Jew and Gentile. A fresh approach to Romans 15:8–9, JBL 116 (1997) 473–485; F. WILK, Die Bedeutung des Jesajabuches für Paulus, FRLANT 179, Göttingen 1998, 146–158; A. REICHERT, Der Römerbrief als Gratwanderung. Eine Untersuchung zur Abfassungsproblematik, FRLANT 194, Göttingen 2001, 222–228. 299–311; D. STARNITZKE, Die Struktur paulinischen Denkens im Römerbrief, BWANT 163, Stuttgart 2004, 431–442.

[6] KOCH, Schrift, 281.

[7] WILK, Bedeutung, 146.

[8] H. BOERS, The Problem of Jews and Gentiles in the Macro-Structure of Romans, SEÅ 47 (1982) 193; DUNN, Romans (II), 847; R. HAYS, Echoes of Scriptures in the Letters of Paul, New Haven/London 1989, 70f; G. SASS, Röm 15,7–13 – als Summe des Römerbriefs gelesen, EvTh 53 (1993) 510–527; ders., Leben aus den Verheißungen, 464.

[9] So neuerdings wieder REICHERT, Römerbrief, 300, unter Verweis (Anm. 333) auf entsprechende Voten in der älteren und neueren Literatur.

[10] Ansätze bei HAYS, Echoes, 71ff; KOCH, Schrift, 281ff; SASS, Röm 15,7–13; WILK, Bedeutung, 146–158.169–171. Nicht zugänglich war mir: J.P. HEIL, The Voices of Scripture and Paul's Rhethorical Strategy of Hope in Romans 15:7–13, Theoforum 33 (2002) 187–211 (s. NTAb 47 [2003] 271 Nr.1013).

I

Zunächst ein paar Sätze zum methodischen Konzept. Dem Paulus dort auf
die Schliche zu kommen, wo er im Gang seiner Ausführungen und Überlegungen auf Texte der Heiligen Schrift Bezug nimmt, gehört zu den ebenso
vertrackten wie heiklen Aufgaben des exegetischen Geschäfts. Heikel ist
dieses Unterfangen, weil Paulus in seinem Umgang mit den von ihm bald
illustrativ verwendeten, bald argumentativ angeführten biblischen Texten[11]
sich so gut wie nie in die Karten schauen lässt. Was wir zu fassen bekommen, sind durchweg nur die Ergebnisse. Wie Paulus zu ihnen gekommen
ist, welche Überlegungen im Spiel waren, welche Voraussetzungen sein
Verständnis und seine Deutung bestimmt haben, das alles liegt nicht offen
zutage, sondern muss erst rekonstruiert werden. Und hier fängt die Sache
an, vertrackt zu werden. Wer rekonstruieren will, muss auf Parameter zurückgreifen, d.h. nach analogen Gegebenheiten suchen, nach Form- wie
nach Sachparallelen fragen. Im Fall des Juden Paulus, heißt das in erster
Linie, die Gegebenheiten und Gewohnheiten zeitgenössisch jüdischer
Schriftauslegung heranziehen. Freilich, das ist leichter gesagt als getan und
zwar schlicht deswegen, weil die überkommenen Quellen in dieser Hinsicht
nur begrenzt sprudeln. Von der exegetischen Arbeit jüdischer Zeitgenossen
des Paulus – sei es im Mutterland, sei es in der Diaspora – wissen wir materialiter nur beschränkt Bescheid. Gewiss, es gibt die aus der alexandrini-
schen Werkstatt Philos stammenden, fortlaufenden Kommentare zu einzelnen Büchern der Tora und es gibt aus dem Fundus der in den Höhlen von
Qumran gefundenen und inzwischen allgemein zugänglichen Schriftrollen
bzw. deren Fragmenten eine ganze Reihe von Texten, in denen biblische
Schriften, insbesondere Schriften der Propheten, ausgelegt und erläutert
werden. Aber genau besehen ist das im Blick auf den Gesamtbestand der
biblischen Bücher aus der Tora, den Propheten und den übrigen Schriften
nicht all zu viel.[12] Die meisten Teile der zum biblischen Kanon gehörigen
Schriften sind gar nicht oder nur begrenzt abgedeckt.

Erst in der sogenannten rabbinischen Literatur, in den Midraschim und
den Targumim, stoßen wir auf einen breiteren Überlieferungsstrom jüdischer Schriftauslegung. Aber das sind bekanntlich literarisch durch die
Bank Texte späterer, z.T. erheblich späterer Herkunft, die nicht ohne weiteres als Vergleichsmaterial taugen.[13] Und nicht nur das. Selbst die rabbinische Auslegungsliteratur weist erhebliche Lücken auf, sei es für einzelne
Kapitel und Verse, sei es für ganze Bücher der Heiligen Schrift. Das gilt

---

[11] Dazu s. KOCH, Schrift, 257–285; WILK, Bedeutung, 59–159.

[12] Ganz abgesehen von der Tatsache, dass es sich in beiden und auch in den ähnlich gelagerten
Fällen um Erzeugnisse und damit Zeugnisse jüdischer Randgruppen handelt.

[13] Dazu s. insbesondere K. MÜLLER, Das Judentum in der religionsgeschichtlichen Arbeit am
Neuen Testament, Judentum und Umwelt 6, Frankfurt a. M./Bern 1983, 69–101.

auffälligerweise insbesondere für die Psalmen und große Propheten wie Jesaja und Jeremia und selbst für ein Buch wie das Deuteronomium. Kurz, an vielen Stellen, ja an den meisten Stellen, tappen wir im Dunkeln, wenn es darum geht, sich Klarheit darüber zu verschaffen, wie im 1.Jh. vor und im 1. Jh. nach unserer Zeitrechnung sich jüdische Schriftauslegung im einzelnen dargestellt hat. Um herauszufinden, wie die materialen Vorbilder ausgesehen haben, die dem Paulus vorgegeben waren und an denen er sich in seinem Verständnis biblischer Texte orientiert hat – sei es sie rezipierend, sei es sie transformierend –, dafür gibt es weithin – von wenigen Ausnahmen abgesehen – keine konkreten Überlieferungen.

Wie kommen wir an dieser Stelle weiter? Stecken wir methodisch schlicht in einer Sackgasse? Nicht unbedingt. Es gibt m.E. einen Weg, der Eigenart und dem Hintergrund des paulinischen Schriftgebrauchs und Schriftverständnisses auch ohne die fehlenden konkreten Informationen auf die Spur zu kommen, wenigstens annäherungsweise. Es ist das methodische Konzept einer hermeneutisch imaginativen Rekonstruktion, wie ich es versuchsweise nennen möchte. Ich verstehe darunter ein Verfahren, das die von Paulus angeführten und verwendeten Bibeltexte im Spiegel zeitgenössisch jüdischer Hermeneutik betrachtet und dabei entsprechend vor allem auch den jeweiligen biblischen Rahmen, d.h. die engeren und weiteren biblischen Kontexte beachtet. Dieses Verfahren beruht auf zwei Voraussetzungen: einmal, dass wir über die hermeneutischen Gepflogenheiten jüdischer Schriftauslegung zur Zeit des Paulus einigermaßen Bescheid wissen, ferner dass Paulus wie die meisten seiner jüdischen Zeitgenossen die biblischen Texte in- und auswendig kannte und sich ihrer – wie wir es heute nennen würden – ganzheitlich bediente, d.h. dass er nicht nur die von ihm angeführten Einzeltexte im Blick hatte, sondern auch ihre näheren und mitunter auch weiteren Kontexte.

Für die erste Voraussetzung bedarf es keiner weiteren Belege. Die Regeln bzw. die Regelwerke antik-jüdischer Hermeneutik sind oft genug dargestellt und verhandelt worden. Von ihnen und ihrer Vielfalt können wir uns heute ein recht gutes Bild machen.[14] Etwas anders sieht es bei der zweiten Voraussetzung aus. In der neutestamentlichen Forschung war es lange üblich, Paulus als einen atomisierenden Exegeten einzustufen. Inzwischen ist man davon zwar schon vielfach abgekommen. Aber wirklich durchgesetzt hat sich die Einsicht in eine gesamtbiblische Orientierung bei Paulus noch keineswegs. Die folgenden Überlegungen zu Röm 15,7–13 gehen

---

[14] Vgl. G. STEMBERGER, Einleitung in Talmud und Midrasch, München 1992, 25–40; DERS., Hermeneutik der Jüdischen Bibel, in: Ch. Dohmen/G. Stemberger (Hg.), Hermeneutik der jüdischen und Bibel und des Alten Testaments, KStTh 1.1, Stuttgart 1996, 23–108; ferner H.L. STRACK, Einleitung in Talmud und Midraš, München ⁵1920, 95–108; G. MAYER, Exegese II (Judentum), RAC 6, Stuttgart 1966, 1194–1211; sowie J. BONSIRVEN, Exégèse rabbinique et exégèse paulinienne, Paris 1939.

freilich gerade von dieser Voraussetzung aus. Ob zu Recht, muss sich im Vollzug und Ergebnis der Textanalyse zeigen.

II

Vom Aufbau her sind die Ausführungen des Paulus in Röm 15,7–13 durchsichtig gestaltet. Vier Schritte zeichnen sich ab:

a) Den Auftakt bildet eine die vorhergehenden Überlegungen aufgreifende und abschließende Ermahnung, die durch eine mit „gleichwie" erläuternde Begründung ergänzt wird:

7 Διὸ προσλαμβάνεσθε ἀλλήλους, καθὼς καὶ ὁ Χριστὸς προσελάβετο ὑμᾶς[15] εἰς δόξαν τοῦ θεοῦ.
   „Deshalb nehmt einander auf,[16] gleichwie der Christus/Messias[17] euch aufgenommen hat zur Ehre Gottes."

b) Es folgt – eingeleitet mit der persönlich gehaltenen Bemerkung – eine zweite Begründung, die sub voce Χριστός die erste aufgreift:

8 λέγω γὰρ Χριστὸν διάκονον γεγενῆσθαι[18] περιτομῆς ὑπὲρ ἀληθείας θεοῦ, εἰς τὸ βεβαιῶσαι τὰς ἐπαγγελίας τῶν πατέρων,

9a τὰ δὲ ἔθνη ὑπὲρ ἐλέους δοξάσαι τὸν θεόν

8.9a „Denn ich sage: (Der) Christus/Messias ist zum Diener der Beschneidung geworden wegen der Treue Gottes, um zu bestätigen die Verheißungen an die Väter, die Weltvölker aber wegen des Erbarmens Gott zu preisen."

c) Daran schließt sich eine aus vier Gliedern bestehende Kette von Schriftzitaten an, die alle mit je einer eigenen, z.T. variierenden Einleitungsformel versehen sind und offensichtlich ein weiteres Stück Begründung liefern sollen:

9b καθὼς γέγραπται· διὰ τοῦτο ἐξομολογήσομαί σοι ἐν ἔθνεσιν καὶ τῷ

---

[15] So ℵ A C D² F G Ψ 𝔐 lat sy bo; anders B D P 048.1506 u.a: ἡμᾶς, wohl in Anlehnung an Röm 15,1.4.

[16] Zu προσλαμβάνειν als Terminus sozialer, häuslicher Gemeinschaft vgl. 2Makk 10,15; Apg 28,2; weitere Belege bei Bauer/Aland, Wörterbuch⁶, 1436.

[17] Schwerlich ist hier und im folgenden (ὁ) Χριστός von Paulus nur noch als Name und nicht mehr als titulare Funktionsbezeichnung verwendet; vgl. Röm 9,5; zum Gesamtproblem s. L.W. HURTADO, Lord Jesus Christ. Devotion to Jesus in Earliest Christianity, Grand Rapids/Cambridge 2003, 98ff.

[18] So ℵ A C² D¹ 048 𝔐; Epiph. – Der Infinitiv Aorist γενέσθαι ist zwar kaum schwächer bezeugt: B C D F G Ψ 630. 1739. 1881, verdient aber gegenüber dem Infinitiv Perfekt schwerlich den Vorzug. Vermutlich entspringt der Wechsel vom Perfekt zum Aorist dem Bemühen, den im Perfekt enthaltenen Gedanken, „dass Christus fort und fort der Beschneidung dient" (C.W. OTTO, Commentar zum Römerbrief, 2. Teil, Glauchau 1886, 446) abzuschwächen.

ὀνόματί σου ψαλῶ.

„Gleichwie geschrieben steht: ,Deswegen will ich dich unter den Weltvölkern preisen und deinem Namen singen.'

10   καὶ πάλιν λέγει· εὐφράνθητε, ἔθνη, μετὰ τοῦ λαοῦ αὐτοῦ.
Und weiter heißt es: ,Freuet euch ihr Weltvölker mit seinem Volk.'

11   καὶ πάλιν· αἰνεῖτε, πάντα τὰ ἔθνη, τὸν κύριον καὶ ἐπαινεσάτωσαν αὐτὸν πάντες οἱ λαοί.
Und weiter: ,Lobet, alle ihr Weltvölker, den Herrn! Beloben sollen ihn alle Völker.'

12   καὶ πάλιν Ἠσαΐας λέγει· ἔσται ἡ ῥίζα τοῦ Ἰεσσαὶ καὶ ὁ ἀνιστάμενος ἄρχειν ἐθνῶν, ἐπ' αὐτῷ ἔθνη ἐλπιοῦσιν.
Und weiter sagt Jesaja: ,Und es wird sein die Wurzel des Jesse und der Auferstehende zu herrschen über die Weltvölker. Auf ihn werden die Weltvölker hoffen.'"

d) Den Abschluss endlich bildet ein unvermittelt einsetzender, durch das Stichwort „Hoffnung" mit dem vorhergehenden Vers aber durchaus verbundener Gebetswunsch:

13   Ὁ δὲ θεὸς τῆς ἐλπίδος πληρώσαι ὑμᾶς πάσης χαρᾶς καὶ εἰρήνης ἐν τῷ πιστεύειν, εἰς τὸ περισσεύειν ὑμᾶς ἐν τῇ ἐλπίδι ἐν δυνάμει πνεύματος ἁγίου.
„Aber der Gott der Hoffnung erfülle euch mit aller Freude und Frieden im Glauben, sodass ihr zunehmt in der Hoffnung durch die Kraft des heiligen Geistes."

In diesem Textstück nimmt die Kette der Schriftzitate den meisten Raum ein. Das weist schon formal auf eine besondere Gewichtung. Die Begründungskaskade findet hier nicht nur ihren Abschluss, sondern entsprechend antiker Rhetorik auch ihren Höhepunkt.

Was hält diese Zitate zusammen? Worin besteht ihre Funktion? Um das zu erfassen, ist zunächst ein Blick auf die vorausgehenden, in den Zitaten anvisierten Ausführungen angesagt, die selbst wiederum zur Begründung des paränetischen Summariums in V.7 dienen: Vv.8.9a.

Den griechischen Text hier syntaktisch-stilistisch auf die Reihe zu bekommen, fällt im Blick auf den Schlusteil (V.9a) schwer. Grammatisch könnte man das mit τὰ δὲ ἔθνη anhebende Satzgefüge zwar als eigenständigen Satz lesen, indem man δοξάσαι als verbum finitum (Aorist Optativ) einstuft. Aber gegen diese in der älteren Forschung bisweilen vertretene Lösung[19] spricht neben der formalen Verklammerung von V.8 und V.9a[20] ent-

---

[19] Vgl. J.Ch. HOFMANN, Die heilige Schrift des neuen Testaments, 3. Theil, Nördlingen 1868, 592.
[20] Korrespondenzen bestehen zwischen περιτομή und ἔθνη sowie zwischen ὑπὲρ ἀληθείας und ὑπὲρ ἐλέους.

schieden vor allem der Umstand, dass ein Wunschsatz im Textzusammen-
hang sachlich deplaziert wäre.[21] Man wird kaum darum herum kommen,
δοξάσαι als Infinitiv (Aorist) einzustufen und das ganze Textsegment V.9a
mit V.8 zusammenzuziehen. Das Problem ist nur, in welcher Weise. Alle
Versuche,[22] dem ganzen eine stringente Konstruktion abzugewinnen, führen
zu keinem wirklich überzeugenden, geschweige denn zwingenden Ergebnis.
Das gilt a) für die seit langem gängige Annahme, V.9a sei als Parallele zur
präpositionalen Wendung V.8c einzustufen und wie diese grammatisch
V.8b zu- und unterzuordnen;[23] das gilt in gleicher Weise aber auch b) für
den Vorschlag, V.9a als A.c.I. mit dem einleitenden λέγω V.8a zu verknüpfen und als adversative Ergänzung zu V.8b zu deuten,[24] und nicht minder c)
für den jüngst in die Debatte eingebrachten Lösungsversuch, nach dem
V.9a mit V.8a syntaktisch unmittelbar dadurch verklammert ist, dass
Χριστόν in V.8a auch das logische Subjekt zu δοξάσαι τὸν θεόν bildet und
nicht, wie gemeinhin angenommen, τὰ ἔθνη (welches selbst wiederum dem
Verb als Accusativus relationis zuzuordnen sei).[25] Alle diese Versuche bleiben gekünstelt; sie sind entweder (so a und c) gezwungen, an der einen oder
anderen Stelle mit der Annahme von im Text nicht vorhandenen Zwischen-
gliedern zu arbeiten oder (so b) sie lassen die inhaltliche Disparatheit der
Subjekte in V.8b (Χριστόν) und V.9a (ἔθνη) und die formale Parallelität der
infiniten Verben in V.8c (βεβαιῶσαι) und V.9a (δοξάσαι) außer acht. Man
mag es wenden, wie man will, im Schlussteil V.9a ist die Satzkonstruktion
syntaktisch nicht im Takt. Wir haben es augenscheinlich mit einer Art Ana-
koluth zu tun. Im Rahmen paulinischer Schreibe ist das keineswegs unge-
wöhnlich. Derartig ungefüge Textstücke begegnen in den Paulusbriefen,
namentlich im Römerbrief mehrfach, und zwar, wie Günther Bornkamm[26]
eindrücklich gezeigt hat, gerade an Stellen mit sachlich zentralen Aussagen.
Ob letzteres auch hier zutrifft, sei zunächst einmal offen gelassen. Der
Sprachduktus mit seiner syntaktischen Sperrigkeit macht deutlich: Paulus
ist hier, wie auch die Einleitung mit dem betonten „denn ich sage" kund tut,
in besonderer Weise engagiert.

In der Sache zeichnen sich drei Grundelemente ab. Es gibt – darauf weisen nicht zuletzt die unterschiedlichen Formen der Infinitive (Perfekt – Ao-

---

[21] Vgl. dazu auch WAGNER, Christ, 477.

[22] Dazu s. CRANFIELD, Romans, 742f: Referat über 6 Lösungsvorschläge.

[23] So die meisten Ausleger und Übersetzer; s. die Literaturhinweise bei WAGNER, Christ, 477,
Anm.
25; REICHERT, Römerbrief, 303, Anm. 348.

[24] So u.a. M-J. Lagrange, Saint Paul. Épître aux Romains, EtB, Paris 1916, ⁴1930, 347;
CRANFIELD, Romans (II), 742–744; WILCKENS, Römer (3), 106; FITZMYER, Romans, 704.706;
ZELLER, Juden und Heiden, 219; ferner WAGNER, Christ, 479, Anm. 33.

[25] So WAGNER, Christ, 481–485.

[26] G. BORNKAMM, Paulinische Anakoluthe im Römerbrief, in: ders., Das Ende des Gesetzes.
Paulusstudien. GAufs. 1, München ²1958, 76–91.

rist) eine Hauptaussage und zwei Nebenaussagen. Die Hauptaussage besteht in einem christologischen Spitzensatz, in der an einen Lehrsatz erinnernden Feststellung (V.8b): Χριστὸν διάκονον γεγενῆσθαι περιτομῆς ὑπὲρ ἀληθείας θεοῦ. Die erste Nebenaussage schließt daran unmittelbar an (V.8c) mit der finalen Aussage: εἰς τὸ βεβαιῶσαι τὰς ἐπαγγελίας τῶν πατέρων. Darauf folgt grammatisch holprig angefügt, durch die Partikel δέ davon abgehoben bzw. damit verbunden[27] die zweite Nebenaussage (V.9a) τὰ ἔθνη ὑπὲρ ἐλέους δοξάσαι τὸν θεόν.

Wie diese beiden Nebenaussagen sich zueinander verhalten, liegt, wie gesagt, nicht ohne weiteres auf der Hand. Ist die zweite Nebenaussage, die das endzeitliche Gotteslob der Weltvölker in den Blick nimmt, der ersten, die von der Bestätigung der Verheißungen an die Väter Israels spricht, nach- und zugeordnet oder bezieht sie sich unabhängig davon auf die Hauptaussage bzw. eine abgewandelte Fassung derselben? Um das zu klären, muss zunächst die Hauptaussage genauer verortet werden.

Paulus bedient sich in ihr einer höchst ungewöhnlichen christologischen Prädikation: Christus (der) Diener der Beschneidung (διάκονος περιτομῆς). Gleiches oder auch nur ähnliches findet sich in den paulinischen Briefen an keiner anderen Stelle, aber auch sonst begegnet nichts dergleichen, weder im übrigen urchristlichen noch im weiteren jüdischen Schrifttum. Ob es sich um eine bereits vorgegebene oder eine ad hoc geprägte Formel handelt, lässt sich daher schwer ausmachen. Der übertragene Gebrauch des abstrakten περιτομή anstelle des konkreten οἱ Ιουδαῖοι könnte für paulinische Prägung sprechen. Er taucht im Römerbrief schon vorher auf (Röm 3,30; 4,9.12). Freilich wird man nicht übersehen dürfen, dass Paulus sich seiner auch im Galaterbrief bediente und zwar an einer Stelle, in der er augenscheinlich vorgegebenes Material verarbeitet hat, im Bericht über das Ergebnis des sogenannten Apostelkonzils (Gal 2,7–9). Wie immer dem sei,[28] deutlich ist jedenfalls: Mit der Bezeichnung des Christus als „Diener der Beschneidung" wird eine besondere und – wie das Perfekt γεγενῆσθαι unterstreicht[29] – bleibend feststehende Beziehung zwischen dem Christus und dem Judentum/den Juden herausgestellt. Wo die Metaphorik der messianischen Dienstbarkeit traditionsgeschichtlich verankert ist, lässt sich freilich nicht eindeutig ausmachen. Hat hier die biblische Überlieferung vom „Knecht Gottes" (עבד יהוה; παῖς θεοῦ) aus DeuteroJesaja Pate gestanden oder war es das Jesuswort über den dienenden Menschensohn aus Mk 10,45 par Mt 20,28? Vom sprachlichen Befund her kommt letzteres am ehesten in

---

[27] Beides ist möglich, letzteres m.E. wahrscheinlicher; s. BDR § 447, 1f.

[28] Der Gebrauch ist sonst nur noch vereinzelt in deutero- und nachpaulinischen Quellen greifbar: Eph 2,11; Apg 10,45; 11,2. In der weiteren jüdischen Literatur findet sich meines Wissens kein Beleg. Sollte es sich zusammen mit dem analogen Gebrauch von ἀκροβυστία um ein judenchristliches Proprium handeln?

[29] Zur Textkritik s. o. Anm. 18.

Frage. Aber auch das bleibt unsicher. Die von Paulus gewählte Bezeichnung des Christus als διάκονος περιτομῆς steht im Blick auf die erhaltenen und uns bekannten Quellen einzigartig da. Ihr genauer Sachgehalt muss daher ebenso offen bleiben wie ihre Herkunft.[30] Ihre sachliche Funktion im Rahmen von Röm 15,8f liegt aber offen zutage. Mit der Bezeichnung „Diener der Beschneidung" wird die essentielle Verbindung zwischen Christus als dem „Sohn" Gottes (vgl. Röm 1,3f) und Israel als dem erwählten Volk Gottes (vgl. Röm 9,4ff) zur Sprache gebracht und Christus als der Israel verheißene Messias Gottes gekennzeichnet. Die sich unmittelbar daran anschließende Wendung ὑπὲρ ἀληθείας θεοῦ und der darauf folgende, sie aufnehmende Nachsatz εἰς τὸ βεβαιῶσαι τὰς ἐπαγγελίας τῶν πατέρων unterstreichen das mit Nachdruck. Ἀλήθεια ist wie bei Paulus auch sonst nicht dem griechischen Sprachgebrauch folgend im Sinn von „Wahrheit" verwendet, sondern entsprechend dem hebräischen אמת im Sinn von „Beständigkeit, Treue". Wie gleich noch zu zeigen ist, steht im Hintergrund ein biblischer Text, einer der im folgenden zitierten Psalmen. Die Treue Gottes, von der hier die Rede ist, bezieht sich auf die den Vätern Israels gegebenen messianischen Verheißungen. Mit dem Stichwort ἐπαγγελίαι greift Paulus, wie Röm 3 und 9 sowie Gal 3 und 4, aber auch 2Kor 1,20 verdeutlichen, einen der für seine Christologie zentralen theologischen Begriffe auf, zugleich schlägt er aber auch eine Brücke zum Anfang des Römerbriefs. Der Gedanke, dass das Evangelium von Christus in den Israel gegebenen Verheißungen verankert ist, spielt bekanntlich bereits im Proömium (Röm 1) eine zentrale Rolle in dem Verweis auf die προεπαγγελία des Evangeliums durch die Propheten Gottes in den heiligen Schriften. Das ist schwerlich ein Zufall. Es ist kaum zu verkennen, dass in Röm 1,2ff der gleiche Sachverhalt wie in Röm 15,8f im Blick ist. Und nicht nur das. Vergleicht man die Texte, dann ist nicht zu übersehen, dass die von Paulus im Zusammenhang damit in Röm 1,3–5 entfaltete christologische Bekenntnisformel und der lehrhaft formulierte christologische Spitzensatz in Röm 15,8.9a strukturell wie substantiell in derselben Spur verlaufen.[31] Hier wie dort wird – zwar in anderer Form und z.T. auch mit anderen Motiven – derselbe Grundgedanke über das Amt und das Werk des Christus entfaltet: Zunächst wird die Verankerung in die Erwählungsgeschichte Israels herausgestellt und dann der Blick

---

[30] Das gilt auch im Blick auf die reizvolle These von F.-W. MARQUARDT, Die Juden im Römerbrief, ThSt(B) 107, Zürich 1971, 29, die oben genannte Bezeichnung sei ein „von Paulus offenbar speziell auf sein Verständnis der Judenfrage zugeschnittener christologischer Titel, mit dem einerseits die Arbeit Jesu (und seines Apostels) mit der Sünde Israels, sein Leiden daran, andererseits aber die spezielle Zugehörigkeit Jesu Christi ... zu dem Christus verwerfenden Judentum bezeichnet werden soll."

[31] Darauf hat bereits ebenso eindrücklich wie nachdrücklich M. THEOBALD in der Festschrift für Franz Mußner hingewiesen. „Dem Juden zuerst und auch den Heiden". Die paulinische Auslegung der Glaubensformel Röm 1,3f, in: P.-G. Müller/W. Stenger (Hg.), Kontinuität und Einheit, Freiburg 1981, 388f.

ausgeweitet auf die heilsgeschichtliche Bedeutung für die Völker der Welt. Angesichts dieser „Strukturgleichheit"[32] liegt es nahe, Röm 15,8f nicht nur zur Deutung von Röm 1,3ff heranzuziehen,[33] sondern umgekehrt auch 1,3ff zur Deutung von 15,8f. Für das Verhältnis der beiden Nebenaussagen in Vv.8c.9a. heißt das: Die Versuche, sie unabhängig von einander auf den einleitenden christologischen Spitzensatz in V.8a zu beziehen (oder gar für die Aussage über die Heiden einen eigenen christologischen Spitzensatz zu ergänzen),[34] gehen fehl. Beide Aussagen gehören in der Sache zusammen. Sie explizieren – darin dem für die Sicht des Paulus über das Verhältnis von Juden und „Heiden" im ganzen Römerbrief konstitutiven heilsgeschichtlichen Grundsatz „dem Juden zuerst, dann dem Griechen"[35] folgend – das in V.8b über die Dienstbarkeit des Christus/Messias Gesagte: zunächst wird die Einbindung des Christus/Messias in die Erwählungsgeschichte Israels als Bundesvolk Gottes hervorgehoben und dann der damit eröffnete, darin eingeschlossene Zugang der Weltvölker zum Lobpreis Gottes unterstrichen, das eine unter dem Vorzeichen der Treue Gottes, das andere unter dem Vorzeichen des Erbarmens Gottes. Die syntaktische Sperrigkeit, in der das geschieht, ist dabei schwerlich Ergebnis sprachlicher Nachlässigkeit, sondern dürfte Ausdruck der sachlichen Problematik sein, die den Apostel am Ende seines Briefes nochmals im Blick auf die Frage nach dem Verhältnis von Juden und „Heiden" umtreibt.

In diese Richtung weist nicht zuletzt auch der Umstand, dass Paulus im folgenden sich daran macht, das eben Ausgeführte unter Berufung auf Texte der Heiligen Schriften Israels in einer zudem besonders ausführlichen und eindringlichen Weise abzusichern.

III

Gleich vier Schriftzitate werden aufgeboten und dabei alle drei Teile des zur Zeit des Paulus im Wesentlichen wohl schon abgeschlossenen Kanons[36] der jüdischen Bibel berücksichtigt. Eine hoch signifikante Zusammenstellung. Angeführt werden je ein Vers aus der Tora und den Propheten sowie zwei Verse aus dem Buch der Psalmen. Der Apostel erweist sich darin als ein Mann von ausgesprochen schriftgelehrter Bildung. In rabbinischen

---

[32] Ebd. 389.

[33] Vgl. ebd.

[34] So WAGNER, Christ, 482.

[35] Röm 1,16; 2,9.10.

[36] Vgl. dazu insbesondere J. TREBOLLE BARERA, The Jewish Bible and the Christian Bible, Leiden u.a. 1998, 147–167; ferner H.-J. BECKER, Bibel II Altes Testament, 2. Sammlung und Kanonisierung, RGG[4] 1 (1998), 1408ff.

Kreisen galt es als besondere Form der Beweiskraft, wenn man sich auf alle drei Teile des Bibelkanons berufen konnte.[37]

Wie weit können wir noch herausfinden, warum und wozu Paulus ausgerechnet diese vier Schriftverse ins Feld führt?

Offenkundig ist zunächst: Die Kette der Zitate ist sorgfältig aufgereiht. Jedes Zitat wird eigens mit einer besonderen Einleitungsformel eröffnet: V.9b mit καθὼς γέγραπται, dann die Vv.10–12 mit πάλιν λέγει bzw. einfach πάλιν,[38] wobei in V.12 zusätzlich als Subjekt dazu der Prophet Jesaja genannt wird. Γέγραπται wie λέγει entsprechen jüdisch traditionellen Einleitungsformeln[39]. Sie werden von Paulus auch sonst vielfach benutzt,[40] ohne dass ein für die Interpretation erkennbarer Unterschied sich abzeichnet. Sie dienen in beiden Fällen dazu, den autoritativen Charakter als Zitat hervorzuheben.

Wozu dient diese viergliedrige Zitatenkette in der Sache? Was will Paulus mit ihr unterstreichen, erläutern und begründen? Auf wen und was zielt er?

Ist „zentrales Thema der Zitatenkette ... das Gotteslob der Heiden"?[41] Ist sie „ganz auf den Jubel der Heiden abgestimmt"[42]? Geht es Paulus darum, durch die Zitate „die Teilnahme der „Heiden" am Gotteslob als schriftgemäß"[43] zu erweisen? Bezieht sich die Zitatkette also wesentlich auf den vorangehenden Stichos V.9a?

Paulus beginnt mit dem Vers 50 des – je nach der Zählung der LXX oder des MT – 17. bzw. 18. Psalms:[44] διὰ τοῦτο ἐξομολογήσομαί σοι ἐν ἔθνεσιν καὶ τῷ ὀνόματί σου ψαλῶ.

Zitiert wird nach der (in diesem Fall genau dem MT entsprechenden) Textfassung der LXX. Ihr gegenüber gibt es nur an einer Stelle eine kleine Abweichung: Es fehlt die auf ἐν ἔθνεσιν folgende Gottesanrede κύριε „Herr". Sachlich ist das kaum bedeutsam und beruht vermutlich sogar auf

---

[37] Vgl. H.L. STRACK/P. BILLERBECK, Kommentar zum Neuen Testament aus Talmud und Midrasch 4.1, München 1928, 415.

[38] Die Verwendung von πάλιν in Zitatreihen (vgl. 1Kor 3,20; ferner Mt 4,7; Joh 12,39; 13,42; Hebr 1,5; 2,13; 4,5; 10,30) entspricht hellenistischem Brauch; vgl. die Belege bei Bauer/Aland, Wörterbuch[6], s.v.; keine rabbinischen Parallelen.

[39] S. W. BACHER, Die exegetische Terminologie der jüdischen Traditionsliteratur I, Leipzig 1899 (= Darmstadt 1965), 5ff.88; II, Leipzig 1905 (= Darmstadt 1965), 9ff.90ff.

[40] Siehe die „Zusammenstellung der Einführungsformeln" bei O. MICHEL, Paulus und seine Bibel, BFChTh 2.18, Gütersloh 1929 (= Darmstadt 1972), 72.

[41] KOCH, Schrift, 283.

[42] ZELLER, Juden und Heiden, 221.

[43] KOCH, Schrift, 283.

[44] Der Psalmtext findet sich auch (mit einer kleinen Stellungsvariante) in 2Sam (2Bas[LXX]) 22,50. Dass Paulus darauf zurückgreift, ist indes unwahrscheinlich; vgl. KOCH, Schrift, 35f; STARNITZKE, Struktur, 439.

einer bereits in der vorpaulinischen Textüberlieferung verankerten Lesart.[45]
Die für die Interpretation entscheidende Frage betrifft das „Ich", das in diesem Psalmvers sich zu Wort meldet. Wer verbirgt sich im Verständnis des
Paulus dahinter?

In der neuen Exegese wird mehrfach auf den Apostel selbst als Subjekt
des Lobpreises rekurriert.[46] Nun fällt in der Tat auf, dass Paulus kurz vorher, zu Beginn von V.8, mit „denn ich sage" sich selbst persönlich einbringt. Aber reicht das aus, um das folgende zitatbedingte „Ich" des Psalms
auf den Apostel zu beziehen?[47] Mir scheint das sehr fraglich.[48] Die dafür
geltend gemachte Auskunft,[49] Paulus habe auch an anderer Stelle, in 2Kor
4,13, in gleicher Weise das „Ich" eines biblischen Zitats auf sich bezogen,
ist jedenfalls kaum stichhaltig. Ehe man eine derartig personalisiert zugespitzte Deutung für bare Münze ausgibt, empfiehlt es sich, den Psalm selbst
genauer anzusehen.

Im überlieferten Textbestand wird Ps 17(18) durch die an den Anfang
gestellte Situationsangabe als Lied Davids bezeichnet: „Von David, der die
Worte dieses Gesanges sprach am Tage, da der Herr ihn aus der Hand aller
seiner Feinde rettete." Dieser Einleitungsvers gehört, wenn nicht alles
täuscht, zum kanonischen Grundbestand des hebräischen Psalters und hat
sicherlich so auch am Anfang der Paulus bekannten LXX-Fassung gestanden. Angesichts dieser Situationsbeschreibung liegt es nahe, das „Ich werde
dich preisen" auf David bzw. den Davidspross zu beziehen und daran anschließend den Psalm messianisch zu deuten. Und dafür könnte dann auch
noch das in der LXX am Anfang der Überschrift stehende εἰς τὸ τέλος im
Sinne von „im Blick auf das Ende, auf die Endzeit"[50] geltend gemacht werden. Sollte Paulus den Psalm in dieser Weise gelesen und entsprechend den
betreffenden Vers als Selbstaussage des Christus verstanden haben, der als
Sohn Davids (vgl. Röm 1,3) die Anbetung Gottes auch bei den Weltvölkern
vollzogen hat? Namentlich in der älteren Forschung hat diese Deutung An-

---

[45] Siehe Ch. STANLEY, Paul and the Language of Scripture. Citations technique in Pauline
epistles and contemporary literature, MSSNTS 74, Cambridge 1992, 180; U. RÜSEN-WEINHOLD,
Der Septuagintapsalter im Neuen Testament. Eine textgeschichtliche Untersuchung, Neukirchen-
Vluyn 2004, 157f; gegen KOCH, Schrift, 87, der vermutet, Paulus habe κύριε absichtlich „gestrichen ..., offenbar um ein mögliches Missverständnis von κύριος im Sinne von Χριστός von vornherein auszuschließen."

[46] So bereits J.G. REICHE, Versuch einer ausführlichen Erklärung des Briefes Pauli an die Römer, Bd. 2, Göttingen 1834, z.St.

[47] Siehe z.B. KÄSEMANN, Römer, 370; R. DABELSTEIN, Die Beurteilung der ‚Heiden' bei Paulus, BET 14, Frankfurt a. M. 1981, 108; WILK, Bedeutung, 154f; SASS, Verheißungen, 478:
STARNITZKE, Struktur, 439.

[48] Siehe dazu REICHERT, Römerbrief, 308, Anm. 379.

[49] WILK, Bedeutung, 154, Anm. 61.

[50] Vgl. M. RÖSEL, Die Psalmüberschriften des Septuaginta-Psalters, in: E. Zenger (Hg.), Der
Septuaginta-Psalter. Sprachliche und theologische Aspekte, HBS 32, Freiburg 2001, 125–148:
137f.

klang gefunden.[51] Nun lässt sich dagegen einwenden, der Gedanke des Gotteslobs des Messias unter den „Heiden" komme sonst weder bei Paulus noch an anderer Stelle vor. Das ist in der Tat richtig. Aber dieser – möglicherweise indes rein zufällige – Negativbefund berechtigt schwerlich dazu, das Ich des Psalms ohne weiteres auf den Apostel zu beziehen. Die messianische Deutung des „Ich" lässt sich so einfach nicht aushebeln. Gegen diese könnte eher geltend gemacht werden, dass im Kontext des von Paulus zitierten Verses, in dem unmittelbar darauf folgenden Vers (V.51) gar nicht der messianische König spricht, sondern über diesen gesprochen wird. Es ist Gott, der gepriesen wird als μεγαλύνων τὰς σωτηρίας τοῦ βασιλέως αὐτοῦ καὶ ποιῶν ἔλεος τῷ χριστῷ αὐτοῦ τῷ Δαυιδ καὶ τῷ σπέρματι αὐτοῦ ἕως αἰῶνος „der seinem König großes Heil gibt und Gnade erweist seinem Gesalbten, David, und seinem Haus bis in Ewigkeit." Von daher gesehen stellt sich die Frage, ob nicht auch in V.50 das „Ich" einem anderen Subjekt als dem Sohn Davids zuzuweisen ist. Im Blick auf den Gesamtpsalm und vor allem auch im Blick auf andere ähnlich lautende biblische Texte[52] käme dafür aber nicht eine einzelne Person wie Paulus in Frage, sondern am ehesten das Kollektiv des Gottesvolks. Sollte Paulus den Psalmtext so verstanden haben, dass er in dem „Ich", das unter den Weltvölkern Gott anbetet und seinen Namen preist, das Volk Gottes gesehen hat? Der Psalmtext würde dann einen Beleg dafür liefern, dass Israel am Ende der Tage das Gotteslob unter den Weltvölkern anstimmt und die Weltvölker so in das Gotteslob Israels einbezogen werden. Gewiss, das ist nicht mehr als eine Vermutung, aber angesichts der biblischen Parallelen[53] eine durchaus naheliegende.[54] Zu beachten ist in jedem Fall, dass im Kontext des zitierten Psalmsverses das Gotteslob wesentlich bestimmt ist durch den Verweis auf den Gesalbten Gottes, den Davidspross und dessen Heilstaten (σωτηρίαι). Der aus Ps 17(18) zitierte Text ist keinesfalls bloß auf das Motiv des Gotteslobs bei den Weltvölkern ausgerichtet, als ob es ihm – so Koch – „primär" um „die Feststellung des Bereichs des Gotteslobs bei den Heiden"[55] gehe. Paulus greift den Psalm auf, weil es sich um einen messianisch ausgerichteten Psalm handelt und in diesem das Gotteslob unter den „Heiden" entsprechend unter messianischem Vorzeichen erwähnt wird. Diese messianische Konnotation erkennt man zwar erst, wenn man den Psalm als

---

[51] Vgl. OTTO, Römerbrief, 447; LAGRANGE, Romains, 347; A. SCHLATTER, Gottes Gerechtigkeit, Stuttgart 1935, 383; HAYS, Echoes, 72; WILCKENS, Römer (3), 108; zuletzt wieder HAACKER, Römer, 297.

[52] Zum Motiv des endzeitlichen Gotteslobs Israels „unter den Heiden" (ἐν ἔθνεσιν) vgl. Ps^LXX 9,12; 95(96),13; 104(105),1 sowie vor allem Jes 12,4 (dazu s.u. S. 279); 66,19.

[53] Siehe Anm. 52.

[54] Ähnlich bereits DUNN, Romans, 853, der das „Ich" des Psalms auf „the devout Diaspora Jew confessing God and singing praise to his name among the Gentiles" bezieht, ohne dies freilich genauer zu begründen.

[55] KOCH, Schrift, 282, Anm. 24; übernommen von REICHERT, Römerbrief, 299ff.

ganzen liest, aber das wird man bei Paulus durchaus voraussetzen dürfen, ja
müssen. Er hat die von ihm herangezogenen biblischen Texte mit ihren
Kontexten wenn nicht vor Augen, so doch im Kopf.

Das gilt in ähnlicher Weise auch für das zweite Zitat V.10. Es stammt
aus dem als Lied des Mose stilisierten Abschlusshymnus des Deuteronomi-
ums (Dtn 32), der im antiken Judentum ob seines geschichtstheologischen
Zuschnitts eine herausragende Rolle als einer der eschatologischen Kern-
texte gespielt hat[56] und der nicht zuletzt deswegen auch von Paulus mehrfach theologisch umgesetzt und verwertet worden ist.[57] Der Apostel zitiert
einen Stichos aus dem Schlussvers des Hymnus (Dtn 32,43c): εὐφράνθητε,
ἔθνη, μετὰ τοῦ λαοῦ αὐτοῦ.

Textlich folgt er dabei einer nur in der LXX überlieferten Textfassung.
Im hebräischen Urtext werden an dieser Stelle die Weltvölker aufgefordert,
das Volk Gottes zu preisen. Im LXX-Text ist hingegen davon die Rede,
dass die Weltvölker sich zusammen mit seinem Volk am Lob Gottes er-
freuen sollen. Diese sachlich gravierende Veränderung zwischen der kanonischen hebräischen und der griechischen Textfassung nimmt sich auf den
ersten Blick wie ein theologisch motivierter, universalistisch ausgerichteter
Eingriff des griechischen Übersetzers in das hebräische Textgefüge aus. Bei
genauem Zusehen zeigt sich indes, dass dies kaum zutrifft. Das ganze hat
ursächlich nichts mit hoher Theologie zu tun, sondern beruht, wenn nicht
alles täuscht, auf einem schlichten Schreibfehler in der vom LXX-Überset-
zer benutzten hebräischen Vorlage, verdankt sich also möglicherweise der
Müdigkeit eines Abschreibers. Grundlage dürfte eine Dittographie im hebräischen Buchstabenbestand sein. Man braucht nur das hebräische Wort
für Volk עם zu verdoppeln und man landet auch im hebräischen Text bei
der Fassung der LXX: μετὰ τοῦ λαοῦ αὐτοῦ = עם עמו. Für das Verständnis
des Paulus ist das freilich ohne Belang. Ob dem Apostel überhaupt bewusst
war, dass es zwei von einander abweichende Lesarten gibt, darüber kann
man nur spekulieren.[58] Wie dem aber auch sei, ausschlaggebend für Paulus
im vorliegenden Fall ist die besondere Textgestalt der LXX-Übersetzung.
Mit ihr steht und fällt die Beweiskraft des von ihm angeführten Schriftbe-
legs. Nur in ihr ist ausdrücklich von einer Gemeinschaft der Weltvölker mit
dem Volk Gottes die Rede. Dass der Heidenmissionar Paulus dies aufgreift,
ist nur zu verständlich. Es gibt kaum einen zweiten Text in den Heiligen
Schriften Israels, der die Weltvölker und Israel so nachdrücklich mit einander unter dem Vorzeichen des gemeinsamen endzeitlichen Gotteslobs ver-

---

[56] Leider fehlt noch immer eine eingehende Untersuchung zu diesem Sachverhalt.

[57] Dtn 32,4: Röm 9,14 (mit Verweis auf Mose als Sprecher); Dtn 32,5: Phil 2,15; Dtn 32,17:
1Kor 10,20; Dtn 32,21: Röm 10,19; 1Kor 10,22; 32,35: Röm 12,19; Dtn 32,43: Röm 15,10; vgl. H.
HÜBNER, Vetus Testamentum in Novo Bd. 2: Corpus Paulinum, Göttingen 1997, 212f.

[58] Dass Paulus hebräische Bibeltexte gekannt hat, wird man zwar nicht völlig ausschließen
können; dass er sie benutzt hat, ist jedoch keineswegs gesichert.

bindet. Wie bedeutsam dieser Text für Paulus war, zeigt sich im übrigen auch daran, dass die in ihm vorhandene terminologische Unterscheidung zwischen λαὸς αὐτοῦ und ἔθνη für die paulinische Israeltheologie geradezu grundsätzlich prägend ist. „Volk Gottes" ist und bleibt bei Paulus spezifische Bezeichnung Israels und damit der Juden. Die Weltvölker werden auch in der eschatologischen Perspektive nicht dazu gezählt. Sie treten zum Gotteslob Israels hinzu, werden dadurch aber keineswegs ein Teil des Gottesvolks. Das ist ein Grundzug, der sich in den paulinischen Briefen durchgängig abzeichnet. Die Bezeichnung „Volk Gottes" und entsprechend den Namen Israel überträgt Paulus explizit an keiner Stelle auf die Kirche, die christusgläubige Gemeinde aus Juden und Nichtjuden. Der einzige Text, der dagegen geltend gemacht werden könnte und oft auch dagegen geltend gemacht wird,[59] findet sich in Röm 9,24ff, wo Paulus Worte aus dem Hoseabuch (Hos 2,25) aufgreift, in denen Gott in einer an Israel gerichteten Scheltrede damit droht „Ich will die, die nicht zu meinem Volk gehören, mein Volk rufen". Indes, auch bei diesem Text darf man nicht übersehen, dass es sich um ein Zitat handelt. Dort, wo Paulus selbst formuliert, verwendet er weder „Volk Gottes" noch „Israel"[60] ekklesiologisch. Wenn Paulus die Gemeinschaft der Christusgläubigen Juden und Nichtjuden korporativ benennt, redet er nicht vom Volk Gottes; er greift entweder die unter Juden wie Nichtjuden geläufige Bezeichnung ἐκκλησία (Gemeinde, Versammlung) auf oder er verwendet einen Begriff völlig neuer Art und spricht von der christlichen Gemeinschaft als σῶμα Χριστοῦ („Leib des Christus").

Im Blick auf die Funktion der beiden ersten Zitate wird man also feststellen können: Sie laufen beide in die gleiche Richtung. Sie dienen dazu, die endzeitliche Gemeinschaft von Juden und „Heiden", des Volkes Gottes und der Völker der Welt im Lobpreis Gottes zu bezeugen. Das erste Zitat formuliert dies in Form einer Selbstaussage Israels (so mein Deutungsvorschlag) bzw. in Form einer messianischen Selbstansage, ist also primär auf das Volk Gottes bzw. den Messias Gottes zugeschnitten. Das zweite Zitat wendet sich unmittelbar an die „Heiden" und ruft sie zur Gemeinschaft mit dem Volk Gottes auf. In beiden Fällen ist das Verhältnis zwischen Gottesvolk und Weltvölkern nicht im Sinne einer Aufhebung ihrer Differenz beschrieben. Der erwählungsgeschichtliche Vorrang Israels wird nicht hinfällig, er bleibt. Die Völker treten zum Gotteslob Israels hinzu. Das ist die Perspektive des Heils, das durch das Kommen des Christus als „Diener der Beschneidung" Ereignis geworden ist.

---

[59] Siehe z.B. KOCH, Schrift, 282, Anm. 26.
[60] Die gegenläufige Auslegung von Gal 6,16 kann kaum überzeugen, vgl. dazu M. BACHMANN, Kirche und Israel Gottes. Zur Bedeutung und ekklesiologischen Relevanz des Segenswunsches am Ende des Galaterbriefs, in: ders., Antijudaismus im Galaterbrief, NTOA 40, Fribourg/Göttingen 1999, 159–189.

Wie fügt sich in diesen Zusammenhang nun das dritte Zitat ein? Paulus bringt erneut einen Psalmtext ins Spiel. Es ist der erste Vers aus dem kleinsten der Psalmen – zumindest nach der Einteilung der uns vertrauten Bibelausgaben[61] –: Ps 116 bzw. 117 je nach der Zählung der LXX oder der Masoreten. Grundlage ist auch hier wieder eine LXX-Textfassung: αἰνεῖτε, πάντα τὰ ἔθνη, τὸν κύριον καὶ ἐπαινεσάτωσαν αὐτὸν πάντες οἱ λαοί.[62]

Was hat Paulus bewogen, nochmals einen Psalmvers anzuführen und ausgerechnet diesen? In der Forschung hat man sich um diese Frage bislang kaum gekümmert. Dass es sich hier um einen der Psalmen des Passa-Hallel handelt, ist, soweit ich sehe[63], überhaupt nie beachtet worden. Für das Verständnis des Paulus dürfte aber gerade dies von Belang sein. „Aus zahlreichen Einzelzeugnissen wissen" wir – darauf hat namentlich Joachim Jeremias mit Nachdruck verwiesen –, dass im antiken und spätantiken Judentum gerade die Hallel-Psalmen (Ps[LXX] 112–117/Ps[MT] 113–118) „mit Vorliebe eschatologisch-messianisch" gedeutet worden sind.[64] Auch die paulinische Verwendung von Ps 116(117) dürfte durch diesen zeitgenössischen, eschatologisch-messianologischen Deutungshorizont bestimmt sein. Freilich ist damit nur der äußere hermeneutische Rahmen abgesteckt.

Die Frage, warum und wozu der Apostel nach den beiden vorhergehenden Zitaten ausgerechnet diesen Psalmtext aufgreift, ist damit ja noch nicht beantwortet. Bringt das Zitat aus Ps 116(117) irgendetwas Neues oder Besonderes? Auf den ersten Blick gewinnt man den Eindruck, als ob das bisher über das gemeinsame endzeitliche Gotteslob von Juden und Heiden Gesagte nur wiederholt würde. Das wäre freilich verwunderlich, bedenkt man die Sorgfalt, mit der Paulus auch sonst biblische Zitate, gerade auch in Zitatketten,[65] anführt. Wenn nicht alles täuscht, hängt die Aufnahme dieses Psalms mit der christologischen Kernaussage in Röm 15,8.9a zusammen. Dass wird freilich wiederum erst deutlich, wenn man den weiteren Kontext des von Paulus zitierten Psalmverses beachtet. In Ps 116(117) schließt die Aufforderung „Lobet alle Weltvölker den Herrn, es sollen ihn beloben alle Völker!" mit der Feststellung (V.2): „Denn mächtig ist sein Erbarmen über uns und die Treue des Herrn bleibt in Ewigkeit" (LXX: ὅτι ἐκραταιώθη τὸ ἔλεος αὐτοῦ ἐφ᾽ ἡμᾶς καὶ ἡ ἀλήθεια τοῦ κυρίου μένει εἰς τὸν αἰῶνα). Die

---

[61] Ob diese Abgrenzung schon zur Zeit des Paulus bestand, lässt sich nicht ausmachen. Die in der Höhle 2 von Qumran gefundenen Psalmfragmente geben dazu leider nichts her. In einigen späteren hebräischen Hss. werden die Verse als Teil des folgenden Psalms geboten. Möglicherweise entspricht das der ursprünglichen Anordnung.

[62] Zur Vielfalt der Textüberlieferung s. Rüsen-Weinhold, Septuagintapsalter,138f.

[63] Ob der in New Testament Abstracts 45 (2001) 37 Nr. 191 verzeichnete Beitrag von J. du Preez, The missionary significance of Psalm 117 in the book of Psalms and in the New Testament, Missionalia 27 (1999) 369–376 darauf Bezug nimmt, konnte nicht ermittelt werden, da mir die Publikation unzugänglich blieb.

[64] J. Jeremias, Die Abendmahlsworte Jesu, Göttingen ³1960 (= ⁴1967), 247ff.

[65] Vgl. Röm 2,10–18; 9,25–29; 10,19–21; ferner 1Kor 10,1–11.

beiden für diesen Vers markanten Stichworte sind „Erbarmen" (ἔλεος) und „Treue" (ἀλήθεια). Genau diese Stichworte begegnen aber nun, wie schon angezeigt, auch in dem vorhergehenden christologischen Kerntext und zwar an entscheidender Stelle im Blick auf die Funktion des Christus für Juden und „Heiden". „Christus ist geworden der Diener der Beschneidung ὑπὲρ ἀληθείας θεοῦ, um zu bestätigen die Verheißungen an die Väter, (für) die Weltvölker aber (um) Gott preisen ὑπὲρ ἐλέους." Dass Paulus hier genau dieselben Begriffe benutzt, wie sie im unmittelbaren Kontext des von ihm wenige Zeilen später zitierten Psalmverses vorkommen, ist schwerlich bloßer Zufall. Hier kommt wie in vergleichbaren Fällen[66] seine rabbinisch geschulte, kontextbezogene Schriftgelehrsamkeit zum Vorschein. Es spricht alles dafür, dass bei der Formulierung des christologischen Spitzensatzes der in der folgenden Zitatenkette angeführte Psalm 116(117) im Blick war. Mit dieser Feststellung ist freilich noch nicht geklärt, was Paulus mit dem Zitat aus Ps 116(117) bezweckt und wie er dazu gekommen ist, die beiden Stichworte „Treue" und „Erbarmen" unterschiedlich akzentuiert auszurichten: „Treue" bezogen auf das Bundesvolk Gottes und „Erbarmen" auf die Weltvölker. Das muss noch bedacht werden.

Im ursprünglichen Psalmtext beziehen sich „Treue" (ἀλήθεια) wie „Erbarmen" (ἔλεος) beide auf die Beter des Psalms (ἐφ᾽ ἡμᾶς) und damit augenscheinlich auf die Gemeinschaft des Gottesvolks.[67] Paulus hat demgegenüber einen anderen Akzent gesetzt. Er hat das Stichwort „Treue" (ἀλήθεια) mit dem Gottesvolk und das Stichwort „Erbarmen" (ἔλεος) mit den Weltvölkern verknüpft. Das ist in unseren Augen zwar nicht textgemäß, liegt aber im Rahmen rabbinischer Schriftgelehrsamkeit durchaus im Bereich des Möglichen. Die von Paulus gesetzten Akzente dürften mit einer sprachlichen Variation im ersten, von Paulus zitierten Vers des Psalms zusammenhängen. Im ersten Stichus ist von πάντα τὰ ἔθνη (HT כל גוים) die Rede, im zweiten Stichus von πάντες οἱ λαοί (HT כל האמים). Was verbirgt sich hinter diesem Wechsel? Für die Rabbinen war dies nicht nur eine Frage stilistischer Art, sondern eine Frage von inhaltlichem Belang. Im Blick auf Ps 116(117),2 sind wir sogar in der günstigen Lage, einen, wenn auch literarisch späteren, Beleg dafür anführen zu können. Im Midrasch zu Ps 117 wird der sprachliche Wechsel im Psalmtext eigens angesprochen und als Hinweis auf die unterschiedlichen Behandlungsweisen erklärt, die Israel durch die Völker erfahren hat. „Es fragte Rabbi Schimon, der Sohn unseres heiligen Lehrers, seinen Vater [Jehuda I.]: Wer sind כל גוים und wer sind כל האמים. Er antwortete: כל גוים, das sind die Völker, die Israel geknechtet

---

[66] Vgl. WILK, Bedeutung, 207–265; ferner B. SCHALLER, 1Kor 10,1–10(13) und die jüdischen Voraussetzungen der Schriftauslegung des Paulus, in: ders., Fundamenta Judaica. Studien zum antiken Judentum und zum Neuen Testament, StUNT 25, Göttingen 2001, 167–190.

[67] Vgl. Ps^LXX 23(24),10; 87(88),3.15.25.34; PsSal 10,3.

haben; כל האמים, das sind die Nationen, die sie nicht geknechtet haben."[68]
Bei Paulus stoßen wir auf eine offenkundig andere Deutung. Unter πάντα
τὰ ἔθνη (כל גוים) hat er wie auch sonst[69] stets dem biblischen Sprachgebrauch[70] folgend alle Weltvölker verstanden, unter πάντες οἱ λαοί (HT
כל האמים) hingegen anscheinend Israel zusammen mit den Weltvölkern.[71]
Die Aussage über das Erbarmen hat er dann auf die Weltvölker hin bezogen
und die Aussage über die Treue Gottes auf Israel als Gottesvolk, dem die in
den Verheißungen an die Väter dokumentierte Bundestreue Gottes gilt.
Dass er mit letzterem nicht allein steht, zeigt wieder ein Blick in den
Midrasch zu Ps 116(117), in dem in einem weiteren Überlieferungsstück
das Motiv der Treue ausdrücklich mit der an die Väter (Abraham, Isaak und
Jakob) gerichteten Bundesverheißung Lev 26,42 in Zusammenhang gebracht wird.[72]

Geht man von dieser Deutung aus, dann wird durchaus verständlich, warum Paulus nach den beiden Zitaten aus Ps 17 und Dtn 32 zusätzlich noch
Ps 116(117) ins Spiel bringt. War dort jeweils aus unterschiedlichen Blick-
winkeln spezifisch auf Juden bzw. „Heiden" bezogen vom gemeinsamen
Gotteslob die Rede, so kommen hier nun beide zusammen als Adressaten in
den Blick. D.h., das Zitat von Ps 116(117) dient augenscheinlich als eine
Art Zusammenfassung und damit Bestätigung der beiden vorher angeführten Schriftzitate.

Auffälligerweise ist Paulus damit aber noch nicht am Ende seiner
schriftgelehrten Beweisführung. Er fügt ein weiteres Zitat an, das, wie er
selbst eigens betont, dem Buch des Propheten Jesaja entnommen ist, dem
biblischen Buch, das, wie Florian Wilk[73] eindrücklich gezeigt hat, für seine
Verkündigung und Theologie und für sein Selbstverständnis eine herausragende Rolle spielt. Zitiert wird der Schlussvers aus dem prophetischen
Kerntext messianischer Verheißung in Jes 11,1–10: ἔσται ἡ ῥίζα τοῦ Ιεσσαι
καὶ ὁ ἀνιστάμενος ἄρχειν ἐθνῶν ἐπ᾽ αὐτῷ ἔθνη ἐλπιοῦσιν. Die Textfassung
entspricht wieder genau der Übersetzung der LXX,[74] die sich auch in diesem Fall vom überkommen hebräischen Text abhebt, und zwar an einer
für die paulinische Verwertung entscheidenden Stelle: in der eigentümli-

---

[68] Midrasch Tehillim 117,2 (ed. Salomon Buber, 479,23ff).

[69] Vgl. Röm 1,5; 16,26; Gal 3,8.

[70] Vgl. z.B. Gen 18,18; 22,18; 26,4; Dtn 11,23; 26,19; 29,23; 30,1; 1Sam 8,20; 1Kön 8,20;
1Chr 14,17; Ps 71(72),11.17; 117(118),10; dazu s. jetzt F. WILK, Eingliederung von „Heiden" in
die Gemeinschaft der Kinder Abrahams, ZNT 15 (2005) 52–59: 52f.

[71] Dieses Verständnis könnte durch eine ähnliche Textkonstellation in Ps^LXX 66(67),2–6 mit
gestützt sein.

[72] Midrasch Tehillim 117,2 (ed. Salomon Buber, 479,29f).

[73] WILK, Bedeutung, 401–408.

[74] Es fehlt die auf ἔσται folgende Wendung ἐν τῇ ἡμέρᾳ ἐκείνῃ. Zu den möglichen Gründen s.
WILK, a.a.O. 46 und Anm. 27.

chen Wiedergabe des Stichos Jes 11,10b: HT אֲשֶׁר עֹמֵד לְנֵס עַמִּים durch καὶ ὁ ἀνιστάμενος ἄρχειν ἐθνῶν.[75]

Mit diesem Zitat erreicht die Zitatkette ihren Abschluss, zugleich offenkundig aber auch ihren Höhepunkt. Darauf dürfte schon der Umstand verweisen, dass Paulus den Propheten Jesaja namentlich als „Autor" benennt, das zeigt sich vor allem aber daran, dass mit diesem jesajanischen Verheißungswort unmittelbar der Bogen zu dem der Zitatkette vorangestellten christologischen Spitzensatz (V.8b.c.9a) geschlagen wird. Wir haben es formal mit einer inclusio zu tun. Der eingangs als „Diener der Beschneidung" ausgewiesene Christus kommt hier unmittelbar wieder in den Blick. Er ist der von Jesaja verheißene „Spross Jesse", der – im Verständnis der Paulus – berufen ist, als der Auferstandene[76] über die Weltvölker zu herrschen, und ihnen darin als endzeitlicher Hoffnungsträger begegnet. Dass in diesem von Paulus zitierten jesajanischen Verheißungswort die Funktion des messianischen Heilsbringers für Israel als Volk Gottes nicht eigens erwähnt wird, könnte man so verstehen, als ob diese Funktion in der Sicht des Paulus ausgeblendet und geradezu obsolet geworden sei. Wenn das zuträfe, dann wäre in der Tat die Zitatkette thematisch ausschließlich auf die Aussage über das Gotteslob der „Heiden" ausgerichtet. Dagegen spricht entschieden indes schon die Feststellung, dass eine derartige Beschränkung auf die „Heiden" sich in den vorausgehenden Zitaten keineswegs festmachen lässt. Aber nicht nur das. Man müsste darüber hinaus davon ausgehen, dass Paulus Jes 11,10a völlig isoliert verwendet hat, ohne in irgendeiner Weise den engeren und weiteren Kontext des Verses vor Augen zu haben. Eine derartige Annahme ist schon im Blick auf sonstige Beispiele kontextuell ausgerichteter Schriftverwendung[77] durch Paulus unwahrscheinlich, sie lässt sich darüber hinaus aber nicht zuletzt auch von Röm 15,7–12 selbst her widerlegen. Im Text von Röm 15 gibt es gleich mehrere Stellen, in denen sich kontextuelle Bezüge abzeichnen. Mit dem in Röm 15,7.9 „zweifach angeführten Motiv der ‚Verherrlichung Gottes'" greift Paulus allem Anschein nach den zweiten Versteil von Jes 11,10 auf,[78] vor allem aber spiegelt sich der Jes 11,10 nachfolgende Kontext bis hin zu Jes 12,1–6 „im Wortlaut der übrigen Bestandteile der Zitatenkette in Röm 15,9–12 wider".[79] Wer die Absicht erfassen will, die Paulus mit dem Zitat aus Jes 11,10 verbindet, darf nicht übersehen, dass es im weiteren Kontext wesentlich um das Heil und die Erlösung des Gottesvolkes in der Endzeit geht.

---

[75] Zur Eigenart dieser Version s. die Ausführungen zur Stelle von A. VAN DER KOOIJ und F. WILK in: Septuaginta Deutsch. Bd. 2: Erläuterungen zum griechischen Alten Testament in deutscher Übersetzung, Deutsche Bibelgesellschaft, Stuttgart 2006 (im Druck).

[76] KÄSEMANN, Römer, 374; WILCKENS, Römer (3), 308; DUNN, Romans (II), 850; WILK, Bedeutung, 169.

[77] Siehe oben Anm. 66.

[78] Dazu s. WILK, Bedeutung, 237.

[79] Ebd. 214f.

Schon in den unmittelbar sich anschließenden Versen Jes 11,11–12 ist ausdrücklich von der Sammlung und Heimführung der zerstreuten Angehörigen des Gottesvolkes durch den messianischen Herrscher die Rede.[80] Für das paulinische Verständnis noch gewichtiger dürfte sein, dass in dem die prophetische Endzeitschau abschließenden 12. Kapitel eigens das endzeitliche Gotteslob Israels thematisiert wird und in diesem Zusammenhang nach Jes 11,10.12 erstmals wieder auch die Weltvölker erwähnt werden. Dem Gottesvolk wird für die Endzeit (ἐν τῇ ἡμέρᾳ ἐκείνῃ) prophetisch der Auftrag erteilt, den Herrn zu preisen, seinen Namen anzurufen und unter den Heiden (ἐν τοῖς ἔθνεσιν) seine Herrlichkeit zu verkünden: Jes 12,4 ὑμνεῖτε κύριον βοᾶτε τὸ ὄνομα αὐτοῦ ἀναγγείλατε ἐν τοῖς ἔθνεσιν τὰ ἔνδοξα αὐτοῦ.

Kurz: die einseitige Fixierung auf das Thema des Gotteslobs der „Heiden" wird dem Gefälle des Zitats von Jes 11,10 schwerlich gerecht. Auch in diesem Fall geht es Paulus nicht darum, „die Verbreitung des Gotteslobs unter den Heiden"[81] als „schriftgemäß"[82] zu erweisen.

Das Jesajazitat dient dem Apostel dazu, von der Schrift her den an den Anfang seiner Ausführungen (V.8) gestellten christologischen Spitzensatz zu untermauern und zu erläutern. Mit dem Zitat wird das dort über Christus Gesagte aufgegriffen und mit einem weiteren Akzent versehen: Der von Jesaja verheißene Spross Isaïs ist der Christus, der als „Diener der Beschneidung", als der Messias Israels über die Weltvölker herrscht und in seiner Herrschaft auch der Hoffnungsträger für die Weltvölker ist. Paulus veranschaulicht auf diese Weise, dass und wie die Weltvölker in das Israel verheißene messianische Heilsgeschehen einbezogen sind. Das Zitat aus Jes 11,10 kann insofern als die krönende Abrundung der Zitatkette bezeichnet werden. Es bestätigt, dass das endzeitliche Erbarmen Gottes über die Völker der Welt untrennbar verbunden ist mit der Bundestreue Gottes gegenüber Israel, die in den Verheißungen an die Väter Israels ihren Grund hat und in der Sendung des Christus/Messias als „Diener der Beschneidung" fest bekräftigt wurde.

IV

Der hier unternommene Versuch, die exegetischen Prämissen und Implikationen der von Paulus[83] zusammengestellten Zitatenkette Röm 15,9–12 auf-

---

[80] Die Heimführung des Gottesvolkes ist auch später konstitutiv für die Vorstellung von der Einbeziehung der Weltvölker in das messianische Erlösungsgeschehen, vgl. Bereschit rabba 98,9 (ed. Ch. Albeck, 1260,4ff).

[81] REICHERT, Römerbrief, 307, vgl. 299.

[82] KOCH, Schrift, 283.

[83] Die Möglichkeit, dass es sich um eine vorgegebene Testimoniensammlung handelt, lässt sich grundsätzlich nicht ausschließen, ist angesichts der engen Verzahnung der Zitatenkette mit

zuspüren, lässt die Zusammenstellung der biblischen Zitate als Produkt hoch reflektiver, theologisch profilierter Schriftgelehrsamkeit erscheinen und läuft im Ergebnis auf zwei Feststellungen hinaus: 1) Die herangezogenen biblischen Texte sind durchgehend unter einem messianologisch-eschatologischen Deutungshorizont erfasst und insgesamt ebenso stringent wie konstant auf die vorhergehende christologische Kernaussage hin ausgerichtet. 2) Grundthema ist nicht „der Jubel der Heiden"[84], sondern die durch den Christus als den „Diener der Beschneidung", den Messias Israels eröffnete und begründete Gemeinschaft der Völker der Welt, der „Heiden" mit dem Volk Gottes, Israel zum endzeitlichen Gotteslob.

Wie weit lässt sich dieses Ergebnis absichern im Hinblick auf den literarischen Rahmen der beiden Endkapitel des Römerbriefs? Kann mit diesem Ergebnis der auf das Verhältnis von Juden und Heiden abgestellte Abschnitt Röm 15,7–13 sinnvoll mit der Paränese in Röm 15,1–6 und vor allem auch mit den ihr in Röm 14 vorangehenden Erörterungen über das Verhältnis der Schwachen (Röm 14,1: ἀσθενῶν; 15,1: ἀδυνατοί) und der Starken (Röm 15,1: δυνατοί) in der Gemeinde, in Einklang gebracht werden? Dieser Frage muss zum Abschluss noch nachgegangen werden.

Das Verhältnis von Röm 15,7–13 zu Röm 14 (und 15,1–6) ist, wie eingangs erwähnt, seit langem das Kernproblem der Auslegung. Auf der einen Seite lässt sich nicht übersehen, dass Paulus in der Paränese in Röm 15,7 mit προσλαμβάνεσθε dasselbe Stichwort wie am Anfang der Paränese in Röm 14,1(.3) verwendet und dass auch sonst die Texte motivliche Verklammerungen aufweisen.[85] Normalerweise gelten solche Stichwort- und Motivverbindungen als Anzeichen dafür, dass zwischen den beiden so eingeleiteten Textpassagen ein enger sachlicher Zusammenhang besteht. Aber ist das auch hier der Fall? Auf den ersten Blick scheint vieles dagegen zu sprechen. Zunächst ist nicht zu übersehen, dass Paulus an keiner Stelle in Röm 14 die Position der Schwachen als explizit jüdisch bezeichnet und ebenso wenig die Position der Starken explizit als heidnisch ausgibt. Muss daraus nicht schon geschlossen werden, dass die Konfliktparteien in der römischen Christengemeinde nichts mit dem Gegensatz von jüdisch und heidnisch zu tun haben? Dass unter den von Paulus für die „Schwachen" als kennzeichnend benannten Verhaltensweisen der Vegetarismus nicht ohne weiteres als jüdisch eingeordnet werden kann,[86] scheint dies zu bestätigen. Freilich, die Versuche, anderweitig fündig zu werden, um die betreffende Gruppierung religionsgeschichtlich zu verorten, haben nicht wirklich weiter

---

dem Kontext gerade in diesem Fall aber höchst unwahrscheinlich. Zum Gesamtproblem s. zuletzt STANLEY, Paul and the Language of Scripture, 67–79.

[84] ZELLER, Juden und Heiden, 221; ebenso KOCH und REICHERT, s.o. Anm. 81.82.

[85] Motiv ‚Hoffnung': Röm 15,12   15.4.13; Motive ‚Freude' und ‚Frieden': Röm 15,13 14, 17.19.

[86] Vgl. WILCKENS, Römer (3), 111f.

geführt, im Gegenteil. Mehr als vage Möglichkeiten sind nicht zutage ge-
fördert worden.[87] Das hat in der jüngsten Veröffentlichung zum Thema
dazu geführt, auf eine Identifizierung überhaupt zu verzichten mit der freilich höchst fragwürdigen, Paulus in die Zunft der geschichtslosen Theologen einreihenden Auskunft, dass „sich die Angaben auf einen vorgestellten
Typ beziehen, und nicht auf konkrete Personen in der aktuellen Wirklichkeit der Adressaten."[88] So ist dem Problem allerdings kaum beizukommen.
Die Tatsache, dass die Suche nach anderen, außerjüdischen religionsgeschichtlichen Parallelen nicht gefruchtet haben, gibt durchaus Anlass, die
Argumente, die gegen eine spezifisch jüdische Prägung der sogenannten
„Schwachen" vorgebracht werden, nochmals genauer unter die Lupe zu
nehmen.

Dass Paulus in Röm 14 die beiden Konfliktgruppen nicht ausdrücklich
als jüdisch oder heidnisch kennzeichnet, ist schwerlich ein schlagendes Argument, konnte er doch davon ausgehen, dass die Leute in Rom wussten,
wovon er spricht. Auch dass Paulus selbst sich in Röm 15,1 der Gruppe der
„Starken" einordnet, taugt schwerlich als Gegenargument. Wenn der Apostel von „wir" redet, dann ist das nicht Ausdruck der spezifischen Zugehörigkeit zu einer der Gruppen vor Ort, sondern kommunikatives Mittel parä-
netischer Dringlichkeit.[89] Einen Rückschluss auf den Charakter der römischen Konfliktparteien erlaubt das so oder so nicht. Bleibt höchstens der
immer wieder als Hauptargument verwendete Einwand, „Provenienz aus
jüdischer Orthodoxie" sei „ausgeschlossen", da es „generelle Enthaltsamkeit von Fleisch und Wein" dort nicht gab.[90] Genau besehen taugt aber auch
er nicht. Sieht man sich die Quellen genauer an, dann zeigt sich, dass Abstinenz von Fleisch und auch von Wein im Judentum zwar für das alltägli-
che Leben grundsätzlich nicht geboten war, aber praktisch durchaus eingehalten wurde und zwar namentlich unter den in der Diaspora herrschenden
Lebensbedingungen, die es oft nur schwer ermöglichten bzw. z.T. unmöglich machten, die religiösen Speisevorschriften strikt zu befolgen.[91] D.h.,

---

[87] Verweise auf außerjüdische Parallelen finden sich bereits bei H. GROTIUS, Adnotationes in
Novum Testamentum II, Editio Nova, Erlangen/Leipzig 1756, 339ff. Die bis heute grundlegende
Zusammenstellung des religionsgeschichtlichen Materials bietet M. RAUER, Die Schwachen in
Korinth und Rom, Biblische Studien 21, Freiburg 1923; dazu s. CRANFIELD, Romans, 691ff;
WILCKENS, a.a.O.

[88] REICHERT, Römerbrief, 298.

[89] Vgl. die Verwendung der 1.Person Plural in Röm 14,7.12.13.19.

[90] KÄSEMANN, Römer, 352.

[91] Vgl dazu neben den Kommentaren von WILCKENS, Römer (3), 109–115; FITZMYER, Ro-
mans, 687f; DUNN, Romans, 800ff vor allem P.J. TOMSON, Paul and Jewish Law. Halakha in the
Letters of the Apostle to the Gentiles, CRINT 3.1, Assen u.a. 1990, 236–254; DERS., Jewish Food
Laws in Early Christian Community Discourse, Semeia 86 (1999) 193–211: 204f; J.M.G.
BARCLAY, Do we undermine the Law? A Study of Romans 14.1–15.6 in: J.D.G. Dunn, (Hg.), Paul
and the Mosaic Law, WUNT 89, Tübingen 1996, 287–308, insbesondere 290ff; H. LÖHR, Speisen-

selbst mit dem von Paulus kolportierten Vegetarismus der „Schwachen" lässt sich die jüdische Prägung der „Schwachen" nicht ohne weiteres aushebeln. D.h., ein wirklich stichhaltiges Argument gegen die Annahme eines jüdischen Hintergrunds in dem von Paulus verhandelten Konflikt in der römischen Gemeinde ist an keiner Stelle auszumachen. Im Gegenteil, alles was Paulus benennt: die Beobachtung von (Fest-)Tagen (Röm 14,5f), das Einhalten von Vorschriften zu Essen und Trinken (Röm 14,6.15ff) sowie, wie gezeigt, im Zusammenhang damit stehend auch die Enthaltsamkeit von Fleisch- und Weingenuss (Röm 14,2.21), sind Elemente, die unmittelbar zu jüdisch bestimmten Lebensverhältnissen passen. Und nicht nur das. Für einen spezifisch jüdischen Hintergrund spricht auch, was in der bisherigen Diskussion weithin unbeachtet blieb, der Umstand, dass es bei den von Paulus kolportierten Verhaltensweisen der „Schwachen" nicht wie bei dem außerjüdischen Parallelphänomen um Äußerungen religiös oder philosophisch bestimmter, individueller Lebensweise geht, sondern wie spezifisch im jüdischen Zusammenhang um Äußerungen, die das Zusammenleben im Kollektiv der religiösen Gemeinschaft betreffen, die dazu dienen, die Identität der religiösen Gruppen zu bewahren und zu bewähren.[92]

Dass dafür auch der Text des Paulus einen sprachlichen Hinweis gibt, sei wenigstens noch am Rande vermerkt. Es ist die auch für Paulus selbst singuläre Verwendung der Begriffe κοινόν und καθαρόν in der ausschließlich in jüdischen Kreisen gängigen Bedeutung kultisch-ritueller Unreinheit[93] bzw. Reinheit.[94] Wie die von Paulus selbst eingebrachte Bemerkung „nur für den, der meint, etwas sei unrein, für den ist es unrein" (τῷ λογιζομένῳ τι κοινὸν εἶναι, ἐκείνῳ κοινόν Röm 14,14) zeigt, greift der Apostel hier offensichtlich den Sprachgebrauch der „Schwachen" auf.[95]

Kurz: Die jüdische Prägung der „Schwachen" in der römischen Gemeinde ist schwerlich zu bezweifeln. Sicherlich haben nicht alle römischen Christusgläubigen jüdischer Herkunft dieser Gruppierung angehört und auch nicht alle Christusgläubigen heidnischer Herkunft der Gruppe der „Starken". Aber dass es in dem von Paulus angesprochenen und seelsorgerlich behandelten Konflikt unter den Christusgläubigen in Rom um die Aus-

---

frage und Tora im Judentum des Zweiten Tempels und im entstehenden Christentum, ZNW 94 (2003) 17–37.

[92] Zum sozialen Kontext s. BARCLAY, Law, 294ff.

[93] Vgl. 1Makk 1,47.62; 4Makk 7,6; Arist 315; Josephus, Ant 12,112.320; 13,4; ferner Mk 7,2.5.15.18.20.23; Apg 10,14.15.28; 11,8.9; 21,28; Apk 21,27.

[94] Vgl. Bauer/Aland, Wörterbuch[6], s.v.

[95] Darauf hat mit Recht BARCLAY, Law, 290, hingewiesen. Die Skepsis hinsichtlich des genannten Rückschlusses", die REICHERT, Römerbrief, 288 und Anm. 279, in Anschluss an SPITTA, Brief an die Römer, 34, zum Ausdruck gebracht hat, greift zu kurz. Der von ihr als Analogiefall angeführte Gebrauch von εἰδωλόθυτον durch Paulus im 1. Korintherbrief (8,1.4.7.10; 10,19) ist nicht vergleichbar, da in diesem Fall die Verwendung des Begriffs sich der an Paulus gerichteten Anfrage durch die korinthische Gemeinde verdankt und das Wort auch für Nichtjuden durchaus verständlich ist.

einandersetzung zwischen einer halachisch-jüdisch orientierten Richtung und einer von Nichtjuden bestimmten Gruppierung in der römischen Gemeinde geht, liegt nach allem, was Paulus über die „Schwachen" zu berichten weiß, auf der Hand.

V

Ergebnis: Der Abschnitt Röm 15,7–13 bildet im heute vorliegenden Textgefüge des Römerbriefs keinen Fremdkörper. Er ist aber auch kein bloßer „Anhang oder Nachtrag",[96] im dem Paulus nur noch auf das Gotteslob der „Heiden" rekurriert, um „im Zusammenhang der Frage von „Starken" und „Schwachen" die Zugehörigkeit der „Heiden" zu sichern und deren mögliche Ausgrenzung abzuwehren.".[97] Im Gegenteil. Mit dem, was Paulus in Röm 15,7–12 über das Verhältnis von Juden und „Heiden" im Horizont des endzeitlichen Gotteslobs entfaltet, kommen die vorhergehenden Erörterungen (Röm 14,1–15,6) über das Verhältnis der „Starken" zu den „Schwachen" in der Gemeinde zu einem essentiellen Abschluss. In Röm 15,7–12 liefert Paulus mit dem christologisch wie biblisch verankerten Hinweis auf die endzeitliche Gemeinschaft von Juden und „Heiden" die entscheidende Begründung für seine an die „Starken" und „Schwachen" in der römischen Gemeinde gerichtete Aufforderung „einander aufzunehmen". Die Leser bzw. Hörer seines Briefes in Rom wird das kaum überrascht haben. Nicht vorhersehbar könnte für sie höchstens gewesen sein, wie nachdrücklich der Apostel den innergemeindlichen Streit zwischen Christusgläubigen jüdischer und heidnischer Prägung in den weiteren Horizont der heilsgeschichtlichen Beziehungen von Juden und „Heiden" gestellt hat. Aber nach dem in Röm 9–11 von ihm Gesagten kommt auch dies nicht gänzlich unvorbereitet. Die Front verläuft hier wie dort ähnlich. In beiden Fällen geht es um die Beziehungen der vornehmlich heidenchristlich geprägten Christusgläubigen in der römischen Gemeinde zu Juden und Judentum, in Röm 9–11 um das grundsätzliche Verhältnis zu den Juden und den ihnen gegebenen Heilszusagen, in Röm 15,7–12 um das praktische Verhalten gegenüber den Christusgläubigen in der Gemeinde, die an jüdischer Lebensweise festhalten. In Röm 9–11 erinnert Paulus an die Treue Gottes gegenüber Israel, die auch im Unglauben fest bleibt, und an das Erbarmen Gottes, das Gläubigen wie Ungläubigen gemeinsam gilt. Er warnt damit die an Christus Glaubenden davor, hochmütig auf die ungläubigen Juden herabzusehen. In Röm 15,7–13 verweist Paulus auf die unter dem Vorzeichen der Treue und des Erbarmens Gottes stehende Gemeinsamkeit von Juden und Heiden im endzeitli-

---

[96] Siehe oben Anm. 6.
[97] KOCH, Schrift, 283.

chen Lob Gottes. Er mahnt damit die Christusgläubigen aus Juden und Heiden sich gegenseitig zu achten und aufzunehmen.

Mit Röm 15,7–12 schließt Paulus aber nicht nur die auf den innergemeindlichen Konflikt zwischen den „Starken" und „Schwachen" gerichtete
Paränese ab, mit diesem Abschnitt kommt Paulus auch zu einem markanten
Abschluss des gesamten an die christusgläubige Gemeinde in Rom gerichteten Briefes. An dessen Ende wie an dessen Anfang bringt er das Thema
des Verhältnisses von Juden und Heiden, Israel und den Weltvölkern in
gleicher Weise christologisch verankert und biblisch begründet zur Sprache
und lässt damit deutlich erkennen, dass es sich für ihn – sowohl im Blick
auf die römische Gemeinde wie auch im Blick auf das von ihm verkündete
Evangelium des Christus Jesus – um ein zentrales, wenn nicht gar das zentrale Thema dieses Briefes handelt.

Gerd Theißen

Gesetz und Ich

Beobachtungen zur persönlichen Dimension des Römerbriefs

Der Römerbrief ist das sachlichste Schreiben des Paulus und zugleich sein persönlichster Brief. Die erste Feststellung wird überall Zustimmung finden, die zweite nicht. Sie steht zudem mit der ersten in Spannung. Dennoch soll im Folgenden gezeigt werden, dass Paulus im Römerbrief in einzigartiger Weise seine Person eingebracht hat. Der Römerbrief ist kein Traktat, sondern ein Brief. Er ist *Selbst*vorstellung des Paulus gegenüber einer ihm unbekannten Gemeinde,[1] *Selbst*verteidigung gegen Vorwürfe (Röm 3,8), *Selbst*darstellung in einem theologischen Testament.[2] Paulus befürchtet, in Jerusalem ums Leben zu kommen und weiß: Der Römerbrief könnte sein letztes Wort sein.[3] Vor allem ist das Thema, mit dem Paulus sich vorstellt, etwas Persönliches: die Rechtfertigung durch Glauben, durch den alle Menschen unabhängig vom Gesetz gleichgestellt sind. Mit ihr bearbeitet er die entscheidende Erfahrung seines Lebens: seine Wende vom fundamentalistischen Juden, der sich vom Heidentum abgrenzte, zum christlichen Missionar, der Heiden gewan, ohne von ihnen die Erfüllung aller rituellen Gesetzesforderungen zu verlangen – im Bewusstsein, dass alle Menschen vor Gott gleich sind, weil sie die ethischen Forderungen des Gesetzes nicht erfüllen können. Der Römerbrief wurde so zum persönlichsten Schreiben des Paulus. Aber Paulus hat sein persönliches Geschick ins Allgemeingültige erhoben. Es ist oft nur indirekt in diesem Brief zu finden.

---

[1] Paulus weiß vergleichsweise wenig über die Gemeinde in Rom. Sein Brief ist daher weniger von deren Problemen beherrscht. Deswegen benutzt Paulus vielleicht häufiger als sonst das Mittel der fingierten Einwände im Diatribe-Stil. Er stellt sich selbst die Fragen, die ihm in anderen Briefen seine Adressaten gestellt haben. Gerade in solchen Briefen könnte die Person des Briefschreibers stärker zur Geltung kommen als in anderen.

[2] Vgl. G. BORNKAMM, Der Römerbrief als Testament des Paulus, in: ders., Geschichte und Glaube II, BEvTh 53, München 1971, 120–139, und die Weiterführung dieses Ansatzes bei A. REICHERT, Der Römerbrief als Gratwanderung. Eine Untersuchung zur Abfassungsproblematik, FRLANT 194, Göttingen 2001.

[3] Er schreibt ihn nicht nur für die römische Gemeinde, sondern wahrscheinlich auch für andere von ihm gegründete Missionsgemeinden. Vgl. Ch. HARTWIG/G. THEISSEN, Die korinthische Gemeinde als Nebenadressat des Römerbriefs. Eigentextreferenzen des Paulus und kommunikativer Kontext des längsten Paulusbriefes, NT 46 (2004) 229–252.

Zwei Phänomene geben den Blick auf Persönliches frei: Ich-Aussagen und Rollenbilder. Paulus wird durch ein *explizites* „Ich" (oder ein „Wir") hin und wieder sichtbar. Er tritt in diesem Ich immer klarer hervor, bis er mit einem Bekenntnis zu seiner Todesangst am Ende in unverwechselbarer Weise persönlich wird (Röm 15,31). Der Brief ist von jemandem geschrieben, der um sein Leben kämpft.[4] Man kann ihn als schrittweise Selbstenthüllung des Paulus lesen. In der grundlegenden Darstellung der Wende vom Unheil zum Heil (Röm 1,16–5,21) finden sich nur wenige selbstreferenzielle Aussagen – vor allem in Röm 3,8, wo Paulus Kritik an seiner Botschaft direkt zitiert. In der darauf folgenden Darstellung einer existenziellen Wandlung (Röm 6–8) wird der sachliche Gedankengang für die Person des Paulus transparenter, wenn in 7,7ff ein „Ich" als Repräsentant jedes Menschen spricht.[5] Aber erst im Israelteil tritt Paulus eindeutig mit seinem individuellen Ich hervor. Er erhebt als Repräsentant des ungläubigen und gläubigen Israels seine Stimme (Röm 9–11). Während im paränetischen Teil (Röm 12,1–15,13) sein Ich gattungsbedingt zurücktritt, ist der Höhepunkt seiner Selbstenthüllung der Briefschluss: Paulus thematisiert sein Selbstverständnis (sein Amt) und seine Reisepläne und bekennt sich offen dazu, dass er den Brief in Angst um sein Leben geschrieben hat. Er muss befürchten, dass ihm seine Gegner im Judentum in Jerusalem nach dem Leben trachten (Röm 15,14–33). Zu diesen direkten Ich-Aussagen kommen weitere indirekte Selbstzeugnisse: Paulus stilisiert sein Leben im Lichte vorgegebener *Rollen* der religiösen Tradition.[6] Sie enthalten in verdeckter Form Persönliches. In Röm 7,7ff übernimmt Paulus die Rolle Adams,[7] in Röm 4,1ff die Rolle Abrahams, in 10,1ff die des Mose und in 11,1ff die des Elia. All diese Aussagen sind nicht direkte Wiedergabe persönlichen Erlebens, sondern deren Verarbeitung. Aber ein Leben vollzieht sich nicht unabhängig von den Deutungen, die ihm Sinn und Verständlichkeit verleihen. Es vollzieht sich in diesen Deutungen. Und was gibt es Persönlicheres als die Verarbeitung eigener Erfahrungen?

Wir gehen im Folgenden den Römerbrief durch, um den persönlichen Hintergrund der Gesetzesproblematik in ihm zu erhellen. Dadurch können wir vielleicht das alte Interpretationsproblem des Ich in Röm 7 neu beleuchten. Das Ich von Röm 7 wird meist isoliert betrachtet. Es ist aber im Zusammenhang mit allen Stellen zu sehen, in denen sich ein „Ich" meldet – unabhängig davon, ob es ein individuelles, typisches oder fiktives Ich ist.

---

[4] Ich verdanke die Anregung, den Römerbrief als Brief eines Menschen zu lesen, der sich um sein Leben fürchtet, einem Gespräch mit David Trobisch im Jahre 1996.

[5] Der klassische Vertreter dieser Position ist W.G. KÜMMEL, Römer 7 und das Bild des Menschen im Neuen Testament, TB 53, München 1974.

[6] H. SUNDÉN, Die Religion und die Rollen. Eine psychologische Untersuchung der Frömmigkeit, Berlin 1966.

[7] H. LICHTENBERGER, Das Ich Adams und das Ich der Menschheit. Studien zum Menschenbild in Römer 7, WUNT 164, Tübingen 2004.

1 Präskript und Proömium: Röm 1,1–15

Paulus fängt sein Präskript mit einer Selbstvorstellung an, die weit über das Übliche hinausgeht. Er erscheint als eine Autoritätsperson, die vom Weltherrscher mit der Missionierung aller Völker beauftragt ist. Seine Selbstvorstellung erinnert entfernt an Edikte von Politikern, in denen diese noch weit mehr Titel anhäuften als Paulus in seiner Selbstvorstellung: „Paulus, ein Knecht Christi Jesu, berufen zum Apostel, ausgesondert zu predigen das Evangelium Gottes ...“ (1,1). Vor allem aber beschreibt Paulus nun ausführlich den Grund und Inhalt seines Amtes: Gnade und Apostolat hat Paulus vom Auferstandenen empfangen. Sein Mandatsgebiet ist die ganze Welt. Was dem Briefanfang einen unverwechselbar persönlichen Klang gibt, ist der dann folgende Wechsel in der Selbstdarstellung zwischen Präskript (1,1–7) und Proömium (1,8–15): Paulus verwandelt sich vom Apostel, der die ganze Welt seiner Botschaft unterwerfen soll, zum bittenden Briefschreiber, der sich entschuldigt, weil er es bisher nicht geschafft hat, die römische Gemeinde zu besuchen (1,13). Er sucht nicht Unterwerfung, sondern Trost. Er bestimmt nicht, was Glauben ist, sondern sucht den gemeinsamen Glauben (1,12). Durch die konventionellen Formeln des Briefeingangs schlägt das sensible Verhältnis des Paulus zur römischen Gemeinde durch. Paulus konnte nicht sicher sein, dass die Gemeinde seinen Besuch nicht als Belastung und Gefährdung erlebte!

2 Der grundlegende Teil des Römerbriefs: Röm 1,16–5,21

Der erste Teil des Römerbriefs (1,16–5,21) ist von der sachlichen Thematik der Rechtfertigungslehre bestimmt. Paulus tritt dabei nur an wenigen Stellen persönlich hervor (1,16; 2,16; 3,8). Aber er leitet die Themenangabe in 1,16 mit den Worten ein: „*Ich* schäme mich des Evangeliums nicht ...“.[8] Damit signalisiert er eine große Ich-Beteiligung bei allem, was er sagt. Er lässt schon hier eine apologetische Situation erkennen: Man betont nur dann, dass man sich des Evangeliums nicht schämen muss, wenn es bei einigen als Schande galt, die keine Ehre bringt. Damit dachte Paulus an die Botschaft vom Gekreuzigten. Sie war in der Welt eine Torheit.[9] Aber er

---

[8] „Sich-schämen“ ist allgemeine urchristliche Bekenntnissprache (Mk 8,38; 2Tim 1,8). Das schließt eine Ich-Beteiligung des Paulus nicht aus. Unmittelbar vorher wird sie direkt zum Ausdruck gebracht, wenn Paulus betont, ihm liege alles daran, „auch euch in Rom das Evangelium zu predigen (εὐαγγελίσασθαι)“ (Röm 1,15). Das wird in 1,16 durch das Substantiv εὐαγγέλιον aufgegriffen.

[9] Paulus hatte noch in Röm 1,14 betont, er sei Schuldner von „Weisen und Nichtweisen“. Da er das in Korinth schreibt, wird er gewiss daran denken, dass die Kreuzespredigt für die Weisheit der Welt eine Torheit ist, wie er in 1Kor 1,18ff gezeigt hat. Vgl. HARTWIG/THEISSEN, Nebenadressat, 235.

könnte auch konkrete Vorwürfe gegen seine gesetzeskritische Evangeliums-
predigt im Auge haben. In Röm 2,16 greift er noch einmal auf diese Einleitung zurück, wenn er von Gottes Gericht „nach *meinem* Evangelium"
spricht. Man sollte das nicht als Glosse ausscheiden.[10] Der Satz erinnert in
einer scharfen Gerichtspredigt an die vorweggeschickte Verheißung, dass
das von Paulus gepredigte Evangelium Rettung für alle Glaubenden bedeutet (Röm 1,16f) und nicht Verurteilung. Sie sagt dem Leser zugleich: Paulus
entfaltet in diesem Brief seine ganz persönliche Botschaft.

a) Explizite selbstreferenzielle Aussagen im ersten Teil: Röm 3,1–8

Paulus wird nur an einer Stelle direkt persönlich: In Röm 3,1–8 nimmt er
die Gliederung des Römerbriefs vorweg. Er wirft dabei zwei Fragen auf: (1)
Ist Gott untreu gegenüber seinem Volk? (2) Soll man das Böse tun, damit
das Gute herauskomme? Es sind die beiden sachlich zusammenhängenden
Vorwürfe der Untreue gegen Israel und gegenüber dem Gesetz, die er in
umgekehrter Reihenfolge in Röm 6–8 und 9–11 behandelt.

Bei der ersten Frage deutet Paulus mit keinem Wort an, andere hätten
ihm vorgeworfen, er sei gegenüber Israel untreu. Er stellt sich selbst diese
Frage. Dennoch dürfte sie auch Echo von Kritik an ihm sein. Er beantwortet
sie zunächst mit der allgemeinen Aussage: „Gott ist wahrhaftig und *alle*
Menschen sind Lügner" (Röm 3,4). Dann wiederholt er sie als Ich-Aussage:
„Wenn aber die Wahrheit Gottes durch *meine* Lüge herrlicher wird zu seiner Ehre, warum sollte *ich* dann (mit betontem ἐγώ) noch als ein Sünder
gerichtet werden?" (3,7). Natürlich sagt Paulus nicht, er persönlich sei verlogen, sondern: Jeder Mensch ist durch Untreue gegenüber Gott ein Lügner.
Das veranschaulicht er durch ein „typisches" Ich, das alle Menschen einschließt, aber zugleich ihn selbst meint. Eine Antwort gibt er erst in Röm 9–
11. Dort bringt er sich an entscheidender Stelle selbst als Beispiel für die
Treue Gottes ein. In 11,1 ruft er aus: „Hat denn Gott sein Volk verstoßen?
Das sei ferne! Denn *ich* (wieder mit betontem ἐγώ) bin auch ein Israelit,
vom Geschlecht Abrahams, aus dem Stamm Benjamin." Hier ist Paulus
kein negatives Beispiel dafür, dass alle Menschen verlogen und untreu sind,
sondern positives Beispiel dafür, dass Gott treu geblieben ist. Er, der von
einem Feind Gottes zu dessen Missionar wurde, ist ein überzeugendes Beispiel für die Treue Gottes gegenüber Israel.

Den zweiten Vorwurf mangelnder Treue gegenüber dem Gesetz zitiert er
anders als den ersten Vorwurf explizit als gegen sich gerichtete Kritik: „Ist
es etwa so, wie wir verlästert werden und einige behaupten, dass wir sagen:
Lasst uns Böses tun, damit Gutes daraus komme? Deren Verdammnis ist

---

[10] So u.a. R. BULTMANN, Glossen im Römerbrief (1947), in: ders., Exegetica. Aufsätze zur Erforschung des Neuen Testaments, Tübingen 1967, 278–284: 282f.

gerecht." (Röm 3,8). Vielleicht spricht er im Wir-Stil, weil der Vorwurf gegen die von ihm vertretene Heidenmission auch andere trifft. Seine Verteidigung fällt scharf aus: Er verdammt seine Kritiker. Stärker kann er seine innere Beteiligung nicht verraten. Es ist Konsens, dass sich Paulus hier nicht nur gegen fiktive Gegner verteidigt.

Unmittelbar danach fasst Paulus in einer Reihe von Schriftzitaten das Resultat seiner Anklagerede zusammen. Als These stellt er Eccl 7,20 voran: „Da ist keiner, der gerecht ist, auch nicht einer". Diese These wird durch ein Psalmzitat belegt: „Da ist keiner, der verständig ist... Da ist keiner, der Gutes tut, auch nicht einer" (Ps 14,1–3). Weitere Zitate konkretisieren, dass alle Menschen mit Rachen, Zunge, Lippen, Mund und Füßen sündigen. Paulus hat vielleicht eine traditionelle Sammlung von Zitaten wiedergegeben, die nicht ad hoc zusammengestellt wurde.[11] Dennoch ist die Konzentration auf Wortsünden auffällig – zumal wenn man sie mit dem Lasterkatalog in Röm 1,29–31 vergleicht, wo unter 21 aufgezählten Lastern nur drei Wortsünden sind. Paulus hat wahrscheinlich an seine Verleumder gedacht, wenn er schrieb: „Ihr Rachen ist ein offenes Grab; mit ihren Zungen betrügen sie, Otterngift ist unter ihren Lippen; ihr Mund ist voll Fluch und Bitterkeit" (Röm 3,13f). Auch der Leser kann das erahnen, aber er kann nicht wissen, dass sich Paulus durch solche Verleumdung auf Leben und Tod bedroht fühlt. Denn von der Todesgefahr, auf die Paulus zugeht, erfährt er erst am Ende des Römerbriefs (Röm 15,30–32). Erst rückblickend kann der Leser in die Anklage: „Ihre Füße eilen Blut zu vergießen; auf ihren Wegen ist lauter Schaden und Jammer und den Weg des Friedens kennen sie nicht" (Röm 3,15–17), die Gegner des Paulus einbeziehen, die durch Verleumdung sein Leben bedrohen. Gemeint sind aber alle Menschen ohne Ausnahme.

Den Vorwurf der Untreue gegenüber dem Gesetz behandelt Paulus im zweiten Teil des Römerbriefs (Röm 6–8). Röm 3,1–8 bereitet den Leser darauf vor, diesen zweiten Teil als Selbstverteidigung des Paulus zu lesen.[12] Wenn bei der Widerlegung des ganz persönlich gegen ihn gerichteten libertinistischen Vorwurfs von 3,8 ein „Ich" begegnet, müssen wir es auch auf Paulus persönlich beziehen. Genau das ist in Röm 7 der Fall. Dabei gilt na-

---

[11] Ps^LXX 5,10; 10,7; 35,2; 139,4; Prov 1,16; Jes 59,7f. Eine entsprechende Folge alttestamentlicher Belegstellen findet sich auch bei Justin, Dial 27,3, sie dürfte aber von Röm 3,10–20 abhängig sein. Vgl. D.A. KOCH, Die Schrift als Zeuge des Evangeliums. Untersuchungen zur Verwendung und zum Verständnis der Schrift bei Paulus, BHTh 69, Tübingen 1986, 179–184: 182.

[12] Anders S.K. STOWERS, Romans 7.7–25 as a Speech-in-Character (προσωποποιία), in: T. Engberg-Pedersen (Hg.), Paul in his Hellenistic Context, Minneapolis 1995, 180–202: 192: „If one asks whether Paul gives his readers any clues at all elsewhere in the letter that this (sc. 7.7–25) might be his autobiography, the answer is clearly ‚no'." Das ist nicht richtig. Paulus kündigt nachdrücklich an, dass er sich gegen einen persönlich gegen ihn gerichteten Vorwurf verteidigen will. Stowers hat insofern Recht, als diese Verteidigung keine „Autobiographie" ist, also keine Erzählung des eigenen Lebens, aber sie ist eine Apologie mit persönlichen Zügen.

türlich: Eine Apologie ist keine wahrheitsgetreue Beschreibung des eigenen Lebens. Jede Verteidigung gegen persönliche Angriffe ist hochgradig stilisiert.

b) *Implizite selbstreferenzielle Aussagen in den Bildern von Gericht und Freispruch im ersten Teil: Röm 1,16–5,21*

Im ersten Teil finden wir insgesamt wenige Bezüge zum Leben des Paulus. Er schildert in ihm eine allgemeine Wende vom Unheil zum Heil, jedoch tut er es im Lichte seiner Erfahrung. Seine Vorstellungen von Gericht und Freispruch könnten dadurch persönlich gefärbt sein.

Das drohende Verdammungsgericht ist für Paulus ein Ausdruck des *Zornes Gottes*. Dieser Zorn, den Paulus über alle Menschen beschwört, ist auch ein Ausdruck der kulturell erlernten Aggressivität des fundamentalistischen Juden Paulus gegen Sünder und Feinde Gottes. Wenn der Zorn Gottes stellvertretend den Gekreuzigten trifft, so auch deshalb, weil die Aggressivität des Paulus einmal stellvertretend den Gekreuzigten und seine Anhänger getroffen hat, als er die Christen ablehnte und bekämpfte. Wahrscheinlich hat Paulus selbst in seiner Vergangenheit Christus als Verfluchten bekämpft und aufgrund der Damaskusvision diesen Fluch in ein „Verfluchtsein" Christi zum Heil für andere umgedeutet.[13]

Nirgendwo vorher hat Paulus so beeindruckend das Heil als Freispruch im Gericht verkündigt wie im Römerbrief: „Für die, die in Christus sind, gibt es keine Verurteilung" (kein κατάκριμα) (Röm 8,1). Durch Christus wurde das Verdammungsurteil in Freispruch verwandelt. Im Galaterbrief hatte er die Rechtfertigungslehre ohne solch eine forensische Bildlichkeit entfaltet. Nirgendwo wird dort eine Gerichtsszene imaginativ entfaltet, so dass wir uns Gott als Richter vorstellen können. Fragt man nach einem biographischen Hintergrund für die Intensivierung der forensischen Bilder im Römerbrief, so liegt es nahe, an den Freispruch des Paulus in Ephesus zu denken: Paulus hatte dort wahrscheinlich vor Gericht gestanden und fest mit seinem Todesurteil (ἀπόκριμα τοῦ θανάτου) gerechnet (2Kor 1,9). Seinen Freispruch nennt er eine Gnadengabe (χάρισμα) (2Kor 1,11). Wenn er in Röm 5,12ff in der Adam-Christus-Typologie von der Überwindung des Todesurteils (des κατάκριμα) über alle Menschen (5,16.18) durch das χάρισμα (5,15.16) spricht, so färbt er allgemeine Aussagen vielleicht nach seinem persönlichen Erleben. In der Adam-Christus-Typologie könnte in-

---

[13] So eine verbreitete These vgl. z.B. J.B. LIGHTFOOT, The Epistle of S. Paul to the Galatians, Grand Rapids ²1957, 153. Vgl. u.a. Ch. DIETZFELBINGER, Die Berufung des Paulus als Ursprung seiner Theologie, WMANT 58, Neukirchen-Vluyn 1985, 36f. Vgl. dagegen Ch.M. TUCKETT, Deuteronomy 21,23 and Paul's Conversion, in: A. Vanhoye (Hg.), L'Apôtre Paul. Personnalité, Style et Conception du Ministère, BEThL 73, Leuven 1986, 345–350.

sofern ein persönlicher Zug verborgen sein. Das gilt freilich in weit größerem Maße für die Abrahamtypologie.

c) *Implizite persönliche Züge in der Abrahamtypologie: Röm 4,1–25*

Die zentrale Aussage zu Abraham ist: „Abraham glaubte Gott, und das wurde ihm zur Gerechtigkeit angerechnet" (Gen 15,6). Sie ist wahrscheinlich schon dem vorchristlichen Paulus wichtig gewesen.[14] Abrahams Tat, die ihm als Treue und Glauben angerechnet wurde, war vor allem die Bereitschaft, seinen Sohn zu opfern. Diese Bereitschaft, Menschen (einschließlich der Verwandten) um der guten Sache Gottes willen zu opfern, war Ausdruck eines „Zelos"- Ideals. Der Eifer für das Gesetz schließt ein Vorgehen gegen Verwandte und Volksgenossen ein. Es gibt drei Belege im Judentum dafür, dass sich die Wendung von einer „Anrechnung zur Gerechtigkeit" auf solch einen fundamentalistischen Eifer beziehen konnte.[15]

1) In seiner Abschiedsrede stellt der sterbende Mattathias seinen Söhnen u.a. Abraham, Pinehas und Elia als Beispiel vor Augen, damit sie für das Gesetz eifern (1Makk 2,50–58): „Jetzt, Kinder, eifert für das Gesetz ...! Wurde Abraham nicht in der Versuchung als treu befunden, und *wurde es ihm nicht zur Gerechtigkeit angerechnet?* ... Pinehas, unser Vater, empfing für sein Eifern die Zusicherung ewigen Priestertums ... Elia wurde wegen seines Eiferns für das Gesetz in den Himmel emporgehoben." Die Bereitschaft Abrahams, seinen Sohn dahinzugeben, wird neben die Tat des Pinehas gestellt, der gesetzesuntreue Israeliten tötete.

2) Die Formel von der Anrechnung der Gerechtigkeit wurde auch auf Pinehas übertragen: „Nun trat Pinehas auf und hielt Gericht; da ward der Plage gewehrt. *Das wurde ihm zur Gerechtigkeit angerechnet* von Geschlecht zu Geschlecht auf ewige Zeiten" (Ps 106,30f; Zürcher Übersetzung). Pinehas ist nach Num 25 das Urbild des Eiferers.

3) Im Jubiläenbuch 30,17f wird die Bluttat an den Sichemiten mit derselben Formel bewertet: Simeon und Levi töten die Sichemiten, nachdem diese ihre Schwester geraubt hatten. Mose sagt über sie: *„und es wurde ihnen zur Gerechtigkeit aufgeschrieben."* Aufgrund dieser Tat wurden die Nachkommen Levis zu Priestern und Leviten erwählt: „Denn er eiferte, Gerechtigkeit zu tun und Gericht und Rache an allen, die sich erheben gegen Israel" (Jub 30,18).

---

[14] Vgl. K. HAACKER, Die Berufung des Verfolgers und die Rechtfertigung des Gottlosen. Erwägungen zum Zusammenhang zwischen Biographie und Theologie des Apostels Paulus, ThBeitr 6 (1975) 1–19.

[15] Vgl. ferner die Wendung in 4QMMT = 4Q398 Frg. 14 Kol. 2,7f: „damit es dir zur Gerechtigkeit angerechnet wird, weil du das Rechte vor Ihm tust und das Gute zu deinem Besten und für Israel." (J. MAIER, Die Qumran-Essener. Die Texte vom Toten Meer II, UTB 1863, München 1995, 376). Sie meint hier eine strenge, rituell im Sinne des Schreibers korrekte Gesetzespraxis, aber keinen Eifer um das Gesetz.

Auch Paulus war vor seiner Bekehrung vom Ideal des Eifers (ζῆλος) durchdrungen: Er hatte gehofft, durch Repressionen gegen eine abweichende Minderheit in Israel, Gerechtigkeit zu erlangen. Wahrscheinlich hatte er das Beispiel des Pinehas und des Elia vor Augen – und das Opfer Abrahams: Die Bindung Isaaks signalisiert die Bereitschaft, Nahestehende zu opfern. Da sich Paulus zu einem Zelos-Ideal bekannt hatte (Phil 3,5f; Gal 1,13f; vgl. Apg 22,3f), könnte er gehofft haben, durch eifernde Taten vor Gott gerecht zu werden. Seit seiner Bekehrung las er Gen 15,6 dagegen in neuem Licht: Er verstand die Stelle jetzt so, dass Abraham sein Glaube an die Verheißung des Lebens zur Gerechtigkeit angerechnet wurde. Gegen den Strom der jüdischen (und urchristlichen) Überlieferung löst er daher den Glauben Abrahams von seiner Bereitschaft, seinen Sohn zu töten. Er bezieht ihn allein auf die todüberwindende Macht Gottes. Er bezieht ihn auf die Hoffnung auf das Leben des Sohnes.[16]

Abgesehen von der kleinen Textpassage in Röm 3,1–8 tritt im ersten Teil des Römerbriefs das persönliche Ich des Paulus stark zurück. Das wird anders, wenn wir uns dem nächsten Teil zuwenden:

3 Die Verwandlung des Menschen nach Röm 6–8

Im zweiten Teil (Röm 6–8) antwortet Paulus auf den Vorwurf, den er in Röm 3,8 vorläufig zurückgewiesen hatte. Er führt ihn noch einmal in dialogischen Einwänden ein: „Was sollen wir nun sagen? Sollen wir denn in der Sünde beharren, damit die Gnade um so mächtiger werde? Das sei ferne!" (Röm 6,1f). Er wiederholt ihn dann noch zwei Mal (in 6,15 und 7,7). Das zeigt, wie tief er ihn getroffen hat. Wo er ihn zurückweist, verteidigt er sich auch persönlich – u.a. mit einer These, die inhaltlich wie eine Umkehrung des Vorwurfs klingt. Der Vorwurf lautete: „Lasst uns Böses (κακά) tun, damit Gutes (ἀγαθά) daraus komme" (Röm 3,8). Er könnte ein Echo in der „Unfreiheitsformel"[17] in Röm 7 haben: „Denn das Gute (ἀγαθόν), das ich

---

[16] Noch in einer zweiten Hinsicht könnte die Abrahamrolle einen persönlichen Zug enthalten: Eine Feststellung zu Abraham lautet: „Er hat Ruhm, aber nicht bei Gott." Er wird nicht aufgrund von Werken und Verdienst, sondern von Gnade gerechtfertigt. Das Stichwort „Ruhm" hatte schon in den Korintherbriefen eine Rolle gespielt: Paulus weigert sich im 2Kor, sich nach den Maßstäben der Korinther zu „rühmen". Nur in Torheit will er es tun. Wenn er in Röm 4,2 feststellt: „Er hat Ruhm, aber nicht bei Gott", klingt diese persönliche Problematik nach. Schon vorher hatte er in 1Kor 9 klargestellt, dass er für seine Tätigkeit als Apostel keinen „Lohn" erwartet, obwohl er ihn eigentlich verdient hätte. In Abraham, der ohne Ruhm und ohne Lohn ist, rechtfertigt er auch sich selbst. Aber das geschieht in einer indirekten Weise. Vgl. F.M. YOUNG, Understanding Romans in the Light of 2 Corinthians, SJTh 43 (1990) 433–446.

[17] Es handelt sich um eine „Unfreiheitsformel", weil Freiheit in der Antike als „tun können, was man will" definiert wird, Unfreiheit dagegen als „nicht tun können, was man will." Vgl. z.B. Dio Chrysostomus, Or 14,3: Freiheit ist: „von niemand abhängig sein, sondern einfach tun, was einem gefällt."

will, das tue ich nicht; sondern das Böse (κακόν), das ich nicht will, das tue ich" (7,19). Paulus könnte in 7,14ff auf eine verzerrte Darstellung seiner Gedanken über den Zusammenhang von Sünde und Gesetz reagieren. Seine These war: Das Gesetz verleitet zum Bösen. Das Gesetz aber war für viele Inbegriff des Guten. Also vertrat Paulus in den Augen anderer die sophistische These, man solle Böses tun (= das Gesetz nicht beachten), damit das Gute herauskomme. Vielleicht dachten sie sogar konkret an seine Ansichten über die rituellen Identitätsmerkmale des Judentums. Beschneidung und Speisegebote gehörten für Juden und Judenchristen zum „Guten". Gegen sie zu verstoßen war „böse". Paulus lehrte in ihren Augen das Böse (den Verzicht auf die Beschneidung von Kindern), um etwas Gutes (die Universalität des Heils) zu erreichen. Paulus stellt dagegen in Röm 7,14ff klar: Es ist nicht sein Programm, Böses zu tun, um das Gute zu bewirken. Vielmehr gibt es einen faktischen Zusammenhang, dass der, der das Gute will, das Böse bewirkt, obwohl er es verabscheut und hasst. Davon ist er durch Christus befreit worden. Wir können jedoch für die weitere Argumentation offen lassen, ob Paulus wirklich mit der Unfreiheitsformel auf den Vorwurf in Röm 3,8 reagiert. Entscheidend ist: Er verteidigt sich seit Röm 6,1ff gegen Vorwürfe, die ihm nicht nur fiktiv, sondern wirklich gemacht worden sind. Röm 7,7ff ist der Höhepunkt dieser Verteidigung. Das hier sprechende „Ich" schließt auch Paulus selbst ein.[18]

Spricht gegen diese Deutung von Röm 7,7ff aber nicht der dialogische Charakter des Textes? Wir hören in ihm mehrere Stimmen. Wir wissen daher nicht, welche die Stimme des Paulus ist. Oder müssen wir alle Stimmen als fiktive Stimmen betrachten, wie sie die antike Rhetorik kannte? Der Ankläger vor Gericht lässt in einer fiktiven Rede die Opfer des Angeklagten sprechen; das macht mehr Eindruck als die direkte Schilderung seiner Untaten. Paulus lässt im Ölbaumgleichnis die Zweige (Röm 11,19), im Leib-Christi-Bild die Glieder (1Kor 12,15ff) reden; das ist beeindruckender als eine direkte Aussage. Könnte er nicht auch in Röm 7,7ff ein fingiertes Ich reden lassen? Um diese Frage beantworten zu können, müssen wir uns die Struktur der Textabschnitte genauer anschauen, in denen Paulus den gegen ihn erhobenen Libertinismusvorwurf beantwortet. Sie haben jeweils vier Teile: (1) Frage, (2) These, (3) Zurückweisung und (4) Begründung.

Die einleitende Frage in Röm 6,1f ist: (1) „Was sollen wir nun sagen?" Darauf folgt (2) die These in Form einer rhetorischen Frage: „Sollen wir denn in der Sünde beharren, damit die Gnade um so mächtiger werde?" (3) Daran schließt eine Zurückweisung an: „Das sei ferne!" Die Antwort wird (4) in Wir-Aussagen entfaltet, bei denen sich Paulus einschließt: „Wir" (=

---

[18] Dieser Aufsatz will das Problem des Ichs in Röm 7 nicht in allen seinen Facetten diskutieren. Dazu habe ich schon in: G. THEISSEN, Psychologische Aspekte paulinischer Theologie, FRLANT 131, Göttingen ²1993, 181–268, ausführlich Stellung genommen. Vgl. jetzt die ausgezeichnete Arbeit von LICHTENBERGER, Das Ich Adams, 109–202.

alle Christen) sind der Sünde durch die Taufe abgestorben. Paulus rekurriert zur Begründung dieser Todesdeutung der Taufe auf ein schon vorhandenes (oder von ihm unterstelltes) Wissen um die Bedeutung der Taufe: „*Oder wisst ihr nicht*, dass alle, die wir auf Christus Jesus getauft sind, die sind in seinen Tod getauft?" (6,3). Dieser Gedanke wird zunächst in der 1. Person Plural formuliert und dann in direkter Anrede in der 2. Person Plural in 6,11–14 auf die Angeredeten angewandt.

Innerhalb dieser „Applikation" wiederholt Paulus den libertinistischen Vorwurf von Röm 6,1. Wieder finden wir die typischen vier Glieder: Röm 6,15 beginnt (1) mit der Frage: „Wie nun?" Paulus wiederholt (2) seine These als rhetorische Frage: „Sollen wir sündigen, weil wir nicht unter dem Gesetz, sondern unter der Gnade sind?" (3) Diese These wird mit der Formel: „Das sei ferne!" zurückgewiesen. Und wieder rekurriert er (4) zur Begründung auf ein allgemeines Wissen der Adressaten: „*Wisst ihr nicht*: wem ihr euch zu Knechten macht, um ihm zu gehorchen, dessen Knechte seid ihr ...?" Das ist ein allgemeines Wissen wie im Jesuswort der Bergpredigt: Man kann nicht zwei Herren zugleich dienen (vgl. Mt 6,24).

Den libertinistischen Vorwurf greift er noch ein drittes Mal auf. Und jetzt kommt es zu einer interessanten Variation des bisherigen Schemas. Wieder setzt er in Röm 7,7 mit (1) der Frage ein: „Was sollen wir denn nun sagen?" Wieder folgt (2) die These in Form einer rhetorischen Frage: „Ist das Gesetz Sünde?" Wieder bedient sich (3) die Ablehnung der Formel: „Das sei ferne!" Danach aber gibt es bei der Begründung (4) zwei Unterschiede zu den vorhergehenden Abschnitten. Zum einen rekurriert Paulus nicht mit einem „Wisst ihr nicht" auf ein schon vorhandenes Wissen; zum anderen geht Paulus an dieser Stelle vom Wir zum Ich über (Röm 7,6–25). Das ist ohne Analogie in den vorhergehenden Passagen. In lebendiger Weise schildert Paulus den Zwiespalt eines „Ichs" unter dem Gesetz. Das alles ist rhetorisch stilisiert und gewiss kein individueller Leidens- oder Bekehrungsbericht, und doch drängt sich die Vermutung auf, hier werde etwas vom Leben des Paulus sichtbar. Vorherrschend ist zwar die Annahme, Paulus lasse ein künstlich konstruiertes Ich einen allgemeinen Gedanken über das Gesetz formulieren. Warum aber tut er es im Ich-Stil? Warum nicht wie bisher durch ein inkludierendes „Wir" oder ein appellierendes „Ihr"? Warum greift er nicht auf schon bekanntes Wissen zurück? Die einfachste Antwort ist: Paulus bringt hier einen neuen Gedanken, der einem weit verbreiteten Konsens bei Heiden und Juden in der Antike widerspricht. Überall galt die Orientierung am Gesetz als Weg zum wahren Leben, mochte man unter „Gesetz" und „wahrem Leben" auch sehr Verschiedenes verstehen. Der neue Gedanke ist: Das Gesetz ist kein Weg zur Überwindung der Sünde, sondern macht sie nur noch schlimmer. Nun könnte Paulus natürlich diesen neuen Gedanken auch einführen, ohne ihn auf sein Leben zu beziehen. Dieser Gedanke könnte nicht seinem Leben, sondern allein seinem Denken entstammen. Aber ebenso plausibel ist, dass Paulus ein emphatisches „Ich" anstelle des allgemeinen „Wir" oder „Ihr" benutzt, weil er persönliche Erfahrungen verarbeitet. Da sich Paulus in 3,8 vehement gegen einen libertinistischen Vorwurf wehren muss, wird er sich auch mit dem identifizieren, was er in Röm 6–7 gegen diesen libertinistischen Vorwurf vorbringt – also mit allem, was das „Ich" in Röm 7,7ff zur Widerlegung der rhetorischen Frage sagt.

Wir müssen weiter fragen: Wer hat Paulus diesen libertinistischen Vorwurf gemacht? An wen denkt er? Auch wenn man bei den dialogischen Elementen im Diatribe-Stil nicht immer an einen konkreten Fragesteller denken darf, müssen wir hier nach solchen Fragestellern suchen. Denn Paulus bezieht sich in Röm 3,8 nicht auf fiktive, sondern auf reale Gegner. Ganz gewiss denkt er *auch* an seine Gegner in Palästina. Die Apostelgeschichte lokalisiert vergleichbare Vorwürfe in Jerusalem: Eiferer unter den Judenchristen empören sich darüber, „dass du alle Juden, die unter den Heiden wohnen, den Abfall von Mose lehrst und sagst, sie sollen ihre Kinder nicht beschneiden und auch nicht nach den Ordnungen leben?" (Apg 21,21). Wahrscheinlich kursierten derartige Vorwürfe auch anderswo. Für uns ist entscheidend: Wenn Paulus sich gegen den libertinistischen Vorwurf wehrt und dabei in Röm 3,8 seinen Verleumdern mit ewiger Strafe droht („Deren Verdammnis ist gerecht."), dann handelt es sich für ihn nicht nur um eine akademische Diskussion.

Nun tritt am Anfang von Röm 8 der Stimme des klagenden Ichs von Röm 7 eine andere dialogische Stimme gegenüber. Die Klage gipfelt in dem Ausruf: „Ich elender Mensch! Wer wird mich erlösen von diesem todverfallenen Leibe?" (Röm 7,24). Ihr antwortet die andere Stimme mit: „Dank sei Gott durch Jesus Christus, unsern Herrn! So diene ich nun mit dem Gemüt dem Gesetz Gottes, aber mit dem Fleisch dem Gesetz der Sünde" (7,25). Das könnte dasselbe Ich sein, das inzwischen erlöst worden ist. Aber dieses Ich wird noch einmal durch eine zweite Person in Röm 8,1f angesprochen: „So gibt es nun keine Verdammnis für die, die in Christus Jesus sind. Denn das Gesetz des Geistes, der lebendig macht in Christus Jesus, hat *dich*[19] frei gemacht von dem Gesetz der Sünde und des Todes." Man kann fragen, ob Paulus selbst die Stimme dieses Zuspruchs verkörpert. Dann könnte das vorher klagende Ich nicht seine Stimme sein. Oder ob die klagende Stimme des „elenden Menschen" die des Paulus ist und der Zuspruch die von außen kommende Stimme Gottes. Am wahrscheinlichsten ist eine dritte Möglichkeit: Paulus ist in beiden Stimmen anwesend. Der Dialog ist ein Dialog in Paulus selbst. Solch eine Differenzierung von Prozessen im menschlichen Inneren in verschiedene Rollen ist kein moderner Anachronismus. Paulus kannte einen inneren Dialog. In Röm 2,15 spricht er

---

[19] So mit den besten Handschriften: Sinaiticus, Vaticanus u.a.

vom Gewissen als Zeugen in uns und von sich gegenseitig anklagenden und entschuldigenden Gedanken. Dieser innere Dialog begegnet in Röm 7 nicht als Anklage und Verteidigung, sondern als Klage und Freispruch.

Der zweite Hauptteil des Römerbriefs endet in einem Hymnus auf die Liebe Gottes: Paulus sieht vor sich das Gericht Gottes. Aber keiner ist da, der anklagt. Keiner ist da, der verurteilt. In Kontrast dazu stehen Entbehrungen und Verfolgungen der Christen auf Erden. Paulus zählt sie in einem Peristasenkatalog auf, mit dem er sonst die eigenen Verfolgungen beschrieben hat.[20] Meint er auch hier seine eigene Situation? Dann würde das einzige AT-Zitat in Röm 6–8 verständlicher, das von einer Todesgefahr spricht. „Um deinetwillen werden wir getötet den ganzen Tag; wir sind geachtet wie Schlachtschafe" (Röm 8,36 = Ps^{LXX} 43,23). Paulus könnte an die römische Gemeinde denken – und müsste fast präkognitive Fähigkeiten besessen haben, da er die Verfolgung durch Nero vorherzusehen scheint! Oder denkt er an sich? Paulus wird am Ende des Briefes dem Leser offenbaren, dass er Angst um sein Leben hat. Wahrscheinlich setzt er sich schon an dieser Stelle mit dieser Angst auseinander. Im Peristasenkatalog steht ihm seine exponierte apostolische Existenz vor Augen. Vor Gottes Gericht weiß er sich zwar gerechtfertigt. Aber er weiß auch, dass er vor einem menschlichen Forum gefährdet ist. Unmittelbar im Anschluss an diese Zeilen wird er am Anfang des Israelteils (Röm 9,1ff) mit dem irrealen Gedanken spielen, dass er durch Übernahme des Fluchs sein Leben für Israel dahingeben könnte. Real aber ist die ihn erwartende Situation: Wenn er nach Jerusalem reist, riskiert er in der Tat sein Leben.

Halten wir zu Röm 7 fest: Von der Form des Textes her gibt es keine Einwände dagegen, das Ich als ein typisches Ich zu betrachten. Logisch gesehen gilt eindeutig: Paulus schließt sich selbst mit ein. Psychologisch ge-

---

[20] Ein Vergleich von Röm 8,35 mit 2Kor 12,10 und 11,26f zeigt, dass von sieben Gliedern des allgemeinen Peristasenkatalogs in Röm 8,35 fünf (kursiv gedruckte) in den vorhergehenden persönlichen Katalogen enthalten sind:

2Kor 12,10	2Kor 11,26f	Röm 8,35
Darum bin ich guten Mutes in Schwachheit,	Ich bin in *Gefahr* gewesen durch Flüsse,	Wer will uns scheiden von der Liebe Christi?
in Misshandlungen,	in Gefahr unter Räubern,	Trübsal
in Nöten,	in Gefahr unter Juden,	oder *Angst*
in *Verfolgungen*	in Gefahr unter Heiden,	oder *Verfolgung*
und *Ängsten*,	in Gefahr in Städten,	oder *Hunger*
um Christi willen;	in Gefahr in Wüsten,	oder *Blöße*
denn wenn ich schwach bin,	in Gefahr auf dem Meer,	oder *Gefahr*
so bin ich stark.	in Gefahr unter falschen Brüdern;	oder Schwert?
	in Mühe und Arbeit,	
	in viel Wachen.	
	in *Hunger* und Durst,	
	in viel Fasten,	
	in Frost und *Blöße*;	

sehen gilt darüber hinaus: Diese Ich-Aussagen sind von seinen eigenen Erfahrungen geprägt. Dieses Ich antwortet engagiert auf persönliche Vorwürfe, die man ihm gemacht hat. Es identifiziert sich mit den Gegenargu-
menten, mit denen es sich verteidigt. Bei dem Ich von Röm 7 soll der Leser
auch an Paulus denken. Dass dieses Ich als ein innerer Dialog mit mehreren
Stimmen im Text erscheint, ist kein Einwand, denn Paulus betrachtet den
Menschen generell als einen inneren Dialog (Röm 2,15). Wir schauen in
Röm 7 in den inneren Dialog des Paulus mit sich selbst – nicht direkt, sondern so, wie Paulus ihn zum Zweck seiner Selbstvorstellung und Selbstverteidigung stilisiert hat. Bei dieser Verteidigung formuliert er im Ich-Stil einen allgemeinen Gedanken. Dieses Ich ist repräsentativ für jeden Menschen. Es ist ein sehr persönliches, gefährdetes und klagendes Ich. Paulus
lässt durchblicken, dass er den Römerbrief in Angst um sein Leben schreibt.
Er ist auf dem Weg nach Jerusalem. Im nächsten Teil wendet er sich in besonderer Weise Israel zu.

4 Der Israelteil: Röm 9–11

Paulus enthüllt noch mehr von sich als bisher bei der Zurückweisung des
antijudaistischen Vorwurfs, er leugne die besondere Rolle Israels und stelle
Gott als Lügner dar. Drei Mal bringt er seine eigene Person ins Spiel – jeweils am Anfang eines Gedankengangs in Röm 9,1ff; 10,1f; 11,1ff. Dabei
setzt er sich in 9,1 geschickt mit nachdrücklichen Beteuerungen in Szene:
„Ich sage die Wahrheit in Christus und lüge nicht, wie mir mein Gewissen
bezeugt im heiligen Geist ...". Der Rekurs auf den Vorwurf von Röm 3,1ff,
Paulus sei ein Lügner, denn er stelle Gott als Lügner hin, ist unüberhörbar.
Trotz solcher rhetorischen Stilisierung kommt niemand auf den Gedanken,
diesem „Ich" eine Beziehung zu Paulus abzusprechen. Das gilt auch für die
anderen persönlichen Einleitungen in Röm 9–11. Sie folgen einer gewissen
sachlichen Ordnung.[21]
    In Röm 9,1ff äußert er den irrealen Gebetswunsch, anstelle Israels den
Fluch Gottes zu tragen. Paulus denkt vielleicht an das Modell des Mose.
Mose hatte sein Leben als stellvertretende Sühne für den Abfall des Volkes
angeboten (Ex 32,32). Gott hatte sein Opfer abgelehnt. Möglicherweise hat
er aber auch Christus vor Augen, der den Fluch für alle trug (Gal 3,13) und
den niemand im Geiste mit einem „Anathema Jesus" verfluchen kann (1Kor
12,3). Beide Modelle sind irreal. Paulus kann Christus nicht ersetzen. Und
in der Rolle des Mose muss er damit rechnen, dass sein Opfer abgelehnt
wird. In jedem Fall spricht Paulus hier als christlicher Missionar, der im

---

[21] Vgl. G. THEISSEN, Röm 9–11 – Auseinandersetzung des Paulus mit Israel und mit sich
selbst. Versuch einer psychologischen Auslegung, in: I. Dunderberg u.a. (Hg.), Fair Play. Diversity and Conflicts in Early Christianity (FS H. Räisänen), NT.S 103, Leiden 2002, 311–341.

Kontrast zu seinen jüdischen Landsleuten steht, von denen er durch seinen Glauben getrennt ist. Paulus steht hier seinem Volk gegenüber.

In Röm 10,1–2 erscheint dagegen Paulus als Fürbitter für Israel. Er steht jetzt nur noch den Uneinsichtigen in seinem Volk gegenüber. Die in Röm 9,6ff dargestellte Spaltung Israels ist vorausgesetzt. Im Hintergrund dürfte wieder das Modell des fürbittenden Mose stehen. Von Mose ist in 10,5ff sogar direkt die Rede. Israel ist nicht verloren, sonst wäre jede Fürbitte sinnlos.

Der Höhepunkt dieser Identifizierung mit Israel ist Röm 11,1ff. Paulus betont, dass er ein Israelit ist, und bringt sich selbst als entscheidendes Argument dafür ein, dass Gott sein Volk nicht verstoßen hat. Weil er nicht verworfen wurde, kann auch Israel nicht verstoßen sein! Dabei schließt Paulus nicht nur aufgrund formaler Logik: (1) Paulus ist Israelit. (2) Paulus ist erwählt. (3) Also ist zumindest ein Israelit erwählt – und Israel kann als Ganzes nicht verworfen sein. Vielmehr gewinnt er aus seiner Biographie ein inhaltliches Argument: Er war ein Gegner der Christen und wurde erwählt. Daher haben die ungläubigen Juden genauso wie Paulus eine Chance, zum Heil zu gelangen – trotz ihrer Feindschaft gegen die Christen. Jetzt identifiziert sich Paulus direkt mit Israel. Wieder wählt er ein Modell: Elia. Zwischen Elia und Paulus gibt es drei Vergleichspunkte:[22]

1) Elia ist in Todesgefahr. Er klagt in 1Kön 19,10: „Denn Israel hat deine Altäre zerstört und deine Propheten mit dem Schwert getötet." Paulus stellt die beiden Klagen um, so dass er mit der für seine Situation entscheidenden Klage einsetzt: „Sie haben deine Propheten getötet" (Röm 11,3). Paulus denkt dabei an seine Situation. Paulus erlebt sich als genauso bedroht wie Elia.

2) Elia ist allein übrig geblieben. Weil Paulus von vornherein Elia im Blick hat, beruft er sich nur auf seine eigene Person (und nicht auf alle Judenchristen), um die These von der Verstoßung Israels in Röm 11,1 zurückzuweisen. Denn Elia glaubte, „allein" übrig geblieben zu sein. Außerdem bietet nur die Person des Paulus durch ihre unerwartete Bekehrung ein Modell für die noch ungläubigen Juden.

---

[22] W. SCHMITHALS, Der Römerbrief. Ein Kommentar, Gütersloh 1988, 388, bestreitet eine Typologie Elia – Paulus. Aber sie ist in vielen Einzelheiten erkennbar: Den 7000 Bekennern des Elia entspricht der „Rest" aus Judenchristen (Röm 11,5), dem Eintreten des Elia gegen Israel das Zeugnis des Paulus für Israel (10,1f), dem „Gottesspruch" an Elia das „Mysterion" des Paulus (11,25), der Verfolgung des Elia das „Eifersüchtigmachen", das in 10,19 noch eine negative Färbung hat. Erwägenswert ist die Annahme, dass Elia schon für den vorchristlichen Eiferer Paulus ein Vorbild war (so K. HAACKER, Der Brief des Paulus an die Römer, ThHK 6, Leipzig 1999, 222 Anm. 23). Relevant ist auf jeden Fall, dass Paulus in Röm 11,3 den Anfang der Klage Elias aus 1Kön 19,10 nicht übernimmt. Paulus versteht sich nicht mehr als ein Eiferer im Sinne des Elia. Nicht alle potenziellen Züge einer Eliatyplogie werden ausgewertet. Der Abfall der Israeliten zu Baal hat im Verhalten der ungläubigen Juden keine direkte Parallele, es sei denn man führt ihre Verblendung auf den „Gott dieser Welt" zurück (vgl. 2Kor 4,4). Baal wäre dann als Satan verstanden.

3) Elia empfängt aufgrund seines Gebetes eine Offenbarung über 7000 treue Gläubige: Auch Paulus hat zu Gott gefleht und geklagt (vgl. Röm 10,1f). Wie Elia ist er durch eine Offenbarung getröstet worden, nämlich durch die Offenbarung des „Geheimnisses" über die Rettung von ganz Israel (Röm 11,25ff).

Aus der „Biographie" des Paulus werden verschiedene Ausschnitte sichtbar: In Röm 9,1ff identifiziert er sich mit Israel aufgrund von Geburt und Herkunft. In Röm 10,1ff (bzw. ab 9,30ff) identifiziert er sich mit seinen Stammverwandten aufgrund ihres Unglaubens: Juden und Paulus haben beide Anstoß an Christus genommen. Dabei kommt seine Zeit als aktiver Eiferer in den Blick.[23] In Röm 11,1ff aber wird seine Erwählung und Errettung Beleg für die endzeitliche Errettung ganz Israels. Wie Paulus durch eine unmittelbare Begegnung mit dem erhöhten Christus gerettet wurde, so wird einst auch Israel durch eine unmittelbare Begegnung mit dem zur Parusie kommenden Christus gerettet.[24] Dieser biographische Hintergrund ist in Röm 9–11 so deutlich, dass alle Aussagen über Israel auch als Aussagen über Paulus gelesen werden können. Das hat weitreichende Konsequenzen: Alle Aussagen über die Spaltung Israels sind u.E. indirekt auch Aussagen über eine Spaltung in Paulus, dem Repräsentanten Israels. Alle Aussagen über den Unglauben und Glauben Israels, sind auch Aussagen über Paulus, der vom ungläubigen Israeliten zum Christen konvertierte. Und *last not least*: Alle Aussagen über die Rettung Israels sind auch Aussagen über die Rettung des Paulus.

5 Der paränetische Teil und der abschließende Briefrahmen: Röm 12–16

Die Paränese des Römerbriefs enthält nur wenige persönliche Reminiszenzen. Die tolerante Lösung für das Verhältnis von Starken und Schwachen steht in Kontrast zum Eifer des Paulus als jüdischer Fundamentalist, der Abweichungen in Gesetzesfragen nicht tolerieren konnte. Insofern kann man hier einen persönlichen Zug entdecken. Aber in der Paränese treten alle persönlichen Züge schon von der Gattung her zurück. Das wird anders im abschließenden Briefteil – einem Teil, der schon von der Gattung her Beziehungsfragen thematisiert. Ein Brief ist wie ein Besuch. Er beginnt mit

---

[23] Was Paulus hier über das Judentum insgesamt sagt, ist natürlich eine Aussage über „sein" Judentum. Das Ideal des Eifers war im Judentum zwar weit verbreitet, aber Philo und Josephus vertreten es z.B. nicht. Was Paulus über das Judentum sagt, ist eine unzutreffende Generalisierung, aber keine Verzerrung: Für einen Teil des Judentums ist es zutreffend, dass Juden „in der Meinung, durch Werke zum Ziel zu gelangen", das Gesetz praktizierten.

[24] So O. HOFIUS, Das Evangelium und Israel. Erwägungen zu Römer 9–11, in: ders., Paulusstudien, WUNT 51, Tübingen ² 1994, 175–202, 198: *„Israel kommt auf die gleiche Weise zum Glauben wie Paulus selbst! ... Paulus sieht und weiß sich als den Prototyp des dem Evangelium gegenüber verschlossenen und des von dem erwählenden Gott preisgegebenen Israel!"*

der Begrüßung und endet mit der Verabschiedung. Dabei geht der Blick in die Zukunft. Am Schluss des Römerbriefs setzt Paulus deswegen erneut mit einem „individuellen" Ich ein (vgl. das αὐτὸς ἐγώ in Röm 15,14 wie in 9,3). Noch einmal werden seine Person und seine Sendung zum Thema.

Paulus beginnt sehr bescheiden mit der *captatio benevolentiae*, eigentlich könnten die Römer sich alle Ermahnungen selbst geben. Aber dann fährt er fort: „Ich habe es aber dennoch gewagt und euch manches geschrieben, um euch zu erinnern kraft der Gnade (χάρις), die mir von Gott gegeben ist" (Röm 15,15). Seine Gnade bestehe darin, dass er „ein Diener Christi Jesu unter den Heiden sei, um das Evangelium Gottes priesterlich auszurichten, damit die Heiden ein Opfer werden, das Gott wohlgefällig ist, geheiligt durch den heiligen Geist" (15,16). Paulus träumt davon, Heiden als Opfer zum Tempel zu bringen. Er hofft auf eine Öffnung des Tempels auch für Heiden. Bisher war es ihnen bei Todesstrafe verboten, den inneren Tempelbezirk zu betreten.[25] Aber schon in Röm 11,25 hatte Paulus in dunklen Worten davon gesprochen, dass einmal die „Fülle der Heiden eingehen" (wörtl.) werde. Daher fragt man sich: Wohin sollen sie hineingehen? Vielleicht meinte er konkret: Sie werden in den Tempel Gottes hineingehen, der ihnen jetzt verwehrt ist. Er war ja nicht der einzige im Urchristentum, der darauf wartete. Mk 11,17 formuliert mit Worten aus Jes 56,7 die Hoffnung, der Tempel möge eine „Gebetsstätte" für Heiden werden!

Paulus spricht in Röm 15,14ff von der Größe seiner Aufgabe und von seiner Angst vor der Reise nach Jerusalem. Er bittet die römische Gemeinde um Fürbitte für ihn, damit er „errettet werde von den Ungläubigen in Judäa" (Röm 15,31). Gerade der Grund seines Selbstverständnisses, dass er die Aufgabe hat, als Priester die Heiden in den Tempel zu bringen, wurde ihm zum Verhängnis. Ihm wurde unterstellt, er habe einen Heiden in den Tempel gebracht und damit das Tempelgesetz übertreten (Apg 21,27–36). Das erregte Unruhe, Paulus wurde von den Römern inhaftiert und durch jüdische Attentäter bedroht. Er musste dazu nicht einmal verleumderisch denunziert werden. Man konnte im Römerbrief nachlesen, dass es wirklich sein Traum war, Heiden in den Tempel zu bringen. Zumindest konnte man ihn so verstehen. Paulus weiß: Damit bringt er sich in Gefahr. Seine allerpersönlichste Aussage steht im Schlussteil. Er bekennt, dass er Angst um sein Leben hat. Die Formulierung lässt an den Anfang des Briefes zurückdenken: Paulus erneuert die Ankündigung seines Kommens. Er bittet die römische Gemeinde um Fürbitte, „damit ich mit Freuden zu euch komme nach Gottes Willen und mich mit euch erquicke (συναναπαύσωμαι)" (Röm 15,32). Das erinnert an die Ankündigung seines Besuchs in Röm 1,12 zu dem Zweck, „zusammen mit euch getröstet zu werden (συμπαρακληθῆναι)".

---

[25] Vgl. die Warnschriften, die allen Nichtjuden das Betreten des inneren Tempels bei Todesstrafe untersagten: OGIS 598; Josephus, Ant 15,417; Bell 5,194; 6,124–126. Vgl. Philo, LegGai 212; Apg 21,27ff.

In 2Kor 1,3–11 hatte Paulus vom Trost gesprochen, der in der Rettung aus Todesgefahr lag – in fünf Versen (1,3–7) begegnen allein zehn Wörter vom Stamm παρακαλεῖν. Wenn man diese Briefstelle im Kopf hat und so vom Ende des Römerbriefs auf dessen Anfang zurückblickt, wird man den antizipierten Trost des Paulus in Rom als Antizipation einer überstandenen schweren Krise deuten. Paulus sehnt sich danach, in Rom anzukommen. Er weiß, dann hat er die Lebensgefahr in Jerusalem hinter sich und kann sich zusammen mit der römischen Gemeinde freuen und trösten.

Wenn man den Römerbrief auf persönliche Aussagen hin durchgeht, kann man ihn als schrittweise Selbstenthüllung des Paulus verstehen. Er geht von allgemeinen Gedanken aus und nähert sich einer sehr persönlichen Selbstaussage am Ende des Briefes. In diesen Prozess ist auch das umstrittene Ich von Röm 7 einzuordnen. Dieses Ich leidet unter der tötenden Macht des Gesetzes. Es wird von ihm gespalten und zerrissen. Es wird von ihm zu Leidenschaften stimuliert. Es wird von ihm betrogen. Darin sind persönliche Erfahrungen des Paulus verarbeitet. Paulus wurde durch das Gesetz in seiner vorchristlichen Zeit zu aggressivem Vorgehen gegen die Christen verleitet. Er erlebt jetzt am eigenen Leib, wie er selbst durch fundamentalistischen Gesetzeseifer bedroht ist. Seine eigene Todesgefahr steht ihm vor Augen, wenn er von der tötenden Macht des Gesetzes spricht. Sein Wissen um sein eigenes Judentum sagt ihm, dass die vom Gesetz motivierten Menschen in guter Absicht für das Gesetz eifern. Sie werden vom Gebot getäuscht, suchen das Leben, aber bewirken den Tod. Er weiß aus eigener Erfahrung, dass solche Menschen fähig sind, gegen andere Menschen mit Gewalt vorzugehen. Er weiß etwas von den aggressiven Leidenschaften, die das Gesetz stimuliert. Aber all das wird auf eine allgemein menschliche Ebene gehoben.[26] Das Ich in Röm 7 steht repräsentativ für alle Menschen, so wie das Ich in Röm 9–11 transparent für ganz Israel wird. Alles, was Paulus im Römerbrief sagt, hat Resonanz in seinem Leben. Daher ist dieser sachlichste aller Briefe des Paulus zugleich sein persönlichster. Er enthält keine Lebensbeschreibung des Paulus, aber er enthält die Gedanken des Paulus, in denen er seine Lebenserfahrung verarbeitet hat. Er will eine allgemeine Wahrheit zum Ausdruck bringen. Es ist eine existenzielle Wahr-

---

[26] Der Unterschied zu traditionellen biographischen Deutungen von Röm 7 sei zusammenfassend betont: Paulus berichtet nicht über sein Leben, sondern verarbeitet es. Wir finden hier nicht Erfahrungen, sondern eine Konstruktion von Erfahrungen. Für Berichte von Bekehrten ist es charakteristisch, dass sie ihr Leben nach den Werten der Gemeinschaft konstruieren, der sie sich angeschlossen haben. Paulus stützt sich dabei nicht nur auf Erfahrungen, die er mit sich gemacht hat, sondern auch auf Erfahrungen, die er mit seinen Gegnern macht. Auch sie sind „Konstrukte". Wir sehen unsere Gegner immer im Lichte unserer Werte. Entscheidend aber ist: Paulus will solche Erfahrungen allgemein gültig zum Ausdruck bringen. Intentional formuliert er Sätze über jeden Menschen. Deswegen übernimmt das „Ich" von Röm 7 die Rolle Adams. Auch Konstrukte über unser Leben, das Leben anderer und das Leben überhaupt gehören zum psychischen Leben dessen, der sie konstruiert, und sind etwas sehr Persönliches.

heit. Paulus hat in ihr seine Lebensproblematik in etwas Allgemeingültiges verwandelt.

Hartwig Thyen

Das Mysterium Israel (Röm 11,25–32)

Der Exegese von Röm 11,25–32 schicke ich eine Besinnung über das Mysterium Israel voraus. Sie soll den hermeneutischen Horizont markieren, unter dem dann der Paulustext zur Sprache kommen wird. Was hier über Juden und Heiden gesagt wird, ist nicht das methodisch gesicherte Ergebnis fach-exegetischer Schreibtischarbeit, sondern Folge und Ertrag eines seit zwanzig Jahren währenden lebendigen Austauschs mit Juden und Christen, mit Kollegen und Studenten in Heidelberg. Daraus ergaben sich immer wieder Anregungen zu vielfältiger Lektüre. Viel verdanke ich den einschlägigen Arbeiten von F.-W. Marquardt,[1] K. Stendahl,[2] dem gemeinsamen Weg mit Frank Crüsemann,[3] Lothar Steiger,[4] Rolf Rendtorff und insbesondere dem Glücksfall, daß mir in dieser Sache der Schüler Ekkehard Stegemann[5] zum Freund und Lehrer geworden ist. Da sie noch nicht gedruckt vorliegt, kann ich zur Predigtvorbereitung leider nicht auf seine Heidelberger Habilitationsschrift verweisen.

I

Am 10. Sonntag nach Trinitatis gedenkt die Kirche seit alters der Zerstörung Jerusalems und des Tempels im August des Jahres 70 durch die römischen Legionen unter dem nachmaligen Kaiser Titus. Das Sonntagsevangelium (Lk 9,41–48) zeigt mit Jesu Weinen über Jerusalem, daß solches Gedenken christlich allein in solidarischer Trauer mit dem geschlagenen Volk geschehen kann. Doch dieser Stimmung gegenüber mischen sich in die agendarischen Formulare und zumal in die Predigten zum zehnten Trinita-

---

[1] F.-W. MARQUARDT, Die Juden im Römerbrief, ThSt 107, Zürich 1971.

[2] K. STENDAHL, Der Jude Paulus und wir Heiden. Anfragen an das abendländische Christentum, KT 36, München 1978.

[3] F. CRÜSEMANN, Die Tora. Theologie und Sozialgeschichte des alttestamentlichen Gesetzes, München ²1997.

[4] L. STEIGER, Schutzrede für Israel: Röm 9–11, in: Th. Sundermeier (Hg.), Fides pro mundi vita. Missionstheologie heute (FS H.-W. Gensichen), MWF 14, Gütersloh 1980, 44–58.

[5] E. STEGEMANN, Der eine Gott und die eine Menschheit – Israels Erwählung und die Erlösung von Juden und Heiden nach dem Römerbrief, HabSchr. Heidelberg 1981.

tissonntag oft schmerzende Mißtöne. Noch die Lutherische Agende führt in das Sonntagsproprium so ein: Die Kirche „gedenkt des Gerichts, das über die Gemeinde des alten Bundes, das jüdische Volk gekommen ist ... Das Lied der Woche (sc. EG 145) mahnt das eigene Volk, nicht durch Verachtung der Wohltaten Gottes das gleiche Gericht auf sich herab zu beschwören ...“[6].

Angesichts des faktischen Unverhältnisses der Heidenkirche – vom „eigenen Volk“ ganz *zu* schweigen! – zum jüdischen Volk zumal in Deutschland nach Auschwitz ist hier fast jedes Wort, namentlich die Rede von „Gericht“ und „altem Bund“, sowie die hemmungslose Parallelisierung des jüdischen mit dem „eigenen Volk“ zutiefst problematisch. Mögen Israels Weise und Propheten – und Jesus gehört zu ihnen! – die Katastrophen seiner Geschichte auch als Gottes Gericht und als Ruf zur Umkehr deuten, so steht doch uns, den seiner allein lebensspendenden Wurzel aufgepfropften „wilden Zweigen“ aus den Heiden (Röm 11,17ff), solches Urteil niemals zu. Da gibt es über dem Splitter im Auge Israels weiß Gott genug Balken im eigenen, um deren Entfernung wir uns bemühen sollten. Denn „nicht über das, was mit Israel los ist in bezug auf Gott, sondern was mit uns von Gott. her los ist in bezug auf Israel, kann theologisch allein geurteilt werden“[7]. All zu leicht suggeriert die Rede vom „alten Bund“, daß er womöglich von einem „neuen“ überholt und außer Kraft gesetzt und daß darum nicht mehr Israel, sondern die Christenheit das „erwählte Volk“ sein könnte. Derartigen falschen Alternativen und schon zur Zeit des Paulus in Rom virulenten, ganz und gar unchristlichen und eitlen Gedanken entschlossen entgegenzutreten und so den Anfängen zu wehren, ist eines der Hauptmotive und wesentlichen Themen des Römerbriefs. Zumal in diesem Sinne ist er das „Testament“ (G. Bornkamm) und Vermächtnis des Juden Paulus an die Heidenkirche, das sie aber – ut exempla docent – beileibe und noch lange nicht wahrgenommen und eingelöst hat. Denn ohne das „zuerst den Juden und dann auch den Heiden“ von Röm 1,16 als das über die Wertigkeit alles anderen bestimmende Vorzeichen vor der Klammer verkommt – wie wiederum die Beispiele zeigen – selbst die eschatologische Rechtfertigungsbotschaft des Paulus zur antijüdischen Ideologie, kann sich „Christentum“ nur noch in Abgrenzung und auf Kosten des „Judentums“ definieren, so daß der Antijudaismus in der Tat zu seiner theologischen „Essenz“ wird. Wo über dem eschatologischen Urteil, daß alle unterschiedslos, Juden wie Heiden, unter der Sünde sind und der Doxa Gottes ermangeln (Röm 3,23), übersehen wird, daß damit gleichwohl der spezifische und ontologische Vorrang der Juden in Zeit und Geschichte und ihre konstitutive Rolle für die Erlösung der Menschheit gerade nicht aufgehoben, sondern vielmehr

---

[6] Lutherische Agende (1955), 160.

[7] F.-W. MARQUARDT, Die Gegenwart des Auferstandenen bei seinem Volk Israel. Ein dogmatisches Experiment, München 1983, 192.

voraus- und neu in Kraft gesetzt sind, da muß die schon von Anfang des Römerbriefes an sorgfältig vorbereitete und in den Kapiteln 9–11 endlich mit allen Mitteln der rhetorischen Kunst ausgeführte „Schutzrede für Israel"[8] zum ungereimten Anhang werden und von einer isolierten und allein am Individuum orientierten „Rechtfertigungslehre" her der sogenannten „Sachkritik" anheimfallen.

Daß die Kirche gegen Marcion und die Gnosis an der Jüdischen Bibel (als an dem Zeugnis der Geschichte Gottes mit seinem erwählten Volk der Juden!) festgehalten und jeglicher Gestalt des Doketismus eine klare Absage erteilt hat, das schließt ein, daß Jesus von seinen jüdischen Vätern und Müttern, aber auch von seinen jüdischen Schwestern und Brüdern bis in unsere Gegenwart hinein nicht getrennt werden kann. Wo Juden leiden und verfolgt werden, da ist der Gekreuzigte unter ihnen, wie Bilder Marc Chagalls eindrucksvoll zeigen.[9]

Darüber hinaus ist zu bedenken, ob nicht die nivellierende Rede von der „*Mensch*werdung Gottes" eine Abstraktion ist und insofern noch einen Ruch von Doketismus enthält. Denn als „aus dem Samen Davids" Geborener (Röm 1,3) ist der Gottessohn sehr viel konkreter *Jude* geworden und gekommen, sein jüdisches Volk zu erlösen, damit der Segen Abrahams so zu den Heiden gelange (Mt 1,21).[10] Paulinisch gesagt heißt das: „Als die Zeit erfüllt war, sandte Gott seinen Sohn, von einer Frau geboren (also Mensch geworden) und unter das Gesetz getan (und damit Jude geworden), damit er die, die unter dem Gesetz sind (nämlich die Juden) erlöse, auf daß wir (nämlich Paulus mit den galatischen und uns deutschen Heiden) die Sohnschaft empfingen" (Gal 4,4f).

Nicht *Israel* ist der „Verführung" erlegen, das „eschatologische Handeln Gottes" mit dem „weltlichen Geschehen" seiner eigenen Geschichte zu identifizieren und das „erwählte Gottesvolk" mit den empirischen Juden, weshalb das Alte Testament und Israels Geschichte notwendig habe scheitern müssen und gerade und nur in diesem „Scheitern" Verheißung wäre.[11] Vielmehr hat *Gott* sich mit diesem empirischen Volk und mit seiner Geschichte identifiziert (ohne freilich mit ihr identisch geworden zu sein). Und wie der Apostel Paulus die Stigmata seines Herrn an seinem Leibe trägt (nämlich die Wunden und Narben, die er als der jüdische Heidenapostel erlitten hat), so trägt Israel die Narben seiner Erwählung durch die Jahrtausende. Und beides gehört nach einer rätselhaften Erwählungslogik unlösbar zusammen. Mit der Berufung und dem Glauben Abrahams beginnt die Ge-

---

[8] STEIGER, Schutzrede.

[9] Vgl. dazu auch J.G. HAMANN, Sämtliche Werke I. Tagebuch eines Christen, Wien 1949, 319; diesen Hinweis verdanke ich MARQUARDT, Gegenwart, 130.

[10] Vgl. ebd. passim.

[11] R. BULTMANN, Weissagung und Erfüllung, in: ders., Glauben und Verstehen II. GAufs., Tübingen [4]1965, 162–186: 184.

schichte der Erlösung der Juden zuerst und auch der Heiden. „Und diese Geschichte ist ein durch und durch kausalgenetisch natürlicher Zusammenhang: Eine Geschichte von Zeugungen, von Vätern, Müttern und Brüdern (Mt 1,1ff). Schon in der auf diese Geschichte zielenden Schöpfung und nicht „erst" in Golgatha hat sich Gott um seiner Erwählten willen seiner Allmacht begeben, ist er vom Leiden affizierbar geworden, ist sein Sein ins Werden geraten.[12] Ob freilich die ‚christliche Bedeutung' des Ausdrucks ‚leidender Gott' wirklich so weit von Jonas' Mythos entfernt ist, wie er selbst glaubt, darüber wäre auf den Bahnen von F.W. Marquardts Überlegungen über die „Gegenwart des Auferstandenen bei seinem Volk Israel" weiter nachzudenken.[13]

Das Israel, von dem Paulus in Röm 9–11 redet und von dem hier zu reden ist, ist keine ideale, sondern eine höchst materielle Größe. Es geht nicht um irgendein ‚wahres', ‚geistliches' oder ‚unsichtbares Israel', sondern um das sichtbare, natürliche und in seiner Fleischlichkeit höchst ambivalente Volk der Juden in Palästina wie überall in der weltweiten Zerstreuung. Es geht um die religiösen wie um die areligiösen, um die toratreuen wie um die toravergessenen, um die orthodoxen wie um die liberalen Juden in aller Welt. Das paulinische „den Juden zuerst und dann auch den Heiden" und die Röm 9,1ff aufgezählten Vorzüge der Juden markieren nicht die zufällige historische Genese des Evangeliums im Palästina der frühen Kaiserzeit und die ‚Evolution' des Christentums aus dem Judentum dank irgendeiner Mutation, sondern das bleibende ontologische Prae der jüdischen Erwählung, das nicht an der jüdischen Religion, sondern an dem jüdischen Menschen haftet. „Majestät, die Juden!", diese karge Antwort des Soldaten auf die Frage seines Königs nach einem Beweis für das Dasein Gottes sagt prägnant, was hier zu sagen ist.

Und das gilt trotz des Neins der Juden zur messianischen Sendung Jesu. Ja, es gilt von ihnen mit diesem ihrem Nein zusammen, das seit der definitiven Trennung von Kirche und Synagoge zu einem Bestandteil ihrer jüdischen Existenz geworden ist. Denn sie sagen – wie mich D. Sölle[14] belehrt hat – ja nicht nein, weil sie etwa zu wenig messianischen Glauben hätten, sondern weil sie dessen so viel haben. Denn wie ihr jüdisches Fleisch und ihre Erwählung zusammengehören, so sind auch der Messias und die messianische Zeit untrennbar. Die Juden lassen sich zu keinerlei Spiritualisierung ihres Messianismus drängen, auch zu keiner Individualisierung der Erlösung. Das ‚Heil' ist vom ‚Wohl' für die ganze Schöpfung nicht zu trennen. Nichts läßt sich da in eine postmortale oder transmundane Welt verta-

---

[12] Vgl. dazu die „jüdische Stimme" von H. JONAS, Der Gottesbegriff nach Auschwitz. Eine jüdische Stimme, st 1516, Frankfurt a. M. [5]1993.

[13] MARQUARDT, Gegenwart, 69ff.

[14] D. SÖLLE, Sympathie. Theologisch-politische Traktate, Stuttgart 1978, 121ff.

gen. Insofern ist uns Christen aus den Heiden ihr Nein ein (vielleicht notwendiger) Stachel im Fleisch, der christologisch reflektiert sein will.[15]

II

Weil der hymnische Lobpreis der ebenso unerforschlichen wie wunderbaren Wege Gottes (Röm 11,33–36) nicht den isolierten Abschnitt (25–32), auch nicht nur die gesamte Komposition der Kapitel 9–11, sondern den ganzen Brief von 1,16 an bis hierher anbetend beschließt, gehört er gewiß nicht unmittelbar zu dem hier auszulegenden Text. Gleichwohl wüßte ich aber keinen angemesseneren Abschluß einer Predigt über Röm 11,25–32 als diesen Hymnus.

„Meine Brüder, ich will euch nicht im Unklaren lassen über dieses Mysterium – damit ihr in dieser Sache nicht auf eure eigene Klugheit setzt: Einem *Teil* Israels ist Verstockung widerfahren, so lange bis die Fülle der Heiden ans Ziel gelangt ist. Doch dann wird *ganz* Israel gerettet werden, wie geschrieben steht: ‚Kommen wird aus Zion der Retter / Wegnehmen wird er alle Gottlosigkeit von Jakob. Ja. dies ist meine Bundeszusage an sie, wenn ich ihre Sünden von ihnen nehme!' Zwar sind sie im Blick auf die Verkündigung des Evangeliums *Feinde* um euretwillen. Im Blick auf ihr Erwähltsein bleiben sie jedoch gleichwohl *Freunde* um der Väter willen. Denn unwiderruflich sind Gottes Gnadengaben und zumal ihre Berufung durch ihn. Wie *ihr* nämlich Gott einst ungehorsam wart, jetzt aber Erbarmen erfahren habt auf Kosten ihres Ungehorsams, so sind auch sie jetzt ungehorsam *zu* Gunsten des euch widerfahrenen Erbarmens, damit auch ihnen jetzt Erbarmung zuteil werde. Denn allein dazu hat Gott alle unter dem Ungehorsam zusammengeschlossen, daß er sich aller erbarme!" (Röm 11,25–32).

Im ersten Satz der Übersetzung habe ich das begründende ‚denn' (γάρ), das unseren Abschnitt mit der vorausgehenden Ölbaummetapher verbindet, weggelassen. Denn ohne daß das zu Begründende genannt würde, kann ein Text nicht gut mit einem ‚denn' beginnen. Gleichwohl muß man aber im Auge behalten, daß im denkwürdigen Bild des *Wiedereingepfropftwerdens der ausgehauenen edlen Zweige* (11,23f) zumindest die *Möglichkeit* der Rettung ‚ganz Israels' bereits ins Auge gefaßt war. Auch der – wie in den Tagen Elias (11,1ff) – übriggebliebene treue ‚Rest' der in der Gegenwart an Jesus Christus glaubenden Juden steht nicht *anstelle* oder gar gegen das übrige Israel, sondern repräsentiert als *pars pro toto* das ganze Volk. Insofern

---

[15] Vgl. F.-W. MARQUARDT, „Feinde um unsretwillen". Das jüdische Nein und die christliche Theologie, in: ders., Verwegenheiten. Theologische Stücke aus Berlin, München 1981, 311–336: 311ff, und DERS., Gegenwart, 113ff.

kann das hier mitgeteilte ‚Geheimnis‘ nicht einfach in der Nachricht bestehen, daß die eben angedeutete Möglichkeit Wirklichkeit und ganz Israel
gerettet werden wird. Es geht – wie das ‚so‘ (οὕτως) in V.26 zeigt – vielmehr um den *Modus* dieser Rettung und um die eigentümliche Modifikation, die das „den Juden zuerst und dann auch den Heiden“ hier erfährt.

Sofern die sich Jesus Christus als dem Erweis der endzeitlichen Gerechtigkeit Gottes „unterordnenden“ Juden (10,3) mit Paulus als ihrem Repräsentanten (11,1) verborgen schon das ganze Volk vertreten, bleibt es bei
dem Primat der jüdischen Erlösung. Doch ehe sie sich vollendet, führt die
‚Verstockung‘ eines ‚Teils‘ von Israel dazu, daß nun zunächst die Heiden
Zugang zu dem ja auch ihnen in Abraham verheißenen Segen gewinnen.
Bis zu dem Zeitpunkt, da die ‚Fülle der Heiden‘ (πλήρωμα) ans Ziel gekommen sein wird, ist die Verstockung Israels terminiert. Dann aber wird auf
eben diese Weise ganz Israel gerettet werden.

Mit dem Stichwort ‚Verstockung‘ wird in V.25 auch der Gedanke von
11,7ff (vgl. 9,18) wieder aufgenommen. In der Ablehnung des Evangeliums
durch einen ‚Teil‘ Israels waltet nicht allein menschlicher ‚Ungehorsam‘,
sondern zugleich die göttliche Absicht der Erlösung *aller*, der Juden wie der
Heiden (11,32). Denn Gott ist das Subjekt der Verstockung. Deshalb gehört
die objektive Verstockung, der Israel mit seinem Nein zum Evangelium
subjektiv entspricht, zum Mysterium seiner und unserer Erlösung. Dieses
Mysterium will dankbar und staunend verehrt sein (11,33). Heiden, die den
‚Glauben‘ Israels an das Evangelium einklagen oder fordern wollten, wären
solche, die sich selbst für klug hielten (V.25). Sie verwechselten das Evangelium als Gottes Tat mit dem vermeintlich seligmachenden Akzeptieren
einer christlichen Weltanschauung.

Darum ist jegliche Gestalt einer heidenchristlichen Judenmission die ei-
genmächtige Verweigerung des gebotenen Respekts vor dem göttlichen
Erlösungsmysterium und der Versuch, die Weisheit Gottes durch die eigene
Klugheit auszustechen. Man könnte – Röm 10,3 auf ein derartiges Unter-
nehmen beziehend – fast sagen: Hier verweigern berufene Heiden die gebotene Unterordnung unter die Gottesgerechtigkeit, um an deren Stelle ihre
eigene aufzurichten. War es für Paulus ein anachronistischer Verrat der
Wahrheit des Evangeliums und die Entleerung des Kreuzes Christi, wenn
jüdische Christen – aus was für Gründen auch immer – den Übertritt der
Heiden zum Judentum (Beschneidung!) zur Bedingung der Möglichkeit von
deren Erlösung erklärten, so ist wegen des unwiderruflichen Vorrangs Israels die umgekehrte Forderung, um der Erlösung teilhaftig zu werden, müsse
der Jude zuvor seine jüdische Existenz verleugnen, natürlich erst recht absurd und ein Greuel. Und man sage nicht: Das verlangt doch keiner! Denn
spätestens seit dem zweiten Jahrhundert bedeutet die christliche Taufe für
den Juden faktisch nichts anderes. Seit der Trennung von Kirche und Synagoge ist die paulinische Paränese, um seiner jüdischen Berufung willen

solle der Jude Jude bleiben (1Kor 7,17ff), in jeder Hinsicht und buchstäb-
lich bodenlos geworden.

Der gesamte Kontext von Röm 9–11 macht eindeutig, daß ‚ganz Israel‘
allein das von seinem an Christus glaubenden ‚Rest‘ unterschiedene jüdische Volk in seiner spezifischen Differenz zu den Heiden sein kann. Darum
sind alle Versuche, in ‚ganz Israel‘ die Vollzahl der Erwählten, nämlich der
Christen aus Juden und Heiden, hineinlesen zu wollen, verfehlt. Die Frage,
ob denn etwa jeder einzelne Jude ‚gerettet‘ werde, steht dabei ebensowenig
zur Debatte wie die nach dem postmortalen Schicksal des einzelnen Christen. Ganz töricht und dem Apostel vorzeitig und unbedacht in die Rede gefallen wäre es auch, gegen diese allein mögliche Deutung von „ganz Israel"
das Jesajazitat von Röm 9,27 ausspielen zu wollen: „Jesaja aber ruft aus
über Israel: Wenn die Zahl der Israeliten wäre wie der Sand am Meer, so
wird doch nur ein Rest gerettet werden, denn, indem er vollendet und
scheidet, wird der Herr sein Wort ausrichten auf Erden" (Jes 10,22f). Denn
mit dem Zitat markiert Paulus ja nur eine notwendige Etappe im Prozeß der
Erlösung, eine Station, die Israel passieren muß. Das letzte Wort Gottes
über sein Volk ist damit keineswegs gesprochen, das wird vielmehr erst als
das Mysterium von Röm 11,25 mitgeteilt.[16] L. Steiger[17] hat auch zu Recht
gegen vielfältigen Mißbrauch darauf hingewiesen, daß sich auf Röm 9
keine Prädestinationslehre bauen lasse, „da die Aussagen in einem Prozeß
stehen, der auf Röm 11,32 zuläuft".

„Und so wird endlich ganz Israel gerettet werden, wie geschrieben steht
…" (26). Das ‚so‘ (οὕτως) nimmt keinesfalls das ‚wie‘ (καθώς) aus der Einführung des folgenden Schriftzitates wieder auf, sondern es bezieht sich
zurück auf die geheimnisvolle Modifikation des Erlösungsweges „zuerst der
Juden und dann auch der Heiden". „So", nämlich auf eben diesem geschichtlichen Weg des Vorsprungs eines „glaubenden Restes" als *pars pro
toto* und des gleichzeitigen Neins des übrigen Israel, das aber erst den Weg
für den „Eingang" der „Fülle der Heiden" eröffnet, wird endlich ganz Israel
gerettet werden.

Der Unterscheidung des *Restes* von *ganz Israel* entsprechend wird auch
die Wendung von der *Fülle der Heiden* zu verstehen sein. Auch die jetzt
schon glaubenden Heiden stünden also als *pars pro toto* jener zukünftigen
Fülle. Der Kontext und zumal V.32 legen nahe, daß Paulus im Gegenüber
zum Volk Israel hier die Vollzahl der Völker im Auge hat.[18] Auch die Rede
von der Vollzahl der Heiden darf also nicht im Sinne einer Prädestinationslehre ausgeschlachtet werden. Angesichts der bedingungslosen und universalen in Christus Jesus endzeitlich in Kraft gesetzten Versöhnungsgnade

---

[16] C.E.B. CRANFIELD, The Epistle to the Romans II, ICC, Edinburgh ⁴1986, 501.
[17] STEIGER, Schutzrede.
[18] R. STUHLMANN, Das eschatologische Maß im Neuen Testament, FRLANT 132, Göttingen
1983, 173ff.

liegt da der Gedanke der Apokatastasis Panton viel näher, freilich nicht als handhabbare Lehre, sondern als Hoffnung für alle Menschen und als Regulativ für den Umgang mit ihnen.[19]

Die bei Paulus in diesem Sinn hier singulär gebrauchte Vokabel „eingehen" (εἰσέρχησθαι in V.25) wurde oben mit „ans Ziel gelangen" übersetzt. Im Corpus Paulinum findet sich das Wort sonst nur noch Röm 5,12, wo aber mit dem κόσμος das Wohin des Eingehens (hier: der Sünde) ausdrücklich genannt wird. Da das Wort im übrigen Neuen Testament jedoch fast ausschließlich und nahezu ‚technisch' das eschatologische ‚Eingehen ins Gottesreich' oder ‚ins Leben' bezeichnet, wird man auch hier an den endzeitlichen Einzug der Heidenvölker ins himmlische Jerusalem zu denken haben, zumal doch wohl die alte Tradition der Völkerwallfahrt zum Zion im Hintergrund steht (vgl. die Kommentare z.St.). Auf diesen Gebrauch von ‚eingehen' im strikt eschatologischen Sinn weisen auch der Term ‚Mysterium' und die durch das Jesajazitat erläuterte *Rettung ganz Israels* im unmittelbaren Kontext hin (s.u.).

Darum ist die Kirche aus Juden und Heiden schwerlich der Ort solchen *Eingehens* und ihre Mission somit nicht dessen Bedingung. Sie ist vielmehr Gottes eschatologischer Brückenkopf in der Zeit, vorläufige Platzhalterin und gewisses ‚Angeld' für die endliche Rettung ganz Israels und aller Völker. Allein diese Rolle der Kirche und nicht der Gedanke einer schließlichen Verkirchlichung der ganzen Welt entspricht auch der paulinischen Missionsstrategie und der aktuellen Absicht des Apostels, sich nun von Rom aus Spanien zuzuwenden, weil er seine Aufgabe in den Ländern des Ostens als abgeschlossen betrachtet (Röm 15,23![20]). Die hier vorgeschlagene Deutung, die Wendung „Fülle der Heiden" nicht auf die Heidenchristen, sondern eschatologisch auf die Heidenvölker insgesamt zu beziehen, wird im übrigen bestätigt durch Röm 11,11f, wo dem gegenwärtigen *Manko* (ἥττημα) Israels seine eschatologische *Fülle* (wie hier πλήρωμα!) entgegengestellt wird, und zumal durch 11,15f, wo die *Annahme* ganz Israels mit der endzeitlichen Totenauferstehung synchronisiert wird.[21]

Wohl gebraucht Paulus in Röm 11,11 das Wort ‚Rettung' (σωτηρία) im Zusammenhang mit dem Glauben von Heiden und spricht 11,13f davon, daß er hoffe, durch seinen Dienst als Heidenapostel „sein Fleisch" (nämlich die Juden) eifersüchtig zu machen, um so womöglich einige von ihnen zu retten" (σωθῆναι). Doch ist dabei im Auge zu behalten, daß für Paulus die definitive „Rettung" – wiewohl in Bekenntnis und Glaube sicher verbürgt

---

[19] H. GOLLWITZER, Außer Christus kein Heil? (Joh 14,6), in: W. Eckert u.a. (Hg.), Antijudaismus im Neuen Testament? Exegetische und systematische Beiträge, ACJD 2, München ²1975, 171–194: 189.

[20] Vgl. Ch. BURCHARD, Jesus für die Welt. Über das Verhältnis von Reich Gottes und Mission, in: Fides pro mundi vita, 13–27.

[21] Vgl. STEGEMANN, Gott.

(Röm 10,9 u.ä.) – als Gottes eschatologische Tat noch aussteht und einstweilen allein im Modus der Hoffnung gegenwärtig ist (Röm 8,24). Deshalb weist auch das „und so wird endlich ganz Israel gerettet werden" auf die eschatologische Rettung und mit dem *Passivum divinum* auf Gott als ihren Autor und nicht etwa – nach Analogie von 11,13f – auf seine Eingliederung in die Kirche. Denn zu deutlich stehen sich hier doch aufgrund ihrer ‚Eifersucht' womöglich durch Paulus ‚zu rettende' *Einzelne* (einige!) und die endzeitliche Rettung des *ganzen Volkes* durch Gott gegenüber. Zudem hat sich ja auch die Hoffnung des Paulus, die Heidenchristen könnten nach Dtn 32,21 (Röm 10,19) Israel zur Eifersucht reizen, leider bis heute nicht erfüllt. Eifersüchtig kann die Juden natürlich nicht machen, was in den Köpfen der Christen vorgeht, nicht deren vermeintlich bessere Dogmatik, sondern allein, was sie am Leibe der Christen wahrnehmen, deren in den Dienst der „besseren Gerechtigkeit" (Mt 5,20) gestellte Glieder und ihr vorbildliches „Halten der Gebote Gottes": ἡ περιτομὴ οὐδέν ἐστιν καὶ ἡ ἀκροβυστία οὐδέν ἐστιν, ἀλλὰ τήρησις ἐντολῶν θεοῦ (1Kor 7,19). Zumal das Ausbleiben dieses einzig möglichen Anlasses zur Eifersucht an uns Christen selber liegt, ist es weit beklagenswerter als die sogenannte *Parusieverzögerung*.

Daß Paulus, der Verkünder der jetzt in Jesus Christus χωρὶς νόμου erschienenen Gottesgerechtigkeit (Röm 3,21ff), derart dezidiert von der Notwendigkeit des Haltens der Gebote Gottes reden und Röm 2,13 gar erklären kann, daß nicht die bloßen *Hörer* der Tora, sondern allein ihre *Täter* – seien sie nun Juden oder Heiden – am bevorstehenden Tag des Zornes und der Offenbarung des gerechten Gerichts Gottes gerechtfertigt werden sollen, wenn Gott einem jeden nach seinen Werken vergelten wird (ὃς ἀποδώσει ἑκάστῳ κατὰ τὰ ἔργα αὐτοῦ: Röm 2,6; vgl. 2,25ff), muß wohl jeden überraschen, der unter Berufung auf Röm 10,4 meint, Christus zum *Ende des Gesetzes* erklären zu können. Daß diese Deutung von Röm 10,4 aber mit Sicherheit nicht die Meinung des Paulus sein kann, habe ich von Christoph Burchard gelernt. Text und Kontext verlangen nämlich, den Satz nicht als eine Aussage über Christus, sondern als eine Bestimmung über die Tora zu begreifen. Schon in Röm 3,21 hatte Paulus Tora und Propheten als *Zeugen* (μαρτυρουμένη) für die in Jesus Christus in die Welt gekommene Gerechtigkeit Gottes aufgeboten. Paulus faßt das in Röm 9 Gesagte so zusammen: „Was sollen wir nun dazu sagen? Nun, daß Heiden, die gar nicht auf der Jagd nach der Gerechtigkeit waren, Gerechtigkeit erlangt haben, nämlich die Gerechtigkeit aus Glauben. Israel dagegen, das doch unter dem Gesetz der Gerechtigkeit angetreten war, ist *zum Gesetz überhaupt nicht vorgedrungen* (εἰς νόμον οὐκ ἔφθασεν). Warum das? Nun, weil sie nicht aus Glauben, sondern in dem Wahn, das Ziel sei aus Werken zu erreichen, nach Gerechtigkeit getrachtet haben. Deshalb sind sie an dem Stein des Anstoßes zu Fall gekommen, wie geschrieben steht: Siehe ich errichte in Zion einen Stein des Anstoßes und einen Fels des Ärgernisses, wer an den glaubt, der wird nicht zuschanden werden (Jes 8,14; 28,16). Meine Brüder, der Wunsch meines Herzens und mein Gebet zu Gott für sie gilt ihrer Rettung. Denn ich bezeuge ihnen, daß sie für Gott eifern, freilich ohne die rechte Erkenntnis. Indem sie die Gerechtigkeit Gottes verkennen, suchen sie ihre eigene Gerechtigkeit aufzurichten. Der Gerechtigkeit Gottes unterwerfen sie sich nicht. Denn das Ziel des Gesetzes (das sie auf ihrem Weg nicht erreichen konnten) ist Christus zur Gerechtigkeit für jeden, der glaubt" (Röm 9,30–10,4).

Das Auffällige an dieser Passage ist die oben kursiv wiedergegebene Wendung, Israel habe sein eigenes Gesetz gar nicht erreicht und deshalb die verheißene Gerechtigkeit verfehlt. Dagegen verlangt Paulus von den glaubenden Christen als solchen, die ihren Wandel nicht mehr nach Maßgabe des Fleisches, sondern nach Maßgabe des Geistes führen, daß sie die Rechtsforderungen des Gesetzes erfüllen (Röm 8,4ff), ist das Gesetz doch, wie Paulus soeben in seiner Apologie des Gesetzes erklärt hatte, heilig und sein Gebot heilig, gerecht und gut. Man muß also wohl nicht allein zwischen Gesetz und Evangelium unterscheiden, sondern auch innerhalb des Gesetzes selber. Denn als Gottes Gnadengabe an sein Volk Israel ist und bleibt das Gesetz in seinem primären Sinn (*usus politicus*) heilig, gerecht und gut und allein seine Täter werden am Ende gerechtgesprochen werden. In seinem theologischen Sinn (*usus theologicus*) dagegen trifft das Gesetz auf eine in der Sünde zusammengeschlossene Menschheit (Röm 11,32), die es um der Gerechtigkeit willen nur verurteilen kann. Allein unter diesem Aspekt will und muß die Unterscheidung von Gesetz und Evangelium getroffen werden.

Neben Röm 10,4 wird von vielen auch Joh 1,17 völlig zu Unrecht für die These aufgeboten, daß Christus das Ende des Gesetzes sei.[22] Es heißt da zur Begründung des unmittelbar vorausgehenden Bekenntnisses der Glaubenden, daß sie aus der Fülle des Fleischgewordenen (neue) Gnade anstelle der alten Gnade empfangen. In dem Satz: ὅτι ἐκ τοῦ πληρώματος αὐτοῦ ἡμεῖς πάντες ἐλάβομεν καὶ χάριν ἀντὶ χάριτος (Joh 1,16) kann dessen abschließende Wendung καὶ χάριν ἀντὶ χάριτος keinesfalls im Sinne von Gnade über Gnade als Steigerung des einfachen χάρις verstanden werden, sondern sie muß zwei voneinander unterschiedene Gnadengaben bezeichnen (Gnade anstelle von Gnade). Das begründet V.17 mit einem synthetisch-klimaktischen Parallelismus: „Denn das Gesetz (als die eine dieser beiden Gnadengaben: ἐδόθη) wurde durch Mose gegeben und die Gnadengabe der Wahrheit ist durch Jesus Christus erschienen". Zumal ihm jegliche adversative Partikel fehlt, darf dieser Satz gegen die Mehrheit seiner Ausleger keinesfalls als antithetischer Parallelismus begriffen werden.[23]

---

[22] So z.B. auch O. BAYER, Theologie, HSTh 1, Gütersloh 1994, 434.
[23] Vgl. dazu ausführlicher in H. THYEN, Das Johannesevangelium, HNT 6, Tübingen 2005, 104f.

Auch im gesamten übrigen Corpus Iohanneum (d.h. im Evangelium wie in den
Briefen) läßt sich nirgendwo auch nur eine Spur der Abwertung oder
Geringschätzung Moses und der Tora entdecken. Im Gegenteil! Mose, die Tora und
die Propheten sind die verläßlichen Zeugen des Vaters für seinen toratreuen Sohn
Jesus.[24]

Doch kehren wir nach diesem Exkurs zum Text des Römerbriefes zurück:
Die endzeitliche Rettung ganz Israels erläutert Paulus durch das aus Jes
59,20f und 27,9 kombinierte und durch diese Kombination zur Gottesrede
stilisierte Schriftzitat (V.26f). Es trotz seiner Futura wie D. Zeller[25] auf das
vergangene Gekommensein des Retters, nämlich auf das geschichtliche
Auftreten Jesu zu beziehen, scheint mir ganz ausgeschlossen. Natürlich sind
– wie allen Menschen – auch und *zuerst* Israel seine ,Gottlosigkeit' und
seine ,Sünden' durch das vergangene Gekommensein Jesu, durch sein uni-
versales Versöhnungswerk objektiv vergeben. Gleichwohl ist aber ja das
gegenwärtige jüdische Volk durch sein Nein zum Evangelium als einem
Teil der von ihm geforderten Treue zur Tora gleichsam mitkonstituiert.[26]
Tatsächlich kann der in unserer Theologie allzu tief verwurzelte Antijudaismus erst verschwinden, wenn wir noch das jüdische Nein zum Evangelium als die Bedingung der Möglichkeit und als das letzte Geheimnis unserer Erlösung zu bejahen gelernt haben. Um die eschatologische Aufhebung
dieser Antinomie geht es in dem Schriftzitat, darum, daß die, die Gottes
Freunde sind um ihrer Väter willen, dann nicht mehr seine Feinde sein müssen um unseretwillen. Bis dahin – da wir mit ihnen zusammen ihn sehen
werden, wie er ist – bleiben wir wohl „in der Tiefe des jüdisch-christlichen
Gegensatzes vor ein ,Gott wider Gott' gestellt ..., das wir nur als Anfech-
tung erleiden und bewältigen können" und vor dem alle Mittel unserer
theologischen Logik versagen müssen.[27] So ist das hier kundgemachte Mysterium also kein Arkanum nach Art der Weihen des Mysten, kein Kinder-
geheimnis, das – einmal ausgeplaudert – aufhörte Geheimnis zu sein. Es ist
vielmehr von der Art, daß es gerade durch seine Kundgabe seine höchste
Steigerung erfährt.
   Die asyndetisch angeschlossenen Verse Röm 11,28–32 entfalten und
summieren das Mysterium. V.28 ist ein kunstvoll gebauter antithetischer
Parallelismus; gleichwohl aber bestimmt von einer absichtsvollen Asymmetrie. Das zeigt schon der Umstand, daß nur sein zweites Glied in V.29
eine Begründung erfährt, eine unerschütterliche Begründung. Dadurch er-

---

[24] Vgl. dazu die im Literaturverzeichnis meines Kommentars genannten Arbeiten von Jörg
Augenstein.
[25] Vgl. D. ZELLER, Juden und Heiden in der Mission des Paulus. Studien zum Römerbrief, fzb
8, Würzburg ²1976, 260f, und DERS., Der Brief an die Römer, RNT, Regensburg 1984, 199.
[26] Vgl. MARQUARDT, Feinde, 315ff.
[27] Ebd. 315.

scheint eine zeitweilige und für das Heil der Heiden notwendige ‚Feind-schaft' von einer seit den Tagen der Väter bis ins Eschaton dauernden un-widerruflichen ‚Freundschaft' umgriffen. In beiden Gliedern des Parallelismus wird mit der Präposition „gemäß" (κατά mit Akk.) jeweils das objektive Maß angegeben, an dem sich ‚Feindschaft' wie ‚Freundschaft' be-messen, und mit der Präposition „um willen" (διά mit Gen.) jeweils zugleich Grund und Ziel von Gehaßt- wie von Geliebtsein.

Gleichwohl setzt sich aber die Asymmetrie nun auch innerhalb der so symmetrisch konstruierten Antithese fort. Denn das „gemessen am Evangelium" hat einen ganz anderen Sinn als das „gemessen an der Erwählung". Vergleichbar sind beide Größen darin, daß jeweils ein objektives *Geschehen* als Maß genannt wird. „Gemäß dem Evangelium" bezieht sich also nicht auf dessen *Inhalt,* sondern auf seine *Geschichte* (vgl. Röm 10,5ff). Denn am Inhalt des Evangeliums gemessen sind die Juden natürlich nicht Feinde, sondern Geliebte Gottes. Ist doch der Römerbrief Evangelium und dies einer seiner vordringlichsten Inhalte. Aber sie widersetzen sich dem Geschehen, dem Lauf des Evangeliums zumal unter den Heiden. Sie suchen seine Verkündigung zu behindern, wie Paulus das selbst einst getan hat. Paulus weiß, wovon er redet, hat er doch selbst fünfmal die Geißelstrafe der vierzig Hiebe weniger einen erhalten (2Kor 11,24) und ist einmal gar einer Steinigung entronnen (11,25). Den Thessalonichern schreibt er: Die Juden hindern uns, den Heiden ihre Erlösung zu verkündigen (1Thess 2,16). Das bewegt ihn gerade beim Schreiben des Römerbriefs, an dessen Ende er seine Leser auffordert: „Ich beschwöre euch, meine Brüder, bei unserem Herrn Jesus Christus und der unter uns vom Geist gewirkten Liebe mir durch eure Gebete zu Gott beizustehen in meinem Kampf, daß ich von den Ungehorsamen in Judäa errettet werde und daß mein Dienst für Jerusalem den Heiligen dort willkommen sei...!" (Röm 15,30f). Ekkehard Stegemann paraphrasiert deshalb zutreffend: „Was ihre Einstellung zum Evangelium betrifft, sind sie Feinde um euretwillen"[28]. „Sie sind Feinde" ist, der parallelen Wendung „sie sind Geliebte" in der Antithese entsprechend, nicht im aktiven,[29] sondern im passiven Sinn zu verstehen.[30] Das heißt: Gemessen an dem für ihre jüdische Existenz doch konstitutiven Nein zum Evangelium sind sie von Gott Gehaßte (vgl. Röm 9,13) und in diesem Sinn seine Feinde. Doch das sind sie und das müssen sie kraft der göttlichen Verstockung al-lein sein ‚um unseretwillen'.

Zugleich aber bleiben sie gemessen an ihrer Erwählung Geliebte und Freunde Gottes um ihrer Väter willen. Ekkehard Stegemann möchte das Wort ‚Erwählung' nach Analogie von Röm 11,5.7 auf die ‚Auswahl' eines an Jesus Christus glaubenden ‚Restes' aus Israel beziehen und paraphrasiert

---

[28] STEGEMANN, Gott, 221.
[29] So H. SCHLIER, Der Römerbrief, HThK 6, Freiburg u.a. 1977, 341f.
[30] CRANFIELD, Romans II, 580.

deshalb so: „Was die Gnadenwahl (des *Restes*) anlangt, so sind sie Geliebte (Gottes) um der Väter willen". Danach wolle Paulus also sagen, „daß Gott seine Liebe von Israel nicht abzieht, was das Gnadenhandeln am *Rest* gegenwärtig sichtbar zeigt (vgl. 9,29; 10,21; 11,1ff) und der Verheißung an die Väter entspricht (vgl. 11,17)"[31]. Das ist zwar durchaus möglich. Doch bereitet mir diese Auslegung insofern Schwierigkeiten, als man dann trotz der völlig parallelen Formulierung des Vorsatzes hier von Israels *Verhalten* strikt abzusehen hätte. Wird doch an Israels Verhalten zu diesem *Rest* – als dessen Repräsentanten Paulus sich selber nennt (11,13) – gerade seine Feindschaft offenbar. Der Satz müßte also auf das bloße Vorhandensein dieses Restes blicken. Zudem ist zu fragen, ob nach der Enthüllung des Mysteriums der Erlösung von *ganz Israel* und seinem Gegenüber zu den Heidenvölkern der Rückgriff auf die Unterscheidung innerhalb Israels wahrscheinlich ist. Vielleicht sollte man darum mit C.E.B. Cranfield u.a. das Wort *Auswahl* (ἐκλογή) doch auf die Erwählung Israels aus allen Völkern beziehen. Im Sinn des Paulus muß ja schon Gottes Gnadenhandeln an der Heidenwelt *sichtbar zeigen*, daß er seine Hand von seinem Volk Israel nicht abgezogen hat. Sie bleiben Geliebte um der Väter willen.

„Denn unwiderruflich sind die Gnadengaben Gottes und die Berufung durch ihn" (11,29). Nicht wegen der Verdienste Israels oder seiner Väter (vgl. 9,11; 4,1ff u.ö.), auch nicht wegen der metaphysisch konstruierten *Unveränderlichkeit Gottes* (Quod deus sit immutabilis ist der Titel eines philophischen Traktates), sondern allein aus freier Gnade, einzig aus der Selbstbindung Gottes an sein den Vätern verpfändetes Wort bleiben die Söhne seine Geliebten, bleibt Israel sein erwähltes Volk.[32] Und wie Gottes erwählendes Handeln durch seine befristete Feindschaft Israel gegenüber nun auch die Heidenwell ergreift, so löst er durch seine – noch diese temporäre Feindschaft dauerhaft umgreifende – Liebe zu seinem Volk sein den Vätern gegebenes Wort ein und verknüpft so den Anfang mit dem Ende, indem er den Vätern Gerechtigkeit und den Söhnen Barmherzigkeit widerfahren läßt.

Vor dem endgültigen Resümee durch V.32 erläutern die beiden Verse 30 und 31 noch einmal das ganze Erlösungsmysterium durch einen kunstvollen, doppelt verschränkten Vergleich zwischen Einst und Jetzt sowie Israel und den Völkern: „Denn wie ihr (Heiden) Gott einst ungehorsam wart, jetzt aber Erbarmen erfahren habt auf Kosten ihres (der Juden) Ungehorsams, so sind sie jetzt ungehorsam geworden zugunsten des euch widerfahrenen Erbarmens, damit jetzt auch ihnen Erbarmen zuteil werde." Der schönen Korrespondenz von *Einst* und *Jetzt* auf der Heidenseite steht überraschend und

---

[31] STEGEMANN, Gott, 221.

[32] Vgl. O. HOFIUS, Die Unabänderlichkeit des göttlichen Heilsratschlusses. Erwägungen zur Herkunft eines neutestamentlichen Theologumenon, in: ders., Neutestamentliche Studien, WUNT 132, Tübingen 2002, 191–202: 191ff.

hart das doppelte Jetzt auf der Judenseite gegenüber. Das hat schon in der handschriftlichen Textüberlieferung Irritationen ausgelöst: Während in einigen Codices – angeführt von p[46]! – das zweite ‚Jetzt' (νῦν) fehlt, bieten andere statt seiner ein *Später* (ὕστερον), so daß dem vergangenen Einst von V.30 hier ein zukünftiges *Dermaleinst* entspräche. Zu schön, um wahr zu sein! Die wichtigsten Zeugen – angeführt von Sinaiticus und Vaticanus! – bieten das doppelte ‚Jetzt'. Dies ist zudem die schwierigere und zugleich diejenige Lesart, aus der sich die anderen mühelos ableiten lassen. Sie ist also fraglos die ursprüngliche.[33] Die professionellen Abschreiber haben den Sinn des paulinischen *Jetzt* nicht mehr verstanden. In ihren Köpfen spukten wohl schon die glaubenslosen sekundär-psychologischen Kategorien von ‚Naherwartung' und ‚Parusieverzögerung' und verstellten ihnen die Wahrnehmungsfähigkeit dafür, daß seit Golgatha (Röm 3,21ff) *jeder* Tag unüberholbar eschatologisches ‚Jetzt' ist[34]. „Offenbar wendet Paulus das Einst-Jetzt-Schema hier auf das Jetzt selbst an. Die jetzt noch Ungehorsamen sieht er schon von Gottes Erbarmen erfaßt; ähnlich hat er ja in Röm 8,30 die unter dem Leiden der Gegenwart verborgene zukünftige Herrlichkeit der Glaubenden als ihre schon gegenwärtige ‚Verherrlichung' gefeiert ...“[35].

Die beiden folgenden Dative, die den *Ungehorsam* der Juden mit dem Erbarmen, das den Heiden widerfahren ist, wirkungsvoll kontrastieren, wurden in der Übersetzung oben mit ‚auf Kosten von' auf der einen und mit ‚zugunsten von' auf der anderen Seite wiedergegeben, also als eigentliche Dative, als Dativus incommodi hier und als Dativus commodi da,[36] denn man darf ihren raffinierten Parallelismus wohl kaum – wie Cranfield[37] – dadurch zerbrechen, daß man den zweiten Dativ mit dem abschließenden Finalsatz koordiniert. Dieser Finalsatz markiert vielmehr das Ziel des ganzen Erlösungsmysteriums. Und nun erst kann Paulus – unbeschadet der andauernden geschichtlichen Differenz wischen Juden und Heiden – abschließend und begründend folgern: „Denn Gott hat alle – Juden wie Heiden – in den Ungehorsam eingeschlossen, damit er sich aller erbarme" (V.32).

Über die rechtfertigungstheologische Aufhebung der Differenz zwischen Juden und Heiden (Röm 3,22bf!) hinaus bringt der Apostel damit endlich auch „deren Konvergenz im Blick auf die Geschichte Gottes in Verheißung und Erfüllung zur Sprache. Das jeweilige Voraussein oder Zurückbleiben der einen oder der anderen ist angesichts dessen, daß Gott im Regimente sitzt, nur ein jeweils relatives. Wie Israel, ausgezeichnet durch Gottes Er-

---

[33] Anders U. WILCKENS, Der Brief an die Römer. 2.Teilband: Röm 6–11, EKK 6.2, Zürich u.a. 1980, 261.

[34] Vgl. CRANFIELD, Romans II, 586.

[35] STEGEMANN, Gott, 252.

[36] Vgl. M. DIBELIUS, Vier Worte des Römerbriefes, SyBU 3 (1944) 3–17; STEGEMANN, Gott, 252.

[37] CRANFIELD, Romans II, 586.

wählung und die ihr entsprechenden Privilegien, nicht ohne die Heiden an
das Ziel seines Weges kommt, so die Heidenkirche, eschatologisch einge-
treten in Israels Privilegien, nicht ohne Israel"[38].

Erst im Licht dieser universalen Schicksalsgemeinschaft und im
schmerzlichen Bedenken unseres Versagens darin werden wir vielleicht
endlich lernen, die Rechtfertigungsbotschaft des Paulus besser zu verstehen
und nicht länger im Bann der konditionalen Logik den Glauben als die Bedingung des Heils begreifen. Im Anschluß an Gollwitzers Erwägung, daß es
der weite Horizont der endlichen Erlösung aller ist (Röm 11,32), unter dem
sich prädestinatianische, universale und konditionale *Redeweisen* einander
wechselseitig bedingend, vereinigen,[39] formuliert Marquardt hilfreich: „Prädestinatianische Aussagen der Bibel erklären: Heil ist nimmermehr menschliches Verdienst. Universale Aussagen verheißen: Allen gilt das Christusgeschehen. Konditionale Aussagen besprechen die Art und Weise. in der das
Heilsgeschehen sich beim einzelnen wirksam macht: Er glaubt dann, erkennt und tut. Daraus ergibt sich als Verstehensregel: Verstehe konditionale
von prädestinatianischen Aussagen her – und beide von den universalen
her. Isoliere keine Redeweise von der anderen, schließe keine von der anderen aus und bevorzuge auch keine. Vergiß die Fragen abstrakter Logik nach
Bedingungen des Heils: Denn da fragst du wie ein Pelagianer, der noch mitten im Heilsgeschehen der Rechtfertigung das ,Werken' nicht lassen mag
und, wenn schon in nichts sonst, dann wenigstens im ,Allein aus Glauben'
die bedingte Leistung – anderen abfordern möchte! Nirgendwo richtet der
Protestantismus soviel Werkgerechtigkeit auf wie in der Glaubensforderung
an die Juden".[40]

---

[38] STEGEMANN, Gott, 252.
[39] GOLLWITZER, Christus, 189.
[40] F.-W. MARQUARDT, Hermeneutik des christlich-jüdischen Verhältnisses. Über Helmut Gollwitzers Arbeit an der „Judenfrage", in: A. Baudis u.a. (Hg.), Richte unsere Füße auf den Weg des
Friedens (FS H. Gollwitzer), München 1979, 138–154: 151.

Oda Wischmeyer

Beobachtungen zu Kommunikation, Gliederung und Gattung des Jakobusbriefes

I

Antike Texte hatten ursprünglich weder Kapitel- noch Satztrennungen. Ihre Mikro- und Makrostruktur müssen aus dem Text selbst hervorgehen. Dies kann durch eine Voranstellung der Thematik und der Gesamtdisposition ebenso geschehen wie durch mehr oder weniger dichte Binnengliederungsmerkmale wie Aufzählungen oder logische Über- und Unterordnungen. Über die Satzeinheiten lässt sich im Allgemeinen mit der Syntaxanalyse Übereinstimmung erzielen. Viel schwieriger ist die sachliche und formale Gliederung längerer Texte. Wichtig ist der Wechsel der Sprachmodi, der Tempora, der Personen, der Orte und anderer tragender Indikatoren. Narrative und argumentative Texte haben jeweils bevorzugte Indikatoren – narrative Texte vor allem Zeit- und Ortsangaben, argumentative Texte logische Verknüpfungen.[1]

Ob und wieweit Texten intentionale *Gliederungen* zugrunde liegen, lässt sich am leichtesten erkennen, wenn der Verfasser seine Gliederungsprinzipien expliziert. Ist er dagegen rhetorischen oder sachlichen Dispositionen verpflichtet, ohne diese offenzulegen, ist es an der Leserschaft, die Disposition eines Textes zu entdecken und ihn über die Wort-für-Wort bzw. Satz-für-Satz-Ordnung hinaus als gegliederte Größe zu erfassen.

Die Darstellung der Disposition erschließt den Text in seinen propositionalen Strukturen, sie hat aber auch entscheidende Bedeutung für die *Gattungsbestimmung*. Gliederung und Gattung hängen eng zusammen und bestimmen sich gegenseitig. Umso wichtiger ist es, in den Fragen der Textgliederung zu nachvollziehbaren Ergebnissen zu kommen.

Textanfänge geben häufig in besonderem Maße über Gattungs- und Gliederungsfragen Auskunft. Das trifft auch für den Jakobusbrief zu. Der

---

[1] Einführung in die Gliederungsdiskussion der Textlinguistik bei K. BRINKER, Linguistische Textanalyse, Grundlagen der Germanistik 29, Berlin [6]2005.

„Brief des Jakobus"[2] geht „an die zwölf Stämme in der Zerstreuung" (1,1).
Diese salutatio schafft eine fiktionale, besser literarische Leserschaft, des
Näheren handelt es sich um eine theologisch-ekklesiologische Binnenad-
resse.[3] Mit Hilfe der Briefadresse, die als literarisch-kommunikativer
Kunstgriff fungiert, schafft sich der Autor ein Publikum als Ansprechpart-
ner, mit dem er schriftlich *kommuniziert*. Das Publikum wird als Israel –
literarisch geschickt in Gestalt der zwölf Stämme alludiert – in der Diaspora
angesprochen. Dass es sich trotzdem um Christen handelt, macht der Autor
in seiner Selbstvorstellung deutlich: Jakobus, Gottes und des Herrn Jesu
Christi Knecht. Nun ist auch diese Selbstvorstellung in Gestalt eines konkreten Briefabsenders ein literarischer Gestus. Ein christlicher Lehrer (3,1f),
der in schriftlicher Gestalt ein breites christliches Lesepublikum ansprechen
will, leiht sich den Lehrergestus des Herrenbruders Jakobus[4], einer der be-
kanntesten und autoritativsten urchristlichen Gestalten. Diese sog. pseudepigraphe Autorenschaft teilt der Verfasser mit den Paulusschülern[5] – allerdings mit dem entscheidenden Unterschied zu Paulus, dass Jakobus nach
allem, was wir wissen, selbst illiterat war. Der unbekannte[6] Verfasser
schafft sich mit seiner pseudepigraphen Selbstvorstellung eine sehr bestimmte Autoritäts- und Kommunikationsbasis, die es ihm möglich macht,
ein literarisches christliches Publikum anzusprechen bzw. anzuschreiben.

Wie sieht der Text aus, den er schreibt? Es handelt sich um eine durch-
laufende Rede an die „Brüder" im paränetischen Imperativ der 2. Person
Plural, in die begründende und erläuternde längere und kürzere Aussage-
sätze bzw. Satzfolgen eingeschaltet sind.[7] Diese imperativische Anrede ist
kommunikationsstrategisch der Obertext, der grundlegend durch die salutatio determiniert ist und dem die indikativischen Begründungen und Erläuterungen als Untertexte zugeordnet sind. Damit ergibt sich ein erstes Gliede-
rungsmerkmal, nämlich der Wechsel zwischen Obertexten im Sinne der

---

[2] So schon bei Handschrift B.

[3] Dies wird leicht übersehen, wenn man die Zuordnung des Jakobusbriefes zur frühjüdischen
Gattung der Diaspora-Briefe inhaltlich statt literarisch versteht. Dazu ausführlich W. POPKES, Der
Brief des Jakobus, ThHK 14, Leipzig 2001, 61–64, mit Verweis auf die Arbeiten von I. Taatz,
K.W. Niebuhr, M. Tsuji, D.J. Verseput, R. Hoppe.

[4] Dass es sich bei dem Jakobus der salutatio um den Herrenbruder handelt, kann nach dem
Beitrag von G. THEISSEN, Die pseudepigraphe Intention des Jakobusbriefes. Ein Beitrag zu seinen
Einleitungsfragen, in: P. v. Gemünden u.a. (Hg.), Der Jakobusbrief. Beiträge zur Rehabilitierung
der „strohernen Epistel", Beiträge zum Verstehen der Bibel 3, Münster 2003, 54–82, nur schwerlich neu diskutiert werden.

[5] Dazu besonders wichtig der genannte Beitrag von G. Theißen.

[6] Dazu noch einmal die klassische Formulierung von Ch. BURCHARD, Der Jakobusbrief, HNT
15.1, Tübingen 2000, 5: „Es hilft wohl nichts, Jak ist ein pseudepigraphischer ... Brief".

[7] Für Kap 1: 1,2–6a: imperativische Rede; 1,6b: Begründung; 1,7: Imperativ; 1,8: Erläuterung;
1,9–10a: Imperativ; 1,10b–11: Begründung; 1,12: Erläuterung; 1,13a: Imperativ; 1,13b–15: Begründung; 1,16: Imperativ; 1,17f: Erläuterung; 1,19: Imperativ; 1,20: Begründung; 1,21f: Imperativ; 1,23–25: Begründung; 1,26f: Erläuterung. Weiteres s.u.

textleitenden Kommunikationsfigur: „Denkt bzw. tut dies oder jenes" und erläuternden oder vertiefenden Untertexten. Zu der Grundstruktur des Obertextes gehört eine explizite Anrede: ἀδελφοί (μου[8]) in 1,2; 2,1.14; 3,1.10.12.19; 4,11 (ohne μου); 5,7 und 9f (ohne μου).12.19 bzw. die Langform ἀδελφοί μου ἀγαπητοί[9] (1,16.19; 2,5). Die unregelmäßig begegnende Anrede schließt den Autor und die kollektiv angesprochene Leserschaft zu einer Lehr- und Lesegemeinschaft zusammen. Es handelt sich also um eine literarische Ansprache oder Mahnrede, in der die 2. Person Plural leitend ist. Bezeichnenderweise fehlt ein Briefschluss. Dieser ist auch überflüssig, da die salutatio ihren kommunikativen Dienst bereits getan hat und der Verfasser von 1,2 an eine Rede, nicht einen Brief schreibt.

II

Nun ist die Anrede „Brüder" nicht die einzige Möglichkeit für den Verfasser, seinen Text im Hinblick auf seine Leserschaft zu gliedern. Während die „Brüder" durchgängig immer wieder angesprochen werden, d.h. während ein dauerndes Zwiegespräch mit den Lesern geführt wird, gibt es Unterbrechungen, in denen der Verfasser öfter unvermittelt *andere Personen anredet.*

- Mehrfach spricht er einen fiktiven Einzelnen an: „Du", so 2,11; 4,11f; „O leerer Mensch" 2,20.
- Im 4. Kapitel ändert sich der Ton kurzzeitig radikal. Nun sind nicht die „lieben Brüder" die Gesprächspartner, sondern es heißt: „ihr Ehebrecher" μοιχαλίδες (4,4), „ihr Sünder" ἁμαρτωλοί (4,8), „ihr Wankelmütigen" δίψυχοι (4,8). Erst in 4,11 kehrt der Verfasser zur gewohnten Anrede zurück.
- Schließlich wendet sich der Verfasser ebenfalls sehr unvermittelt an einzelne Gruppen: an Kaufleute (4,13–17) und an Reiche (5,1–6), um in 5,7 wieder zu den „Brüdern" zurückzukehren und seine Rede in 5,12 und 5,19 mit dieser Anrede zu beenden.

Der Verfasser hat also eine durchgängige Redeattitüde: die Ansprache an die „Brüder". Die Anrede an die „lieben Brüder" schafft Kontinuität. Sie gliedert zwar den Redefluss und ist damit auch ein Trennungssignal, stärker aber verbindet sie die Fülle der anredenden Sätze miteinander zu einer schriftlich formulierten durchlaufenden Rede eines Einzelnen an eine Gruppe. Diese Redestruktur unterbricht der Verfasser in unterschiedlicher Weise, da die Rede zwar aus einem Guss ist, aber immer wieder einzelne

---

[8] Mou ist vom Kommunikationsaspekt her ein intensivierendes Element, das die (literarische) Bindung zwischen (literarischem) Autor und (literarischen) Adressaten stärkt.

[9] Das Adjektiv steigert die Beziehung noch einmal. In der neuzeitlichen erzählenden Literatur ist die Wendung „geneigter, lieber bzw. geliebter Leser" oder Ähnliches sehr beliebt.

Themen behandelt und dementsprechend als literarische Gliederungshilfe eine Gruppe oder aber Einzelne anspricht. Diese Gliederungsmerkmale sind deutlich gesetzt, da der Verfasser auf dieser Ebene sehr bewusst Elemente der Diatribe[10] verwendet.

Die bereits erwähnten Anreden: „Du, der du ..." oder „o Mensch" und „ihr Sünder" usw. sind ebenso rhetorisch und damit auch kommunikativ wirkungsvoll wie topisch und das heißt: einem bestimmten Lesemilieu zugehörig und bekannt. Die Gerichtsrede des Paulus gegen die Menschheit aus Heiden und Juden in Röm 1,18–3,20 ist ein bedeutendes Beispiel dieser topischen Anrede.[11] Wir finden hier in 2,1–11 und 2,17–29 denselben Gestus der Anrede: ὦ ἄνθρωπε 2,1.3 und entsprechend: εἰ δὲ σὺ Ἰουδαῖος ἐπονομάζῃ 2,17. Wichtig ist auch der topische Aspekt der gewählten Anredeepitheta. Finden wir bei Jakobus einmal wie bei Paulus die ganz allgemeine Anrede „o Mensch", die in das philosophisch-rhetorische kaiserzeitliche Milieu passt, so weisen die Anreden ἁμαρτωλοί und μοιχαλίδες bzw. μοιχοί in die frühjüdische Semantik, auf die Paulus mit der Anrede „du Jude" verweist. Das gilt in gewisser Weise auch für den Jakobus-Neologismus δίψυχος, der zu einem beliebten Ausdruck bei den sog. Apostolischen Vätern wird.[12] Die entsprechende anklagende Thematik, die Sünde allgemein benennt und speziell auf Ehebruch und Heuchelei[13] abhebt, finden wir auch in Röm 2 wieder.

Wenn nun der Verfasser des Jakobusbriefes seine christliche Leserschaft, die er auf der leitenden Kommunikationsebene „Brüder" oder „geliebte Brüder" nennt, mehrfach unvermittelt mit Epitheta aus der kaiserzeitlichen, speziell jüdisch-urchristlichen Topik rhetorischer Invektive oder jüdisch-christlicher Gerichtsrede anspricht, dann eröffnet er nicht neue Kommunikationsebenen oder wendet sich an unterschiedliche ideelle Adressaten,[14] sondern verhandelt topische Themenbereiche oder thematische Stichworte wie Reichtum unter einer spezifischen, rhetorisch-kommunikativ intensiven Anrede: „ihr Reichen". Das schafft plakative Deutlichkeit für das einzelne Thema, könnte aber auch Probleme für die leitende Kommunikationsebene ergeben. Denn es ist höchst unwahrscheinlich, dass die geliebten Brüder

---

[10] Als Einführung nach wie vor am besten S.K. STOWERS, The Diatribe and Paul's Letter to the Romans, SBL.DS 57, Chico (California) 1981.

[11] Vgl. O. WISCHMEYER, Römer 2,1–24 als Teil der Gerichtsrede des Paulus gegen die Menschheit, NTS 52 (2006).

[12] BURCHARD, Jakobusbrief, 62; POPKES, Der Brief des Jakobus, 91f.

[13] Heuchelei, ὑπόκρισις, steht hinter der Vorstellung von δίψυχος. Heuchler, ὑποκριτής, ist topische Anrede in der Evangelienliteratur in Mt 7,5 par; 15,7 und Kap. 23 passim, vgl. Lk 12,56 und 13,15.

[14] So M. DIBELIUS, Der Brief des Jakobus, KEK 15, 12. Aufl., mit Ergänzungen von Heinrich Greeven, 6. Aufl. dieser Auslegung mit einem Literaturverzeichnis und Nachtrag hg. von F. Hahn, Göttingen 1984, 23, der das Verhältnis zwischen Adressaten und topischen Ansprechpartnern nicht deutlich bestimmt.

plötzlich in toto Ehebrecher, Kaufleute oder Reiche sind oder aber wenigstens erhebliche Teile der Brüderschaft derart einzuordnen wären. Das ist
aber auch gar nicht im Blick. Vielmehr ist für den Verfasser deutlich, dass
die „Brüder" über aus seiner Sicht aktuelle Themen wie Parteiungen in der
Gemeinde, Reichtum unter Christen und die Existenzform des christlichen
Kaufmanns allgemein belehrt werden müssen. Und diese Belehrung geschieht am besten mit Hilfe der Aufmerksamkeit erzeugenden Anrede-To-
pik. Die intendierte Leserschaft hat dies mit Sicherheit verstanden und die
thematische Funktion der spezifischen Anreden nicht mit neuen Adressaten
verwechselt bzw. als neue Kommunikationsebene missverstanden. Die topischen Anreden fungieren vielmehr als Subebene der kommunikativen Leit-
struktur der schriftlichen Briefrede „an die Brüder". Sie dienen der Intensivierung dieser Kommunikation und akzentuieren einzelne paränetische
Themen. Die Du-Anreden und Passagen in der 2. Person Singular eröffnen
also keine neue kommunikative Ebene, sondern stehen wie die Wir-Passa-
gen im Dienst der Intensivierung der Kommunikation und der Argumentation.

III

Eine andere Sub-Ebene bilden die *Erläuterungen und Begründungen* der
imperativischen Leitebene. Paränese kann wie alle Erziehung nicht nur im
Modus der Aufforderung artikuliert werden, sondern braucht Begründungen, Erläuterungen, Beispiele und Lehrsätze. So tritt notwendig der Indikativ zum Imperativ.[15]

Eine Gliederung des Jakobusbriefes in dieser Hinsicht sieht folgendermaßen aus:

Imperativische Rede dominierend		Indikativische Rede	
1,2–4	*mit „Brüder" einge-leitet*		
1,5–8		darin 6b	Begründung
		8	Lehrsatz
1,9–11		darin 10b	Begründung
		11	Erläuterung der Begründung
		1,12	Eigener *Lehrsatz* (Makaris-mus)
1,13–15		darin 13bff	Begründung der Lehre
1,16–18	*mit „Brüder" einge-leitet*	darin 17f	Lehrsätze

---

[15] Hier liegt eine andere Konstellation als in der Indikativ-Imperativ-Struktur der theologischen Begründung der paulinischen Paränesen vor. Selbstverständlich verwendet auch Paulus
innerhalb der Paränesen das Imperativ-Indikativ-Schema: z.B. Röm 12,19.

1,19–21	*mit „Brüder" einge-leitet*	darin	20	Lehrsatz
1,22–25		darin	23ff	Begründungszusammenhang
			1,26f	*selbständige Argumentation*
2,1–13	*mit „Brüder" einge-leitet*		2–4	Begründung in Form eines Beispiels
	V.5 ebenfalls „Brü-der"	darin	5b–7	Argumentation
			8f	Argumentation
			10f	Begründung als Lehre
			13	Begründung mit Lehrsatz
			2,14–17	*selbständige Argumentation* mit Lehrsatz (V.17), *mit „Brüder" eingeleitet*
			2,18–26	*selbständige Argumentation* mit Lehrsätzen (V.24.26)
3,1–12	*mit „Brüder" einge-leitet*		2	Begründung
		darin	3f	Erläuterung durch Beispiele
	V.10 ebenfalls „Brü-der"		5–10a	rhetorischer Traktat über die „Zunge"
	V.12 ebenfalls „Brü-der"		11f	Erläuterung durch Beispiele
3,13–18		darin	15–18	Lehrzusammenhang
4,7–10	Imperativische Anrede	darin	4,1–10	*selbständige Argumentation*
4,11–12	*mit „Brüder" einge-leitet*	darin	11b	Argumentation
			12a	Lehrsatz
			12b	Argumentation
4,15	Imperativische Anrede	darin	4,13–17	*selbständige Argumentation* mit Lehrsatz (V.17)
5,1	Imperativische Anrede	darin	5,1–6	*selbständige Argumentation*
5,7–11	*mit „Brüder" einge-leitet*	darin	7b	Erläuterung durch Beispiel
			11	Erläuterung durch Beispiel
			11b	Lehrsatz
5,12	*mit „Brüder" einge-leitet*			
5,13–18		darin	16b	Lehrsatz
			17f	Erläuterung durch Beispiel
5,19f	*mit „Brüder" einge-leitet*	darin	20	Lehrsatz

Diese Darstellung erschließt die Feinstruktur des Textes genauer. Die imperativische Anrede in der 2. Pers. Plur. ist fast durchweg leitend. Selbständige, indikativische Argumentationen liegen in 1,26f (Thema „reiner Gottesdienst"), in 2,14–17 und 2,18–26 vor (die zweigeteilte Argumentation zum Thema „Glaube – Werke"), weiter in 4,1–10 (Thema „Streit unter

Brüdern"), 4,13–17 (Thema „Planung von Kaufleuten") und 5,1–6 (Anklage gegen die Reichen). Hinzu kommt ein eigenständiger indikativischer Lehrsatz in 1,12. Es handelt sich jeweils um deutlich selbständige Sub-Texte, entweder im Satzumfang oder als kürzere oder längere Argumentation. Die Argumentationen in 4,13–17 und 5,1–6 sind zudem durch identische Einleitungswendungen und Anreden markiert und haben topische Inhalte, die sie gut erkennbar machen. Am interessantesten ist die zweigliedrige Argumentation in 2,14–26, die durch Anrede, rhetorische Fragen und andere Stilmittel der Diatribe reich binnengegliedert ist.

Die Aufstellung zeigt, dass die Struktur „vom Imperativ zum Indikativ" deutlich überwiegt. Daneben begegnen selbständige indikativische Argumentationen, die ihrerseits zu imperativischen Aufforderungen führen können. Im Übrigen gelten die indikativischen Ausführungen der Erläuterung und Begründung. Gern wird die Erläuterung an ein Beispiel geknüpft oder mit einem sprachlichen Bild verbunden. Der regelmäßige Wechsel von der Leitebene der Aufforderungen in der 2. Person Plural zu den Textteilen der erläuternden Sub-Ebene des Indikativs dient der Binnengliederung der ermahnenden brieflichen „Mahnrede an die Brüder". Diese Gliederung ist eher kleinteilig, vom Satz bis zu kürzeren oder längeren Satzzusammenhängen reichend. Sachlich interessant ist die Beobachtung, dass die selbständigen Argumentationstexte entweder stark topischer Art sind (4,1–10.13–17; 5,1–6) oder aber den sachlichen Fokus der Rede betreffen: das Thema „Glaube-Werke" (2,14–26).

IV

Die Beobachtung der Kleinteiligkeit der Gliederung führt zu einer weiteren Sub-Ebene, die die Texte im Detail gliedert, indem sie mündliche Rede nachahmt. Es handelt sich um die gliedernden Stilzüge der schon erwähnten *Du-Anrede, des Dialogs, der Fragen, der Imperative* der 3. Person Singular und einzelner Imperative der 2. Person Plural, die als textgliedernde Wendungen fungieren. Die Lebhaftigkeit und Lebendigkeit der brieflichen „Mahnrede an die Brüder" erhöht sich weiter durch ganz spezifische rhetorische Fragen, die teilweise dem Diatribenstil und den in besonderer Weise durch diesen Stil geprägten Abschnitten 2,14–26; 3,1–12 und 4,1–5,6 zugeordnet sind, aber auch anderswo im Text begegnen können.

Imperativ 3. Person Singular	Einzelne Imperative 2. Person Plural	Feste Wendungen
1,13 1,19b 3,13b 5,13a 5,13b 5,14 5,20	1,19a ἴσθε 2,5 ἀκούσατε	4,13 ἄγε νῦν 5,1 (öfter) ἰδού-Wen- dungen
Du-Anrede	Dialog	Fragen
2,20ff 4,11b 4,12b	2,18f	2,5b 2,6b 2,7 2,14a+b 2,16 2,20f 3,13 4,1a 4,1b 4,4 4,5

V

Zusammengefasst stellt sich die *Gattung* des Jakobusbriefs als ein literarisierter Redetext dar, der in erheblichem Maße mit topischen Mitteln arbeitet, die an einigen Stellen zu Textteilen führen, die sich zu verselbständigen drohen, aber durch die leitende *Kommunikationsebene* der „Brüderparänese" in einen sich einheitlich darstellenden Gesamttext eingebunden bleiben: eine schriftliche Rede, die ihre Disposition nicht aus der griechisch-römischen Rhetorik, sondern aus der frühjüdischen Weisheitsliteratur[16] und der urchristlichen Briefliteratur mit ihrer Geschmeidigkeit und Nähe zu mündlicher Kommunikation[17] ableitet. Das Lesepublikum ist ein christliches In-Group-Publikum, das mit dem Alten Testament und den frühchristlichen Briefen vertraut ist,[18] nicht aber einer bestimmten Gemeinde angehört.[19] Die *Gliederung* des Textes ist den Bedürfnissen und Gepflogenhei-

---

[16] Vgl. die Gliederungsfragen bei den frühjüdischen Schriften. Für Ben Sira: O. WISCHMEYER, Die Kultur des Buches Sira, BZNW 77, Berlin/New York 1994, 147–155.

[17] Zu den Fragen der brieflichen Kommunikation vgl. E.-M. BECKER, Schreiben und Verstehen. Paulinische Briefhermeneutik im Zweiten Korintherbrief, NET 4, Tübingen/Basel 2002, 103–139.

[18] Dabei ist an Vorformen eines Corpus Paulinum zu denken.

[19] Darauf weist die „Diaspora"-Metapher in der Adresse hin.

ten der Rede, nicht der Disposition und Durcharbeitung eines Themas oder einer These verpflichtet. Das wird besonders bei der leitenden kommunikativen Ebene der 2. Person Plural Imperativ mit der Anrede „Brüder" deutlich. Diese Anrede erfolgt in sehr unterschiedlichen Intervallen. Sie ist auch, aber nicht vornehmlich thematisch bedingt. Vor allem bildet sie die bewegliche mündliche Anredeform einer persönlichen Ansprache nach, die aus stilistischen Gründen ἀδελφοί μου wiederholen kann (3,11 und 12) oder aber ein neues Thema ohne Rekurs auf die „Brüder" einleitet (4,1).

Stellenregister (in Auswahl)

IV 37,4 *111*
IV 39,4 *103*
IV 43,1–5 *114*
IV 43,3f *114*
IV 43,6 *114*
IV 43,6–8 *114*
IV 43,7 *101*
IV 43,9 *100, 115*

Pagane Autoren

Alciphron
  Epistula
    1,4 *255*

Aristides
  Orationes
    2,380 *256*

Aristoteles
  Nicomachische Ethik
    8.9 *49*
  Poetica
    1451a *179*

Cicero
  De Oratore
    3,203 *243*
  Epistulae ad Familiares
    IX 21,1 *242*
  Orator
    64 *181, 242*

Demetrius
  De Elocutione
    148f *243*
    225f *242*
    229–321 *242*
    224–226 *181*
    235 *181*

Didorus Siculus
  XII 34,5 *258*

Dio Cassius
  Historiae Romanae
    65,8,1 *214*

Dion von Prusa
  Orationes
    72,10 *255*

Epiktet
  Dissertationes
    2,19 *221*

Horaz
  Ars Poetica
    23 *179*
    161 *255*

Iuvenal
  Saturae
    7,210 *255*

Libanius
  Epistulae
    139,2 *255*
  Orationes
    1,12 *257*
    34,29 *257*
    43,9 *255*
    58,31 *257*
    58,7 *257*
    58,9 *255*

Lukian
  Abdicatus
    23,7f *251*

Marcus Aurelius
  Ad se ipsum
    1,4 *255*
    1,5 *255*
    10,36 *255*

Martial
  Epigrammata
    11,39 *255*

Sonstiges

Verzeichnis der Autorinnen und Autoren

Prof. Dr. Dr. h.c. Jürgen Becker, Professor (em.) für Neues Testament an der Universität Kiel

Dr. Roland Bergmeier, Weingarten

Prof. Dr. James H. Charlesworth, George L. Collord Professor of New Testament Language and Literature, Princeton Theological Seminary, Princeton, NJ

Prof. Dr. Petra von Gemünden, Professorin für Evangelische Theologie mit Schwerpunkt Biblische Theologie an der Universität Augsburg

Prof. Dr. Otfried Hofius, Professor (em.) für Neues Testament an der Universität Tübingen

Prof. Dr. Renate Kirchhoff, Professorin für Neues Testament und Diakoniewissenschaften an der Evangelischen Fachhochschule Freiburg i.B.

Prof. Dr. Matthias Klinghardt, Professor für Biblische Theologie an der Technischen Universität Dresden

Prof. Dr. Matthias Konradt, Professor für Neues Testament an der Universität Bern

Prof. Dr. Heinz-Wolfgang Kuhn, Professor (em.) für Neues Testament an der Universität München

Prof. Dr. Peter Lampe, Professor für Neues Testament an der Universität Heidelberg

Prof. Dr. Gottfried Nebe, apl. Professor für Neues Testament an der Universität Bochum

Prof. Dr. George W.E. Nickelsburg, Professor (em.) für Neues Testament an der University of Iowa

Prof. Dr. Dieter Sänger, Professor für Neues Testament an der Universität Kiel

Prof. Dr. Berndt Schaller, apl. Professor für Neues Testament an der Universität Göttingen

Prof. Dr. Dr. h.c. mult. Gerd Theißen, Professor für Neues Testament an der Universität Heidelberg

Prof. Dr. Hartwig Thyen, Professor (i.R.) für Neues Testament an der Universität Heidelberg

Prof. Dr. Oda Wischmeyer, Professorin für Neues Testament an der Universität Erlangen